O RÉU E O REI

A marca FSC® é a garantia de que a madeira utilizada na fabricação do papel deste livro provém de florestas que foram gerenciadas de maneira ambientalmente correta, socialmente justa e economicamente viável, além de outras fontes de origem controlada.

PAULO CESAR DE ARAÚJO

O réu e o rei

Minha história com Roberto Carlos, em detalhes

Copyright © 2014 by Paulo Cesar de Araújo

Grafia atualizada segundo o Acordo Ortográfico da Língua Portuguesa de 1990, que entrou em vigor no Brasil em 2009.

Capa
Alceu Chiesorin Nunes

Preparação
Mariana Delfini

Checagem
Isabel Jorge Cury

Assessoria jurídica
Taís Gasparian – Rodrigues Barbosa, Mac Davell de Figueiredo, Gasparian, Advogados

Índice onomástico
Luciano Marchiori

Revisão
Ana Maria Barbosa
Angela das Neves

Dados Internacionais de Catalogação na Publicação (CIP)
(Câmara Brasileira do Livro, SP, Brasil)

Araújo, Paulo Cesar de
    O réu e o rei : Minha história com Roberto Carlos, em detalhes / Paulo Cesar de Araújo. — 1ª ed. — São Paulo : Companhia das Letras, 2014.

    Bibliografia
    ISBN 978-85-359-2443-5

    1. Araújo, Paulo Cesar de, 1962- – Autobiografia 2. Cantores – Brasil – Biografia 3. Carlos, Roberto, 1941- 4. Compositores – Brasil – Biografia 5. Dano moral – Reparação 6. Jornalistas – Brasil – Autobiografia 7. Livros – Mercado editorial – Brasil 8. Personalidade 9. Personalidade (Direito) 10. Reparação (Direito) – Brasil I. Título.

14-03002	CDD-347.426.4/.6

Índice para catálogo sistemático:
1. Biografia não autorizada : Danos morais : Direito civil 347.426.4/.6

[2014]
Todos os direitos desta edição reservados à
EDITORA SCHWARCZ S.A.
Rua Bandeira Paulista, 702, cj. 32
04532-002 — São Paulo — SP
Telefone: (11) 3707-3500
Fax: (11) 3707-3501
www.companhiadasletras.com.br
www.blogdacompanhia.com.br

Sumário

Introdução 7

1. O fã e o ídolo 11
2. O historiador e o objeto de estudo 72
3. Os bastidores da pesquisa I 108
4. Os bastidores da pesquisa II 151
5. A construção da biografia 187
6. A recepção ao livro 217
7. Os autos do processo I 237
8. Os autos do processo II 271
9. No fórum criminal 297
10. Cenário de *Fahrenheit 451* 322
11. A batalha na mídia 348
12. O debate no Congresso 380
13. A militância do rei 418

Notas 475
Bibliografia 500
Índice onomástico 502

Este livro é resultado de ampla pesquisa e traz fontes e bibliografia listadas no final. Contém também trechos entre aspas que são um recurso narrativo e refletem acontecimentos tal como lembrados por Paulo Cesar de Araújo.

Introdução

São Paulo, sexta-feira, 27 de abril de 2007.

Eram 13h40 quando eu e Roberto Carlos entramos na sala 1-399 do Complexo Judiciário Ministro Mário Guimarães, 20ª Vara do Fórum Criminal da Barra Funda, zona oeste da cidade. Pela primeira vez ficaríamos frente a frente desde que ele movera dois processos contra mim na Justiça: um na área cível, outro na criminal. O artista me acusava de invadir sua privacidade, usar indevidamente sua imagem e atingir sua honra, boa fama e respeitabilidade. A prova estaria no livro *Roberto Carlos em detalhes*, escrito por mim e publicado pela editora Planeta em dezembro de 2006. Além da imediata proibição da obra, o cantor pedia uma alta indenização em dinheiro (chegou a requerer multa diária de 500 mil reais) e minha condenação a uma pena que, segundo seus advogados, poderia ultrapassar dois anos de cadeia.

Nosso encontro no fórum era uma das etapas do processo criminal: uma audiência de conciliação convocada pelo juiz Tércio Pires. Inicialmente, o magistrado marcara a sessão para sexta-feira, 13 de abril — conforme chegou a ser publicado no expediente judiciário. Roberto Carlos solicitou, porém, a mudança de data. Como o próprio artista admite, tem superstição com o número 13, e sempre que possível o evita. Consta que ele não marca nada de muito importante nessa data, não se senta em poltrona 13 de avião, não anda em carro que tenha 13 na placa e deseja construir prédios sem o 13º andar. A data da audiência foi então reagendada para uma outra sexta-feira, 27 de abril. Contrariando previsões meteorológicas, fazia calor naquela tarde. Evitei meu traje habitual, de maior informalidade, e fui para a reunião de blazer e calças cinza, camisa e sapato social preto. Roberto Carlos compareceu vestido de Roberto Carlos: calça jeans, terno azul e tênis branco.

No dia anterior, o cantor tinha feito um show fechado em São Paulo, exclusivo para convidados do Banco Bradesco. Pouco antes da meia-noite, enquanto ele encerrava a sua apresentação com o célebre ritual de oferecer flores às fãs, eu entrava sozinho no ônibus que me levaria de Niterói, onde moro, à capital paulista. Durante a viagem, me lembrei dos anos de pesquisa para o livro, quando por várias vezes fiz aquele mesmo percurso para encontrar personagens da história de Roberto Carlos. Foi em São Paulo, por exemplo, que entrevistei Paulinho Machado de Carvalho, que o contratou para o programa *Jovem Guarda* na TV Record; o maestro Chiquinho de Moraes, que comandou seu primeiro show no Canecão; e Marcos Lázaro, seu primeiro grande empresário. Como das outras vezes, desembarquei no Terminal Rodoviário do Tietê no início da manhã, com tempo suficiente para chegar sem atropelos ao local da audiência.

Um esquema especial de segurança tinha sido montado para garantir a tranquilidade do cantor no fórum da Barra Funda. Desde o meio-dia, grades e faixas de proteção eram vistas ao redor da área interna onde ele iria circular. Além disso, um destacamento de doze policiais militares foi requisitado para acompanhá-lo ao local. Roberto Carlos se dirigiu ao fórum a bordo de um Escort preto, um dos carros de sua coleção que mais usa, especialmente em São Paulo. "Máquinas fotográficas e celulares com câmera estão nas mãos de quase todos os funcionários-fãs que abandonaram o trabalho para tentar ver o 'Rei'", relatou o site G1. Ele chegou acompanhado da secretária Maria Carmosina da Silva, a Carminha, e de seus seguranças pessoais, e foi recepcionado pelos policiais no estacionamento. Dali foi direto para uma entrada pelos fundos do prédio, evitando os fãs e jornalistas que já o aguardavam na porta principal. Sorridente, acenava para as pessoas, enquanto era conduzido a um dos elevadores que, por dez minutos, ficou reservado exclusivamente para ele.

Logo depois eu entrei no outro elevador, que subiu com lotação máxima. Um dos passageiros, um moreno alto, usava algemas e, segundo comentários, estava ali porque participara de uma chacina na periferia de São Paulo. Também me contaram que naquele mesmo fórum o coronel Ubiratan Guimarães tinha sido julgado pela morte dos 111 presos no tenebroso episódio do massacre do Carandiru. E que anos depois ali também estiveram Suzane von Richthofen e os irmãos Cravinhos, autores do bárbaro assassinato do casal Von Richthofen. Só aí tive a dimensão do que estava acontecendo comigo. Eu nunca tinha sido processado por alguém e jamais havia frequentado fóruns de Justiça, muito menos criminal.

Cercado pelos policiais, Roberto Carlos caminhou por um cordão de isolamento que ia da porta de saída do elevador até a entrada da sala 1-399, no terceiro andar. Um grande número de jornalistas já se concentrava ali na expectativa de obter alguma declaração. Passei rápido por eles, prometendo conversar depois. Roberto Carlos também não falou com a imprensa. A nos esperar na sala estavam o juiz Tércio Pires, dois representantes do Ministério Público e uma escrevente. O cantor entrou acompanhado de sua secretária e de dois advogados, ficando os seguranças do lado de fora. Comigo entraram os advogados da editora Planeta, o diretor-geral da empresa, César González, e o editor Pascoal Soto — ambos também réus no processo criminal.

O juiz mandou então fechar a porta da sala e deu início à audiência. E ali, pelas cinco horas seguintes, seria reduzido a pó um trabalho de quinze anos de pesquisa. Todo esse tempo de investimento, de madrugadas acordado diante de um monitor, diante de livros e escritos, recortes de jornais e revistas, ouvindo e transcrevendo inúmeras fitas cassetes, escrevendo, tudo foi por água abaixo naquela sala.

A proibição e a apreensão do livro *Roberto Carlos em detalhes* são consideradas graves agressões à liberdade de expressão. Por isso, muitos reagiram de forma contundente contra o resultado daquela audiência no fórum da Barra Funda. Outros, porém, concordaram com a atitude de Roberto Carlos, apoiando a censura. A polêmica se estabeleceu definitivamente, ocupando os principais veículos de comunicação do país e até alguns no exterior, sendo citada em reportagens no *Le Monde* e no *New York Times*.

Advogados, políticos, artistas, acadêmicos, jornalistas e pessoas do povo comentaram o caso. Do escritor Paulo Coelho ao ex-ministro da Fazenda Antonio Palocci; do jurista Saulo Ramos ao então ministro da Cultura, Gilberto Gil; passando por Hebe Camargo, Caetano Veloso, Marisa Monte, Ruy Castro, Nelson Motta, Carlos Heitor Cony, Maria Bethânia, Elio Gaspari, Zeca Pagodinho, Zuenir Ventura e vários outros que manifestaram publicamente a sua opinião, contra a proibição do livro ou a favor dela. A polêmica ocupou também diversos espaços públicos: do plenário do Congresso Nacional aos salões da Academia Brasileira de Letras; dos auditórios de renomadas universidades às mesas dos mais humildes botequins. Nunca o debate em torno da proibição de uma obra alcançou tamanha repercussão no Brasil.

O caso, portanto, já é de conhecimento do grande público. O que não se sabe até agora são os detalhes, os bastidores, as muitas informações em torno da pesquisa, da publicação e da proibição de *Roberto Carlos em detalhes*. Como foi travada essa disputa judicial? Quais as artimanhas nos autos do processo? O que aconteceu de fato naquela audiência? E mais: como surgiu a ideia do livro? Qual o processo de construção de uma biografia? Quais os caminhos que percorri durante a pesquisa? Como foram as tentativas de entrevistar Roberto Carlos? E afinal: por que o cantor teria ficado tão furioso com o livro? Quais os recursos usados por seus advogados para obter a proibição da obra? O que dizem as personalidades que se manifestaram contra Roberto Carlos ou a favor dele? E quais os meus argumentos de defesa?

Das acusações dirigidas a mim no processo judicial, algumas foram explicitadas em entrevistas pelo próprio Roberto Carlos, como esta: "A minha história é um patrimônio meu, quem escreveu este livro se apropriou deste meu patrimônio e usou este patrimônio em seu próprio benefício". Ou seja, alega que eu seria um usurpador da história alheia, como se a história de uma figura pública não pertencesse também à coletividade nem fosse de interesse geral. Neste novo livro, conto a *minha* história, falo da longa e intensa relação com o meu objeto de estudo que resultou naquela biografia, que acabou me tornando réu de dois processos. É a história de um brasileiro, vindo do interior, filho de trabalhadores, fã de Roberto Carlos, que contra todas as adversidades estudou, chegou à faculdade, pesquisou e escreveu sobre o maior ídolo da nossa música popular. Esta é a minha versão sobre um polêmico acontecimento que já não pertence apenas a mim ou a Roberto Carlos, mas sim à história da luta por maiores liberdades públicas no Brasil.

1. O fã e o ídolo

Meu Deus, como será o dia que eu crescer e um homem for abrir os botões da minha blusa? Como serão os meus seios quando eu crescer? E será que meu corpo será cheio de curvas como a estrada de Santos?

Carolina Ferraz

Eu era apenas uma criança, de quase quatro anos, quando começou a minha história com Roberto Carlos. Era final de 1965, época do Natal, e todas as rádios tocavam "Quero que vá tudo pro inferno" — canção recém-lançada que marcaria definitivamente a relação de Roberto com o Brasil. Lembro a primeira vez que ouvi a música: caminhava de mãos dadas com minha mãe pelas ruas do centro da minha cidade, Vitória da Conquista, interior da Bahia. As lojas estavam cheias de gente, e as vitrines, repletas de imagens de Papai Noel. Meus olhos eram atraídos pelo símbolo do Natal, e meus ouvidos, pela canção de Roberto Carlos. Por conta disso, durante boa parte da minha infância associei Papai Noel ao inferno — o que me fazia ver esse lugar como bem pouco assustador.

Não me recordo de ter ouvido outra música de Roberto Carlos antes desse Natal de 1965. O que se explica não apenas pela minha pouca idade, mas também porque seus sucessos anteriores, como "Splish Splash" ou "Parei na contramão", atingiram somente o público adolescente ligado ao universo do iê-iê-iê. Quem não estava interessado nisso não tomava conhecimento do cantor. Mas "Quero que vá tudo pro inferno" foi um estouro tão grande que levou a voz do artista mesmo a quem não a procurasse, mesmo a quem não a conhecesse — e nisso se incluíam crianças como eu e também jovens universitários, na época mais identificados com a Bossa Nova ou as artes de vanguarda.

Não por acaso, eu, Chico Buarque e o escritor Paulo Coelho escolhemos "Quero que vá tudo pro inferno" em uma reportagem em que personalidades revelaram a canção de Roberto de que mais gostam. "Talvez eu até prefira outras, e gosto de muitas, mas foi ouvindo essa canção que conheci Roberto Carlos. Eu gostava dela, mesmo sem querer", disse Chico Buarque. "'Quero que vá tudo pro inferno' foi a música que me abriu as portas para o maravilhoso mundo de Roberto Carlos. Desde então, compro todos os seus discos", revelou Paulo Coelho. Pois na mesma época meu ouvido de criança também foi atraído pela força arrebatadora daqueles versos, daquela melodia e daquela voz. E a partir daí nunca mais perdi Roberto Carlos de vista. "Quero que vá tudo pro inferno" — faixa de abertura do álbum *Jovem Guarda* foi, portanto, a canção fundadora da minha relação com o ídolo e com a própria música de maneira geral.

Em minha casa não tínhamos toca-discos, mas havia sempre um rádio, porque minha mãe é de religião protestante e gostava de ouvir programas evangélicos. Para minha sorte, a ocupação evangélica no dial ainda era pequena, o que deixava o rádio livre a maior parte do tempo para ouvir aquilo que realmente me atraía: a música profana de Roberto Carlos e de outros ídolos da juventude.

Havia na cidade duas emissoras: a zyn25, Rádio Clube de Conquista, e a zyd-9, Rádio Regional de Conquista — ambas am e com uma programação diversificada que cobria quase todas as vertentes da música popular. Do repertório internacional, ali eu ouvia, por exemplo, Beatles, Simon & Garfunkel, José Feliciano, Elvis Presley, além de canções italianas e francesas, que faziam muito sucesso no Brasil. De gravações nacionais tocava-se bastante Roberto Carlos e a turma da Jovem Guarda, além de sambas, boleros, baladas românticas, sertanejo e a nascente mpb festivalesca de sucessos como "A banda", "Disparada", "Ponteio", "Alegria, alegria" — que também trago na minha memória afetiva. As rádios não eram segmentadas como hoje, e podiam-se ouvir numa mesma emissora uma gravação de Waldick Soriano e, na sequência, outra de Chico Buarque. A programação radiofônica, especialmente em cidades do interior, era uma saudável geleia geral.

Como se não bastasse, contávamos também com um serviço de alto-falantes, "A voz de Conquista", que insistia em continuar operando mesmo depois da inauguração das emissoras de rádio. Seus alto-falantes ficavam em pontos estratégicos de algumas ruas do centro e funcionavam apenas no horário noturno, a partir das sete horas, quando as rádios começavam a transmitir o obrigatório *Hora do Brasil*. Mas parecia que o dono desse serviço tinha deixado de adquirir discos depois de 1950, porque a programação musical era exclusivamente de gravações muito antigas e, pelos chiados, em discos de 78 rotações mais do que rodados. Ali conheci as grandes vozes do passado, como Francisco Alves, Orlando Silva e Dalva de Oliveira, em repetidas audições de "Aquarela do Brasil", de Ary Barroso, "Rosa", de Pixinguinha, e "Ave Maria no morro", de Herivelto Martins. Daqueles alto-falantes me lembro de ouvir também sons de orquestra que eram provavelmente gravações de Glenn Miller, Xavier Cugat e Ray Conniff.

Eu ouvia tudo isso na época e gostava de muita coisa, eram informações que recebia, mas a única voz que conseguia identificar era a de Roberto Carlos — o ídolo maior da juventude brasileira e de milhares de crianças, que também amavam o rei da Jovem Guarda, imitavam seus gestos e repetiam suas frases e gírias. Eu devia fazer isso com muita graça, porque frequentemente me pediam: "Paulinho, canta aí aquela música do Roberto Carlos". Aos quatro ou cinco anos, achando que inferno era o lugar de Papai Noel, eu soltava a voz: "Quero que você me aqueça nesse inverno/ E que tudo o mais vá pro inferno… Mora?".

Depois dessa música, fiquei atento a tudo o que Roberto cantava e descobri que ele tinha vários outros temas, alguns tão divertidos que pareciam gravados especialmente para as crianças. Foi o caso da canção "O feio", lançada no mesmo disco que traz "Quero que vá tudo pro inferno". Eu ria ao ouvir no rádio aquela história de um cara feioso e esquisito que "quando sorrindo está/ Parece que um temporal vai desabar/ Seu vasto narigão me lembra/ Me lembra um grande pimentão". Esta talvez seja a canção mais esquecível do histórico álbum *Jovem Guarda*, mas "O feio" soava muito bem aos ouvidos do público infantojuvenil que estava descobrindo e se encantando com a música de Roberto Carlos.

Antes mesmo de assistir ao primeiro filme de faroeste eu já gostava do gênero por conta da música "História de um homem mau", gravação de Roberto Carlos que narra o clássico duelo do bem contra o mal no Velho Oeste: "Eu vou contar pra todos a história de um rapaz/ Que tinha há muito tempo a fama de ser mau". Outra gravação dele que divertia as crianças era "Brucutu", versão de "Alley Oop", nome original do personagem pré-histórico criado pelo desenhista Vincent T. Hamlin: "Olha o Brucutu, Brucutu/ Mora só numa caverna, dorme mesmo é no chão/ Olha o Brucutu, Brucutu/ O seu carro é um dinossauro e veste pele de leão". Eu ainda não era alfabetizado e, portanto, não lia revistas em quadrinhos ou tiras de jornais. Quando comecei a fazê-lo, esse personagem era o que eu mais conhecia exatamente por causa da gravação de Roberto Carlos.

Segundo dados do IBGE, a população infantil até quatro anos no Brasil naquela época era de 16% de um total de 80 milhões de habitantes. Outros 37% eram de pessoas entre cinco e vinte anos. Roberto Carlos podia contar com mais de metade da população brasileira. Enquanto integrava a Jovem Guarda, o repertório dele procurava atender exatamente a esses dois públicos. Seu alvo principal eram os jovens próximos dos vinte anos, consumidores de discos, que se identificavam com a doce rebeldia de canções como "É proibido fumar", "Quero que vá tudo pro inferno", "Eu sou terrível" e "É papo-firme" — a maioria composta por Roberto e Erasmo Carlos. Porém Roberto reservava uma ou duas faixas dos discos para atender ao segmento infantojuvenil. Eram crianças e adolescentes que também gostavam das canções acima, mas se identificavam mais com "Brucutu", "O feio" e "História de um homem mau". Assumidamente ingênuas, com narrativas simples e divertidas, essas e outras canções são quase desenhos animados em forma de música. São histórias cantadas com recursos de onomatopeias e que incluíam também colagens de sons. Voz do personagem (em "Brucutu"), rugido de leão ("Um leão está solto nas ruas"), zumbido de nave espacial ("Na lua não há"), estalo de beijo ("Splish splash"), apito de guarda ("Parei na contramão"), sirene de viatura policial ("Os sete cabeludos"), vozes de assombração ("Noite de terror") — tudo isso se ouvia nessas gravações. Eram diferentes efeitos sonoros que realçavam a narrativa e mexiam com a imaginação do público, em especial das crianças.

O mercado fonográfico ainda não se preocupava em produzir música infantil ou lançar artistas dedicados exclusivamente às crianças. Para esse segmento, as gravadoras ofereciam apenas o palhaço Carequinha com suas cantigas de roda ou então aqueles disquinhos coloridos com narração de histórias infantis. Nada comparável à força da execução massiva que ocorreria muitos anos depois com o lançamento de grupos como Turma do Balão Mágico e apresentadoras como Xuxa e Angélica. Na falta deles, as crianças dos anos 1960 tinham que se virar mesmo era com Roberto Carlos, Beatles, Wilson Simonal, Rolling Stones, Caetano Veloso e outros ídolos da juventude. Desde cedo isso educou meu ouvido para outras sonoridades, como a de João Gilberto — que só fui conhecer bem mais tarde, pelo disco. Mas ao ouvir e me apaixonar pela música de João eu já tinha milhares de audições de Roberto Carlos. O uso funcional e moderno da voz, o canto enxuto, sem vibrato, enfim, as lições de João que, sem saber, eu já aprendia desde a infância com Roberto, por certo me facilitaram a compreensão da grandeza da arte do próprio João Gilberto.

Em dezembro de 1966, a revista *Manchete* promoveu e registrou uma conversa entre três jovens ídolos da música popular brasileira: Roberto Carlos, Chico Buarque e Geraldo Vandré. Ao ser indagado por Roberto sobre o que achava da música iê-iê-iê que ele fazia, Chico Buarque respondeu: "Você consegue um negócio importantíssimo. Consegue se comunicar com um público que a gente não pode ignorar: as crianças. Mesmo quem está em outras correntes musicais, como Vandré, como eu mesmo, tem que pensar muito nisso. Você encontrou um caminho para chegar ao público infantil. Por isso eu considero sua obra importante".

De fato, nem Chico nem Geraldo Vandré ou qualquer outro nome da nascente MPB conseguia atrair a atenção das crianças como Roberto Carlos. Só a partir de meados dos anos 1970 Chico Buarque produziria alguns trabalhos direcionados ao público infantil, como os discos *Os saltimbancos* e *Os saltimbancos Trapalhões*. Eu mesmo, aos cinco, seis anos, me lembro de ouvir "A banda" no rádio na voz de uma mulher, mas não fazia a mínima ideia de que ela se chamava Nara Leão e muito menos de que o autor daquela música era um tal de Chico Buarque de Hollanda. Na minha infância, o único artista da música brasileira que eu identificava pelo nome, pela imagem e pela voz era Roberto Carlos. E quando irrompia uma canção dele no rádio, eu pulava de alegria e corria para perto do aparelho.

Minha família percebia isso e, sempre que possível, me indicava algo relacionado ao cantor. Certa vez, estava na casa de tio Jesuino, o Ziziu, quando ele me chamou para mostrar um papelão quadrado, espécie de minipôster colorido, com a imagem de um rapaz trajando camisa social azul: era Roberto Carlos com olhar meio triste e leve sorriso em uma foto de busto, quase de perfil. Mas o que mais me surpreendeu — e tornou esse momento inesquecível — foi que meu tio pegou aquele minipôster de papelão (que tinha um buraco no meio) e colocou na vitrola para rodar. E dali saiu um som de buzina muito engraçado — fon, fon —, seguido da voz do cantor que dizia: "Essa é uma das muitas histórias que acontecem comigo…". Era a gravação de "O calhambeque", que até então eu não conhecia, num disco promocional das canetas Sheaffer. O público que comprava a caneta ganhava de brinde esse disco em papelão com a gravação e a foto colorida de Roberto Carlos. Eu ria só de ver aquele papelão quadrado rodando no toca-discos; ria mais ainda ao ouvir o som de buzina tocada na introdução e que voltava a tocar no final da história do calhambeque, quando Roberto ia embora fazendo o arrããããããããããmmmm! Eu ria tanto de tudo aquilo que me lembro de ver as pessoas se divertindo com a minha alegria. Sempre que ia à casa do meu tio, eu pedia para ele tocar a "música de papel do Roberto Carlos".

Atentas ao rei da Jovem Guarda, muitas crianças se preocupavam com o que pudesse acontecer com ele. Numa das inúmeras correspondências enviadas semanalmente ao então prefeito de São Paulo, Faria Lima, uma criança pede para que seu ídolo Roberto Carlos seja preso. As razões para o inusitado pedido ela esclarece na carta:

> Prezado Prefeito, Sr. Faria: Eu sou uma menina de onze anos e já sei muito bem o que a vida nos oferece de bom e de mau, por isso eu queria lhe pedir um grande favor, um favor que diz respeito ao nosso tão querido Roberto Carlos. Eu quero que o senhor mande prender o Robertinho, sabe? Eu temo muito pela vida dele e rezo todas as noites para que nunca lhe aconteça nada. [...] Papai diz que a vida do Roberto Carlos é muito parecida com a de um ator de cinema, um tal de James Dean, que era louco por corridas de carro, e em um dos desastres que teve perdeu a vida. Papai disse que isso também pode acontecer com o Robertinho, pois ele é louco por carros e quando está dirigindo não vê nada na frente. Isso pode um dia lhe custar a vida e só de pensar nisso eu fico toda arrepiada. Por

isso é que eu quero que o senhor prenda o Roberto, assim ele não viajará mais de avião, nem de carro, e nós o teremos vivo e feliz.

Não havia maiores expectativas em torno do álbum *Jovem Guarda* quando foi lançado no fim de 1965, trazendo "Quero que vá tudo pro inferno". Até então, Roberto Carlos era um artista sem grande projeção e que nunca lançara álbuns na época do Natal. Portanto, aquele LP chegou sem muitos anúncios, mas sua grande repercussão mudaria o rumo dos acontecimentos. Roberto Carlos foi coroado rei da juventude, tornou-se o nome mais badalado do show business nacional, além de incorporar, definitivamente, a linguagem do pop rock à música brasileira. Seu próximo LP foi então programado para o fim de 1966 — e este sim seria o seu primeiro lançamento ansiosamente aguardado pelo público. Havia agora uma grande audiência para os discos de Roberto Carlos e uma natural curiosidade sobre seu desempenho depois do polêmico e estrondoso sucesso de "Quero que vá tudo pro inferno". Comentava-se sobre outros ídolos que no passado tinham perdido a popularidade e o rumo na carreira depois de um breve sucesso inicial. Seria Roberto Carlos mais uma daquelas nuvens passageiras?

Suas próximas gravações iriam definir a parada. Uma prévia do conteúdo do álbum seguinte foi mostrada no volume XVIII do LP *As 14 mais*, coletânea com novas gravações do elenco de música jovem da CBS. Lançado em julho de 1966, o álbum trouxe duas faixas com Roberto Carlos: "Esqueça" e "É papo-firme", que entraram logo nos primeiros lugares das paradas. Era um sinal de que o cantor continuaria com força no cenário musical do país. O teste definitivo veio mesmo em dezembro, com o lançamento do seu novíssimo LP, que pela primeira vez trouxe no título apenas o nome do cantor — e mais não precisava — em uma capa em preto e branco, com metade de seu rosto na sombra, inspirada no álbum *With the Beatles*. Eram doze faixas, metade em cada lado do LP, alternando canções mais românticas com outras mais roqueiras, a maioria delas inédita.

Quem tinha apostado na queda de Roberto Carlos perdeu feio. O álbum foi um estouro de execução e de vendagem. Não era para menos, pois o cantor produziu um dos melhores lados A da história do vinil no Brasil. Faixa 1: "Eu te darei o céu"; faixa 2: "Nossa canção"; faixa 3: "Querem acabar comigo"; faixa 4: "Esqueça", faixa 5: "Negro gato"; e faixa 6: "Eu estou apaixonado por você".

É uma face de vinil tão perfeita que nas primeiras audições muitos fãs nem viravam o disco na vitrola. Tocavam várias vezes esse lado A para só depois ir conhecer o que havia no lado B. Este era menos sublime, não perdia o pique, pois abria com "Namoradinha de um amigo meu" — uma das melhores canções de Roberto Carlos — e prosseguia com "O gênio", "Não precisas chorar", "É papo-firme".

Mesmo quem não tinha uma cópia desse disco conheceu as suas doze faixas, pois todas tocaram exaustivamente no rádio. Cansei de ouvi-las na Rádio Clube e na Rádio Regional de Conquista, por exemplo. Minhas faixas preferidas eram a infantojuvenil "O gênio", que conta uma nova versão da história do gênio da garrafa, e a eletrizante "Negro gato". Eu achava bárbara aquela história de um gato sempre em apuros, em especial pelos gritos de miauuuuu que Roberto Carlos dá em meio aos solos de guitarra.

A ótima recepção desse álbum consolidou definitivamente o ídolo da Jovem Guarda como o grande vendedor de discos no país. Foi quando começou pra valer a Era Roberto Carlos na música brasileira. A partir de 1966, a cada fim de ano o mercado fonográfico e milhões de brasileiros viviam uma mesma expectativa: o novo LP do cantor. Às vezes o disco chegava semanas antes do Natal, outras vezes, muito em cima da data, mas sempre chegava. E quando isso acontecia, era uma alegria para os fãs descobrir as novas canções de Roberto Carlos. Cada novo LP tornava-se rapidamente o mais executado e vendido da música brasileira.

Para os fãs, era um investimento garantido — apesar de todas as restrições da crítica, que insistia em desprezar o trabalho dele. Sylvio Tulio Cardoso, por exemplo, um dos grandes críticos da época, dizia em sua coluna em *O Globo* que Roberto Carlos fazia "submúsica". O cantor, porém, ignorava a opinião dos analistas, fazendo seu disco ao agrado dos fãs. "Que me desculpem os críticos, mas a crítica não representa o gosto do povo. E eu faço disco para o povo", disse certa vez. Firmou-se então, a partir de 1966, uma espécie de acordo tácito entre Roberto Carlos e o povo brasileiro. O cantor se comprometia a lançar um novo álbum em cada Natal, mas não um álbum qualquer, e sim um com grandes canções; ainda, não com grandes canções já gravadas, e sim um álbum com canções em sua maioria inéditas — e os fãs se comprometiam a ir anualmente comprá-lo. Um acordo nunca verbalizado, mas implicitamente feito pelo artista e seu público.

Ao contrário de outros cantores, que lançavam LPs com uma ou duas boas canções, enquanto as demais eram apenas para preencher a cota, Roberto teria que produzir álbuns em que quase todas as faixas viriam com potencial de sucesso. E, além disso, a maior parte do repertório do disco seria inédita, canções novas, tolerando-se apenas uma ou outra regravação. Nada de seguir o caminho de cantores como Johnny Mathis, Andy Williams ou, mais tarde no Brasil, Emílio Santiago, que se notabilizaram por regravar clássicos antigos ou canções do hit parade. Roberto Carlos teria que ser um criador de sucessos e de futuros standards da música popular. Portanto, ele que se esforçasse, se virasse, compondo com Erasmo parte do repertório do disco e pedindo a demais compositores a outra parte. Para o público, o importante era que a cada ano, impreterivelmente, o artista cumprisse a sua parte no acordo, porque ele, o público, também estaria disposto a cumprir a sua.

Para a gravadora CBS e para a indústria fonográfica nacional, tal pacto foi um excelente negócio, porque movimentou o mercado de discos no Brasil por mais de três décadas, período em que durou a Era Roberto Carlos na música brasileira.

Ao decidir lançar seus LPs na época do Natal, o cantor se beneficiava da recente promulgação da Lei do Décimo Terceiro Salário, regulamentada em 1965, que possibilitava ao trabalhador brasileiro consumir mais no fim do ano. Em décadas passadas, o período de maior produção e faturamento das gravadoras era no Carnaval, quando a maioria dos cantores, inclusive os românticos, gravavam sambas e marchinhas. O grande sucesso de Roberto Carlos acabaria inventando outra tradição no Brasil, a dos discos de fim de ano, data que seria também escolhida para lançamentos de álbuns de Chico Buarque, Simone, Milton Nascimento, Benito di Paula e vários outros artistas.

A cumplicidade entre Roberto e seu público seria reforçada no fim de 1967, quando chegou ao mercado o novo LP do cantor: *Roberto Carlos em ritmo de aventura*, mesmo título do filme previsto para o início do ano seguinte. Ao todo, doze faixas, em sua maioria belas, grandiosas canções, e quase todas inéditas: "Eu sou terrível", "Quando", "Como é grande o meu amor por você", "Por isso corro demais", "Você não serve pra mim", "E por isso estou aqui", "Só vou gostar de quem gosta de mim". "O sósia" talvez seja a mais fraca do álbum, mas na época era essa de que as crianças mais gostavam, embora nem soubessem o significado do título. A faixa conta em estilo revista em quadrinhos a divertida história de um rapaz que tinha a mesma cara de Roberto Carlos — numa referência aos vários imitadores seus que surgiam no período da Jovem Guarda.

O fato é que, com esse novo disco, Roberto Carlos mais uma vez fez a sua parte, e o público também, pois o álbum vendeu mais que o anterior: 550 mil cópias. Alcançar a venda de meio milhão de LPs nos anos 1960 era algo espetacular. Não apenas porque a população era bem menor do que hoje, como era ainda relativamente pequeno o número de toca-discos nas residências brasileiras. Com baixo poder aquisitivo, a maioria absoluta da população ouvia música apenas pelo rádio.

Em minha casa, por exemplo, não tínhamos vitrola nem televisão. Por isso, nunca assisti ao programa *Jovem Guarda*, que era transmitido na Bahia pela TV Aratu, canal 5, através de videoteipe. Aliás, não havia televisão nem mesmo nas casas próximas de onde eu morava. Nos anos 1960, um aparelho de TV era um bem de consumo restrito basicamente à classe média.

Meu pai, Raimundo, era um camponês sem terra e, invariavelmente, sem emprego, quando conheceu minha mãe, Alzerina, em Vitória da Conquista. Ambos nasceram em áreas rurais da Bahia, tinham baixa escolaridade e moravam havia pouco tempo na cidade. Minha mãe trabalhava em serviços gerais e se interessou por aquele rapaz alto, moreno, que só lhe dizia palavras bonitas. Mas o namoro começou mesmo quando Raimundo apareceu de Bíblia na mão e lhe garantiu que era evangélico. Participante ativa da Igreja Batista, cantora do seu coral feminino, Alzerina não aceitava ter um companheiro de outra religião e, por isso, alguns pretendentes antes dele foram rejeitados. O fato de Raimundo não ter propriedades, estudo, nem mesmo um emprego que garantisse uma renda no fim do mês não foi empecilho para o casamento, realizado poucos meses depois do início do namoro. Minha mãe estava acostumada a trabalhar e acreditava que juntos poderiam construir e sustentar uma família. Para ela, o importante era que os dois se amavam e professavam a mesma fé evangélica.

Bastaram algumas semanas de vida a dois para minha mãe ter a primeira grande decepção com o marido: ele não era evangélico coisíssima nenhuma. Como todo mulherengo, meu pai tinha o dom de dizer às mulheres exatamente o que elas gostariam de ouvir. Sabendo que quanto a religião ela não transigia, na fase do namoro ele se comportou conforme o figurino: indo à igreja, orando ao Senhor e cantando aleluia. Mas a Bíblia que usava era emprestada de um amigo e foi devolvida logo depois do casamento. E o cigarro que ele ocultava da namorada passou a tragar na frente da esposa. Ter um fumante em casa para ela era demais, porém não seria exatamente por isso que iria terminar seu casamento, até porque logo depois minha mãe descobriu que estava grávida do primeiro filho.

Sem muitas oportunidades em Vitória da Conquista, ela insistiu com o marido para que fossem para São Paulo; quem sabe lá encontrariam um bom emprego. Meus avós maternos, Josias e Isaura, tinham se mudado pouco tempo antes e poderiam acomodá-los no início. Raimundo concordou e, depois de uma viagem de vários dias pelo famoso "trem baiano", o jovem casal desembarcou na Estação Roosevelt, no bairro do Brás. Era setembro de 1961; a renúncia de Jânio Quadros e a crise política pela posse do vice João Goulart ainda dominavam as conversas.

Ao chegar a São Paulo, meu pai representava o tipo ideal do homem do povo cultivado pela esquerda brasileira naquele momento. Como parte de um fenômeno conhecido como "romantismo revolucionário", setores intelectuais, estudantis e artísticos viam no "camponês nordestino, de preferência o retirante", o agente de transformação social. "Supunha-se que a aliança retirante-favelado seria a grande força motriz da história." Faltou combinar com meu pai, pois ele jamais gostou de política nem se interessava em participar de qualquer movimento organizado.

Na estação do Brás eles pegaram outro trem para Ermelino Matarazzo, na zona leste, onde moravam meus avós. Creio que se sentiram em casa, pois aquele distrito formava uma espécie de Bahia dentro de São Paulo. Era uma das regiões mais pobres da metrópole e tinha entre os baianos, isoladamente, a maior população de migrantes. Um chefe de seção de uma fábrica na região costumava dizer para seus operários: "Baiano, ensina para esse baiano o serviço dos baianos". Foi o que meu pai teve de aprender ao se empregar em uma fábrica naquele distrito, mas ele não se adaptou e acabou demitido pouco depois.

Na tarde de 14 de março de 1962, ele e a esposa caminhavam por uma rua de Ermelino Matarazzo quando foram abordados por policiais. Do carro desceu um PM alto, moreno, de aproximadamente trinta anos, que lhes perguntou se precisavam de ajuda. Sim, respondeu Raimundo, sua mulher se arrastava porque sentia as primeiras dores do parto e ele procurava um ônibus para levá-la a uma maternidade. "Entre aqui com a gente", disse-lhe o policial, que conduziu a viatura em direção à maternidade pública mais próxima. Ao chegar lá, porém, não havia leito disponível. O militar reclamou na recepção, falou do absurdo de um hospital não poder receber uma mulher que estava prestes a ganhar um bebê. "Mas não se preocupe, minha senhora, vou levá-la a uma maternidade onde certamente haverá vaga", disse para minha mãe. E aquela viatura rumou para o centro de São Paulo, parando em frente ao Hospital Leonor Mendes de Barros, no Belenzinho. Como ele previra, minha mãe foi logo atendida. Percebendo a dificuldade de meu pai em preencher os formulários na recepção, aquele PM nos fez mais um favor. Pegou os documentos de Raimundo e de Alzerina e ele próprio preencheu toda a papelada. Antes de retornar para o carro, ainda deixou um aviso na recepção: que após o nascimento da criança eles ligassem para seu Batalhão que ele viria buscar o casal com o filho.

O hospital agiu conforme solicitado, e com três dias de vida, lá fui eu com meu pai e minha mãe rumo à "Bahia de São Paulo" dentro de uma viatura da polícia. Extrapolando mais uma vez a sua função de servidor público, no meio do caminho o militar parou o carro em uma farmácia e desceu para comprar a minha primeira chupeta. No período pré-ditadura militar talvez houvesse mesmo no Brasil o que Chico Buarque chamou de um tempo da delicadeza, que podia se expressar nessa relação mais cordial da polícia com humildes cidadãos da periferia.

Quatro meses depois, em julho, sem emprego e sem perspectiva — e com o Brasil em permanente crise política —, Raimundo decidiu retornar com a família para Vitória da Conquista, onde fui finalmente registrado no cartório de Aristóteles Vieira de Melo. Antes da viagem de volta, porém, minha mãe foi a um "retratista" em Itaquera e tirou a primeira foto do seu bebê — na qual apareço agasalhado do inverno paulistano e exibindo a chupeta que ganhei daquele policial militar.

O ano em que nasci, 1962, é por coincidência também o marco zero do sucesso de Roberto Carlos. Foi quando pela primeira vez uma música dele alcançou boa posição no hit parade: o rock-balada "Malena", de Rossini Pinto e Fernando Costa, gravado pelo cantor em março daquele ano. Foi um sucesso ainda modesto, restrito basicamente às rádios do Rio de Janeiro, mas deu uma notoriedade maior ao jovem cantor. Em junho daquele ano, por exemplo, pela primeira vez ele foi destaque na *Revista do Rádio*, em reportagem que trazia um perfil seu sob o título: "Paixões de Roberto Carlos: brotos, músicas e carros". O fracasso de seu primeiro disco de bossa nova na gravadora Polydor, o fracasso de seu primeiro single na CBS e o também fracasso de seu primeiro álbum na mesma gravadora — tudo isso ocorreu antes de 1962. A partir desse ano a sorte começou a sorrir para Roberto, e depois de "Malena" vieram hits cada vez maiores, como "Splish splash", "Parei na contramão" e "O calhambeque". Portanto, eu crescia junto com o sucesso de Roberto Carlos, e acabaríamos nos encontrando logo mais à frente, no Natal de 1965, com o grande estouro de "Quero que vá tudo pro inferno".

Por essa época, minha mãe já havia sofrido a segunda e definitiva decepção com o marido: descobriu que ele tinha uma amante, e que essa era a principal razão de seus frequentes sumiços de casa. De tempos em tempos, porém, meu pai reaparecia jurando fidelidade e amor à minha mãe — que, cheia de esperança, tentava começar tudo de novo. Mas logo depois de nascer meu irmão, Sérgio, ela descobriu que o marido continuava se encontrando com outras mulheres. Ele então sumiu de casa outra vez para reaparecer mais de um ano depois, dizendo-se arrependido e disposto a refazer seu casamento. A lembrança mais viva que tenho do meu pai nessa época é exatamente ele voltando para casa. Eu nunca o via indo embora, talvez porque ele saísse cedo demais ou muito tarde, quando eu já estava dormindo. Mas recordo da minha alegria ao avistá-lo de volta, tirando o chapéu e sacudindo a poeira em frente à porta de casa.

Às vezes ele sumia porque gostava muito de caçar. Meu pai se metia no mato com dois ou três cachorros e uma foice, para só reaparecer dias depois, trazendo vários tatus. Certa vez, passamos mais de uma semana comendo carne de tatu. Mas a caça podia ser também apenas um pretexto para sair ao encontro de alguma mulher. Até que um dia minha mãe decidiu se separar dele definitivamente. A música de Roberto Carlos que melhor descreve a história de amor dos meus pais não foi gravada naquela época. O cantor precisou de tempo e maturidade para sintetizar um caso desses numa canção, parceria com Erasmo Carlos: a balada "Do fundo do meu coração", lançada em 1986: "Eu, toda vez que vi você voltar,/ Eu pensei que fosse pra ficar/ E mais uma vez falei que sim/ Mas, já depois de tanta solidão/ Do fundo do meu coração/ Não volte nunca mais pra mim".

Minha mãe seguiu sozinha, sendo pai e mãe de suas duas crianças. Pensão alimentícia nem se cogitava, porque Raimundo não tinha renda fixa nem direitos trabalhistas. Meu pai atuava no campo numa época em que o trabalhador rural não era contemplado pelas leis da CLT. A solução foi minha mãe desenvolver algumas atividades, como fazer flores artificiais, que vendia pelas redondezas, levando eu e meu irmão a tiracolo. Ou então vender leite, que um fornecedor de uma fazenda próxima lhe entregava. E que os filhos crescessem um pouco mais para também logo começarem a trabalhar.

Em abril de 1968, Roberto Carlos se casou com Cleonice Rossi, a Nice, e muitos apostaram que isso levaria ao fim do seu reinado na música brasileira. O argumento era que o público feminino não aceitaria um ídolo jovem casado, ainda mais com uma mulher desquitada e mãe de uma filha. Acreditava-se que era necessário manter a ilusão de que, um dia, uma das fãs seria a escolhida dele. Se ao menos a eleita do rei fosse solteira, mais jovem e virgem, as fãs poderiam olhá-la com inveja, mas se sentiriam representadas por ela. No caso de Nice, definitivamente, não. Típica mulher da classe média paulistana, ela era em quase tudo oposta ao perfil das fãs do cantor.

A emergência, naquele momento, do jovem cantor Paulo Sérgio, com voz e estilo semelhantes aos do rei da Jovem Guarda, seria a comprovação de quem apostava na decadência de Roberto Carlos. Solteiro e romântico, em meados de 1968 Paulo Sérgio ocupou, de fato, todas as paradas de sucesso com os hits "Última canção", "No dia em que parti" e outras faixas de seu primeiro álbum. Foi tia Dirce quem me informou que aquelas músicas não eram de Roberto Carlos, e sim de um novo cantor chamado Paulo Sérgio. Duvidei da informação porque desconhecia esse artista e, quanto mais ouvia "Última canção", mais acreditava que era uma gravação de Roberto Carlos. Será que não era ele? Aliás, o próprio Roberto chegou a pensar assim. "Paulo Sérgio é a mais perfeita imitação minha. Eu até me confundi com ele ao ouvi-lo cantando no rádio", disse em uma entrevista.

Só me convenci do contrário quando estava na casa de meus avós e tia Lúcia chegou acompanhada de duas colegas que traziam o primeiro LP de Paulo Sérgio. As meninas colocaram uma das faixas para tocar e me mostraram o nome e a foto do cantor na capa do disco. Realmente, não se tratava do meu ídolo, mas de alguém que cantava muito parecido e tinha o mesmo sorriso tímido, os mesmos olhos tristes e os mesmos modelos de pulseiras e cordões de Roberto Carlos. Porém a minha admiração pelo rei da Jovem Guarda não me impediu de gostar do outro. Desde que constatei que "Última canção" era um sucesso de Paulo Sérgio, continuei a apreciar essa e outras músicas que ele gravou.

O fato de o estouro do sósia ocorrer logo em seguida ao casamento de Roberto Carlos deu margem a previsões apocalípticas. O mais popular apresentador da televisão brasileira, Abelardo Barbosa, o Chacrinha, foi categórico: "Roberto Carlos acabou. Não existe mais Roberto Carlos", garantindo que o novo rei da juventude seria agora Paulo Sérgio. Mas Roberto sabia que a manutenção de sua carreira não dependia de seu estado civil e respondeu. "Não será o meu casamento que decretará a minha queda, como muitos chegam a achar inevitável. Nunca acreditei em nenhuma das profecias negras que fizeram a meu respeito. Atravessei mais um inverno e poderei atravessar outros. Tudo vai depender de meu repertório." Ou seja, ele tinha consciência de que o importante era cumprir aquele seu compromisso de entregar no fim do ano um disco com grandes canções e em sua maioria inéditas. E foi o que fez em dezembro de 1968, ao lançar *O inimitável* — título com clara referência a Paulo Sérgio. Com pulsantes arranjos em estilo soul, o LP reunia músicas que se tornariam clássicos como "Se você pensa", "As canções que você fez pra mim", "Ciúme de você" e "Eu te amo, te amo, te amo".

O sucesso foi absoluto, e mais uma vez o cantor ultrapassou a barreira de meio milhão de discos vendidos no lançamento. Foi quando o fenômeno Roberto Carlos passou a chamar a atenção da matriz da CBS nos Estados Unidos. Ela recebia mensalmente a lista de best-sellers de todas as suas filiais no mundo. Quando a matriz começou a ver os números alcançados por Roberto Carlos no Brasil, ficou estupefata. Nenhuma das outras filiais tinha um artista local que conseguisse vender tantas cópias a cada lançamento.

Os executivos norte-americanos da CBS fizeram então análises comparativas da vendagem de Roberto com a de outros artistas no mercado dos Estados Unidos. Através de cálculos proporcionais, afirmaram que, considerando o poder aquisitivo da população brasileira — bastante inferior ao da norte-americana, bem como o número de toca-discos nas residências —, os 500 mil discos vendidos a cada lançamento por Roberto Carlos corresponderiam a 10 milhões de cópias nos Estados Unidos. E, assim, o cantor brasileiro seria um fenômeno só comparável mesmo a outros fenômenos, como Elvis Presley e os Beatles.

Além dos 500 mil consumidores de cada LP de Roberto Carlos, havia uma outra multidão que gostaria, mas não podia comprar um álbum dele. Eu conhecia pessoas da minha família e da vizinhança que, por falta de dinheiro, contentavam-se em ouvi-lo apenas pelo rádio. Ou compravam, no máximo, um compacto seu.

Para atender a essa parcela do público de menor poder aquisitivo, a CBS adotava a seguinte estratégia de mercado: retalhava o álbum de Roberto Carlos em três compactos duplos (quatro faixas cada), que eram lançados a intervalos de mais ou menos três meses e geralmente com a mesma capa do LP. Por exemplo, o álbum *Jovem Guarda*, lançado em novembro de 1965. No mês seguinte, quando o LP já tinha vendido uma grande quantidade de cópias, a gravadora lançou um primeiro compacto duplo, *Jovem Guarda vol. 1*, com quatro faixas dele. No início de 1966, lançou *Jovem Guarda vol. 2*, com mais quatro faixas, e, em junho daquele ano, *Jovem Guarda vol. 3*, com as quatro faixas que restavam. E assim, uma parcela do público acabava comprando o LP fatiado, a prestações, e ao final reunia as doze canções do álbum que não pôde comprar na época do lançamento. Com o tempo, a gravadora foi reduzindo a fatia de cada álbum, que ficou restrita a apenas dois compactos duplos (oito faixas no total), depois a apenas um compacto (quatro faixas), até que, a partir de 1986, a CBS deixou de vender singles de Roberto Carlos. Mas, enquanto durou, essa foi a forma de atender aos fãs mais pobres do artista.

A partir do álbum *O inimitável*, de 1968, Roberto Carlos deixou de gravar músicas de temática infantojuvenil e passou a se dedicar exclusivamente a um repertório romântico e adulto. Isso ficou evidente para o compositor Getúlio Côrtes, seu principal fornecedor de temas estilo revista em quadrinhos. Na fase de preparação desse LP, Roberto Carlos disse-lhe textualmente que não gravaria mais aquele tipo de música, pedindo-lhe canções românticas. Compositor obediente e versátil, Getúlio Côrtes passou então a compor ao gosto do cliente. Assim as crianças deixaram de ter uma faixa especificamente para elas nos discos de Roberto Carlos. Mas àquela altura já estávamos todos cativados pelo artista e seguimos ouvindo suas novas canções românticas e em roupagem black music.

Em 1968, morávamos na rua Guimarães, situada em frente à rodovia BR--116, no trecho da famosa, Rio-Bahia. Era uma rua estreita e sem calçamento quase na saída da cidade, na parte de baixo da rodovia. Minha casa era modesta, apenas um quarto, sala e cozinha, ainda sem luz elétrica ou água encanada. Saneamento básico ali também não existia, e o "vaso sanitário" era uma poça coberta por madeira no fundo do quintal, ao lado de um pé de bananeira. No fim da rua tinha uma borracharia que atendia ao grande movimento de automóveis da Rio-Bahia, especialmente caminhões. Pedaços de pneus se espalhavam pela rua e serviam de combustível para fogueiras improvisadas nas noites frias de Vitória da Conquista. Muitos moradores se reuniam em torno dessas fogueiras para conversar ou ouvir rádio. Eu também costumava ficar por ali à noite brincando com os meninos da vizinhança. Por isso, a canção "Eu te amo, te amo, te amo" tem para mim um eterno cheiro de borracha queimada. Ao redor das fogueiras, muitas vezes ouvi esse e outros sucessos daquele ano, como "Sá Marina", com Wilson Simonal, "Bilhetinho apaixonado", com Katia Cilene, e "A pobreza", gravação de Leno. Até hoje, quando passo por uma rua da periferia e sinto cheiro de borracha queimada, viajo para o tempo e o lugar dessas canções.

Morei em quase todas as ruas dos subúrbios de minha cidade e estudei em quase todas as suas escolas públicas. Mudávamos muito de casa, na maioria das vezes por causa do aumento do aluguel. Não podíamos pagar, procurávamos outro local, outra moradia. Minha infância foi assim: mudando de casa, de rua, de bairro, de escola, de amigos. Acho que nunca fiquei mais de um ano em um mesmo endereço em Vitória da Conquista. Hoje consigo identificar a época de cada residência pela lembrança das canções de Roberto Carlos. Como um daqueles "lugares de memória" de que fala o historiador francês Pierre Nora, a canção popular é também um meio de transporte que nos leva a espaços e tempos de nossa vida. Basta ouvir aquela antiga canção e lá estamos nós sorrindo ou sofrendo com as recordações, felizes ou não, mas lembrando com tanta clareza que revivemos tudo outra vez.

Em um final de tarde em 1969, tia Lívia, irmã caçula de minha mãe, chegou agitada do colégio. Ela tinha longos cabelos castanhos, batendo quase na cintura, que se alvoroçavam na sua agitação. Depois de jogar livros e cadernos sobre a mesa, ela me abraçou e fez uma pergunta: "Linho" — era assim que me chamava —, "sabe quem vem fazer um show aqui em Vitória da Conquista?". Tia Lívia parecia mesmo eufórica em me contar a novidade, e antes que eu tentasse adivinhar, ela exclamou sorrindo: "Roberto Caaaarlos!". Contou que suas colegas tinham ouvido a informação no rádio e que, naquele dia, não se falou de outra coisa nos intervalos das aulas.

Eu tinha sete anos e embora nem soubesse exatamente o que significava um show, fiquei feliz só de saber que Roberto Carlos visitaria nossa cidade. Na minha cabeça — e coração de criança —, imaginava que o artista iria caminhar pelas ruas e que eu poderia estar ao lado dele, conversar com ele, abraçá-lo. Dias depois, eu próprio ouvi na Rádio Clube a entrevista com um dos promotores do show, garantindo que dessa vez Roberto Carlos iria mesmo se apresentar em Vitória da Conquista. Desde a explosão da Jovem Guarda, no fim de 1965, a presença do cantor era aguardada por seus fãs na cidade. O promotor explicou que Roberto Carlos se apresentaria primeiro em Salvador, depois faria shows em Feira de Santana, Vitória da Conquista e em mais uma ou duas outras cidades do interior da Bahia. Seria uma miniturnê do rei da Jovem Guarda pelo sertão baiano.

A partir daí fiquei na expectativa e frequentemente perguntava à minha tia quando Roberto Carlos iria chegar à nossa cidade. O local e a data do show foram anunciados no rádio, e muitas pessoas se mobilizaram para garantir logo seus ingressos. Entretanto, poucos dias depois veio a informação de que o show não iria mais acontecer, nem em Vitória da Conquista nem nas outras cidades do interior da Bahia. A miniturnê estava cancelada. Os promotores justificaram que as filmagens do novo longa-metragem de Roberto Carlos haviam lhe tomado um tempo maior do que o previsto e que, por isso, seu empresário tivera que cancelar algumas apresentações, confirmando na Bahia apenas o show de Salvador.

De fato, no segundo semestre de 1969 já tinham se iniciado as filmagens de *Roberto Carlos e o diamante cor-de-rosa*, segundo longa dele dirigido por Roberto Farias. O filme anterior, *Roberto Carlos em ritmo de aventura*, havia sido um sucesso absoluto, com 4 milhões de espectadores, além de vários hits com a trilha sonora. Por tudo isso, Roberto Farias decidiu fazer logo um segundo filme com o cantor. Ele concordou, embora soubesse que não seria fácil cumprir os compromissos acumulados.

No fim dos anos 1960, Roberto Carlos vivia sob a pressão de três homens: o produtor Evandro Ribeiro, o empresário Marcos Lázaro e o diretor de cinema Roberto Farias. Cada qual na sua função, eles disputavam espaço na agenda apertada do artista, cobrando trabalho. Evandro Ribeiro pedia novas canções e a presença de Roberto Carlos no estúdio da CBS para gravar os discos sem estourar o prazo de entrega para as lojas. O empresário Marcos Lázaro, por sua vez, queria a disponibilidade de Roberto Carlos para atender as muitas propostas de shows que não paravam de chegar ao seu escritório. E Roberto Farias precisava do cantor nos sets de filmagens.

Como um equilibrista, Roberto Carlos ia atendendo os três na medida do possível, dividindo seu tempo entre os shows, a gravação dos discos e as cenas de pancadaria dos filmes. Numa escala hierárquica, Evandro Ribeiro era quem tinha mais influência sobre o cantor. Afinal, foi sob a produção e orientação do chefão da CBS — a quem sempre chamava de "seu Evandro" — que Roberto Carlos deixou de gravar bossa nova para conquistar as paradas de sucessos com o iê-iê-iê. Portanto, era mais difícil dizer não ao produtor de seus discos. Com Marcos Lázaro ele tinha uma relação estritamente profissional. Por fim, o diretor Roberto Farias, que tratava com ele apenas assuntos relacionados aos filmes que produziram entre 1967 e 1971. Como na prioridade de Roberto Carlos o cinema estava logo abaixo dos shows e dos discos, Roberto Farias era quem mais penava para ter o ídolo na mão.

Isso ocorreu, por exemplo, logo depois de decidirem fazer o segundo longa-metragem. Farias não conseguia agendar uma reunião com o cantor. Ocupado com vários outros compromissos, Roberto Carlos ia sempre adiando o encontro. Após várias tentativas frustradas, Farias soube que o artista estava no Rio de Janeiro (na época, ele morava em São Paulo) e imediatamente ligou para ele, se oferecendo para ir ao seu encontro no horário e local que quisesse. "Farias, não posso me encontrar com você porque vou embarcar hoje à noite para cantar em Veneza", justificou mais uma vez Roberto Carlos.

Convencido de que a reunião poderia mesmo ser adiada indefinidamente, Farias tomou então uma decisão radical: informou-se sobre o voo de Roberto Carlos e de imediato comprou uma passagem. Quando Roberto Carlos entrou no avião, lá estava Roberto Farias aguardando-o na poltrona ao lado. "Embarquei para a Itália sem ter nada o que fazer lá", disse-me, resignado, Roberto Farias. O importante é que a viagem lhe propiciou mais de dez horas ao lado de Roberto Carlos, realizando no ar a reunião que não foi possível na terra. Quando o avião pousou, eles já tinham acertado tudo relativo a *Roberto Carlos e o diamante cor-de-rosa*.

Diferentemente do filme anterior, nesse Roberto Carlos atuaria ao lado dos amigos Erasmo e Wanderléa, com o trio à procura de um diamante perdido. É uma aventura musical com figurino psicodélico e cenas rodadas no Brasil, no Japão e em Israel. As dificuldades para encontrar espaço na agenda de Roberto Carlos continuaram na fase de produção. Em meados de outubro de 1969, eles estavam filmando em Tóquio quando o cantor lhe fez um pedido inusitado. "Farias, será que dava para você me liberar para uma viagem?" "Você quer viajar para onde?", perguntou o diretor. "Preciso ir à Bahia fazer um show neste domingo." Era o cantor sob a pressão do seu empresário, Marcos Lázaro. Surpreso, Roberto Farias exclamou: "Que é isso, cara?! A gente está do outro lado do mundo! E daqui vamos direto para Israel continuar as filmagens". Roberto Carlos explicou que havia cancelado alguns shows para rodar o filme, mas que não podia deixar de cumprir aquele compromisso em Salvador, e garantiu que seria uma viagem rápida. O diretor achou aquilo absurdo, porém não podia impedir o artista de viajar. A solução foi mudar o cronograma das filmagens: ele antecipou as cenas que Roberto Carlos gravaria em Tóquio e o liberou para a viagem à Bahia com o compromisso de que de lá ele seguisse direto para Tel-Aviv. Enquanto isto, Farias continuaria com a equipe em Tóquio, filmando as cenas de Erasmo e Wanderléa. A previsão era de que até meados da outra semana todos estariam reunidos na capital de Israel para a gravação das últimas cenas no exterior. E, de fato, na semana seguinte a trupe do filme que estava no Japão desembarcou em Tel-Aviv, mas não encontrou Roberto Carlos, que continuava ocupado no Brasil, agora sob a pressão do produtor, Evandro Ribeiro.

Logo após terminar o show em Salvador, o cantor recebeu um telefonema do diretor da CBS intimando-o a retornar ao Rio de Janeiro para prosseguir a gravação do novo álbum. Evandro Ribeiro reclamou que já estavam no mês de outubro e não podia mais adiar a gravação sob risco de não entregar o LP nas lojas em dezembro. Das doze faixas do disco, apenas quatro estavam gravadas, entre elas os souls "Não vou ficar" e "As curvas da estrada de Santos". Porém mais da metade do disco ainda não estava pronto. O produtor pedia que Roberto Carlos deixasse o filme para lá e viesse logo ao seu encontro no estúdio da CBS, no Rio. O artista concordou, porque não gostava de contrariar Evandro Ribeiro e não podia mesmo falhar no compromisso de entregar um novo álbum no fim do ano. Ele então ligou para Roberto Farias e prometeu que no máximo em uma semana estaria em Israel. "Farias, você me desculpe, mas é que meu produtor não me deixa viajar antes de terminar o LP".

Sem a presença do astro, que estava escalado para todas as cenas, o diretor e sua equipe permaneceram a maior parte do tempo sem ter o que fazer em Tel-Aviv. Wanderléa aproveitou a folga para engatar um romance com o norte-americano Richard Donner, futuro diretor de *Superman: o filme*, que também estava em Israel supervisionando as filmagens de *Crepúsculo de um ídolo*, com Richard Harris e Romy Schneider. Depois de uma semana, Roberto Carlos telefonou, prometendo que viajaria no dia seguinte. Não embarcou, mas disse que iria no outro dia sem falta. Também não foi possível, porque continuava gravando e regravando as faixas do disco novo. E assim se passaram quinze dias, com as despesas da estadia da equipe em Israel só aumentando. Na tarde de 29 de outubro, o cantor estava no estúdio da CBS quando recebeu uma ligação de Tel-Aviv. Era Roberto Farias, chateado com a demora do astro. "Como é, Roberto, você pensa que eu fabrico dinheiro ou acha que eu posso ficar à sua disposição em Israel?". O cantor se desculpou mais uma vez e garantiu que pegaria um voo no dia seguinte. E assim fez. Ele deu por encerrada a gravação de "Sua estupidez", faixa que faltava para completar o disco, e à noite embarcou para Israel.

Foi em meio a esse imbróglio envolvendo filmagens, gravação de disco, viagens e shows que a apresentação de Roberto Carlos em Vitória da Conquista acabou cancelada. Quando me deram a notícia fiquei chateado, porque para mim aquilo não significava apenas um show: era a possibilidade de estar com meu ídolo, conversar com ele. Eu era uma criança, não entendia nada. E pelos três anos seguintes não se falou mais de nenhum show de Roberto Carlos em Vitória da Conquista. Tive, portanto, de continuar acompanhando meu ídolo à distância.

Em dezembro de 1969, ele lançou um novo álbum, trazendo apenas seu nome no título, com algumas canções do filme que entraria em cartaz. De imediato destacaram-se as faixas "As flores do jardim da nossa casa", "As curvas da estrada de Santos", "Sua estupidez" e "Não vou ficar" — esta última, um vigoroso soul de autoria do ainda desconhecido Tim Maia. O disco atendeu plenamente às expectativas do público e obteve a espetacular vendagem de quase 600 mil cópias — numa época em que os principais artistas da MPB vendiam 30, 40 ou 60 mil a cada LP. Roberto Carlos batia assim o seu próprio recorde e renovava aquele acordo com os fãs. A crítica, porém, não gostou do que ouviu. Ao comentar o álbum na revista *Veja*, Tárik de Souza disse que Roberto Carlos insistia em gravar um "repertório conservador e estagnado, feito por compositores medíocres", e que "letras primárias e repetidas diluem as mensagens românticas do cantor. Extraindo-se seu magnetismo pessoal e boa interpretação, Roberto acrescenta pouco à música brasileira".

Outro crítico e pesquisador, Ary Vasconcelos — um dos mais influentes do Brasil na época —, fez troça do novo álbum de Roberto Carlos. Em sua coluna em *O Globo*, ele arrasou dez das doze faixas disco. Disse, por exemplo, que é "patético" o refrão de "As flores do jardim da nossa casa" e que nela "Roberto Carlos emite gemidos cuja identificação nos é particularmente difícil: poderão significar dor moral ou cólica súbita". Afirma também que, no soul "Não vou ficar", o cantor "emite novos gemidos, mas desta vez podemos quase garantir: foi certamente uma topada que ele deu em um dos microfones do estúdio da CBS".

Como tantas outras crianças do Brasil, comecei a trabalhar cedo para ajudar nas despesas de casa. Eu tinha oito anos, era 1970, auge da ditadura Médici, do crescimento econômico e do ufanismo expresso em slogans como "Ninguém segura este país". Porém, como reconhecia o próprio ditador-presidente, se a economia ia bem, o povo ia mal. Meu primeiro emprego foi como engraxate. Um dos meus primos, José, que trabalhava nesse ofício, me cedeu uma velha caixa de sapatos que já não usava. Minha mãe relutou, mas insisti e ela comprou o material básico necessário: graxa, escova e flanela. Depois de um breve estágio com meu primo, saí sozinho pelas ruas da cidade procurando quem quisesse ter o sapato lustrado. No primeiro dia não fui bem-sucedido. Percorri bares, feiras e pontos de ônibus, mas não encontrei ninguém interessado. Chateado, no final da tarde me sentei em um banco da praça e engraxei

32

o meu próprio sapato. Não queria voltar para casa sem botar a mão na graxa. Mas devo ter exagerado, porque minha mãe estranhou ao me ver chegar todo sujo de graxa e sem nenhum centavo no bolso. Porém, aquele gesto pode ter acabado me dando sorte, porque a partir do dia seguinte consegui muitos fregueses e fui me tornando um engraxate cada vez melhor. Meu ponto preferido era a praça Barão do Rio Branco, a principal da cidade, local de manifestações públicas e onde ficavam o Cine Riviera, a Rádio Clube e vários alto-falantes de "A voz de Conquista".

Eu frequentava a escola pela manhã e, à tarde, depois do almoço, botava minha caixinha nas costas e saía para trabalhar. Certa tarde, próximo do Natal de 1970, eu passava em frente da Aquarius Music, uma loja de discos, quando ouvi pela primeira vez uma canção que diz: "Jesus Cristo, Jesus Cristo, Jesus Cristo, eu estou aqui". Reconheci a voz do cantor e parei na porta da loja que, para minha agradável surpresa, tinha acabado de receber o novo disco de Roberto Carlos. A vitrine exibia um enorme cartaz com a capa do álbum que mostra o artista no palco, silhueta recortada contra a luz de um refletor, numa foto em preto e branco, quase em alto contraste. Botei a caixa de sapatos no chão e fiquei ali ouvindo, maravilhado, outras faixas daquele álbum que tocava sem parar: "Ana", "Meu pequeno Cachoeiro", "Uma palavra amiga", "O astronauta", "120... 150... 200 km por hora" — a única que eu já conhecia, pois fora lançada antecipadamente na coletânea *As 14 mais*.

Era mais um grande disco de Roberto Carlos com sonoridade soul e a maioria das faixas inéditas. Vi várias pessoas entrando na loja e comprando o LP, que vendeu mais de meio milhão de cópias em todo o país. O meu desejo era cumprir a minha parte no acordo. Mas o que eu ganhava como engraxate talvez desse para comprar no máximo um compacto simples e, além disso, ainda não havia toca-discos na minha casa. Só pude continuar ouvindo aquelas novas canções pelo rádio, e quase todas foram bastante executadas.

Com as vendagens cada vez maiores e espetaculares de seus discos, Roberto Carlos passou a sonhar com um número mítico: alcançar 1 milhão de álbuns vendidos no lançamento. Naquele ano, seu parceiro e amigo Erasmo Carlos expressou esse desejo em uma entrevista a *O Pasquim*: "Cada vez Roberto vende mais e chegará a época em ele vai vender 1 milhão de discos e, se

Deus quiser, ainda vou viver para ver esse dia". A rigor, talvez ele nem precisasse viver tanto tempo para ver realizado esse desejo, que era também o da gravadora CBS. A marca podia ser alcançada ainda naquela década.

Com isso em mente, Roberto Carlos preparou o repertório do seu próximo álbum, que seria lançado no Natal de 1971. "Qual o comprometimento que você tem com seu público?", perguntou-lhe na época um jornalista. "Estou comprometido com meu público até o ponto que ele estiver comprometido comigo", respondeu o cantor. Firme no propósito de oferecer o melhor aos fãs, ele gravou aquele novo disco nos Estados Unidos, no mesmo estúdio da CBS, na rua 52, em Nova York, onde eram produzidos os álbuns de Bob Dylan, Simon & Garfunkel, Barbra Streisand e outras estrelas da gravadora.

Eu estava na casa de meus avós quando tia Lúcia comentou sobre uma nova canção de Roberto Carlos. O disco dele ainda não havia chegado às lojas, mas uma das faixas já começava a tocar no rádio. "É uma música linda chamada 'Detalhes'", disse minha tia enquanto rodava o dial para sintonizar o hit parade da Rádio Clube de Conquista. A emissora tocava outros sucessos naquele momento, mas tia Lúcia continuou falando entusiasticamente da nova canção. Ela tinha ouvido aquilo apenas uma ou duas vezes na rua, porém o bastante para perceber que se tratava de uma canção superlativa. A reação dela despertou a minha curiosidade, e fiquei ali na copa, perto do rádio, onde também estavam tio Antônio e mais uma ou outra pessoa da família. Era um final de tarde e devia ser sábado, dia de faxina, pois a casa estava tomada por um cheiro da cera que lustrava seu piso de cimento vermelho. Cerca de meia hora depois, eis que "Detalhes" surgiu imponente no ar, com aquela marcante introdução ao som de flautas e violões: "Não adianta nem tentar me esquecer...". Sempre que ouço essa canção me lembro daquela tarde na casa de meus avós e do cheiro de cera empestando o ar. Lembro também que tio Antônio fez um comentário irônico — "Roberto está certo, pra fazer a ema gemer não precisa saber muito português" —, numa referência ao trecho da letra que diz: "Duvido que ele tenha tanto amor/ e até os erros do meu português ruim...".

"Detalhes" surgiu com força no ambiente em que eu vivia, atraindo atenção, entusiasmo e comentários das pessoas. Já entre as elites intelectuais parece que isso não ocorreu. Nenhum crítico dos principais jornais e revistas do país fez menção especial à canção, preferindo louvar outros lançamentos daquele final de ano. Mais uma vez, a crítica só iria perceber mais tarde o que para nós, fãs de Roberto Carlos, já soava evidente: 'Detalhes' é uma grande canção e, artística e tecnicamente, aquele álbum é impecável. Ele traz em outras faixas "Todos estão surdos" (soul), "Como dois e dois" (blues), "Debaixo dos caracóis dos seus cabelos" (folk), "Amada amante" (balada) e uma em que Roberto faz uma espécie de paródia dos cantores dos anos 1930, "I Love You" (fox trote). Pela primeira vez o artista permitiu que a capa viesse com uma gravura do seu rosto em vez da tradicional fotografia. Desenhada pelo artista plástico Carlos Lacerda, a gravura, sobre fundo branco, mostra Roberto Carlos com traços que lembram imagens de Jesus Cristo. E foi com entusiasmo quase religioso que os fãs se dirigiram às lojas para comprar esse LP, que teve 630 mil unidades vendidas — um recorde até então no Brasil. Diante disso, a expectativa da CBS era que talvez com o próximo álbum Roberto Carlos alcançasse a sonhada marca de 1 milhão de discos vendidos no lançamento.

Eu não via Roberto Carlos na TV e também demorei um pouco para vê--lo na telona do cinema. Seus dois primeiros filmes, *Roberto Carlos em ritmo de aventura* e *Roberto Carlos e o diamante cor-de-rosa*, foram lançados numa época em que eu ainda não frequentava matinês, e nem fiquei sabendo quando estiveram em cartaz na minha cidade. Passei a frequentar cinemas em novembro de 1971, aos nove anos. Portanto, só conheci aquelas produções bem depois do lançamento, quando as películas, já bastante desgastadas, voltaram a circular pelo interior. O primeiro longa-metragem dele a que assisti, pouco tempo depois do lançamento, foi o último da trilogia dirigida por Roberto Farias: *Roberto Carlos a 300 quilômetros por hora*. Vi esse filme em uma tarde de domingo, 16 de julho de 1972 — posso precisar a data porque cultivava o hábito de anotar em um caderno o dia da exibição, o local e o título dos filmes a que assistia no cinema.

Havia então em minha cidade dois cinemas principais, ambos no centro: o Cine Madrigal, com sala de projeção maior e mais luxuosa, e o Cine Riviera, um pouco menor, mais rústico e mais antigo — foi o cinema em que o conquistense Glauber Rocha viu as suas primeiras fitas. O Madrigal era geralmente frequentado pelas pessoas mais ricas e cultas da cidade, e ali passavam filmes de arte europeus e produções hollywoodianas e nacionais mais recentes. Já o

Riviera atraía um público mais popular, a maioria, uma garotada que gostava de ver bangue-bangue à italiana, aventuras de Tarzan e outros filmes de ação. Para um menino com dinheiro apenas para uma sessão semanal de matinê, a grande vantagem do Riviera era que aos domingos ele oferecia dois filmes pelo preço de um ingresso. Então, toda semana, eu e um grupo de colegas estávamos lá para apreciar o que fosse programado naquela sessão dupla, que começava às 13h30. Foi ali que vi filmes como *Por um punhado de dólares, Por uns dólares a mais* e *Três homens em conflito*, que fizeram me encantar com o cinema de Sergio Leone, com o astro Clint Eastwood e com a música de Ennio Morricone — numa época em que nenhum dos três tinha grande prestígio entre os críticos de cinema no Brasil.

Ocorre que o filme de Roberto Carlos foi programado para um domingo no luxuoso Cine Madrigal, em sessões não contínuas a partir das duas horas da tarde. Naquele mesmo dia, quase no mesmo horário, o Riviera ofereceu a sua tradicional sessão dupla com o bangue-bangue *Viva Django!*, com Terence Hill, e um outro filme cujo título esqueci, porque o atrativo principal era mesmo esse spaghetti western. Eu morava na rua Tiradentes, próxima ao centro, e dali parti com três colegas para curtir a nossa matinê dominical. Nenhum deles tinha dúvida: iria ao Riviera assistir *Viva Django!* na sessão dupla. Eu também não hesitei: veria o filme de Roberto Carlos. No final da rua teríamos que nos separar, pois descendo à direita era o caminho do Cine Madrigal e, subindo à esquerda, o do Riviera. Entretanto, ficamos parados na ladeira uns quinze minutos, tempo em que meus colegas tentaram me convencer a fazer--lhes companhia. "Lá vai passar o filme de Django", argumentavam. "Sim, mas no Madrigal vai passar o filme de Roberto Carlos", eu tentava explicar. Eles não conseguiam entender por que eu deixaria de assistir a dois filmes para ver apenas um pelo mesmo preço do ingresso. Meus colegas sabiam que eu também queria muito ver aquele faroeste italiano, pois meses antes assistira com eles ao hoje clássico *Django*, com Franco Nero, fita que tornou famoso o personagem. Mas entre Django e Roberto Carlos, eu preferia ver na tela o meu ídolo da música brasileira. E desci sozinho para a matinê do Cine Madrigal.

Constatei o acerto da minha escolha antes mesmo de o filme começar. Nunca tinha visto uma sessão de cinema com tantas garotas bonitas, perfumadas e bem vestidas. O Cine Madrigal parecia um shopping center da moda — se isso existisse na época no Brasil. Que contraste com as sessões de bangue-

-bangue no Riviera, repleto daquela gurizada suarenta que muitas vezes saía da pelada de bola de meia e ia direto para o cinema. Naquela tarde de domingo, parecia que todos os garotos da cidade tinham ido ao Riviera ver *Django*, pois fiquei praticamente sozinho entre as mulheres no Madrigal. Sentei em uma fileira ao centro onde havia um grupo de meninas tão animadas que os cabelos delas chegavam a roçar o meu rosto. Quando o filme começou, ao som de "Todos estão surdos", algumas gritavam como se Roberto Carlos estivesse ali, ao vivo, no palco do Cine Madrigal.

Roberto Carlos a 300 quilômetros por hora explora mais uma vez a paixão do cantor pelos automóveis. Mas, ao contrário dos filmes anteriores, nos quais o artista interpreta a si mesmo, um ídolo da música jovem, nesse ele decidiu fazer um personagem diferente: o humilde e tímido mecânico Lalo, que sonha em ser piloto, conquistar um grande prêmio e o coração de uma garota rica (Libânia Almeida), namorada de seu patrão (Raul Cortez). Para isso, conta com as artimanhas de um colega também mecânico (Erasmo Carlos), seu escudeiro nas pistas. O próprio Roberto Farias escreveu o roteiro a partir de um argumento de Bráulio Pedroso.

Em meio a roncos de motor e muita fumaça saindo dos pneus, ouvem-se apenas duas canções de Roberto Carlos no filme: "Todos estão surdos", na abertura, durante os créditos, e "De tanto amor", tocada no final e também em versão instrumental nos momentos em que o personagem de Roberto Carlos sonha com o seu amor platônico. No mais, o que se ouve ao fundo são algumas canções bregas ou sertanejas cantadas por nomes como Waldick Soriano e Léo Canhoto e Robertinho.

A expectativa do público era que Roberto Carlos cantasse durante o filme — como nos clipes das produções anteriores. Mesmo vendo-o na pele de um simples mecânico, pensava-se que em algum momento ele iria soltar a voz, nem que fosse para os colegas, na hora do almoço, no bandejão da firma. Mas isso não ocorre, o que frustrou alguns fãs. Uma das meninas ao meu lado no cinema perguntava, impaciente: "Pô, que hora que ele vai cantar nesse filme?". O próprio Roberto Farias me contaria depois que a princípio ficou temeroso dessa decisão de Roberto Carlos. "Como fazer um filme com um cantor que não canta? Porque mesmo atuando como ator, ele é, sobretudo, um cantor. Mas eu topei o projeto porque era um risco calculado. No cinema brasileiro não tinha nenhum ator com a força de Roberto Carlos. Ator algum levava gente ao cinema no Brasil. O que levava era o filme. Mas há entidades como Roberto Carlos que levam."

Eu mesmo jamais teria assistido a um filme nacional sobre velocidade se o astro não fosse Roberto Carlos. Até porque ainda não tínhamos um ídolo de Fórmula 1. Emerson Fittipaldi só ganharia seu primeiro título mundial no fim daquele ano. De certa forma, o filme de Roberto Carlos antecipou a paixão dos brasileiros pelo automobilismo. E a cena final, especialmente, seria no futuro bastante familiar para nós: quando o piloto Lalo (Roberto Carlos), após vencer o grande prêmio, dá uma volta na pista com a bandeira do Brasil na mão. O filme foi realizado no auge ufanista do governo Médici e traz a marca do seu tempo. Há referências a frases como "Brasil: ame-o ou deixe-o" e "Vai correr pela glória do Brasil", pois o personagem disputa uma prova internacional.

As filmagens se iniciaram em abril de 1971, época em que Interlagos ainda parecia um descampado. O cantor pilota no filme dois modelos de automóvel. Nas primeiras cenas, ele aparece treinando a bordo de uma Dodge Charger R/T, cor laranja. O segundo carro é o de corrida: uma Avallone vermelha com motor Chrysler, modelo cedido pelo piloto e construtor Antônio Carlos Avallone. Mas Roberto Farias não ficou satisfeito com o desempenho da máquina. "Era um carro de corrida que não andava. Teve cena em que tive de empurrá-lo, porque ele partia e logo começava a falhar. Em algumas cenas, filmei com o carro literalmente empurrado", confessa.

O diretor diz que Roberto Carlos não usou dublês. Talvez nem fosse mesmo necessário, porque não há cenas de grande perigo — comparando a outros filmes do gênero, como *As 24 horas de Le Mans*, com Steve McQueen. Alguns closes de Roberto Carlos ao volante foram feitos com o carro parado. A equipe técnica sacolejava o automóvel para parecer que estava em movimento, depois essas cenas eram inseridas na sequência do carro filmado de longe em grande velocidade, e voltava para outra cena em close. O cantor acelerou na pista até o limite de 180 quilômetros por hora na reta — o trezentos ficou por conta apenas do título.

Para além da velocidade, o que mais me cativou no filme foi o romance platônico do personagem dele com uma bela morena de cabelos longos. "No duro, bicho, eu tô gamado, mesmo. Às vezes, eu penso até que ela é de mentira, que não passa de mais um sonho meu. Ela é bacana demais para ser verdade" — diz ele em uma das cenas. Aos dez anos, eu curtia a minha primeira paixão platônica por uma menina que morava na minha rua. Ela tinha treze anos e, por coincidência, era também uma bela morena de cabelos longos. Ao ver Roberto Carlos na tela desejando uma garota igual, fiquei ainda mais apaixonado pela minha — o que ela nunca foi, e sempre me lembro disso ao ouvir "De tanto amor", a canção romântica do filme.

Nas duas produções anteriores da trilogia, Roberto Carlos não se envolve em nenhum romance. O papel das garotas é apenas rodear o cantor, insinuar-se para ele, jamais namorá-lo. Durante a preparação daqueles roteiros, o artista fez três exigências ao diretor: ele não podia sofrer, não podia amar, não podia beijar. Não, nem um mísero beijo Roberto Carlos trocou com as garotas dos seus filmes. Em *Roberto Carlos em ritmo de aventura*, um quase beijo foi interrompido por um tiro de rifle com mira telescópica disparado pelo vilão, o ator José Lewgoy. "Eu tinha a missão de fazer um roteiro em que Roberto Carlos não era humano, porque as fãs mitificavam-no demais, ele era visto como uma pessoa inumana. E Roberto quis preservar essa imagem", afirma Farias. *Roberto Carlos a 300 quilômetros por hora* tem uma ambientação mais realista, e seu personagem, um perfil mais humano. Ele aparece sem camisa, boceja, come de marmita, ouve música brega e, finalmente, sofre por amor. Mas o máximo que Roberto Carlos se permite é sonhar que a garota o abraça na garupa de uma moto. Beijar em cena, nem em sonho.

O que seu terceiro filme exibe sem nenhum pudor, e em excesso, é merchandising — talvez um recorde no cinema nacional. Os personagens tomam guaraná Antarctica, usam sabonete Phebo, desodorante Sândalus, televisores Semp, relógio Seiko, andam de Dodge e motocicletas Honda, voam de Cruzeiro, hospedam-se no Othon Palace, leem o *Jornal do Brasil*... Mas, segundo Roberto Farias, merchandising não rendia muito dinheiro na época, citando como exemplo a divulgação que o filme fez do novíssimo modelo Dodge Charger R/T, da Chrysler: "Eles apenas emprestaram os carros à produção e depois deram uma Charger R/T para mim e outra para Roberto Carlos".

O filme teria que se pagar, portanto, com a receita da bilheteria. Mas a fiscalização era motivo de grande dor de cabeça para os produtores. O Instituto Nacional de Cinema (INC) determinava que a renda de cada sessão seria dividida entre o exibidor e o produtor — que, no caso dos filmes de Roberto Carlos, era o próprio diretor, por meio de sua empresa Produções Cinematográficas R. F. Farias Ltda. O controle, porém, era bastante precário, e muitos donos de cinemas, especialmente no interior, sonegavam a bilheteria total, abocanhando a maior parte para si. Ao lançar seu primeiro filme com Roberto Carlos, o produtor decidiu adotar uma vigilância mais custosa e radical: contratou diversos fiscais e entregou a cada um deles uma cópia. Cada fiscal ficaria responsável por aquela cópia, viajando com ela e conferindo a bilheteria em cada sessão de cinema onde fosse exibida. Era o que se pode chamar de fiscalização homem a homem. Mesmo assim o controle não era absoluto, porque um ou outro fiscal era subornado por donos de cinema e fazia vista grossa para a real bilheteria.

O pior foi o caso de um dos fiscais escalado para o interior de São Paulo que simplesmente fugiu com uma das cópias de *Roberto Carlos em ritmo de aventura* e saiu alugando o filme por vários cinemas do interior paulista, embolsando a parte da bilheteria que cabia ao produtor.

Roberto Farias não teve dúvida: acionou a polícia do estado de São Paulo, que foi atrás do fiscal fujão. A investigação apontou duas cidades onde ele exibira o filme. Pelo mapa, os policiais calcularam a provável cidade que receberia em seguida a visita dele. Quando chegaram lá, o fiscal já tinha lotado as sessões e se mandado com o dinheiro. A perseguição seguiu para a próxima cidade apontada no mapa, porém na véspera essa também já tinha assistido ao filme. Aquele foi literalmente um fiscal em ritmo de aventura. Era Roberto Carlos perseguido por vilões na tela, e o fiscal, pela polícia na terra. Mas ele não conseguiria escapar por muito tempo justamente porque, enquanto parava para exibir a fita, a polícia continuava correndo atrás dele. Acabou preso num domingo à noite, dentro de um cinema superlotado na fronteira de São Paulo com o Mato Grosso.

Roberto Farias pensou em contratar fiscais para vigiar os fiscais dos seus filmes. Mas isso era inviável, e ele manteve o esquema antigo para o lançamento de *Roberto Carlos a 300 quilômetros por hora*, em dezembro de 1971. Alguns viajaram com o filme pelo interior de São Paulo, outros pelo Sul do país e outros mais pelo Nordeste, chegando até a minha cidade, Vitória da Conquista — em uma das poucas vezes, nos anos 1970, que um filme era projetado lá pouco tempo depois do lançamento nacional.

Na sala de entrada do Cine Madrigal havia uma poltrona de frente para a portaria. Ali se sentou o fiscal de Roberto Farias com um caderno e uma caneta controlando toda a movimentação em torno do filme: quantas pessoas entravam no cinema, quantas sessões eram programadas. Naquela matinê de domingo, por exemplo, no momento em que dei o meu ingresso ao porteiro, esse fiscal certamente anotou mais um espectador para o filme, que teve uma plateia de 3 milhões de pessoas em todo o Brasil. Foi o mais lucrativo da trilogia, embora tivesse atraído menos público do que os dois anteriores. *Roberto Carlos em ritmo de aventura*, por exemplo, fez 4 milhões de espectadores. Ocorre que foi uma produção muito cara, com locações até no cabo Canaveral, na Flórida, assim como o longa seguinte, *Roberto Carlos e o diamante cor-de-rosa*, com filmagens no Japão e em Israel. Já o terceiro e último filme de Roberto Carlos foi quase todo rodado na pista de Interlagos, em São Paulo. Proporcionalmente, portanto, rendeu mais dinheiro ao cantor e aos produtores — que contaram com a minha modesta contribuição de 75 centavos de cruzeiro, preço da meia-entrada cobrada na época no Cine Madrigal.

Depois de uma sequência de quatro álbuns com canções de estilo soul — de *O inimitável*, em 1968, ao primeiro disco gravado nos Estados Unidos, em 1971 —, Roberto Carlos pisou no breque com o álbum do ano seguinte. Os metais e órgão Hammond cederam lugar aos violinos, muitos, em praticamente todas as faixas do LP de 1972, que foi mais uma vez gravado no estúdio da matriz da CBS, em Nova York, e com músicos e arranjadores também de lá. É um álbum soturno de canções belas e tristes, como "À distância", "Como vai você", "O divã", "Por amor" e "Você já me esqueceu". E também a ode religiosa "A montanha", o grande (e polêmico) sucesso daquele verão. Exercendo o ofício de crítico no *Jornal do Brasil*, o maestro Julio Hungria escreveu que nesse disco Roberto Carlos "caminha da primeira à última faixa por uma estrada sem curvas, onde o monótono panorama só mostra lugares-comuns".

A despeito de opiniões como essa, o LP saiu no início de dezembro com uma enorme tiragem vendida antecipadamente e, por isso, já era chamado de o "disco milhão". Flávio Caraviello, chefe de divulgação da CBS, previa que "possivelmente, este será o primeiro LP brasileiro a atingir 1 milhão de cópias". A expectativa dele não se confirmou porque a vendagem final ficou em 732 mil unidades — um novo recorde no mercado fonográfico brasileiro, mas que se tornara insuficiente para Roberto Carlos e a CBS. A meta do "disco milhão" foi adiada mais uma vez.

Eu não podia dar a minha contribuição ao artista porque do que eu ganhava no trabalho ainda não sobrava para comprar um LP. Havia outras necessidades, como livros, cadernos, lápis e demais materiais escolares que eu ia comprando aos poucos ao longo do ano. Depois daquele ofício de engraxate, decidi me tornar vendedor de picolés. Uma grande sorveteria foi inaugurada na cidade, recrutando meninos como vendedores ambulantes. Estimulado por alguns colegas, aceitei o emprego. Diariamente, no início da tarde, depois da escola, eu pegava uma caixa cheia de picolés, prendia-a ao pescoço e saía pelas ruas oferecendo às pessoas. Era um trabalho mais limpo e mais movimentado que o de engraxate, embora menos lucrativo, porque antes tudo o que eu ganhava na rua era meu. Agora era do dono da sorveteria, que me dava apenas uns trocados no fim do dia. Não gostei e voltei a engraxar sapatos. Até que, em meados de 1972, tio Antônio, que era relojoeiro, abriu uma pequena loja no centro da cidade e me chamou para trabalhar com ele. Eu ganharia um salário semanal para limpar a loja, atender aos clientes e ficar de olho na vitrine quando meu tio se ausentasse. Aos dez anos eu conseguia, enfim, um emprego mais seguro e que me permitia dedicar mais tempo às tarefas da escola. Foi quando também finalmente me encantei com a literatura ao ler *O meu pé de laranja-lima*, de José Mauro de Vasconcelos, que meu tio me emprestou. Depois de conhecer esse livro não parei mais de ler, inclusive outros romances do mesmo autor, como *Rosinha, minha canoa*, *Coração de vidro* e *Barro Blanco*. José Mauro de Vasconcelos foi o meu Monteiro Lobato.

Naquele mesmo ano de 1972, vi pela primeira vez um artista no palco: o cantor e compositor Gilberto Gil. Era um domingo do mês de janeiro e ele se apresentou acompanhado apenas de seu violão no antigo Cine Glória, no centro de Vitória da Conquista. Foi o primeiro show de Gilberto Gil no Brasil após sua volta do exílio em Londres. Seus pais, dr. José Moreira Gil e a professora Claudina, dona Coló, moravam em minha cidade desde os anos 1950, e nessa visita à família Gil aceitou fazer uma apresentação solo para o público conquistense. Era uma forma de o artista também cantar para seus pais depois de terem vivido dois anos de tensão e expectativa com o exílio do filho. Aliás, foi pensando neles que Gil posteriormente comporia uma de suas mais belas canções, "Pai e mãe", do álbum *Refazenda*: "Eu passei muito tempo/ Aprendendo a beijar/ Outros homens/ Como beijo o meu pai/ Eu passei muito tempo/ Pra saber que a mulher/ Que eu amei/ Que amo/ Que amarei/ Será sempre a mulher/ Como é minha mãe".

Anos antes, eu e meu irmão tivemos um sério problema na pele. Isso deixou minha mãe bastante preocupada, sem saber exatamente o que fazer ou a quem recorrer. Orações, plantas medicinais e outros recursos alternativos costumavam curar nossas doenças, porém, nesse caso, a cura estava demorando. Ela foi então orientada por seu irmão, tio Euclides, a ir ao único posto de saúde que havia na cidade e lá procurar por um médico dermatologista negro, conhecido como dr. Gil — que, além de pai de artista, era também uma confirmação do que disse Dorival Caymmi no samba "São Salvador": "São Salvador/ Bahia de São Salvador/ A terra do branco mulato/ A terra do preto doutor…".

Dr. Gil tinha seu consultório particular no centro da cidade, mas atendia a população carente nesse posto de saúde, mais afastado, ao qual chegamos bem cedinho. Gosto de pensar que, de certa forma, ali se deu o meu primeiro contato mais próximo com alguém ligado ao universo da música brasileira. Sim, porque o pai de Gilberto Gil examinou a minha pele nas costas, na nuca, no pescoço, e receitou um sabonete líquido cremoso, de embalagem verde, que, para alívio de minha mãe, em poucos dias sarou a doença. A partir daí, quando alguém da vizinhança apresentava algum problema de pele, ela não tinha dúvida: recomendava logo o milagroso "sabonete do dr. Gil".

Aquele show de seu filho no Cine Glória foi proposto pelos estudantes da cidade, patrocinado pela Secretaria Municipal de Cultura e com entrada franca para crianças. Soube disso pelo rádio e imediatamente corri para a porta do cinema, que na época servia mais para shows de música popular. A apresentação de Gil foi ao meio-dia, pois ele retornaria para Salvador no fim da tarde. As cadeiras do cinema não foram completamente ocupadas, mas a plateia estava bastante animada. Guardo na memória a alegria de cantar com o público "Domingo no parque" e "Aquele abraço", até então os dois maiores sucessos do artista. Ele também nos mostrou canções ainda inéditas, como "Expresso 2222", "O sonho acabou" e "Back in Bahia", compostas no exílio e seriam lançadas em seu próximo álbum. Lembro também que entre uma música e outra Gilberto Gil falava coisas que para mim soavam incompreensíveis.

Depois de assistir ao show de Gil, passei a ficar atento às atrações musicais que de vez em quando apareciam na cidade. A essa altura, já não me bastava ouvir os cantores pelo rádio ou pelo serviço de alto-falantes "A voz de Conquista". Meu interesse precoce pela música brasileira me levaria para a porta de entrada do show de qualquer artista, independentemente do gênero, estilo ou geração. Muitas vezes, enquanto colegas meus preferiam ir jogar bola de meia, bola de gude ou soltar pipa, lá estava eu, sozinho, a caminho do Cine Glória ou de qualquer outro local de minha cidade onde costumavam se apresentar os ídolos da nossa música popular.

Isso aconteceu, por exemplo, em 1972, quando vi Luiz Gonzaga em um show na praça central da cidade. Então com sessenta anos, ele retornava às paradas com a gravação da maliciosa "Ovo de codorna". Era um final de tarde de sábado, e a presença do rei do baião em Vitória da Conquista atraiu caravanas de sertanejos. Luiz Gonzaga subiu ao palco com sua famosa sanfona branca e o figurino que o identificava como um ídolo pop de seu tempo: chapéu, calça e gibão de couros à moda de Lampião. Minha vontade era ficar próximo do palco, mas a praça estava tão cheia que não consegui passagem no meio do povo. Fiquei então lá atrás, na ponta dos pés, com um mar de chapéus na minha frente. É inesquecível a lembrança de ouvir Gonzagão, ao pôr do sol, cantando com a gente clássicos como "Asa branca", "Assum preto" e "O xote das meninas".

Shows gratuitos como esses eram, obviamente, exceções. Nos demais, eu precisava me virar para não ficar do lado de fora. Como não tinha dinheiro para o ingresso, arriscava conversando com o porteiro, o bilheteiro ou alguém que se sensibilizasse com o desejo de um menino de ver um show de música popular. Às vezes eu dava sorte. Como quando, por exemplo, houve uma apresentação de Nelson Gonçalves, no Cine Glória. Tio Antônio ganhou de brinde um convite, mas não tinha interesse em ver um cantor com mais de cinquenta anos e já identificado com o passado musical brasileiro. Meu tio gostava mesmo era da chamada música jovem, principalmente a internacional. Ele então me passou o ingresso e pontualmente às nove horas eu estava dentro do cinema, feliz da vida aguardando a entrada de Nelson Gonçalves no palco. Eu era a única criança naquela plateia de senhores e senhoras, muitos deles com a idade de meus avós e ansiosos por ouvir "A volta do boêmio", "Fica comigo esta noite", "Pensando em ti" e outros antigos sucessos. Ele cantou tudo isso acompanhado apenas de seu violonista Mazinho. Levar uma banda de apoio em viagens pelo interior era um luxo a que pouquíssimos cantores se permitiam. Lembro que, entre um bloco de música e outro, Nelson Gonçalves tomava xícaras de cafezinho que lhe eram servidas por uma moça no palco.

Outro show a que assisti no Cine Glória foi o do cantor Paulo Sérgio, numa sexta-feira à noite, em meados de 1973. Eu ainda não tinha consciência disso, mas a música popular brasileira já estava irremediavelmente cindida: de um lado, a chamada MPB de Chico Buarque, Gil e Caetano, artistas de classe média e nível universitário, ouvidos basicamente por esse mesmo segmento social; na outra trincheira, a vertente rotulada de "cafona" ou "música de empregada", de cantores e público oriundos das camadas mais pobres da sociedade e que tinha em Paulo Sérgio um de seus principais ícones. Depois de superada a polêmica com Roberto Carlos, Paulo Sérgio conquistou espaço próprio e, naquele ano, ocupava as paradas de sucesso com a regravação da guarânia "Índia". Dessa vez eu não havia ganhado ingresso, mas mesmo assim fui para a porta do cinema, na expectativa de que alguém pagasse a minha entrada.

Cerca de uma hora depois, vi um corre-corre na rua: era Paulo Sérgio chegando no banco de carona de um novíssimo Ford Corcel azul. Não havia estacionamento no cinema, e ele teve que descer ali mesmo, trajando calça boca de sino vermelha, blusa branca, medalhão no peito e muitas pulseiras. Sem falar ou acenar para ninguém, olhando fixo para o chão, o cantor caminhou rapidamente até uma porta lateral que dava para o camarim do cinema. Ele me impressionou e fiquei ainda mais ansioso, pois aquilo significava que o show estava para começar. Voltei para perto da bilheteria e logo chegou um casal de namorados que se comoveu com meu olhar de menino pidão. Entrei no cinema com eles no exato momento em que Paulo Sérgio era chamado ao palco. "Como tem moça bonita aqui em Vitória da Conquista", comentou o cantor para delírio da plateia feminina. Acompanhado por um guitarrista — que viajava com ele —, mais um contrabaixista e baterista recrutados entre os músicos da cidade, Paulo Sérgio iniciou sua apresentação com a pulsante "Para o diabo os conselhos de vocês". Esta eu não sabia de cor, mas reforcei o coro da plateia quando ele cantou outros sucessos como "No dia em que parti", "Não creio em mais nada", "Sorri, meu bem" e, especialmente, "Última canção", com a qual encerrou o show.

No dia seguinte, sábado, trabalhei na relojoaria até uma hora da tarde e depois fui com tio Antônio entregar o relógio de um cliente que morava do outro lado da cidade. Meu tio tinha um fusca vermelho já com uns dez anos de rodagem, mas que era útil para esse serviço de entrega em domicílio. Na volta, paramos em um sinal de trânsito ao lado de um posto de gasolina próximo da br-116, a Rio-Bahia. De repente, vi saindo do posto um novíssimo Ford Corcel azul, e no banco do carona estava ele, o cantor Paulo Sérgio, que passou do meu lado conversando com o motorista. "Tio, olha o Paulo Sérgio aqui no Corcel", exclamei. Acho que meu tio nem chegou a ver o cantor, pois o Corcel saiu rápido, dobrando a esquina em direção à Rio-Bahia. Mas, para minha surpresa, em vez de seguir em frente, rumo ao centro da cidade onde morava, tio Antônio fez o contorno por dentro do posto e também pegou a Rio-Bahia a tempo de avistarmos lá na frente o Corcel azul do cantor.

Naquele início de tarde o artista deixava Vitória da Conquista, pois à noite faria outro show em uma cidade de Minas Gerais. Meu tio então acelerou seu fusquinha, ultrapassando ônibus e caminhões que seguiam para o sul do país. Eu não sabia exatamente o que ele pretendia fazer, se apenas emparelhar os carros e acenar para o cantor ou segui-lo até a próxima parada para tentar uma conversa. O fato é que adorei aquela inusitada perseguição ao carro de Paulo Sérgio. Eu nunca tinha andado de automóvel a tanta velocidade e lembro que me senti um personagem de canções como "Por isso corro demais" e "120… 150… 200 km por hora". E assim meu tio conseguiu se aproximar da traseira do carro de Paulo Sérgio. Mas o artista deve ter percebido que aquele fusquinha vermelho estava no seu encalço e então pediu ao motorista que acelerasse ainda mais o Corcel, um modelo novo e muito mais possante. Sem força para acompanhar, tio Antônio foi então desacelerando o velho Fusca, fez meia-volta e retornamos para a cidade.

Anos depois, quando comecei meu trabalho de pesquisa em música popular, procurei entrevistar todos os nossos principais artistas. Com alguns deles, como Gilberto Gil e Nelson Gonçalves, comentei sobre o show que fizeram em Vitória da Conquista. Infelizmente, isso não foi possível com Paulo Sérgio, pois ele morreu aos 36 anos, de aneurisma cerebral, muito antes de eu iniciar minha pesquisa. Mas por conta desse episódio no carro do meu tio, em 1973, costumo dizer que o primeiro artista da nossa música de quem eu literalmente corri atrás foi o cantor Paulo Sérgio.

Até aquele momento, eu acompanhava Roberto Carlos de muito longe e basicamente por intermédio do rádio. Foi então que um cartaz no centro da cidade fez meu coração pular de alegria. Estava a caminho da escola e vi estampada uma foto de Roberto Carlos no palco, com uma mão no microfone e a outra apontada para o alto, como se cantasse uma canção religiosa. Depois de vários anos de expectativas, finalmente o ídolo maior da música brasileira iria se apresentar em Vitória da Conquista. E, diferentemente dos outros, o show dele não seria no cinema, e sim no Estádio Municipal Lomanto Júnior, o Lomantão. O cartaz, em letras garrafais, não deixava dúvidas: ROBERTO CARLOS VEM AÍ... DIA 31 DE AGOSTO, ÀS 21 HORAS, ESTÁDIO LOMANTO JÚNIOR. INGRESSOS À VENDA.

Seria uma única apresentação, a única oportunidade de ver Roberto Carlos ao vivo na minha cidade. Aos onze anos, eu já sabia o que era um show e não cultivava mais a ilusão infantil de que seria recebido por Roberto Carlos ou conversaria com ele. Meu desejo era tão somente assistir ao show, ver o meu ídolo no palco. O problema é que o ingresso custava dez cruzeiros — o preço mais alto até então cobrado pela apresentação de um artista na cidade. Era o mesmo valor que eu ganhava por uma semana de trabalho na relojoaria do meu tio, mas eu nem pegava naquela nota que trazia a efígie de Santos Dumont, porque todo sábado, antes de ir à feira, minha mãe passava na relojoaria para receber meu pagamento. Aqueles dez cruzeiros eram o reforço necessário para ela fazer a xepa da semana. O que sobrava de troco dava apenas para pagar uma sessão de cinema no domingo — e sem direito a pipoca. Eu não tinha mesmo como comprar o ingresso do show. Lá em casa, entre o pão e o circo, a prioridade era o pão. Mas, como sempre, eu me esforçaria para obter os dois.

Estímulo não faltava. Na véspera do show, a Rádio Clube de Conquista fez uma programação noturna especial com canções de Roberto Carlos e comentários sobre o artista. Ele ocupava as paradas de sucesso com duas músicas recém-gravadas no volume XVII da coletânea *As 14 mais*: "O show já terminou" e "Sonho lindo". Além disso, canções do seu último álbum, lançado no fim do ano anterior, ainda eram ouvidas no rádio, especialmente "À distância" e "Como vai você". Embora naquele momento tivessem surgido novos ídolos da música pop nacional, Roberto Carlos continuava onipresente na programação radiofônica.

Quem conseguiu finalmente incluir Vitória da Conquista na agenda do cantor foi o empresário pernambucano José Carlos Mendonça, o Pinga, que desde 1966 contratava Roberto Carlos para cantar em palcos do Norte-Nordeste. Aquela apresentação era parte de uma turnê que Pinga organizou com ele pelo interior da Bahia e de Pernambuco. Porém além do preço do ingresso, outra preocupação minha era o fato de o show não ser no cinema, no centro, onde eu costumava ir a pé, mas no estádio de futebol. Com capacidade para 15 mil pessoas, o Lomantão fica no Alto da Boa Vista, bem longe de onde eu morava e lugar não recomendável para uma criança frequentar sozinha à noite. Temi que dessa vez minha mãe não me deixasse ir tentar descolar uma entrada quando os portões fossem abertos ao público. Mas, no fundo, eu alimentava a certeza de que de alguma forma acabaria assistindo à apresentação de Roberto Carlos. Estava tão ansioso que na véspera nem dormi direito.

O cantor e sua equipe chegaram no dia do show e se hospedaram na Pousada da Conquista, hotel de chalés localizado na entrada da cidade. "Mas que lugar frio neste meio do sertão", comentou Roberto Carlos, surpreso com o clima de lá. De fato, devido à altitude de mais de mil metros, a cidade pode registrar temperaturas inferiores a 6 °C e por isso é chamada de a "Suíça Baiana".

Dependendo do contratante e das condições do palco, Roberto Carlos apresentava dois tipos de shows. Um era mais caro, mais longo, mais bem produzido, com jogos de luz, cenários, backing vocals e a banda RC-7 reforçada com músicos de orquestras comandados pelo seu então maestro Chiquinho de Moraes. Esse era o espetáculo que o cantor exibia no Canecão, no Rio de Janeiro, e nos palcos de outras grandes cidades do Brasil e do exterior. O outro tipo era mais barato, mais curto, sem cenário, sem backing vocals, sem orquestra e sem maestro, com iluminação básica e apenas o acompanhamento de sua banda RC-7 — como na época da Jovem Guarda. Era essa segunda opção de show que ele iria apresentar em Vitória da Conquista e demais cidades do interior do país.

Ressalte-se, porém, que num tempo em que o cantor ainda não tinha gravado canções como "Emoções" ou "Nossa Senhora", a banda RC-7 (com um naipe de metais sobre uma base de baixo, guitarras, bateria e teclado) era mesmo a mais indicada para tocar um repertório de hits pulsantes como "Se você pensa", "Eu sou terrível", "As curvas da estrada de Santos" e "Quero que vá tudo pro inferno". Além disso, mesmo em sua versão econômica o show de Roberto Carlos era o mais bem aparelhado tecnicamente do cenário nacional.

Em suas turnês pelo Brasil, Roberto Carlos costuma permanecer no quarto do hotel, saindo apenas para ir ao local do show. Mas essa passagem por

Vitória da Conquista foi diferente. No fim da tarde do dia de sua apresentação, o cantor deixou o hotel para ir até a casa de um dos moradores da cidade, o professor Edivaldo de Oliveira Silva, que era médium e dizia incorporar o espírito de Adolf Fritz, médico que teria nascido na Alemanha e morrido durante a Primeira Guerra Mundial.

Nesse início dos anos 1970, Roberto Carlos ainda não era católico praticante e compartilhava daquele sincretismo religioso tipicamente brasileiro. Sua formação religiosa foi marcada pela influência católica por parte de mãe e pela espírita, vinda do pai. Assim, ao mesmo tempo em que exibia no peito um medalhão com o Sagrado Coração de Jesus — que ganhou de uma freira —, aparecia ao lado de líderes espíritas como Chico Xavier e o polêmico José Pedro de Freitas, popularmente conhecido como Zé Arigó. Mineiro de Congonhas do Campo, Arigó foi a primeira pessoa no Brasil a realizar operações mediúnicas evocando o espírito do dr. Fritz. Seria essa entidade que permitiria a um homem de formação primária realizar delicadas cirurgias valendo-se apenas de uma faca ou canivete e sem aplicar anestesia no paciente. Depois de percorrer diversas clínicas especializadas, Roberto Carlos bateu à porta de Zé Arigó em 1970 para que ele examinasse seu filho que sofria de glaucoma congênito. Os primeiros procedimentos e recomendações do médium deixaram o cantor otimista com a cura da criança. Entretanto, Arigó morreu em janeiro do ano seguinte em um acidente de carro. "Perdi um grande amigo e protetor. O mundo perdeu um grande homem, o mais humilde e um dos maiores que conheci", disse Roberto Carlos no velório do médium. O tratamento de seu filho prosseguiu apenas com médicos especializados, até Roberto Carlos saber que o espírito do dr. Fritz que operava em Zé Arigó se manifestava novamente em outro médium — um baiano de Vitória da Conquista chamado Edivaldo de Oliveira Silva.

Diferentemente de Zé Arigó, o professor Edivaldo — como era conhecido na cidade — era um homem culto, de classe média, que lecionava ciências numa escola de formação de professores. De baixa estatura e vaidoso, andava sempre impecavelmente vestido de terno e gravata. Ostentava um Ford Galaxie 500 que para mim tinha uma atração extra: um miniaparelho de televisão no seu luxuoso painel, absoluta novidade em uma cidade do interior. Quando avistava o professor estacionando seu Galaxie na rua, eu me aproximava apenas para ver a minitelevisão, que me parecia um brinquedo futurista. A casa do professor Edivaldo, próxima ao centro, também tinha algo de lúdico. Era uma das mais vistosas e exóticas da cidade. Na entrada, havia um jardim com águas gotejantes e, entre as plantas, estátuas de anões, que pareciam estar ali para vigiar a residência. Na parte interna, no alto, via-se um imenso viveiro de pássaros e aves, onde se destacavam tucanos e pavões. Vista da rua, a casa parecia a entrada de um jardim florestal.

O professor Edivaldo — que pouco tempo depois também morreria em um acidente de carro —, da mesma forma que Arigó, empregava como instrumento cirúrgico apenas objetos como canivete ou uma faca de cozinha. Pessoas de várias partes do país iam à sua procura em Vitória da Conquista, mas ele atendia também em um centro espírita em Salvador e em outro no Rio de Janeiro, para onde se deslocava com frequência a bordo de seu Galaxie. Roberto Carlos o conheceu ao visitar um centro espírita no bairro carioca da Lapa. A partir daí, ele manteve contato próximo com o médium, que até frequentou sua casa no Morumbi, em São Paulo, ficando também amigo da esposa do cantor, Nice, e de sua mãe, dona Laura. Por isso o artista fez questão de visitar o professor Edivaldo e conhecer sua família, em Vitória da Conquista.

A esposa de Edivaldo preparou um jantar para Roberto Carlos, que seria servido às dezenove horas para não atrasar sua saída para o show. Não se noticiou na cidade que haveria essa recepção ao astro. Apenas a família e alguns poucos amigos do professor Edivaldo souberam e puderam participar do encontro. Roberto Carlos chegou à casa do médium acompanhado de Bruno Pascoal, um dos músicos de sua banda, e de Rubens Avancini, secretário de seu então empresário, Marcos Lázaro, que não viajou com ele. Simpático, o artista abraçou cada pessoa que encontrou na casa, especialmente aquelas que não conseguiram conter o choro ao ver o ídolo de perto. Além do viveiro de pássaros, o professor Edivaldo mostrou-lhe sua curiosa coleção de armas de fogo — todas sem gatilho. Explicou ao cantor que preferia assim, porque se alguém usasse alguma daquelas armas para cometer um assassinato, o carma do criminoso ficaria sob sua responsabilidade. Depois de comandar um ritual de orações, o anfitrião mandou servir o jantar, que transcorreu em animada conversa entre ele e os convidados.

Quando Roberto Carlos ainda jantava na casa do professor Edivaldo, ali perto, no centro, eu pegava o ônibus que me levaria até a porta do estádio Lomanto Júnior, local do show. Minha mãe felizmente havia compreendido a importância daquilo para mim e não me impediu de ir sozinho ao estádio. Ao contrário: ao chegar do trabalho, ela me arrumou, preparou meu lanche e ainda me deu o dinheiro para pagar a passagem de ida e volta do ônibus. E desejou que, como das outras vezes, eu encontrasse mesmo alguém que pudesse pagar meu ingresso. Quem sabe algum conhecido não estaria lá no portão de entrada? Mas ela fez também uma importante recomendação: se eu ficasse de fora, deveria voltar para casa imediatamente. Ela não iria dormir enquanto eu não chegasse.

O ônibus seguiu lotado para o estádio, como se fosse dia de jogo importante no campeonato. Mas ali ia uma torcida só para aplaudir Roberto Carlos. Fiquei na parte de trás junto a um grupo de moças e rapazes que cantavam trechos de vários sucessos dele. Bastava alguém puxar uma canção para a galera do ônibus acompanhar a cantoria. Nesse clima festivo e de muita alegria fomos até o estádio, cantando hits que sabíamos de cor, como "Jesus Cristo", "Se você pensa" e "Namoradinha de um amigo meu".

Chegando ao estádio, encontrei uma fila enorme, porém rápida. A maior parte das pessoas já tinha comprado seu ingresso com antecedência. Talvez não houvesse mais nenhum na bilheteria, só nas mãos de cambistas. Ansioso, eu procurava algum conhecido que pudesse me ajudar a entrar. Andava ao longo da fila. A pessoa mais próxima que encontrei foi o gerente de um supermercado que havia perto de casa. A família inteira estava com ele: a mulher, os filhos, a cunhada e acho que até a empregada ganhou um ingresso para o show. Hesitei por um momento, mas tomei coragem e me dirigi até ele. Perguntei se me arrumaria uma entrada também. Ele me reconheceu, achou esquisito que eu não estivesse acompanhado, mas disse que não podia fazer nada, os ingressos estavam contados.

Voltei para o início da fila, que acabara de receber mais um grupo de pessoas. Entre elas vi duas professoras da Escola Municipal Anísio Teixeira, onde eu estudava no curso primário. Porém nenhuma das duas lecionava para minha turma e provavelmente não se lembrariam de mim brincando no pátio da escola. Mesmo assim, pensei em me apresentar, mas hesitei; olhei mais uma vez para elas e, como nenhuma sorriu para mim, acabei desistindo de abordá-las. Então me enchi de coragem e fui até a porta principal do estádio, apelando ao porteiro para que me deixasse entrar. Em vão: "Por favor, saia da frente, está atrapalhando o público. Só entra quem tiver ingresso".

Roberto Carlos era adorado por todas as classes sociais, mas só quem conseguia assistir a seus shows eram as pessoas de classe média para cima. Numa entrevista daqueles anos, o próprio cantor admitira, pouco antes de um show num ginásio em Florianópolis: "Quer apostar como tem mais gente lá fora do que aqui dentro? Meu público é pobre, não pode pagar ingresso muito caro". E era verdade, a maioria dos fãs de Roberto Carlos ficava de fora de seus espetáculos. Eu era exemplo disso.

Essa exclusão não se dava só no Brasil. Na cidade de Coatzacoalcos, no estado de Veracruz, México, ela acabou estourando em forma de violência coletiva. Numa sexta-feira de julho de 1976, quando Roberto Carlos faria um show no ginásio de esportes Miguel Alemán González, o principal da região, o público se revoltou. Havia muito tempo que a cidade esperava por aquele espetáculo, e uma multidão se dirigiu ao ginásio. Os mais abastados conseguiram garantir suas entradas, mas grande parte dos fãs considerou muito alto o valor dos ingressos e resolveu protestar, de paus e pedras na mão, acusando Roberto Carlos de cantar apenas para ricos.

"Levamos um susto danado, porque eles começaram a quebrar vidraças e jogar pedras quando já estávamos lá dentro", conta o trompetista Magno de Alcântara, o Maguinho, que junto com outros membros do RC-7 chegara antes para passar o som. E como num efeito dominó, cidadãos descontentes com o preço do pão ou da tequila, e que por acaso passavam por ali, acabaram por se juntar aos fãs de Roberto Carlos no quebra-quebra. O cantor, que na hora do tumulto ainda se encontrava no hotel, foi orientado a voltar à Cidade do México o mais rápido possível. De acordo com o que foi publicado na imprensa, parte das dependências do ginásio foi vandalizada pela multidão em fúria.

Não foi assim em Vitória da Conquista; o estádio era longe do centro, e os fãs mais pobres tiveram de se conformar em ficar em casa. O tempo passava, e a porta já estava quase vazia. Fui correndo para o portão lateral onde vi parado o caminhão com o nome RC-7. Os músicos e Roberto Carlos entrariam por ali. De repente uma agitação tomou conta do portão lateral, uma correria, seguranças se aproximaram. Devagar, foi chegando um Galaxie LTD metálico. No banco de trás, com todos os vidros fechados, dava para ver que ele estava lá, os longos cabelos encaracolados. Era ele mesmo, Roberto Carlos! Eu e alguns garotos começamos a gritar: "Roberto, Roberto". Com seu sorriso puro e melancólico, ele nos dirigiu um aceno; então o carro atravessou aquele portão imenso, que se fechou sem demora, e desapareceu. Acabaram minhas esperanças. Eu assistira a tantos shows na minha cidade, mas ia perder logo aquele?

Quase todos que não conseguiram entrar foram embora. Fiquei ali com alguns meninos de rua, sem camisa e todos negros, que sempre estavam na porta do estádio, em partidas de futebol, shows ou eventos religiosos. Mas, antes de fechar o portão de vez, um senhor de terno azul, talvez alguém da equipe de Roberto Carlos, nos chamou: "Ei, meninos, entrem aqui, rápido". Corremos todos para lá. Pensei na sorte que eu tivera de no último minuto poder ver o show de Roberto Carlos. Mas, assim que me abaixei para passar pelo portão, aquele mesmo senhor postou o braço na minha frente e disse: "Você não, você pode pagar" — e fechou o portão num baque.

Naquele dia, eu vestia a roupa que usava só aos domingos para ir à igreja ou a algum aniversário. Eu parecia mesmo ter dinheiro: branco, cheiroso e de roupa nova, todo arrumado para ver Roberto Carlos. E por esse motivo fui barrado, mas aqueles meninos negros e pobres, que sempre ficavam do lado de fora, naquele dia eles entraram.

Fiquei um tempo ali na porta do estádio, imóvel, e só então percebi que fazia muito frio. Ouvi, do lado de fora, os primeiros sons da banda. Então o estádio explodiu em gritos e aplausos. Era Roberto Carlos subindo ao palco. A voz dele, meio distorcida pelo vento forte, chegava de longe. "Eu sou terrível, e é bom parar/ porque agora vou decolar." Um dos principais hits da Jovem Guarda abria o show em grande estilo. Lembrei que minha mãe pedira que eu voltasse logo se não conseguisse entrar. Não dava mais para ficar ali.

Voltei no mesmo ônibus, agora vazio. Não havia ninguém cantando Roberto Carlos. Aqueles jovens animados da viagem de ida estavam agora assistindo ao show. No ônibus, só o motorista, o cobrador e eu — os únicos que ficaram de fora. Perdi o espetáculo a que mais desejei assistir na vida. Para mim, Roberto Carlos nunca foi a Vitória da Conquista.

Foi grande a expectativa em torno do novo álbum de Roberto Carlos, previsto para o fim de 1973. E mais uma vez falou-se que o lançamento poderia alcançar a venda de 1 milhão de discos. A CBS tomou todos os cuidados para que o LP chegasse ao mesmo tempo às principais emissoras de rádio do Brasil. Nem a capa ou o título das canções podiam ser fornecidos à imprensa. O objetivo era manter o mistério até o dia do lançamento oficial, 7 de dezembro. E só nessa data o disco começou realmente a tocar em todas as emissoras do país. No Rio de Janeiro, os dois principais comunicadores da cidade, Haroldo de Andrade, da Rádio Globo, e Paulo Barboza, da Rádio Tupi, abriram seus programas matinais com as novas canções de Roberto Carlos. O mistério, enfim, estava revelado.

Os críticos, como sempre, não gostaram. Tárik de Souza, por exemplo, resumiu sua opinião sobre o disco no título do texto para a *Veja*: "Pífio mistério". Mas eu e os demais fãs de Roberto Carlos aprovamos o LP, que abre com um belo (e inusitado) solo de violino na canção "A cigana". Outras faixas foram também sucesso: "Proposta", "Rotina", "O moço velho", "Palavras" e "O homem", mais uma em homenagem a Jesus Cristo: "Tudo que aqui Ele deixou/ Não passou e vai sempre existir/ Flores nos lugares que pisou/ E o caminho certo pra seguir". Os metais também reapareciam no soul funkeado "Não adianta nada". A vendagem do disco alcançou 750 mil cópias, pouco maior do que a do LP anterior, mas ainda aquém da marca desejada. Para o cantor e sua gravadora, a expectativa de alcançá-la ficou mais uma vez para o ano seguinte.

Parecia mesmo uma questão de tempo. Afinal, até ali o acordo do artista com seu público continuava inquebrantável. Mas muitos fãs se contentavam em ouvir as canções pelo rádio. Talvez pensando justamente nessa parcela do público que lhe parecia indecisa ou recalcitrante, Roberto Carlos compôs para o álbum do ano seguinte um pedido em primeira pessoa expresso no enfático refrão "Eu quero ter um milhão de amigos/ E bem mais forte poder cantar". Com o título de "Eu quero apenas", a canção talvez revele mais do que simplesmente a utopia de ter essa grande multidão de amigos — algo impossível de acontecer, principalmente para alguém que vive recluso como Roberto Carlos. Naquele contexto, a referência ao número "1 milhão" possivelmente visasse algo bem mais concreto. No fim de 1974, chegou ao mercado o novo LP, que trouxe outros sucessos como "O portão", "Despedida", "É preciso saber viver", "Você", "Jogo de damas" e "Quero ver você de perto". O álbum bateu todos os recordes de venda no Brasil: 800 mil cópias. Agora faltava pouco para o milhão.

Nos anos 1970, os dois principais críticos musicais da imprensa brasileira eram o paulista José Ramos Tinhorão e o carioca Tárik de Souza. O primeiro tinha uma polêmica coluna no *Jornal do Brasil*; o segundo escrevia na revista

Veja, onde começou sua carreira, em 1968, ficando lá até o fim da década seguinte. Quando ainda trabalhava na revista, Tárik passou também a assinar uma coluna no *Jornal do Brasil*, além de eventualmente colaborar com outras publicações especializadas em música.

Mais velho, mais temido e radical, Tinhorão direcionava sua crítica para uma batalha sem trégua contra a influência estrangeira na MPB. E nisso era um combatente quase obsessivo, como na sua conhecida opinião de que bossa nova é música americanizada — com o que Tárik não concordava, mais identificado com o ideário antropofágico-tropicalista.

Mas, divergências à parte, José Ramos Tinhorão e Tárik de Souza atravessaram aquele período unidos na oposição ao regime militar e na rejeição à música de Roberto Carlos. Ideologicamente, os dois críticos foram formados pelo pensamento nacional-popular da esquerda do PCB. Daí a cobrança, mais por parte de Tinhorão, de uma arte genuinamente brasileira, autêntica, pura e, da parte de Tárik, comprometida com a transformação social, com a mensagem de protesto, de oposição ao regime militar. Como a música de Roberto Carlos não atendia a nenhuma das duas exigências, soava ruim ao ouvido deles.

Tinhorão tinha tanto desprezo pelo cantor mais popular do país que nem se dava ao trabalho de comentar os discos lançados por ele a cada fim de ano. "Sou um crítico de música brasileira, e Roberto Carlos não é brasileiro", justificou com sua peculiar ironia. Já Tárik de Souza enfrentava o fenômeno, mas não deixava barato, como demonstrou logo na primeira crítica assinada sobre um álbum dele, o de 1969, anteriormente citada. Outros conhecidos críticos da época, como Ary Vasconcelos, Sérgio Cabral e Sílvio Lancellotti, vez ou outra também analisavam negativamente seus discos. Tárik, porém, fazia isso praticamente todo ano e em órgãos de imprensa muito influentes, tornando-se assim o principal opositor de Roberto Carlos na mídia. Era Tárik de Souza contra a opinião do povo de um país.

Em dezembro de 1974, por exemplo, lá estava ele mais uma vez exercendo o seu ofício na *Veja*. Sucessos como "O portão", "É preciso saber viver", "Você", "Eu quero apenas", nada disso sensibilizou o crítico, opinando que aquele era um disco de canções "parecidas e amorfas". O texto, intitulado "Por fora", sugeria também a alienação de Roberto Carlos, pois vinha ao lado da crítica ao novo disco de Chico Buarque, *Sinal fechado*, assinada pelo mesmo Tárik sob o título "Por dentro".

Se, por um lado, em 1974 Roberto Carlos não encontrava respaldo na revista *Veja*, por outro ocorria o seu casamento com a TV Globo, depois de um período de namoro. Os dois, cantor e emissora, tinham surgido praticamente ao mesmo tempo no cenário cultural do país. A Globo foi inaugurada em 1965, ano do lançamento de *Jovem Guarda* e de "Quero que vá tudo pro inferno", que transformaram Roberto Carlos em um fenômeno da música brasileira. Mas demoraria quase uma década para o cantor selar com a emissora um contrato de exclusividade — o primeiro após deixar a outrora poderosa TV Record, da família Machado de Carvalho.

Registre-se que Roberto Carlos saiu da Record por causa da derrocada da emissora paulista. Em 1969, sua crise financeira já estava à vista de todos, principalmente depois que a direção anunciou uma medida drástica: o desconto de 20% dos vencimentos de todos os seus funcionários para cobrir prejuízos que vinha sofrendo nos meses anteriores. Para piorar as coisas, em julho daquele ano o teatro da Record pegou fogo pela terceira vez. O incêndio foi de grandes proporções e destruiu a casa de espetáculos em poucos minutos. Essa foi a pá de cal para a TV Record. Mesmo com a diminuição do salário, ela não conseguia pagar vários de seus contratados. A solução foi liberá-los para outras emissoras. A partir daí instalou-se um salve-se quem puder. Foi quando Marcos Lázaro, então empresário de Roberto Carlos, procurou a direção da Record para resolver o caso dele. Lázaro conseguiu a liberação do artista com a promessa de que Roberto Carlos não teria programa fixo em nenhuma outra emissora. Menos mal para a TV Record, que não enfrentaria de imediato a concorrência de seu ex-astro. Mas ela não tinha mais o que oferecer aos fiéis telespectadores do canal 7. Com a saída de Roberto Carlos e de outros grandes nomes da MPB, toda sua linha de shows foi desmontada. Para a família Machado de Carvalho, o sonho de uma televisão forte e dedicada aos musicais chegava ao fim.

Começava aí a ascensão da TV Globo, da família Marinho, que passou a cortejar Roberto Carlos com a proposta de um programa semanal. Mas o artista descartava qualquer possibilidade de voltar a se expor e se ocupar tanto com televisão. De 1970 a 1973, ele preferiu ficar livre e fazer participações eventuais no *Programa Flávio Cavalcanti*, na TV Tupi, ou no *Som Livre Exportação*, na própria Globo. Mas a emissora carioca insistia em tê-lo como artista exclusivo e ofereceu um alto salário para a realização de um musical mensal.

Mais uma vez Roberto Carlos recusou. Só aceitaria contrato de exclusividade para comandar um programa anual, além de uma ou outra participação em programas como *Globo de Ouro* e *Fantástico*. A direção hesitou, mas acabou se rendendo ao artista. "Estávamos hospedados num hotel em Brasília. Lá pelas nove da noite o telefone tocou: era Roberto me chamando até a sua suíte para brindar um champanhe com ele e Nice. Ele queria celebrar um contrato que tinha fechado com a TV Globo", lembra Chiquinho de Moraes, na época maestro do cantor.

Roberto Carlos tinha mesmo o que comemorar, porque o contrato era duplamente vantajoso. Se, no tempo da Record, ele ganhava relativamente pouco para cantar muito na televisão, a partir de seu contrato com a Globo ele iria ganhar muito para aparecer pouco, evitando o desgaste da superexposição depois de uma década de absoluto sucesso. O contrato de exclusividade o impedia de se apresentar em programas de outras emissoras. Era tudo o que o artista queria: ter uma boa razão para dizer não a tantos pedidos de apresentação em vídeo. Agora a sua única preocupação na TV era com a gravação de seu especial, que foi ao ar pela primeira vez no Natal de 1974, sob a direção de Augusto César Vannucci. Até hoje me lembro da chamada para o primeiríssimo especial de fim de ano. Nela, aparecia uma cena do artista em frente ao espelho do camarim arrumando os cabelos e fumando cachimbo. A chamada foi repetida várias vezes e com bastante antecedência na programação da emissora.

Nós lá em casa continuávamos sem televisão, então eu apelava para a chamada "televizinha", ou seja, ir até a casa de um morador próximo que me permitisse assistir com sua família a algum programa de TV. Na Bahia havia apenas dois canais: a TV Aratu, canal 4, que transmitia a programação da Rede Globo, e a TV Itapoan, canal 5, que transmitia a da Rede Tupi — ambas tendo como foco da sua programação as telenovelas. Foi assim que acompanhei algumas delas, como *Selva de Pedra* e *Cavalo de Aço*, da Globo, e *Hospital* e *Mulheres de Areia*, da Tupi.

O problema é que mudávamos muito de endereço e eu estava sempre à procura de uma nova "televizinha". Era mais difícil nos primeiros dias depois da mudança, quando eu ainda não conhecia os moradores das redondezas. Fazia inicialmente um reconhecimento de campo: saía à noite pelo bairro à procura de uma casa com televisão. Muitas ainda não tinham o aparelho, mas era fácil identificar quando havia um. Nas periferias e cidades do interior, as residências costumavam deixar portas e janelas abertas, e de longe já se avistava aquele foco de luz na calçada. Eu não tinha dúvida: era a televisão, ainda em preto e branco, porque colorida havia apenas nos bairros mais ricos.

Então me aproximava da janela e ficava do lado de fora assistindo ao programa que passava naquele momento. Às vezes um ou outro morador não gostava de ver um intruso espiando sua sala e ficava na frente, tapando a visão da TV. Então eu saía à procura de outra janela. Se fosse bem recebido, continuava ali e voltava na noite seguinte. Geralmente, depois de três ou quatro noites alguns vizinhos mais simpáticos e generosos até me convidavam para entrar e assistir ao programa sentado no sofá da sala. Porém, quando eu já me sentia à vontade naquela casa, mudávamos novamente e eu tinha que recomeçar tudo. Esse era um momento para o qual eu já devia estar acostumado. Afinal, várias vezes ele se repetira na minha infância. Mas a cada noite de estreia em uma nova janela era sempre o mesmo nervosismo, a mesma ansiedade. Qual seria a reação daquele morador? Felizmente, na noite de Natal de 1974 eu estava instalado em uma boa janela para ver o primeiro especial de Roberto Carlos na TV Globo.

O programa foi ao ar logo depois da exibição de um dos capítulos da novela *Fogo sobre terra*, de Janete Clair. O curioso é que o primeiro convidado a participar do especial não foi nenhum cantor ou cantora da MPB, e sim dois personagens do seriado *Vila Sésamo*, programa infantil que a Globo apresentava na época. Antes de Roberto Carlos cantar a primeira música, seu filho Dudu Braga, o Segundinho, então com seis anos, conversa animadamente com os bonecos Garibaldo e Gugu. Logo depois, Segundinho aparece dirigindo um carro de brinquedo, enquanto Roberto Carlos, ao seu lado, canta "O calhambeque". Nessa estreia como contratado da Globo, o cantor procurou agradar, antes de todos, às crianças. E eu ali, em pé na calçada, à janela, vibrei com todos os números e convidados apresentados ao longo do programa. "Nos dias de hoje é muito importante encontrar 1 milhão de amigos, e conservá-los, sobretudo, é também muito importante", disse Roberto Carlos antes de cantar o seu grande hit daquele momento, "Eu quero apenas", com o qual encerrou o especial.

Como o esperado "disco milhão" mais uma vez não veio, em 1974, dizia-se na imprensa que Roberto Carlos já havia atingido seu teto de vendagem e que a tendência agora seria vender menos a cada novo lançamento. Especulava-se até que àquela altura o cantor já teria sido superado por novos ídolos da música pop nacional, como Raul Seixas e Secos & Molhados. Tudo especulação, porque ambos estavam longe de alcançar os números de Roberto Carlos. Mas o cantor ficava incomodado com esse tipo de notícia, como ele próprio confessou em uma entrevista a *O Globo*, em maio de 1975. "Esse orgulho eu carrego comigo: ainda sou o maior vendedor de discos do Brasil. Por isso, quando começaram a surgir ondas de que outros cantores me superaram em vendagens de disco, fiquei surpreso e chateado."

A melhor resposta ele teria que dar com o lançamento de seu próximo álbum, previsto para dezembro daquele ano. O disco chegou com produção mais sofisticada, clima intimista e grandes canções ("Além do horizonte", "Olha", "Seu corpo"), mas que aos ouvidos dos fãs mais radicais tinha um defeito: regravações demais. "Inolvidable" e "El Humahuaqueño", clássicos do repertório latino, além de "Mucuripe", gravada anteriormente por Fagner e Elis Regina, e uma nova versão do hit "Quero que vá tudo pro inferno" — exatos dez anos depois do lançamento, numa deferência especial à canção-ícone da sua carreira. Mas quatro regravações em doze faixas significavam um terço do LP. Não era o que os fãs esperavam de Roberto Carlos. Talvez por isso, esse álbum tenha vendido menos do que os anteriores e tenha tido também menos execução nas rádios. Isso deu mais munição para quem apostava na queda de popularidade do cantor.

O sinal vermelho piscou na CBS e aumentou a pressão em torno do LP de 1976. Esse novo trabalho poderia confirmar uma tendência de queda de venda do artista ou manter seu limite de teto em torno de 800 mil discos vendidos, ou, quem sabe, até dar o salto direto para o "disco milhão". Considerando-se a grande quantidade de fãs que queria, mas ainda não tinha comprado nenhum LP dele, talvez a segunda e terceira opções fossem as mais prováveis. Em 1976 completavam-se exatos dez anos do início da Era Roberto Carlos na música brasileira. Ao longo desse período, ele lançou onze grandes álbuns com quase uma centena de canções de sucesso, a maioria inédita. Mas o artista ainda teria fôlego para sustentar esse acordo com os fãs?

Na véspera do Carnaval de 1976, finalmente um toca-discos entrou na minha casa. Agora eu não dependeria apenas da programação do rádio para ouvir músicas. Era uma vitrola usada, portátil, mono, modelo lançado nos anos 1960, mas que ainda funcionava muito bem. O aparelho tinha uma base com laterais de madeira marrom e uma tampa acolchoada de cor cinza, na qual se localizava seu único alto-falante. Fechado, parecia uma mala pequena. Minha mãe comprou a vitrola de um senhor da sua igreja, que cedeu também alguns discos evangélicos de cantores como Luiz de Carvalho e Ozeias de Paula. Eu teria, portanto, que formar a minha própria discoteca se não quisesse ouvir apenas louvores ao Senhor.

Como ainda não tinha 22 cruzeiros para adquirir um LP, preço médio na época, comprei o que era possível: um compacto duplo recém-lançado de Roberto Carlos. A gravadora CBS não estava mais retalhando todo o LP, uma forma de forçar os fãs a comprar o álbum e alcançar logo aquela marca de 1 milhão. Mas lançou esse compacto com duas das músicas de maior sucesso do seu então mais recente LP: "Além do horizonte" e "O quintal do vizinho". Com elas inaugurei minha velha vitrola. E, animado, passei aquele Carnaval ouvindo basicamente essas duas canções, em casa, e "A filha da Chiquita Bacana", de Caetano Veloso, na rua.

Por ser mais barato, o compacto era indicativo de um consumo de público de baixa renda — ao contrário do LP, produto adquirido, em geral, pela classe média, sendo também um símbolo de status. Para impressionar uma garota, por exemplo, o rapaz não podia se exibir ou presenteá-la com um mísero compacto, precisava de um long-play. Aprendi isso na prática. Não esqueço uma festa na casa de um colega da escola, logo depois do Carnaval. Ele pediu que cada um de nós levasse alguns discos de sucesso porque havia poucos na casa dele. Eu levei o que tinha: meu compacto de Roberto Carlos com o hit "Além do horizonte".

Fui um dos primeiros a chegar, quando ele ainda montava as caixas do aparelho de som. Para minha alegria, logo depois chegou uma garota que estudava na mesma escola, mas numa série à frente da minha. Nunca tínhamos conversado, embora sempre a tivesse desejado de longe. Ao me ver com o disco de Roberto Carlos na mão, ela veio sorrindo falar comigo, dizendo que era fã do cantor e que adorava aquela nova música, "Além do horizonte". O som ainda não estava ligado, e ela ficou ali conversando comigo, revirando o compacto, lendo o rótulo, cantarolando a canção. Eu já me imaginava junto dela naquele cenário idílico descrito pelo cantor, um lugar "onde a gente pode se deitar no campo/ Se amar na relva escutando o canto dos pássaros"... Porém, alguns minutos depois, eis que chega na festa um outro garoto do colégio, trazendo na mão o long-play de "Além de horizonte" que, para meu maior azar, foi o primeiro que Roberto Carlos lançou em edição luxuosa, de capa dupla, com uma espécie de pôster dele na parte interna. Imediatamente aquela garota me devolveu o compacto e foi pedir ao outro para lhe mostrar o álbum do cantor. Por lá ela ficou toda a festa, e meu compacto nem chegou a ser tocado...

Nesse dia aprendi que não era boa ideia andar se exibindo com um disquinho daqueles na mão. E mais do que nunca desejei comprar logo um LP do meu ídolo. Outros garotos da minha idade talvez sonhassem em possuir a sua primeira moto ou automóvel. Aos treze anos, eu queria apenas ter álbuns, long-plays, discos, muitos discos. E consegui vários deles de uma só vez quando um taxista, que morava próximo de minha casa, se converteu à igreja pentecostal Assembleia de Deus. A mulher dele comentou com minha mãe que o marido iria se desfazer de tudo aquilo que o ligava ao antigo "mundo do pecado". Eu sabia que ele tinha vários discos de MPB e que isso era contrário à doutrina daquela igreja, pois minha avó Isaura era de lá e os rejeitava. Pois não deu outra: fui lá, conversei com o taxista e levei de graça uns doze LPs, entre os quais alguns de Nelson Gonçalves, Moreira da Silva, Luiz Gonzaga, Martinho da Vila e Paulinho da Viola. Comecei assim a formar o meu acervo de discos de música brasileira. E passei a ficar atento a cada novo convertido da Assembleia de Deus. O seguinte foi o meu tio Jesuíno, que depois de entrar para essa igreja também se desfez de seus discos mundanos. Dele ganhei LPs de Ray Conniff, Agnaldo Timóteo, Elvis Presley, a trilha do filme *Por um punhado de dólares* e aquele raro compacto de papelão oferecido pelas canetas Sheaffer com Roberto Carlos cantando "O calhambeque".

Meu acervo de discos, então, já contava com vários LPs e dois singles de Roberto Carlos. Faltava, porém, um álbum dele. Durante uns cinco meses, economizei o que foi possível para juntar 22 cruzeiros e comprar um. Tendo agora vitrola em casa, o esforço valia a pena. No centro da cidade, além da Aquarius Music, havia uma nova loja de discos, a Sómúsica, bem maior e com um vasto catálogo do repertório brasileiro e internacional. Decidi ir até lá comprar um dos antigos LPs de Roberto Carlos, o que me parecesse o melhor. Dois anos antes, a CBS relançara com novas mixagens todos os álbuns do cantor — com exceção de *Louco por você*, de 1961, e *Splish splash*, de 1963. Portanto, a discografia dele estava quase toda disponível, e a loja, bem abastecida. Eu ainda não conhecia o repertório de cada um dos seus discos e estava em dúvida sobre qual deles escolher. Mas na loja havia um toca-discos com fone de ouvido à disposição dos clientes, e ali fiquei um bom tempo ouvindo o início das faixas de cada LP. Lembro, por exemplo, de ter ouvido *O inimitável, É proibido fumar* e os álbuns de "Jesus Cristo" e "Proposta". Tinha catorze anos e, sem saber, naquele momento fazia a minha primeira análise da obra musical de Roberto Carlos.

O disco que me pareceu o melhor — opinião que mantenho até hoje — é aquele que tem "Detalhes", "Todos estão surdos", "Debaixo dos caracóis dos seus cabelos", "Amada amante", "Como dois e dois", "De tanto amor"... O álbum de 1971, o primeiro gravado nos Estados Unidos e que, no período do lançamento, vendeu 630 mil cópias. Comprei com um atraso de cinco anos, mas saí da loja feliz da vida com o meu primeiro LP de Roberto Carlos — vinil com aquele antigo rótulo cor de laranja da CBS que guardo até hoje. Talvez intuindo que a informação podia me ser útil no futuro, naquele dia em casa, enquanto o disco rodava na vitrola, escrevi na lateral interna da capa o meu nome e a data da compra: "Paulo Cesar de Araújo, 28 de agosto de 1976". Era um sábado.

O LP seguinte eu só poderia comprar lá pelo fim do ano, e dessa vez seria o novo lançamento de Roberto Carlos, o álbum que ele estava gravando em estúdios de Los Angeles e Nova York. No início de novembro, vi estampada na porta da Sómúsica uma faixa com a mensagem: RESERVE AQUI SEU NOVO LP DE ROBERTO CARLOS. O balconista me explicou que a reserva era importante porque em anos anteriores muitos clientes que deixaram para a véspera do Natal se depararam com o estoque da loja já esgotado. Então perguntei se podia fazer a reserva pagando apenas uma parte do valor. Ele disse que sim e escreveu meu nome em um caderno que listava os clientes aos quais garantia aquele lançamento, previsto para chegar à loja no dia 22 de novembro.

Na data marcada, uma segunda-feira, lá estava eu com o restante do dinheiro e a expectativa de comprar, pela primeira vez, um LP de Roberto Carlos recém-saído da fábrica. Entrei na loja pouco depois do meio-dia, logo após deixar o colégio. Entretanto, os discos ainda não tinham chegado, mas o balconista garantiu que até o fim da tarde a loja receberia o lote. Ele ligou para a distribuidora da CBS em Salvador, que confirmou que um carro lotado de discos de Roberto Carlos estava a caminho de Vitória da Conquista. Fui para casa almoçar, segui para o trabalho e retornei à loja por volta das dezoito horas.

Mas até aquele momento suas vitrines continuavam sem o novo LP do artista. O balconista justificou que os discos vinham da capital em uma Kombi que fazia a distribuição para lojas de outras cidades do interior da Bahia. Teria havido algum imprevisto na estrada, porém nada que impedisse a chegada dos LPs ainda naquele dia. A Sómúsica fechava as portas às dezenove horas, mas os funcionários continuariam lá para receber a mercadoria.

Eu estava tão decidido a não sair dali sem meu disco que pedi para ficar com eles além do horário. No interior da loja, acompanhei o trabalho de limpeza e decoração das vitrines, enquanto um funcionário pintava novo cartaz com a mensagem: CHEGOU O NOVO LP DE ROBERTO CARLOS, que seria colocado na porta no dia seguinte. Eram pouco mais de oito horas da noite quando, finalmente, parou à beira da calçada uma Kombi com a placa de Salvador. Dentro dela vi caixas e mais caixas de discos com o selo CBS. Rapidamente o motorista entregou os lotes destinados àquela loja. E rapidamente também o balconista abriu uma das caixas, pegou um LP de Roberto Carlos e entregou na minha mão. Fui talvez o primeiro morador da cidade a receber aquele álbum, que traz na capa o artista deitado numa rede branca, vestido de terno branco, com uma rosa vermelha na lapela, de chapéu também branco, fazendo uma pose de *Latin lover*.

Voltei correndo para casa e coloquei o disco para rodar: "Vivo condenado a fazer o que não quero/ De tão bem-comportado às vezes eu me desespero", dizia a pulsante faixa de abertura, o rock "Ilegal, imoral ou engorda". Na faixa seguinte, a erótica "Os seus botões", em seguida o protesto ecológico "O progresso", logo depois "Preciso chamar sua atenção", a única regravação do disco, e assim mesmo modificada e disfarçada com novo título, que na gravação original de Erasmo Carlos era "Vou ficar nu pra chamar sua atenção". O lado B do LP abria com a belíssima "Você em minha vida" e outra faixa trazia o futuro clássico "Um jeito estúpido de te amar". Enfim, era Roberto Carlos em plena forma e mais uma vez cumprindo a sua parte no acordo com os fãs. Estes, por sua vez, também não o decepcionaram. Ao contrário, o deixaram radiante de alegria.

Roberto Carlos estava com Ronaldo Bôscoli no camarim do Teatro Fênix, da TV Globo, pouco antes de gravar uma participação no programa *Globo de Ouro*. "Bicho, estou um pouco atrasado, mas quero ganhar parabéns", disse-lhe o cantor, que abriu o zíper de sua bolsa italiana e dela retirou um papel, que passou às mãos de Bôscoli. "Leia", pediu Roberto. A folha de papel, timbrada com o logotipo da CBS, informava que, no período de 22 de novembro a 25 de dezembro, portanto, em 33 dias, haviam sido vendidos 545 mil cópias do novo álbum de Roberto Carlos (436 mil em formato LP e 109 mil em fitas cassetes). Algo estava para acontecer, porque ele costumava alcançar esses números só depois de alguns meses de vendagem. Linhas abaixo daquele papel, uma nota informava: "Recorde de vendas em tempo". Roberto Carlos colocou seu dedo sobre essa frase e disse, visivelmente emocionado, a Bôscoli: "Isso quer dizer que jamais alguém vendeu tanto disco com tanta velocidade". Para um jornalista que perguntara dias antes quem seria seu sucessor no reinado da música brasileira, o artista respondera também mostrando aqueles números fornecidos pela CBS: "Ora, bicho, como você vê, eu ainda estou sucedendo".

Esse regozijo do artista tinha razão de ser, porque àquela altura nem ele nem a sua gravadora alimentavam mais dúvida: finalmente chegara a hora do tão sonhado "disco milhão". E, de fato, após mais alguns meses de exposição nas lojas, o álbum de 1976 tornou-se o primeiro de Roberto Carlos — e da história da música brasileira — a obter a marca de 1 milhão de cópias vendidas. Isso apenas no Brasil, sem contar as vendas da versão em espanhol distribuída na América Latina. Roberto Carlos ficou mesmo muito orgulhoso do seu feito mercadológico — assim como o outro rei, Pelé, ficara orgulhoso do feito esportivo dos mil gols. Cada qual em sua atividade alcançava assim a almejada marca histórica. Mas, para que não houvesse nenhuma desconfiança — alguém poderia dizer que aquele número era apenas uma jogada de marketing —, a CBS teve o cuidado de contratar uma das mais prestigiosas empresas de auditoria do mundo, a Coopers & Lybrand, que teve acesso a documentos da gravadora e depois emitiu um certificado comprovando que aquele lançamento de Roberto Carlos se tornara efetivamente o seu "disco milhão".

Com o caixa em sobra, a CBS ofereceu uma festa em um clube, no Rio de Janeiro, na qual homenageou diversos funcionários, especialmente divulgadores, que contribuíram para aquela conquista de Roberto Carlos. Além disso, para propagar o feito do seu principal astro, a gravadora publicou na imprensa uma peça publicitária que mostrava a capa do álbum dele com a mensagem: "Sensacional! Só no Brasil: 1 000 000 de cópias vendidas em um ano do último LP de Roberto Carlos. Número certificado pelos auditores Coopers & Lybrand".

Fiquei feliz ao ver esse anúncio em uma revista que comprei na época e guardo até hoje comigo. Lembro de tê-la mostrado à minha mãe, enfatizando que eu era um daquele "1 milhão" que comprou o novo LP de Roberto Carlos e o ajudou a conquistar a marca histórica. Eu tinha, enfim, cumprido a minha parte no acordo. A partir daí me senti mais do que nunca integrante daquele 1 milhão de amigos que Roberto Carlos desejou ter.

Não cheguei a me tornar um relojoeiro, mas já estava bastante familiarizado com as engrenagens e peças de um relógio suíço quando tio Antônio decidiu passar o ponto de sua loja e ir morar em Salvador. Porém isso não me deixou sem emprego, porque o irmão dele, tio Euclides, logo me chamou para trabalhar em sua ótica, também no centro de Vitória da Conquista. Ali eu iria finalmente aprender a minha primeira profissão: montador ótico. Seguindo as medidas especificadas na receita do médico oftalmologista, eu marcava a lente com um diamante, triturava as sobras com alicate e depois a lapidava numa máquina de esmeril ou lixadeira. O objetivo era deixar a lente no tamanho exato e com as curvas do modelo de cada armação. Era um trabalho que exigia certa destreza manual, que fui desenvolvendo aos poucos, na prática diária da montagem de vários óculos. Embora trabalhasse ali também apenas no turno da tarde, eu já ganhava um salário melhor, o que me permitiu adquirir com mais facilidade os meus objetos preferidos de consumo: discos, livros e revistas.

Havia na feira central da minha cidade um movimentado ponto de venda e troca que funcionava aos domingos pela manhã. Quem quisesse se desfazer de um galo de briga, filhote de cachorro, um violão ou uma espingarda, levava-o a esse lugar para oferecer a quem estivesse lá. Felizmente, havia também quem levasse discos usados, velhos livros e revistas, tornando aquilo uma espécie de sebo ambulante. Por conta disso, quase todos os domingos eu passava nessa feira para acompanhar o movimento e as novidades. E às vezes arrematava, a preços muito baratos, antigos vinis ou exemplares, hoje raros, de publicações como *Revista do Rádio* e *Intervalo* — especialmente aquelas que traziam Roberto Carlos na capa. Foi também ali que, aos poucos, fui adquirindo vários álbuns e compactos dele, alguns arranhados, com capas rabiscadas, mas em edições originais que me permitiram ter em casa praticamente todo seu repertório musical até então gravado. Eu precisava apenas acompanhar os novos lançamentos para manter atualizado meu acervo de Roberto Carlos. E foi o que ocorreu em dezembro de 1977, quando o cantor lançou o 17º álbum de sua carreira.

Naquela manhã, eu tinha prova de recuperação de matemática e, preocupado, escovava os dentes no tanque do quintal de casa. Do outro lado do muro, no quintal do vizinho, o rádio estava ligado bem alto no programa de Hélio Boquinha, da Rádio Regional de Conquista. De repente, ouço o locutor dizer que tinha um presente de Natal para os ouvintes: mostraria as canções do novo LP de Roberto Carlos, que a CBS acabara de distribuir às rádios. Depois de opinar que aquele era um dos melhores discos lançados pelo cantor nos últimos anos, Boquinha mandou o sonoplasta tocar a primeira faixa: "Você meu amigo de fé, meu irmão camarada". A abertura instrumental marcante da música "Amigo" iluminou ainda mais aquela manhã de sol. Fui correndo para dentro de casa e também sintonizei o rádio no programa de Hélio Boquinha, que prosseguiu tocando e comentando o novo disco, faixa por faixa: "Cavalgada", "Falando sério", "Jovens tardes de domingo", "Muito romântico", "Não se esqueça de mim" e uma outra que diz: "Você foi o maior dos meus casos/ De todos os abraços/ O que eu nunca esqueci".

Dito assim, parece uma coletânea, mas é apenas mais um LP de fim de ano de Roberto Carlos, firme naquele acordo — e na incompatibilidade com a crítica musical. Ao comentar esse álbum, Tárik de Souza afirmou que "qualquer exame mais apurado do conteúdo deste miraculoso produto pode equipará-lo às diluídas poções medicinais das boticas populares. Não cura nem piora a doença: apenas conforta o enfermo", definindo Roberto Carlos como um "biotônico" que oferecia mais "um sedativo sonoro" ao público brasileiro.

Sedado ou não pela primeira audição desse disco no rádio, acabei esquecendo a hora e cheguei atrasado ao colégio, quase perdendo a prova de recuperação. O dinheiro já estava reservado, e assim que o LP chegou às lojas fui um dos primeiros a comprá-lo. Aquele álbum foi outro espanto de vendas, batendo todos os recordes no Brasil: 1,7 milhão de cópias. Roberto Carlos mal comemorava a conquista do primeiro "disco milhão" e já se aproximava da vendagem de 2 milhões com o novo lançamento. O fenômeno parecia mais forte do que nunca. O que teria acontecido? De onde surgiu essa multidão de consumidores que fez o artista alcançar e logo depois ultrapassar a marca de 1 milhão de discos vendidos?

Uma explicação possível é que naquele momento não apenas eu, mas vários outros garotos e garotas, especialmente das classes populares, que nunca tinham comprado um disco de Roberto Carlos, começavam a fazê-lo. Eram aquelas crianças que tinham cinco, seis ou sete anos de idade quando foram conquistadas pelo artista, em meados dos anos 1960. Uma década depois, elas estavam com quinze, dezesseis ou dezessete anos, entrando no mercado de trabalho e/ou de consumo e, finalmente, comprando seus primeiros discos. Esses novos consumidores se juntaram aos fãs tradicionais do cantor — que o acompanhavam desde a Jovem Guarda —, mais àqueles conquistados na fase romântica, permitindo assim que, a partir da segunda metade dos anos 1970, ele tivesse uma crescente vendagem a cada novo lançamento.

O repertório favorecia a adesão. O artista que me conquistou na infância com temas estilo revista em quadrinhos se aproximava da década de 1980 com uma erotização crescente e ousada. Ele falava agora não mais de travessuras juvenis ou de romances sob a luz do luar, mas da intimidade dos amantes no cenário de um quarto com fronhas, lençóis e roupas espalhadas pelo chão. Era o amor sacana de canções como "Proposta", "Seu corpo", "Cavalgada", "Café da manhã" e, principalmente, "Os seus botões", que já começa com a menina tirando a roupa: "Os botões da blusa/ que você usava/ E meio confusa/ Desabotoava/ Iam pouco a pouco me deixando ver/ No meio de tudo/ Um pouco de você/ Nos lençóis macios/ Amantes se dão…".

Entrando na adolescência e com a testosterona à flor da pele, eu despertava para o sexo instruído por Roberto Carlos. Momentos que eu experimentaria pouco depois foram antecipados nessas canções, o que tornava o repertório dele ainda mais atraente para mim e vários outros adolescentes. Vivíamos em pleno regime militar, período em que não havia grande exposição da sexualidade na mídia porque a repressão moral caminhava passo a passo com a repressão política. Filmes de forte erotização, como *Emmanuelle* e *Último tango em Paris*, por exemplo, eram proibidos no Brasil. Para maiores de dezoito anos, liberavam-se apenas as chamadas pornochanchadas, comédias eróticas mais enquadradas na moral vigente. Chegou-se ao absurdo de se proibir de circular no país um álbum com gravuras eróticas de Picasso. A censura não permitia nem mostrar a capa de algumas revistas masculinas, que tinham de ser vendidas embrulhadas em papel celofane. Nas páginas internas, o nu era sugerido, nunca explícito. As fotos costumavam mostrar apenas um seio feminino de cada vez. Por alguma razão, os militares achavam perigoso os dois seios da mulher em uma revista.

Eles implicavam também com referências à sexualidade na música popular, e por isso várias canções foram proibidas ou mutiladas pela censura. Roberto Carlos, por exemplo, enfrentou problemas para gravar "Amada, amante". A canção teve um verso considerado impróprio, e o cantor se viu obrigado a mudá-lo. "Esse é um troço que deixa a gente triste, sem entender. A gente imagina uma coisa, trabalha em cima, sua para concluir a música, aí vêm os caras e metem a tesoura, censuram, proíbem, desrespeitam o seu trabalho. Não deveria existir censura nenhuma", protestou na época o parceiro Erasmo Carlos.

Nesse contexto de repressão moral, as canções eróticas de Roberto Carlos adquiriam evidente caráter transgressor. E ganhavam corações e mentes de muitos meninos e meninas que, como eu, despertavam para a sexualidade. A atriz Carolina Ferraz, por exemplo, revelou a sensação de ouvir o ousado repertório do cantor. "Eu tinha entre dez e doze anos e então começava a sonhar: 'Meu Deus, como será o dia que eu crescer e um homem for abrir os botões da minha blusa? Como serão os meus seios quando eu crescer? E será que meu corpo será cheio de curvas como a estrada de Santos?' [...] Me imaginava um dia já crescida, crescida o suficiente pra que mãos abrissem os botões, não só daquela blusa, mas de todo o universo prometido por aquelas músicas."

O jornalista Silvio Essinger também recordou suas audições juvenis de Roberto Carlos em um texto dirigido ao próprio artista.

> Acredite: suas músicas estavam lá no primeiro beijo, na conquista da primeira namorada [...] Aliás, muitas das sensações boas da vida foram antecipadas em canções suas. Imagina só o frenesi daquele garoto ainda nem chegado aos dez anos de idade, ouvindo "Os seus botões", tentando entender o que era "amanticidão", sem conseguir escapar daquele clima de pura sedução. Alguns anos depois, quando enfim chegou a sua primeira vez, o adolescente experimentaria um estranho déjà-vu — é porque tudo sempre esteve ali, nos estreitos limites daquela canção!

A excitação que o repertório erótico de Roberto Carlos provocava em adolescentes e pré-adolescentes atingia também alguns adultos. Nesse sentido, é revelador um depoimento veiculado na novela *Páginas da vida*, de Manoel Carlos, em julho de 2006. Como em algumas novelas suas na TV Globo, ao final de cada capítulo era exibida uma pequena fala com histórias de vida de pessoas anônimas. Nessa novela, foi ao ar o depoimento de uma mulher que disse ter chegado ao orgasmo pela primeira vez sozinha ao ouvir uma canção erótica de Roberto Carlos. "Eu ganhei um LP dele. Botei na vitrola a música 'O côncavo e o convexo' e fui dormir. Quando acordei, estava com a perna suspensa, a calcinha na mão e toda babada. Comentei com as amigas e elas disseram: 'Você gozou!'. Aí é que vim saber o que era gozo" — disse a mulher, para espanto dos telespectadores.

Seu relato apenas ilustra a força e a eficiência das canções eróticas de Roberto Carlos no imaginário popular. Não por acaso, esse repertório provocava também arrepios e reações de pudor nos setores mais conservadores da sociedade. Na época, enviavam-se cartas aos órgãos de censura reclamando da liberação de determinadas músicas que faziam referências à sexualidade. Também se praticava sua própria censura na privacidade do lar. Lembro-me, por exemplo, de minha avó Isaura, protestante, austera, que deu à luz quinze filhos, um deles minha mãe. Vovó Isaura não tolerava Roberto Carlos desde a época da Jovem Guarda por ele ter mandado tudo para o inferno. "Um dia esse moço vai se arrepender dos seus pecados e se converter ao Senhor Jesus", profetizava.

A gota d'água foi no Natal de 1975, quando uma de minhas tias, ainda solteira, ganhou de um pretendente aquele novo LP de Roberto Carlos, que trazia na faixa de abertura a regravação de "Quero que vá tudo pro inferno". O pior é que o rapaz cometeu a ousadia de escrever na capa uma mensagem dedicando a minha tia a canção "Seu corpo", que narra a intimidade de um casal na cama. Desconfiada do título, vovó Isaura colocou aquela faixa para rodar na vitrola: "No seu corpo é que eu encontro/ Depois do amor, o descanso e essa paz infinita/ No seu corpo, minhas mãos/ Se deslizam e se firmam numa curva mais bonita". Para minha avó, bastou ouvir até esse trecho. "Que pouca vergonha!", exclamou, tirando o disco da vitrola e rasgando sua capa. Ela deu sumiço no vinil e proibiu minha tia de aparecer com aquele rapaz na porta de casa.

Não apenas vovó Isaura, mas também a ditadura militar da Argentina rejeitou a canção "Seu corpo" ("Tu cuerpo", na versão em espanhol gravada por Roberto Carlos). Essa e outras canções eróticas, como "Os seus botões" ("Los botones") e "Café da manhã" ("Desayuno"), foram proibidas de tocar nas rádios de lá durante o regime dos generais, nos anos 1970. A justificativa moral foi a de que eram "canções cujas letras se consideram não aptas para ser difundidas pelos serviços de radiodifusão".

Minha avó defendia exatamente isso e até mesmo para músicas mais inocentes do repertório de Roberto Carlos. É o caso, por exemplo, da brincadeira machista "É meu, é meu, é meu", antigo sucesso no qual o cantor diz: "Tudo que é seu, meu bem, também pertence a mim/ Vou dizer agora tudo/ Do princípio ao fim/ Da sua cabeça até/ A ponta do dedão do pé/ Tudo que é seu, meu bem/ É meu, é meu, é meu". Na letra, ele vai citando as partes do corpo da mulher que seriam posse exclusiva dele: a cabeça, o cabelo, a boca, os olhos, o ouvido, o ombro, os braços, as mãos, os pés, os joelhos… Temendo que Roberto fosse também citar as partes íntimas do corpo feminino, vovó Isaura sempre desligava o rádio quando começava a tocar essa canção. Ela não queria ouvir o que o cantor deixava apenas maliciosamente subentendido no verso final: "Tudo que eu falei meu bem/ E o que eu não falei também/ Tudo que você pensar/ É meu, é meu, é meu".

O Carnaval de 1978 foi o último que passei na Bahia, antes de me mudar com minha mãe e meu irmão para o sul do país. A decisão não foi minha. Eu tinha quinze anos, cursava a sétima série, trabalhava na ótica e curtia a primeira namorada, Maria Amélia. Especialmente por causa dela, não pensava em deixar minha cidade tão cedo. Mas minha mãe tinha pressa no desejo de que os filhos fossem algo mais do que ela e meu pai puderam ser. Hoje Vitória da Conquista é um grande centro universitário do estado e atrai estudantes de diversas cidades. Nos anos 1970, porém, quem pretendia fazer medicina, advocacia ou qualquer outro curso superior tinha que estudar em Salvador. Era o que faziam os filhos das famílias mais ricas e tradicionais da cidade. Já os mais pobres continuavam ali depois de concluir o segundo grau e, geralmente, trabalhavam no comércio. Ou então tentavam a sorte em São Paulo. Foi o que acabei fazendo.

Minha mãe viajou primeiro, em companhia do meu irmão, com o objetivo de arranjar casa e emprego para nós. Fiquei mais algumas semanas morando com tia Nice, enquanto resolvia a transferência do colégio e outras pendências, inclusive a amorosa. Na véspera da viagem, quis me despedir de meu pai, mas me informaram que ele tinha saído com os cachorros para caçar no mato. Então, no fim da manhã do dia 23 de fevereiro, uma quinta-feira, eu estava na rodoviária de Vitória de Conquista, pronto para embarcar no ônibus com destino a São Paulo. Seria uma viagem de mais de 24 horas pela rodovia BR-116. Toda a minha bagagem se resumia a duas malas: uma menor e mais leve com algumas peças de roupas, um par de sapatos e mais alguns objetos pessoais. Na outra, maior e bem mais pesada, transportava meus livros, meus discos, revistas e vários recortes de jornais com notícias sobre Roberto Carlos e a música brasileira. Sem saber, naquela manhã, na rodoviária, embarquei para uma longa viagem levando no bagageiro do ônibus o embrião da pesquisa de um livro que eu só começaria a escrever mais de vinte anos depois.

2. O historiador e o objeto de estudo

A não ser que mude muito o nosso zé-ninguém, Roberto Carlos tem ainda longa e venturosa carreira pela frente.

Tárik de Souza

A viagem até São Paulo transcorreu sem nenhum incidente, mas foi demorada e cansativa. O ônibus, lotado de novos e velhos baianos, sacolejou ao longo de toda a BR-116. Era um tempo ainda de coletivos com pouco conforto, sem ar-condicionado, televisão ou qualquer outro serviço extra a bordo. E naquele vários passageiros fumavam — o que na época era permitido —, alguns até charuto, o que era apenas tolerado. Mas, além do cigarro, um rapaz sentado à minha frente levava nas mãos um toca-fitas e cassetes com canções de novelas da TV Globo e algumas de Antonio Marcos, de quem eu também gostava muito. Ouvi várias vezes naquela viagem um então recente sucesso dele, "Quem dá mais", que indagava sobre a sociedade do futuro: "Eu quero me ver em 1996, pois eu quero saber/ Como vão ser as coisas por lá/ Eu preciso me ver em 1996 e dizer sim ou não aos/ Processos de vida de lá". O fato de a canção especular sobre como seria o mundo dali a dezoito anos — o que Antonio Marcos, infelizmente, não conseguiu ver, pois morreu antes — me fazia refletir naquele ônibus sobre meu próprio futuro num momento em que eu partia para uma nova fase da vida.

Cheguei a São Paulo praticamente com a mesma idade que Roberto Carlos tinha quando embarcou sozinho num trem em Cachoeiro de Itapemirim, no Espírito Santo, para morar no Rio de Janeiro. Essa coincidência biográfica me ajudaria depois a entender melhor a trajetória daquele garoto interiorano, tateando na escuridão da adolescência em busca de uma identidade, um destino, um sonho na cidade grande. Eu trazia na mão a última carta de minha mãe, na qual ela contava que já estava trabalhando com carteira assinada como auxiliar de limpeza em uma livraria evangélica. Informava também que já tinha arrumado "moradia para nós" e dava orientações de como chegar lá depois de desembarcar no terminal rodoviário do Glicério, no centro da cidade — o terminal do Tietê ainda estava em construção.

Fiquei feliz de saber que já tínhamos "moradia" e que não iria perambular por pensões ou casas de parentes, como geralmente acontece a migrantes pobres que vão tentar a sorte nas metrópoles. O próprio Roberto Carlos, ao deixar sua cidade, foi a princípio morar na casa de uma tia, em Niterói, antes de seus pais se estabelecerem no subúrbio carioca de Lins de Vasconcelos. Comigo seria diferente, pois já chegava a São Paulo com meu endereço no bolso: rua Arisugawa, 122, Jardim Japão, distrito de Vila Maria — região conhecida como o principal reduto eleitoral do ex-presidente Jânio Quadros, que, naquele ano, com o processo de abertura, retomava sua carreira política.

Passava das cinco horas da tarde quando coloquei minhas malas no chão em frente ao número indicado na carta. Para minha surpresa, era um pequeno sobrado, com uma garagem no térreo, daquelas com portões de ferro. Da calçada, contemplei o terraço, onde havia duas cadeiras, uma de cada lado, e vasos de flores amarelas. Na hora não tive dúvida: era a melhor casa em que já tínhamos morado. Ansioso, toquei a campainha uma, duas, três vezes, e uma senhora, bem diferente de minha mãe, surgiu no parapeito do terraço, ajeitando os cabelos. "É aqui que mora dona Alzerina?", perguntei, já desconfiado de que estivesse buzinando no endereço errado. "Você é o filho que ela está esperando chegar da Bahia?" Respondi que sim, e ela então fez um sinal com a mão, indicando que desceria para abrir a porta. Ufa! Era ali mesmo. A mulher desceu a escada rapidamente, mas em vez de me mandar subir, pediu para acompanhá-la por um pequeno corredor ao lado. Era uma entrada que dava acesso a uma porta lateral, na qual ela bateu, fazendo suspense. "Alzerina, tem uma visita aqui pra você." Minha mãe logo apareceu, nos abraçamos e beijamos, e então me dei conta de que a tal "moradia" era a garagem daquele sobrado. O proprietário, que minha mãe conheceu na igreja, não tinha automóvel e alugou aquele espaço para ela.

Como naquela cena de *Tempos modernos* em que a companheira de Carlitos lhe apresenta o casebre onde iriam morar, animada, minha mãe me mostrou a nossa nova residência. A garagem não era nenhum Palácio de Buckingham, mas estava bem arrumadinha. Do lado direito, mamãe colocou um beliche para mim e meu irmão, e do outro lado, separados por um armário, uma cama de solteiro e uma cômoda com espelho no que seria o quarto dela. Num dos cantos havia uma pequena pia, ao lado da qual minha mãe pôs um fogão à gás. Entre o fogão e sua cama ela ajeitou uma pequena mesa de quatro cadeiras, além de uma poltrona para acomodar possíveis visitas. E mais não cabia nem havia na garagem, até porque bens como televisão e geladeira eram ainda inacessíveis para nós. Usávamos um banheiro de empregada que ficava no fundo do quintal do sobrado, onde também havia um tanque de lavar roupa à disposição.

Minha mãe explicou que tentara alugar uma casa de um ou até dois quartos, mas com o salário que ganhava isso só seria possível num local bem mais afastado, como São Miguel ou Capão Redondo, na periferia de São Paulo. Então optou por aquela garagem para ficarmos num bairro melhor e numa rua próxima de uma das escolas públicas mais bem conceituadas da zona norte: a Escola Estadual Senador Paulo Egydio de Oliveira Carvalho, na Vila Maria, onde eu cursaria todo o segundo grau. Foi uma sábia decisão, porque aquele colégio seria realmente decisivo para a minha trajetória. Ali encontrei uma turma de amigos que continuam próximos até hoje e professores que estimulavam o pensamento crítico e influenciaram a minha formação. Aqueles anos morando na Vila Maria e estudando no colégio Paulo Egydio definiram meu interesse pela área das ciências humanas e me levaram a ler, pesquisar e escrever sobre cultura e sociedade brasileira.

Antes disso, porém, eu precisava de dinheiro para sobreviver, e logo arranjei emprego em uma das várias óticas que havia no centro de São Paulo. Trabalhava de dia e estudava à noite, acordando às seis da manhã e indo dormir por volta de 23h30. Aos dezesseis anos, eu agora encarava a dura vida de trabalhador na cidade grande — fato da nossa realidade social que mereceu a atenção de Roberto Carlos. Embora tenha se notabilizado como cantor romântico, ele compôs ou gravou algumas canções de temática social. É o caso, por exemplo, de "Herói calado", que descreve o cotidiano de um operário na grande metrópole: "Ele acorda cedo demais, o dia nem clareou/ Sai de casa aquele rapaz que nem bem dormiu já acordou/ Vive preocupado, anda imprensado, mal acomodado no trem/ Pisa com cuidado pra não ser pisado/ Vive com o pouco que tem".

Em 1978, recém-chegado a São Paulo, eu vivia realmente com pouco dinheiro, mas não deixei de comprar o novo álbum de Roberto Carlos, o 18º de sua carreira, lançado em dezembro daquele ano. Soube do disco ao chegar no trabalho e sintonizar o *Programa Barros de Alencar*, na Rádio Record, que começava às oito horas da manhã com sua vinheta sempre otimista: "Bom dia, bom dia, bom dia/ Hoje estou tão feliz/ Bom dia, bom dia, bom dia/ Meu coração é quem diz". Na minha seção, havia sempre um aparelho de rádio AM ligado; era meu contato com o mundo exterior. Como ocorria em diversos programas radiofônicos, naquela manhã o locutor comentou e tocou o novo disco de Roberto Carlos, faixa por faixa. A primeira que ouvi foi exatamente a faixa de abertura, o hino religioso "Fé" — "Você é meu escudo/ Você pra mim é tudo/ Minha fé me leva até você" —, seguindo-se outros futuros hits como "Café da manhã", "Lady Laura", "Música suave", "A primeira vez" e "Força estranha", composição inédita de Caetano Veloso. Logo depois de Barros de Alencar me apresentar essas novas canções, pensei comigo: Roberto continua inspirado e fez mais um grande disco. Muitos outros fãs pensaram o mesmo, e aquele long-play bateu novo recorde de vendas: 1,9 milhão de cópias.

A crítica musical do país continuava firme na oposição a Roberto Carlos. "Seu último LP é o de melodias mais pálidas, arrastadas e parecidas", escreveu Tárik de Souza na *Veja*. Em outro texto sobre o mesmo álbum, ele fez uma avaliação da obra de Roberto Carlos até aquele momento.

A verdade é que seus últimos dez ou doze discos anuais e natalinos estão mais para a ciência do marketing que para a arte da música. Parecem dosados a conta--gotas para saciar todos os segmentos da ampla maioria silenciosa que forma a quase totalidade de seu público. A inegável habilidade, perícia ou ciência da arte de Roberto consiste exatamente em dizer o esperado, em compartilhar do óbvio e ululante sentimentalismo desta parcela da audiência que sempre consumiu com a mesma fidelidade radionovelas, fotonovelas e agora telenovelas.

Tárik afirmava ainda que o cantor "é propositalmente um redundante menestrel de coisas banais, que afaga sua plateia com o conforto das sensações acomodadas". E concluía sua análise com uma nomeação para os fãs e uma previsão para o artista: "A não ser que mude muito o nosso zé-ninguém, Roberto Carlos tem ainda longa e venturosa carreira pela frente".

Ou seja, para o crítico, a razão do sucesso do cantor não estava na qualidade dos seus discos ou de suas canções, mas no defeito e na limitação dos seus fãs, incapazes de perceber que aquilo era um produto enganador, uma espécie de barbitúrico. Eu, um "zé-ninguém" a mais na multidão de brasileiros que amava Roberto Carlos, não entendia as coisas assim e continuava ligado a tudo que dizia respeito ao cantor. Foi com expectativa que, no fim de 1978, aguardei seu especial da TV Globo, o quinto que ele apresentaria na emissora. Esse programa seria também especial para mim porque pela primeira vez iria vê-lo em minha casa, na minha televisão. Todos os anteriores eu tinha visto na casa de vizinhos ou de parentes. Dessa vez, não, porque tinha ido com minha mãe ao Mappin, na avenida São João, e comprado nosso primeiro aparelho de TV, com pagamento parcelado em 36 prestações. Não era um televisor colorido — sonho de consumo na época —, mas um aparelho preto e branco, de catorze polegadas e antena interna, o que se podia colocar naquele pouco espaço da garagem.

Na noite de 15 de dezembro, esticado no meu beliche, vi o restante do capítulo da novela *Dancin' Days*, de Gilberto Braga, e, logo depois, Roberto Carlos, cercado de crianças num parque de diversões, cantando "Eu quero ter um milhão de amigos". Era a abertura daquele especial, dedicado ao Ano Internacional da Criança, o de 1979. "Esse novo ano que inicia é realmente o ano da conscientização do povo em relação aos problemas da criança brasileira", disse o cantor no começo do programa.

Ao contrário do que ocorre atualmente, quando os especiais de Roberto Carlos são apenas a transmissão de um show com dois ou três convidados no palco, na época eles eram realmente programas especiais para o fim de ano. A Globo não economizava dinheiro, e nem Roberto Carlos, tempo. Os programas eram pensados e preparados com bastante antecedência, mobilizando

76

uma grande equipe, de redatores a cinegrafistas, comandada pelo diretor Augusto Cesar Vannucci. Eram produções arrojadas, com várias cenas externas, clipes, cenas de palco, entrevistas e participação dos maiores nomes do presente e do passado da música brasileira. Foi no especial de 1976, por exemplo, que eu soube que Aracy de Almeida não era apenas uma ranzinza jurada do *Programa Silvio Santos*, mas também cantora de samba, uma das grandes intérpretes de Noel Rosa. Os especiais de Roberto Carlos eram temáticos. Esse que mostrou Aracy teve como foco o músico brasileiro e contou também com a participação do flautista Altamiro Carrilho, do gaitista Maurício Einhorn e do clarinetista Paulo Moura, cada um exibindo a especificidade de seu instrumento. O tema do especial de 1977, a poucos meses da Copa do Mundo, havia sido o futebol, e mostrava jogadores da Seleção se aquecendo para entrar em campo, enquanto o cantor se preparava para subir ao palco. E alguns dos convidados do programa eram Pelé, Garrincha e Rivellino, conversando, jogando sinuca e até cantando com Roberto Carlos. Em 1979, o especial tratou da televisão, o "circo eletrônico", e o cantor visitou cenários, revelando os bastidores de programas da Globo — o que não era comum numa época pré-*Vídeo Show*.

O tema de 1978 foi a criança, ancorado na Declaração Universal dos Direitos da Criança, cujos princípios o cantor ia citando ao longo do programa. "A criança deve ser protegida contra todas as formas de negligência, crueldade e exploração. Ela jamais será objeto de tráfico e não deverá trabalhar antes de uma idade mínima conveniente" — dizia Roberto Carlos, enquanto aparecia a imagem de um menino engraxando sapato na rua. Essa cena me marcou muito porque, trabalhando desde os oito anos de idade, e em diversas funções, inclusive naquela do menino engraxate mostrado no programa, eu ainda não tinha consciência de que isso era algo negativo. Pelo contrário, pois sempre era elogiado por ter disposição para a labuta, e minha mãe, por ensinar os filhos a ganharem o pão desde cedo. No meio social em que eu vivia era natural o trabalho infantil. Alguns primos e amigos fizeram o mesmo na infância. Mas agora em seu programa natalino Roberto Carlos me alertava que o mundo podia ser diferente. E esse alerta ocorreu justamente quando meu irmão, na época com doze anos, batalhava por seu primeiro emprego em São Paulo para também nos ajudar a pagar o aluguel da garagem e a prestação daquela tv recém-adquirida.

O ano de 1978 registrou uma importante efeméride da música brasileira: os vinte anos do começo da Bossa Nova, que tem como marco o lançamento de *Chega de saudade*, com João Gilberto. Esse disco deflagrou uma revolução musical que influenciou toda uma geração e ajudou também a projetar nomes como Nara Leão, Roberto Menescal, Ronaldo Bôscoli e Carlos Lyra. Pois bem: exatos vinte anos depois do início da Bossa Nova, a cantora Nara Leão gravou um LP, produzido por Roberto Menescal, totalmente dedicado ao repertório de... Roberto e Erasmo Carlos. Nara era surpreendente, e com esse disco se tornou a primeira estrela da nossa música a gravar um songbook da obra de Roberto-Erasmo — algo que músicos da MPB só reservavam a autores como Tom Jobim, Dorival Caymmi ou Noel Rosa. Antes de Nara, suas colegas Gal Costa, Maria Bethânia e Elis Regina já tinham gravado uma ou outra composição de Roberto Carlos, mas todas no período entre 1968 e 1971, a fase soul do cantor, a de maior prestígio dele, quando teve o aval tropicalista. Depois não se falou mais nisso, como se o repertório popular e romântico, composto ao longo dos anos 1970, fosse desprezível.

Mas agora Nara Leão fazia sua releitura, não de clássicos bossa-novistas como "Corcovado" ou "Garota de Ipanema", mas de sucessos ainda bem recentes, como "Cavalgada", "Proposta", "Olha" e "Além do horizonte". Das doze faixas do disco dela, sete eram de canções pós-1971. Com o provocante título de ...*E que tudo mais vá pro inferno*, o álbum trazia na contracapa um texto em que ela explicava que

> a música de Roberto-e-Erasmo passa pela emoção, fala das coisas "sem importância", do cotidiano, de forma clara, simples e direta. Não constrói uma visão de mundo nem define as coisas como devem ser. Não interpreta, relata experiências. Fazer um disco não é somente o ato de gravar. É o prazer de ouvir música, de tocar em casa. Cantar Roberto-Erasmo me fez ouvir velhos e novos compositores. A obra de Roberto-Erasmo me fez redescobrir a música brasileira.

Num momento em que Roberto tinha altíssima popularidade, mas estava com pouco prestígio entre as elites culturais do país, o aval de Nara Leão ajudou a quebrar resistências. Agora não se tratava apenas do respaldo de um "zé-ninguém" ou de milhões de "zé-ninguéns", mas da opinião de Nara, musa da Bossa Nova e da canção de protesto no Brasil, cantora reconhecida como uma das mais influentes e inteligentes da nossa música. Não por acaso, pouco depois, em dezembro, pela primeira vez Roberto Carlos foi tema de capa da revista *Veja*, na época consolidada como a principal revista de informação do país. Surgida dez anos antes, *Veja* já havia destacado em matérias de capa nomes da MPB como Chico Buarque (duas vezes), Caetano Veloso, Elis Regina, Maria Bethânia, Jorge Ben, Fagner e João Bosco. Faltava o cantor mais popular do país — o que só aconteceu naquela edição, a de número 537, com a reportagem "A brasa ainda mora", informando que "com quase vinte anos de carreira, Roberto Carlos vence até a lei da gravidade: em seus shows e discos ainda é um astro que sobe". Para comprovar, a revista foi ver o espetáculo que ele apresentava no Canecão, no Rio de Janeiro, e constatou que, "na plateia, a maioria das pessoas tinha entre catorze e dezoito anos, lado a lado com senhores e senhoras da idade do astro (37)", e que, no camarim, junto com celebridades cariocas, "anônimas garotas esfarrapadas em seus jeans entravam em fila, ordeiramente, para cumprimentar o astro".

Ou seja, no fim dos anos 1970 Roberto Carlos ainda atraía uma grande parcela do público jovem, muitos deles adolescentes que, como eu, nasceram nos anos 1960, cresceram ouvindo suas canções e ainda se identificavam com o ídolo. Isso que a revista relatou eu próprio pude constatar (e reafirmar) ao assistir pela primeira vez a um show dele, em maio de 1979, no Anhembi, em São Paulo. Eu namorava então uma garota, Vanessa, que trabalhava em uma outra ótica, e fomos eu, ela, a irmã dela e mais dois amigos, todos adolescentes, para ver esse show em uma noite de sexta-feira. Tínhamos comprado o ingresso mais barato, em um local distante do palco, mas na hora percebi que dava para ficar lá na frente, desde que em pé. Pois peguei Vanessa pela mão e nos postamos à beira do palco, que era bem alto.

Visto assim de baixo pela primeira vez, foi lindo o começo do show: os músicos e vocalistas se posicionaram, as luzes desceram e, ao primeiro movimento do maestro Eduardo Lages, a banda tocou um pot-pourri instrumental com "Jesus Cristo", "Se você pensa", "Detalhes" e "Quero que vá tudo pro inferno", que ainda não estava banida do repertório. Então, vindo lentamente lá do fundo, com as luzes também subindo aos poucos, eis que adentra no palco, ele, Roberto Carlos, ao som da marcante introdução da canção "Amigo". Eufórica, a plateia se levantou e junto comigo o aplaudiu de pé. Já posicionado no centro do palco, o artista inclinou levemente aquele seu microfone de haste dobrável e soltou a voz na primeira canção da noite: "Você, meu amigo de fé, meu irmão camarada". Na hora senti como se aquela mensagem fosse endereçada especialmente a mim.

Seis anos haviam se passado entre aquele show que tentei ver no estádio Lomanto Júnior, em 1973, e esse no Anhembi, em São Paulo. No primeiro, eu era apenas uma criança de onze anos, agora era um adolescente de dezessete, descobrindo as coisas do amor; Roberto Carlos, que tinha 32 anos naquela época, agora era um quase quarentão e recém-separado de sua primeira esposa. O cabelo dele estava mais curto e bem menos encaracolado. E, em vez da roupa mais informal, como um colete de couro estilo hippie que ainda usava em 1973, ele agora se apresentava de terno, com um cravo vermelho na lapela e um lenço da mesma cor no pescoço. Era um Roberto Carlos definitivamente romântico, muito romântico.

Era também o Roberto Carlos que me faltava conhecer. Não apenas o do disco, do rádio, dos filmes ou dos especiais de televisão, mas o do palco, ao vivo, que se agigantou ainda mais diante dos meus olhos e ouvidos. Ali, desfilando canções como "Café da manhã", "Força estranha" e "Outra vez", numa intimidade completa com o público e o microfone, parecia um artista de três metros de altura. Saí do Anhembi naquela noite com a sensação de que agora já tinha visto tudo de Roberto Carlos. Ou quase, porque havia sempre um novo álbum dele para ouvir, e o próximo, o 19º de sua carreira, chegaria às lojas em novembro de 1979.

Àquela altura eu já tinha mudado de emprego, e para melhor. Em um ano como auxiliar de montagem, ganhei bastante prática e fui para outra ótica, ganhando mais na função de montador titular. Trabalhava no primeiro andar de uma galeria na rua Vinte e Quatro de Maio, em uma sala com uma grande janela com vista para a rua, quase em frente à Mesbla. Achava o local ótimo — não apenas pelas meninas bonitas que sempre via passar, ou pelos desfiles de moda que a Mesbla costumava promover numa passarela montada na calçada. Frequentemente, na hora do almoço, eu descia para percorrer as diversas lojas de discos que havia por ali, como a Brenno Rossi, Bruno Blois, Museu do Disco, Casa Manon, que ficavam próximas, formando uma espécie de "discolândia". Estávamos ainda no auge da indústria fonográfica. À noite, antes de ir para casa, quando não havia aula, frequentava o Teatro Municipal e os muitos cinemas do centro, como Metro, Regina, Ipiranga, Marrocos e, principalmente o Cine Comodoro, com sua espetacular sala com tela para projeção em setenta milímetros, onde vi, pela primeira vez, o clássico *2001: Uma odisseia no espaço*, de Stanley Kubrick.

Quando eu trabalhava naquela galeria, ouvi da rua, talvez das caixas de som da Mesbla, os primeiros versos de "Desabafo", faixa do LP de Roberto Carlos que acabava de ser distribuído às lojas: "Por que me arrasto aos seus pés/ Por que me dou tanto assim". Essa parecia ser a música de trabalho, pois tocou várias vezes ao longo daquele dia. Da janela, via a movimentação de pessoas saindo das lojas com o novo LP nas mãos, olhando o encarte. Não resisti e na hora da saída fui ao patrão, passei uma conversa, fiz um vale e comprei também o meu disco, na Brenno Rossi. Ao ouvi-lo em casa, fui descobrindo outras canções, como "Abandono", "Costumes", "Na paz do seu sorriso", "Meu querido, meu velho, meu amigo" e a regravação de "Esta tarde vi llover", de Armando Manzanero. Era um LP muito bom, no qual Roberto canta muitíssimo bem, especialmente a faixa "Abandono", composição de Ivor Lancellotti. "Se voltar não faça espanto/ Cuide apenas de você/ Dê um jeito nessa casa/ Ela é nada sem você."

O salário maior que eu agora ganhava não apenas me facilitava adquirir o disco anual de Roberto, mas, principalmente, permitiu que eu deixasse a garagem e alugasse com minha mãe uma casa de dois quartos naquela mesma rua, no distrito de Vila Maria. As coisas estavam melhorando para mim e também para Roberto Carlos, porque o álbum de 1979 ultrapassou a barreira de 2 milhões de discos vendidos, estabelecendo um novo recorde no mercado fonográfico brasileiro — fato divulgado internacionalmente pelo Euroactivity, boletim da gravadora CBS editado em Paris. Outro dado positivo: o especial de Roberto na TV Globo naquele fim de ano teve a média de 82,66 pontos registrados pelo Ibope, o equivalente a 95,67% de aparelhos ligados — um recorde que nenhum outro artista da nossa música jamais alcançou, nem de perto. Para completar, em 1979 o cantor liderou também a parada do imposto de renda, com o título de maior contribuinte pessoal do país.

Assim a década de 1970 chegava ao fim, com Roberto Carlos firme no seu pacto com os fãs e inabalável no seu trono na música brasileira. Nada indicava que pudesse ser ferido no seu orgulho de ser o maior vendedor de discos do país. Desde 1966 ele mantinha uma sequência sempre maior de vendagem a cada novo LP, e suas canções eram as mais executadas nas emissoras de rádio.

Diante disso, a meta do artista (e da CBS) era alcançar logo a marca de 3 milhões de discos vendidos num lançamento.

No tempo da minha adolescência, a atriz Lídia Brondi era a ninfeta mais desejada do Brasil. Meus amigos sonhavam com ela, e eu também. Mas havia outra linda garota da mesma época: a também ninfeta e atriz Myrian Rios. Ambas povoavam meus sonhos e desejos de menino do interior. Lídia era mais recatada, mais contida, mais zona sul; Myrian, mais exibida, mais ousada, mais subúrbio. Em meados de 1976, as duas atuaram juntas na novela *O feijão e o sonho*, no horário das seis, na TV Globo, que eu costumava ver num bar ao lado da ótica em que eu trabalhava, em Vitória da Conquista. Eu tinha catorze anos; Lídia Brondi, dezesseis; e Myrian Rios, dezessete. Ou seja, éramos da mesma geração e quase da mesma idade. Eu gostava quando a câmera fechava no lindo rosto de Myrian Rios, destacando seus lábios carnudos à la Brigitte Bardot. Porém, mais que um rosto, ela se tornaria um corpo conhecido e desejado, pois, ao contrário de Lídia, Myrian logo começou a posar nua para revistas, calendários e até capas de disco.

A gravadora Continental lançava semestralmente um LP intitulado *Os Motokas*, com canções do hit parade interpretadas por uma banda de estúdio (o hoje famoso Roupa Nova), mas sem foto nem nome dos integrantes nos créditos. A capa e contracapa do LP traziam sempre uma modelo ou atriz de biquíni, em pose sensual, em cima ou ao lado de uma motocicleta. Posaram na capa de *Os Motokas* gostosas da época, como Rose di Primo, Alcione Mazzeo e Katia D'Angelo. A gravadora sabia que seria também um golaço trazer para a estampa daqueles discos as gatíssimas Lídia Brondi e Myrian Rios. Infelizmente, Lídia não aceitou o convite, mas, para a nossa alegria, Myrian Rios topou.

Foi a primeira e única vez que comprei um LP apenas por causa da capa. Era início de 1978 e eu tinha acabado de me mudar para São Paulo. Ao entrar numa loja na avenida São João, vi o novo *Os Motokas*, volume 9, que exibia Myrian Rios num minúsculo biquíni branco, encostada numa moto preta. O disco ainda trazia um encarte com outra pose sensual dela naquele mesmo biquíni. Hoje isso não é nada, mas naquela época era demais, principalmente para mim, que ainda nem tinha acesso a revistas masculinas e nem me atreveria a levar uma para casa, pois minha mãe, protestante, não aceitaria. Discos, tudo bem, inclusive dentro do banheiro, junto com livros, para ler os encartes, como eu costumava fazer.

Até então, Myrian Rios não namorava Roberto Carlos, mas o cantor já estava de olho nela, embora fosse quase vinte anos mais velho. Antes de ficar com ele, Myrian teve tempo de se mostrar ainda mais para nós, posando nua para a revista *Ele & Ela*, que explorou na capa sua imagem de ninfeta, num short minúsculo e apertado sob o título: "Myrian Rios, o veneno da inocência". A vendagem foi tão boa que meses depois ela fez um novo ensaio nu para a revista, aparecendo mais uma vez na capa, agora de calcinha branca e pernas abertas sob o título "Myrian Rios para endoidar". Com seu jeito provocante, a jovem atriz levava muitos homens à loucura, especialmente com o sucesso do seu papel na novela *Marron glacé*, de Cassiano Gabus Mendes, que estreou na TV Globo em agosto de 1979 — quando ela já se encontrava com Roberto Carlos. "Começamos a namorar escondido, e assim ficamos por aproximadamente um ano. Até hoje não sei como conseguimos driblar a imprensa e todos os curiosos", contou Myrian.

Bem, a essa altura eu já estava desejando a mulher do próximo sem saber. Nessa novela das sete ela fazia a sensual Shirley, que gostava de sair às ruas de short e decote, provocando crises de ciúme no companheiro, um garçom interpretado por Ricardo Blat. Por causa dela, cheguei várias vezes atrasado ao colégio, já que não saía de casa antes de ver a sua personagem no vídeo. Minha mãe olhava para o relógio, me alertava do horário, insistindo para eu me apressar. Eu me levantava e ficava na porta, já aberta, disfarçadamente mexendo nos livros e olhando a TV, torcendo para Shirley surgir logo com aquele seu jeito provocante e sensual.

A revelação de que Myrian Rios era a nova namorada de Roberto Carlos só ocorreu no ano seguinte, e de forma oficial, quando apareceram de mãos dadas numa reportagem de capa da revista *Manchete*. Das três esposas do cantor, não eram figuras públicas a primeira, Nice, e a última, Maria Rita. Myrian Rios foi a única que já estava exposta na mídia — e de corpo inteiro. Ao ver os dois juntos na *Manchete*, parabenizei mentalmente Roberto Carlos, e depois curti muito uma das canções que ele fez para ela, "Símbolo sexual", em que declarava: "Eu me amarro em seu short/ E no decote, em tudo seu afinal".

Até o fim dos anos 1960, as restrições da crítica à obra de Roberto Carlos tinham um teor nacionalista: o que ele fazia era desvinculado das nossas raízes, não seria "música brasileira" e sim, iê-iê-iê, que, na visão da época, era um produto estrangeiro, mesmo que gravado ou composto por artistas daqui. O advento do Tropicalismo acomodou essa cobrança, pois deixou de ter sentido dizer que usar guitarras elétricas ou outros elementos da música pop era coisa de norte-americanos ou ingleses. Um outro tipo de cobrança, porém, não diminuiu, e até recrudesceu após a promulgação do AI-5, em dezembro de 1968: a cobrança por uma música de protesto, engajada politicamente, e por artistas com uma participação dita comprometida com a realidade brasileira, fosse ela qual fosse. Como já foi dito aqui, Roberto Carlos desagradava duplamente aos críticos porque, aos olhos deles, sua produção musical era alienígena e alienada.

Na virada da década de 1970 para a de 1980, em meio ao processo de redemocratização do país, essa exigência de engajamento também perdeu força, mas Tárik de Souza e demais críticos não deram trégua a Roberto Carlos. Passaram a enfatizar agora outra cobrança: por uma música ousada esteticamente, por discos que trouxessem mudanças em relação aos anteriores, com novos arranjos ou concepções. Cobravam enfim aquilo que identificavam na trajetória dos Beatles, de Bob Dylan, dos Rolling Stones ou, no caso do Brasil, dos tropicalistas Caetano Veloso e Gilberto Gil. Não por acaso, essa cobrança será mais acentuada por parte de críticos de música pop, identificados ao rock'n'roll, como Jamari França e Ezequiel Neves. Para esses críticos, questões nacionalistas ou políticas de uma obra musical não tinham maior relevância. O importante era identificar viradas, mudanças na carreira do artista — exatamente o que Roberto Carlos insistia em negar. Jamari França foi claro na sua posição: "Eu não tenho cobrança do tipo Roberto Carlos faz rock ou não. O que eu tenho de cobrança, um princípio meu, é que a pessoa se renove no seu trabalho, seja em que campo for. E o meu problema com Roberto é ele não se renovar".

Em texto publicado no *Jornal do Brasil*, Gilberto Gil lembrou haver em todas as grandes civilizações duas figuras básicas: a dos reis e a dos profetas. "O rei representa o poder, o controle, o estático, o mantenedor, sempre à direita; o profeta é o maluco, o louco, o revolucionário, o livre atirador, o que ousa, o apedrejado". Trazendo essa metáfora para o cenário da música brasileira, Gil afirmava que figuras como João Gilberto e Caetano Veloso pertenceriam ao grupo dos profetas, e que outros, como Roberto Carlos e Maria Bethânia, pertenceriam ao dos reis. De fato, o descompasso de Roberto com a crítica ocorre exatamente porque esta insiste para que ele se comporte como um profeta, quando o cantor deseja apenas continuar na posição de rei.

O que não significa que todo ano ele fizesse discos rigorosamente iguais. Suas mudanças sempre foram lentas, graduais, pouco perceptíveis para quem não tem intimidade com sua obra. Sem ser crítico de música, o jornalista e ex-governador Carlos Lacerda sacou uma boa observação sobre o cantor, no texto introdutório de uma entrevista que fez com ele, em 1970, pouco depois do fim da Jovem Guarda: "Ele se renovou sem mudar. Fez o público aceitar um segundo Roberto Carlos que no fundo é a continuação do primeiro". Outro que percebeu bem o universo do artista foi o executivo de gravadora André Midani: "Quando alguém não tem intimidade com a arte abstrata, diz que todos os quadros são manchas de tinta. Quem diz que Roberto Carlos, por exemplo, faz discos iguais, é porque está vendo a música dele de longe, com preconceito. Mas a pessoa que compra discos de Roberto é capaz de pescar coisas novas a cada LP, sentimentos e emoções que lhe dizem respeito".

Isso acontece, mas é importante destacar que, para os fãs de Roberto Carlos, pouco importa se ele está incorporando novidades ou não a cada disco. Eles se contentam com o rei Roberto Carlos, sem desejá-lo profeta. O cantor pode lançar todo ano composições no estilo de "Detalhes", "Café da manhã" ou "Jesus Cristo", desde que seja mesmo uma nova e grande canção do Roberto.

Foi o que ele mais uma vez se esforçou para fazer em 1980, quando, em dezembro, entregou às lojas o vigésimo álbum de sua carreira, com cinco composições próprias e cinco de outros autores, e que resultou em novos sucessos como "Amante à moda antiga", "A guerra dos meninos", "Não se afaste de mim" e "A ilha", bela canção de Djavan feita especialmente para o disco. Em dezembro do ano seguinte, 1981, Roberto Carlos lançou um álbum ainda melhor, tecnicamente impecável e com grandes faixas, como "Emoções", "Cama e mesa", "Eu preciso de você", "Tudo para" e a canção de protesto ecológico "As baleias", que ele próprio e Erasmo consideram uma de suas melhores composições.

Nada desse disco, porém, pareceu bom aos ouvidos de alguns especialistas em música popular. O jornalista Ezequiel Neves, por exemplo, que depois seria produtor e parceiro de Cazuza, escreveu uma crítica cruel, desenfreada e exagerada sobre o LP da hoje clássica "Emoções": "Impossível não sentir o que sinto enquanto ouço o mais novo (e velho!) disco do ex-rei Roberto Carlos. Me dá uma vergonha brutal de ter nascido brasileiro". Sob o título de "O conformismo ultrajante de um LP xinfrim", o texto argumenta que

> não é nada fácil viver num país onde a corrupção dos donos do poder atinge despudorada sem-vergonhice, onde o povo faminto e espezinhado consegue rir abrindo a boca desdentada e mesmo assim prossegue num vale de lágrimas [...]. Não, não estou bancando o sociólogo ou coisa que o valha. Apenas constato que se quase 2 milhões de tupiniquins vão consumir um produto tão medíocre e xinfrim como este disco, é sinal que jamais sairemos da miserável condição que atravessamos. E duvido que Mr. Carlos consiga dormir em paz consigo mesmo, quando vem perpetrando há mais de uma década LPs de um conformismo retrógrado e ultrajante.

Embora reconhecesse as qualidades de Roberto Carlos como cantor, "um dos melhores do mundo", Ezequiel Neves afirmava que

> é indesculpável que ele venha fazendo da mesmice musical e poética (?) seu estandarte verde-amarelo [...] estratificado. Roberto vem repetindo fórmulas caducas e se compraz em ser apenas o reflexo do calamitoso status quo que se abateu sobre nós.

Ao analisar mais detalhadamente as faixas do LP, o crítico dizia que

> fica difícil comentar um disco tão inócuo quanto esse, onde as seis composições da dupla Roberto/Erasmo são um verdadeiro tratado de debilidade mental e/ou catatonia criativa. As outras quatro também são de lascar, mas pelo menos estão vazadas em português correto. E Roberto/Erasmo se permitem até mesmo em construir uma frase como "eu te preciso" ("Eu preciso de você"). As emoções de "Emoções" são as mais pífias, mas o auge do ridículo pode ser ouvido em "As baleias", que possui a letra mais elaborada (?) e resulta numa bizonhice ecológica que faria *Orca, a baleia assassina* morrer de vergonha de haver nascido baleia.

Nessa crítica de Ezequiel Neves, sobrou até para aqueles que gostam dos discos de Roberto Carlos. "Generalizando o que Euclides da Cunha escreveu um dia, o brasileiro é antes de tudo um forte. É forte e imbecil, vale completar".

Da mesma forma que, anos antes, Tárik de Souza havia tachado o fã de Roberto de "zé-ninguém", agora Ezequiel Neves nos atacava com o nada delicado adjetivo de "imbecil". Ainda bem que na época eu não era leitor nem de Tárik, nem de Ezequiel, e não tomei conhecimento desses insultos — o que só ocorreria anos mais tarde, durante a pesquisa para o livro *Roberto Carlos em detalhes*. A despeito da opinião da maioria dos críticos, o cantor começava bem a década de 1980, mais uma vez batendo todos os recordes: o lp de "Emoções" foi um campeão de execuções nas rádios am e fm e, mais importante, alcançou a espetacular vendagem de 2,7 milhões de cópias. Agora faltava pouco para o disco de 3 milhões.

Então começaram a surgir problemas, obstáculos e surpresas no caminho de Roberto Carlos — alguns deles intransponíveis.

Ao contrário do ciclo de expansão vivido pelo Brasil na década anterior, os anos 1980 se iniciavam com inflação crescente, desemprego e retração econômica. Era o prenúncio do que ficaria conhecido como "a década perdida". A crise logo atingiu a indústria fonográfica, e um exemplo disso foi a derrocada, em 1981, da filial da gravadora alemã Ariola, pouco tempo depois de ter sido inaugurada no Brasil e contratado medalhões como Chico Buarque e Milton Nascimento. Reportagem da revista *Veja* informava que a venda de discos no país vinha caindo anualmente, com algumas gravadoras registrando queda de até 40%. Entretanto, mesmo com esse cenário, a vendagem dos lps de Roberto Carlos seguia em ascensão, com uma taxa anual de crescimento em torno de 15%. É óbvio, porém, que, caso não houvesse desemprego e inflação no país, ele teria vendido muito mais, e talvez ultrapassasse a marca de 3 milhões por lançamento naquele início dos anos 1980, quando mantinha a verve criativa.

"Como é possível manter-se soberano um artista tão conservador num mercado onde a voracidade de novas modas precipita constantes reciclagens no padrão musical da plateia?" — indagava Tárik de Souza em dezembro de 1982, quando chegou às lojas o 23º álbum de Roberto Carlos. "E mais do que isto: por que a preferência fiel por um ídolo que há anos grava nos eua, com arranjadores americanos, baladas, foxes e boleros, alheio ao rico idioma nativo, como se veraneasse eternamente em Honolulu?" O crítico parecia intrigado

87

com a força estranha que movia a trajetória de Roberto Carlos, sem enten-der que para os fãs dele pouco importavam questões de ordem nacionalista ou de mudança estética. A fidelidade se explicava porque naquele LP o artista nos oferecia mais uma vez canções lindas e inéditas, como "Amiga" (gravada em dueto com Maria Bethânia), "Pensamentos", "Fim de semana" e, princi-palmente, "Fera ferida", na qual Roberto Carlos parecia querer reafirmar sua imutabilidade: "Não vou mudar/ Esse caso não tem solução".

Gravado também em estúdios de Nova York e Los Angeles, o disco do ano seguinte, 1983, chegou às lojas próximo do Natal, revelando novos sucessos como "O côncavo e o convexo", "O amor é a moda", "Você não sabe" e "Perdoa", canção intimista com belo arranjo do maestro Edson Frederico. Fato pouco comum na época, esse LP mereceu crítica bastante elogiosa na *Folha de S.Paulo*, escrita pelo crítico Dirceu Soares: "O disco está muito bonito. Capricho, todos eles tiveram. Mas este novo conseguiu ser mais apurado ainda [...]. É difícil dizer quais as melhores canções". Assim como o LP do ano anterior, o de 1983 teve em torno de 2,5 milhões de compradores. A crise econômica e a crescente perda de poder aquisitivo da população não conseguiam derrubar Roberto Carlos, mas também pareciam impedi-lo de dar o salto para os 3 milhões. Ou não seria apenas esse o motivo?

Em 1982 surgiu um novo fenômeno na música popular brasileira: a Blitz, banda carioca que ajudou a deflagrar o chamado Rock Brasil ou BRock, como definido por um de seus historiadores, o jornalista Arthur Dapieve. No rastro do sucesso da Blitz, rádios e gravadoras abriram espaços para outras bandas e cantores do novo rock, como Barão Vermelho, Kid Abelha, Lulu Santos, Ultra-je a Rigor, Paralamas do Sucesso. Aqueles adolescentes que, como eu, estavam nos shows de Roberto Carlos no fim dos anos 1970, tinham agora à disposição uma música jovem, nacional, com a linguagem da sua época e feita por artistas da sua geração, e não por ídolos da década de 1960. Isso significava que Ro-berto Carlos passaria a ter agora concorrentes de peso no cenário da música pop do país. Não apenas um ou outro nome, como Raul Seixas ou Rita Lee, mas um grande elenco de bandas, cantores e cantoras de rock, com presença forte na mídia e tendo a seu favor aqueles mesmos críticos que defenestravam o trabalho de Roberto Carlos na imprensa.

De minha parte, continuei comprando e ouvindo discos dele ao mesmo tempo em que curtia Barão Vermelho ou Lulu Santos, mas vi colegas meus deixarem o antigo ídolo de lado e seguir os anos 1980 acompanhando apenas a moçada do Rock Brasil ou astros do pop e rock internacional, como Michael Jackson e U2. Lembro especialmente de um comentário de Fernanda, que trabalhava comigo na ótica: "Paulo, até aqui fui com Roberto Carlos. Depois dessa música não vou mais". Era uma referência a "Caminhoneiro", principal faixa do novo LP do cantor, lançado em novembro de 1984. "Todo dia quando eu pego a estrada/ Quase sempre é madrugada/ E o meu amor aumenta mais."

Achei o comentário dela exagerado, porque gostei de "Caminhoneiro" desde a primeira vez que ouvi. A gravação é excelente, aberta por um assobio e depois ponteada por uma gaita, e ali Roberto fez uma segunda voz em terça que resultou num country próximo do sertanejo — antecipando uma onda que só ganharia a mídia e o mercado brasileiro no início da década seguinte. Aquilo que duplas como Leandro & Leonardo e Zezé Di Camargo & Luciano fariam nos anos 1990 já está pronto ali, na gravação de "Caminhoneiro". O fato de essa canção ter uma sonoridade brega não era problema para mim nem para milhões de brasileiros que fizeram dela um dos grandes hits daquele verão. Mas para boa parte da nossa juventude, especialmente de classe média, aquilo era tudo o que eles não queriam ouvir no momento. Minha namorada, por exemplo, não gostava. Vivia-se não apenas a efervescência do rock nacional, como também a expectativa pela realização do primeiro Rock in Rio, em janeiro de 1985 — quando "Caminhoneiro" ainda tocava nas rádios sem parar. Eu estive lá, meti o pé na lama para ver bandas como Queen, Yes, Blitz e também Erasmo Carlos, e acho que parte da rumorosa vaia que ele recebeu do público daquele festival foi porque estava também associado àquela música brega, que falava de um motorista de caminhão apaixonado.

Registre-se que o álbum de "Caminhoneiro" vendeu menos que o LP do ano anterior, que por sua vez já tinha vendido também um pouco menos que o predecessor. Ou seja, em vez de alcançar a vendagem de 3 milhões, o artista estava perdendo consumidores de seus discos, cerca de 300 mil nos dois últimos lançamentos. E, além da crise econômica e de estar perdendo a sintonia com o público jovem, ele parecia estar perdendo também fôlego para lançar um grande LP, especialmente a partir do álbum de 1984. Este foi sustentado praticamente por uma música só, "Caminhoneiro". Outras faixas, como "Eu e ela" e "Coração" fizeram bem menos sucesso, embora a segunda seja também uma ótima canção. O álbum trazia duas versões de clássicos internacionais

("And I Love Her", de Lennon e McCartney, e "Love Letters", de Victor Young e Edward Heyman) e tinha apenas nove faixas, em vez de dez ou doze, como era comum. A gravação da décima faixa, que seria "Símbolo sexual", não ficou pronta a tempo do lançamento, que nem por isso foi oferecido por um preço menor. Muita gente preferiu então comprar apenas o single, o compacto de "Caminhoneiro", o que fez a CBS tomar uma decisão de estratégia de mercado para o ano seguinte: não mais produzir singles do álbum anual de Roberto Carlos. Quem quisesse ter uma nova música dele, teria que pagar pelo disco inteiro. Era o artista antecipando uma nova tendência do mercado discográfico: o fim do compacto.

Até aí, porém, ele continuava na dianteira do mercado de LPs no Brasil. Seu capital de fãs e seu crédito com eles eram muito grandes. Mesmo com todo o estardalhaço do Rock Brasil, não havia Blitz, Barão ou Paralamas que conseguisse superar o cantor em vendagem. Nem Michael Jackson ou Julio Iglesias no mercado brasileiro — em outros países, eles superavam ídolos locais. Esse fato levou Caetano Veloso a dizer que "Roberto Carlos é o nosso ministro da Defesa". Estava para nascer um artista que conseguisse a façanha de lançar um disco no Brasil com venda superior à de Roberto Carlos.

E esse artista já estava por ali, rondando o mercado. Nascera em 1963, ano em que Roberto Carlos despontou nas paradas de sucesso com "Splish splash". Cresceu ouvindo o cantor no rádio, veio também do interior do país, morou no subúrbio, trabalhou desde cedo, e logo, logo, haveria de dar o bote no rei.

Quando fui ao primeiro Rock in Rio, em janeiro de 1985, eu já tinha me mudado de São Paulo para Niterói havia um ano. A troca de emprego, de casa e de cidade foi motivada por aquilo que Roberto Carlos tanto fala em suas canções: a paixão, o amor. Rosemary tinha dezessete anos quando a conheci numa festa na casa de um amigo, em São Paulo, mas a timidez nos atrapalhou e o namoro só começou duas outras festas depois. Tínhamos uma diferença social: ela era uma garota de classe média. E, para complicar, sua família estava se mudando para Niterói. Assim, pouco depois do início do namoro, tivemos uma via Dutra a nos separar — que percorri muitas vezes para ir ao encontro dela em Niterói, e ela, em sentido contrário, para me ver em São Paulo. Seu pai, como era previsível, foi contra o namoro, achava inviável para a filha e tentou pôr um fim. Não conseguiu, mas depois de me conhecer melhor decidiu resolver o problema de outra forma: sugeriu que eu também me mudasse para Niterói. Ele seria fiador do aluguel de um apartamento e ainda me indicaria para trabalhar em uma ótica cujo proprietário era conhecido dele. Isso tudo foi feito e, em janeiro de 1984, desembarquei em Niterói com minha mãe e meu irmão, indo ganhar um salário melhor, morar numa casa melhor e próximo de minha namorada. Juntos assistimos a shows de Roberto Carlos, juntos acompanhamos o início daquela mobilização por eleições diretas e juntos fomos ao comício de 1 milhão de pessoas na Candelária, no Rio de Janeiro, em abril daquele ano. A mudança para Niterói se revelaria ainda muito mais importante para mim. Não tanto pela minha história com Rosemary, porque depois de dois anos e meio de namoro, nosso caso chegou ao fim.

"Só vou se você for", uma das faixas do álbum lançado no fim de 1985, tratava exatamente disso: "Ah! Eu não posso acreditar/ Que a gente já não 'tá mais/ Na base do só vou se você for". Era o 26º LP anual de Roberto Carlos e o primeiro a não ter nenhuma faixa lançada em compacto. A partir de agora — e por muito tempo —, não daria mais para adquirir apenas duas novas músicas. Seria tudo ou nada. Nesse esforço de atrair os cerca de 300 mil fãs que deixaram de comprar seus LPS nos dois anos anteriores, o novo álbum chegava com clima mais animado e ritmos mais variados. Há ali rock ("Símbolo sexual"), balada ("A atriz"), um quase samba ("Pelas esquinas da nossa casa"), um funk ("Você na minha mente"), além do rock ufanista "Verde e amarelo" — tema nunca antes explorado por ele —, refletindo a onda cívica que tomou conta do país no período da campanha Diretas Já e depois pela eleição de Tancredo Neves para presidente: "Sou daqui, sei da garra/ De quem encara o peso da barra/ Vestindo essa camisa feliz do meu país".

Esse sopro de renovação no disco não convenceu a maioria dos críticos, que continuaram avaliando o cantor negativamente. Jamari França, por exemplo, numa matéria do *Jornal do Brasil*, foi duro com ele.

Roberto Carlos é uma pessoa que contribui para o atraso cultural do povo brasileiro. Não vejo nada de novidade nele, sobretudo musicalmente. Ele faz questão de manter sempre aqueles arranjos de violinos, aquela coisa o disco inteiro, sempre repisando os mesmos temas, a religiosidade, o sentimento, o patriotismo. Esse tipo de coisa não tem nada a ver.

Provocado pela imprensa sobre a opinião do jornalista carioca, o cantor não desconversou. "Vindo do Jamari, que me odeia, isto não me surpreende. Li o texto publicado no *Jornal do Brasil* e não entendo o que críticos como ele e o Tárik de Souza querem de mim. Mantenho o meu estilo, como James Taylor e Bob Dylan mantêm os deles, mas ninguém se lembra de massacrá-los por essa fidelidade."

A referência a Tárik demonstra como esse crítico era uma pedra no sapato de Roberto Carlos. Àquela altura, Tárik de Souza já havia deixado a *Veja*, sendo agora identificado ao *Jornal do Brasil*, e quem ocupou o seu espaço na revista foi o paulista Okky de Souza. A princípio, muitos pensaram que eram irmãos, por terem o mesmo sobrenome e prenomes pouco comuns. Mas eles não têm parentesco e nem a mesma opinião sobre o trabalho de Roberto Carlos. O cantor percebeu isso ao ler os primeiros textos de Okky na *Veja*. No lugar das críticas e cobranças de Tárik, havia agora afagos a Roberto Carlos, a quem Okky de Souza definia como "o ombro amigo em que todos os brasileiros podem confiar". Ao analisar o álbum de 1985, ele elogiava o cantor "afiado nos ritmos e alegre e bem-humorado mesmo nas canções românticas". Esse olhar mais tolerante sobre a obra do artista teria sido estimulado pelo novo diretor adjunto de *Veja*, Elio Gaspari, que ocupou esse cargo ao longo de quase toda a década de 1980. Ele argumentava que um artista como Roberto, que vendia mais de 1 milhão de discos, não podia ser maltratado pela revista, que tinha na época próximo de 1 milhão de leitores, pois, em tese, *Veja* estaria desagradando ao seu próprio público. Foi nesse contexto que o cantor passou a receber críticas menos ranzinzas nas páginas da publicação.

A grave crise econômica vivida então pelo Brasil parecia ter encontrado solução em fevereiro de 1986, quando o governo de José Sarney anunciou o Plano Cruzado. A inflação foi reduzida, o desemprego diminuiu e o poder aquisitivo da população brasileira cresceu, incluindo milhões de assalariados no mercado de consumo. Enquanto durou, o Plano Cruzado foi ótimo para a indústria fonográfica, pois a venda de discos, em todas as gravadoras, subiu vertiginosamente. Foi o ano, por exemplo, da consolidação do Rock Brasil, com grandes vendagens de RPM, Legião Urbana e Titãs, e também de pagodeiros, como Almir Guineto, Jovelina Pérola Negra e o jovem Zeca Pagodinho.

Era a hora, portanto, de Roberto Carlos dar seu salto para os 3 milhões de álbuns vendidos — o que ele não conseguiu no início da década por causa da crise. Agora, no entanto, o cantor parecia enfrentar outra crise, a de inspiração. Não se via nele o mesmo fôlego criativo dos anos 1960, 1970 ou até início dos 1980: um artista verdadeiramente de álbum, com várias faixas fortes, não apenas uma ou duas, como num compacto.

Outra crítica cada vez mais dirigida aos seus discos era que traziam sempre uma canção religiosa ou pacifista-religiosa, como "Ele está para chegar", "Aleluia" ou "Paz na terra". O próprio artista chama essas faixas de canção-mensagem, que funciona como uma espécie de editorial de cada álbum. Isso não existia nos seus LPS dos anos 1960, fase de maior descompromisso, focada em garotas, carrões e velocidade. O editorial surgiu a partir do LP de 1970, com "Jesus Cristo", mas naquela década nem sempre a mensagem era de teor religioso. Podia ser apenas ecológico, como a faixa "O progresso", do álbum de 1976, ou de amizade e fraternidade, como "Eu quero apenas" e "O quintal do vizinho", dos LPS de 1974 e 1975, respectivamente. É a partir do início dos anos 1980 que se torna frequente a evocação a Deus, Jesus Cristo ou Nossa Senhora — o que talvez se explique por ser exatamente essa a época em que o cantor se torna católico praticante, fervoroso, que vai à missa todos os domingos, e não apenas uma ou duas vezes por ano, como antes.

Isso deu mais munição a críticos e jornalistas, em sua maioria identificados ao universo do pop rock, que acentuaram suas restrições ao trabalho de Roberto Carlos, acusando-o de demagógico por insistir na mesmice das canções religiosas. Porém, em maio de 1986, Roberto Carlos reagiu com uma afirmação propositiva. Disse, em uma entrevista: "Se eu gosto de Deus, vou continuar escrevendo canções em seu louvor, até quando eu quiser. Aliás, pode colocar aí que no meu próximo LP, o 27º, vai ter mais uma música para o Senhor".

Quem duvidou, perdeu. Ao chegar às lojas em dezembro de 1986, o novo LP de Roberto Carlos trazia canções românticas como "Do fundo do meu coração", "Amor perfeito", "O nosso amor", mas como faixa de abertura, um petardo, "Apocalipse", sua leitura bíblica sobre o fim dos tempos. "Perto do fim do mundo/ Drogas num mar sem porto/ A violência, o crime/ Na aprovação do aborto/ Por tudo isso/ Se a terra treme/ Só quem não deve/ Não teme", diz uma das estrofes. Se em 1965 Roberto Carlos simplesmente mandava todo mundo para o inferno, 21 anos depois ele alertava sobre como não chegar lá, indicando aos pecadores o caminho do Senhor: "Pra quem seguir Seus passos/ E o Seu amor profundo/ Ele virá trazendo/ A luz de um novo mundo".

Mesmo gravada em rock, com estridente solo de guitarra, essa canção poderia ser assinada hoje por um líder evangélico ou um padre cantor. Naquele contexto, pós-ditadura militar, em plena era do Rock Brasil, ela destoava com sua mensagem moralista e repressora. Os Titãs, por exemplo, tinham acabado de lançar o LP *Cabeça dinossauro*, que emplacou sucessos iconoclastas como "Bichos escrotos", "Polícia" e "Homem primata". E, na capa de seu álbum *O rock errou*, Lobão também provocava ao posar vestido de padre, com um crucifixo na mão, tendo a seu lado, nua, a então namorada, Danielle Daumerie.

A gravação de "Apocalipse" contribuiu para Roberto Carlos ser mais duramente acusado de redundante, panfletário e, acima de tudo, careta. E para perder ainda mais sintonia com parcelas do público jovem, especialmente de classe média. Tudo isso, aliado à queda de inspiração do artista, abriu brechas para que, no ano de 1986, ocorresse um fato histórico no nosso mercado discográfico: pela primeira vez, desde a década de 1960, o LP mais vendido no Brasil não foi o de Roberto Carlos. Mesmo deixando de gravar singles para forçar os fãs a comprarem apenas LP, o rei perdeu a dianteira.

Do álbum *Jovem Guarda*, que abre com a faixa "Quero que vá tudo pro inferno", lançado em 1965, ao LP que abre com "Verde e amarelo", de 1985, foram vinte anos e mais de vinte álbuns de liderança absoluta no mercado de discos no Brasil. Ao longo desse tempo, Roberto Carlos enfrentou concorrentes como Maria Bethânia, Wilson Simonal, Martinho da Vila, Chico Buarque, Tim Maia, Caetano Veloso, Gilberto Gil, Elis Regina, Milton Nascimento, Waldick Soriano, Gal Costa, Odair José, Ney Matogrosso, Raul Seixas, Rita Lee, Fagner, Djavan e vários outros artistas, uns mais amados, outros mais prestigiados, mas nenhum o superava em vendagem. Nem mesmo fenômenos internacionais contemporâneos seus, como Beatles, Bee Gees, Michael Jackson e Julio Iglesias, conseguiram isso no Brasil. O cantor parecia inexpugnável ou ter o corpo fechado. Então, em 1986, quando lançou o álbum de "Apocalipse", música que anuncia o fim dos tempos, sua liderança foi quebrada. Por quem?

Por uma moça que não era nem cantora nem compositora: Maria da Graça Meneghel, a Xuxa, ex-namorada de Pelé, na época com 23 anos, uma menina que cresceu ouvindo Roberto Carlos, nasceu no interior do país, morou no subúrbio carioca e trabalhava desde a adolescência. Seu álbum *Xou da Xuxa*, o primeiro na gravadora Som Livre, que chegou às lojas em julho de 1986, no auge do Plano Cruzado, vendeu 2,689 milhões de cópias — superando todos os discos lançados no Brasil naquele ano, inclusive o do fenômeno RPM, *Rádio Pirata ao vivo*, e principalmente o do rei Roberto Carlos. O disco dela trazia canções mais amenas, como "Doce mel", que tocava na abertura do seu programa, e "Amiguinha Xuxa", que ela cantava ao descer de uma nave sob o olhar encantado dos "baixinhos". Num momento em que perdia sintonia com o público jovem, Roberto Carlos também já não podia mais contar com o apoio das crianças; elas tinham agora sua rainha, não precisavam se identificar com um rei de gente grande — como foi o meu caso, na infância. Ao contrário das crianças dos anos 1960, as da década de 1980 chegaram para tirar de Roberto Carlos a liderança.

O fato se repetiu no ano seguinte, 1987, quando mais crianças pediram o novo LP da Xuxa, que aumentou sua vendagem para 2,754 milhões de unidades. O álbum, intitulado *Xegundo Xou da Xuxa*, trazia canções como "Beijinho beijinho", "Festa do estica e puxa" e "Comigo ninguém pode". O de Roberto Carlos, 28º de sua carreira, chegou, como sempre, apenas com seu nome na capa e foto quase igual à do ano anterior. O discurso era também praticamente o mesmo. Assim como Nelson Rodrigues assumiu a pecha de "reacionário" no título de um de seus livros, na principal faixa desse novo disco Roberto Carlos se autonomeava "o careta", canção-manifesto contra o consumo de drogas. "Talvez você ache uma droga essas coisas que eu falo/ Mas certas verdades nem sempre são fáceis de ouvir/ Não custa pensar no que eu digo/ Eu só quero ser seu amigo/ Mas pense no grande barato de ser um careta/ Careta/ Careta." Era quase um recado ao jovem Lobão, preso no ano anterior por consumo de drogas. E, pouco antes dele, Arnaldo Antunes e Tony Bellotto, dos Titãs. E também Paulo Ricardo, preso no aeroporto internacional do Rio de Janeiro com dezesseis gramas de maconha. "Droga, quem afinal é você/ Que está se entregando e não vê/ Que a vida oferece outras coisas", aconselhava Roberto Carlos.

O problema maior do seu disco de 1987 não foi a mensagem de "O careta" — que era compartilhada pela maioria do público do artista —, mas o fato de aquele LP não trazer nenhuma grande canção. Foi a primeira vez que isso aconteceu desde que ele estabeleceu seu acordo com os fãs, nos anos 1960. Quando Caetano Veloso sugeriu, em "Baby", "ouvir aquela canção do Roberto", falava de um quase gênero da música brasileira, algo que se estabeleceu dentro dela: aquele hit forte, com clareza, beleza, facilmente identificável, que chega ao ouvido de todos, mesmo de quem não quer ou não procura, e que depois se firma no imaginário coletivo, a despeito da opinião da crítica. É o caso, por exemplo, de "É proibido fumar", "Se você pensa", "Não quero ver você triste", "As curvas da estrada de Santos", "Detalhes", "Jesus Cristo", "Além do horizonte", "Emoções", "Fera ferida", "Como é grande o meu amor por você", "Café da manhã"…

É exatamente essa "canção do Roberto" que faltou ao LP de 1987 — o primeiro dele a sair simultaneamente em CD. Embora tecnicamente bem produzido e bem interpretado, ele interrompeu uma sequência que vinha desde a Jovem Guarda, com LPs de sete, cinco ou de quatro grandes canções. O cantor foi perdendo inspiração nos anos 1980, mas até ali seus álbuns traziam pelo menos duas ou três faixas com aquela sua conhecida força e clareza. Nesse último, porém, ele errou a mão e gravou uma versão fraca de "Everybody's talkin'", de Fred Niel, e canções como "Tô chutando lata", "Canção do sonho bom", "Aventuras", "Águia dourada", "Menina", "O careta". Todas mais ou menos, nenhuma grande. Por força do hábito, algumas chegaram a tocar no rádio, mas não se firmariam no imaginário coletivo nem continuariam no repertório do artista. E o público não reclamaria da falta delas. Nesse sentido, aquele foi um álbum de Roberto Carlos sem Roberto Carlos. Quem quisesse encontrá-lo teria de ouvir o disco de um colega dele, Caetano Veloso, que regravou em seu novo LP um sucesso de cinco anos antes: "Fera ferida". Foi como se Caetano quisesse reafirmar a "canção do Roberto" num ano em que o próprio Roberto Carlos não o conseguiu fazer.

"O careta" se tornaria a faixa mais conhecida daquele disco, mas não exatamente por causa do tema ou da qualidade musical, e sim porque o compositor Sebastião Braga moveu um processo contra Roberto Carlos, acusando-o de ter plagiado a melodia de sua canção "Loucuras de amor", lançada três anos antes com arranjo e regência de Eduardo Lages, o maestro de Roberto Carlos. O cantor negou o delito, disse que não conhecia tal música, porém, depois de uma demorada batalha nos tribunais, a Justiça deu razão ao acusador, condenando o outro a uma indenização e a creditar o nome de Sebastião Braga nas futuras prensagens do disco de "O careta".

O álbum de 1987 seguiria como um incômodo para Roberto Carlos. Quando, em 2005, a Sony relançou a sua discografia em quatro caixas de CDs divididas por décadas, a dos anos 1980 saiu com um disco mutilado: o cantor mandou extirpar do LP de 1987 a faixa de Sebastião Braga, banindo-a para sempre de seu repertório. Sem "O careta", aquele CD ficou ainda mais fragilizado, uma anomalia na discografia do artista. Coisa mais radical ele faria em 2009, ao comemorar o cinquentenário de sua carreira. A gravadora Sony relançou de forma avulsa cinquenta álbuns de Roberto Carlos. Um grande cartaz nas lojas exibia as capas de todos os discos (incluindo compilações e gravações ao vivo), sugerindo que em cinquenta anos o cantor tinha gravado cinquenta álbuns, um por ano. Não foi exatamente assim, mas parecia, para quem não percebesse a ausência de dois discos nos cartazes: o proscrito primeiro LP, *Louco por você*, de 1961 — cuja reedição ele nunca autorizou —, e agora também o malfadado álbum de 1987. Nas comemorações de seu cinquentenário de carreira, parece que o artista quis que todos esquecessem que um dia ele gravou um LP inteiro sem nenhuma "canção do Roberto".

Eu ainda morava em São Paulo quando fiz meu primeiro vestibular, logo após concluir o segundo grau, naquele colégio na Vila Maria. Matemática, física, química, nada disso era comigo. Eu estava definido pela área das ciências sociais, mas indeciso entre história e jornalismo. Indecisão, no meu caso, positiva, pois eu acabaria cursando as duas faculdades e ambas seriam fundamentais para o meu trabalho de pesquisa, reflexão e escrita sobre música popular brasileira. Na época, porém, mais que indecisão, eu tinha pela frente a grande barreira de ingresso na universidade. Principalmente porque não queria cursar uma instituição qualquer. Mirava as melhores. Prestei então vestibular para o curso de comunicação na Universidade de São Paulo. Não passei. No ano seguinte, tentei história na Pontifícia Universidade Católica — já pensando no crédito educativo — e novamente comunicação na USP, mas em ambas fui reprovado. A luta continuou ao me mudar para o Rio de Janeiro, em 1984. Tentei ingressar na Universidade Federal Fluminense e na Universidade Federal do Rio de Janeiro, porém não fui classificado. No ano seguinte, a mesma coisa, principalmente pelas baixas notas nas questões de ciências exatas.

O fracasso nesses vestibulares mostrou que eu teria que me desdobrar. Mostrou também uma das facetas da nossa desigualdade social. Eu, que estudara a vida inteira em escola pública, estava agora sendo barrado em universidades estaduais e federais, porque na fase do ensino superior, a instituição pública no Brasil é reservada para as classes alta e média. Naquela época, mais ainda, pois não havia nenhuma flexibilização na seletividade do vestibular nem estava em debate nenhum tipo de cota racial ou social. Eu teria, portanto, que me virar sozinho.

Poderia ter desistido, como muitos fizeram, mas insisti. Para isso, foi fundamental a mudança de São Paulo para Niterói. Na capital paulista, eu acordava pouco antes das seis da manhã para estar no trabalho às oito horas. Ao chegar a Niterói, tive a agradável surpresa de saber que no Rio o comércio abre as portas mais tarde, às nove horas. E como Niterói é bem menor que São Paulo, em vez de uma hora e meia em um transporte coletivo eu gastava trinta minutos de casa ao trabalho. Dessa forma, continuando a acordar às seis, eu teria agora diariamente duas horas e meia ao meu dispor. Passei a ocupar esse tempo lendo livros que adquiria em bancas de jornais, como os das coleções Clássicos da Literatura e Os Pensadores, da Abril Cultural, além de fascículos da coleção Abril Vestibular, que semanalmente traziam as matérias do currículo escolar, com textos explicativos e exercícios. Consegui também livros da coleção Primeiros Passos, da editora Brasiliense, como *O que é capitalismo*, de Afrânio Mendes Catani, e *O que é socialismo*, de Arnaldo Spindel. Eu os colocava sobre a mesa pela manhã e, com a cabeça descansada, mergulhava na leitura e nos exercícios, até o relógio marcar 8h30 — quando eu então saía para o trabalho, mas levando sempre um volume da Primeiros Passos ou de Os Pensadores para ler no ônibus.

Depois de mais de um ano nessa rotina, em 1987 prestei vestibular novamente, na expectativa de passar em história na UFF ou em comunicação social na PUC — duas instituições de referência para os cursos que escolhi. Em qualquer uma a aprovação me deixaria feliz. Dessa vez fui aprovado nos dois vestibulares e decidi cursar as duas faculdades, pois recorri ao crédito educativo para pagar as mensalidades da PUC, que depois acabou por me conceder bolsa. Entrei na universidade um pouco atrasado, é verdade, com 25 anos, idade na qual a maioria dos universitários vindos da classe média já se formou ou está fazendo pós-graduação. Mas o fundamental foi que cheguei lá, e para mim, dali pra frente tudo seria diferente.

Nessa época, ao mesmo tempo em que Roberto Carlos se mostrava um católico praticante, tornavam-se também mais visíveis suas propaladas manias e superstições — o que mais tarde seria diagnosticado como sintoma de algo mais sério, o transtorno obsessivo-compulsivo (TOC). É quando o artista deixa de cantar clássicos do seu repertório, como "Quero que vá tudo pro inferno", ou a mudar frases ou palavras de outras músicas, caso do verso "se o bem e o mal existem", de "É preciso saber viver", que ele passa a cantar "se o bem e o bem existem".

Fato curioso: bem quando o país retomava o processo democrático, com o fim da censura em torno da criação artística, Roberto Carlos vivenciava experiência inversa no seu universo particular. Por superstição, ele próprio se censurava, se tolhia, bania músicas de seu repertório, cortava versos e certas palavras — exatamente como fazia a repressão no auge da ditadura militar. Ou seja, nos anos 1960 e 1970, sem constrangimento, o cantor mandava tudo para o inferno e confessava gostar de coisas ilegais e imorais, porque "bolas, eu não sou de ferro"; agora, na democracia, ele se censurava, não se permitindo cantar o que ele próprio tinha composto e gravado no passado.

É fácil ver como isso atingiu seu repertório já gravado: basta conferir o que ele canta ou deixa de cantar nos shows e especiais de televisão. O difícil é precisar o quanto o TOC interferiu também naquilo que ainda estava por ser composto, por ser criado, nos temas que ele deixou de abordar, nos versos e rimas que deixou de fazer. Enfim, o quanto essa crescente autocensura acabou de alguma forma comprometendo a criatividade do artista. As duas coisas ocorreram simultaneamente: ao mesmo tempo em que se mostra cada vez mais obsessivo, começam a rarear as grandes canções em seus discos.

O testemunho de alguém que era da equipe do rei ilustra bem esse processo. Em 1980, Roberto Carlos se permitiu uma rara parceria com outro autor que não o seu amigo Erasmo Carlos. Compôs a balada "Procura-se" com Ronaldo Bôscoli, na época produtor de seus shows. Parceiro de Carlos Lyra e Roberto Menescal na fase inicial da Bossa Nova, Bôscoli estava acostumado a usar qualquer palavra, qualquer cor de caneta e rabiscar livremente a folha na hora de compor. Nada disso foi possível naquele trabalho com Roberto Carlos, que o impedia, por exemplo, de desenhar uma seta no papel. "Foi o maior drama. Roberto também ficava puto quando eu usava determinadas palavras. Como não podia isso, não podia aquilo, eu fui ficando totalmente inibido, e o resultado final acabou sendo muito ruim. 'Procura-se' é uma música bem fraquinha", admitia Bôscoli, resumindo assim seu começo e fim de parceria com Roberto Carlos: "Achei péssima a experiência".

Também para os músicos a experiência de gravar com o artista se tornava cada vez mais difícil. Desde o início da carreira, o cantor sempre buscou a gravação perfeita, a mixagem perfeita, a emissão de voz perfeita, mas agora seu conhecido perfeccionismo se somava à obsessão compulsiva. Ele insistia em regravar várias vezes determinado trecho que, para o produtor, o arranjador, o técnico e todos os músicos no estúdio soava sem nenhum problema. Roberto Carlos, porém, nunca estava satisfeito e regravava cada faixa até a exaustão, principalmente no momento de colocar a voz. Isso tornou as sessões de gravação cada vez mais arrastadas e um momento estressante para todos os envolvidos. Na gravação do álbum de 1989, por exemplo, o produtor Mauro Motta, exasperado, chegou a abandonar o estúdio.

O fato é que a década chegava ao fim com Roberto Carlos ocupando uma posição bem menos confortável que no início dela. De líder inconteste de execução e vendagem — que mirava os 3 milhões de cópias num lançamento —, ele perdia para Xuxa a liderança no mercado de discos no Brasil. Aquilo que parecia prometido para o rei, aconteceu com a rainha dos baixinhos. Com seu álbum *Xou da Xuxa 3*, lançado em junho de 1988, ela se tornou a primeira artista a superar a marca de 3 milhões de cópias vendidas de um único LP. Puxado pela contagiante "Ilariê", seu disco vendeu oficialmente 3,216 milhões de cópias. Naquele ano, o de Roberto Carlos, com o bolero "Se você disser que não me ama", vendeu 1,2 milhão de cópias. Ou seja: apenas um terço dos discos da Xuxa.

No ano seguinte, 1989, o cenário se repetiu sem grandes alterações. O LP de Roberto Carlos, com a mensagem ecológica "Amazônia", vendeu pouco mais de 1 milhão, enquanto *Xou da Xuxa 4* chegou próximo dos 3 milhões, mais precisamente 2,920 milhões de cópias, segundo a Som Livre. Atropelado por Xuxa e seus baixinhos, Roberto Carlos deixava de ser a grande locomotiva da indústria fonográfica nacional.

No entanto, ele conservava dois importantes trunfos nas mãos. O primeiro e fundamental, um repertório de grandes canções lançadas desde os anos 1960, que lhe permitiria continuar fazendo grandes espetáculos, sempre lotados, e cobrar o maior cachê do show business nacional; o outro, reflexo do primeiro, um exército de pelo menos 1 milhão de fiéis compradores de cada novo disco lançado por ele na época do Natal — o que Xuxa não mais teria quando aqueles seus baixinhos crescessem.

Quando começaram a rarear as grandes canções de Roberto Carlos, muitos fãs desistiram de comprar seus novos LPS, preferindo apenas ouvir os antigos. Sua vendagem, que estava em torno de 2,5 milhões por disco, foi caindo para quase metade. Esses fãs se sentiram, por assim dizer, desobrigados daquele acordo com o ídolo, pois ele não fazia mais um LP com "aquelas canções do Roberto". É mais ou menos o que acontece no mundo do futebol. Se o time atravessa fase ruim e não ganha campeonato, muitos torcedores somem dos estádios. Porém, como também ocorre no futebol, outros continuaram fiéis, por entenderem seu esforço em cumprir pelo menos uma parte do acordo: haja ou que houver, entregar todo fim de ano um disco de canções, na maioria inéditas. Isso não era realmente fácil. Quem no mundo da música conseguiu tal regularidade durante tanto tempo? Por isso, independentemente do que o cantor gravasse, da qualidade maior ou menor de suas novas canções, a cada Natal cerca de 1 milhão de fãs chegavam nas lojas e diziam: "Me dá o novo do Roberto".

Eu fazia parte desse exército e desse ritual — embora, no meu caso, não apenas por ser fã, porém a essa altura já colecionador de música brasileira, comprando também todo novo disco lançado por Chico Buarque, Elis Regina ou Caetano Veloso. Mas o fato é que eu estava lá, e fazia muito tempo, desde a adolescência, em 1976, numa loja, a cada Natal, comprando o novo LP de Roberto Carlos. Essa média de 1 milhão de discos vendidos por ano no Brasil faria dele o maior best-seller da história do país e um dos maiores do mundo, acrescentando suas tiragens por toda a América Latina e demais países. Outros artistas depois de Xuxa também venderiam mais que Roberto Carlos, mas nem Xuxa nem nenhum outro ídolo daqui manteria por longo tempo níveis tão altos de venda. Em 1993, por exemplo, passada a febre por Xuxa, o novo disco dela vendeu 185 mil cópias. Da mesma forma, a banda RPM despencou dos 2,5 milhões de vendagem do seu *Rádio Pirata ao vivo*, em 1986, para 170 mil no álbum seguinte — enquanto os de Roberto Carlos continuavam atraindo 1 milhão de fiéis compradores. Além disso, a maioria de seus antigos álbuns continua em catálogo, à venda nas lojas, sendo permanente fonte de renda para ele e sua gravadora.

Depois de vencida a batalha do vestibular, eu ainda precisava resolver outra questão importante para ingressar na faculdade: como cursar ao mesmo tempo história na UFF e comunicação na PUC, se eu trabalhava na ótica, numa jornada diária de oito horas, inclusive aos sábados até meio-dia. Era dali que saía o meu salário para, entre outras coisas, pagar o aluguel no fim do mês. O curso de história seria à noite, em Niterói, e o de comunicação pela manhã, no Rio, e não era possível trancar nenhum antes de cumprir o primeiro semestre. Era pegar ou largar. Restaria então o horário da tarde para exercer o meu ofício de montador ótico. O patrão inicialmente não aceitou, mas depois fiz um acordo com ele para trabalhar apenas meio turno, recebendo, obviamente, um salário menor. Seria o preço a pagar, embora eu soubesse que não me sustentaria assim por muito tempo.

Durante o primeiro semestre, tive uma ideia que me permitiria deixar o emprego e ganhar mais. Eu notava que alguns colegas e professores chegavam à faculdade com os óculos surrados, tortos, às vezes até com uma das lentes rachada. Faltava-lhes às vezes tempo para cuidar disso. Pois apresentei a solução: já que nem sempre eles podiam ir a uma ótica, a minha ótica iria até eles. Passei a trabalhar por conta própria, prestando um serviço que anunciava num cartão que eu distribuía diariamente nos campus da PUC e da UFF. "Ótica Itinerante — a ótica que vai até você. As mais modernas armações e lentes em qualquer grau."

Eu conhecia os laboratórios óticos e as fábricas de lentes e de armações no Rio de Janeiro. Abastecido neles, levava para a faculdade um mostruário com modelos de diversas cores e tamanhos. Nos intervalos das aulas, mostrava a quem estivesse interessado. Após o cliente escolher a armação, eu pedia a receita do oftalmologista e levava para um laboratório fazer o serviço. Alguns dias mais tarde, entregava os óculos prontos, que eu mesmo ajustava no rosto de cada um.

Como atuava no ambiente acadêmico, justificava essa atividade com a história de que a minha ótica retomava uma tradição da ótica primitiva que havia na Idade Média, quando artesãos iam de feudo em feudo oferecendo óculos para os nobres. Citava também uma frase de Nicholas Humphrey sobre a importância dos óculos para a humanidade. "Eles dobraram efetivamente a vida ativa de todos os que leem ou fazem trabalho de precisão — e impediram o mundo de ser governado por pessoas com menos de quarenta anos." Se na época Roberto Carlos já tivesse gravado a canção "O charme dos seus óculos", eu a teria usado como jingle para atrair as meninas da faculdade que precisavam usá-los: "Seus óculos combinam até com seu cabelo/ Eu, sinceramente, gosto de qualquer modelo/ Na verdade em você tudo fica bem/ Mas o charme desses óculos quem usa é que tem/ Não tire esses óculos/ Use e abuse dos óculos".

A Ótica Itinerante progredia e, além de colegas e professores, passei também a atender seus familiares, indo à casa de alguns deles com meu mostruário. Porém, mais do que dinheiro para pagar as contas do mês, esse trabalho me deu liberdade de ação, pois agora eu mesmo fazia o meu horário, podendo estudar, ler e pesquisar livremente — como nunca tinha me sido possível. Isso foi ótimo para a minha vida acadêmica e, principalmente, para um projeto de pesquisa que idealizei sobre a história da música popular brasileira.

De estilo arquitetônico moderno, os edifícios do campus da puc do Rio têm como principal símbolo, quase como logotipo, os seus pilotis: as altas colunas de sustentação dos prédios, como os que abrigam o curso de comunicação na ala Kennedy, assim chamada informalmente porque ali há um busto em homenagem ao ex-presidente norte-americano. Nos intervalos das aulas, os alunos costumam papear em volta daquele monumento, que serve também de referência para marcar encontros no campus da universidade. Eu estava exatamente em frente à estátua de Kennedy quando passou alguém dizendo que tinha acabado de ouvir no rádio a notícia da morte do cantor Luiz Gonzaga. Era por volta das três da tarde de quarta-feira, dia 2 de agosto de 1989. Vítima de parada cardiorrespiratória, o rei do baião falecera no início daquela manhã, aos 77 anos incompletos, em um hospital do Recife, onde estava internado havia vários dias.

Aquela notícia mexeu comigo. Fiquei mais um tempo ali parado, olhando para o busto de Kennedy e me lembrando de canções de Luiz Gonzaga, de sua sanfona, de seu chapéu e gibão de couro. Viajei até minha infância na lembrança daquele inesquecível show que ele fez na praça central de Vitória da Conquista, no distante ano de 1972. Luiz Gonzaga era um gigante da música brasileira, mas o busto que eu via na minha frente era o de um ex-presidente dos Estados Unidos. E me dei conta de que aquele monumento tornava John Kennedy muito mais próximo e vivo na memória dos jovens que estudavam na puc. Que referência eles poderiam ter de Luiz Gonzaga, artista da velha guarda que havia muitos anos deixara de ocupar a programação radiofônica ou televisiva? Mas quantos outros Luiz Gonzaga havia, sem o devido reconhecimento das novas gerações? Mesmo sobre aqueles ídolos do passado que se mantinham em evidência na mídia, pouco se sabia da real importância deles para a história da MPB.

Eu tinha lido um texto sobre metodologia em história oral e achava que esse era um caminho possível para a pesquisa: obter depoimentos inéditos e exclusivos sobre a vida e a obra dos mais diversos músicos, cantores e compositores. Essa ideia ainda fervilhava na minha cabeça quando, dezenove dias depois da morte de Luiz Gonzaga, o Brasil foi surpreendido com outra triste notícia: a morte do "maluco beleza" Raul Seixas, aos 44 anos, em São Paulo. E, apenas dois meses antes, no dia 7 de junho, também tinha morrido a cantora Nara Leão, aos 47 anos, no Rio de Janeiro. Ou seja, naquele ano de 1989, num período de pouco mais de sessenta dias, a música brasileira perdia três de seus maiores ídolos, que expressavam três distintas vertentes musicais: o baião, a bossa nova e o rock. A mídia deu destaque à morte de cada um deles, que ganharam louvações e programas especiais no rádio e na TV. Mas aí me lembrei de Nelson Cavaquinho, morto três anos antes, e que manifestou em música o singelo pedido: "Se alguém quiser fazer por mim/ Que faça agora/ Me dê as flores em vida", porque "depois que eu me chamar saudade/ Não preciso de vaidade/ Quero preces e nada mais".

Pensei que não era mesmo preciso um artista morrer para merecer reconhecimento. Devíamos homenageá-los também em vida, estudar sua obra, ouvir a sua versão da história, pois várias personalidades da nossa música estavam ao alcance de quem se interessasse por elas. O fato de estudar numa universidade de prestígio como a PUC e morar na vizinha Niterói favorecia a realização desse projeto, especialmente porque a maioria dos artistas residia no Rio de Janeiro. O que eu precisava era procurar seus contatos e ir à luta para agendar as entrevistas. Eu tinha um pequeno gravador de fita cassete praticamente sem uso e que era apropriado para esse tipo de trabalho.

Antes de bater à porta do primeiro artista, pesquisei a bibliografia até então existente sobre música brasileira. Queria ter uma visão abrangente do tema para formatar melhor o projeto e desenvolvê-lo. Desde o fim da adolescência, eu lia livros e fascículos sobre MPB, mas de maneira esparsa e sem uma preocupação muito analítica. Agora seria diferente, e para isso fiz um levantamento bibliográfico, inicialmente na biblioteca da PUC e depois na Biblioteca Nacional e na coleção Almirante do acervo do Museu da Imagem e do Som

(MIS). De uma das primeiras obras de relato histórico sobre o tema — *A música no Brasil*, do baiano Guilherme de Melo, publicada em 1908 —, ao até então mais recente lançamento — um perfil biográfico de Chico Buarque escrito por Humberto Werneck, em 1989 —, listei dezenas de títulos sobre música popular brasileira.

Tínhamos ainda uma produção anual modesta, se comparada à quantidade de publicações que seriam lançadas a partir da década de 1990. Ao fazer esse levantamento bibliográfico, pela primeira vez constatei que não havia nenhum livro de análise da obra de Roberto Carlos — àquela altura, já com trinta anos de carreira e outros tantos de reinado na música popular do Brasil. De sua geração, já haviam sido contemplados com livros, por exemplo, Caetano Veloso, Elis Regina, Chico Buarque e Gilberto Gil. Constatei também que não havia nenhum livro de análise histórica sobre a trajetória de ídolos bregas como Waldick Soriano, Odair José e Paulo Sérgio, que também projetaram suas carreiras nos duros anos da ditadura militar. Nessa pesquisa inicial identifiquei uma grande lacuna, uma exclusão na historiografia da nossa música popular — o que me deu mais certeza de que devia mesmo mergulhar nesse universo, investigá-lo, analisá-lo.

Eu estava no sexto período da faculdade, era hora de pensar na monografia de fim de curso. O tema já estava escolhido: a música popular brasileira. Mas era preciso fazer um recorte mais específico, e escolhi um daqueles artistas que ainda não estavam contemplados na bibliografia: Roberto Carlos. Era óbvio que, além da motivação intelectual, essa escolha foi também movida por uma razão afetiva. Tratava-se de estudar a produção musical do meu ídolo de infância e entender por que ele se tornara o cantor mais popular do Brasil. Comecei então a fazer um esboço do projeto, que teve o título provisório de *Roberto Carlos e a música brasileira* — e esse foi o embrião do que, anos depois, seria o livro *Roberto Carlos em detalhes*.

Minha ideia inicial era relacionar a trajetória dele a vários momentos e movimentos da nossa música. Mapeei sua carreira e vi que ele começou a cantar no rádio, em sua cidade, em 1950 — portanto, ainda em plena Era do Rádio e do samba-canção. Em meados daquela década, ele foi morar no Rio de Janeiro, exatamente quando o rock estava chegando por aqui, no rastro do sucesso mundial de Elvis Presley. Em 1958, surge João Gilberto e se dá a revolução da Bossa Nova, o que encanta Roberto Carlos, e ele grava o seu primeiro disco, influenciado pelo novo estilo musical. Na década seguinte, ele comanda a Jovem Guarda, em seguida influencia o Tropicalismo e até flerta com o samba na competitiva Era dos Festivais. Ou seja, Roberto Carlos teve participação direta ou indireta em todos esses momentos, embora permanecesse identificado basicamente à Jovem Guarda. Eu ampliaria, então, o entendimento da intervenção de Roberto Carlos no cenário da MPB.

Acho, no entanto, que escolhi a pior época — a virada dos anos 1980 para os 1990 — e o pior lugar — o ambiente universitário — para propagar a minha admiração pelo cantor. Antes do boom sertanejo da década de 1990, era Roberto Carlos o alvo maior daqueles que desprezavam a produção musical identificada às rádios populares. Isso foi também antes de Caetano Veloso contar que "Debaixo dos caracóis dos seus cabelos" era uma música feita em sua homenagem, quando estava exilado em Londres. Depois dessa lembrança, em 1992 — simultânea ao grande sucesso de duplas como Leandro & Leonardo e Zezé Di Camargo & Luciano —, muitas pessoas começaram a reavaliar sua percepção sobre Roberto Carlos, "Até que ele não é tão ruim assim", e passaram a citar a "música que ele fez para Caetano" como uma de suas preferidas do cantor. Tudo isso, repito, ocorreu a partir do início dos anos 1990. Até o fim da década anterior, Roberto Carlos era rejeitado pelo público de classe média universitário. Daí o espanto de vários colegas de faculdade com a escolha do meu objeto de estudo. Como eu podia me interessar por um artista reacionário, careta, que todo ano aparecia na TV Globo cantando músicas para Jesus e Nossa Senhora?

Certo dia, em meados de 1989, eu estava em uma sala de aula da UFF com cinco colegas. Surgiu o assunto Roberto Carlos, e eu contra-argumentei quando um deles creditou a razão do sucesso do cantor à ditadura militar. Estávamos na época da primeira eleição presidencial pós-ditadura, que opunha Leonel Brizola, Collor e Lula. Naquele contexto e naquele lugar, defender o rei tinha quase o mesmo significado que apoiar o "caçador de marajás" Fernando Collor. Os cinco colegas me cercaram, criticando minha posição pró-Roberto Carlos. Eu me vali de argumentos históricos, estéticos, mas que não convenciam nenhum dos meus opositores. Naquela sala, ficamos cinco contra um, todos falando alto, retrucando cada argumento meu. O debate acalorado só terminou quando, de repente, surgiu alguém na porta, reclamando. "Vocês podiam ir discutir sobre Roberto Carlos lá fora, pois estão atrapalhando minha aula?" Era o antropólogo Roberto Kant de Lima, que estava com seus alunos em uma sala ao lado.

Debates como esse ocorreram muitas outras vezes nas salas e corredores da UFF e da PUC, em festinhas e mesas de bares, e contribuíram para a minha reflexão e decisão de estudar mais profundamente esse fenômeno da música brasileira. Assim, quando 1990 começou eu já tinha definido o tema da minha monografia e também aquele projeto de pesquisa mais geral, sobre a MPB. Fiz leituras diárias de títulos que encontrava nas bibliotecas ou que ia adquirindo nos vários sebos da cidade. Depois de ler mais alguns livros, especialmente de metodologias de história oral, considerei o projeto de entrevistas pronto para ser executado: traçar um amplo painel da história da música popular brasileira — dos primórdios até o fim dos anos 1970 — através da viva voz dos próprios protagonistas; no limite desse período, sem a exclusão de gêneros, estilos ou movimentos: do samba ao brega, da bossa nova à pilantragem; e focando uma diversidade de ídolos: de João Gilberto a Waldick Soriano, de Moreira da Silva a Milton Nascimento, passando por unanimidades como Dorival Caymmi e Chico Buarque, nomes controversos como Ronaldo Bôscoli e Carlos Imperial, outros que estavam em baixa como Tim Maia e Jorge Ben Jor, ou o que é pior, banidos como Wilson Simonal e a dupla Dom & Ravel. O objetivo era ouvir artistas representativos de cada vertente da nossa música para conhecer as suas histórias de vida, fazer-lhes perguntas que ainda não tinham sido feitas, esclarecer episódios que estavam na sombra ou simplesmente ouvir a versão de quem ainda não tivera oportunidade de falar nessa luta desigual pela memória.

Meus colegas da PUC receberam muito bem o projeto e manifestaram vontade de participar. Um deles, que cursava publicidade, sugeriu que os depoimentos fossem também gravados em vídeo, e se propôs a ajudar na produção. O problema é que nenhum de nós tinha câmera, que ainda era um objeto restrito basicamente a profissionais. Mas outra colega, também de publicidade, disse que seu irmão trabalhava com vídeo, gostava de música e poderia realizar as gravações — desde que não fossem nos dias em que ele estivesse filmando aniversários ou casamentos. Outros colegas se comprometeram a ajudar na compra das fitas VHS, outros ainda a fazer o registro fotográfico ou a disponibilizar o carro que nos levaria ao local das entrevistas. Assim, cheios de idealismo e entusiasmo, nos mobilizamos para iniciar uma longa e inesquecível viagem pela estrada da música popular brasileira.

3. Os bastidores da pesquisa 1

Seu avô merecia ganhar uma estátua numa grande praça da cidade, uma estátua igual àquela do bandeirante Borba Gato. Os paulistas deviam fazer essa homenagem a ele.

João Gilberto

Finalmente era chegado o momento de procurar os artistas. Foi com certo nervosismo e ansiedade que, em uma segunda-feira, dia 8 de janeiro de 1990, telefonei para o primeiro deles. Eu não tinha telefone e usei um orelhão da rua em que morava, no Cubango, subúrbio de Niterói. Coloquei uma ficha e disquei os números 294-7479 — o telefone da casa de Antônio Carlos Brasileiro de Almeida Jobim, o Tom Jobim, autor de "Águas de março", "Wave", "Corcovado", "Luiza", "Caminhos cruzados", "Insensatez" e tantos outros clássicos da MPB.

Começar por ele não foi uma decisão aleatória. Além de nome fundamental da história da música brasileira, talvez o nosso maior compositor, Tom me parecia uma pessoa acessível, e entrevistá-lo seria um ótimo cartão de apresentação na abordagem aos próximos convidados. Diferente de outros artistas, como João Gilberto e Maria Bethânia, que ninguém vê em lugar nenhum, Tom Jobim ia quase diariamente almoçar na mesa 29 da churrascaria Plataforma, no Leblon, e aos sábados pela manhã costumava ser visto papeando com amigos em bares da Cobal, no mesmo bairro. Essa maior visibilidade de Tom podia não significar necessariamente disponibilidade para receber um grupo de estudantes que nem ele nem seus amigos conheciam. De qualquer forma, minha intuição indicava que devia começar o projeto ligando para ele.

Na hora fiquei a imaginar a quantidade de outras pessoas, jornalistas, artistas, amigos, que já haviam feito esse mesmo gesto: telefonar para Tom Jobim. Nenhum deles, provavelmente, de um orelhão do subúrbio. Um dos telefonemas mais citados é o que Tom recebeu do cantor Frank Sinatra, numa tarde de 1966, convidando-o para gravarem juntos um disco nos Estados Unidos. Sinatra, porém, não o encontrou em casa e anotou o número de um bar da zona sul do Rio onde o compositor deveria estar naquele momento.

Dei mais sorte que Frank Sinatra, pois liguei e o próprio Tom Jobim atendeu. Imaginava que um secretário ou uma empregada fosse fazer isso. Discava sem nem mesmo ter certeza de que aquele número de telefone pertencia ao artista. O colega da PUC que tinha me passado o número dissera que o tinha conseguido de um amigo, que por sua vez pedira a informação ao irmão de alguém que trabalhava no jornal *O Globo*. Mas ali estava eu num orelhão, com Tom Jobim do outro lado da linha me perguntando do que se tratava. Falei que eu era um estudante de comunicação da PUC, expliquei-lhe resumidamente o projeto e que gostaríamos de estrear com a gravação do depoimento dele. Tom agradeceu a lembrança do seu nome, mas sugeriu que talvez não fosse necessária uma entrevista diretamente com ele. "Vocês deviam era entrevistar o Sérgio Cabral. Ele sabe tudo de mim", disse, numa referência ao fato de o jornalista ter escrito uma biografia comemorativa dos seus sessenta anos.

Respondi que já tinha lido esse e outros livros sobre ele, mas que havia mais questões a serem abordadas, outras perguntas a serem feitas, porque sua obra era muito vasta e influente na música brasileira. Acho que isso o convenceu da necessidade da entrevista, de que não iríamos ocupar seu tempo para mais uma vez simplesmente pedir para contar a história de "Garota de Ipanema". Ele prometeu nos receber, mas disse que estaria ocupado nos dias seguintes com uma série de shows pelos dez anos da morte de Vinicius de Moraes, e que eu voltasse a procurá-lo naquele mesmo telefone dali a duas semanas.

Todo nosso diálogo durou exatos três minutos. Sei disso porque assim que Tom desligou o telefone, a ficha do orelhão caiu — era ainda no tempo em que os telefones públicos funcionavam com aquelas fichas cor de chumbo que permitiam uma ligação de apenas três minutos. Isso foi até tema de uma antiga canção do apresentador e cantor brega Barros de Alencar: "Alô/ Alô, oi, sou eu/ Por favor não desligue/ Escute, estou no telefone de rua/ Já é tarde e a linha pode cair/ Eu tenho apenas três minutos/ Pra dizer que não posso viver sem você". Nesse dia com Tom Jobim, foram também três minutos decisivos para o projeto. Se eu não o convencesse a nos dar a entrevista, não sei se teria ânimo ou apoio dos colegas para ir atrás de outros artistas que pareciam mais difíceis. Foi importante não ter ouvido uma negativa dele naqueles três minutos de conversa. O projeto era ambicioso e poderia tê-lo assustado. O que eu pedia não era simplesmente uma daquelas entrevistas ligeiras que os artistas costumam dar a jornais e revistas, e geralmente por telefone; era um depoimento de história de vida gravado em vídeo e com duração em torno de duas horas, sem contar o tempo de preparação da câmera, luz, cenário. Ou seja, ele precisaria mesmo ficar à nossa disposição por um bom tempo.

Exatos catorze dias depois, em 22 de janeiro, liguei novamente da rua para a casa de Tom Jobim, e mais uma vez foi o próprio quem atendeu. Ele se lembrou da nossa conversa anterior, reafirmou que nos daria a entrevista, mas se desculpou por não poder fazer isso imediatamente. Tinha outros compromissos agendados. Que eu voltasse a procurá-lo no início de fevereiro. Foi o que fiz, porém aí ele já estava de viagem marcada para Nova York, onde ficaria com a família até o fim do mês. A nossa entrevista só poderia ser feita em março.

Por tudo isso, essas primeiras tentativas me fizeram ver que as coisas não seriam fáceis para o projeto. Mesmo falando diretamente com o artista e com sua concordância em dar o depoimento, eu gastaria muitas fichas de telefone até conseguir um espaço em sua agenda. Logo aprendi também que precisava ter paciência na condução da coisa e, mais do que isto, precisaria ter habilidade, algum tato, para não parecer inconveniente. Uma fala equivocada ou uma insistência desmedida poderia fazer o artista se esconder de mim, me evitar ao telefone. Entendi que, se ele disse para procurá-lo dali a uma semana, um mês ou seis meses, eu teria que agradecer a atenção e só voltar a ligar nessa data — nunca antes nem muito depois. Mas, no caso de o artista simplesmente pedir para eu ligar mais para a frente sem especificar o prazo, eu atuaria no limite do bom senso: não deixaria passar muito tempo — para ele não se esquecer de mim —, nem faria ligações muito próximas para não parecer demasiadamente insistente.

Com essa postura aguardei Tom Jobim retornar de Nova York, em março. Antes disso, porém, no dia 20 de fevereiro, decidi telefonar para outro personagem da música brasileira: Caetano Veloso. Mais uma vez, a escolha não era aleatória. Entre os grandes nomes, era o que me parecia mais acessível depois de Tom. Caetano dava entrevistas com frequência e era comum encontrá-lo andando nas ruas do Leblon, bairro onde morava. Gravar seu depoimento seria também um ótimo cartão de visitas. O colega que conseguiu o número garantiu que era da casa de Caetano. Eu sabia que ele costumava acordar bem tarde, por volta das três horas da tarde, e deixei para ligar no começo da noite. Mais uma vez disquei do orelhão da minha rua, em Niterói. Do outro lado ouvi a voz inconfundível, o sotaque e até certo jeito preguiçoso de Caetano Veloso falar. Era um tempo em que os artistas ainda atendiam diretamente o telefone, ou melhor, em 1990 estávamos na transição de uma época de maior informalidade na relação dos artistas com quem desejava entrevistá-los, para uma época de maior distanciamento, quando qualquer nova celebridade já tem uma assessoria de imprensa para cuidar disso. No caminhar do projeto testemunhei essa mudança da relação dos artistas com a mídia.

Assim que Caetano Veloso atendeu ao telefone, coloquei uma segunda ficha. Às vezes esquecia de fazer isso e a ligação era interrompida com três minutos de conversa. Após ouvir a explicação do projeto e o pedido de entrevista, o cantor perguntou por que a gravação seria tão demorada. "Porque vamos falar de coisas eternas, Caetano." "Por exemplo?", quis saber. "Vamos falar não apenas de sua trajetória, mas da sua relação com a música de artistas como Luiz Gonzaga e João Gilberto. O que eles significaram para você e sua geração." "Ah, isso é muito importante", afirmou o cantor. Ele disse, porém, que estava indo para Salvador, onde passaria o Carnaval, e só poderia gravar esse depoimento quando retornasse ao Rio, no começo de março. Perguntei se podia ligar para aquele mesmo número ou se ele indicaria outro. Meu objetivo era saber até que ponto Caetano Veloso estaria mesmo disposto a voltar a falar comigo. A resposta dele me deixou otimista. "Pode ligar para esse telefone aqui de casa que a gente combina a entrevista."

Satisfeito com o resultado dessas abordagens iniciais — que praticamente garantiram os primeiros depoimentos para o projeto —, passei o Carnaval de 1990 me preparando para entrevistar Tom Jobim e Caetano Veloso. Li mais alguns livros que focavam a obra dos dois e também recortes de jornais que xeroquei das pastas pesquisadas no acervo do mis. A pauta da entrevista foi estruturada com questões que abordavam desde episódios da infância de cada um deles até os momentos definidores de suas carreiras, além do processo de criação de alguns de seus discos e principais canções.

Conforme combinado, nos primeiros dias de março, liguei para Tom Jobim. Ele já havia chegado de Nova York, e sem maiores delongas marcou nossa entrevista para segunda-feira, 5 de março, às nove horas da manhã. Ao ser informado que a gravação seria em vídeo, o próprio artista sugeriu o local: o Jardim Botânico. Achei a ideia ótima, porque o idílico jardim criado em 1808 pelo então príncipe-regente d. João VI tinha mesmo muito a ver com Tom Jobim. Ele passeava ali frequentemente com a filha caçula, Maria Luíza, transmitindo-lhe seus conhecimentos de botânica e às vezes se inspirava para compor mais uma canção ecológica.

No dia marcado, segunda-feira, eu e meus colegas paramos em frente ao Jardim Botânico bem antes das nove horas, para adiantar a produção, ligar a câmera, escolher o melhor local para filmar. Fomos surpreendidos com uma placa no portão informando que naquele dia o lugar estaria fechado. Ele era aberto ao público todos os dias, menos segunda-feira, dia da limpeza. "Nem para Tom Jobim vocês podem abrir hoje?", perguntei a um dos seguranças. Ele respondeu que não, pois o local precisaria estar limpo para receber o maestro. "Senão, ele reclama", afirmou, sorrindo. E sugeriu que fizéssemos a entrevista no Parque Lage, outro espaço natural, próximo ao Jardim Botânico, que estava aberto naquele dia. Liguei da rua para Tom informando o imprevisto e sugerindo a gravação no Parque Lage. Ele não quis e argumentou, brincando. "Sabe, Paulo, os quatis, os jatobás e as samambaias do Jardim Botânico já me conhecem bem, e eu já tenho também muita intimidade com eles. Com a turma do Parque Lage, não. Vamos então deixar isso para amanhã no mesmo horário, aí no Jardim Botânico. Tá bom assim pra vocês?" Claro que sim, respondi, aliviado por ele não ter transferido para a semana seguinte, quando poderia surgir outro compromisso, outra viagem, e eu ter que começar tudo de novo.

Tom Jobim chegou sozinho ao Jardim Botânico dirigindo o seu próprio carro, um Monza preto. Fui ao encontro dele, me apresentei, em seguida apresentei meus colegas e fomos conversando até um local do Jardim que nos pareceu o melhor para gravar a entrevista. Tom sentou comigo em um banco próximo de um jatobá. Meus colegas ficaram em volta. Marcos Gaspar posicionou então a câmera, ligou o microfone e começou ali a nossa grande viagem pela história da música popular brasileira. Vale lembrar que não se produziam muitos documentários sobre MPB e livros badalados como *Chega de saudade*, de Ruy Castro, ainda não tinham sido lançados.

Aos 63 anos, Tom Jobim era uma lenda viva da música popular, numa época em que ainda viviam nomes como Frank Sinatra, Ray Charles e Miles Davis. Falante e bastante à vontade naquele cenário tropical, ele ainda nos brindou com seu conhecimento sobre a fauna brasileira. "Olha lá uma garça, estão vendo?", nos mostrou. "Essa ali é a garça-grande-branca. Há três principais tipos de garça: a garça-grande-branca, a garça-pequena de pernas pretas e pés amarelos e a garça-boiadeira, que acompanha o gado nas pastagens." Mais adiante, ele novamente apontou: "Olha ali um bem-te-vi! Seu nome científico é *Pitangus sulphuratus*. É um tirano pegador de moscas".

Na conversa, abordei as principais fases de sua carreira, inclusive quando ele era apenas um músico anônimo da noite carioca.

Foi uma experiência terrível tocar para aqueles bêbados nos inferninhos do Rio de Janeiro. Porque ali tinha de tudo: bebidas, tóxicos, prostituição, polícia misturada com bandido, mulheres tristes na madrugada e tiros. Uma vez quase me mataram. Um sujeito deu um tiro no outro e a bala passou próximo do meu peito e furou o paletó do garçom. É por isso que naqueles filmes de faroeste tem um aviso escrito: "Não atire no pianista". Porque atiram mal e acaba pegando na gente. E houve quem morresse mesmo. Lembro de um jornalista que foi morto assim na porta da boate Vogue.

Na época da entrevista, estávamos nos últimos dias do governo Sarney e com a inflação batendo todos os recordes (a média anual era 764%) — o que mereceu um protesto de Tom Jobim. "Esta inflação está aí porque o governo todo dia fabrica dinheiro falso, sem lastro, e ainda bota nas notas o rosto de Carlos Drummond de Andrade, o rosto de Villa-Lobos. Que decepção! Botar a cara de Drummond numa nota dessas de cinquenta cruzados novos? Espero que salvem a minha cara!"

Foi uma grande estreia para nosso projeto, e depois de nos despedirmos de Tom fomos comemorar, tomando um chope no Baixo Gávea. No dia seguinte eu já estava correndo atrás do próximo depoimento: Caetano Veloso, que àquela altura já devia ter voltado do Carnaval da Bahia. Sim, mas o artista não estava em casa, disse uma mulher ao telefone. Voltei a ligar no fim da semana seguinte, e aí o próprio Caetano atendeu. Recordei-lhe a intenção do projeto, contei do encontro que tivéramos com Tom Jobim e disse que, depois de percorrer o universo da Bossa Nova, seria muito bom irmos ao tropicalismo. "E a cronologia é essa mesma, porque eu não teria feito música se não tivesse existido João Gilberto", comentou Caetano, confirmando a entrevista para segunda-feira à tarde, dia 19 de março, em seu apartamento no Leblon.

Foi uma entrevista quente e sob o barulho de uma forte chuva que caiu assim que começou a gravação. O artista, então com quase 48 anos, não tinha ainda falado muito sobre o período do seu exílio em Londres e outros momentos de sua trajetória. Por várias vezes Caetano se exaltou ao recordar episódios e pessoas ligadas à cultura brasileira. Ao se despedir da gente, depois de duas horas de conversa, ele comentou na porta: "Foi animado, né?".

Sim, e mais animado estava eu com a pesquisa depois de conseguir depoimentos inéditos e exclusivos de dois gigantes da nossa música popular. Agora poderia abordar com mais confiança e tranquilidade artistas reconhecidamente mais difíceis — e outros fáceis e de menos prestígio —, porque o projeto já tinha em seu histórico os nomes de Tom Jobim e Caetano Veloso. O próximo que tentei entrevistar foi exatamente ele, Roberto Carlos — até porque o rei era o tema da minha monografia de fim de curso. Seria fundamental obter o depoimento dele, fazê-lo recordar e pensar sobre aqueles momentos cruciais de sua trajetória artística — e não apenas sobre a Jovem Guarda, Erasmo e Wanderléa, como costumava ocorrer nas suas entrevistas à imprensa. Mas como conseguir uma exclusiva com Roberto Carlos?

Inicialmente fui atrás do número do telefone da sua casa, na Urca. Minha intenção era falar diretamente com ele, como tinha feito com Tom e Caetano. Logo vi que as coisas seriam diferentes. Ninguém que eu conhecia ou que contatei na imprensa tinha o telefone de Roberto Carlos, e hoje sei que isso não adiantaria muito, porque o cantor nunca atende diretamente o telefone. O que consegui foi o número do telefone do escritório de sua assessora de imprensa, Ivone Kassu. Desde os anos 1970, Roberto Carlos já tinha alguém para cuidar especificamente da sua relação com a mídia — mais uma diferença em relação aos artistas que eu havia entrevistado. Antes de ligar, procurei me informar sobre quem era essa tal Ivone Kassu que tinha o poder de definir a quem Roberto Carlos daria entrevistas.

Paulista de Itu, Ivone começou sua carreira em 1968, quando foi para São Paulo com o desejo de ser jornalista. Lá conheceu Roberto Colossi, empresário de Chico Buarque, Wilson Simonal, MPB4 e outros jovens artistas da música brasileira. Ivone foi inicialmente contratada como secretária do escritório Roberto Colossi Promoções Artísticas. Seu pique e jeito comunicativo convenceram o empresário de que ela seria mais útil no setor de divulgação e relações públicas, então Ivone começou a acompanhar os cantores nas rádios, TVs e lojas de discos nos períodos de lançamento. Logo percebeu que podia estender isso também a jornais e revistas, e passou a dar pautas e informações de bastidores para a imprensa, promovendo ainda mais os cantores. Começava a trajetória de uma pioneira na assessoria de imprensa no Brasil — função que na época era chamada de "porta-voz de artista".

Com a decadência da TV Record, várias estrelas da música e da televisão se mudaram para o Rio de Janeiro. Ivone Kassu fez a mesma coisa, e em 1970 tornou-se assessora de imprensa do Canecão. Foi quando se aproximou de Roberto Carlos, que naquele ano fez a sua primeira temporada na casa. Antes de trabalhar diretamente para ele, Ivone foi relações-públicas da Simonal Comunicações Artísticas, empresa criada no auge da popularidade de Wilson Simonal. Depois, foi convidada para montar o departamento de imprensa da gravadora Odeon. Fez vários outros trabalhos de assessoria até que, no fim de 1978, Roberto Carlos a contratou para uma missão especial: comunicar à imprensa o fim de seu casamento com Nice, sua primeira esposa. O cantor queria que essa notícia chegasse ao público de uma forma que não arranhasse a sua imagem. Era uma época em que a sociedade ainda prezava bastante os casamentos estáveis. Kassu fez o trabalho, Roberto Carlos ficou satisfeito, até que, em 1980, a contratou para ser a sua assessora de imprensa e relações-públicas. Ele logo percebeu que Kassu sabia muito bem guardar segredos, despistar e, principalmente, divulgar, quando interessava. Era o que faltava para Ivone Kassu se firmar definitivamente no mercado: ter nas mãos o maior nome do show business nacional. Isso atraiu clientes novos e famosos, e ela pôde finalmente montar seu próprio escritório de assessoria de imprensa, a Kassu Produções — o primeiro a ser criado no Rio de Janeiro. Foi para lá que liguei no fim de março de 1990.

A moça que atendeu disse que Ivone não estava, mas que eu podia adiantar o assunto e deixar um número para ela ligar de volta mais tarde. Como eu não tinha telefone para o retorno, achei melhor não adiantar assunto algum. Apenas agradeci e falei que voltaria a ligar. Fiz isso no dia seguinte, e a atendente mais uma vez afirmou que Ivone não estava no escritório. Parecia que no mundo de Roberto Carlos seria difícil falar até mesmo com sua assessora de imprensa. Voltei a ligar dois dias depois, por volta das sete horas da noite, e dessa vez a própria Ivone Kassu atendeu. Fiz o pedido de entrevista, expliquei o projeto com meus colegas da PUC, que já tínhamos gravado depoimentos de Tom Jobim, de Caetano Veloso e que o de Roberto Carlos seria também muito importante porque, além disso, ele seria tema de minha monografia.

Ivone Kassu ouviu minha conversa e em seguida falou a frase que provavelmente mais repetiu ao longo de sua carreira de assessora: "No momento, Roberto não está concedendo entrevistas". Desde que começara a trabalhar para o cantor, quantos e quantos jornalistas não ouviram essa resposta? A expressão "no momento" é útil porque torna a negativa menos antipática: não é que Roberto não quer ou não vai dar entrevistas; no momento é que não é possível. Para os jornalistas, essa resposta praticamente encerra a questão. Mas o meu caso era diferente. Expliquei a Ivone Kassu que aquele projeto de pesquisa não era de curto prazo e que a minha monografia só seria apresentada no fim do semestre seguinte. Portanto, eu teria tempo para esperar espaço na agenda do artista. Bem, se é assim, ela respondeu, conversaria com ele, e que eu ligasse para o escritório mais para a frente.

Começou aí a grande expectativa de encontrar Roberto Carlos, entrevistá-lo, fazer perguntas que ninguém havia feito até então. Pelos meses seguintes, liguei algumas vezes para o escritório de Ivone Kassu. "Ainda não tem nenhuma resposta" era o que me dizia a secretária dela. "Você não quer deixar um telefone para eu entrar em contato quando tiver novidades?", sugeriu. Expliquei que não tinha telefone e deixei o número de Rodrigo Trivellato, amigo da faculdade que participava do projeto. Mas eu achava isso complicado, porque a secretária poderia se esquecer de mim ou perder a anotação do número ou ligar para a casa de Rodrigo procurando por Paulo Cesar e ouvir da empregada que era engano. Por tudo isso, preferia continuar fazendo meus contatos de tempos em tempos, a partir de um orelhão. Mas concordei em esperar o recado.

Prossegui entrevistando outros personagens da música brasileira. Em julho de 1990, por exemplo, fomos recebidos pelo compositor Herivelto Martins, autor de "Ave Maria no morro", "Segredo", "Praça Onze" e outros clássicos da chamada Era de Ouro da MPB. No mês seguinte, entrevistamos o cantor e compositor Sérgio Ricardo, que estava morando em uma casa no Morro do Vidigal. Na nossa conversa, viajamos até a Era dos Festivais, as canções de protesto e os bastidores de trilhas que ele compôs para o cinema, caso de *Deus e o diabo na terra do sol*, de Glauber Rocha. O entrevistado seguinte foi o compositor Braguinha, outro nome da Era de Ouro da MPB, que nos recebeu em seu apartamento a poucas quadras da praia para qual compôs os versos "Copacabana, princesinha do mar/ Pelas manhãs tu és a vida a cantar". Aos 83 anos, Braguinha nos contou a história dessa e de outras canções, como "Carinhoso", parceria dele com Pixinguinha, "Touradas em Madri", com Alberto Ribeiro, e "As pastorinhas", que compôs com o amigo Noel Rosa. Recordou também seu tempo de diretor artístico da gravadora Copacabana, nos anos 1950, quando lá chegou um jovem cantor para fazer um teste, Roberto Carlos, que, entretanto, foi reprovado. "Se a gente tivesse uma bola de cristal, com certeza teríamos contratado o hoje rei Roberto Carlos", disse ele, sorrindo.

O fim do ano se aproximava e eu precisava concluir minha monografia sobre Roberto Carlos e a música brasileira. Àquela altura, já tinha depoimentos de importantes nomes da MPB — faltava, porém, o do próprio Roberto. Como não recebi nenhum recado do escritório de Ivone Kassu, no último dia de novembro liguei novamente para lá. Era uma sexta-feira à tarde e a mesma secretária me atendeu. "Ah, foi bom você ligar, pois tenho aqui um recado de Ivone." Cheguei a sentir um frio na barriga. "Ela pediu para você ir na terça-feira, às quinze horas, no Copacabana Palace, porque Roberto vai dar uma coletiva à imprensa. Ao chegar lá, procure a Ivone que ela vai te entregar uma credencial."

Participar de uma entrevista coletiva não era o que eu queria nem o que pedi. Nesse tipo de evento, com duração em torno de uma hora, cada jornalista costuma fazer apenas uma ou duas perguntas ao entrevistado. Eu precisava de muito mais do que isso. Mas é claro que eu iria lá para falar pessoalmente com Ivone, explicar melhor os objetivos do projeto e, quem sabe, talvez até ao próprio Roberto Carlos, depois da coletiva.

Naquele dia, após almoçar no bandejão da faculdade, passei na casa de Marco Túlio Trivellato, outro colega da PUC, e fomos juntos para o Copacabana Palace. Chegamos cedo e encontramos Ivone Kassu sozinha no salão, dando os últimos retoques na mesa reservada para Roberto Carlos. Era terça-feira, 4 de dezembro de 1990, e cartazes com o novo LP decoravam o luxuoso ambiente. Ivone nos cumprimentou e logo explicou que precisara insistir muito para Roberto Carlos aceitar aquela coletiva de divulgação do disco. E que, por uma questão contratual, ele daria depois uma rápida entrevista exclusiva apenas para a TV Globo. Eu teria que esperar mais um tempo, portanto, se quisesse mesmo ter um depoimento exclusivo do artista. Claro, entendi perfeitamente, e enquanto os primeiros jornalistas não chegavam ficamos ali conversando sobre o projeto e os bastidores do trabalho dela com o cantor e outros artistas do show business.

Naquele ano, pela primeira vez desde 1976, não precisei comprar o novo disco de Roberto Carlos. A Sony enviara um lote para a coletiva, e todos que estavam lá receberam sua cópia em primeira mão. Gravado em estúdios do Rio de Janeiro, de Los Angeles e de Miami, era o 32º álbum da carreira de Roberto Carlos, e a expectativa da gravadora era que ele retomasse o seu posto de maior vendedor de discos do país. "Gente, quero que todos ouçam esse disco com muito carinho e atenção, porque é um dos trabalhos mais lindos que Roberto fez ultimamente", dizia Ivone Kassu aos jornalistas, pouco antes de começar a coletiva. Eu lia a ficha técnica do álbum quando percebi uma movimentação dos fotógrafos: era Roberto Carlos que entrava na sala, acompanhado de sua secretária, Carminha, de Verter Brunner, chefe do departamento de divulgação da Sony, e de mais alguns assessores. Para mim, foi um momento emocionante: ver meu ídolo de tão perto depois de tanto tempo. A primeira vez tinha sido no longínquo ano de 1973, na porta do estádio Lomanto Júnior, em Vitória da Conquista, quando o vi dentro do carro que o levava para o show. Agora ele estava ali de novo, e de corpo inteiro, a cerca de dois metros de mim. Aos 49 anos, era praticamente o mesmo Roberto Carlos, mas sem os cabelos encaracolados que ficaram para trás junto com a década de 1970.

De óculos escuros e bastante sorridente, o cantor foi conduzido até a mesa reservada para ele na coletiva. Entretanto, ele não quis ficar ali. "Isso aqui me deixa ainda mais tenso, nervoso", justificou, sorrindo, enquanto tirava os óculos e os guardava no bolso da camisa. Ele preferiu sentar em uma cadeira à frente da mesa, mais próximo e na mesma altura dos jornalistas. Achei ótimo, porque eu estava na primeira fileira e pude observar melhor seus gestos, expressões e certos detalhes, como aquela pulseira de prata com seu nome gravado no pulso esquerdo — que ele usa desde a Jovem Guarda —, e o antigo medalhão com o Sagrado Coração de Jesus — ainda pendurado no seu pescoço. Ele tinha um novo adereço: uma pena de águia presa ao cabelo, próxima à orelha esquerda, que o público conhecera na imagem da capa de seu disco anterior. Mas depois de um ano adornando o cabelo do artista, aquela pena parecia ter perdido a cor, a robustez — e isso também se podia constatar na foto do álbum que estava sendo lançado.

O clima da coletiva foi de informalidade, até porque não havia um grande número de jornalistas — em comparação às suas coletivas atuais. Em 1990 não havia tantas revistas de celebridades, nem sites, blogs e portais da internet, que hoje enviam repórteres e fotógrafos a qualquer evento com Roberto Carlos. Naquela tarde no Copacabana Palace, ao longo de quase uma hora de conversa com a imprensa, o cantor falou um pouco de seu novo disco e muito mais de sua vida pessoal. Comentou, por exemplo, o fim de seu casamento com a atriz Myrian Rios — "Separação é algo que sempre dói. Não recomendo para ninguém" —; negou que estivesse namorando a tal moça chamada Maria Rita — "Ela é apenas uma amiga. Apenas isso" —, lamentou a morte de sua ex-esposa, Nice, ocorrida naquele ano, disse que pretendia ficar mais próximo dos filhos e mais uma vez falou sobre a sua superstição com a cor marrom. Falou, enfim, de aspectos de sua intimidade e privacidade. Eu tinha várias perguntas de caráter histórico para fazer, mas não arrisquei nenhuma para não parecer a Ivone Kassu que eu já tivesse obtido o que queria. Deixei todas as minhas perguntas reservadas para quando o cantor pudesse me receber para um depoimento exclusivo.

O que mais me surpreendeu nessa primeira coletiva a que assisti foi constatar a timidez, ou, mais que isso, certa fragilidade do cantor diante dos jornalistas. Por várias vezes Roberto Carlos ficou vermelho ao se deparar com perguntas mais picantes ou indiscretas. Por exemplo, quando um dos jornalistas quis saber: "Roberto, é verdade que todas as atrizes com quem você contracenou nos seus filmes ficaram apaixonadas por você?". O cantor sorriu, ruborizado, e negou a veracidade da história. Mais adiante, outro repórter perguntou: "Roberto, quantos anos você realmente tem?". "Quarenta e nove anos, bicho", respondeu. "Não estou falando de tempo de carreira, Roberto, mas de vida", retrucou, brincando, o jornalista. Pois mais uma vez o cantor ficou vermelho e, sem graça, abaixou a cabeça sorrindo.

Nesses momentos, me identifiquei muito com Roberto Carlos, porque frequentemente fico vermelho diante de perguntas mais indiscretas ou de certos comentários que me dirigem em público. Até então, eu não conhecia ninguém com esse meu grau de timidez, nenhum parente, nenhum amigo, o que me fazia pensar que eu talvez fosse a única pessoa do mundo a ficar ruborizada tão facilmente. E, no entanto, estava ali diante de mim alguém que reagia exatamente como eu: o rei Roberto Carlos. Parece que anos e anos de exposição pública e de relação com a mídia ainda não o deixavam muito à vontade nesses momentos. "Eu sempre fico nervoso em entrevistas, fico mesmo. Fico vermelho, fico sem graça, é impressionante", admite o próprio Roberto. Isso de certa forma também explica por que ele costuma agendar tão poucas entrevistas.

Encerrada a coletiva, Ivone Kassu agradeceu a presença de todos e chamou a repórter da TV Globo, Marcia Peltier, para a única entrevista exclusiva que o cantor daria naquela tarde. A maioria dos jornalistas deixou a sala de imprensa do Copacabana Palace, mas eu continuei ali, aguardando Roberto Carlos falar com a TV Globo. Queria uma oportunidade para explicar diretamente para ele o projeto de pesquisa — como fiz a Tom Jobim e Caetano Veloso. Quando finalmente ele deixava a sala, ao lado de Ivone e de sua secretária Carminha, eu me aproximei e estendi a mão. "Oi, Roberto, meu nome é Paulo Cesar. É um prazer falar com você". Ele sorriu, retribuindo a gentileza, e ali, pela primeira vez, vi em close aqueles seus olhos fundos e tristes tão marcantes nas capas dos LPs. Numa fração de segundos, foi como se todas aquelas imagens das capas passassem na minha frente, uma após a outra. "Há uma sombra qualquer de melancolia em seu olhar, certo ar nostálgico de príncipe de exílio", disse o escritor Fernando Sabino após um encontro com Roberto Carlos, em 1974. O ex-governador Carlos Lacerda também manifestou suas impressões depois de conhecer o cantor pessoalmente: "Eça de Queiroz, Ramalho Ortigão, aqueles gajos das Farpas diriam que ele tem olhos biliosos. Não de raiva. De quem sofre do fígado, entranha muito em voga naquela época. Machado de

120

Assis o diria irmão mais moço da Capitu, notória menina dos olhos de ressaca. Roberto Carlos tem olhos de Capitu".

Talvez, e tudo isso pode também ser conferido nas capas dos discos, que trazem invariavelmente a foto de seu rosto, várias em close. Foi o que vi no instante em que apertava sua mão e olhava para seus olhos. "Roberto, sou estudante de comunicação da PUC e estou desenvolvendo um projeto de pesquisa em música popular…" Não cheguei a concluir a frase, porque Kassu me interrompeu. "Paulo, o Roberto está agora muito cansado depois de todas essas entrevistas e precisa ir para casa repousar, mas pode deixar que depois eu mesma explico o projeto para ele. Depois das férias de fim de ano você liga lá para o escritório que a gente vai combinar essa entrevista."

Fui então também para casa descansar e ouvir o LP de Roberto Carlos — ritual que eu fazia a cada época de Natal desde 1976. Essa vez tinha um sabor especial; afinal, eu recebera seu disco em primeira mão da gravadora, além daquela promessa de uma possível entrevista exclusiva no próximo ano. A faixa de divulgação do novo álbum foi a balada "Meu ciúme", de Michael Sullivan e Paulo Massadas, dupla de *hitmakers* que abastecia vários outros cantores. Isso era mais uma indicação de que Roberto Carlos estava perdendo o fôlego de compositor.

O disco trazia cinco canções em parceria com Erasmo, mas nenhuma foi grande sucesso e nenhuma se tornou um clássico de seu repertório. Excetuando fãs mais radicais, quem hoje conhece músicas como "Super-herói", "Porque a gente se ama" ou "Como as ondas voltam para o mar"? A única composição que alcançou relativa execução frequente em rádio foi a canção-mensagem "Quero paz", em que mais uma vez o cantor defendia a harmonia entre os homens: "Como vou pra linha de frente/ Se armado até os dentes não posso sorrir/ Eu não vou fazer inimigos/ Eu só tenho amigos, me deixem aqui".

Roberto Carlos entrava na década de 1990 sem sinalizar que retomaria sua fase de maior criatividade ou de venda. Seu acordo com o público sobrevivia basicamente por ele lançar no fim do ano um álbum de canções, a maioria inéditas. Os grandes sucessos, porém, rareavam — mesmo com a decisão de pela primeira vez liberar faixas de seu disco para novelas da TV Globo. Ao longo das décadas de 1970 e 1980 foram em vão todos os pedidos de autores para ter a voz de Roberto Carlos nas trilhas de suas novelas. Em 1978, por exemplo, ele negou a gravação de "Outra vez" para a trilha de *Dancyn' Days*, de Gilberto

Braga. Roberto Carlos não precisava de novelas da Globo para obter um hit. A partir de 1990, porém, ele ficou mais flexível, e do novo álbum autorizou a inclusão da faixa "Super-herói" na trilha de *O dono do mundo*, novela das oito, e "Mujer", para *Lua cheia de amor*, do horário das sete. Contudo, a vendagem do LP ficou mais uma vez na faixa de 1 milhão de cópias — marca garantida por aquele milhão de amigos conquistado nos anos 1970.

Ao longo de 1991, a pesquisa continuou a todo vapor. Foi também de um orelhão que telefonei para Erasmo Carlos, no fim de junho daquele ano. Ele foi bastante simpático e, depois de me ouvir falar do projeto, disse que nos daria o depoimento com o maior prazer. A entrevista foi então marcada para a tarde de sexta-feira, dia 5 de julho, na casa dele, na Barra da Tijuca.

Fui para lá no carro de Marco Túlio com Leo Lobato — outro amigo da PUC — e o câmera Marcos Gaspar. Nem todos os integrantes do projeto me acompanhavam nas entrevistas. Às vezes ia um grupo maior, outras vezes menor, dependendo da disponibilidade de cada um. Afinal, aquele era um trabalho que não rendia nenhum centavo a ninguém. Não conseguimos nenhuma verba, nenhum patrocínio, nenhuma bolsa de pesquisa. Ao contrário, só tínhamos despesas com fitas de vídeo, filmes fotográficos, gasolina... Era o interesse comum pela história da música popular brasileira que nos motivava.

No caminho, Marcos comentou que agora ficaria mais fácil entrevistar Roberto Carlos porque Erasmo poderia interceder a nosso favor. Então alertei meus colegas de que não devíamos tocar nesse assunto com Erasmo porque ele nunca se envolve em decisões que cabem exclusivamente ao parceiro. Eu sabia que incomodava a Erasmo que tentassem chegar a Roberto por meio dele. Portanto, melhor não comentar sobre a dificuldade de entrevistar Roberto Carlos — até para não parecer que procuramos o Tremendão em busca de ajuda. Só iríamos falar de Roberto Carlos durante a entrevista e nas perguntas relacionadas à parceria ou à história dos dois.

A entrevista foi realizada à beira da piscina de sua casa e regada a latas de cerveja bem geladas, que Erasmo gentilmente nos ofereceu, mas que não bebeu. Ao longo de duas horas de gravação, perguntei, entre outros temas, sobre sua infância de menino pobre na Tijuca, as influências musicais, o impacto do rock'n'roll, os encontros e desencontros com amigos como Tim Maia, Jorge

Ben Jor e, claro, com Roberto Carlos, as canções e o processo de composição da dupla. Toda a conversa transcorreu com bastante descontração e teve até um momento inusitado, quando Erasmo pegou o microfone da minha mão e inverteu a posição, tornando-se o entrevistador e eu, o entrevistado. Isso ocorreu quando perguntei se ele se lembrava de uma composição chamada "Maria e o samba", e, para lhe refrescar a memória, cantei um trecho: "O meu coração/ Obedece a uma voz/ Maria, meu bem/ E o samba também". "Essa música é minha", disse Erasmo, surpreso. Sim, é uma de suas primeiras composições, mas que nunca tinha sido gravada por ninguém. Apenas Roberto Carlos a cantara certa noite, na sua fase de crooner, na boate Plaza, em 1959 — na primeira vez em que interpretou uma composição de seu futuro parceiro. O próprio Erasmo já não se lembrava direito de "Maria e o samba", daí seu espanto ao me ouvir cantar um trecho dela na entrevista. Daí também sua inusitada atitude de me tomar o microfone e se fazer de repórter no vídeo: "Diga aqui para nós, Paulo Cesar, como é que você conhece esta música?" — o que provocou a gargalhada de todos que acompanhavam a entrevista.

Saí da casa de Erasmo feliz, pois ele me deu mais certeza de que eu estava no caminho certo da pesquisa, vasculhando arquivos e diversas fontes impressas e orais que poderiam revelar e surpreender até os próprios personagens da história. Com muito mais entusiasmo continuei ligando para outros artistas. Em seguida fomos também recebidos por Martinho da Vila, Ronaldo Bôscoli, Moreira da Silva, Lúcio Alves e Nelson Gonçalves — a quem lembrei o show que vi na minha infância, em Vitória da Conquista.

Em setembro de 1991 entrevistamos outro futuro integrante do grupo Procure Saber: o cantor Djavan. A gravação foi à beira da piscina de sua casa na Barra da Tijuca. Utilizei a mesma metodologia de história oral de vida, e falamos desde a sua infância de filho de mãe solteira, negro e pobre em Alagoas, até o auge do sucesso, no Rio de Janeiro. O depoimento dele também me ajudou a compreender o impacto do sucesso de Roberto Carlos para a geração da MPB que surgiu nos anos 1970. "A primeira música que aprendi a tocar no violão foi 'Quero que vá tudo pro inferno'", revelou Djavan, que também falou da emoção ao receber, anos depois, um telefonema de Roberto, pedindo-lhe uma composição inédita para gravar. Especialmente para ele Djavan compôs "A ilha", uma das faixas do LP de 1980 — mas só depois de trocada a palavra "empestado" por "espalhado" no verso que originalmente dizia: "Um cheiro de amor empestado no ar a me entorpecer". Segundo Djavan, o supersticioso Roberto Carlos não queria cantar uma palavra que remetia a peste.

Todas essas informações seriam úteis para o livro que eu escreveria alguns anos depois. A essa altura, já estava com duas pesquisas praticamente definidas: uma mais ampla e geral sobre a história da MPB e outra mais específica sobre a trajetória de Roberto Carlos na música brasileira.

O fim do ano se aproximava e, na tarde de sexta-feira, 29 de novembro, haveria uma coletiva no Copacabana Palace para promover o lançamento do 33º álbum de sua carreira. Por volta do meio-dia, liguei para o escritório de Ivone Kassu para saber se tinha alguma novidade para mim. Até agora nada, foi a resposta da secretária. "Eu poderia pelo menos assistir à coletiva de hoje?", perguntei. Ela disse que não, porque seria uma entrevista apenas para os profissionais de órgãos de imprensa previamente credenciados. Fiquei chateado com a negativa, porque nas coletivas, em meio a uma série de perguntas invariáveis através dos tempos, sempre surgia alguma informação nova, que eu juntaria às outras que estava acumulando. Além disso, nem tudo o que o artista diz ali é publicado na imprensa no dia seguinte. Os jornalistas geralmente priorizam as respostas sobre temas mais atuais. Por isso era importante estar lá, para gravar a íntegra da conversa com a imprensa, como fizera no ano anterior. Decidido a ampliar a minha pesquisa, fui para o Copacabana Palace mesmo sem o convite de Ivone Kassu. Minha estratégia era ficar num canto mais afastado da sala, sem que ela me notasse.

Eu já sabia como funcionava o esquema, e dessa vez cheguei em cima da hora, quando o salão já estava cheio. Não entrei imediatamente, vendo que Ivone circulava de um lado a outro, conversando com alguns jornalistas. Era melhor esperar a chegada de Roberto Carlos. No momento em que todos os olhares e todas as câmeras apontavam para o cantor, que entrava pela porta lateral, entrei pela da frente sem que ninguém percebesse. Fiquei lá atrás com o meu gravador na mão, registrando as respostas dele.

Cada jornalista recebeu um exemplar do novo álbum, que trazia faixas como "Luz divina", "Todas as manhãs" e "Se você quer". Dessa vez não pude pegar um pra mim, mas consegui naquela coletiva mais informações para minha pesquisa. Quando, cerca de uma hora depois, a entrevista terminou e todos os olhares e todas as câmeras acompanhavam a retirada do artista por uma porta, eu também saía tranquilamente pela outra.

O que eu não conseguia de Roberto, obtive de Gilberto Gil: uma entrevista exclusiva, gravada no início de dezembro, em seu escritório, na zona sul do Rio. Esse depoimento foi mais longo — quase quatro horas de gravação —, e Gil respondeu sobre todos os principais momentos e embates de sua carreira, inclusive o exílio em Londres e a volta ao Brasil, em 1972, quando fez aquele show no palco de um cinema em Vitória da Conquista. "Claro que me lembro desse show, foi ao meio-dia e cantei acompanhado apenas do violão. Eu tinha acabado de voltar do exílio e fui visitar meus pais. Você estava lá, é?", me disse, um pouco surpreso, depois de ouvir minha lembrança da infância.

Indagado sobre a história de algumas de suas principais composições, Gil revelou que uma delas foi inspirada na canção "A montanha", de Roberto Carlos, que diz: "Eu vou seguir uma luz lá no alto/ Eu vou ouvir uma voz que me chama/ Eu vou subir a montanha e ficar/ Bem mais perto de Deus e rezar". Foi pensando em Roberto e nesse antigo sucesso dele que Gil compôs o hoje clássico "Se eu quiser falar com Deus" — logo depois oferecido ao cantor para gravá-lo. Como se sabe, Roberto Carlos recusou essa canção sob a alegação de que ali Gil expressa uma visão de Deus que é diferente da dele. Um dos trechos da letra que talvez mais tenha incomodado o cantor seja aquele que diz: "Se eu quiser falar com Deus [...]/ Tenho que comer o pão/ Que o diabo amassou/ Tenho que virar um cão/ Tenho que lamber o chão/ Dos palácios, dos castelos/ Suntuosos do meu sonho".

Roberto Carlos enfrentava outro fortíssimo concorrente nas paradas de sucesso: as duplas sertanejas, que depois de décadas cantando basicamente para o público do interior de São Paulo e da região Centro-Oeste, por fim ganhavam as grandes cidades de norte a sul do país. Os responsáveis por esse avanço sertanejo foram os irmãos José e Durval de Lima, a dupla Chitãozinho & Xororó, que fez uma bem-sucedida modernização do gênero ao incorporar guitarras, sintetizadores e outros elementos da música pop. Na década de 1970, quando começaram a carreira ainda de forma tradicional, Chitãozinho & Xororó vendiam uma média de apenas 3 mil discos a cada lançamento. Em meados dos anos 1980, ao iniciarem a eletrificação e a urbanização de sua música, já alcançavam vendagem de 300 mil LPs — ainda distante de Roberto Carlos, que na época vendia mais de 2 milhões a cada lançamento. Em 1990, porém, a venda anual do cantor já tinha caído para a metade, enquanto a da dupla Chitãozinho & Xororó chegava a 1 milhão de discos, empatando assim com o rei. Ultrapassá-lo parecia mesmo uma questão de tempo. Outra dupla-fenômeno conseguiu o feito: os irmãos Leandro e Leonardo, que venderam quase 3 milhões do álbum com o mega-hit "Pense em mim", lançado no final de 1990. Em 1991, mais uma dupla se lançava no mercado: Zezé Di Camargo e Luciano, que emplacaram logo um grande sucesso, "É o amor", faixa de seu primeiro LP.

Era o tempo do governo Collor e de cantorias sertanejas à beira da cascata da Casa da Dinda, residência do presidente, em Brasília. As duplas costumavam se apresentar lá para ele e a primeira-dama. Isso incomodava quem não gostava de artistas como Chitãozinho & Xororó e muito menos do governo Collor, especialmente quando surgiram as denúncias que levaram ao processo de impeachment do presidente. O cantor Lulu Santos, por exemplo, desabafou em pleno programa do Fausto Silva, na TV Globo: "Eu acho que a música sertaneja foi a trilha sonora dessa malfadada administração Collor e gostaria que uma fosse embora junto com a outra". Dias depois, ele até ampliaria suas críticas. "O gênero sertanejo é conservador, retrógrado, machista e grosseiro. Além disso, a voz deles é insuportável."

Diferentemente de Lulu Santos e de outros artistas do rock nacional que partiram para o confronto, Roberto Carlos preferia acolher os sertanejos — e isso antes mesmo do grande estouro deles na mídia. O cantor elogiava publicamente as duplas, convidava algumas para participar de seu especial de fim de ano, além de incorporar a sonoridade dos seus discos — que, por sua vez, também foram influenciados pelo rei da Jovem Guarda. "Sou romântico desde a juventude, o que eu gosto é de Roberto Carlos", dizia Marciano, da dupla João Mineiro & Marciano, que também fez muito sucesso após expandir sua música para além da viola e da temática de boiadeiros, caboclas e casinhas de sapê.

A aproximação de Roberto Carlos com o universo do sertão pop ficou evidente no álbum lançado no fim de 1991. Na capa, ele se exibe com um chapéu de caubói texano semelhante aos usados pelos novos reis do disco. E em pelo menos duas faixas ouve-se aquela mesma sonoridade brega-sertaneja: as já citadas "Se você quer", gravada em dueto com Fafá de Belém, e "Todas as manhãs", balada em estilo country com direito a voz dobrada do cantor. Puxado por essas duas músicas, o álbum alcançou maior vendagem e execução radiofônica do que o do ano anterior — embora ao custo de Roberto Carlos receber opiniões ainda mais negativas da crítica. Mas, para ele, o importante era tentar trazer de volta o público de consumidores que tinha começado a abandoná-lo em meados da década anterior, especialmente depois do LP de 1987, que viria a ser descartado.

João Gilberto é chato. João Gilberto é maluco. João Gilberto é inacessível. Era isso que muitas pessoas me diziam quando eu comentava minha intenção de entrevistar o cantor que, valendo-se de sua voz e do violão, provocou uma revolução musical ao criar aquilo que ficou conhecido como Bossa Nova. Talvez não haja na cultura brasileira nenhum outro artista que tenha influenciado tantos de forma tão intensa. Depois do lançamento de sua gravação de "Chega de saudade", em 1958, João Gilberto foi um instaurador de horizontes para toda uma geração de jovens, na época nem todos ainda músicos, mas que se encantaram com a sua arte revolucionária. Sem João Gilberto, não teriam existido Caetano Veloso, Chico Buarque, Gilberto Gil, Roberto Carlos — pelo menos da forma como os conhecemos. Por tudo isso, era fundamental ir atrás do cantor e violonista baiano — apesar das opiniões sempre desencorajadoras.

Soube que o jornalista João Máximo, na época no *Jornal do Brasil*, poderia me informar o telefone dele. "O número eu te dou, anota aí, mas não vai adiantar nada porque João Gilberto não dá entrevista a ninguém." Mas em vez de me desanimar, seu comentário me deu mais gana: se o criador da Bossa Nova era mesmo tão arredio, era mais uma razão para eu tentar entrevistá-lo e conseguir algo raro. O que eu nunca poderia imaginar é que, com aquele número de telefone na mão, eu conseguiria muito mais do que uma simples entrevista com João Gilberto.

Aos sessenta anos, o cantor morava no 29º andar do apart-hotel do Rio Design, uma torre redonda de trinta andares, no Leblon. João vivia a maior parte do tempo recluso, e seu contato com o mundo exterior se dava — como ainda se dá — basicamente por telefone. Ele passa horas e horas conversando com interlocutores que na maioria das vezes nunca viram o cantor frente a frente. O que levou Tim Maia a dizer, em uma entrevista, que "João Gilberto não é uma pessoa, é um telefone". Para mim, durante muito tempo, mais do que um telefone, João Gilberto foi um orelhão.

A primeira vez que liguei para ele foi do telefone público da rua em que eu morava, em Niterói. Não dei sorte, ouvi apenas o sinal de ocupado. Tentei mais duas ou três vezes no dia seguinte e aconteceu a mesma coisa. Até que certa noite, em meados de maio, o telefone finalmente chamou e João Gilberto atendeu. Eu fazia estágio na rádio Jornal do Brasil, e dessa vez fiz a ligação de uma das salas da emissora.

Disse meu nome, que estava pesquisando a história da música brasileira, mas não cheguei a explicar o projeto porque João Gilberto logo me interrompeu, dizendo: "Olha, você me ligou numa hora tão complicada. Estou agora muito ocupado aqui com minhas coisas e não vou poder conversar com você. Ligue outro dia". Na hora pensei: o homem é realmente difícil. Pedi então desculpas por ligar naquele momento, disse que voltaria a procurá-lo outro dia e já ia desligar o telefone quando João Gilberto me fez uma pergunta: "Você é baiano?". A partir daí, começamos uma conversa que durou quase uma hora — e que só terminou porque me fizeram sinais pedindo para liberar o telefone.

Fazia muitos anos que eu não ouvia alguém me perguntar se eu era baiano. Talvez por ser de uma cidade do sul do estado, próxima de Minas Gerais, e ter morado cinco anos em São Paulo, e depois mais sete no Rio, àquela altura eu não tinha mais um sotaque que me identificasse facilmente à Bahia. Era mais comum me perguntarem se eu era mineiro — embora de Minas eu conhecesse apenas os pontos de parada da Rio-Bahia. Mas o ouvido privilegiado de João Gilberto captou na minha fala uma baianidade que para outros não era muito evidente. "Sim, João, sou da cidade de Vitória da Conquista." Ele repetiu, soletrando: "Vi-tó-ri-a da Con-quis-ta... Que nome lindo! E por que você veio morar aqui no Rio de Janeiro?". "Bem, João, ao sair de lá fui inicialmente para São Paulo, onde morei cinco anos..." "E o que você fazia em São Paulo?" Fez mais outras e outras perguntas sobre minha história de vida. De que região eram os meus avós. Quem eram os meus pais. O que eles faziam. Quantos irmãos eu tinha. Quais as lembranças da minha infância. Se eu acreditava em Deus. Por que tinha decidido fazer aquela faculdade e não outra. Quais eram os meus sonhos, meus projetos.

Foi uma coisa insólita: eu liguei para pedir uma entrevista a João Gilberto e, de repente, ali estava eu sendo entrevistado por ele. Quando lhe contei que tinha ido trabalhar em São Paulo seguindo uma tradição da minha família, porque no passado meus avós também tinham migrado para lá, e também meus pais antes de eu nascer, João disse: "Que família maravilhosa! Que escândalo de família! Vocês ajudaram a construir São Paulo. Seu avô merecia ganhar uma estátua numa grande praça da cidade, uma estátua igual àquela do bandeirante Borba Gato. Os paulistas deviam fazer essa homenagem a ele, porque sua família contribuiu para a grandeza de São Paulo. Qual é o nome de seu avô?".

Mais adiante, também perguntou o nome de meu pai. "Ele se chama Raimundo, que é um nome bem baiano, né, João?" "Não", retrucou o cantor. "Tem Raimundo no mundo todo. Quase todos esses 'Rays' famosos aí são abreviações de Raymond: Ray Charles, Ray Conniff, Nicholas Ray, são todos Raimundos. Os alemães dizem Raimund e os italianos, Raimondo. Seu pai tem um nome universal e que está até na poesia de Drummond. 'Mundo mundo vasto mundo/ se eu me chamasse Raimundo/ seria uma rima, não seria uma solução.'"

E seguiu perguntando mais coisas sobre o meu pai, sobre minha mãe, sobre meu irmão. Ficou surpreso quando lhe contei que desde 1978 nunca mais tinha visto ou sequer falado com meu pai. "Mas você pelo menos já escreveu uma carta para ele?" "Não, nesses treze anos nunca mais tivemos nenhum contato, nem ele também fez questão disso. Acho que meu pai nem se lembra mais de mim." João Gilberto me interrompeu. "Paulo, não diga uma coisa dessas. Um pai nunca esquece um filho. Você é que pensa que ele não está nem aí para você. Pois escreva uma carta para ele e você vai ver como tudo irá melhorar. Isso vai fazer um grande bem para todo mundo. Eu também fiquei vários anos sem ver meu filho João Marcelo, as pessoas diziam bobagens, mas eu trazia sempre ele aqui comigo, pensava sempre nele. Com seu pai acontece a mesma coisa. Então, Paulo, procure Raimundo, escreva para ele. Eu posso ver esse pobre homem agora andando sozinho pelas ruas de Vitória da Conquista, sem você, sem seu irmão… Há treze anos que vocês não se falam! Paulo, escreva logo e diga com todas as letras a Raimundo: 'Eu sou o seu filho e o senhor é o meu pai'. Esse homem vai renascer ao receber esta mensagem. Escreva a carta sem medo, sem ressentimento. O amor é a coisa mais importante da vida. Vaidade, egoísmo, orgulho, nada disso deve prevalecer em nós. Ouça o que estou lhe dizendo. Escreva! Essa carta vai fazer um bem enorme ao seu pai, um bem enorme para você mesmo, para sua mãe, para seu irmão, para seus avós, para sua família, isso vai repercutir positivamente no universo."

Ao desligar o telefone, respirei fundo e fui para casa pensando em tudo o que tinha ouvido de João Gilberto. Ninguém nunca tinha me falado aquelas coisas, muitos menos daquela forma. Como também nunca passara pela minha cabeça tomar a iniciativa de procurar meu pai. Mas, dois ou três dias depois, influenciado por João Gilberto, escrevi a carta e enviei para o meu pai na Bahia. Abri meu coração no papel, falando tudo o que sentia e que talvez jamais lhe dissesse sem essa intervenção do artista. Por coincidência, a carta chegou na semana em que a minha avó Lídia, mãe de meu pai, completava noventa anos. A família preparou uma grande festa e a 1ª Igreja Batista de Vitória da Conquista, que ela ajudara a fundar e frequentava havia quase sessenta anos, também organizou um culto especial em sua homenagem. Soube que vovó Lídia ficou muito contente, mas disse que de todos os presentes recebidos na semana do aniversário, o que a deixou mais feliz foi a carta que marcou a reaproximação entre mim e meu pai. Ele próprio me contou isso, exultante, na mensagem de volta. Imediatamente me lembrei das palavras de João: "Isso vai fazer um bem enorme para seu pai, um bem enorme para você mesmo, para sua mãe, para seu irmão, para seus avós".

Voltei a ligar para João Gilberto cerca de vinte dias depois. Imaginava que ele não fosse mais tocar no assunto, talvez nem se lembrasse do conselho que me dera. Entretanto, assim que me anunciei no telefone, ele perguntou: "E aí, Paulo, escreveu para o seu pai?". Após ouvir a confirmação, ele exclamou: "Grande Paulo! Grande Paulo! Que maravilha!". E, em seguida, fez uma promessa: que da próxima vez que ele fosse se apresentar em Salvador, convidaria a mim e a meu pai para assistirmos ao show na primeira fila do teatro. "Quero ver vocês dois juntos lá, na Bahia, como meus convidados especiais." Imaginei que isso ficaria como uma vaga promessa dele. Afinal, raramente João Gilberto faz apresentações, muito menos em Salvador. Quando isso viesse a acontecer, ele provavelmente já teria se esquecido da promessa, e eu jamais iria cobrá-la. Mas só imaginei tudo isso porque ainda não conhecia muito bem o cantor de "Chega de saudade".

Em janeiro de 1992, Roberto Carlos estrearia nova temporada no Canecão, o show *Coração*, que voltava reformulado depois de percorrer o país no ano anterior. A estreia seria na quinta-feira, dia 23. O período em que o cantor ficaria em cartaz no Rio de Janeiro era mais uma oportunidade para tentar entrevistá-lo. Decidi escrever uma carta para ele, explicando minha relação com sua música desde a infância e a ideia do projeto. O ideal seria entregá-la nas mãos do próprio Roberto, mas isso parecia difícil. A mensageira teria que ser mesmo Ivone Kassu. Datilografei a carta, coloquei-a em um envelope e levei até o escritório da Kassu Produções, em Copacabana. Fui sem avisar, na esperança de encontrar a assessora de Roberto Carlos e conversar um pouco mais com ela. Ela estava lá, na sala ao lado da recepção. Mas, após consultar Ivone, a secretária disse que sua chefe estava muito ocupada e não poderia me atender naquele momento. Que eu deixasse a carta para ser entregue ao artista. Foi o que fiz, porém sem muito entusiasmo. A recepção de Ivone me indicava que aquela carta não chegaria às mãos do rei.

Eu teria que tentar algo mais ousado. Na tarde da véspera da estreia do show, soube que o cantor estaria no Canecão para fazer a passagem de som e acertar os últimos detalhes com os músicos. Datilografei então outra carta e fui até lá tentar entregá-la pessoalmente a Roberto Carlos. Achei que seria uma boa oportunidade, pois não haveria aglomeração de pessoas no Canecão nem o aparato de segurança dos dias de show. Quem sabe, na entrada ou na saída fosse possível abordá-lo. Acompanhado de Rodrigo Trivellato, cheguei ao Canecão por volta das quatro da tarde. Mas chegamos atrasados, porque do lado de fora se ouviam sons de bateria e dos metais da banda. O ensaio já tinha começado. Só nos restaria aguardar a saída do artista.

Notamos, porém, que um dos portões laterais, por onde entravam e saíam operários que faziam a pintura do letreiro do show, estava aberto. Eu e Rodrigo nos entreolhamos e em seguida atravessamos esse portão sem que ninguém nos perguntasse nada. Fomos direto para a entrada principal e passamos por ela também sem nenhum problema. Nenhum segurança, nenhum guarda apitou. E assim, de repente, estávamos dentro do Canecão, no momento em que Roberto Carlos cantava o refrão de "Fera ferida", com a qual abria o espetáculo *Coração*. O ensaio tinha apenas começado. Na plateia avistamos somente duas pessoas: Ronaldo Bôscoli e Luiz Carlos Miele, os produtores do show, em uma mesa com uma garrafa de uísque. O grande Canecão estava vazio e escuro, com luz somente no palco, onde Roberto Carlos, o maestro Eduardo Lages e os músicos repassavam cada canção do roteiro: "Fera ferida", "Cenário", "Se você disser que não me ama", "Meu ciúme"... Rodrigo e eu nos sentamos em uma parte mais afastada e escura para que ninguém nos visse. Já que tínhamos entrado ali, iríamos assistir a todo o ensaio e depois tentar falar com Roberto Carlos.

Essa experiência me faltava: ver o cantor desarmado, preparando o seu show, errando, corrigindo, repetindo várias vezes algumas canções. Foi assim com "Cenário", composição de Eduardo Lages e Paulo Sérgio Valle, que definia a temática do espetáculo: "O meu coração é como um palco/ Tantas as histórias já vividas". Roberto Carlos cantou uma, duas, três, quatro, cinco vezes e não se dava por satisfeito. Algo o incomodava no início da segunda estrofe. Antes de cantá-la novamente, ele até comentou, brincando com seu maestro: "Lages, anota aí essas execuções para você ir cobrar depois lá no Ecad". Outra música que deu trabalho foi "Aquarela do Brasil", de Ary Barroso, que ele cantava na sequência de "Além do horizonte". Foram várias tentativas até Roberto Carlos considerar boa sua performance do clássico samba-exaltação, gravado por Francisco Alves em 1939.

Houve um intervalo e entraram duas pessoas para falar com o artista, ambas vindas do fundo do palco: Carminha, a secretária dele, e a assessora Ivone Kassu, que parecia agitada, falando ao celular. Véspera de estreia era sempre um momento de bastante trabalho para Kassu. Muitos jornalistas querem informações, outros querem entrevistas e outros mais querem apenas convites. Logo após o recomeço do ensaio, Kassu veio em direção à área da plateia para falar com os produtores Bôscoli e Miele. Temendo sermos vistos por ela, eu e Rodrigo rapidamente nos levantamos e fomos para uma mesa mais ao fundo do Canecão. Quando ela saiu, voltamos para o mesmo lugar. Se dias antes eu queria muito conversar com Ivone Kassu, naquele momento era melhor me esconder dela. E torcer para a assessora não ficar ali até o fim, pois eu não iria conseguir entregar a carta a Roberto com ela por perto.

Eram quase sete horas da noite quando o ensaio terminou. Ivone Kassu foi a primeira a ir embora. Logo depois saíram o maestro Eduardo Lages e os demais integrantes da banda. Bôscoli e Miele foram até a boca do palco, falaram rapidamente com Roberto Carlos e acompanharam-no em direção ao camarim. Esfreguei as mãos e disse ao Rodrigo: "Agora vamos nós também". Aceleramos o passo, subimos no palco e fomos atrás deles, passando por cima de cabos e fios que se enrolavam no tablado do Canecão.

Depois de atravessarmos o fundo do palco, vimos à esquerda o camarim aberto e lá dentro, próximo da porta, Roberto ainda conversando com Miele e Bôscoli. Para não dar muito na pinta, pois havia seguranças à espreita, eu e Rodrigo ficamos a certa distância, de costas, olhando para um mural, mas atentos à saída dos produtores. Logo que isso ocorreu, porém, a secretária Carminha surgiu com uma bacia branca de água para Roberto Carlos, em pé, lavar as mãos. Achei melhor esperar um pouco mais antes de abordá-lo. Seria complicado cumprimentá-lo e entregar uma carta no momento em que ele mergulhava as duas mãos em uma bacia de água erguida por sua secretária. Continuei ali com Rodrigo, olhando disfarçadamente para a entrada do camarim. Nunca uma simples lavagem de mão me pareceu tão demorada. O tempo em que o cantor remexeu aquela água era como uma eternidade. Eu sabia que estava no limite de uma rara oportunidade de falar com ele com pouca gente por perto. No exato instante em que sua secretária passou-lhe a toalha para enxugar as mãos, alguém tocou minhas costas e perguntou "Quem são vocês? O que estão fazendo aqui?". Era um dos seguranças da casa, que finalmente desconfiava da presença de dois elementos estranhos ao Canecão. "Viemos falar com Roberto Carlos, solicitar uma entrevista com ele", respondi. "Você terão que ir lá para fora, porque isto não é tratado aqui, nem diretamente com ele." "Sim, mas vamos apenas falar rapidinho ali com Roberto, entregar uma carta", insisti. "Não, vocês vão ter que falar com alguém da produção dele. Vocês vão esperar lá fora que vou mandar chamar alguém da equipe do Roberto para atender vocês." O segurança ia falando e nos conduzindo até o portão de saída, enquanto Roberto e sua secretária continuavam lá, agora sem a bacia de água.

Do lado de fora, Rodrigo me perguntou desanimado: "Você acha mesmo que alguém vem aqui falar com a gente?". "Acho que sim, só espero que não seja Ivone Kassu", respondi, já arrependido de não ter abordado Roberto Carlos lá dentro mesmo, com bacia de água e tudo. Cerca de dez minutos depois, um senhor alto, em torno de sessenta anos e com vistosa calvície, veio ao nosso encontro no portão: era Robson Paraíso, que se apresentou como "empresário de Roberto Carlos". Nada mal, pensei, sermos atendidos por alguém do alto staff do artista. Talvez todos os demais assessores já tivessem deixado o Canecão. Mas, embora Robson Paraíso exercesse de fato aquela função, ele era na verdade um administrador da RC Produções, escritório que cuida de todos os negócios do cantor. Depois que rompeu sua parceria com o empresário Marcos Lázaro, em 1981, Roberto Carlos decidiu administrar a própria carreira por intermédio de seu escritório sediado em São Paulo. Paraíso era uma espécie de gerente da RC e, como tal, a pessoa que agenciava todos os contratos de shows do cantor. Daí ser reconhecido e se apresentar como "empresário", embora fosse mais um alto funcionário dele.

Em pé, no portão, Paraíso ouviu a minha explicação do projeto, recebeu a carta que fiz para Roberto Carlos e prometeu que a entregaria nas mãos dele. "Amanhã é dia de estreia, vai ser complicado falar sobre isso com Roberto, mas você pode me procurar aqui na sexta-feira, no fim da tarde, que talvez já tenha alguma confirmação." Simpático, ele se despediu de nós com um aperto de mão, enfatizando: "Vamos ver se a gente consegue". Saí dali com esperanças renovadas. Afinal, agora eu tinha contato com alguém com mais poder e talvez também com mais influência nas decisões de Roberto Carlos do que Ivone Kassu — nome, aliás, que não foi citado na minha conversa com o empresário. Para todos os efeitos, era como se aquela fosse a minha primeira tentativa de entrevistar o cantor.

Conforme combinado, no fim da tarde de sexta-feira saí de casa para retornar ao Canecão, dessa vez sozinho. Fui de barca até a praça Quinze e lá peguei um ônibus para a zona sul. Ao chegar à porta do Canecão, chamei um dos seguranças, perguntei pelo empresário de Roberto Carlos e aguardei a autorização para entrar. Robson Paraíso me recebeu em uma pequena sala, próxima da bilheteria, que era usada como escritório naquela temporada. Sempre simpático, ele confirmou que já havia entregado a carta ao artista, falado sobre o assunto com ele, mas ainda não tinha nenhuma resposta. Que eu voltasse ao Canecão no dia seguinte, no mesmo horário.

Assim fiz, pegando novamente a barca e o ônibus, e tudo o mais seguiu igual. Fui atendido por ele na mesma salinha e obtive a mesma resposta, ou seja, Roberto Carlos ainda não decidira nem pelo sim, nem pelo não. "Roberto é sempre muito enrolado para decidir as coisas", explicou Paraíso, prometendo que falaria com ele novamente sobre o assunto naquele fim de semana. Que eu voltasse então na próxima quinta-feira, quando se iniciaria a segunda semana de shows daquela temporada. Talvez até lá o artista desse uma resposta definitiva. Confiante, na quarta-feira peguei mais uma vez a barca.

Numa cena de um dos seus antigos especiais da TV Globo, Roberto Carlos aparece a bordo da barca Rio-Niterói na baía de Guanabara, lembrando: "Começou aqui. Quem sabe nesta mesma barca. Eu saía de Niterói cheio de esperanças". Era uma referência ao ano de 1956, quando ele morou naquela cidade e ia diariamente tentar a sorte nas emissoras do Rio. Pois bem: em 1992 aquelas mesmas embarcações, algumas chamadas *Itaipu*, *Lagoa* e *Neves*, continuavam navegando pela baía. Em uma delas agora estava eu — com outro objetivo, mas também cheio de esperança de ser recebido pelo artista que tantas vezes usou aquele transporte quando era mais um morador anônimo de um subúrbio de Niterói.

Eu ia e voltava satisfeito do Canecão, mesmo não tendo a confirmação da entrevista. Naquele contexto, muito pior seria ouvir um "não" ou um vago "me procure daqui a alguns meses". O fato de Robson Paraíso me receber pessoalmente era indicativo de que ele estava com efeito tentando agendar o depoimento. Eu aproveitava cada encontro para falar mais detalhadamente da pesquisa, mostrar fotos de entrevistas já realizadas e também ouvir dele histórias dos bastidores de Roberto Carlos. Isso era, enfim, muito melhor do que aquilo que eu vinha conseguindo com Ivone Kassu.

Na quinta-feira, 30 de janeiro, pouco depois das seis da tarde, eu estava novamente na porta do Canecão. Ao passar pela bilheteria, percebi uma movimentação diferente. A sala de Robson Paraíso também parecia mais agitada do que nos outros dias. Pessoas entravam e saíam para falar com ele, o telefone não parava de tocar. O empresário pediu que eu aguardasse um pouco, pois precisava ir até a sala de Mario Priolli, proprietário do Canecão. Fiquei ali folheando uma revista e ouvi quando um funcionário da casa disse ao telefone que naquela noite não haveria show de Roberto Carlos. O espetáculo fora cancelado.

O motivo só fiquei sabendo quando Robson Paraíso retornou à sala e pôde conversar comigo. "Roberto Carlos está resfriado. Havia a expectativa de melhora, mas ele disse que não dá, sua garganta ainda está afetada. Tivemos então que cancelar o show de hoje e talvez o de amanhã também. É um problema, rapaz, porque quase todos os ingressos já foram vendidos. Estamos aqui tentando resolver isso, talvez encontrar uma data para shows extras", disse-me um desolado Robson Paraíso. Ao contrário das outras vezes, quando exibia um semblante sereno, quase sempre com um leve sorriso no rosto, nesse dia ele estava visivelmente tenso, carrancudo. E não era para menos. Cerca de 2500 pessoas — a lotação máxima do Canecão — chegariam dali a algumas horas para ver o show de um cantor que estava em casa, resfriado. Nesse contexto, obviamente, o empresário não tinha nenhuma outra novidade para me dizer e pediu que eu retornasse ali no sábado, quando talvez as coisas já estivessem normalizadas.

Na saída, passei pela bilheteria e vi os funcionários explicando ao público o imprevisto ocorrido com Roberto Carlos. Mas eles próprios pareciam não estar devidamente informados se poderiam vender ingressos para o dia seguinte, e ligavam para um outro setor do Canecão pedindo orientação. Um casal de argentinos queria ingressos para aquela noite, pois retornaria ao seu país no dia seguinte. Ao saber o motivo do cancelamento do show, a mulher, uma portenha loira de cerca de cinquenta anos, comentou com a bilheteira: "Da última vez que Roberto Carlos cantou em Buenos Aires, eu estava acamada e não pude ir vê-lo. E hoje que posso ir ao show vocês me dizem que ele está doente? O que será de mim? Infelizmente não posso esperar Roberto curar seu resfriado".

Em seu clássico perfil de Frank Sinatra, publicado em 1966 na revista *Esquire* — "Frank Sinatra está resfriado" —, o escritor Gay Talese afirmou que

> Sinatra resfriado é Picasso sem tinta, Ferrari sem combustível — só que pior. Porque um resfriado comum despoja Sinatra de uma joia que não dá para pôr no seguro — a voz dele —, mina as bases de sua confiança, e afeta não apenas seu estado psicológico, mas parece também provocar uma espécie de contaminação psicossomática que alcança dezenas de pessoas que trabalham para ele, bebem com ele, gostam dele, pessoas cujo bem-estar e estabilidade dependem dele.

Pois o que testemunhei naquele dia nos bastidores do Canecão é que um resfriado de Roberto Carlos emite vibrações semelhantes. O empresário teria assuntos mais urgentes a tratar com seu artista que incomodá-lo com o pedido de entrevista de um pesquisador de música brasileira, jovem e desconhecido.

Foi com certo desânimo que no sábado, no mesmo horário, voltei a procurar Robson Paraíso. O grande letreiro no alto do muro do Canecão informava que haveria show de Roberto Carlos, ou seja, o resfriado dele já estava curado. Mesmo assim, eu não tinha mais a expectativa de obter uma resposta que me deixasse contente.

Sempre que eu chegava à porta do Canecão à procura de Paraíso, repetia-

-se o mesmo roteiro: um dos seguranças da casa entrava, informava sobre a minha presença, voltava e abria o portão para que eu entrasse. Nesse dia, o segurança retornou e não abriu o portão. Em vez disso, trouxe uma pequena folha de papel e disse: "Seu Robson pediu para lhe entregar isso aqui porque ele está agora numa reunião e não poderá atender você". Era um bilhete escrito à mão, em caneta azul, assinado por Robson Paraíso: "Paulo, infelizmente o Roberto falou que só depois que terminar o Canecão poderá pensar nisso. Meu telefone a partir de terça-feira é 011-287-5400. Abraço, Robson".

O que eu temia aconteceu. Uma resposta vaga, que mais uma vez empurrava para a frente a possibilidade da entrevista. Isso praticamente me forçava a ter que começar tudo de novo. Sim, porque após aquela temporada de Roberto Carlos no Canecão — que duraria até a véspera do Carnaval —, ele viajaria com o show pelo Brasil, depois pela América Latina, e mais tarde iria para os Estados Unidos gravar seu disco. Ou seja, a chance maior de entrevistá-lo era com ele parado no Rio de Janeiro e com disco recém-lançado.

De qualquer maneira, eu não ia desistir, até porque agora tinha estabelecido bom contato com alguém do alto staff do artista. Robson Paraíso parecia sinceramente querer me ajudar, do contrário nem teria me informado o número de seu telefone em São Paulo. Eu não imaginava que nunca mais trocaria uma palavra com o empresário.

Uma das melhores, mais divertidas e trabalhosas entrevistas que fizemos foi com o "síndico" Tim Maia, em março de 1992. Ele era um nome obrigatório no projeto porque, além de possuir um capítulo próprio na história da MPB, foi um dos primeiros amigos que Roberto Carlos teve no Rio. Antes mesmo de conhecer seu futuro parceiro, Erasmo Carlos, o adolescente Roberto andava com o amigo Tião, que lhe ensinava acordes de rock e com quem formou o conjunto The Sputniks, com mais dois outros colegas da Tijuca. Tim Maia era garantia de muitas histórias dos bastidores do começo da carreira de Roberto Carlos.

Liguei para ele em meados de janeiro, o próprio Tim atendeu e sem maiores delongas marcou a entrevista para o dia seguinte, às nove da manhã, em seu apart-hotel, na Barra na Tijuca. "Anota aí meu endereço, é aqui no Barra Palace: avenida Sernambetiba, 2916, apartamento 1201." Em seguida desligou o telefone. Caramba! Nunca foi tão fácil marcar uma entrevista nesse projeto. Não gastei nem metade da ficha de três minutos.

Imediatamente acionei meus colegas da PUC. Dois deles, Marcio Sternick e Lauro Parente, fãs de Tim Maia, ficaram exultantes e se surpreenderam com a rapidez com que foi agendada a entrevista. Estranharam também o caretíssimo horário escolhido por Tim, nove da manhã, quando o comércio do Rio abre as portas. De fato, mas se o artista queria nos receber tão cedo não cabia a mim discordar. No horário marcado chegamos à portaria do Barra Palace. O atendente acionou o interfone do apartamento 1201, mas ninguém respondeu. Talvez ele esteja dormindo ainda, comentamos. Trinta minutos depois tentamos novamente e também não houve resposta. De meia em meia hora ali ficamos até quase meio-dia, e nada de Tim Maia aparecer. O câmera Marcos disse que não podia mais esperar porque tinha uma filmagem à tarde. Fomos embora desapontados com o primeiro "bolo" que recebemos. E só podia ter sido mesmo dele, Tim Maia.

No fim da tarde daquele mesmo dia liguei para ele, que aí sim atendeu o telefone, mas nada me explicou, e eu nada perguntei. Solicitei novamente a entrevista, que, com a maior naturalidade, Tim marcou para o dia seguinte, às nove horas da manhã, no mesmo endereço. No horário marcado, estávamos lá acionando o hóspede do apartamento 1201. E, como no dia anterior, ele não respondeu. Tentamos mais duas ou três vezes e desistimos. No caminho de volta, tentei consolar meus amigos dizendo que na verdade estávamos sendo testados por Tim Maia. Passando no teste, conseguiríamos tudo dele. E, pensando bem, se Tim às vezes dava furos em shows, gravações e apresentações na televisão, por que seria de uma pontualidade inglesa com um grupo de estudantes que desejava apenas entrevistá-lo?

Só voltei a procurá-lo três semanas depois. Entrevistar Tim Maia agora era uma questão de honra. Ele novamente marcou a entrevista para o dia seguinte, às nove da manhã, no Barra Palace. Reuni o grupo, procurei animá-los e fomos para lá, mas desconfiados de que não haveria entrevista nenhuma. De fato não houve, mas dessa vez uma secretária dele desceu para conversar com a gente. Ela explicou que o artista não tinha condições de nos dar entrevista naquele momento, principalmente gravada em vídeo, mas que talvez pudesse nos receber para um breve bate-papo. Ela confirmaria. Pouco depois de a secretária subir, desceu um rapaz que, para minha surpresa, veio em nossa direção com uma trouxa de maconha na mão: "O Tim falou que vai recebê-los daqui a pouco e mandou entregar essa erva aqui para vocês se divertirem aí antes de subir".

Logo que o rapaz virou as costas, explodimos numa gargalhada. Comentei, brincando: "Olha aí, não falei que Tim Maia estava nos testando? Agora é a prova definitiva para chegarmos até ele". Eu mesmo não poderia contribuir porque não fumava, mas quem acendeu disse que foi a maconha mais potente que já tinha experimentado. Pouco depois, Tim Maia realmente nos recebeu em seu apartamento: um quarto e sala com vista deslumbrante de sua varanda sobre o mar. Com seu jeito afetuoso e doidão, ele brincou com cada um de nós, nos presenteou com um de seus discos, pediu desculpas pelos furos e ofereceu mais maconha, enquanto bebia e fumava sem parar.

A entrevista foi prometida para logo depois do Carnaval. Dessa vez não teve erro. No dia 10 de março de 1992, finalmente conseguimos colocar Tim Maia diante de nossa câmera. Com sua verve e bom humor característicos, falou de tudo abertamente e de tudo reclamou: das gravadoras, da TV Globo, da Justiça, dos advogados, dos empresários e até dos padres da PUC. Claro que também alvejou seus dois velhos amigos da Tijuca, Erasmo e Roberto Carlos: "Mas Roberto Carlos não vai se ver nunca livre de mim. Quando a gente morrer, lá em cima vou dizer: 'Como é que é, Roberto!'".

A entrevista com Tim foi realizada em duas sessões, uma delas em seu estúdio, na ladeira do Sacopã, na Lagoa. Ali também acompanhamos um animado ensaio dele com sua banda Vitória Régia, com Tim na bateria — o que, segundo os músicos, não acontecia havia muito tempo. Lá pelas tantas, o artista comentou: "PC" — era assim que ele me chamava —, "esse nosso encontro aqui não é algo comum pra mim. Eu lido é com traficante, prostituta, bicheiro, trombadinha e trafisário — metade traficante, metade empresário. Não há essa coisa boa, jovens interessados em cultura. A Globo, por exemplo, não faz isso".

Ao fim, já parecíamos velhos camaradas. Semanas depois, foi a vez de Tim nos telefonar, convidando para um festivo almoço em seu estúdio. Foi outro encontro inesquecível, em companhia de amigos e dos filhos dele. Em junho, em plena Eco-92, no Rio de Janeiro, Tim se apresentou no Circo Voador, e nós o ouvimos cantar e pedir mais grave, mais agudo, mais retorno, mais tudo. Naquela noite, enquanto sua banda tocava os metais em brasa, ele fez outra intervenção ao microfone: "Alô, rapaziada da PUC! Alô, PC! Alô, Márcio!... Cadê vocês?". E voltaria a chamar por nós meses depois no palco do Canecão: "Alô, rapaziada da PUC! Alô, PC! Cadê você, PC?".

Depois daqueles primeiros contatos com João Gilberto, quando ele me reaproximou de meu pai, voltei a ligar para o cantor outras vezes — agora pelo simples prazer de conversar com ele. Já não pensava mais em pedir entrevista ou qualquer outra coisa. O que ele havia me dado foi muito além do que eu desejava. Nossas conversas continuavam longas, quarenta, cinquenta, sessenta minutos ou mais, e quase sempre de um orelhão. No caso dele, eu evitava mesmo ligar da casa de alguém porque não ficava à vontade ocupando por tanto tempo o telefone alheio. Munido de um saco de fichas, eu então usava aquele orelhão próximo da minha casa, e geralmente depois da meia-noite, quando não tinha quase ninguém na rua.

Às vezes, no silêncio da madrugada, os únicos sons ali eram de minha voz e o de fichas caindo a cada três minutos no aparelho. João Gilberto conversava comigo sobre os mais diversos assuntos: cinema, futebol, Carnaval, boxe, religião, mulher, filosofia oriental, poesia, política, televisão e, claro, música, mais especialmente aquela produção anterior à Bossa Nova. João tem uma memória prodigiosa e lembra detalhes da primeira vez que, na infância, ouviu um baião de Luiz Gonzaga ou um fox gravado por seu ídolo Orlando Silva. Quando eu não conhecia determinado samba ou marchinha muito antigos, ele o cantava para mim, às vezes acompanhando-se ao violão. Pelo orelhão, João Gilberto ia me apresentando a um rico e esquecido repertório da música brasileira.

Encontrá-lo pessoalmente seria bom, mas eu não alimentava expectativas, porque sabia que era difícil. Percebi isso logo num dos primeiros contatos, quando ele me ofereceu o seu álbum recém-lançado *João*. Ele me deu o endereço do apart-hotel em que morava no Leblon e pediu que eu fosse lá buscar o disco. Ao me apresentar na portaria, o atendente disse que o artista havia deixado uma encomenda para mim. Era seu novo LP, com uma dedicatória minimalista: "Para Paulo, um abraço do amigo João Gilberto". O curioso é que, em vez de autografar no amplo espaço da capa do vinil, onde ficaria mais visível, ele preferiu assinar na parte interna do encarte, por cima da letra de uma das canções. Ou seja, até no momento de dar um autógrafo no seu disco João Gilberto é o mais discreto possível.

Na segunda vez que voltei ao apart-hotel, a possibilidade de um encontro era maior. Foi numa noite de Sexta-feira da Paixão. "Paulo, estou aqui com um casal de amigos da Bahia, o Paulo Levita e sua esposa, Palmira, que quero lhe apresentar. Ele é violonista e ela é cantora, e acho que vocês vão se entender muito bem. Se você quiser, pode vir jantar aqui. O restaurante que me serve tem hoje um peixe especial no cardápio. Você vai gostar." Um casal de amigos hospedado com ele. Um convite para jantar. Pensei: "Acho que agora vou conhecer o homem para além do orelhão". Segui para lá imediatamente, me identifiquei na portaria e fui autorizado a subir. Mas quem me abriu a porta do apartamento foram Paulo Levita e sua esposa, que estavam hospedados ali havia três dias… e ainda não tinham visto João Gilberto. Na verdade, o cantor dispunha de mais esse apartamento abaixo do seu, que usava exatamente para hospedar amigos que chegavam de fora. Ou seja, João Gilberto continuava sossegado no seu cantinho. Aquela foi uma noite muito agradável, e de vez em quando João nos ligava para saber se estava tudo bem e fazer o pedido do vinho, dos pães e do peixe.

Percebi logo uma característica de João Gilberto: embora recluso, ele não quer só influenciar pessoas, mas também aproximá-las, fazer com que seus amigos se conheçam uns aos outros. Pelo menos comigo foi assim: quando aparecia uma chance, fosse no Rio ou em outro lugar, João fazia a mediação por telefone, como no meu encontro com o casal baiano. Aconteceu também certa vez em que comentei que ia a São Paulo em um fim de semana. João me sugeriu conhecer um velho amigo seu, o empresário de origem armênia Krikor Tcherkesian, que fez a produção executiva de seu disco *Brasil*. Ao chegar a São Paulo, liguei para Krikor, um homem divertido e que já estava sabendo tudo de mim. Ele me convidou para um almoço e passei uma tarde ouvindo histórias incríveis dos bastidores da música.

Uma das primeiras pessoas que João Gilberto me apresentou foi Edinha Diniz, biógrafa de Chiquinha Gonzaga e a maior estudiosa da obra do cantor. "Tenho certeza que você e Edinha vão se entender muito bem", disse João ao me passar o número do telefone dela. De fato, nossa identificação foi imediata, e Edinha se tornaria uma de minhas grandes amigas. E assim João foi me apresentando a pessoas do Rio, de São Paulo, da Bahia…

Na primeira oportunidade, me pôs também em contato com alguém do Rio Grande do Sul: dona Boneca Regina, uma senhora já idosa, que ele considerava como sua mãe. Os dois se conheceram em 1955, quando o artista morou alguns meses em Porto Alegre. Na época João Gilberto não tinha fama nem dinheiro, mas a maneira carinhosa com que dona Boneca o recebia em sua casa o fazia sentir-se um astro da música. Quando isso se tornou realidade, ele não se esqueceu dela. Em qualquer lugar do Brasil onde se apresentasse, dona Boneca era sua convidada especial. A produção mandava buscá-la em Porto Alegre e a hospedava no mesmo hotel do cantor. Ou às vezes ela vinha ao Rio apenas para ficar mais perto dele, no seu apart-hotel. Foi quando nos encontramos a pedido do cantor. "Joãozinho me falou muito bem de ti", disse dona Boneca, com seu marcante sotaque gaúcho. Nesse dia o artista conversou com a gente, cantou até alguns sambas ao violão, mas sempre do outro lado, pelo telefone. Antes de eu sair, o próprio João ligou para o restaurante pedindo o jantar: um delicioso steak no sal grosso, acompanhado de arroz, farofa e batata palha. Eu levaria ainda algum tempo para me tornar vegetariano, mas é como se essa tivesse sido a última carne que comi na vida.

Ninguém levava Carlos Imperial muito a sério — talvez nem ele próprio. E não apenas por causa do título de "rei da pilantragem" ou de frases como "prefiro ser vaiado num Cougar que ser aplaudido num ônibus". No início dos anos 1990, ele se notabilizava mais como o excêntrico anunciador dos resultados dos desfiles das escolas de samba do Rio, que a cada nota máxima soltava o bordão: "Dez! Nota dez!". Mas eu argumentava que, para além disso, Imperial era um personagem importante da história da música brasileira. Foi ele quem pegou o jovem Roberto Carlos pela mão e o levou pelos corredores das rádios, das televisões e de todas as gravadoras, até colocá-lo na CBS — atual Sony —, em que o cantor deslanchou para a glória e está até hoje. "Imperial foi a minha bengala branca", disse certa vez o cantor. Do mesmo modo, foi por intermédio de Imperial que começaram as carreiras de Erasmo Carlos, Tim Maia e Wilson Simonal. O primeiro disco de Elis Regina, recém-chegada do Sul, em 1961, também foi produzido por Carlos Imperial, assim como o primeiro sucesso de Clara Nunes, "Você passa e eu acho graça", que ele compôs em parceria com Ataulfo Alves. Imperial é também autor de clássicos da Jovem Guarda e da pilantragem, como "Vem quente que estou fervendo", "A praça", "Mamãe passou açúcar em mim" e "Nem vem que não tem". Por tudo isso — e por todas as polêmicas —, era importante ouvir a história do Gordo, como era chamado pelos amigos.

Ele nos recebeu em sua casa, no Recreio dos Bandeirantes, na tarde do dia 8 de maio. No caminho, eu e os amigos cantávamos o antigo samba "Charlie Brown", de Benito di Paula, que diz: "Se você quiser vou lhe mostrar/ A lebre mais bonita do Imperial". Parecia algo do passado, mas o encontramos com uma menina de apenas quinze anos, uma amazonense chamada Jana, que permaneceu toda a entrevista ao seu lado. Imperial estava bem mais magro, pois tinha acabado de cortar gorduras localizadas e ia fazer ainda outras cirurgias corretivas. "Vou ficar novinho em folha", dizia olhando para a namoradinha, 41 anos mais jovem que ele.

Por se tratar de figura controversa, tive um trabalho maior para identificar o que era fato ou ficção no depoimento de Imperial, que logo no começo da entrevista procurou marcar posição. "Há três coisas que eu nunca fiz na vida: beber, fumar e mentir. Eu nunca menti na vida. Já contei vantagens, mas mentir jamais, porque a mentira não é boa." Na hora, observei: "Isso é importante, Imperial, pois você vai nos dar aqui um depoimento para a história". Começamos falando da sua pequena Cachoeiro de Itapemirim. O tema seguinte foi o Rio de Janeiro e sua juventude transviada nos anos 1950, a chegada do rock'n'roll, o impacto da Bossa Nova e seus encontros com Roberto, Erasmo, Tim Maia e outros garotos da turma da Tijuca. Imperial se emocionou ao lembrar o momento em que Roberto Carlos foi aprovado no teste da CBS, depois de ter sido recusado em todas as outras gravadoras. "Eu não tinha mais para onde levá-lo", comentou.

A entrevista parecia lhe proporcionar uma grande satisfação pessoal. "Como é bom recordar todas essas histórias aqui com vocês", disse mais de uma vez, o que se explica também porque ele ainda não tinha sido ouvido por nenhum outro projeto de pesquisa de música popular. A sua memória estava, portanto, afiada e pronta para se revelar. Como das outras vezes, levamos duas fitas de vídeo para no máximo quatro horas de gravação. Mas o tempo passou rápido, as fitas acabaram e Imperial tinha mais histórias para contar. Ele então pediu à empregada para pegar na outra sala uma fita de vídeo já usada para gravarmos por cima o restante da entrevista. Ao receber a fita, exclamou: "Não, minha filha, essa aqui está com o jogo do Botafogo. Pegue qualquer outra fita lá, menos essa", corrigiu, antes de retomarmos a entrevista. Ao fim, foram mais de cinco horas de depoimento gravado, muito úteis para o livro que escreveria mais tarde sobre Roberto Carlos — e que Imperial não leu porque, infelizmente, morreu seis meses depois daquela entrevista, vítima de complicações pós-operatórias.

Ao longo da pesquisa entrevistei vários outros artistas identificados ao movimento da Jovem Guarda, como Jerry Adriani, Wanderley Cardoso, Martinha, Eduardo Araújo, Sérgio Reis, Ronnie Von e músicos de bandas como Renato e Seus Blue Caps, The Fevers e Os Incríveis. Em agosto de 1992, fui sozinho a São Paulo entrevistar a cantora Wanderléa — na primeira de uma série de viagens para fora do Rio em busca de personagens da história da nossa música popular ou mais especificamente da trajetória de Roberto Carlos. Wanderléa se enquadrava nos dois casos.

No nosso primeiro contato por telefone, ela se revelou surpresa ao saber que eu pretendia ir a São Paulo especialmente para entrevistá-la: "Você vai viajar de Niterói apenas para vir aqui ouvir minhas histórias?". Ir a São Paulo não era tão problemático porque tinha lá amigos e parentes que me hospedavam. Nessa viagem, por exemplo, fiquei na casa de meu primo Giovane, que morava em Guarulhos. Foi quase outra viagem ir de lá até o endereço de Wanderléa, um condomínio na Granja Viana, em Cotia, a trinta quilômetros do centro da capital. A própria cantora me explicou que sem carro isso seria difícil, mas me orientou sobre o que fazer. "Quando o ônibus entrar na rodovia Raposo Tavares, peça ao motorista para parar num ponto do quilômetro 20, que tem um bar próximo. Você me liga de lá que vou buscá-lo de carro." E assim aconteceu. Telefonei daquele bar e pouco depois ela chegou em um Monza, trazendo no banco de trás suas duas filhas, Yasmin e Jadde, ainda crianças.

Para minha surpresa, Wanderléa ainda morava no mesmo condomínio em que houve o trágico acidente com seu primeiro filho, Leonardo. Numa tarde de fevereiro de 1984, a criança, de apenas dois anos, brincava de triciclo no quintal quando de repente caiu, bateu a cabeça na borda da piscina e caiu dentro dela, sem que o pai, a avó ou a empregada percebessem. Wanderléa tinha saído de casa horas antes para ir ao cabeleireiro, pois participaria de um programa de televisão. "Ainda me lembro do Leonardo me dando tchauzinho no portão. É a última imagem que tenho dele", disse a cantora. "Quando vi meu filho, ele já estava parado no fundo da piscina", relatou o músico Lalo California, que dormia numa rede no momento do acidente. A empregada contou que tinha ido preparar um lanche para a criança. E a avó — mãe de Wanderléa — estava também distraída dentro de casa.

Os amigos tentaram convencer a cantora a se mudar daquele condomínio, mas ela continuou morando ali por muitos anos, olhando a mesma piscina, o mesmo portão. "Logo que meu filho morreu, eu viajei, fui para vários lugares, mas queria voltar, queria voltar sempre. Voltando, vi que, apesar de ter vivido tão pouco tempo ali com ele, havia tantos sinais do que tínhamos feito — um abacateiro que nós plantamos, um cenário que olhamos juntos... No tempo em que Leo viveu, vi o mundo com seus olhos — só tinha olhos para ele, e se ele estivesse olhando o céu, eu olhava também e dizia: 'Ah, você está vendo as estrelas, elas são lindas, não é?'. Depois que ele se foi, eu não queria fugir, enterrar aquilo. Tentei lidar com a perda de outra forma."

Passei uma tarde ali com Wanderléa, e a pauta da entrevista seguiu o modelo de história de vida: a sua infância, as influências musicais, o início da carreira, a Jovem Guarda, os sucessos, os fracassos, os filmes, as roupas e, claro, o encontro e a amizade com Roberto e Erasmo Carlos. Mas falamos também de outros encontros, como o que ela teve com Tom Jobim e Elis Regina quando eles foram aos Estados Unidos, em 1974, gravar o álbum *Elis & Tom*. Na época Wanderléa morava em Los Angeles, e sua casa tornou-se um ponto de encontro para o ensaio do disco. Foi no piano de Wanderléa que por várias noites Tom e Elis se harmonizaram para gravar clássicos como "Águas de março", "Chovendo na roseira" e "Só tinha de ser com você".

Eram mais de sete horas quando terminou a entrevista — para alegria das pequenas Jadde e Yasmin, que já cobravam a atenção da mãe. Antes de eu sair, porém, Wanderléa mandou servir um delicioso café com bolo de milho e também me ofereceu um exemplar autografado do seu álbum *Te amo*, que ela gravara naquele ano na Som Livre. Em seguida, a cantora chamou as crianças para o banco de trás do carro e foi com elas me levar de volta até o mesmo ponto da rodovia Raposo Tavares, onde peguei o ônibus para a casa de meu primo, em Guarulhos.

No fim de março de 1992, um mês após o término da temporada de Roberto Carlos no Canecão, passei um fax para a casa dele. A sugestão e o número me foram dadas por Ronaldo Bôscoli, que em dupla com Miele produzia os shows do cantor desde a primeira temporada no Canecão, em 1970. Bôscoli me conhecera em setembro do ano anterior quando, junto com meus colegas da PUC, estive em seu apartamento, na Barra da Tijuca, para entrevistá-lo. Na época com 63 anos, ele foi muito receptivo ao projeto e falou sobre sua longa carreira de jornalista, compositor, produtor e militante do movimento da Bossa Nova. Falou também de parceiros, desafetos e de algumas das várias mulheres de sua vida, entre as quais Nara Leão, Maysa e Elis Regina. Nessa entrevista, Bôscoli foi como sempre mordaz, irônico e contundente, até mesmo ao comentar certa fama de mau-caráter que angariou ao longo da carreira. "É que nunca fiz média com ninguém, sou muito franco e tive muitas mulheres, o que provoca inveja em muita gente. O pessoal não perdoa alguém com a minha cara e sem grana transar com tantas moças. Meu apelido era sabonete Lever: nove entre dez estrelas preferem Ronaldo Bôscoli. Agora me respondam: o que é um mau-caráter? Nunca roubei ninguém. Eu era um caidasso, mas nunca quis ser produtor nem empresário de Elis Regina. A quem ou contra quem eu fiz uma sacanagem ou uma má-caratice? Nunca! Nunca! Jamais dei golpe do baú. Poderia casar com alguma mulher riquíssima, tive chances incríveis, mas sou uma pessoa, como diria Noel Rosa, independente, conforme se vê. Quero dizer às novas gerações que reformulem seus conceitos. Se sou mau-caráter, que venham e me provem."

A entrevista foi gravada num cenário bossa nova: num fim de tarde, no seu terraço com vista para o mar. Depois que a fita terminou, Bôscoli nos chamou para continuarmos batendo papo, agora no interior do apartamento. Ali ele nos brindou com muitas outras histórias dos bastidores do show business nacional, especialmente em suas produções para Roberto Carlos. Foi um encontro muito agradável para mim e meus colegas — e acho que também para Bôscoli, ao se ver cercado de jovens interessados na sua trajetória.

Isso me encorajou a voltar a procurá-lo seis meses depois para pedir um reforço na tentativa de entrevistar Roberto Carlos. Relatei em que pé estava o projeto, outras entrevistas que havíamos realizado e a dificuldade de obter o depoimento do cantor. Contei também dos meus contatos com Ivone Kassu e Robson Paraíso e daquelas minhas idas e vindas ao Canecão. Ronaldo Bôscoli ouviu tudo atentamente e foi bastante franco na resposta. Disse que Roberto era complicado mesmo e que não adiantava que ele ou o empresário lhe pedissem para me conceder entrevista. A ajuda que poderia dar era fornecer o número do fax da casa de Roberto Carlos. Que eu mandasse a mensagem ao próprio cantor, pois o texto chegaria na mesa dele.

Anotei o número do fax, agradeci o apoio e depois escrevi a mensagem, como ele sugeriu, lembrando a Roberto que entraria em contato com o empresário dele para obter a resposta — porque eu não tinha telefone. Datilografei o texto e o transmiti pelo serviço de fax dos Correios. Agora era torcer para que tudo isso sensibilizasse o grande ídolo.

Passados alguns dias, decidi que era a hora de voltar a falar com Robson Paraíso. O problema era que ele morava em São Paulo e era complicado fazer ligações interurbanas de um orelhão. Eu tinha que levar muitas fichas na mão, pois elas rapidamente caíam, uma após a outra, no buraco do aparelho. Mas era assim que eu tinha que tentar, a não ser quando passava na casa do Rodrigo ou de outro amigo do projeto e aproveitava para usar o telefone. Da primeira vez que telefonei para o empresário, a atendente informou que aquele era o escritório da RC Produções e que Paraíso não se encontrava em São Paulo. Imaginei que estivesse em excursão com Roberto Carlos. Voltei a ligar cerca de um mês depois, mas o empresário continuava viajando. Deixei passar mais algumas semanas e tentei novamente. Dessa vez a resposta foi pior: "O sr. Robson Paraíso não trabalha mais na RC Produções". Se na época eu fosse leitor da coluna do Zózimo no *Jornal do Brasil*, não teria gastado mais fichas no orelhão. Dias antes ele havia informado que "manager do rei Roberto Carlos há mais de cinco anos, Robson Paraíso foi afastado do cargo. Patrão e empregado não conseguiram chegar a um acordo sobre a porcentagem de faturamento a que Paraíso teria direito". Era o fim do que parecia ser um bom contato para chegar a meu objetivo.

Eu já tinha entrevistado diversos nomes da música brasileira e acertado todos os detalhes do encontro diretamente com cada um deles. Além das já citadas, foram assim também minhas conversas com Milton Nascimento, Edu Lobo, Carlos Lyra e Paulinho da Viola, entre outros. No fim de 1992, quando desejei entrevistar a cantora Maria Bethânia, recomendaram-me procurar sua assessora. Assim como o rei Roberto Carlos, a rainha Maria Bethânia também já tinha alguém para cuidar da sua relação com a mídia ou qualquer solicitação de entrevista, e não adiantaria tentar ligar para a casa dela: Bethânia só daria entrevistas indicadas e agendadas pelo escritório de Gilda Mattoso — que naquele momento se firmava como a principal concorrente de Ivone Kassu na área de assessoria de imprensa no mercado cultural do Rio de Janeiro.

Gilda Mattoso ingressou no meio artístico no fim dos anos 1970, quando foi estudar na Itália e conheceu o empresário Franco Fontana. Ele levava artistas brasileiros para se apresentar na Europa e contratou Gilda para ajudá-lo. Vinicius de Moraes foi um deles. Gilda o tratou tão bem que ele acabou se apaixonando e a pediu em casamento, embora ela tivesse 35 anos a menos que ele. Gilda foi a última das nove esposas de Vinicius, para quem ele compôs, em parceria com Toquinho, a canção que diz: "Nos abismos do infinito/ Uma estrela apareceu/ E da terra ouviu-se um grito:/ Gilda, Gilda/ Era eu, maravilhado/ Ante a sua aparição".

Foi um casamento de apenas dois anos, porque Vinicius já estava com a saúde frágil. Na manhã de 9 de julho de 1980, Gilda ainda dormia quando o poeta começou a se sentir mal na banheira da casa em que moravam, na Gávea. Chamada às pressas pela empregada, ela correu para lá. "Quando cheguei, vi que ele ainda estava com vida, mas pela respiração fraca e entrecortada e pelo seu aspecto, senti que não tinha mais volta", recorda.

Precocemente viúva, Gilda foi trabalhar na assessoria de imprensa da gravadora Ariola e depois na Polygram. Lá conheceu Marcus Vinicius dos Santos, o Marquinhos, que atuava na mesma função e com quem se entendeu muito bem. Após saírem da empresa, em 1989, abriram juntos um escritório de assessoria de imprensa e relações públicas em Ipanema. Os bons contatos que Gilda estabelecera no meio musical desde a época de seu casamento com Vinicius facilitaram as coisas. Aos poucos ela atraiu grandes nomes da MPB e de outras áreas artísticas que, assim como Roberto Carlos, desejavam ter o seu próprio assessor de imprensa. Uma das primeiras clientes de Gilda foi Maria Bethânia.

Em outubro de 1992, liguei para o escritório Gilda Mattoso & Marcus Vinicius Produções e Assessoria. Após ouvir a minha explicação do projeto, Gilda pediu que eu enviasse um fax com aquelas informações e um número de telefone para contato. Ela conversaria com a cantora e depois daria um retorno confirmando ou não a entrevista. No outro dia, datilografei o texto, indiquei o telefone do Rodrigo, fui ao correio, passei o fax, mas sem muita expectativa de ter resposta. Achava improvável assessores se lembrarem de um pedido de entrevista que não era para nenhum grande jornal ou TV e era feito por alguém que nem telefone tinha. Ao longo do projeto, nenhum deles jamais retornou qualquer ligação minha. Com exceção de Gilda Mattoso, que confirmou a entrevista com Bethânia. Tão improvável quanto a sua resposta foi a forma como eu soube dela.

Gilda ligou para a casa do Rodrigo numa quinta-feira, 10 de dezembro, marcando a entrevista para o dia seguinte, às dezesseis horas, na sede da Polygram, na Barra da Tijuca. Rodrigo não tinha como me avisar em Niterói, e torceu para que eu telefonasse até o fim do dia. Mas eu não entrava em contato com ele diariamente, e naquela quinta-feira estava envolvido na entrega de alguns óculos para clientes na zona sul do Rio. Essa foi a sorte. À tarde, peguei um ônibus da linha 170, Centro-Gávea, e dentro dele, por coincidência, encontrei Rodrigo. "PC, sabe quem telefonou lá pra casa? Gilda Mattoso." Logo ao descer do ônibus, liguei para avisar o câmera e, depois de entregar os óculos ao cliente, fui para casa preparar a pauta da entrevista.

No dia seguinte, encontramos Bethânia e Gilda na Polygram. Maria Bethânia estava selecionando o repertório de seu novo disco, que seria lançado no ano seguinte: *As canções que você fez pra mim*, só com composições da dupla Roberto e Erasmo. Portanto, sua memória estava bem viva para falar da sua relação com a obra de Roberto Carlos. Entre vários momentos de sua trajetória, lembrou-se do dia em que aconselhou Caetano a ver o programa *Jovem Guarda*, que ele ainda não conhecia. Recordou também quando Roberto Carlos lhe fez o convite para ser a primeira artista a dividir uma faixa do disco dele, na canção "Amiga", do álbum de 1982. "Eu estava no Canecão ensaiando para a estreia de meu show quando me chamaram para atender um telefonema. Eu tive que atender numa sala fechada, blindada, escura, tomei até um susto. 'Mas o que que é, gente, qual é o problema?' Era o Roberto me ligando dos Estados Unidos. 'Bethânia, fiz uma música e gostaria que você gravasse comigo. Mas é segredo de Estado, não conte pra ninguém. Você pode vir para Nova York?'"

Se um encontro pessoal com João Gilberto parecia difícil, a chance de vê-lo pela primeira vez no palco surgiu no fim de 1992, quando ele e Tom Jobim iriam se apresentar juntos pela primeira vez depois de três décadas. Haveria dois espetáculos: o primeiro, um concerto de João Gilberto no Theatro Municipal do Rio, com a participação de Tom Jobim; o segundo, um show de Tom no Palace em São Paulo, tendo João como convidado. Os dois artistas tinham gravado anúncios da cerveja Brahma e aquelas apresentações eram parte da milionária campanha publicitária. O título do espetáculo — *Show número 1* — era uma referência ao slogan da Brahma, que João Gilberto anunciava fazendo aquele gesto do dedo indicador para cima. Seriam espetáculos fechados, exclusivos para os convidados do patrocinador, nem com cambistas seria possível comprar ingressos.

Os convidados podiam se sentir realmente privilegiados. Afinal, veriam o reencontro de João Gilberto e Tom Jobim no palco, trinta anos depois da última apresentação que tinham feito juntos, em 1962, na boate Au Bon Gourmet, em Copacabana, quando lançaram "Garota de Ipanema". No ano seguinte, eles gravaram a música no álbum *Getz/Gilberto*, em Nova York, e depois disso não se encontraram mais num mesmo estúdio nem num mesmo palco. Ao longo de quase três décadas, cada qual tinha tocado sua carreira sem solicitar a presença do outro. Por tudo isso, a mídia tratava aqueles shows patrocinados pela Brahma como o acontecimento cultural do ano. O que não se sabia é que seriam também os últimos em que Tom e João pisariam juntos o mesmo palco. Foram o reencontro e também a despedida de uma parceria que fez história na música brasileira.

Se dependesse de convite da Brahma, eu jamais teria entrado no Municipal naquela noite de segunda-feira, 7 de dezembro. Mas João Gilberto não me deixou de fora. Pediu que eu procurasse a produção, pois meu nome já estava na lista dos seus convidados. De fato, liguei para lá e garanti o meu lugar na plateia. Um coquetel foi servido antes do show no salão do teatro. Cantores, atores, escritores, dramaturgos, cineastas — parecia que toda a elite artística carioca tinha sido convidada para o espetáculo. E quando João Gilberto entrou em cena, pude finalmente ver pela primeira vez o homem, o seu banquinho e o violão, e depois ele com o piano de Tom Jobim. Ainda houve uma canja improvisada de Astrud Gilberto, com os três cantando "Garota de Ipanema". Foi um espetáculo inesquecível. Mas João Gilberto ainda me proporcionaria emoções maiores, bem maiores do que a daquela noite histórica no Theatro Municipal.

4. Os bastidores da pesquisa II

Bethânia e Gal, perfeitas. De João Gilberto, falar o quê? Só que os sapatos de João são os mais bem engraxados do planeta.

Danuza Leão

Chico Buarque fazia parte da minha lista de entrevistados difíceis, por isso não o procurei imediatamente. Quis primeiro garantir outros grandes nomes e ganhar mais confiança na prática de marcar e fazer entrevistas. Mas, depois de um ano de labuta, achei que já estava na hora de também tocar o telefone do autor de "Construção". Consegui o número de sua casa e, em junho de 1991, liguei para lá. Seu aparelho estava na secretária eletrônica. Eu sabia que em algum momento me depararia com isso, e essa foi a primeira vez durante o projeto. Não deixei nenhuma mensagem. Voltei a ligar outro dia e caiu novamente na secretária. Tentei mais uma vez e lá estava a mesma voz pré-gravada. Chico Buarque seria mesmo mais difícil. Decidi então me apresentar pela gravação, expliquei o projeto, quem já tínhamos entrevistado e que voltaria a ligar outro dia, porque discava de um orelhão. Dali a uma semana tentei novamente e uma mulher atendeu. Ela disse que tinha ouvido meu recado anterior, comentaria com Chico, mas ele estava recluso escrevendo um livro, não poderia dar entrevistas naquele momento. De fato, em agosto daquele ano seria publicado seu romance *Estorvo*.

Esperei então Chico Buarque lançar o livro, passarem as festas de fim de ano para só depois retomar o contato. Em meados de janeiro de 1992, deixei nova mensagem na secretária e o número do telefone de um dos meus colegas para contato. Não houve retorno, mas, dias depois, por sorte, ao folhear o jornal *O Fluminense*, vi a informação de que Chico Buarque estaria em Niterói. Seria na solenidade de abertura do Encontro com Cuba, evento político-cultural promovido pela prefeitura da cidade. O evento foi à noite, no Cine Arte UFF, e da mesa de debates participaram, além de Chico — que disse apenas "Viva Cuba!" —, o antropólogo Darcy Ribeiro, uma ministra do governo cubano e o prefeito de Niterói, Jorge Roberto Silveira. Ao fim da cerimônia, o prefeito convidou todos da mesa e também a plateia para um coquetel no salão anexo em homenagem à representante da ilha caribenha. Uma das mulheres de um grupo sentado à minha frente exclamou, batendo as mãos: "Meu Deus! Não acredito que hoje, finalmente, vou falar com Chico Buarque". Imaginei que o artista não iria para aquele coquetel e, assim que ele se levantou da mesa, fui direto para o estacionamento do cinema. Não tinha ninguém lá, mas uns cinco minutos depois chegou Chico Buarque, acompanhado apenas de um rapaz que trazia as chaves do carro.

Sem ninguém para interromper, pude me apresentar calmamente antes de o artista entrar no automóvel e explicar o projeto para ele. "Tô sabendo, tô sabendo", disse Chico, confirmando que ouvira os recados da secretária. "Estou em débito com você. Pode ligar para a Márcia, que cuida da minha agenda, anote aí o número dela, porque vamos combinar essa entrevista para depois do Carnaval."

Poderia ser uma promessa vazia, mas não foi. Na tarde de 30 de março, entramos com gravador, câmera de vídeo e máquina fotográfica na sua casa, no Alto da Gávea, com bela vista da floresta e da baía de Guanabara. Ele tinha quase 48 anos e ainda estava casado com a atriz Marieta Severo. Recebeu-nos acompanhado de sua filha caçula, Luísa. Quem também estava perto dele, repousado num sofá, era o seu violão — sinal de que Chico Buarque estava mesmo de volta à música depois de longo tempo dedicado exclusivamente à literatura, o que se confirmaria no ano seguinte, com o lançamento do álbum

Paratodos, que trazia "De volta ao samba": "Pensou que eu não vinha mais, pensou/ Cansou de esperar por mim".

Depois de um bate-papo introdutório regado a cerveja, iniciamos a entrevista, que foi gravada em vídeo e durou quase quatro horas. Chico falou de todas as fases e principais canções de sua carreira. Uma das perguntas foi sobre sua relação com Roberto Carlos nos anos 1960, quando "A banda" e "Quero que vá tudo pro inferno" representavam polos opostos na música brasileira. "Eu não tinha a ilusão de atingir a popularidade de Roberto, que possuía um público muito maior do que o meu. Sabia que 'A banda' era uma coisa passageira e, para mim, secundária. Queria cantar outras músicas, que eu sabia que não teriam alcance popular nem como concorrer com a popularidade de Roberto Carlos. Até mesmo pelo fato de ele assumir desde o começo a coisa do estrelato, do *star system*. E eu nunca quis assumir isso." Chico Buarque também respondeu sobre seus embates com a ditadura militar, a censura e os interrogatórios na polícia política. Talvez por isso, no fim da entrevista, ao me autografar o álbum *Construção*, ele escreveu na capa: "Para o Paulo, o meu amável interrogador, com um abraço do Chico Buarque".

Perdido o contato com o empresário Robson Paraíso, só me restava voltar a procurar Ivone Kassu. Estávamos novamente próximos do Natal, tempo de Roberto Carlos, e haveria uma nova coletiva para promover o lançamento de seu 34º álbum. Quem sabe ali eu teria uma chance de falar com ele e saber a sua resposta para minhas mensagens. Mais uma vez, porém, a secretária de Kassu me disse que eu não podia comparecer. A coletiva era somente para repórteres indicados pelos órgãos de imprensa. Insisti que seria importante para a minha pesquisa pelo menos gravar a íntegra da conversa dele com os jornalistas. A secretária então consultou Ivone Kassu, que devia estar perto do telefone, porque foi possível ouvir a sua resposta: "Não, não, este rapaz é tiete".

Nesse momento identifiquei um grande obstáculo que me impedia de entrevistar Roberto Carlos. De fato, eu era fã do artista e havia dito isto para Kassu naquela conversa antes da coletiva no Copacabana Palace, em 1990. Mas talvez ela tenha se esquecido de que também falei que era estudioso da história da música popular brasileira. A reação de Kassu foi de alguém que imaginava que eu andasse atrás de Roberto Carlos tão somente para conversar ou pegar um autógrafo dele. Decidi então ir mais uma vez ao local da coletiva e falar direto com ela, explicar que, embora eu fosse realmente fã do cantor, não podia ser castigado por isso. Levaria algumas fotos dos depoimentos gravados com Chico Buarque, Caetano, Gil, Tom Jobim, Djavan e Maria Bethânia para mostrar que a entrevista com Roberto seria parte de um projeto sobre a história da MPB. Era chegada a hora de tentar uma cartada decisiva com a assessora de imprensa do rei.

A coletiva foi realizada na tarde de terça-feira, dia 15 de dezembro de 1992, no hall de entrada do Imperator, um antigo cinema do Méier transformado em casa de espetáculos pelo empresário Luiz Oscar Niemeyer. Aquela seria a primeira temporada de Roberto Carlos no lugar, e, para promover o show, sua assessoria decidiu fazer ali a coletiva. Mas o objetivo principal do encontro era falar do lançamento do novo álbum, que teve como faixas de destaque a balada "Você é minha" e a salsa "Mulher pequena" — a primeira de suas canções dedicadas a tipos femininos.

Cheguei ao Imperator por volta das quatro horas, e vários jornalistas já se encontravam no local, onde era servido um coquetel. Logo avistei Ivone Kassu em uma roda. Esperei o grupo se dispersar e me aproximei dela, levando as fotos do projeto na mão. "Oi, Ivone, tudo bem? Posso falar com você? Sou Paulo Cesar de Araújo. Liguei hoje para o seu escritório, mas não consegui falar com você." Ela me fitou por alguns segundos e, antes que eu terminasse a frase, chamou um dos garçons e ordenou-lhe que não me servisse nada, pois eu não era convidado daquela coletiva. Em seguida me virou as costas.

Uma vez mais estava barrado de um evento com Roberto Carlos. Bem, mas pelo menos Kassu não tinha me mandado embora da coletiva, apenas proibiu que me servissem o coquetel. Eu não tinha ido para beber ou comer, então fiquei em um canto com meu gravador na mão, esperando o artista chegar, o que aconteceu pouco depois. Mas confesso que nesse dia foi triste vê-lo entrar, se encaminhar para o centro do salão e sentar-se diante dos jornalistas e fotógrafos. Como sempre, a entrevista começou animada, com o cantor sorrindo, descontraído, e eu ali em um canto, parado, calado, quase sem poder me mexer. Eu via Roberto Carlos muito perto e ao mesmo tempo muito longe de mim.

"Paulo, foi bom você me ligar, queria mesmo falar com você", disse-me João Gilberto em uma noite de segunda-feira em julho de 1993. Fazia cerca de três meses que não lhe telefonava e agora ele tinha uma novidade. "Você quer ir a Salvador comigo? Esta semana vou me apresentar no teatro Castro Alves e convidei alguns amigos. Faltava falar com você. Chama também seu pai para ir com a gente. Quero ver vocês dois lá na plateia. E não se preocupe com hotel, passagens, porque vocês são meus convidados."

João Gilberto não havia se esquecido daquela promessa. Obviamente aceitei o convite e disse que meu pai ficaria também muito feliz. O cantor então pediu que eu entrasse em contato com seus empresários, Carmela Forsin e Gil Lopes, do escritório Showbras, que já estavam informados do convite e iriam providenciar a nossa viagem e estadia. Dessa vez conversei pouco com João ao telefone e ele me alertou para acelerar as coisas porque já estávamos praticamente às vésperas do embarque para a Bahia.

A partir da quinta-feira daquela mesma semana, João Gilberto se apresentaria por três noites seguidas no teatro Castro Alves. Seria o ápice da festa de reabertura desse tradicional espaço cultural baiano, que ficara quatro anos fechado para reforma. As cantoras Gal Costa e Maria Bethânia estariam no mesmo espetáculo com João, em sequência. Ou seja, seria um show triplo, em três noites, com três ícones que a Bahia revelou para a música brasileira. Mas a cada noite o show de encerramento seria o do ícone maior, João Gilberto.

Eu precisava falar logo com meu pai, em Vitória da Conquista, para confirmar a presença dele e mandá-lo se preparar para a viagem. O problema é que ele também não tinha telefone e morava distante dos demais familiares. Naquela mesma noite, após conversar com João, liguei para a tia Nice, irmã de meu pai, que riu ao saber do inusitado convite. "Mas, Paulo, você acha que Raimundo sabe lá quem é João Gilberto?" De fato, ele sempre gostou mesmo é de Waldick Soriano, Orlando Dias, Nelson Gonçalves e outros cantores românticos mais identificados à música brega. Mas essa era a oportunidade de não apenas nos reencontrarmos, como também de ele conhecer ao vivo a sonoridade do criador da Bossa Nova. Provavelmente meu pai nunca havia entrado em um teatro, talvez nem conhecesse Salvador. Por tudo isso eu estava ansioso para levá-lo até lá.

Tia Nice prometeu que no dia seguinte, bem cedo, pediria para alguém ir à casa dele avisar do convite, que eu voltasse a ligar por volta do meio-dia, talvez meu pai já estivesse ali para falar comigo. Antes disso, porém, telefonei para a empresária de João e passei os meus dados para a emissão da passagem. Carmela Forsin não contava com o imprevisto: "Quando João me falou, entendi que seu pai viajaria com você do Rio. Quer dizer que ele está em Vitória da Conquista?! Mas tem voo de lá para Salvador?". Expliquei, brincando, que se não tivesse ele iria de ônibus, de caminhão ou até mesmo de cavalo. Carmela enfatizou que precisava dos dados dele até o fim do dia, pois todas as demais passagens e reservas do hotel já estavam confirmadas.

Ao meio-dia telefonei novamente para a casa de tia Nice, mas meu pai não estava lá. O mensageiro trouxe a seguinte informação: dois dias antes, Raimundo tinha saído com um bando de cachorros para caçar no mato. Ninguém sabia em que região ele poderia estar naquele momento. Por essa eu não esperava e, desolado, comentei com tia Nice: "Caramba! No dia em que vim embora da Bahia, em 1978, deixei meu pai no mato, caçando. Vou retornar agora, quase quinze anos depois, e ele continua com os cachorros no mato?!".

De qualquer forma, minha tia mandou deixar o recado com o vizinho dele. No dia seguinte, quarta-feira, às onze horas da manhã, embarquei para Salvador na minha primeira viagem de avião. Fui direto para o hotel indicado pela produção, o Othon Palace, na praia de Ondina, onde também estavam hospedados João Gilberto e seus outros convidados: sua namorada Maria do Céu, a ex-esposa, Miúcha, a filha, Bebel, dona Boneca Regina e o médico Antônio Campos de Melo, mais um dos amigos do artista que eu havia conhecido no Rio. Ao nos encontrarmos no restaurante do hotel, o dr. Campos me perguntou: "O governador Antônio Carlos telefonou para você no Rio?". "ACM telefonar pra mim? Nunca", respondi, surpreso com a indagação. "Pois ele ligou lá para minha casa me convidando para estar aqui com João", disse-me enquanto tomava seu cafezinho.

Depois vim a saber que o governo da Bahia teve dificuldade de contratar João Gilberto para o espetáculo de reabertura do teatro Castro Alves, e que o então governador, Antônio Carlos Magalhães — na época, no auge do poder —, precisou se empenhar pessoalmente para convencê-lo. O artista acabou aceitando a proposta, mas fez uma exigência ao governador: ele teria que telefonar para cada um dos convidados do cantor, convidando-os também em nome do governo do estado da Bahia para virem assistir a seu show em Salvador. Assim fez o poderoso Antônio Carlos Magalhães. Ele ligou para dona

Boneca Regina, em Porto Alegre, para o dr. Campos, no Rio… Só não ligou para mim, em Niterói, e para meu pai, em Vitória da Conquista, porque não tínhamos telefone.

Na quinta-feira, dia do primeiro show, telefonei novamente para tia Nice, mas ela não tinha nenhuma novidade. Raimundo continuava no mato, caçando. "Ah! Que pena. Era para ele estar aqui hoje com a gente", disse João Gilberto quando me ligou para saber se eu estava bem acomodado no hotel. Mas o cantor entendeu que, como o convite fora feito na véspera da viagem, esse desencontro poderia mesmo ocorrer. Ainda assim, tínhamos esperança de que meu pai pudesse sair de lá a tempo de ver o terceiro e último show, no sábado.

Pouco depois de falar com João, fui procurado por dona Boneca Regina. Ela ia ao shopping com Maria do Céu comprar um barbeador e um novo par de sapatos para João — que se esquecera de mandar providenciar. Faltavam poucas horas para o cantor seguir para o teatro, e dona Boneca me chamou para ajudá-las na compra. Sobre o sapato, João não deu maiores indicações, mas o barbeador devia ser de determinada marca e modelo. Havia um carro à disposição do cantor e seus convidados na porta do hotel. Pedimos para o motorista acelerar até o shopping Iguatemi, não havia tempo a perder. Enquanto Maria do Céu saiu à procura do barbeador, eu e dona Boneca entramos na mais luxuosa sapataria do shopping. Ela informou o número do sapato e pediu para ver alguns modelos sociais na cor preta. O vendedor colocou três pares sobre uma mesa redonda de vidro e explicou que eram sapatos feitos a mão com couro legítimo de carneiro, pelica, muito macios e confortáveis. "E aí, Paulo, qual tu achas que devemos escolher para Joãozinho?", perguntou-me dona Boneca. Um dos modelos eu logo descartei porque tinha detalhes em metal no peito do pé. Outro sapato tinha o bico muito fino. Indiquei o par do meio, pois me pareceu que combinava com o estilo elegante e minimalista de João Gilberto: era um sapato social preto com cadarço e sem nenhum adereço. "Vamos então levar este. Por favor, pode mandar embrulhar", disse dona Boneca ao vendedor. Fizemos tudo muito rápido, para não atrasar a saída do artista para o show.

Por volta das 19h30, após jantar no restaurante do hotel, no térreo, me dirigi ao elevador social. Quando a porta se abriu, saíram dali duas pessoas, para minha surpresa: o empresário Gil Lopes e ele, João Gilberto, que naquele momento seguia para o teatro Castro Alves. Foi a primeira vez que vi o cantor de perto, mas não me apresentei, até porque João saiu do elevador de cabeça baixa e andando rapidamente em direção ao automóvel que o esperava na porta. Fiquei ali parado olhando para ele e na hora me lembrei daquela vez que vira o cantor Paulo Sérgio descer de um carro em frente ao Cine Glória, em Vitória da Conquista, e também seguir rápido até uma porta lateral do cinema, sem olhar para ninguém. Naquele hall de hotel em Salvador, João Gilberto caminhou exatamente assim — mas agora calçando o novo par de sapatos que horas antes eu ajudara a escolher.

Mais tarde, o mesmo carro e o mesmo motorista que conduziram João me levaram para o teatro Castro Alves, com o dr. Campos e dona Boneca Regina. Ao nos aproximarmos da área do estacionamento privativo, vi a movimentação do público ao redor da bilheteria, pessoas tentando obter ingressos, outras negociando com cambistas ou apelando para amigos e conhecidos. Ali, no banco do automóvel, me lembrei das tantas vezes em que fiquei do lado de fora de um show. Eu estava agora por acaso numa posição privilegiada, mas conhecia muito bem o que se passava ali — incomum para mim era estar dentro de um carro com motorista que me colocou na porta de entrada reservada ao artista e seus convidados.

Sentei-me na primeira fila do teatro e, emocionado, vi Maria Bethânia abrir o show com "As canções que você fez pra mim", do disco que acabara de gravar dedicado ao repertório de Roberto Carlos. Acompanhada de uma banda regida pelo maestro Jaime Alem, a cantora mostrava pela primeira vez ao público canções do novo álbum, que só seria lançado semanas mais tarde. A seguir foi a vez de Gal Costa entrar em cena, com seus próprios músicos, para cantar sucessos como "Baby" e canções do seu também ainda inédito *O sorriso do gato de Alice*. Depois dela, aí sim, surgiu a principal atração da noite: João Gilberto, de sapato novo e acompanhado apenas de seu violão. Ele ajeitou-se no banquinho, apoiou os pés em um suporte de madeira, dedilhou o violão e, em seguida, desfiou clássicos como "Rosa Morena", "Adeus América" e "Desafinado". Toda a plateia cantou "Chega de saudade" junto com ele. Ao final do espetáculo, Gal e Bethânia se juntaram a João para, de mãos dadas, agradecerem os aplausos — entoando pouco antes o refrão de "Cordeiro de Nanã". Danuza Leão estava lá e comentou a performance do trio baiano em sua coluna no *Jornal do Brasil*: "Bethânia e Gal, perfeitas. De João Gilberto, falar o quê? Só que os sapatos de João são os mais bem engraxados do planeta".

158

João Gilberto saiu do teatro em seguida e foi levado direto para o hotel. Eu também fui conduzido para lá pouco depois, mas no caminho pensei em pedir ao motorista para me deixar no Pelourinho, para curtir um pouco da cena noturna de Salvador. Porém algo me disse que era melhor seguir em direção ao hotel. Dito e feito. Quando eu estava no quarto e olhava o cardápio para pedir alguma coisa, o telefone tocou. Era João Gilberto me convidando para um jantar, naquela noite, na casa de seu irmão Ederval Pereira de Oliveira, o Vavá, que morava no bairro de Itaigara. "Vavá mandou preparar um prato baiano, você vai gostar. Dona Boneca, o dr. Campos e Gracinha também vão com a gente", disse-me João, numa referência a Gal Costa, que estava hospedada naquele mesmo hotel. O cantor então pediu para dali a meia hora nos encontrarmos na portaria. Antes de desligar o telefone, deu outra sugestão: "Paulo, em vez de descer, venha para o meu apartamento, o 2204. Vamos sair todos juntos daqui".

Eu estava no oitavo andar do Othon Palace e meia hora depois subi até o corredor do 22º. Na porta da suíte do cantor havia um segurança de plantão sentado numa cadeira. A ordem era não deixar nenhum estranho se aproximar, pois o artista não podia ser perturbado. Identifiquei-me e tive autorização. Imagine que você toca uma campainha e um artista chamado João Gilberto lhe abre a porta e estende a mão, convidando-o a entrar. Imaginou? Foi o que aconteceu comigo. "Oi, Paulo, tudo bem? Entra aí." João me cumprimentou rapidamente, pois estava falando ao telefone. "Tem cerveja na geladeira, tem uísque, pode se servir à vontade, sinta-se em casa", disse, antes de retornar para a sua ligação. Ele me recebeu como se aquilo fosse a coisa mais comum e natural do mundo. Parecia que nos víamos todos os dias. E, no entanto, já haviam se passado quase dois anos desde a nossa primeira conversa telefônica, quando me aconselhou a escrever para meu pai. Finalmente eu estava ali, frente a frente com o criador da Bossa Nova. Na sala ao lado estavam sua namorada, Maria do Céu, e dona Boneca Regina. Pouco depois chegou o dr. Campos e dali a mais alguns minutos, Gal Costa, trajando um vestido longo e calçando uma sandália que faziam lembrar seu antigo visual hippie.

João me apresentou a ela como "um amigo do Rio". Para minha surpresa, em vez de um beijinho no rosto, Gal me tascou um beijo na boca que me deixou da cor de seus lábios de carmim. E justo aqueles lábios que sempre foram um dos mais cintilantes da MPB, quase uma marca registrada da cantora. "Teus lábios, duas joias de coral/ No engaste sensual de tua boca", escreveu Ary

Barroso como se fosse para ela. Os contornos da boca de Gal eram muito bem explorados nas capas dos seus discos, especialmente a partir do álbum *Fatal/ Gal a todo vapor*, de 1971.

Muito antes de o selinho virar moda no Brasil, Gal Costa já cumprimentava assim os amigos. Em 1973 causou certa polêmica uma foto na *Veja* que mostrava Gal e Maria Bethânia de lábios colados. O fotógrafo tinha apenas registrado o instante em que as duas se despediram do palco no show *Phono 73* "com um rápido e certeiro beijo na boca", segundo a reportagem. Congelado na revista, aquele beijo provocou a indignação de setores conservadores da sociedade. Em um programa de rádio, o locutor perguntou o que Gal tinha a dizer sobre aquilo. Sua resposta: "Não existe nada demais em beijar na boca das pessoas. Você não beija na boca? Pois eu beijo na boca de todos os meus amigos e de todas as minhas amigas. Me dá vontade e eu acho isso muito natural. Então eu e Bethânia demos um beijo na boca e o cara fotografou. Não vejo nada demais naquilo. A gente apenas deu um beijo na boca, poxa! Não há nenhum mal nisso. Eu só beijo Caetano e Gil na boca, entendeu? Assim… hummm! Só beijo meus amigos e minhas amigas na boca. Quem não sabe que fique sabendo".

Seguimos juntos para o jantar na casa do irmão de João e lá me surpreendi com a desenvoltura do cantor. Mais do que o anfitrião, João Gilberto circulava pela sala, conversando animadamente com as pessoas, sugerindo bebidas e petiscos. Nem de longe lembrava aquela imagem do artista recluso. Ao lado de parentes e de alguns amigos, ele ficou realmente muito à vontade. "Paulo, sinta o gosto da sua infância", disse ao me entregar um prato com sobremesa. De fato, era um típico doce de leite baiano que minha avó costumava fazer em Vitória da Conquista. Lá pelas tantas, ele começou a falar de musicais de Hollywood e se lembrou de canções que conhecera nesses filmes, como "S Wonderful", de *Sinfonia de Paris* (que ele gravou no álbum *Amoroso*). Ele também entende de sapeado, então explicou a diferença entre os passos da escola irlandesa, que criou essa forma de dança, e a dos norte-americanos, que a desenvolveu. Indo da teoria à prática, João se levantou do sofá para exemplificar o estilo de cada um deles. E então testemunhei uma cena incomum: João Gilberto sapateando no centro da sala como um Gene Kelly tropical. Enquanto todos apenas olhavam para os movimentos de seus pés, eu secretamente admirava aquele par de sapatos que à tarde ajudara a escolher no shopping.

Na noite seguinte, após o show, João me convidou novamente para ir ao seu apartamento. Além da namorada dele, lá também estavam dona Boneca Regina e o dr. Campos. Um pouco mais tarde chegou Gal Costa. Jantamos ali mesmo e pudemos conversar mais calmamente até o início da manhã, e foi uma conversa fundamental para o conteúdo da biografia que eu escreveria mais tarde. João me contou, por exemplo, de uma noite de 1959, quando entrou na boate Plaza, em Copacabana, no Rio, para ver um jovem cantor que diziam imitá-lo. Era Roberto Carlos, aos dezoito anos, iniciando-se como crooner na noite carioca. Esse encontro entre criador e criatura era uma informação absolutamente inédita. João Gilberto ouviu Roberto Carlos antes de conhecer Caetano Veloso, Chico Buarque, Gilberto Gil, Gal Costa e outros ícones daquela geração dos anos 1960 que surgiu influenciada pelo criador da Bossa Nova. "Lembro que, quando entrei na boate, Roberto estava cantando 'Brigas nunca mais'", contou João. Esse lindo samba-canção de Tom e Vinicius, lançado por ele no álbum *Chega de saudade,* era de fato um dos números que Roberto Carlos cantava diariamente no palco do Plaza.

No sábado, aconteceu o terceiro e último show, ao qual, como os anteriores, assisti na primeira fila. Fomos depois jantar novamente na casa do irmão de João Gilberto, que nos serviu outras deliciosas iguarias baianas. Além de Gal Costa, também estavam presentes a cantora Daniela Mercury — na época, no auge do sucesso com *O canto da cidade* — e um jornalista que João me apresentou como "o homem que derrubou o presidente da República". Tratava-se de Mario Sergio Conti, que é amigo de João desde antes de, como diretor de redação da *Veja,* fazer a denúncia que desencadeou o processo de impeachment do presidente Fernando Collor. Acompanhado de sua esposa e com uma pequena máquina fotográfica, Mario Sergio disparava um ou outro flash enquanto conversávamos com João Gilberto.

Foi mais uma reunião descontraída, na qual o cantor lembrou histórias, casos engraçados e discutiu futebol. Era véspera do segundo jogo do Brasil pelas eliminatórias da Copa do Mundo de 1994, contra a Bolívia, em La Paz. A Seleção não estreara bem contra o Equador, mostrando fragilidades no ataque em um jogo que acabou em zero a zero. Como a maioria da torcida, João chamava o técnico Parreira de "burro" e também queria o atacante Romário na Seleção — pedido que o treinador só atenderia na última partida daquelas eliminatórias, contra o Uruguai. Mas o que mais me afligia naquela noite era que pela primeira vez eu deixaria de ver uma peleja do Brasil valendo pontos para chegar à Copa. Assim como João, sou mais torcedor da Seleção do que do meu clube.

Meu retorno para o Rio estava marcado para a tarde de domingo, bem próximo do horário do jogo do Brasil. João Gilberto sabia do meu grande interesse por futebol e, quando falei o motivo que me impediria de ver a Seleção, ele perguntou: "Paulo, você não precisa viajar amanhã, precisa? Vou então falar com a Carmela para mudar o dia da sua passagem. Você vai voltar comigo no voo de segunda-feira". A transferência foi feita e, além de assistir tranquilamente ao jogo da Seleção no hotel, desfrutei de mais uma noite de conversa com João Gilberto na sua suíte no Othon Palace. Como não houve show no domingo, jantamos mais cedo e seguimos papeando madrugada adentro. Dali só saí depois de João Gilberto tomar a sua canja de galinha.

Na segunda-feira, por volta das treze horas, entramos no carro que nos levaria até o aeroporto Dois de Julho. João sentou-se na frente, ao lado do motorista. Na parte de trás, Maria do Céu, dona Boneca Regina e eu. E sobre o meu colo — que responsabilidade — o violão de João Gilberto, um Tarrega da Di Giorgio, que me foi confiado por ele próprio. Assim que o automóvel pegou a orla de Ondina, João começou a cantarolar canções em homenagem à Bahia, a primeira delas, "Bahia com H", de Denis Brean: "Dá licença, dá licença, meu senhô/ Dá licença, dá licença, pra yôyô/ Eu sou amante da gostosa Bahia, porém,/ Pra saber seu segredo serei baiano também". Enquanto ele cantava, eu fazia uma discretíssima percussão no corpo do seu violão. Ao passar pelo bairro do Rio Vermelho, o cantor apontou para a direção da rua onde morava Jorge Amado, lembrando que frequentava a casa dele. "Que saudade de Jorge!", exclamou, cantarolando em seguida uma música de Caymmi com Jorge Amado: "É doce morrer no mar/ Nas ondas verdes do mar".

Maria do Céu parecia ansiosa, preocupada com o horário do voo, e pediu ao motorista para acelerar na avenida Oceânica. João Gilberto, porém, retrucou. "Não, vamos assim mesmo, devagar… O avião espera… A Bahia está tão linda! Olhem só", disse, apontando para a orla de Salvador. Era mesmo um lindo cenário num começo de tarde ensolarado. E seguimos lentamente passando pela praia da Pituba… Boca do Rio… Pituaçu… Itapuã… E João cantando mais exaltações à Bahia, como "Faixa de cetim", de Ary Barroso. "Quando eu nasci/ Na Cidade Baixa/ Me enrolaram numa faixa/ Cor-de-rosa, de cetim…/

Quando eu cresci/ Dei a faixa de presente/ Pra pagar uma promessa/ Ao meu Senhor do Bonfim!". Por mim, aquele trajeto podia durar horas a fio. Eu também não tinha nenhuma pressa de chegar ao aeroporto, pois sabia que vivia um momento único: em plena orla de Salvador, ouvindo João Gilberto cantar coisas da Bahia e levando no meu colo seu bendito violão, instrumento com o qual ele provocou uma revolução na música brasileira.

Quando finalmente chegamos ao aeroporto, Maria do Céu rapidamente pegou nossas carteiras de identidade para fazer o check-in. Eu, João e dona Boneca Regina ficamos aguardando, próximos ao portão de embarque. Mas antes de sair, sua namorada me sussurrara um pedido: "Paulo, não deixe João sozinho nem um segundo, não desgrude dele". Devia saber do que estava falando, porque assim que ela saiu pelo lado direito, João começou a caminhar em direção ao esquerdo. Não titubeei e segui atrás dele, com seu violão na mão. João Gilberto, porém, logo se virou pra mim, fazendo também um pedido: "Paulo, não deixe dona Boneca sozinha. Fique aí ao lado dela". Bem, entre um pedido de João Gilberto e outro de sua namorada, preferi obedecer ao cantor. Quando Maria do Céu retornou, nem me perguntou o que houve, apenas me disse, agitada: "Paulo, deixe o violão aqui com dona Boneca. Vou procurar João por um lado, você procura por outro, e nos encontramos no portão do embarque".

Dei uma volta naquele piso do aeroporto, entrando em lojas, livrarias, banheiros, cruzei com Maria do Céu, e nada de achar o cantor. Desci a escada rolante — sei lá, ele podia ter ido lá fora comer um acarajé. Perguntei a um guarda postado ao pé da escada se, por acaso, ele tinha visto João Gilberto passar por ali. "Quem?" Descrevi que procurava um homem em torno de sessenta anos, de terno azul-marinho e óculos de grau bem grandes… Não, o guarda não vira nenhum senhor com essas características passar sozinho por ali.

Subi rapidamente pela outra escada e — ufa! —, de longe avistei João Gilberto, dona Boneca, Maria do Céu e o violão já atravessando o portão de embarque. Corri até lá, mas não houve tempo para mim. O portão se fechou logo após a passagem deles. Parece que o avião só estava mesmo esperando por João Gilberto. Tive, portanto, que aguardar o próximo voo — e sem a minha carteira de identidade que, na correria, ficou com a namorada dele. Sem citar o nome do artista, expliquei o imprevisto e consegui trocar a passagem.

Enquanto aguardava o novo embarque, sentei-me num banco de lanchonete e pedi um chope para distrair. Longe de lamentar, pensei no privilégio que tinham sido aqueles dias de convívio com João Gilberto.

Naquele ano, um novo e importante personagem entraria na história de Roberto Carlos: o empresário gaúcho Dody Sirena. Não foi por acaso que exatamente na época um álbum do cantor trouxe pela primeira vez na capa uma mensagem publicitária, da viação Transbrasil, que na época patrocinava seus shows. Com Dody Sirena, o artista iria ingressar definitivamente numa era de negócios, marketing, publicidade, business... "Vivemos num mundo em que para você ser reconhecido e ter seu espaço, tem que ter prestígio, dinheiro, sucesso", argumenta o empresário.

Natural de Caxias do Sul e gremista roxo, seu nome completo é Jorge Sirena Pereira. Sirena é o sobrenome italiano da mãe e Dody, um apelido de família, porque seu irmão quando criança não conseguia pronunciar "Jorge". Dody Sirena fez uma rápida caminhada até se tornar um dos mais influentes nomes do show business nacional. Precoce e destemido, começou produzindo bailinhos no Sul, nos anos 1970, e com apenas vinte anos fundou em Porto Alegre, em sociedade com o amigo Cicão Chies, a empresa DC Set Promoções.

Na fria noite paulistana de 20 de março de 1981, eu e Dody estávamos no estádio do Morumbi — eu na plateia com um grupo de amigos, ele na equipe de produção do histórico primeiro show do Queen no Brasil. Era um acontecimento, porque o país ainda nem sonhava em entrar na rota permanente das grandes turnês internacionais. Em outubro do ano anterior, Dody lera na coluna do Zózimo, no *Jornal do Brasil*, a seguinte nota: "Está no Rio o empresário do conjunto Queen, Jim Beach. Veio acertar a apresentação do grupo aqui, em maio de 81". Dody teve a ousadia de ligar para o hotel, apresentar-se como um grande empresário do show business — o que ele não era — e estabelecer contato direto com o representante da banda inglesa. Convenceu-o a ir à sede da DC Set Promoções, em Porto Alegre. "Compramos a passagem em dez parcelas, ele nunca soube disso, e passamos a imagem de uma empresa muito sólida financeiramente, com grande suporte. E acho que convenceu", diz Dody, que acertou uma apresentação do Queen no Gigante da Beira-Rio, estádio do Internacional. Mas o show acabou não se realizando ali porque, segundo ele, o presidente do Internacional não liberou o espaço. Na época, havia realmente muita resistência em ceder campos de futebol para shows de rock. "Isso também aconteceu em outras cidades e, por isso, o Queen fez só dois shows no Morumbi", afirma Dody, que passou a integrar a equipe de Manoel Poladian, um dos responsáveis pelo evento em São Paulo.

A partir daí, o empresário gaúcho decidiu investir fortemente na área internacional, trazendo ao Brasil nomes como Ray Charles, Rod Stewart, Michael Jackson e outros não ligados à música, como o mágico David Copperfield. Essa experiência levou Dody a ser o braço direito de Roberto Medina na produção do Rock in Rio II, em 1991. Ele cuidava da seleção e contratação dos artistas, indo e vindo do exterior. Foi quando, por acaso, durante um voo Rio-Los Angeles, Dody conheceu pessoalmente Roberto Carlos. Como produtor de eventos, o empresário gaúcho já tinha organizado shows do cantor no Sul, mas sem ter acesso direto a ele. O primeiro contato pessoal se deu nessa viagem, pois se sentaram próximos na primeira classe. Dody aproveitou a oportunidade e convidou Roberto Carlos para integrar o elenco nacional do Rock in Rio. O convite foi negado na hora, e creio que, entre outros motivos, porque para o cantor esse festival lhe fazia lembrar da estrondosa vaia recebida por seu amigo Erasmo Carlos na primeira edição do Rock in Rio.

Isso não impediu que, no ano seguinte, Dody Sirena procurasse o escritório de Roberto Carlos para fazer outro convite: uma grande turnê de quase um mês pelo Sul do país. Tudo foi acertado com os representantes do cantor, porém houve algum problema na agenda de Roberto Carlos e alguns dias depois telefonaram para Dody tentando cancelar a turnê ou mudá-la para outra data. Surpreso com a atitude, o empresário ficou nervoso e foi duro na resposta: "Tire o meu telefone e o nome da agenda, que eu não quero mais nenhuma turnê e nenhum contato com vocês".

A relação dele com Roberto Carlos poderia ter terminado aí, quando nem bem começava. Mas o cantor mostraria serenidade e, em vez de fazer o que o jovem e atrevido empresário pediu, mandou convidá-lo para uma reunião pessoal no seu escritório paulistano, a RC Produções, na alameda Santos. O artista sabia que aquele era o empresário da badalada turnê do Guns N'Roses no Brasil e que Dody Sirena também trabalhara na produção do Rock in Rio II. Não era um nome para riscar do caderno, até porque o erro nas datas da turnê tinha sido do seu escritório.

O encontro foi marcado para as quinze horas e seria uma reunião rápida de negócios, apenas para aparar as arestas e acertar aquela turnê. Mas a conversa entre os dois rendeu, atravessou a tarde, entrou pela noite e só acabou lá pelas 23 horas. Além de acertar os detalhes da excursão, Dody falou de sua experiência como produtor de shows e mostrou que tinha uma visão bastante clara de como conduzir uma carreira artística e faturar alto com ela. "Nesse dia, com conhecimento do mercado internacional e muito atrevimento, comecei a questionar Roberto sobre suas formas de ganhar dinheiro", lembra o empresário, que ao fim da reunião deixou cravada na cuca do artista a necessidade de ele mudar a condução de seus negócios.

A relação deles foi se estreitando, especialmente durante a turnê pelo Sul. Foram 25 dias juntos, com Roberto revelando suas carências e dificuldades na administração da carreira, e o empresário dando a sua visão de negócio. Dizia que faltava ao escritório um comando proativo, pois ali não havia estratégia, apenas se esperava o telefone tocar com propostas de shows — ainda assim, de forma caótica, como acontecera na tentativa de cancelar aquela turnê. O empresário argumentava que um ídolo da dimensão de Roberto Carlos podia propor e ganhar mais, muito mais. Para isso, era necessário ter uma estrutura melhor e profissionais mais qualificados para pensar e administrar sua carreira. Dody alertava que Roberto Carlos podia estar perdendo muitas oportunidades de negócios ou fazendo outros desvantajosos. Citava, por exemplo, seu contrato com o patrocinador: o que o artista dava em contrapartida em mídia e shows valia mais do que recebia.

Todas essas sugestões e alertas foram dadas informalmente, porque Dody ainda não era empresário de Roberto Carlos nem de nenhum outro artista. Era até então apenas um produtor de shows, que contratava a banda, o cantor ou o mágico para realizar determinada excursão. Mas Roberto Carlos sentiu firmeza e confiança em Dody Sirena e queria algo mais com ele. Passou a pedir a pessoas próximas que sugerissem ao empresário lhe apresentar uma proposta de trabalho. Dody começou também a pensar na possibilidade com simpatia. "Sabe aquela paquera em que os dois percebem que estão se gostando?", compara o empresário.

A paquera evoluiu para um casamento em 1993, quando Dody Sirena se tornou oficialmente o *personal manager* de Roberto Carlos. O cantor tinha 34 anos só de carreira discográfica — um a mais do que Dody tinha de vida. Essa nova função projetaria definitivamente o nome do jovem empresário no cenário artístico nacional. Mas o que ele poderia realmente acrescentar à já tão consolidada carreira do rei da música nacional? Dody Sirena não tem dúvida: "A minha contribuição foi a visão do negócio, transformar o sucesso em mais dinheiro, alavancando novas fontes de receita, mostrando um marketing focado, uma visão moderna, visando business".

Com um discurso que mais parece o de sócio de uma corporação financeira, Dody Sirena acabaria convencendo Roberto Carlos a fazer coisas que ele recusava desde o início da carreira, como associar sua imagem a bebidas alcoólicas. Isso estava explícito no seu primeiro contrato com a TV Globo, em 1974. Segundo Boni, quando o departamento comercial da emissora vendeu inadvertidamente uma das cotas do programa de estreia para uma marca de cerveja, o cantor telefonou nervoso. "Bicho, eu não faço propaganda nem de álcool nem de cigarro. Você sabe disso e está no contrato." Como estava mesmo, Boni mandou cancelar aquele patrocínio.

Vinte anos depois, em março de 1994, lá estava Roberto Carlos como garoto-propaganda da cervejaria Brahma, repetindo o gesto do indicador para cima, simbolizando a marca da campanha "cerveja número 1".

Antes de iniciar meu trabalho de pesquisa na faculdade, achava que Tietê era apenas um rio em São Paulo. Descobri então que nomeava também uma cidade do interior paulista onde nasceram figuras importantes da música brasileira, como Camargo Guarnieri, Cornélio Pires, Marcelo Tupinambá, Fred Jorge, Itamar Assumpção e o maestro Chiquinho de Moraes — que voltou a residir lá nos anos 1990 e me recebeu para uma entrevista (outra seria realizada em São Paulo). Chiquinho de Moraes foi o primeiro maestro de Roberto Carlos e também trabalhou com Elis Regina, Chico Buarque e outros grandes nomes da MPB. No seu depoimento, ele me deu preciosas informações sobre o cenário musical dos anos 1960 e 1970. Também me ajudou a reconstituir os bastidores da primeira temporada de Roberto no Canecão, quando o então rei da juventude passou a cantar com uma big band regida por ele, Chiquinho de Moraes.

Em busca de mais depoentes, fiz várias outras viagens a São Paulo, ao interior paulista ou a estados mais próximos, como Santa Catarina, Espírito Santo e Minas Gerais. Viajava sempre de ônibus, e todas as entrevistas eram registradas em fitas cassete — como a do empresário Marcos Lázaro, a do produtor dos festivais Solano Ribeiro ou a do radialista Antônio Aguillar, pioneiro na divulgação do rock no Brasil, que entrevistei em Santos. Cantores, compositores, maestros, radialistas, produtores de televisão — onde havia um personagem importante da história da MPB eu ia tentar gravar seu depoimento, geralmente aproveitando feriados ou fins de semana.

Logo depois do Carnaval de 1994, fui a São Paulo entrevistar Wilson Simonal. Isso ocorreu dez anos antes do início de um movimento de redescoberta de sua obra e de sua trajetória na MPB. Suas músicas não tocavam nas rádios, nas pistas, nos shoppings, e nenhum de seus discos tinha sido ainda relançado em CD. Simonal amargava o ostracismo a que fora relegado após ganhar a pecha de dedo-duro do regime militar. Expulso do palco e da história da música brasileira, vivia como um exilado no próprio país. Mais que um artista, era um espectro, um fantasma. Nessa condição o encontrei na tarde de 21 de fevereiro, antevéspera de seu aniversário de 56 anos.

O contato inicial, em um sábado, havia sido com Sandra Cerqueira, sua companheira na época. Ela disse que o cantor não estava em casa, mas quis saber do que se tratava. Após ouvir a explicação do projeto, ela mesma marcou a entrevista para segunda-feira, às dezessete horas. "Vou viajar de Niterói para gravar o depoimento dele. Posso ir mesmo na segunda?". Ela garantiu que sim e me deu o endereço do apartamento onde eles moravam, na rua Canário, no bairro de Moema. Comprei então a passagem de ônibus e fui para São Paulo.

Acionei a campainha do prédio no horário marcado, mas o porteiro disse que Simonal ainda não tinha chegado — o que só foi acontecer por volta das 17h30. Nessa meia hora de espera, temi que aquela pudesse ter sido uma viagem perdida. Mas então ele chegou, Wilson Simonal de Castro, o outrora maior showman do Brasil, rei do swing e da pilantragem, o cantor que regeu 30 mil vozes no Maracanãzinho. O longo tempo que ele ficara fora da mídia tornou mais gritante a diferença entre o homem a quem agora estendia a mão e aquele que via nas capas de seus antigos discos de vinil. Em vez da jovialidade e do sorriso, as rugas, a aparência cansada, abatida, frágil. Ele estava de terno e com uma pasta estilo 007.

Após cumprimentá-lo, imaginei que ele fosse me conduzir até o elevador para subirmos. Entretanto, Simonal quis antes me submeter a um pequeno interrogatório. "Você é o rapaz que veio de Niterói, né? Você quer exatamente o quê de mim?". Ele parecia não estar devidamente informado do motivo da minha viagem até ali. Ainda de pé, próximo do porteiro, comecei a lhe falar da pesquisa que vinha realizando, a metodologia utilizada... De repente ele me interrompeu, pensei que fosse para subir, mas era para sentarmos em um dos bancos do hall de entrada, afastado da portaria. "Mas quem está financiando esse projeto de MPB?", quis saber, desconfiado. Contei que não tinha nenhum patrocínio, nenhuma verba, nada. O que me movia era o desejo de conhecer melhor a história da música brasileira, da qual ele, Simonal, era um capítulo importante e não podia ser excluído. O cantor viu sinceridade no que falei e pela primeira vez se desarmou e deu um breve sorriso, que me fez lembrar as capas de seus velhos discos. Aquela minha viagem não estava mais perdida.

Ao entrarmos no apartamento, Simonal perguntou se eu aceitava uma cerveja. Sim, respondi, e ele próprio me serviu algumas vezes, mas não me acompanhou na bebida. O apartamento era pequeno, e as paredes exibiam várias molduras com fotos suas e reportagens sobre ele no auge do sucesso. Uma das molduras mostrava uma antiga mensagem assinada por Pelé ao seu "amigo Simonal". Parecia significativo na parede de um artista carente de seu passado de glória, que precisava lembrar aos outros — e talvez a si próprio — que já tivera prestígio, amigos influentes e muita popularidade. Era também uma forma de resistência e de não deixar que tudo aquilo fosse apagado da memória.

Na entrevista, falamos sobre sua presença na história da música e da sociedade brasileira. Do começo da carreira, do serviço militar, da fase de cantor de rock e de secretário de Carlos Imperial, quando acompanhou de perto a gravação do primeiro LP de Roberto Carlos na CBS. "Minha função era ficar observando os caminhos. Roberto queria imitar João Gilberto, mas não tocava violão com bastante harmonia. Aí eu disse para Imperial que Roberto era bom de bolero. E convencemos Roberto a gravar um bolero, mas ele não queria." Simonal recordou também o auge do seu sucesso, as principais canções, o show do Maracanãzinho, as acusações, a queda e alguns de seus momentos-limite. Um deles foi em novembro de 1974, após ter seu pedido de prisão decretado pelo juiz João de Deus Menna Barreto. "Eu senti ódio, muito ódio", disse Simonal sobre esse momento. Ódio que se repetiu depois no fórum, ao ouvir a sentença pelo crime de extorsão contra o seu contador. Simonal me revelou que foi armado para a sala de audiência. "Eu quis matar aquele juiz... Se ele fizesse uma piadinha ali, ia dar merda… Mas Deus me protegeu." "Um preso pode entrar armado no fórum?", perguntei. "Artista consegue coisas fantásticas", respondeu, uma afirmativa que, para o bem ou para o mal, diz muito de sua trajetória.

No fim daquele ano, abriu um concurso para professor de história da rede pública do município do Rio de Janeiro. Fui aprovado nos primeiros lugares, o que me permitiu escolher a escola na qual desejava trabalhar. Optei por uma bem próxima da Biblioteca Nacional, no centro do Rio. Dava aulas de manhã, reservando as tardes para pesquisar o acervo de periódicos da biblioteca. Pouco tempo depois, fui também aprovado no concurso para professor de história das escolas técnicas do estado do Rio. Escolhi lecionar à noite no colégio mais próximo de onde eu morava, em Niterói. Passei a ter então dois empregos e praticamente duas casas, pois, entre uma escola e outra, eu ficava na Biblioteca Nacional. Passava horas ali procurando Roberto Carlos nas páginas de antigas publicações como *Revista do Rádio*, *Intervalo*, *Última Hora*, *Jornal da Tarde*. O que eu não podia imaginar era que logo, logo, eu daria um grande salto do passado para o presente, ao ficar cara a cara com o cantor, na sala de estar de sua própria casa.

Quem me proporcionou isso foi meu amigo Lula Branco Martins, na época editor da revista *Programa*, suplemento do *Jornal do Brasil*. Lula fora meu colega no curso de comunicação na PUC, entrou para o *JB* logo após se formar e era a minha principal fonte de telefones da MPB. Sempre que pensava em entrevistar alguém, eu recorria à agenda de Lula e só depois tentava outros caminhos. Telefonei por acaso para Lula numa segunda-feira à tarde e ele me contou que tinha uma ótima novidade: ia entrevistar Roberto Carlos no dia seguinte na casa dele. O cantor estrearia uma nova temporada no Rio, no Metropolitan, na Barra, e a revista daria isso em destaque na sua capa daquele fim de semana. Na época, o *Jornal do Brasil* era um veículo de prestígio e de muitos leitores, e Lula cultivava boas relações com a assessora de imprensa Ivone Kassu. Pois, visando promover essa temporada de Roberto Carlos no Metropolitan, Kassu convenceu o artista a dar uma entrevista exclusiva à revista *Programa* — que puxava a grande vendagem do *JB* às sextas-feiras.

Ainda no telefone, Lula me explicou que a entrevista fora marcada inicialmente para aquela segunda-feira à tarde, porém Kassu ligara mais cedo avisando que Roberto preferia realizá-la no dia seguinte. Ou seja, se não tivesse havido a mudança, eu só saberia da entrevista após ela ter ocorrido, pois eu não tinha telefone para Lula me avisar. Mas agora o encontro dele com Roberto estava confirmado para o dia seguinte, terça-feira, 7 de maio de 1996, às quinze horas, no apartamento do cantor, na Urca. Lula sabia da minha história com Roberto Carlos, daquele show que perdi em Vitória da Conquista, e perguntou se eu queria acompanhá-lo. "Se não fosse para eu ir, Roberto não teria transferido esse encontro para amanhã", respondi, em tom de brincadeira.

No outro dia, me encontrei cedo com Lula para fecharmos a pauta da entrevista. Além de questões sobre o show no Metropolitan — tema da reportagem —, sugeri algumas perguntas de caráter histórico que seriam úteis para a minha pesquisa. Eu adotaria a mesma postura das coletivas: iria acompanhar, gravar, mas não faria perguntas para não parecer que já tivesse obtido a entrevista exclusiva que pedia. Era uma oportunidade para explicar pessoalmente a Roberto Carlos a ideia do meu projeto e tentar agendar o seu depoimento.

O que Lula conseguiu foi algo raro. Entrevistar qualquer grande mito do show business é sempre difícil. Agendar uma entrevista exclusiva com Roberto Carlos — e na casa dele —, mais difícil ainda.

Roberto Carlos mora na cobertura de um prédio de cinco andares, cada um deles com apenas um apartamento, no histórico e tradicional bairro da Urca. É ali, entre a enseada de Botafogo e o morro do Pão de Açúcar, que o artista construiu e vive o seu universo particular: seu apartamento, seu estúdio e sua paróquia, a Igreja Nossa Senhora do Brasil, onde frequenta as missas de domingo. Mais fechado e com bem menos poluição e violência que os demais bairros da zona sul carioca, a Urca lembra uma pequena cidade à beira-mar. Foi esse aspecto interiorano, sossegado, que fez o cantor escolher o bairro para residir a partir de 1980.

Essa é a sétima casa de Roberto Carlos desde que ele se mudou do Espírito Santo para o estado do Rio, em 1956. Inicialmente, morou na casa de uma tia, na rua São Januário, no bairro do Fonseca, em Niterói. No ano seguinte, seus pais alugaram um sobrado na rua Pelotas, no subúrbio carioca de Lins de Vasconcelos. Era ainda no tempo das vacas muito magras. Após Roberto conseguir seu primeiro sucesso, com "Malena", em 1962, sua família se mudou para um prédio melhor, na avenida Gomes Freire, no centro do Rio. A vendagem crescente de seus discos lhe permitiu, três anos depois, comprar um apartamento na rua Sá Ferreira, em Copacabana. Com a explosão da Jovem Guarda, o cantor se mudaria para São Paulo, indo residir num edifício na rua Dr. Albuquerque Lins, em Santa Cecília. Ao se casar com Nice, em 1968 — e já definitivamente rico —, adquiriu uma grande casa no Morumbi. Lá viveu durante dez anos, o tempo de seu casamento. Após a separação, Roberto ficou um período em hotéis até decidir fixar residência no Rio, escolhendo morar — parece que definitivamente — nesse prédio, na Urca, em cujo elevador eu e Lula subíamos.

Quando chegamos ao quinto andar, encontramos a porta aberta. Roberto Carlos estava em pé, trajando calça jeans azul, camisa branca e tênis branco. Sentada em um sofá, estava Ivone Kassu. Lula foi o primeiro a entrar, e logo foi apresentado a Roberto por Ivone. Pediu desculpas pelo atraso e me apresentou: "Roberto, este é meu amigo Paulo Cesar". O cantor me olhou diretamente nos olhos e estendeu-me a mão: "Já nos conhecemos, não é, bicho?". Respondi sem pestanejar: "Com certeza, Roberto. Eu sou o Brasil".

Claro que o cantor não se lembrava de mim. Até então, havíamos tido apenas um rápido contato seis anos antes, na saída daquela primeira coletiva no Copacabana Palace. Mas certamente Roberto Carlos identificou em mim algo que lhe era bastante familiar, daí a sua pergunta e a minha resposta de pronto. Ao me sentar na poltrona, me lembrei de dezoito anos antes, quando saí da Bahia com destino a São Paulo, ouvindo no ônibus aquele sucesso de Antonio Marcos, que especulava: "Eu quero me ver em 1996, pois eu quero saber/ Como vão ser as coisas por lá/ Eu preciso me ver em 1996". O ano havia finalmente chegado, eu estava diante de Roberto Carlos, na ampla sala de visitas de seu apartamento com vista para a baía de Guanabara e o Cristo Redentor. Àquela altura eu já tinha entrado na casa de Chico Buarque, de Caetano Veloso, de João Gilberto, de Djavan, de Tim Maia, de Wilson Simonal, de Erasmo e de Tom Jobim, que me concedeu uma segunda entrevista em 1994. Faltava conhecer a casa do meu ídolo, Roberto Carlos. É verdade que, diferentemente dos outros, na dele entrei sem ter sido convidado. Mas talvez isso só pudesse mesmo acontecer dessa maneira: sem convite, sem ingresso, quase pela porta lateral.

A conversa começou tranquila. Depois de algumas amenidades, Lula apoiou um pequeno gravador na mesa, com o cuidado de deixá-lo longe de Roberto, para que ele não se sentisse intimidado.

A primeira pergunta foi sobre o repertório do show, mais especificamente sobre a canção que abria aquele espetáculo: "Como é grande o meu amor por você", que voltava à voz de Roberto Carlos depois de muitos anos, e a partir daí para sempre. A música tocava também num comercial da Nestlé, e Lula quis saber se a inclusão dela no roteiro fazia parte do contrato publicitário. O cantor respondeu que não, pois já tinha decidido incluí-la naquele espetáculo intitulado *Amor* quando soube que a campanha da Nestlé teria o slogan "Amor por você". E, que, portanto, a canção apenas se encaixou perfeitamente nas duas situações. "Foi uma coisa de Deus", disse o artista. "Mas Roberto, como explicar ao leitor que um contrato milionário para uso de uma música sua num comercial da Nestlé foi uma coisa de Deus?", indagou Lula, incrédulo e sorrindo. "São coisas que a gente não explica, Lula. Eu não acredito em coincidências. As coisas caminham já determinadas... Quem manda é Deus", reiterou o cantor, que estava no auge de sua fase apostólica, gravando a cada disco exaltações a Deus, a Jesus ou a Nossa Senhora.

Isso era ainda mais evidente por seu novo adereço: um terço amarrado no pulso direito. Era um terço azul com o qual ele posaria para as fotos de seu disco seguinte, lançado no fim daquele ano. O disco traria uma canção religiosa cujo título era exatamente "O terço". Lula aproveitou aquela referência a Deus para perguntar sobre sua formação religiosa. Roberto contou como ganhara de sua antiga professora, irmã Fausta, aquele medalhão com a imagem do Sagrado Coração de Jesus. "Pensei que fosse a imagem de Nossa Senhora das Graças", disse Lula. "Não. É a imagem de Jesus", repetiu Roberto, tirando o medalhão de dentro da camisa, beijando e exibindo-o para nós.

Falou também sobre seu batismo tardio, aos dezenove anos, em São Paulo, e que teve como padrinho Renato Spíndola, o homem que o tirou de debaixo de um trem e o levou para o hospital, quando do acidente na infância. É ao paletó de linho de Renato que o cantor se refere num verso da canção "O divã": "O sangue no linho branco/ A paz de quem carregava em seus braços quem chorava". "Eu conheci o seu Renato", comentou na hora Ivone Kassu, afirmando que sempre o convidava para as estreias do cantor em São Paulo. "Meu padrinho, que Deus o tenha em um bom lugar", disse Roberto Carlos, olhando para o alto.

Como de costume, ele sorria ao responder a maior parte das perguntas. Porém, diante de temas mais embaraçosos, abaixava a cabeça, esfregava as mãos, ficava algum tempo em silêncio e só então respondia lentamente, procurando as palavras como se estivesse pensando no assunto pela primeira vez. Parecia ter um cuidado extremo para evitar respostas polêmicas ou que gerassem mal-entendidos. Afinal, aquela era uma entrevista para o *Jornal do Brasil*. Além do medalhão com a imagem de Jesus, o cantor usava também aquela sua famosa pulseira de prata, mas agora não no pulso, e sim, acima, no braço. "É porque os elos dela se desgastaram, a pulseira laceou, e agora sai com facilidade do pulso. Se eu deixar ela pode até cair, o que não acontecia antes", justificou, nos mostrando a frouxidão da velha pulseira que ganhou de seu produtor Evandro Ribeiro no tempo da Jovem Guarda.

Eu e Lula estávamos sentados confortavelmente num sofá, Ivone Kassu no outro, menos o artista, que preferiu apenas se recostar no braço direito de uma das poltronas da sala. "Você não vai se sentar, Roberto?", indagou Lula a certo momento. "Não, não, aqui está bom", respondeu o cantor, no que talvez fosse mais uma de suas insondáveis manias ou superstições, pois recostado no braço da poltrona ele continuou durante toda a entrevista. Era mesmo uma mania, que seria também observada anos depois pelo jornalista israelense Nevo Ziv. Após se encontrar com Roberto Carlos em seu estúdio, na Urca, em 2011, re-latou que "durante a entrevista ele sentou-se no braço do sofá". Carlos Alberto Braga, irmão do artista, também revelou que quando se reúne com Roberto Carlos em casa, "ele está sempre em pé ou sentado num braço do sofá. É muito difícil ele sentar numa poltrona, a não ser quando é para ver novela".

Na época dessa entrevista, maio de 1996, Roberto Carlos não tinha ne-nhuma música nas paradas. Seu álbum mais recente, lançado no fim do ano anterior, teve o fiel exército de 1 milhão de compradores, mas apenas duas faixas fizeram relativo sucesso: "O charme dos seus óculos" e "Romântico". Elas tocaram bem menos que outros hits da época, como "Mulheres", de Martinho da Vila, "Catedral", de Zélia Duncan, e principalmente "Vira-vira" e "Pelados em Santos", dos Mamonas Assassinas. "Por que hoje a gente não escuta muito no rádio as novas músicas de Roberto Carlos?", perguntou-lhe Lula. "É que hoje em dia o sistema das rádios e das gravadoras é muito diferente. Antiga-mente não tinha essa coisa programada de tocar apenas determinada faixa. Era algo mais espontâneo. Os disc-jóqueis e os programadores tocavam as músicas de que eles realmente gostavam. Então acontecia de divulgarem três ou quatro faixas de um mesmo disco", respondeu o cantor, sem encarar a questão princi-pal: a falta de grandes canções em seus novos álbuns.

Uma das últimas perguntas foi sobre a relação de Roberto Carlos com o palco. Ele então falou da importância do Canecão para a sua carreira, das mudanças no comportamento do público e de suas turnês pelo Brasil e cidades latino-americanas. Lula aproveitou a deixa para me introduzir na conversa. "Inclusive, Roberto, o Paulo tem uma história antiga com você em um show em Vitória da Conquista, interior da Bahia." Perguntei se ele se lembrava da noite de 31 de agosto de 1973, no palco do estádio Lomanto Júnior. Os olhos do cantor vagaram pela sala puxando pela memória aquele show que é apenas um entre tantos outros que ele já realizou ao longo da carreira. "Você se lembra do professor Edivaldo?", perguntei, para refrescar a memória. "Claro, o professor Edivaldo! Até fui à casa dele quando estive em Vitória da Conquista. Eu me lembro desse show, sim."

Então relatei tudo ao cantor, desde a expectativa quando soube que ele se apresentaria na minha cidade, a falta de dinheiro para o ingresso, as tentativas de entrada na porta do estádio, até o desfecho final, quando fui barrado pelo mesmo homem de terno azul que abriu o portão para outros meninos que estavam ali. Roberto Carlos riu em algumas passagens, mas depois contraiu seu semblante e com aqueles seus olhos fundos cravados em mim, comentou: "Poxa, bicho, que história bonita… Bonita e triste".

Em seguida, expliquei a ideia do projeto de pesquisa, citei alguns dos nomes que já tinha entrevistado e que seria importante ter também o depoimento dele. "Até o João Gilberto já recebeu o Paulo", enfatizou Lula, acrescentando que eu era um profundo conhecedor da obra de Roberto Carlos. "Obrigado, obrigado", disse o cantor. "Mas eu falei para você esperar", afirmou Kassu. "Sim, e estou esperando há seis anos. Quis vir aqui apenas para reforçar o pedido." "É legal esse projeto. Nós vamos combinar essa entrevista. A Kassu vai cuidar disso pra mim", afirmou o cantor. "Nesse período agora dos shows a gente não pode marcar, mas quando puder, eu te aviso", prometeu a assessora.

No fim, ela e o cantor nos acompanharam até a porta do elevador. "Roberto, por favor, vê se não se esquece dessa promessa de me dar a entrevista", disse-lhe ao apertar sua mão. "Bicho, como é que eu vou esquecer depois dessa história que você me contou aqui hoje?" Em seguida, Kassu abriu sua agenda, pegou dois convites para o show, nos entregou e falou para mim, sorrindo: "Agora você não vai ficar do lado de fora de um show de Roberto Carlos".

No dia da estreia, quinta-feira, cheguei cedo ao Metropolitan. O público que havia ali era quase totalmente formado de senhores e, principalmente, senhoras perfumadíssimas em seus longos, brocados e bordados. Fiquei em uma mesa perto do palco e me emocionei no momento em que vi Roberto num banquinho, de violão na mão, cantando "Sua estupidez" — canção que remetia à minha infância. Saí feliz do Metropolitan e certo de que as coisas estavam bem encaminhadas. Parecia que estava próximo o dia em que finalmente realizaria a tão sonhada entrevista exclusiva com Roberto Carlos.

O casamento entre o cantor e o empresário Dody Sirena começou muito bem, mas, como em todo matrimônio, surgiram problemas. Dody, que não era empresário de ninguém, abriu um escritório em São Paulo após se tornar o *personal manager* de Roberto Carlos e passou a empresariar mais de uma dezena de outros artistas, entre eles João Bosco, Simone e Emílio Santiago. Também criou um selo para lançar discos de novos grupos. Isso tudo contrariou o cantor, que decidiu se desligar do empresário em 1996, três anos depois de iniciada a parceria. "A decisão foi simples. Ele tem seu negócio e eu preciso de alguém em tempo integral", justificou, com poucas palavras, Roberto Carlos.

Em dezembro daquele ano, ele lançou o seu 38º álbum, que, no entanto, mantinha a visão de negócios de Dody Sirena. Por exemplo: a publicidade da Transbrasil na capa do disco e também os números de telefones para contratar seus shows — mas agora indicando apenas o do escritório da RC Produções. O novo álbum trazia mais uma ode a tipos femininos, "Mulher de 40", mais uma música religiosa, "O terço", e pelo menos uma grande canção inédita, "Tem coisas que a gente não tira do coração" — todas compostas por Roberto e Erasmo. O cantor assina oito das dez faixas desse disco — fato que nunca tinha acontecido antes na sua discografia. Apenas duas canções são de outros autores; ainda assim, uma delas, "O homem bom", de Paulo Sette e Clayton Querido, foi adaptada por Roberto Carlos. A letra original falava das forças da natureza, mas o cantor decidiu transformá-la numa homenagem ao papa João Paulo II, que em breve visitaria o Brasil.

Com o empenho demonstrado por ele na produção desse disco, nada indicava o que iria acontecer a partir daí. Nem eu, nem Roberto Carlos nem ninguém podia imaginar que, com o álbum de "Mulher de 40" se encerraria mais uma importante fase na carreira do artista: aquela em que ele anualmente (e religiosamente) lançava um LP de composições inéditas. Desde que seu disco anual passou a ser ansiosamente aguardado pelo público, em 1966, no auge da Jovem Guarda, até 1996, exatos trinta anos depois, ele tinha cumprido essa parte daquele acordo com os fãs.

O que ele entregaria ao público no Natal de 1997, porém, seria algo diferente e que romperia essa tradição: o álbum *Canciones que amo*, cantando em espanhol, na maioria das faixas, antigos sucessos da música latina. Se dez anos antes, em 1987, pela primeira vez ele gravara um LP sem nenhuma "canção do Roberto", dez anos depois, também pela primeira vez, deixava de gravar um disco com repertório inédito.

O cantor tinha o projeto de lançar dois álbuns em 1997: o *Canciones que amo*, por volta de julho, direcionado ao mercado latino, e um segundo, próximo ao Natal, no Brasil, o seu disco de carreira regular, com músicas inéditas. Isso era algo que ele mesmo já tinha feito em 1981, ao gravar um LP em inglês visando o mercado internacional e outro, no Brasil, puxado pelo hit "Emoções". Mas o artista não teve fôlego para repetir a dose em 1997. Ele vivia o auge do transtorno obsessivo-compulsivo, e as gravações do disco em espanhol se arrastaram em intermináveis repetições. Isso atrasou o início da gravação do segundo álbum, que, por sua vez, começou também arrastado, não ficando pronto a tempo. A solução da gravadora foi então lançar na época do Natal no Brasil o disco produzido originalmente para o mercado externo — uma anomalia que nunca tinha acontecido ao cantor.

Um álbum com clássicos da música latina era um projeto antigo de Roberto Carlos, mas ele hesitou tanto em realizá-lo que outros cantores saíram na frente. É o caso de Luis Miguel, com o bem-sucedido *Romance*, do hit "La barca", de 1991, e também o de Caetano Veloso com o badalado *Fina estampa*, de 1994. Além de chegar atrasado — quando o público talvez já estivesse cansado de antigos boleros —, o disco de Roberto trazia um repertório menos estruturado que o dos colegas. Resultado: *Canciones que amo* não agradou nem ao público externo, nem aos fãs brasileiros, que não esperavam dele a regravação de velhas cançonetas como "El manicero" e "Las muchachas de La Plaza España". A opinião da crítica então, nem se fala. A revista *Veja*, por exemplo, definiu assim aquele lançamento: "É um horror — um dos piores álbuns de Roberto Carlos até hoje".

Melhor para outros artistas da música brasileira que venderam muito mais do que ele em 1997, principalmente o grupo Só pra Contrariar, liderado pelo cantor Alexandre Pires. Naquele ano, com seu quarto álbum, só com canções inéditas, o grupo se tornou mais um nome do nosso show business a alcançar a almejada marca de 3 milhões de discos vendidos em um ano — nesse caso, 2 984 384 unidades. O grande responsável por essa vendagem fenomenal foi a faixa de abertura "Depois do prazer", um grande hit bem ao estilo das antigas canções do Roberto: "Tô fazendo amor com outra pessoa/ Mas meu coração vai ser pra sempre teu/ O que o corpo faz a alma perdoa/ Tanta solidão quase me enlouqueceu". O que Roberto Carlos ajudou a plantar agora estava sendo colhido por outros.

O que poderia ter sido uma exceção — um disco sem a maioria das faixas inéditas —, se repetiu no ano seguinte por conta de uma fatalidade: a grave doença da esposa Maria Rita, em 1998, impediu o cantor de concluir o disco de repertório novo que vinha gravando. A Sony optou por lançar naquele Natal um álbum híbrido, trazendo antigos hits gravados ao vivo num show no Rio e apenas quatro canções inéditas, de estúdio, entre elas "Eu te amo tanto", dedicada a Maria Rita. Foi o primeiro disco gravado e mixado no estúdio Amigo, que Roberto Carlos mandou construir próximo de sua casa, na Urca, e que ele inaugurou num momento de profunda dor. No ano seguinte, com a morte da esposa, não conseguiu gravar nem o suficiente para um single. Produziu apenas uma faixa inédita, "Todas as Nossas Senhoras", incluída na coletânea *30 grandes sucessos*, o disco possível para aquele Natal.

Praticamente sem a competição de Roberto Carlos, os campeões de venda no Brasil em 1998 foram a dupla Leandro & Leonardo, com o álbum *Um sonhador*, 2 732 735 cópias, e o novo fenômeno da mídia, padre Marcelo Rossi, com o CD *Músicas para louvar ao Senhor*, que vendeu 3 228 468 cópias — recorde até hoje não superado no mercado fonográfico nacional. O disco dele trazia canções como "Anjos de Deus", "Palmas para Jesus" e "Mãe, mãe, mãe". Mas, ao obter tanto sucesso com um disco de canções em louvor a Deus, Jesus Cristo e Nossa Senhora, padre Marcelo Rossi estava também apenas colhendo aquilo que, ao longo de três décadas, Roberto Carlos vinha plantando nos ouvidos, corações e mentes do público brasileiro.

O fato é que, sem que ninguém pudesse prever na época, o álbum de 1996, com "Mulher de 40", foi o último de uma sequência de discos com canções inéditas lançados por ele a cada fim de ano desde o tempo da Jovem Guarda. Foi também seu derradeiro álbum em formato vinil — numa tiragem bem menor do que em CD, que já dominava o mercado. A partir do ano seguinte, suas gravações não viriam mais naquelas bolachas pretas, nos long-plays com suas vistosas capas simples ou duplas. O que ele e sua gravadora vão colocar no mercado a partir de agora serão projetos especiais em CDs ou DVDs, discos gravados ao vivo, duetos com outros artistas, coletâneas ou colchas de retalhos, com parte das faixas inéditas e outras já anteriormente lançadas; álbuns diferentes, enfim, daqueles que fizeram a história e a glória de Roberto Carlos na música brasileira. Depois de 1996 e até hoje, 2014 — um período de dezoito anos —, o único disco rigorosamente de inéditas lançado pelo cantor foi o álbum *Pra sempre*, de 2003. O que era regra se tornou exceção.

Como resultado disso, muito mais fãs se sentiram desobrigados de cumprir sua parte no acordo, e assim acabaria diminuindo aquele exército de 1 milhão de fiéis compradores a cada lançamento. É bom lembrar também que na passagem do século XX para o XXI, instalou-se definitivamente a grande crise da indústria fonográfica. O crescimento da pirataria de CDs, somada logo depois à pirataria digital, foram os principais motivos. O ano de 1998 — o da explosão do padre Marcelo Rossi — foi o último com grandes vendagens de discos no Brasil. A partir do ano seguinte, todos os artistas venderiam menos, inclusive o padre cantor. Segundo dados da Associação Brasileira dos Produtores de Discos (ABPD), de 2000 até 2009 a comercialização de discos no país diminuiu 45%.

Mesmo com a crise já instalada, Roberto Carlos conseguiu manter sua média de vendagem com os álbuns *Amor sem limite*, de 2000, e *Acústico MTV*, de 2001. Mas isso não se sustentou em 2002, com o CD de um show gravado ao vivo no Aterro do Flamengo. Aquele foi seu primeiro disco, desde o distante ano de 1976, a não mobilizar 1 milhão de compradores no ano do lançamento. Pior resultado obteve o seu álbum de 2005, com a regravação de antigos sucessos: 350 mil cópias vendidas —, o que não quer dizer que tenha vendido de fato apenas isso. No início de dezembro daquele ano, telefonei para meu tio Jesuino, em Vitória da Conquista, que me perguntou durante a conversa: "Paulinho, você já tem o novo CD de Roberto Carlos?". Respondi que estava esperando chegar às lojas de Niterói. "Pois eu já comprei ontem aqui no camelô por cinco reais", afirmou meu tio. Se existisse essa pirataria nos anos 1970, eu não teria demorado nem me esforçado tanto para comprar os meus primeiros discos de Roberto Carlos. Os tempos agora eram definitivamente outros para a indústria fonográfica.

As gravadoras colaboraram muito para isso. Uma história com a própria Sony Music e seu astro maior, Roberto Carlos, exemplifica a situação. Em 2004, sem ter um álbum de inéditas para lançar, o cantor ofereceu aos fãs o CD e o DVD *Pra sempre ao vivo no Pacaembu*. Era mais um registro de show, dessa vez realizado no estádio paulistano. O detalhe interessante é que a gravadora disponibilizou o DVD separadamente ao preço de cinquenta reais, enquanto o CD só podia ser adquirido em um kit com o DVD, ao preço de setenta reais. Segundo Alexandre Schiavo, presidente da Sony, a ideia inicial era lançar aquele show apenas em vídeo, mas decidiram oferecer também a versão em CD para atender aos fãs que ainda não tinham aparelho de DVD — ou seja, justamente o público de menor poder aquisitivo e que, pela lógica da gravadora, teria que pagar pelo kit e guardar o DVD para ver futuramente.

Esse castigo aos fãs mais humildes mereceu atenção da imprensa na coletiva do cantor para a divulgação do novo trabalho. "Roberto, seu disco de fim de ano é uma instituição nacional, mas quem quiser comprá-lo terá que levar junto o DVD ao preço de setenta reais. Você, que é o mais popular cantor do país, não acha que isso é um pouco caro para o seu público?", perguntou o jornalista Luiz Fernando Vianna. O cantor concordou com ele, mas tentou justificar o preço cobrado. "É que o DVD é realmente um produto bem mais caro. Não há o que a gente possa fazer. Se houvesse, com certeza faríamos." Ouviu então em seguida uma pergunta do jornalista Mauro Ferreira: "Mas não se poderia lançar o CD separadamente para esse público que não tem acesso ao DVD?". O cantor respondeu que sim, mas de novo tentou justificar a decisão da Sony: "Eu acho que isso envolve muitas outras coisas, porque uma gravadora é algo muito mais complexo do que simplesmente aquilo que a gente pensa que pode ser. Então eu respeito muito essas questões comerciais e tenho certeza de que se fosse possível comercialmente para a Sony lançar separadamente meu CD, ela lançaria".

Se para a poderosa gravadora Sony isso não era possível, para os vendedores ambulantes foi uma coisa facílima de fazer. Muitos deles venderam por dez reais aquele CD do show de Roberto Carlos — o que acabou fazendo a vendagem oficial do cantor despencar ainda mais em 2004. O CD *Pra sempre ao vivo no Pacaembu* não figurou nem entre os vinte álbuns mais vendidos naquele ano, cujo último colocado da lista obteve vendagem inferior a 100 mil cópias. A gravadora acabaria relançando esse CD separado, mas os camelôs já tinham feito toda a festa de Natal.

Nos anos 1990, firmou-se no Brasil uma nova geração de críticos de música popular, na qual se destacaram, entre outros, Pedro Alexandre Sanches, Mauro Ferreira e Antônio Carlos Miguel. A cobrança deles em relação a Roberto Carlos será basicamente a mesma dos críticos das décadas passadas, que desejavam um cantor profeta, e não apenas rei. "Se você já tem os últimos discos de Roberto Carlos, poupe seu dinheiro. O 'novo disco' do rei é muito velho", opinou Mauro Ferreira sobre o LP de 1993, que lançou os hits "Nossa Senhora" e "Coisa bonita (Gordinha)". O álbum do ano seguinte, com os sucessos "Alô" e "O taxista", atraiu também a rejeição de Antônio Carlos Miguel. "O 36º disco de Roberto Carlos não traz novidades", afirmou o crítico, argumentando que o LP tinha um repertório "indigente" e que o tratamento instrumental e os arranjos "são rasteiros e previsíveis. Para lá de Julio Iglesias". Ele ainda fazia uma advertência ao artista: "Insistir nessa fórmula conformista é tratar seu público como descerebrado".

Ao analisar o LP seguinte, de 1995 — o do hit "O charme dos seus óculos" —, "mais um disco óbvio", Antônio Carlos Miguel acrescentaria também um novo item à lista de ofensas dirigidas aos fãs do cantor pelos analistas da música brasileira. "A crítica não gosta, mas os discos dele vendem muito? Bem, os fãs estão míopes e não perceberam: o rei está nu." Por sua vez, Pedro Alexandre Sanches, na resenha ao álbum de 1996, dizia que com seu afago a mulheres de quarenta e a filhos de Maria, o artista "assume postura de um cafajeste musical". Ou não tanto assim: "Trata-se apenas de opção pela maioria. Roberto Carlos é hoje demagogo cantor de consenso — é preciso, afinal, manter o público politicamente cego".

Porém, diferentemente dos críticos musicais das décadas de 1960 e 1970, para os quais aquilo que o cantor gravava era ruim, estes da nova geração vão reconhecer que o Roberto Carlos de antigamente era bom. Pedro Alexandre Sanches, por exemplo, na crítica ao álbum de 1996, faz referência ao "antológico disco de 67", *Roberto Carlos em ritmo de aventura*. Antônio Carlos Miguel também afirma que o cantor tem um "rico passado artístico" e que "inteligência e senso de humor não eram artigos raros em sua obra". Ou seja, os fãs de Roberto Carlos seriam descerebrados, míopes ou cegos no tempo presente; no passado seriam inteligentes e enxergavam muito bem.

Depois de concluir os cursos de história e comunicação, decidi continuar e aprofundar a minha pesquisa de música popular ao mesmo tempo em que atuava no ensino público. Em 1995, ingressei no mestrado em memória social e documento, na Universidade Federal do Rio de Janeiro, com um projeto intitulado *Eu não sou cachorro, não*, que seria desenvolvido sob a orientação da profa. dra. Sônia Siqueira. A rigor, eu poderia ter focalizado o tema Roberto Carlos nesse mestrado, mas achei mais urgente investigar aquela outra grande lacuna da nossa historiografia, a música brega — e uso aqui a palavra "brega" não como adjetivo, mas como substantivo, referência a um estilo musical. Na época, nomes como Waldick Soriano, Odair José e Paulo Sérgio não estavam nos livros didáticos de história, nem nos livros e fascículos de MPB, nem nos artigos ou nos documentários sobre música popular. Era como se fossem invisíveis ou não tivessem existido na história do Brasil.

Por que isso acontecia? Até que ponto esse descaso com a história da música brega refletia o autoritarismo de áreas insuspeitas da nossa sociedade? E, afinal, que memória histórica da música popular tem sido construída em nosso país?

Com tudo isso em mente iniciei a pesquisa, porém sem nunca abandonar meu outro objeto, Roberto Carlos, até porque ambos estavam inseridos na mesma época: os anos 1960 e 1970, tempos de ditadura militar e de expansão da indústria fonográfica no Brasil. Eu sempre levava duas pastas para a pesquisa de periódicos na Biblioteca Nacional: uma para as fontes sobre Roberto Carlos, outra para as fontes sobre música brega. As entrevistas que eu realizava também tinham uma dupla pauta. A artistas como Luiz Ayrão e Benito di Paula eu perguntava da sua produção e associação com a música brega, mas também da relação deles com Roberto Carlos e de como nasceram canções feitas especialmente para o cantor, como "Ciúme de você", de Luiz Ayrão, e "Quero ver você de perto", de Benito di Paula.

Mergulhar nos discos e canções bregas me fez viajar à minha infância e refletir sobre o Brasil. Identifiquei nesse repertório, por exemplo, uma dura crítica a um traço peculiar da nossa arquitetura residencial: os diminutos quartos de empregadas. Isso aparece num antigo sucesso do cantor Luiz Carlos Magno: "Dois por dois/ Mede o quarto da empregada/ O quarto da empregada não tem janelas/ Acham que ela não merece olhar as estrelas". Fui então compreendendo que a denúncia do autoritarismo — entendendo autoritarismo não apenas como uma forma de governo, mas também como uma prática social — estava presente no repertório dos chamados "cantores de empregada". Comecei a desconfiar que eles também pudessem ter sido censurados na época do regime militar. Para comprovar isso, vasculhei os documentos do Serviço de Censura de Diversões Públicas, no acervo do Arquivo Nacional do Rio, e depois no de Brasília — ambos recém-liberados para consulta. Aquela ideia de que apenas artistas como Chico Buarque ou Gonzaguinha sofreram com a censura foi caindo por terra à medida que a pesquisa avançava. Ali eu constatava que a repressão começou bem mais embaixo na nossa música popular.

Para chegar a essa nova informação, foi fundamental ouvir os cantores bregas, que falavam provavelmente pela primeira vez sobre o significado histórico de suas carreiras. Tive dificuldade para gravar seus depoimentos, e não porque se recusassem a me receber. Ocorre que, ao contrário dos astros da MPB, os artistas bregas não costumam morar no Rio de Janeiro. Na época, Waldick Soriano, por exemplo, residia em Fortaleza, Odair José, em Goiânia, Reginaldo Rossi, no Recife, Fernando Mendes, em Belo Horizonte, Dom & Ravel, em São Paulo, e Nelson Ned, entre São Paulo e Miami. Eu mantinha contatos telefônicos com todos eles, na expectativa de saber quando seria possível agendar um encontro no Rio. Ao longo de quase três anos, por exemplo, liguei várias vezes para Waldick em Fortaleza. Mas, naquela fase da carreira, ele fazia shows basicamente pelo Norte e pelo Nordeste, e quando vinha ao Rio era apenas para uma rápida visita aos filhos e à ex-mulher, com os quais tinha uma relação complicada e que parecia dificultar a gravação de uma entrevista.

Por tudo isso, não perdi a oportunidade quando, em meados de maio de 1998, Waldick Soriano me disse que passaria o fim de semana seguinte em São Paulo. Combinamos um horário, anotei o nome e o endereço do hotel e, no sábado de manhã, embarquei de ônibus para lá com minha pauta e meu gravador. Waldick estava hospedado num hotel próximo da avenida Ipiranga com a São João. Foi sua mulher, Marinês, quem me abriu a porta do apartamento, de bolsa e chaves na mão, pois já estava de saída para fazer compras. "Waldick é todo seu até o fim do dia. Cuide bem dele pra mim", disse sorrindo, ao sair.

Fiquei ali sozinho na salinha aguardando o cantor, que não aparecia. Pensei comigo: talvez ele nem saiba que eu esteja aqui. Ouvia o som de uma televisão ligada no quarto e dei então timidamente uns dois passos até lá. A primeira coisa que vi foi o famoso chapéu de Waldick sobre a cabeceira da cama. E, deitado nela, de óculos, terno, colete e sapatos, lá estava ele, o ícone maior da música brega, com os braços atrás da cabeça assistindo a um filme de bangue-bangue. "Chega aí, rapaz. Finalmente, né?", disse, estendendo uma das mãos para me cumprimentar. Sentei-me numa cadeira ao lado e ele continuou deitado na cama vendo o filme, que me pareceu ser *O irresistível forasteiro*, com Glenn Ford. "Eu gosto muito de bangue-bangue e desse mocinho aí", comentou. A cena que via diante de mim, de Waldick Soriano espichado na cama, de colete, sapatos e com seu chapéu do lado, era quase uma extensão do cenário do faroeste que passava na TV.

Ele sugeriu começar logo a entrevista. "Pode fazer as perguntas que isso não me atrapalha de ver a fita, não." Respondi que preferia esperar o fim do bangue-bangue, e ficamos ali conversando generalidades. Aos poucos, porém, ele foi se interessando mais pela conversa do que pelo filme, até que se levantou, desligou a televisão e pediu para eu ligar o gravador. Pelas quatro horas seguintes, falamos de quase tudo: música, cinema, política, ditadura, religião, sexo... Por muitos anos afastado da grande mídia, e sem nunca ter sido convidado a gravar um depoimento para a posteridade no MIS, Waldick Soriano parecia contente ao falar sobre sua vida, sua obra e seu tempo. Recordou, por exemplo, onde estava no dia do golpe militar de 1964 e como nasceu o bolero "Tortura de amor", que seria proibido nos anos 1970 pela referência à palavra "tortura".

Obtive também depoimentos reveladores de Nelson Ned, Wando, Agnaldo Timóteo, Dom & Ravel e do cantor Odair José — que descobri ter sido um dos mais censurados artistas na época da ditadura militar. Ficamos frente a frente pela primeira vez em julho de 1998, quando Odair esteve no Rio para gravar seu novo disco por uma gravadora independente. "'Em qualquer lugar'? Não me lembro. Essa música é minha?", indagou surpreso, após eu citar o título da balada banida de seu álbum de 1973 sob a acusação de mostrar um "personagem licencioso" que "convida sua amada para a prática do sexo em vários lugares". Ninguém falava da censura aos cantores bregas, então eles próprios já estavam se esquecendo disso, porque como ensina Maurice Halbwachs, a memória é social: lembramos daquilo que nos é lembrado.

Apresentei a dissertação de mestrado em outubro de 1999, mas prossegui com a pesquisa, ampliando e aprofundando o texto por mais de dois anos. Acrescentei tanto ao original que poderia ter feito disso a minha tese de doutorado, porém priorizei apenas a publicação em livro. O problema é que não conhecia ninguém no mercado editorial, nem eles a mim. Mas contei com a decisiva ajuda do jornalista Mauro Ventura, que por intermédio de nosso amigo em comum, Lula Branco Martins, teve acesso aos originais do livro. "Eu estava sem tempo para ler, mas Lula insistiu, dizendo que valia a pena. Tinha razão", recordaria Mauro, anos depois, em seu blog. Ele ficou realmente entusiasmado e prometeu indicá-lo a pessoas que conhecia em editoras do Rio de Janeiro. Uma dessas foi Luciana Villas-Boas, na época a toda-poderosa diretora da editora Record.

Mauro agendou uma reunião com ela e fomos juntos entregar-lhe o texto. Luciana nos recebeu na sua sala, que estava empilhada de originais. Na hora temi que o meu talvez nem fosse lido, mas Luciana mostrou-se receptiva, atenta aos comentários de Mauro Ventura. Depois de uma breve conversa sobre livros, música e ditadura militar, saí de lá com a promessa de que meu texto seria avaliado para publicação num prazo de quinze dias. De fato, após duas semanas de muita ansiedade tive a alegria de saber que *Eu não sou cachorro, não* seria um dos próximos lançamentos da Record. "Quando conheci o livro, achei tudo muito corajoso. O autor, a tese, o texto. Tenho muito orgulho de tê-lo publicado", diria anos depois Luciana Villas-Boas numa entrevista a *O Globo*.

O livro foi lançado num domingo, dia 2 de setembro de 2002. Eu estava seguro de ter feito um trabalho consistente e original, mas a repercussão foi além da minha expectativa. Grandes jornais e revistas da mídia brasileira — e até estrangeira — deram destaque a *Eu não sou cachorro, não* — que também foi tema do programa *Fantástico*, da tv Globo, em reportagem do jornalista e escritor Fernando Molica, e elogiado por personalidades do mundo cultural, como Caetano Veloso e Nelson Motta.

Desde então, acadêmicos, artistas e jornalistas têm feito elogios públicos à obra — o que não quer dizer que ela seja uma unanimidade. No seu blog "de política e cultura sob a ótica da esquerda", o jornalista Alexandre Figueiredo escreveu diversos posts contra o livro. Em dois deles, disse que a música brega e seus patronos

> tiveram a sorte de verem um historiador surgir do nada, o sinistro Paulo Cesar de Araújo, que, feito um Varnhagen dos "sucessos do povão", inaugurou oficialmente toda a retórica de defesa apaixonada dos tais sucessos do povão.

Segundo ele, dessa retórica

> vieram alegações como "combate ao preconceito", "valorização da cultura das periferias" e outros clichês que, por mais que tentem parecer progressistas, mostram em seu DNA ideológico, até com certa evidência, a herança intelectual de Fernando Henrique Cardoso aplicada ao tema cultura popular.

Em sua crítica em *O Pasquim 21*, Luís Pimentel, autor de livros sobre Ary Barroso e Wilson Batista, também pareceu incomodado com a cobrança de um lugar para os ídolos bregas na história da nossa música popular.

> Todo mundo que faz alguma coisa, fez e faz por merecer a lembrança. Mas tudo na vida tem peso e medida, campo e lugar. Wando não está e jamais estará no mesmo barco de Noel Rosa. Cada macaco no seu galho.

Polêmicas à parte, o fato é que o coro dos contentes com o livro revelou-se maior. Recebi dos meus personagens só carinho e aceitação — diferentemente do que ocorreria com a biografia de Roberto Carlos. "A importância maior do livro do Paulo Cesar foi o toque que ele me deu. Passei a ter mais respeito e mais afeto pela minha própria obra", disse Odair José, revelando que tinha introjetado o discurso dominante e negativo sobre o brega. "O livro do Paulo Cesar mostrou para os especialistas, para os responsáveis por difundir informações, que nós merecíamos respeito", afirmou Agnaldo Timóteo que, inclusive, compareceu à sessão de autógrafos, numa noite de chuva torrencial no Rio de Janeiro.

Eu pensava que a repercussão e aceitação do meu primeiro livro facilitariam a publicação do segundo. Mas as coisas não seriam tão simples assim.

5. A construção da biografia

Incapaz de conciliar o novo amor com a culpabilidade de um pai que abandona os filhos, ele descarregou sua frustração nos jornalistas.

Arnold Shaw

Eu estranhava que ninguém da editora Record demonstrasse interesse por meu projeto sobre Roberto Carlos. Em nenhum momento me perguntaram em que pé estava a pesquisa ou pediram para ver o projeto do livro, que àquela altura eu já anunciava na imprensa. Isso ocorreu, por exemplo, numa entrevista ao programa de Marília Gabriela, no SBT, pouco depois do lançamento de *Eu não sou cachorro, não*, em 2002. "Soube que você está escrevendo agora um livro sobre Roberto Carlos", afirmou a apresentadora. Confirmei a informação, enfatizando as características e o ineditismo do trabalho. "Sim, no meu próximo livro vou fazer uma análise histórica da produção musical de Roberto Carlos. É um livro que não vai deixar pedra sobre pedra, porque vou relacionar Roberto Carlos à história. Até agora ele é apenas associado às canções de amor ou ao período da Jovem Guarda, mas no meu livro eu trato Roberto Carlos como um personagem da história do Brasil. Assim como temos Zumbi dos

Palmares, Santos Dumont ou algum general, temos também Roberto Carlos. Enfim, estou fazendo um livro que ninguém ainda escreveu sobre o cantor. E não entendo por quê. Um artista com a popularidade de Roberto Carlos, há quarenta anos em atividade e até hoje chamado de rei. É um absurdo que ainda não haja uma obra de análise sobre a trajetória dele. Você imagina, Gabi, não haver um livro sobre Carlos Gardel na Argentina? Ou sobre Frank Sinatra nos Estados Unidos? Pois no Brasil ainda não temos um livro como este que estou escrevendo sobre Roberto Carlos."

Imaginei que depois dessa entrevista, a editora pudesse se interessar pelo livro. Mas continuaram sem me perguntar ou comentar nada, e eu, pouco à vontade para lhes oferecer o projeto. Anos depois, vim a saber por Luciana Villas-Boas que na época ela se reuniu com o proprietário da editora, Sergio Machado, para discutir a publicação do livro. Ele foi taxativo na recusa ao projeto por temer um processo judicial do artista. O próprio Machado confirmou isso em 2010, durante um debate sobre biografias no auditório da Biblioteca Nacional, no Rio. "Eu sabia que Roberto Carlos iria criar problemas, por isso não quis publicar seu livro." O temor dele também se explica pela então recente promulgação do novo Código Civil brasileiro, que favorecia reclamações contra o uso de imagem não autorizada. A própria Record já enfrentava alguns processos judiciais por causa disso.

O fato é que eu tinha obtido sucesso com meu primeiro livro e estava sem editora para publicar o segundo. Para minha sorte, naquele momento surgiu no país uma nova casa editorial, a Planeta, filial do grupo espanhol, que não viu nenhum problema em publicar um livro sobre Roberto Carlos. "Um gigante chegou ao Brasil" — assim a revista *Veja* noticiou a inauguração da editora, em abril de 2003. Fundada em Barcelona, em 1949, a Planeta é uma das maiores editoras do mundo, com negócios que se estendem também pela área de telecomunicações. Atuando em diversos países, inclusive nos Estados Unidos, faltava uma filial no Brasil para o grupo consolidar sua expansão no continente americano. Sediada em São Paulo, a Planeta logo procurou contratar autores nacionais para desenvolver projetos com temas identificados ao país.

Seus então editores, Paulo Roberto Pires e Ruth Lanna, idealizaram o projeto de uma série de títulos de música popular, que começaria com um livro sobre Paulinho da Viola. Um dos autores sondados para a empreitada foi o jornalista João Máximo, biógrafo de Noel Rosa. Na primeira reunião com ele, abordou-se o crescente interesse do público por livros sobre música popular e falou-se do recente e bem-sucedido lançamento de *Eu não sou cachorro, não*. Máximo então comentou que conhecia o autor, informando que eu também tinha uma pesquisa profunda e já bastante adiantada sobre Roberto Carlos. Os editores da Planeta se interessaram e pediram ao jornalista para fazer a mediação comigo. No mesmo dia recebi o telefonema dele, que foi direto ao assunto: "Paulo, esse seu projeto de Roberto Carlos já foi acertado com a Record?". Ao saber que não, Máximo me falou do interesse da Planeta, e que Ruth Lanna e Paulo Roberto Pires entrariam em contato comigo.

Marcamos um encontro para a semana seguinte, no Rio. Na conversa com eles, no café da Livraria Travessa, em Ipanema, falei da minha relação com a obra de Roberto, das etapas da pesquisa, e ali mesmo os editores fizeram a proposta de publicação. Era janeiro de 2003, quando a Planeta ainda não havia sido oficialmente inaugurada, o que só iria ocorrer três meses depois. O livro de Roberto Carlos foi um dos primeiros projetos da nova casa. Dias depois, assinei o contrato de edição, e dele não consta nem o título da obra nem que seria uma biografia, pois nada disso ainda estava definido naquele momento. Mas no parágrafo II da cláusula segunda do documento está escrito que:

O autor será o único responsável pelas reclamações formuladas por terceiros, incluindo o Poder Público, em relação ao conteúdo ou à titularidade da obra, assim como pelos danos e prejuízos que possa comprovadamente sofrer a editora.

Ao mesmo tempo em que eu avançava na pesquisa e na decisão de publicar um livro sobre Roberto Carlos, ele, o artista, revelava dificuldade de escrever a sua prometida autobiografia — projeto acalentado desde pelo menos a década de 1980. Em 1994 a assessora de imprensa Ivone Kassu anunciava que a biografia de Roberto Carlos iria finalmente deslanchar. "Eu acho fantástico. Ele pretende lançá-la em 1995 ou 1996." Mas isso não aconteceu. Cobrado pela imprensa na coletiva de 1997, o cantor prometeu: "Agora sai". E novamente não saiu. Em uma entrevista para o *Fantástico*, em 2004, o repórter Geneton Moraes Neto indagou-lhe sobre o livro de memórias. "Já pensei em escrever minha história, mas acho que num livro só não cabe, não. Vou ter de escrever uns três livros…", respondeu o cantor. "Já escreveu alguma coisa em casa?", quis saber o repórter. "Não. Faz vinte anos que estou pensando nisso... Mas ainda não escrevi a primeira linha." Na mesma entrevista, Geneton fez perguntas mais específicas. "Se alguém lhe pedisse para escrever um verbete sobre Roberto Carlos numa enciclopédia da música popular brasileira, qual seria a primeira frase que você escreveria?" "Não escreveria", disse o cantor. "Por excesso de modéstia?", indagou Geneton. "Não, porque para mim é complicado escrever sobre mim mesmo. Acho muito complicado", explicou Roberto Carlos. "E se um crítico recorresse a você e perguntasse: qual é a melhor definição de Roberto Carlos sobre Roberto Carlos?", insistiu o repórter. "Para mim, é complicado. Só se ele me perguntasse especificamente sobre uma característica minha. Mas eu me analisar e escrever alguma coisa a meu respeito, eu não saberia. Para mim, seria difícil", repetiu o cantor. "Se tivesse então de escolher uma só palavra para definir Roberto Carlos, que palavra você usaria?", tentou mais uma vez Geneton. Sua resposta: "Uma só palavra é difícil. É a mesma coisa que você me perguntou antes: se eu tivesse de escrever alguma coisa numa enciclopédia a meu respeito. Você pergunta a mesma coisa com uma só palavra, o que é mais difícil ainda... Não sei. Nunca parei para pensar nessa questão. Sou o que sou. Escrevo e canto o que sinto. E só. Paro por aí. Não fico me analisando".

A dificuldade de escrever sobre si mesmo foi em parte resolvida quando Roberto Carlos anunciou que ditaria suas memórias para o jornalista Okky de Souza. "É, vou escrever, sim. Mas serei apenas o ghost-writer, o autor será o próprio Roberto", confirmaria Okky, que se aproximou do artista na década de 1980, quando se tornou crítico musical da *Veja*, ocupando o espaço deixado por Tárik de Souza na revista. Tárik sempre foi um dos mais duros críticos do cantor; já Okky de Souza surgiu analisando de forma generosa os seus discos de fim de ano. A diferença pode ser notada nos próprios títulos das críticas que ambos escreveram na *Veja*. Alguns de Tárik de Souza são "Pífio mistério", "Por fora", "Velho gibi", "O biotônico"; já os textos de Okky de Souza tiveram títulos como "O ombro amigo do rei", "Rei aventureiro", "Rei versátil", "Sem pular nenhuma faixa". O contraste fica ainda mais evidente considerando-se que Tárik analisou Roberto Carlos na *Veja* de 1968 até o fim da década seguinte, período reconhecido como o de maior criatividade do artista. O outro, por sua vez, vai escrever sobre os álbuns lançados a partir do início dos anos 1980.

O resultado desse contraste, para Okky, é que ele acabou ganhando a simpatia de Roberto Carlos, sendo convidando para acompanhar algumas turnês e obtendo dele entrevistas exclusivas para a *Veja*, como uma em que admitiu ser portador de transtorno obsessivo-compulsivo, o TOC. E, numa coletiva à imprensa no fim de 2000, anunciou que o jornalista seria o seu biógrafo oficial — promessa que foi depois postada no site oficial do cantor. Como dizem que palavra de rei não volta atrás, de vez em quando algum jornalista lhe pergunta sobre a tal biografia, como fez Geneton Moraes Neto naquela entrevista para o *Fantástico*.

Depois de anos tentando uma entrevista com Roberto Carlos por intermédio de Ivone Kassu, chegava a hora de buscar outro caminho, mais difícil, mas talvez mais certo: o empresário Dody Sirena, que no fim dos anos 1990 voltara a trabalhar com o cantor. Com a grave doença de Maria Rita, tornou-se difícil para o cantor administrar sozinho a carreira. Ele então se reaproximou do ex-empresário, que, por sua vez, foi se desligando dos outros artistas para se concentrar basicamente em Roberto Carlos, como este queria. A parceria empresarial, ou o casamento deles, se solidificou definitivamente.

Para chegar até Dody, precisei contar com a intermediação de um importante ex-colaborador de Roberto Carlos: Sérgio Lopes. Ele era o baixista da banda Lee Jackson, formada em São Paulo no início dos anos 1970, naquela onda de brasileiros que gravavam em inglês, posando de internacionais. O grupo acabou em 1979 sem obter grande sucesso, mas a partir daí Sérgio Lopes e outros ex-Lee Jackson, como Marcos Maynard e Cláudio Condé, envederaram pelos bastidores da indústria do disco e se tornaram altos executivos de gravadoras multinacionais. Nos anos 1990, Sérgio Lopes chegou a vice-presidente de marketing da CBS para a América Latina. Na década anterior, ainda no Brasil, ele cuidava da produção da capa e de tudo relacionado ao lançamento e à divulgação de cada novo LP de Roberto Carlos.

No fim de 2002, para minha surpresa, recebi um e-mail de Sérgio Lopes, que morava em Miami, onde agora tinha uma empresa, a Express Editions, dedicada a projetos inovadores nas áreas das artes, entretenimento, música e esportes. Ele me escreveu para comentar sobre o livro *Eu não sou cachorro, não*, que tinha acabado de ler e do qual gostara muito. Disse que a leitura o havia inspirado a fazer um projeto sobre música brega: a gravação de uma série de shows e entrevistas com os principais artistas focalizados no livro, que resultaria em programas de televisão, CDS e DVDS. Sérgio propôs um encontro comigo em uma de suas vindas ao Brasil, pois ele queria contar com a minha participação no projeto. A reunião aconteceu tempos depois no Hotel Intercontinental, no Rio de Janeiro. O projeto de música brega não foi adiante, e Sérgio assumiu um cargo na filial da EMI no México, mas nesse encontro, ao saber que meu próximo livro seria sobre Roberto Carlos e que eu estava tendo dificuldades para chegar ao artista, ele se propôs a me ajudar. "Paulo, a pessoa certa para você tentar essa entrevista com Roberto é Dody Sirena. Ele é meu amigo, vou falar de você para ele e garanto que Dody vai te receber."

Dito e feito. Na tarde de quarta-feira, 8 de outubro de 2003, Dody Sirena me recebeu em seu escritório, no sétimo andar de um prédio na rua Manuel Guedes, no bairro do Itaim, em São Paulo. Finalmente fiquei frente a frente com o homem que cuida da carreira, da imagem e dos negócios de Roberto Carlos, que marca e remarca seus shows, organiza suas turnês e negocia seus contratos. Fui acompanhado de Carmen Güiraldes, representante da Planeta, que levou para o empresário alguns livros recém-publicados para mostrar a qualidade editorial da empresa. Levei também dois exemplares de *Eu não sou cachorro, não*: um que ofereci autografado a Dody, e outro, também autografado, para ele entregar a Roberto Carlos. Eu acreditava que esse primeiro livro seria o meu melhor cartão de visitas.

Dody Sirena não possui o perfil de empresário de shows que, no Brasil, teve como modelo o argentino Marcos Lázaro: aquele homem sempre de terno, barriga proeminente, calvície e charuto num canto da boca. Dody cuida do físico e se veste de forma descontraída, geralmente usando roupas de grife. Nessa reunião, ele estava de calça jeans e camisa branca, com os primeiros botões abertos. É simpático e gentil, e a nossa conversa transcorreu animada. Ele nos contou um pouco do início de sua trajetória como empresário do show business e eu relatei alguns episódios da pesquisa que vinha realizando. Quando disse que em 1996 tinha estado na casa de Roberto Carlos em companhia de um amigo do *Jornal do Brasil*, o empresário se surpreendeu. "Roberto recebeu vocês no apartamento dele, na Urca?" Confirmei que sim, e Dody permaneceu incrédulo. "No apartamento dele? Desde que trabalho com Roberto nunca o vi agendar ou receber jornalistas ali. Essa deve ter sido então a única e última entrevista que ele deu na sala de sua casa nesse meu tempo com ele." O empresário deve ter razão, porque depois que inaugurou seu próprio estúdio, na Urca, em 1998, todas as entrevistas do cantor, até aquelas exclusivas para a TV Globo, foram realizadas ali.

Ao tocar no assunto principal da reunião, expliquei a Dody Sirena que no meu próximo livro faria uma análise histórica da produção musical de Roberto Carlos, relacionando seus discos e canções aos momentos da história do Brasil em que foram gravados. E que o livro teria a mesma estrutura de *Eu não sou cachorro, não*: em capítulos temáticos, mostraria a relação de Roberto Carlos com a MPB, com a religião, com a política... Nesse momento Dody me interrompeu. "Mas Roberto nunca se envolveu com política." "Sim", respondi, "vou problematizar exatamente isso, o fato de ele não se envolver explicitamente em política, mas ao mesmo tempo fazer canções de protesto contra a devastação da Floresta Amazônica e o extermínio das baleias. Até que ponto essas questões presentes na sua obra são hoje consideradas políticas ou não?"

O empresário não retrucou, mas lembrou que Roberto Carlos já tinha um projeto de escrever seu livro em parceria com o jornalista "Tárik de Souza". "Com Tárik, não, com Okky de Souza", corrigi. Argumentei que haver outros livros sobre o tema não seria problema: ruim era não existir até então nenhum livro sobre Roberto Carlos — diferentemente do que ocorria com outros ícones de sua geração, como Beatles, Bob Dylan e, no Brasil, Chico Buarque e Caetano Veloso. E, além do mais, um livro escrito por Roberto Carlos seria diferente do meu. Procurei explicar a diferença entre memória e história, argumentando que um cantor pode fazer um livro de memórias, apenas relatando episódios, alguns alegres, outros tristes, que ele viveu ao longo da carreira. O meu livro seria de história, pois relacionaria a produção musical do artista ao contexto da cultura e da sociedade brasileira da sua época, seria feito com um distanciamento só possível a um biógrafo. Portanto, afirmei, seriam livros diferentes e complementares, e que só ajudariam a entender e engrandecer o fenômeno Roberto Carlos. Por fim, disse que desejava entrevistar o artista para compreender melhor alguns aspectos relacionados ao seu processo de composição, da gravação e de escolha de repertório.

Dody Sirena pareceu concordar e prometeu que falaria com o cantor e defenderia a ideia para ele, mas não podia garantir nada, porque a decisão, em última instância, seria mesmo de Roberto Carlos. Disse que precisaríamos ter paciência, porque ele demora a tomar decisões. No fim da reunião, de forma gentil, o empresário nos acompanhou até a porta do elevador e, antes de descermos, me deu seu cartão, escrevendo nele à caneta o número de seu celular.

Carmen Güiraldes retornou satisfeita para a Planeta, e eu também voltei otimista para Niterói, porque agora as coisas pareciam entrar em outro patamar. Tivemos uma reunião com o *personal manager* de Roberto Carlos, não apenas com sua assessora de imprensa, e intermediada por um ex-colaborador do artista na CBS, que era leitor e entusiasta de meu primeiro livro. Alguns amigos, porém, acharam arriscado eu ter oferecido exemplares de *Eu não sou cachorro, não* para o cantor e para o empresário, porque eles poderiam ver que ali não trato apenas da trajetória pública dos artistas, mas também da vida pessoal de alguns deles. Relato, por exemplo, brigas de Odair José com sua então esposa Diana, casos extraconjugais de Waldick Soriano e os bastidores das canções de temática homossexual de Agnaldo Timóteo. Esses amigos achavam que isso poderia assustar Roberto Carlos ou deixar seu empresário temeroso de apoiar meu projeto. Mas eu mesmo não via problema algum, porque no livro esses relatos de vida pessoal aparecem bem contextualizados e relacionados à obra daqueles artistas. São temas também abordados nas músicas deles ou em entrevistas que eles próprios concederam. De qualquer forma, eu aguardaria os próximos contatos com Dody Sirena para esclarecer qualquer dúvida ou responder as perguntas que Roberto Carlos me fizesse por intermédio dele.

No fim de 2003, agendou-se uma entrevista coletiva de Roberto Carlos para divulgar o seu novo álbum, *Pra sempre*, o 44º de sua carreira. O evento ocorreu na tarde de 22 de novembro num salão do hotel Caesar Park, em Ipanema, no Rio. Como sempre fazia a cada ano, fui para lá com meu gravador na mão. Mas dessa vez não ficaria pelos cantos, evitando esbarrar com assessores do cantor. Procurei Dody Sirena e solicitei uma credencial para mim. Havia passado pouco mais de um mês da nossa reunião em São Paulo e ele certamente ainda não teria nenhuma resposta do cantor. Por isso nem toquei no assunto, apenas disse que gostaria de gravar a conversa dele com os jornalistas. O empresário foi mais uma vez muito simpático e logo pediu para alguém da produção me arranjar a credencial — que recebi junto com o novo CD de Roberto Carlos e um release dele, assinado pela novelista Gloria Perez.

A entrada de Roberto Carlos no salão da coletiva era sempre um momento marcante para mim. O frisson dos jornalistas, o pipocar de flashes dos fotógrafos e meu ídolo ali, a poucos metros de mim, tudo isso acompanhei naquele dia novamente com adrenalina, emoção. O artista ainda não havia se recuperado totalmente da perda da esposa e em vários momentos se emocionou ao falar das novas canções. Para alegria dos fãs, o álbum *Pra sempre* era composto de repertório inédito — o que não acontecia desde 1996. Mas, diferentemente dos discos antigos, que falavam de amores felizes, mas também tristes, sofridos, dilacerados, o álbum que agora chegava era monotemático: só versava sobre a relação amorosa feliz, eterna. "Eu quero fazer sempre músicas que falem de amor bem-sucedido, em sua forma mais ampla, em sua forma maior, mais bonita, mais linda como é o meu amor e o da Maria Rita, o nosso amor", justificou o cantor na coletiva.

Além de assuntos mais correntes, como o novo disco e o momento da vida pessoal do artista, na entrevista foram abordadas também questões históricas da sua trajetória. Um jornalista do diário *O Fluminense* perguntou a Roberto Carlos sobre as lembranças da época em que ele morou em Niterói, ainda na adolescência, logo após sair de Cachoeiro de Itapemirim. Outro quis saber sobre a participação dele no pré-show de Bill Halley, quando o astro norte-americano se apresentou pela primeira vez no Rio, em 1957. E um repórter do *Jornal do Brasil* indagou ao cantor sobre os filmes que ele estrelou sob a direção de Roberto Farias. Todas essas questões de conteúdo mais histórico eram importantes para minha pesquisa, e voltei para casa com as respostas de Roberto Carlos devidamente registradas em fitas Basf rodadas no meu pequeno gravador Panasonic.

Eu já acumulava então muitas fontes e informações, mas a escrita do livro se arrastava. Era difícil conciliar a pesquisa e a redação com o meu trabalho em duas escolas. Eu tinha turmas com muitos alunos, o que significava também muitos textos e provas para corrigir em casa. A solução foi pedir uma licença não remunerada no município, continuando apenas com a escola estadual na qual tinha um salário maior. Foi-me concedida uma licença por um prazo de seis meses, quando pude então me dedicar mais à escrita. Mas, ao voltar a atuar nas duas escolas, tudo ficou novamente difícil. Solicitei então outra licença à prefeitura do Rio. Dessa vez o pedido foi negado, mesmo que me ausentasse sem salário. Cheguei a escrever um e-mail ao então prefeito Cesar Maia, explicando o problema, que ele encaminhou à sua secretária de Educação, Sônia Mograbi. "Fico contente com a constatação de que há vários professores escritores, mas não tem sido possível atender aos pedidos de afastamento deles de nossa rede, neste momento", respondeu a secretária. Sem alternativa, decidi ir à prefeitura pedir demissão. Minha mãe foi contra, tentou me convencer, alertando que aquilo faria falta na minha aposentadoria. Mas eu sentia que, se continuasse naquele ritmo, correndo de uma escola para outra e com tantas provas e trabalhos de alunos para corrigir em casa, não terminaria nunca o livro.

Ao saber o motivo da minha decisão, a servidora que me atendeu na prefeitura também me aconselhou, mas ao pé do ouvido: "Professor, faz o seguinte: abandona a escola e vai escrever seu livro. Quando terminar, você pede reingresso, responde a um processo interno e recupera seu emprego. É melhor do que a demissão, que é irrecorrível". Agradeci o conselho, mas não o segui. Achei que não devia prejudicar o ensino público e meus alunos, que ficariam muito tempo sem aula até a escola notificar a minha ausência e receber outro professor. Assinei ali meu pedido de demissão, que foi publicado no *Diário Oficial* do município em maio de 2004. A partir de então pude finalmente avançar na redação do livro — com algum custo ao meu orçamento mensal.

Passaram-se cinco, seis, sete meses, e nada de Dody Sirena dar qualquer resposta ao meu pedido de entrevista. Na nossa reunião, ele alertara que o cantor podia demorar, mas achei que depois de uma espera de meio ano era razoável voltar a procurá-lo, lembrar da minha solicitação, até mesmo para o empresário não se esquecer de mim. Foi o que fiz por e-mail no dia 14 de julho de 2004. A resposta veio no mesmo dia, algumas horas depois.

> Paulo Cesar: estou voltando para o Brasil no fim do mês. Nenhuma novidade do assunto que falamos. De qualquer forma, assim que voltar tento retomar esta conversa com RC. Vamos nos falar. Dody Sirena.

Em agosto daquele ano, a gravadora Universal Music lançou o CD com a trilha sonora original do livro *Eu não sou cachorro, não* — e essa foi uma deixa para que eu voltasse a falar com o empresário de Roberto Carlos. Eu mesmo fiz o texto e a seleção do repertório do disco, que traz cantores como Waldick

Soriano, Paulo Sérgio e Odair José, incluindo deste último a antiga e até então inédita "Em qualquer lugar", canção que fora banida pela censura do regime militar, mas que encontrei intacta nos arquivos da gravadora. Expliquei mais ou menos isso num texto que enviei a Dody junto com o CD, enfatizando que aquele disco era um complemento ao livro que ele e Roberto Carlos já tinham em mãos. Encaminhei também um CD promocional com uma entrevista minha ao professor Pasquale Cipro Neto na Rádio Cultura de São Paulo. A resposta dele mais uma vez não demorou.

> Caro Paulo Cesar de Araújo: obrigado pela gentileza de me encaminhar a trilha sonora do livro *Eu não sou cachorro, não*, bem como o CD promocional. Vou escutá-los atentamente neste final de semana em casa, e comentar naturalmente com Roberto Carlos. Aliás, tentarei retomar o assunto do livro. Abraços, Dody Sirena

Essa última mensagem me deixou mais tranquilo e otimista. A trilha sonora do meu livro chegou mesmo em boa hora para fazer as coisas avançarem. Fiquei na expectativa de finalmente ter alguma resposta. Passaram-se dois meses, novembro e dezembro, e nada. Mas dezembro é tempo de Roberto Carlos, de lançamento de novo disco, de entrevistas coletivas e algumas exclusivas... Era a hora de tentar também a minha desejada entrevista com ele. No dia 3 de dezembro de 2004, enviei um curto e-mail ao empresário, perguntando se ele tinha retomado o assunto do livro com o cantor. A resposta: "Caro Paulo Cesar: já falei com ele sim, entreguei teu material, inclusive o CD com tua excelente entrevista. Teremos que retomar o assunto no início do ano. Abraços".

Gostei de saber que ele entregara os CDs, mas sobre o pedido de depoimento Dody Sirena não respondeu nada de novo, o que me deixou impaciente. Afinal, o artista iria me receber ou não? Foi frustrante saber que o assunto só seria retomado no ano seguinte, pulando todo aquele período de Roberto Carlos com jornalistas em coletivas e em exclusivas para a TV Globo. Mas, se teria que ser assim, assim seria.

Na época, houve mudanças internas na editora Planeta, e Ruth Lanna e Paulo Roberto Pires deixaram a empresa. Sem eles, a ideia de uma coleção de livros sobre música popular não foi adiante. Mas logo recebi um telefonema de outro editor da casa, Pascoal Soto, reafirmando que o projeto Roberto Carlos continuava de pé, que era uma das prioridades da editora e que era ele quem agora trabalharia na edição da obra. Ex-editor da Salamandra, o paulista Pascoal Soto foi um dos primeiros profissionais contratados pela filial brasileira da Planeta. Ali ele se projetaria como um dos mais bem-sucedidos profissionais do setor, editando, entre outros, o grande best-seller *1808*, de Laurentino Gomes. Em novembro de 2004, estive em São Paulo e visitei a editora, conhecendo pessoalmente Pascoal Soto e o diretor-geral César González, argentino que fora deslocado da filial de Buenos Aires para comandar a Planeta do Brasil. Apesar de saberem das dificuldades do meu acesso a Roberto Carlos, manifestaram grande otimismo com a edição do livro, cujo projeto seria até apresentado a editores da Planeta em outros países. Pensando nisso, César González me propôs um aditivo ao contrato de edição, expandindo os territórios e idiomas em que a obra seria publicada. Naquele dia mesmo assinei o documento com a nova cláusula, autorizando a publicação da obra em Portugal e em língua espanhola na América Latina, na Espanha e nos Estados Unidos.

No fim daquele ano, Roberto Carlos lançava seu 45º álbum, que, para a frustração dos fãs, não era de inéditas nem de estúdio, e sim apenas o registro de um show em São Paulo: *Roberto Carlos — Pra sempre ao vivo no Pacaembu*, lançado também em DVD. Visando à divulgação, a gravadora marcou uma coletiva na sexta-feira, dia 10 dezembro, no Copacabana Palace, no Rio. Para não parecer muito insistente, dessa vez não pedi credencial a Dody Sirena. O que não me impediu de pegar meu gravador e comparecer à coletiva no dia e horário marcados. Entrei com meu amigo Lula Branco Martins, do *Jornal do Brasil*, e, ao final, saí de lá com mais informações históricas, enriquecendo minha pesquisa sobre o artista.

A editora Planeta pretendia lançar o livro no segundo semestre de 2005, por volta de outubro ou novembro, e no ano seguinte, a versão em espanhol. Eu também trabalhava pensando nesse calendário, por isso não podia esperar infinitamente, como antes, por uma resposta de Roberto Carlos. Dody Sirena prometera retomar o assunto no início do ano. Mas o mês de março chegava ao fim e ele ainda não tinha se manifestado. No dia 31, enviei outro e-mail, dessa vez um pouco maior, informando o calendário definido pela editora e alguns passos do meu trabalho na realização do livro.

> Caro Dody, como vai? Depois de anos de pesquisa, mais de uma centena de entrevistas exclusivas, estou na reta final do livro sobre Roberto Carlos. A editora Planeta lançará a obra no Brasil em outubro, e, em seguida, em versão na América Latina e Espanha. Continuo na expectativa de obter aquela breve, mas fundamental entrevista com Roberto Carlos. Apesar de toda a pesquisa ao longo desses anos, algumas questões sobre a sua obra permanecem sem resposta. E só ele poderá esclarecê-las. Estou realizando um trabalho de análise e de informação histórica que corrige distorções, versões equivocadas e preconceituosas sobre a música de Roberto Carlos. Daí a minha insistência em obter a entrevista, fazendo desse livro o mais completo até agora publicado sobre a obra de um artista brasileiro [...]

Em seguida eu falava sobre o meu método de pesquisa e citava uma lista de personagens da música brasileira que já tinha entrevistado para o livro, todos ligados direta ou indiretamente à história de Roberto Carlos.

Como sempre, Dody Sirena me respondeu no mesmo dia, mas de novo apenas prometendo que voltaria a falar sobre o assunto com o cantor. Imaginei que dessa vez, ao ser informado da data do lançamento do livro e de que eu já estava na fase final do trabalho, ele me fizesse algumas perguntas sobre a obra. Mas o empresário nada me perguntou. Continuei aguardando um retorno dele ao longo dos meses de abril, maio, junho e julho, que também chegava ao fim sem nenhum sinal de Dody Sirena.

No dia 28, enviei nova mensagem, agora indicando o tempo que iria ocupar de Roberto Carlos na entrevista. Depois de tantos anos vasculhando depoimentos do artista em jornais, revistas, rádio e TV — além das entrevistas que eu próprio fiz com pessoas próximas dele —, eu já tinha obtido respostas para quase todas as questões que julgava necessárias. Faltavam apenas umas cinco ou seis perguntas a serem feitas. Então, no e-mail, disse a Dody que seria uma entrevista de no máximo 45 minutos, "tempo suficiente para esclarecer ou corrigir algumas questões históricas importantes sobre a obra de Roberto Carlos". Dessa vez o empresário se estendeu um pouco mais na resposta.

> Caro Paulo Cesar: como você sabe, tenho sim interesse de proporcionar este encontro teu com RC para este propósito. Acho positivo. Também é importante salientar, sempre, o quanto RC tem sido arredio nestas questões de livros envolvendo assuntos ligados a ele. Prefere não se comprometer com preocupações.

Acho muito difícil ele topar, mas vamos seguir tentando. A única coisa certa, mesmo, refere-se à questão do tempo. RC não fará nada antes de outubro. Até fim de setembro, ficará dedicado 100% à conclusão do disco deste ano, que excepcionalmente será lançado com antecedência. Abs, Dody Sirena.

O empresário mais uma vez não me oferecia nada de concreto, a não ser um pouco de esperança. Agarrei-me a ela para convencer a editora Planeta a deixar o lançamento do livro para o ano seguinte. Argumentei que se havia ainda alguma chance de obter aquela entrevista, devíamos insistir. Afinal, o próprio empresário do artista acenou: "Vamos seguir tentando". A entrevista seria importante não apenas pelo depoimento em si, mas também porque permitiria que eu me apresentasse melhor a Roberto Carlos. Eu imaginava que em uma conversa tranquila comigo ele perceberia a seriedade e a profundidade do trabalho que eu estava realizando. Em princípio, meu editor Pascoal Soto foi contra o adiamento do livro, mas depois concordou, com a condição de ele próprio assumir a partir dali a conversa com Dody Sirena. Achei ótima a ideia, pois aquilo estava me desgastando. Além do mais, eu precisava ficar apenas concentrado na redação do livro. Só pedi ao editor para aguardarmos pelo menos dois meses pela resposta do empresário ao meu último e-mail.

Dois meses se passaram sem nenhum retorno de Dody Sirena. Foi quando Pascoal Soto finalmente entrou em ação. O editor conhecia pessoas influentes com acesso ao empresário e, mediado por elas, conversou com Dody por telefone. Pascoal lhe falou da editora, do livro, do autor, da necessidade de uma entrevista, e me retornou otimista em seguida: "Paulo, gente boa o Dody, muito simpático, muito tranquilo. Acho que agora vamos conseguir. Ele ficou de me dar um retorno nos próximos dias". Não foi exatamente em dias tão próximos, mas depois de mais alguns contatos com o *personal manager* de Roberto Carlos, meu editor me ligou com uma ótima notícia: que eu preparasse meu gravador, comprasse uma passagem com destino a Vitória, pois Roberto Carlos iria me receber após o show que realizaria lá, naquele próximo sábado, dia 1º de outubro. Patrocinado pela Nestlé e pelo governo do estado, aquela apresentação, em dia único e em praça pública, seria o ponto alto das comemorações de 454 anos da capital do Espírito Santo. "Mas ele vai mesmo me dar a entrevista ali?", quis confirmar com Pascoal. "Meu caro, vá preparado, essa é a sua chance. O Dody me disse que Roberto vai te receber no camarim e que esse é o último show antes de ele se trancar no estúdio para concluir o novo disco", respondeu, me passando o número do celular da secretária de Dody, que estava organizando a lista de convidados do camarote e do camarim.

Liguei em seguida para Rose Batista, a secretária, que anotou meu nome e ouviu a minha alegria de finalmente ter a chance de entrevistar Roberto Carlos após quinze anos de tentativa. A secretária deve ter transmitido meu entusiasmo a Dody Sirena, porque horas depois recebi a seguinte mensagem dele:

> Olá Paulo Cesar: você será muito bem-vindo, esperando que o encontro com RC no camarim, após o show, com demais convidados da Nestlé, possa proporcionar além do registro de uma foto, referência para futuros contatos. Coloquei este dia como opção para teu encontro, mesmo desta forma rápida após o show, devido à dificuldade de outra oportunidade nestas próximas semanas em razão do Roberto estar concentrado 24 horas por dia na conclusão do novo disco de carreira. Para não gerar uma reversão de expectativa, quero me antecipar dizendo que acho muito difícil falarmos nesse encontro de qualquer assunto do livro. Forte abraço, Dody Sirena

Estava claro que não só não haveria entrevista, como nem se poderia tocar no assunto do livro com o cantor. Eu seria recebido no camarim como qualquer outro fã ou convidado, para aquela conversa rápida, um aperto de mão e um tapinha nas costas. Poderia ter desistido ali da viagem, mas nesse caso, e nesse contexto, cantei para mim mesmo, como aquele maior abandonado da canção de Cazuza: "Raspas e restos me interessam". E viajei para o Espírito Santo ao encontro de Roberto Carlos.

Decidi ir não apenas ao show dele em Vitória, mas embarcar dias antes para uma visita à sua cidade natal, Cachoeiro de Itapemirim, realizando assim um roteiro completo em torno do passado e do presente do artista. Peguei um ônibus na quarta-feira à noite na rodoviária do Rio de Janeiro, chegando no dia seguinte pela manhã ao "pequeno Cachoeiro" tão cantado por Roberto Carlos e por outro conterrâneo ilustre, Rubem Braga. Com suas muitas ladeiras e montanhas, Cachoeiro de Itapemirim é uma cidade de geografia incomum, cortada por um rio largo e imenso, cheio de pedras que formam pequenos cachoeiros. Lá visitei os caminhos e lugares da infância do artista: sua casa, sua rua, sua escola, sua igreja, seus amigos, seus traumas.

Fiquei hospedado num hotel do centro e ao longo de três dias entrevistei personagens importantes da história de Roberto Carlos, como o músico José Nogueira, na época com 77 anos, e que, em 1950, acompanhou ao violão o menino Zunga na sua estreia na rádio; suas primeiras professoras de piano, Maria Helena Mignone e Elaine Manhães, ambas também já bastante idosas. Todos me receberam em suas casas e, além de café, me deram muitas informações e até algumas fotografias raras. Na sexta-feira fui a um convento de Vila Velha, vizinha dali, para entrevistar a irmã Fausta de Jesus, professora de Roberto Carlos no primário, e que na época da Jovem Guarda lhe dera de presente o medalhão do Sagrado Coração. Ela também tinha muitas histórias para contar.

Por tudo isso, minha viagem já tinha valido a pena. No fim da tarde de sábado, depois desse mergulho no passado do artista, viajei ao encontro de seu presente no mega-show que ocorreria na praça do Papa, em Vitória. Ao chegar, procurei a secretária de Dody Sirena, que me disse que seria feito o registro fotográfico do artista com seus convidados no camarim e que depois a própria produção enviaria a foto para cada um. Ela então anotou meu endereço e em seguida me entregou um crachá que dava acesso ao camarote e a um coquetel que a Nestlé oferecia aos convidados. Ali encontrei empresários e autoridades do Espírito Santo, como o então prefeito de Vitória, João Coser, o senador Gerson Camata e sua esposa, a deputada Rita Camata. O show de Roberto Carlos foi o mesmo da excursão *Pra sempre* — que estreara no ano anterior —, com a diferença de que esse terminou com uma explosão de fogos de artifício. Em seguida, eu e outros convidados fomos conduzidos pela produção ao camarim.

Então me dei conta de que nunca havia estado no camarim de Roberto Carlos. Àquela altura da pesquisa, eu já tinha assistido a diversos shows dele, ido a várias entrevistas coletivas e até na sua casa eu já tinha entrado — faltava conhecer o camarim. Trata-se de um espaço desmontável, feito de módulos brancos e azuis, e que acompanha o cantor por onde ele vai. Ali Roberto Carlos faz tudo: a maquiagem, o penteado, as refeições, as orações antes de entrar no palco e também recebe amigos e convidados após o show. Naquele dia, talvez por ter sido um espetáculo comemorativo de aniversário da cidade, o camarim estava cheio, bem mais do que eu imaginava e desejava. Algumas autoridades que eu tinha visto no camarote estavam agora ali, esperando sua vez de falar com o cantor, inclusive a deputada Rita Camata. Uma parte dos convidados aguardava do lado de fora, enquanto outra, organizada em fila, era recebida por ele — com um fotógrafo da produção registrando cada encontro.

Uma mesma cena se repetia, como em um ritual: em pé, cercado de assessores, Roberto Carlos, sorridente, trocava algumas palavras com cada convidado, dava um beijo no rosto das mulheres, um abraço nos homens, posava para a foto, e a fila seguia. Não só por aquele show ter sido realizado na praça do Papa, esse ritual me fez lembrar das imagens do sumo pontífice recebendo autoridades ou personalidades enfileiradas em Roma: o papa em pé, cercado de cardeais, fazendo o sinal da bênção a cada convidado que se aproxima dele, e tendo também um fotógrafo oficial do Vaticano para registrar a cena. E como deve acontecer na cerimônia papal, na fila do camarim de Roberto Carlos eu via algumas pessoas chorando ante a proximidade com o ídolo da música.

Posicionei-me para ser o último da fila, pois pretendia ter um pouco mais de tempo com o artista. Mas se eu não podia sequer falar do livro, que assunto puxaria dali a pouco com ele? Enquanto aguardava a minha vez, decidi que na conversa lhe faria uma das principais perguntas da minha pauta de entrevista com ele. No livro, eu narraria o episódio que João Gilberto me relatou: a noite de 1959, quando ele entrou na boate Plaza e se deparou com seu jovem imitador, Roberto Carlos, no palco cantando "Brigas nunca mais", do álbum *Chega de saudade*. Esse encontro do criador com a criatura seria uma das informações inéditas do meu trabalho, mas me faltava a outra ponta da história. Qual a lembrança que Roberto Carlos teria dessa noite no Plaza? Como ele reagiu à presença de seu ídolo João Gilberto? Isso era algo que ninguém nunca tinha lhe perguntado, até porque ninguém sabia do episódio.

Eu teria sido o último convidado do camarim, mas assim que dei os primeiros passos em direção ao cantor, a produção trouxe mais um grupo, o pessoal do serviço do coquetel: garçons, garçonetes, barmen, que também teriam a sua prometida chance de falar com o artista. Enquanto eles se posicionavam em fila atrás de mim, eu cumprimentava Roberto Carlos, que tinha ao seu lado a secretária, Carminha, o empresário, Dody Sirena, e o produtor executivo, Guto Romano — todos também de pé. "Roberto, eu tô chegando da sua casa", eu disse em tom de blague. "Da minha casa? Como assim, bicho?", ele me perguntou sorrindo e surpreso. "É que estou vindo de Cachoeiro e estive hoje na casa em que você nasceu, na rua em que você morou…" Todos riram, e Dody aproveitou a deixa para comentar com ele: "Paulo Cesar é pesquisador de música brasileira, autor daquele livro *Eu não sou cachorro, não*, e está agora também pesquisando sobre você". "Obrigado, obrigado", respondeu de forma gentil Roberto Carlos, mas parecendo não entender direito do que se tratava.

A turma atrás de mim estava agitada, então procurei logo encaixar a minha pergunta. Puxei o assunto Bossa Nova e relatei o que João Gilberto havia me contado sobre a visita à boate Plaza. Para minha surpresa, Roberto Carlos levou a mão à testa, exclamando: "Até hoje eu não tinha certeza se João havia me visto mesmo cantar no Plaza!". "Por que a dúvida, Roberto?", indaguei. Ele então explicou que naquela noite ouviu os garçons comentarem sobre a possível presença de João Gilberto na boate. Mas como o interior do Plaza era muito escuro, do palco ele não chegou a ver João, que teria entrado e saído de forma discreta. Confirmei a Roberto que seu mestre não apenas o ouvira, como tinha gostado do que ouviu. "Até hoje eu não tinha certeza disso", repetiu, com olhar admirado para os seus assessores.

Roberto Carlos pareceu ficar contente com a informação e então concluí nossa conversa arriscando um pedido. "Pois é, Roberto, eu já entrevistei João Gilberto, Caetano, Chico Buarque, todo mundo, só falta você. Vou até pedir minha inclusão no *Guinness Book* porque estou tentando essa entrevista há quinze anos." Todos riram novamente, e Dody fez mais uma intervenção: "Paulo, depois que o Roberto terminar o novo disco, nós vamos agendar essa entrevista. Você me procura mais lá pra frente". "É, depois do disco pronto as coisas ficarão mais fáceis", completou Roberto Carlos. O fotógrafo se aproximou para registrar a imagem do nosso encontro. Como dois amigos de fé, sorrindo abraçados no camarim, eu e o rei fomos clicados por uma máquina Canon. "Mais uma para garantir", pediu ao fotógrafo um simpático Roberto Carlos. Em seguida nos despedimos, sem saber que seria o nosso último momento de confraternização. Aquele seu verso endereçado a 1 milhão de amigos — "O meu irmão com um sorriso aberto/ Se ele chorar quero estar por perto" — deixaria de valer para mim.

Conforme prometido pela secretária de Dody Sirena, na semana seguinte recebi em casa a minha fotografia com o cantor — acompanhada de uma mensagem em papel timbrado da produção.

Caro Paulo Cesar. Com tantas "Emoções", nós que coordenamos a equipe executiva de Dody Sirena temos o prazer e a responsabilidade de encaminhar as fotos deste momento especial que ficará "Pra sempre". Foi um privilégio estarmos juntos com Roberto Carlos, no show em Vitória. Abraços, de Rose Batista e Guto Romano.

Um dos sonhos de Roberto Carlos sempre foi o de um dia cantar ao lado do seu ídolo, João Gilberto. "Um disco. Eu queria fazer um disco com o João", revelou certa vez em uma entrevista. Um disco inteiro ele sabia ser difícil, mas talvez pudesse ter a participação de João Gilberto em uma faixa de seu álbum — como Maria Bethânia, no LP de 1982, em dueto na canção "Amiga". Roberto tentou algo assim com João Gilberto durante a gravação do CD *Pra sempre*, em 2003. Dody Sirena entrou em contato com a assessoria do artista, fez o convite, mas a negociação não avançou.

A chance maior de Roberto realizar esse dueto seria em seu especial na TV Globo. Desde o primeiro programa, em 1974, ele procurava brindar o público com grandes nomes da música brasileira, do passado e do presente, e todos vinham atendendo ao seu convite, alguns até mais de uma vez. Tom Jobim, por exemplo, participou de quatro especiais seus; da mesma forma Maria Bethânia; Caetano Veloso e Gal Costa participaram de três; além de Chico Buarque, Milton Nascimento, Gilberto Gil, Marisa Monte, Titãs, Ivete Sangalo... Enfim, Roberto Carlos teve quem quis nos seus especiais de Natal — menos, até então, João Gilberto. Desde a década de 1970 ele fazia convites ao cantor. "No ano passado recebi Caetano, Silvio Caldas e Dorival Caymmi, artistas que admiro demais. Por que não João Gilberto em 1977?", vislumbrava o cantor. A Globo entrou em contato com João, que na época morava em Nova York, e se dispôs a levar Roberto e a equipe do programa até lá. A ideia era reunir os dois artistas em um estúdio da escolha de João Gilberto. Porém não houve acerto e o encontro deles foi adiado.

Em 1980, com João já morando no Brasil, poderia ser mais fácil, principalmente porque naquele ano ele gravou o seu próprio especial na TV Globo, na série Grandes Nomes. Roberto seria um dos convidados. Ocorre que no dia gravação, no domingo, 8 de junho, ele cumpria temporada no Anhembi em São Paulo. A expectativa de Roberto Carlos era que a emissora conseguisse levar João Gilberto para o seu especial natalino do ano seguinte, quando haveria uma homenagem a Vinicius de Moraes, recém-falecido, com a confirmada participação de Tom Jobim. Mais uma vez, João não compareceu. Outros convites lhe foram feitos ao longo das décadas de 1980 e 1990, e da mesma forma foram recusados, creio que por João Gilberto ser um artista realmente difícil, recluso, que faz poucos shows e muito raramente aparece em programas de televisão. Além disso, o cachê que a Globo tem lhe oferecido para ir ao programa de Roberto Carlos segue um padrão que João e seus produtores consideram baixo. "Eu sempre quis ter o João Gilberto num especial meu. Seria uma coisa pra mim maravilhosa. João é João, né?", comentou Roberto.

Nas minhas conversas com João Gilberto, sempre procurei estimular esse encontro. Lembrava que ele próprio já tinha se apresentado ou gravado músicas de discípulos como Caetano Veloso, Chico Buarque, Gilberto Gil; faltava algo assim com o primeiro pupilo que ele conheceu dessa geração, lá na boate Plaza, em 1959. Eu argumentava que seria um grande acontecimento para o Brasil reunir pela primeira vez num palco o mais popular com o mais sofisticado artista da nossa música. Eu fazia o que estava ao meu alcance para ver Roberto Carlos ao lado de seu ídolo.

O parceiro dele, Erasmo, sempre torceu por esse encontro, inclusive porque João Gilberto é também sua grande referência musical, além de Elvis Presley. Quando, em 1958, João lançou o estilo que seria chamado de Bossa Nova, Erasmo já tinha entregado seu corpo e sua alma ao diabo do rock'n'roll, mas isso não o tornou surdo para a nova música que surgia no Brasil. Ele foi um daqueles garotos de sensibilidade musical aguçada que percebeu de imediato a grandeza da arte de João, que muito o influenciaria na forma de cantar. "Um sonho que tenho e que nunca falei para ninguém é de ver meu ídolo cantando uma música minha com Roberto. Tenho esse sonho de ver João Gilberto cantando 'Café da manhã'. Como seria bonito ouvir essa canção na voz de João. Nunca cruzei com ele pessoalmente, é o único artista da minha época que nunca encontrei pessoalmente. O Elvis eu vi em Las Vegas."

Erasmo vislumbrou a oportunidade de conhecer João Gilberto no fim de 2004, quando a imprensa noticiou que ele finalmente iria ao programa de Roberto Carlos, acompanhado, inclusive, da filha Bebel Gilberto. Mas tudo não passava de especulação. Logo depois o produtor dele divulgou a seguinte nota: "João Gilberto ficou honrado com o convite para participar do especial de Roberto Carlos, mas recusou na hora por problema de agenda". Na época, Roberto comentou: "Se João pudesse transferir esse outro compromisso, eu ficaria muito contente. Tenho certeza que a gente faria um bom número no especial". Em 2005, ele tentou novamente, as negociações até avançaram, porém mais uma vez não houve acerto. "Ano passado quase aconteceu, nesse ano houve um quase-quase. Quem sabe no ano que vem o João topa", afirmava um esperançoso Roberto Carlos. Pois o especial de 2006 foi ao ar mostrando duetos com Erasmo, Wanderléa, Marisa Monte, Jorge Ben Jor e MC Leozinho — mas não com o cantor de "Chega de saudade".

Durante as comemorações dos cinquenta anos de Bossa Nova, em 2008, João Gilberto apresentou-se em shows no Rio e em São Paulo sob o patrocínio do banco Itaú, que também patrocinava espetáculos de Roberto Carlos. Ele tentou de novo, e mais uma vez não conseguiu. Em 2011, Dody Sirena foi à luta para realizar o desejo do artista, que comemorava setenta anos de idade. O empresário se mostrou otimista e cheio de planos para reunir João e Roberto num palco: "Esse encontro vai acontecer, sim. Existe uma chance concreta de ser este ano. Mas eles são tão grandes como artistas, que acho que isso não pode ser realizado isoladamente para poucos, num teatro. Quando isso acontecer, o mundo tem que saber. Por conta disso, a TV Globo vai conduzir o assunto para que isso seja transformado em um especial também. Aliás, essa ideia é cogitada todo ano. O convite será feito, o desejo existe, e a TV Globo está envolvida".

Com tudo isso, porém, o aguardado dueto não aconteceu. O que é uma pena, não somente para Roberto, mas para todos os que amam a música brasileira. De certa forma, essa expectativa frustrada de ter João ao seu lado num palco faz Roberto Carlos provar um pouco de seu próprio veneno. Afinal, ao longo dos anos, quantas outras pessoas têm essa mesma esperança de obter um aceno dele: a autorização de uma música, a participação em um disco, a presença em um evento ou mesmo uma simples entrevista que nunca acontece. Nesse sentido, João Gilberto tem sido o Roberto Carlos de Roberto Carlos.

Em meados de 2004, voltei a procurar dois artistas que eu já havia entrevistado no início da pesquisa, ainda no tempo da faculdade, Caetano Veloso e Erasmo Carlos, agora com questões mais específicas, visando o livro sobre Roberto. Para o depoimento de Caetano, recorri ao escritório de Gilda Mattoso e Marcus Vinicius, assessores de imprensa do artista; a entrevista com Erasmo eu solicitei ao seu empresário, José Carlos Marinho, lembrando que eu já havia entrevistado o cantor com minha turma da faculdade, em 1991. Tentei as duas entrevistas quase ao mesmo tempo e alimentei essa dupla expectativa.

Alguns meses depois, Gilda e Marcus Vinicius confirmaram a entrevista com Caetano Veloso. O encontro ocorreu na tarde do dia 20 de setembro, no escritório do cantor, na zona sul do Rio. Era um Caetano mais rico e mais internacional do que aquele que entrevistei em 1990. Tinha acabado de lançar o álbum *A Foreign Sound*, com clássicos da música norte-americana. Ao longo de quase duas horas de conversa, ele recordou, entre outras coisas, de uma noite fria em Londres, na época do exílio, quando, para sua surpresa, recebeu a visita do ídolo Roberto Carlos; falou também da primeira vez que ouviu "Debaixo dos caracóis dos seus cabelos", composta em sua homenagem depois daquele encontro. Eu quis saber como surgiram canções feitas especialmente para os discos de Roberto Carlos — "Como dois e dois", "Muito romântico" e "Força estranha" —, e outras que o cantor recusou gravar, como "Ela e eu", que acabou sendo lançada por Maria Bethânia em 1979. Foi um depoimento esclarecedor e que enriqueceu o livro.

Enquanto isso, eu aguardava pela entrevista com Erasmo Carlos. Seu empresário dizia não ter nenhuma resposta, e depois de mais alguns contatos, ele próprio me sugeriu procurar o filho de Erasmo, Léo Esteves, que coordenava o escritório do pai no Rio. Léo foi muito receptivo, e para a minha satisfação declarou ser fã do meu livro *Eu não sou cachorro, não*. Disse que era mesmo necessário um livro semelhante sobre Roberto Carlos e prometeu defender a ideia junto ao pai.

Tudo parecia bem encaminhado, mas a resposta do Tremendão também não vinha por intermédio do filho. "Erasmo ainda não me respondeu", disse-me Léo algumas vezes por telefone. Para que não houvesse dúvida, eu enfatizava que na primeira entrevista já tinha abordado o processo de composição dele com Roberto e de como tinham nascido alguns clássicos da dupla. A nova entrevista seria para basicamente abordar aspectos da carreira solo de Erasmo, pois eu faria uma análise também da trajetória dele e queria que fosse a mais completa e precisa possível. Léo Esteves prometia comentar isso com o pai.

Depois de mais de um ano de expectativa, finalmente obtive a resposta de Erasmo Carlos, que seu filho me comunicou por e-mail, no início de outubro de 2005. Léo inicialmente pediu desculpas pela demora, disse que tinha conversado algumas vezes com Erasmo sobre o assunto, lembrou-lhe, inclusive, das observações que fiz, mas que o pai decidiu que, por se tratar de um livro não autorizado, não caberia o depoimento dele. "Da mesma forma que o Roberto não dará entrevistas, ele acha que também não deve. É a forma de pensar do Erasmo. Ele agradece pela paciência e espera um grande livro, assim como o *Eu não sou cachorro, não*. Forte abraço! *Léo Esteves*."

Foi uma resposta firme, elegante, mas que me deixou duplamente frustado. Pela negativa de Erasmo e pela afirmação de que Roberto também não me daria entrevista. Desde o início da pesquisa, em 1990, ninguém da assessoria do cantor havia me afirmado isso de forma tão peremptória. Fiquei ainda mais intrigado porque recebi a mensagem de Léo Esteves dias depois do meu encontro com Roberto Carlos no camarim em Vitória, e o recado lá era que eu aguardasse o término da gravação do novo disco. Será que Erasmo dizia aquilo por dedução ou teria uma informação direta do parceiro? Essa dúvida me acompanharia até a retomada do contato com Dody Sirena.

No fim de 2005, Roberto Carlos lançou seu 46º álbum, que mais uma vez não trazia repertório inédito. Era um disco com releituras de antigos sucessos seus e de outros cantores, como "Meu pequeno Cachoeiro", que já tinha gravado em 1970, "Promessa", sucesso de Wanderley Cardoso em 1966, e "Loving You", lançado por Elvis Presley em 1957. Ao constatar que uma das faixas do novo CD já tocava no rádio, enviei um e-mail a Dody Sirena. No pedido de entrevista de meses antes, eu dizia precisar de 45 minutos do tempo de Roberto Carlos. Mas depois de fazer aquela importante pergunta no camarim, reduzi ainda mais o tempo necessário. "Será uma entrevista de no máximo trinta minutos", disse na mensagem enviada na segunda-feira, 12 de dezembro. Fiquei no aguardo da resposta de Dody Sirena. Então, depois de dois anos, dois meses e quatro dias de contatos com o empresário do cantor, pela primeira vez uma resposta dele não deu margem para dúvidas ou esperanças:

Paulo: sinceramente acho muito difícil esta entrevista exclusiva sobre este assunto. Nesta quarta, a partir das catorze horas, será a tradicional coletiva de imprensa no hotel Copacabana Palace, no Rio. A Sony, juntamente com Ivone Kassu, estará coordenando tudo. Abs, Dody.

A mensagem significou o fim do caminho de uma entrevista exclusiva com Roberto Carlos. A indicação para procurar a coletiva coordenada por Ivone Kassu me assombrou. Depois de todo o trajeto percorrido até ali, era como ter de começar tudo novamente, como quinze anos antes, em 1990. Respondi ao empresário do cantor:

> Caro Dody, é pena que este trabalho de pesquisa que venho realizando há quinze anos não possa contar com uma breve e esclarecedora entrevista de Roberto Carlos. Mas compreendo a posição do artista e agradeço a você por toda a atenção a mim conferida desde o nosso primeiro encontro. Um abraço, Paulo Cesar.

E a partir daí nunca mais procurei Roberto Carlos, nem Erasmo, nem Dody Sirena, nem Ivone Kassu ou qualquer outro assessor do artista. Decidi concluir meu livro e publicá-lo mesmo sem nenhuma colaboração deles. Só desejei que pelo menos não me atrapalhassem.

Pascoal Soto recebeu com alívio minha decisão de desistir do depoimento de Roberto Carlos. Disse que já estava mesmo passando da hora de concluir o trabalho e que não podíamos continuar eternamente na dependência do cantor. E mais: que a editora já iniciaria as discussões de estratégia de comunicação e marketing para o lançamento em meados de 2006. Para isso, ele contava receber os originais, o mais tardar, logo após o Carnaval, no fim de fevereiro. Passei todo o período de férias trabalhando no texto, relendo os capítulos, checando e acrescentando informações. Foi aí que tomei uma decisão que acabaria por impedir o lançamento do livro na data prevista pela editora. Tal qual um cineasta que resolve remontar e incluir novas cenas em um filme que já está praticamente pronto, decidi alterar a estrutura narrativa do livro. O que seria basicamente um longo ensaio em capítulos temáticos, semelhante a *Eu não sou cachorro, não*, ganharia também a forma de livro biográfico — o que até então não estava definido. O título não havia sido escolhido ainda; isso só ocorreu quando decidi pelo formato biográfico, no início de 2006. Mas *Roberto Carlos em detalhes* não seria uma biografia convencional.

Livros do gênero costumam ser narrados de forma cronológica: das origens do personagem até a sua morte ou, no caso dos que estão vivos, até os episódios mais recentes na época da conclusão do texto.

Nas primeiras páginas de certas biografias, aparece o recurso do flashback, usual no cinema: abrir a narrativa com a morte ou um momento marcante da vida do personagem para depois recomeçar do início. É o que faz, por exemplo, o escritor Fernando Morais na biografia *Chatô: o rei do Brasil*. No primeiro capítulo, narra a agonia e a morte do empresário, e a partir do segundo, sua trajetória desde a infância, com os fatos se sucedendo uns após os outros através dos anos.

Roberto Carlos em detalhes é um pouco diferente porque foi escrito originalmente em forma de ensaio, com capítulos temáticos — "Roberto Carlos e a MPB", "Roberto Carlos e a fé", "Roberto Carlos e a política" —, que depois foram rearranjados para a narrativa ganhar também uma ordem mais cronológica. Com isso, o livro ganhou um formato híbrido e pouco comum entre as biografias brasileiras: sua estrutura é ao mesmo tempo temática e cronológica — especialmente até a parte em que narro a consolidação do sucesso do cantor, no fim dos anos 1960. Depois disso, lá pelo capítulo 7, o livro prossegue mais temático e menos preso à sequência dos fatos, em capítulos como "Roberto Carlos e o palco", "Roberto Carlos e a transgressão" e "Roberto Carlos e o sucesso".

A remontagem deu bastante trabalho, pois me via com uma espécie de quebra-cabeças de quase mil páginas. Incluí e excluí capítulos, mudei a ordem de outros e desloquei parte do conteúdo, mas, ao final, creio que tudo acabou se encaixando. Mesmo não sendo uma narrativa de começo, meio e fim, *Roberto Carlos em detalhes* relata todos os passos da trajetória do meu personagem. Naquela fase não me ocupei apenas com o trabalho de reestruturação do texto; tive também de pesquisar novos documentos e procurar outras testemunhas para acrescentar mais detalhes à narrativa. Foi quando entrevistei, por exemplo, duas pessoas de grande importância no passado de Roberto Carlos: sua ex-namorada Magda Fonseca, a musa de "Quero que vá tudo pro inferno", e Eunice Solino, a Fifinha, melhor amiga do cantor na infância, que estava ao lado dele no momento do acidente de trem, em Cachoeiro de Itapemirim. Foram depoimentos inéditos e reveladores.

Antes de concluir a redação, entrevistei mais um mito da MPB: a cantora Gal Costa. Eu já tinha conversado com ela naquele encontro com João Gilberto em Salvador, mas uma entrevista formal, gravada, seria realizada apenas na fase final da feitura do livro. Demorei a obter seu depoimento porque na época a cantora morava em Salvador. Quando soube que ela se apresentaria em um fim de semana no Canecão, no Rio, procurei o escritório de Gilda Mattoso e Marcus Vinicius. A agenda da cantora estava apertada, disseram, porque seriam apenas três apresentações até domingo, e no dia seguinte ela viajaria para o exterior. Eles não puderam prometer nada, apenas tentar, nem que fosse uma entrevista mais curta no camarim. A confirmação veio no dia da última apresentação de Gal, no domingo. Recebi um convite para o show e a instrução de procurar os assessores após o fim do espetáculo. Fui conduzido ao camarim da artista por Gilda Mattoso. Naquela noite, no Canecão, após receber de pé seus convidados, Gal Costa sentou-se ao meu lado para a entrevista. Além dos fatos marcantes de sua carreira, abordei a relação dela com a música de Roberto Carlos, o Tropicalismo, os bastidores dos festivais da Record — temas que foram depois desenvolvidos no livro, especialmente no capítulo "Roberto Carlos e a MPB".

A última entrevista para o livro foi realizada na tarde de 6 de julho de 2006, uma quinta-feira, no Rio, com outra personagem do passado de Roberto Carlos: a cantora Marlene Pereira. Ao contrário da sua homônima, rival de Emilinha, Marlene Pereira não fez história na MPB, mas tinha muita coisa para contar do seu tempo na ZYL-9, Rádio Cachoeiro de Itapemirim. No início dos anos 1950, ela era uma das jovens atrações do cast da emissora, notabilizando-se ali como a "Internacional", por interpretar um repertório de tangos e boleros em espanhol. Na mesma época, cantava lá um menino chamado Zunga, filho do relojoeiro Robertino e da costureira Laura. O depoimento de Marlene me ajudou a reconstituir o ambiente daquela pequena rádio, na qual, muito antes das jovens tardes de domingo da TV Record, Roberto cantava em um programa para crianças. Foi naquelas infantis manhãs de domingo no auditório da Rádio Cachoeiro que ele começou a desenvolver a sua grande intimidade com o palco, com o público e com o microfone.

Pouco antes de Roberto Carlos sair de sua cidade, em 1956, Marlene Pereira já tinha feito o mesmo, fora morar no Rio de Janeiro, e os dois se perderam de vista. Ela recorda que só voltou a ouvir a voz dele no rádio quase dez anos depois, cantando "O calhambeque". Foi uma dupla surpresa. "Porque o Roberto que eu conheci ainda menino em Cachoeiro cantava alto, forte, com a voz mais empostada. Aquele de 'O calhambeque' tinha um canto mais natural, sem vibrato. Achei interessante isso." A diferença percebida por Marlene tem explicação: entre um Roberto e outro, tinha um João Gilberto no meio do caminho. O menino que era influenciado por vozes como as de Nelson Gonçalves e Albertinho Fortuna passou a ter uma nova referência musical na juventude. O testemunho de Marlene Pereira me ajudou a entender ainda mais o impacto do criador da Bossa Nova na trajetória do futuro ídolo da Jovem Guarda.

Com essa entrevista, que viajava ao início da carreira do artista, finalizei a longa série de 175 depoimentos para o livro. As primeiras páginas do primeiro capítulo da biografia se dedicam à estreia de Roberto Carlos no rádio, aos nove anos, em 1950, acompanhado pelo violonista José Nogueira, que eu já tinha entrevistado naquela viagem a Cachoeiro. Falei da origem social, da família e do dia do seu nascimento em páginas mais à frente, reservando a abertura da narrativa para esse marco inaugural da sua longa e gloriosa carreira. Depois de cantar no rádio pela primeira vez, o menino Zunga decidiu que não queria mais ser médico, aviador, desenhista ou motorista de caminhão, mas sim cantor, um artista da música brasileira.

Por conta de toda a remontagem e realização de novas entrevistas, o livro não pôde ser lançado no primeiro semestre. Foi lançado só no fim do ano, porque precisou de mais mudanças depois que o editor Pascoal Soto recebeu os manuscritos, no começo de agosto. Ele passou quatro meses editando a obra, sugerindo alterações, enxugando, costurando aqui e acolá. Na leitura dos originais, ele me falou, por telefone: "Paulo, confesso que nunca dei bola pra Roberto Carlos, jamais comprei um disco dele, mas você está me convencendo que esse cara é um gigante na história da MPB. Quando tomar conhecimento disso aqui, Roberto vai te convidar para aquele show no navio". No dia seguinte, Pascoal me ligou de São Paulo ainda mais animado. "Meu caro, acho que depois de ler esta biografia, Roberto vai te convidar para um almoço na casa dele".

A visão nova e engrandecida que o texto proporcionava sobre Roberto Carlos deu ao meu editor a convicção de que o artista não poderia sentir outra coisa que não satisfação com o livro. Não por se tratar de um trabalho de fã, mas de historiador, com fontes e argumentos lógicos e racionais a respeito do mais popular artista da música brasileira. A percepção de Pascoal foi importante porque contagiou e tranquilizou a direção da editora Planeta. Quando todos os capítulos ficaram prontos e revisados, meu editor mais uma vez se manifestou: "Paulo, meu caro, você fez um livro mágico. Suas lágrimas, seu suor, seu sangue estão impressos em cada página desse maravilhoso *Roberto Carlos em detalhes*. O capítulo conclusivo é de arrancar soluços. Caramba! Eu, se pudesse, gostaria de te dar agora um abraço muito forte. Estamos todos muito emocionados e com uma enorme responsabilidade nas mãos: transformar tudo isso num objeto livro lindo, que desperte o desejo do público".

A indicação do possível sucesso veio uma semana antes do lançamento, quando o departamento comercial da Planeta informou que *Roberto Carlos em detalhes* já era um dos livros mais pedidos na pré-venda dos sites das grandes livrarias. A editora não contava com um processo judicial do cantor, mas, por via das dúvidas, na última hora o departamento jurídico aconselhou a inserção de um aviso na página 4, logo abaixo dos dados catalográficos — aviso que talvez seja inédito em páginas de livros no Brasil: "Esta obra é um ensaio biográfico, sendo de inteira responsabilidade do autor as informações nela contidas".

Quando, em 1990, iniciei a pesquisa que resultou na biografia de Roberto Carlos, eu era apenas estudante universitário, solteiro, vendedor de óculos. Ao colocar o ponto final na redação da obra, já era homem formado, casado, pai de uma filha e autor de um livro — só tendo me faltado mesmo plantar uma árvore. "Para Amanda e Mariana lerem quando crescer", escrevi na dedicatória à minha filha e à minha sobrinha, na época com quatro e cinco anos, respectivamente. Na última semana de novembro de 2006, o livro foi finalmente para a gráfica — com um texto (não assinado) de apresentação na orelha e a reprodução de trechos na contracapa.

> Este livro é um relato sincero e vigoroso da vida de um menino filho de imigrantes, simples e humilde, que por força de seu próprio talento e muita vontade de vencer, galgou os mais altos lugares da hierarquia artística de seu país... Um criador de beleza e encantamento que muito ajudou a mostrar e pôr em destaque a importância da música popular no conjunto atual das comunicações de massa. Sua vida é uma mensagem de força e coragem, livre-iniciativa, ideias, coleguismo e senso profissional. Um relato que deve ser lido por todos os jovens (dos oito aos oitenta anos...).

Essas palavras até caberiam na contracapa de *Roberto Carlos em detalhes*, mas não estão lá porque foram publicadas há mais de quarenta anos no prefácio da edição brasileira de outra biografia: a do cantor Frank Sinatra, lançada em 1968 nos Estados Unidos e no ano seguinte no Brasil pela editora Mundo Musical. Anunciada como "a obra mais completa até hoje escrita sobre o homem, o cantor, o ator, o astro de primeira magnitude", a biografia *Sinatra: Romântico do século XX* é de autoria do crítico norte-americano Arnold Shaw, que também não teve acesso ao artista. Ou seja: é uma biografia não autorizada. O interessante é que aquelas palavras de apresentação do livro dele no Brasil são de… Roberto Carlos, ele mesmo: o autor de "Detalhes" e "Emoções", assinou o prefácio da edição de uma biografia não autorizada de Frank Sinatra.

Para além da voz, dos discos e filmes de Sinatra — temas principais do livro —, ao longo de suas 424 páginas também estão detalhes da sua vida pessoal. Informações sobre casamentos, casos amorosos, brigas e manias. A biografia narra, por exemplo, as denúncias da ligação de Sinatra com mafiosos, sua tempestuosa relação com a imprensa, as ameaças dirigidas a fotógrafos e colunistas, especialmente na época do seu caso com a atriz Ava Gardner. "Incapaz de conciliar o novo amor com a culpabilidade de um pai que abandona os filhos, ele descarregou sua frustração nos jornalistas", opina o autor na página 145. Ao mesmo tempo em que exalta a arte de Sinatra, a biografia traz depoimentos de pessoas que o descrevem como um homem "arrogante, grosseiro, temperamental e muitas vezes até cruel". Em outra passagem do livro há uma declaração do cantor Bing Crosby sobre o colega: "Creio que Sinatra sempre alimentou o desejo secreto de ser bandido".

Nada disso impediu Roberto Carlos de usar o seu prestígio e popularidade para indicar essa biografia não autorizada ao público brasileiro. Depois de afirmar que Sinatra "é uma brasa em todos os sentidos" e que o livro de Arnold Shaw traz "um relato sincero e vigoroso" da vida dele, o cantor conclui com o desejo de que a edição brasileira também alcance "um êxito incontestável, pois o eterno menino Frankie bem o merece".

A edição em português dessa biografia foi o primeiro lançamento literário da editora Mundo Musical, sediada no Rio e que até então editava apenas partituras, entre as quais as de canções da dupla Roberto e Erasmo. A editora investiu na divulgação de *Sinatra: Romântico do século XX* com chamadas publicitárias que destacavam que a obra tinha apresentação do "ídolo da juventude brasileira, Roberto Carlos". Adquiri meu exemplar há muitos anos, num sebo da avenida São João, em São Paulo, quando ainda nem sonhava que pudesse escrever um livro. Apenas lamentava que não existisse também uma biografia daquela sobre Roberto Carlos. O tempo passou, decidi pesquisar música popular e escrever o livro que eu gostaria de ler sobre o meu ídolo. Ao longo desse processo, esse prefácio me dava ainda mais confiança para a recepção do trabalho que estava realizando. Afinal, se um dia Roberto Carlos propagou uma biografia não autorizada de um artista de trajetória tão polêmica como Sinatra, por que iria tentar bloquear um livro sobre a sua própria trajetória de vida?

6. A recepção ao livro

Desculpe, Roberto, mas não consigo imaginar o que possa ter ofendido a você ou a memória de pessoas queridas: tudo que li, às lágrimas, revela amor e respeito, a você e à verdade histórica.

Nelson Motta

Ao se aproximar a época do lançamento do livro, eu tinha grande expectativa sobre qual seria a reação de Roberto Carlos. Em conversas comigo, o escritor Ruy Castro e o publicitário Washington Olivetto manifestaram sua opinião. Eram opostas, ditas em momento e contextos diferentes e que indicaram que nesse caso não haveria mesmo meio-termo: seria tudo ou nada para o livro *Roberto Carlos em detalhes*.

O primeiro com quem falei foi Ruy Castro. Na fase final da redação da biografia, em junho de 2006, pedi uma entrevista. Queria ouvir a sua versão para um episódio que narro no livro: o processo que Roberto Carlos moveu contra ele, em 1983, por causa de uma reportagem na extinta revista *Status*. Ruy Castro disse que não se arrependia de ter feito aquele texto, apenas lamentava o que tinha acontecido. E que nada mais gostaria de falar sobre o assunto, pois desejava ficar o máximo possível de fora da história de Roberto Carlos. Então agradeci e já ia desligar o telefone quando ele disse: "Paulo Cesar, posso lhe dar um conselho?". Eu me surpreendi com a sua iniciativa. "Por que você não procura outro artista da música brasileira para pesquisar e escrever?", indagou-me Ruy, enfatizando: "Deixa Roberto Carlos pra lá. Isso só vai te dar aporrinhação. Ele vai te meter um processo nas costas, e seu trabalho vai ser confundido com essas publicações de fofocas. Você fez um livro importante, o *Eu não sou cachorro, não*, pra que se queimar agora com Roberto Carlos? Saia fora disso!".

Ruy falou com bastante firmeza, parecendo estar mesmo certo de que aquilo fosse ocorrer. Mas achei que tinha sido um conselho motivado por sua experiência negativa com o cantor, de cujos discos, aliás, ele jamais gostou, mesmo antes do processo. Além disso, Ruy não tinha lido um trecho sequer do livro que eu estava escrevendo, sabia apenas que o tema seria Roberto Carlos. De qualquer forma, sua advertência ficou registrada e de vez em quando eu me lembrava dela, especialmente quando coloquei o ponto final e o livro foi para a gráfica.

O publicitário Washington Olivetto falou comigo depois de ler as 504 páginas de *Roberto Carlos em detalhes*. Considero Olivetto o leitor número um do livro, pois ele foi o primeiro a receber um exemplar logo que a obra saiu da gráfica da editora Planeta. O livro ficou pronto na quinta-feira, 30 de novembro, e nesse dia mesmo, em São Paulo, o editor Pascoal Soto entregou-lhe nas mãos o exemplar ainda cheirando a tinta. Na terça-feira o meu telefone tocou em Niterói. Era Olivetto, telefonando para comentar a leitura. Ele disse que tinha gostado muito, que Roberto Carlos tem uma linda história que precisava mesmo ter sido contada. "O livro trata Roberto muitíssimo bem, com carinho. Acho, inclusive, que você vai ter uma surpresa muito agradável do lado de lá. Se prepare para isso. Parabéns, Paulo!"

O telefonema dele me deixou muito mais tranquilo e confiante. Afinal, era a opinião de alguém que tinha lido o livro, e alguém de sensibilidade, que conhecia Roberto Carlos, Dody Sirena e as mais diversas e complexas personalidades do meio artístico. Gostei tanto do que ouvi que já nem pensava mais no que me advertira Ruy Castro. Até porque a opinião da crítica dos mais importantes jornais e revistas do país foi basicamente a mesma de Olivetto.

Roberto Carlos em detalhes foi capa da revista *Bravo!* naquele mês de dezembro. A chamada dizia que o livro explicava "como o maior ídolo popular do país mudou a história da música brasileira". Outras publicações, como *Folha de S.Paulo, O Estado de S. Paulo* e *Veja* também fizeram elogios à biografia. No mesmo tom eram as mensagens dos leitores, fãs de Roberto Carlos, enviadas diretamente para o e-mail que informei na contracapa do livro, e as daqueles que escreviam em sites e blogs dedicados ao cantor na internet. Tudo me fazia acreditar que poderia mesmo acontecer o que dissera Washington Olivetto: uma agradável surpresa do lado de lá.

Foi o que ocorrera, por exemplo, apenas dois anos antes, a outro autor de um livro não autorizado sobre Roberto Carlos. Eu estava presente na coletiva de dezembro de 2004, no Rio, quando o jornalista Mauro Ferreira se levantou e fez a seguinte pergunta: "Roberto, está saindo agora um livro do Pedro Alexandre Sanches, *Como dois e dois são cinco*, que analisa a sua obra junto com a do Erasmo e Wanderléa. Queria saber se você já tomou conhecimento desse livro e se já leu".

O cantor respondeu tranquilamente que sabia do lançamento, sim, mas que ainda não tinha recebido a obra. "Sei que Pedro é um jornalista conceituado e vamos ver depois o que está no livro. Mas como ainda não li, não posso dizer nada". Não se falou mais do assunto naquela coletiva, mas o pouco que Roberto Carlos respondeu me deixou mais tranquilo para continuar escrevendo a biografia, porque ele não reclamou de falta de autorização, nem acusou o autor de usar seu nome e sua imagem com finalidade comercial ou mesmo do fato de aquele livro ser lançado na época do Natal, junto com seu disco. Sua satisfação ou não dependeria apenas do conteúdo da obra — e ele também não deu nenhum indício de que poderia processar o jornalista se o que ele escreveu o desgostasse.

Essa história é a de um garoto que não amava Roberto nem Erasmo Carlos, mas escreveu um livro sobre eles e, felizmente, não teve nenhum problema. "Eu tenho orgulho de ter escrito um livro sobre o Roberto Carlos que não foi censurado", diz Pedro Alexandre Sanches, que, como quase todo adolescente de classe média nos anos 1980, não gostava do cantor, e só descobriu a obra dele no início da década seguinte. "O primeiro disco que comprei do Roberto foi *Jovem Guarda*. Eu já era adulto, saiu na Discoteca básica da *Bizz*, aí eu falei: 'Vamos lá, comprar um disco desse chato de galocha'. Aí nunca mais parei."

O jornalista começou a sua carreira na *Folha de S.Paulo* em 1994, onde se destacaria como um dos críticos musicais mais temidos da imprensa brasileira. Ele se inseria em uma tradição de azedume que não vinha só do universo da MPB, com o temido José Ramos Tinhorão, mas também de jurados de programas de auditório, como José Fernandes e Alfredo Borba. "Eu adorava fazer texto polêmico", reconhece Pedro Sanches, que atraiu a ira de muitos artistas, como Toni Garrido, que quase o agrediu. "Soube das ameaças por conversas das comadres. Não apanhei pessoalmente ainda, não... Mas que o Garrido ameaçou chamar a tropa dele, diz que chamou, sim... Não tenho culpa se o disco dele era ruim, né?"

Mas ao sair da *Folha de S.Paulo*, em 2004, o crítico deixou para trás a sua fama de mau e, para surpresa de muitos, passou a analisar o universo musical popular com um olhar muito mais tolerante, generoso. Segundo ele próprio afirmou numa entrevista, o marco dessa sua mudança foi a leitura do meu livro sobre música brega. "*Eu não sou cachorro, não* é o livro mais importante sobre música brasileira que eu já li. Acho que até a minha saída da *Folha de S.Paulo* tem a ver com eu ter lido esse livro. Estou falando pela primeira vez sobre isso. Esse livro mudou a minha vida. Quando li, pensei: 'Nossa, tá tudo errado, eu tô entendendo tudo errado'."

A influência de *Eu não sou cachorro, não* pode ser também notada no enfoque do segundo livro de Pedro Alexandre Sanches: *Como dois e dois são cinco: Roberto Carlos (& Erasmo & Wanderléa)*. Lançado pela editora Boitempo em 2004, é uma análise terna, sofisticada e irreverente da vida e da obra dos três principais ídolos da Jovem Guarda. Embora não seja uma biografia, seu livro aborda vários momentos da vida pessoal de Roberto Carlos. "Eu fui cuidadoso, mas não evitei nenhum assunto espinhoso. Tinha o mito da perna, que não podia falar da perna, que Roberto se incomoda. Meu Deus, como não citar isso? Eu contei da forma mais sóbria possível", disse Sanches, que não se furtou de falar também do romance de Roberto Carlos, em 1966, com a então esposa de Dener, a manequim Maria Stella Splendore. "Quando relia o livro, quando revisava, este foi o único ponto em que eu ficava: 'tiro, não tiro; tiro, não tiro'. E não tirei."

Outro assunto abordado na obra é a doença e morte de Maria Rita, esposa de Roberto Carlos, a quem o artista dedicou publicamente várias canções de amor, como "O grude (Um do outro)", gravada no ano seguinte ao falecimento dela. Sanches é ácido ao comentar o demorado luto do cantor que, segundo ele, "constrangia seus ouvintes expondo-os à crueldade do grude entre uma pessoa viva e uma pessoa morta".

Por tudo isso, o jornalista confessou que estava inseguro na época do lançamento do livro. "Eu morria de medo de acontecer comigo o que depois acabou acontecendo com o Paulo Cesar. Morria de medo que o Roberto Carlos proibisse." E, no entanto, Roberto Carlos não proibiu; Erasmo e Wanderléa, também não. Ao contrário, logo depois Erasmo Carlos o convidou para escrever o release de seu novo disco, e mais tarde acabou acontecendo com Pedro Sanches aquilo que Pascoal Soto previra para mim: ele foi convidado pela produção de Roberto Carlos para acompanhar o artista no seu tradicional show em navio. Em fevereiro de 2010, o jornalista escreveu um diário de bordo em seu blog.

> Pois então. Soa mais ou menos surreal aos meus próprios ouvidos dizer isso, mas dentro de poucas horas estarei embarcando no navio *Costa Concórdia*, para participar pela primeiríssima vez de uma experiência que muitos conhecem como "Projeto Emoções em Alto-Mar". É, o cruzeiro do Roberto Carlos, isso mesmo...

E lá foi Pedro Alexandre Sanches, como ele mesmo disse, "de gaiato no navio".

No meu caso o dia D seria na segunda-feira, 11 de dezembro de 2006, às quinze horas, quando haveria uma entrevista coletiva de Roberto Carlos. O local escolhido foi mais uma vez um dos salões do hotel Caesar Park, no Rio. O cantor lançava o CD e DVD *Duetos*, reunindo alguns de seus encontros com outros astros da música brasileira — todos gravados em seus especiais na TV Globo. O disco traz, por exemplo, Roberto e Tom Jobim cantando "Lígia", do programa de 1978, ele e Milton Nascimento em "Coração de estudante", do especial de 1985, e também um dueto com Gal Costa em "Sua estupidez", que foi ao ar em 1997. O objetivo da coletiva era falar sobre esse trabalho, comentar a escolha desse ou daquele dueto, enfim, promover o novo lançamento do cantor. Mas fatalmente algum jornalista perguntaria sobre a biografia recém-lançada, que afinal chegara com grande destaque à mídia.

Uma semana antes, o jornalista e escritor Urariano Mota comentara criticamente em um artigo:

Como se tocada e movida por um feitiço, toda a imprensa brasileira noticia neste dezembro o lançamento do livro *Roberto Carlos em detalhes*. Vocês leram bem, não há exagero: toda a imprensa brasileira, toda, de norte a sul do país não fala e não deseja falar de outra coisa. Quanta curiosidade nos invade o peito a partir do que lemos nas folhas impressas. Que descobertas e humanidade virão dos detalhes da vida de Roberto Carlos?

Assim, o staff do artista sabia que o tema viria à baila naquela entrevista e o teria aconselhado a, por enquanto, evitar falar do livro, desconversar, para que o foco da coletiva ficasse apenas no lançamento do seu disco. Não foi o que aconteceu.

A coletiva atraiu um grande número de jornalistas e fotógrafos. Nos últimos anos, Roberto Carlos tem concedido pouquíssimas entrevistas exclusivas, e invariavelmente para a TV Globo, o que torna encontros como esse a única oportunidade de os demais órgãos de comunicação terem um contato direto com o cantor. Iniciada a coletiva, a primeira pergunta que lhe fizeram foi sobre o novo CD, especificamente a faixa em que ele canta com Tom Jobim. Em seguida lhe perguntaram por que ele optara por um disco com antigos duetos em vez de canções inéditas. Depois, sobre o critério de seleção das dezesseis faixas do DVD. Ou seja, a entrevista começou conforme desejava a assessoria de Roberto Carlos. E ele respondia a todos de forma descontraída, sorridente.

No mesmo dia e hora em que o cantor falava com a imprensa em Ipanema, eu recebia em minha casa, em Niterói, o repórter Eduardo Fradkin, do jornal *O Globo*. A entrevista fora agendada pela assessoria de imprensa da editora Planeta com a indicação de que o jornal pretendia fazer um perfil meu. Mas é possível que *O Globo* já tivesse alguma informação dos bastidores do staff de Roberto Carlos e, por isso, quis falar comigo no mesmo horário da coletiva, para publicar a nossa fala e imagem na edição seguinte — como efetivamente aconteceu. Assim que chegou à minha casa, Eduardo ligou para Antônio Carlos Miguel, seu colega de *O Globo* que estava cobrindo a coletiva no Caesar Park. Eles conversaram rapidamente e ao final Fradkin pediu que o outro lhe comunicasse qualquer novidade do lado de lá. Estabelecida a sintonia, começou então a entrevista comigo, abordando aspectos da minha trajetória de vida e do método de pesquisa utilizado na elaboração do livro.

Depois de cerca de trinta minutos de conversa, tocou o celular do jornalista. Ele atendeu, rapidamente virou a folha de seu bloco e passou a fazer anotações. Respirei fundo, pois imaginei que se tratava de novidades da entrevista de Roberto Carlos. Assim que desligou o telefone, Eduardo me comunicou: "Paulo, o Miguel, que está lá na coletiva, me passou a informação de que agora há pouco Roberto Carlos reclamou de seu livro, disse que está muito chateado, triste com isso, e que entregou o caso para os advogados dele resolverem na Justiça". Eu gelei dos pés à cabeça. Por mais que houvesse a possibilidade de o artista tomar essa atitude, ao ouvir a confirmação foi como receber um balde de água fria sobre o corpo. E eu nem sabia de tudo o que o cantor dissera na coletiva. Li depois as reportagens, vi o vídeo postado no seu site oficial e ouvi o relato de meu amigo Lula Branco Martins, que estava no salão do Caesar Park, embora não tenha dirigido nenhuma pergunta ao artista.

Sua primeira manifestação pública sobre o livro *Roberto Carlos em detalhes* foi motivada por uma pergunta do jornalista Jotabê Medeiros, de *O Estado de S. Paulo*. Era a sexta pergunta dirigida ao cantor naquela tarde, e o repórter foi claro e objetivo: "Roberto, saiu um livro recentemente contando a história da sua vida, uma biografia não autorizada. Eu queria saber se você leu esse livro e qual é a sua opinião sobre ele". Ao contrário das respostas anteriores, ditas em meio a sorrisos, nessa o cantor fechou o semblante e falou pausadamente: "Eu não li o livro todo, mas as coisas de que tomei conhecimento e que leram pra mim, e tudo aquilo que eu tenho conhecimento do livro, sinceramente, me desagradam muito". Parecia que ele ia encerrar o assunto por aí, pois a frase seguinte saiu um pouco hesitante, truncada: "Tem muita coisa… pra falar a verdade…". O cantor para por alguns segundos, como se procurasse as palavras, se ajeita na cadeira e então segue na resposta agora em tom mais enfático e sem hesitação. "Pra começar, é uma biografia não autorizada e cheia de coisas que não são verdadeiras. E coisas que ofendem a mim e a pessoas muito queridas, pessoas maravilhosas e que são expostas e colocadas ali numa exposição absolutamente sensacionalista. Eu acho um absurdo isso. Acho que essas pessoas merecem o devido respeito, e eu também. Acho não, com certeza. O livro tem essas coisas todas que me desagradam."

Ainda na mesma resposta, Roberto Carlos faz uma segunda reclamação contra mim. "Além de tudo, pra mim é muito estranho que alguém lance mão desse patrimônio que é a minha história. A minha história é um patrimônio meu! Acho que eu tenho que escrever esse livro e contar, quando eu quiser, essa história. Porque ninguém vai contar a minha história melhor que eu e de forma verdadeira. Então eu acho que é um absurdo alguém lançar mão do meu patrimônio em seu benefício, principalmente num produto para tirar proveito comercial. Porque, sem dúvida alguma, o livro é um produto comercial. Então, não concordo, estou realmente muito aborrecido e muito triste com isso. Meus advogados estão estudando o caso e, com certeza, a gente vai cuidar disso dentro da forma da lei."

Mesmo tendo admitido que não lera integralmente *Roberto Carlos em detalhes*, o cantor fez graves acusações a mim na coletiva: que a biografia que escrevi era cheia de coisas não verdadeiras e sensacionalistas e que, além disso, eu teria me apropriado de um patrimônio dele, a sua história. Os jornalistas quiseram saber mais, pois Roberto Carlos não citou nenhum trecho do livro para justificar as acusações. Então, mais adiante um outro repórter lhe perguntou: "Roberto, gostaria de voltar ao assunto chato, que é a biografia. Que coisa te incomodou tanto? É uma biografia que já está nas lojas, está todo mundo lendo. Então que grande mentira é essa que está te incomodando tanto?". "Em primeiro lugar, são muitas…", repetiu o cantor, "e em segundo lugar eu gostaria, com todo respeito a você e a todos vocês, de não falar mais sobre este assunto. Até nem era para eu ter respondido à primeira pergunta, porque eu não quero tocar nesse assunto. Realmente, como eu disse, isso me aborreceu e me aborrece muito. Então eu quero realmente não falar nesse assunto aqui."

O cantor tentava colocar um ponto final na polêmica e se concentrar na razão daquela coletiva. Mas ele ouviu mais uma pergunta sobre o incômodo tema: "Você diria para as pessoas não comprarem o livro?". Roberto respondeu que não estava ali para falar o que seus fãs deviam ou não fazer. "Só quero dizer que realmente não estou de acordo com este livro" — e manteve as acusações e a ameaça. "Eu me sinto agredido na minha privacidade, principalmente por coisas que não são verdadeiras. Isso me irrita, me incomoda e me entristece. Com certeza, isso já está com nossos advogados para fazer aquilo que a lei faculta."

Depois disso, os repórteres deram uma trégua, e a entrevista prosseguiu focando seu disco e outros assuntos da carreira do artista. Porém, mais adiante, outro jornalista se levantou e fez mais uma pergunta sobre a biografia, incendiando de vez a coletiva. "Roberto, sem tocar nos aspectos que você não quer mais falar acerca do livro, mas a imprensa reagiu à obra de forma muito positiva, destacando que pela primeira vez você teve um reconhecimento histórico, mostrando a altura que você está na música popular brasileira. Você é mostrado no livro como grande compositor, além de ser comparado, como cantor, a figuras como Frank Sinatra. Eu acho que, não obstante os aspectos pessoais, no sentido da importância da sua obra, você sai maior…" Antes que o jornalista completasse a pergunta, Roberto Carlos o interrompeu indagando: "E daí?". O repórter tentou argumentar que a biografia teve boa repercussão entre críticos e intelectuais e que o autor faz uma reavaliação positiva de toda a produção musical dele. E perguntou: "Esse aspecto do livro não pode ser importante, no sentido do seu lugar na história da música popular brasileira?".

Visivelmente irritado, Roberto Carlos respondeu: "Não tem nada a ver uma coisa com a outra. O autor se apropriou da minha propriedade e do meu patrimônio, para escrever uma coisa que eu não autorizei. Esse é o primeiro ponto". Em seguida, revertendo os papéis, o artista dirigiu uma pergunta ao jornalista: "Você gostaria que alguém escrevesse a sua história, quando você quer escrever a sua própria história? Me responde! Você gostaria?", indagou, enfático, enquanto os flashes dos fotógrafos estouravam a sua frente. Talvez surpreso com a reação de Roberto Carlos, o jornalista disse apenas: "Depende…", e foi novamente interrompido. "Depende, não, me responde diretamente", insistiu o cantor com a pergunta: "Você gostaria que alguém escrevesse a sua história? Mesmo que não fosse uma pessoa, mas várias pessoas contando sua história do jeito que quiseram e do jeito que imaginam, e que alguém pusesse tudo isso num livro?".

O jornalista tentou ponderar que *Roberto Carlos em detalhes* é um livro diferente daquele escrito pelo ex-mordomo do cantor, que também foi parar na Justiça — como contaremos mais à frente. "Não importa, não importa", rebateu bruscamente Roberto Carlos, para deleite dos fotógrafos que pipocavam mais flashes diante dele. E acrescentou: "Um livro, para ser escrito sobre a história de alguém, tem que ter só verdades e não pode ter invasão de privacidade. Eu acho que a privacidade de uma pessoa deve ser respeitada a qualquer custo. A vida privada de cada um tem que ser respeitada. Não é porque o cara escreveu um livro que ele pode me elogiar e ao mesmo tempo dizer coisas que acho que não devem ser ditas. E coisas que não são verdadeiras", insistiu na acusação. E fez outra pergunta ao jornalista, mas sem citar exemplos: "Você acha que, por ele ter dito isso ou aquilo, por ele ter me comparado a Sinatra, ele tem direito de ofender pessoas queridas e maravilhosas, que merecem o respeito, e expor essas pessoas a um ridículo e de forma sensacionalista? Eu não acho que isso justifica o que ele disse de bom".

Nunca antes Roberto Carlos havia se manifestado publicamente de forma tão agressiva contra alguém. Nem na época da Jovem Guarda, quando enfrentou os radicais nacionalistas que se opunham à guitarra elétrica; nem nas décadas seguintes, quando teve contra si a maior parte dos críticos musicais do país; nem mesmo quando foi acusado de plágio por alguns compositores do Brasil e do exterior. Em todos esses momentos, agiu com discrição, elegância. A ponderação, o cuidado ao falar, a preocupação em não polemizar, em não ser injusto ou indelicado com alguém sempre foram uma reconhecida característica do cantor. Por isso, surpreendeu a todos o modo virulento com que ele se referiu ao meu trabalho durante a coletiva. A partir daí não tive mais sossego.

O jornalista de *O Globo* ainda me entrevistava quando o telefone de minha casa começou a tocar. Eram os outros repórteres querendo discutir comigo o que Roberto Carlos acabara de dizer na coletiva. Eu deixara o telefone ligado na secretária eletrônica para não interromper a conversa com Eduardo Fradkin. As mensagens foram então se acumulando e invariavelmente em torno de uma mesma pergunta: "Paulo Cesar, quais os trechos do livro que você acha que teriam incomodado tanto Roberto Carlos?".

Nos dias seguintes, diversos jornais, revistas e programas de televisão destacaram o protesto do artista contra o autor de sua biografia não autorizada. A polêmica foi matéria de capa do Segundo Caderno de *O Globo* com o título "Roberto entre o bem e o mal", citação da música "É preciso saber viver" — "Se o bem e o mal existem você pode escolher" — e a sugestão de que eu representaria para ele o lado ruim. Único jornalista que me ouviu pessoalmente naquele dia, Eduardo Fradkin escreveu que "a notícia de que o ídolo tomaria medidas legais contra a obra pegou Araújo de surpresa", citando a seguir a minha fala, dita ainda sob o impacto da sua informação: "Fiz um trabalho de pesquisa histórica. Meu livro não é um problema, mas uma solução, pois supre uma carência na historiografia da música brasileira".

O Estadão e a *Folha de S.Paulo* repercutiram a polêmica com fotos e chamadas na primeira página, e o *Jornal do Brasil* destacou a reação do cantor com o título: "Rei sai do trono e ataca biografia não autorizada". Mesmo tom da manchete do *Diário Catarinense*: "Livro enfurece Roberto Carlos", e do jornal *Extra*: "Livro tira o Rei do sério". O *Estado de Minas* também destacou na primeira página: "Rei com raiva". E o *Correio Braziliense*: "A fúria do Rei". O jornal *Povo do Rio* até exagerou: "Roberto Carlos perde a paciência e interrompe coletiva". Nenhum deles, porém, superou o carioca *Expresso*: "Rei solta os bichos em cima de escritor", afirmando que o lançamento do livro fizera o artista "subir nas tamancas e desejar que tudo que está na biografia 'vá pro inferno'".

É fato que a partir daí o livro ganhou ainda muito mais destaque e popularidade. Mas, com sua reação furiosa, Roberto Carlos trouxe para primeiro plano o que era secundário no conteúdo da biografia. As milhares de informações sobre a sua obra musical, os detalhes dos momentos cruciais de sua carreira, as análises de sua relação com a Bossa Nova, o Tropicalismo, a Jovem Guarda e a Igreja Católica — temas que representam cerca de 99% do conteúdo do texto —, foram abafados. O que a mídia agora destacaria e repetiria à exaustão seriam aqueles poucos trechos que teriam desagradado a Roberto Carlos: os relatos do acidente que ele sofreu na infância, da doença de sua esposa ou de seus encontros amorosos.

Com todo esse bafafá, o livro acabou se firmando entre os mais procurados nas livrarias. A *Folha de S.Paulo* destacou na época: "Roberto Carlos desbanca Bruna Surfistinha em livros mais vendidos", em referência a *O doce veneno do escorpião: O diário de uma garota de programa*, que durante meses esteve no topo dos best-sellers.

A muitos, a polêmica dava a falsa impressão de que *Roberto Carlos em detalhes* trazia somente fatos picantes da vida pessoal do artista. Voltei então a me lembrar da advertência de Ruy Castro. "Isto vai te dar aporrinhação. Roberto vai te meter um processo nas costas e seu trabalho vai ser confundido com essas publicações de fofocas". Infelizmente, Ruy tinha acertado na sua previsão.

De tudo o que Roberto disse contra mim naquela coletiva, o que mais me surpreendeu foi a acusação de que a biografia estava "cheia de coisas não verdadeiras". Dizer que invadi a sua privacidade é uma questão interpretativa, porque pessoas muito famosas como ele sofrem restrições à privacidade. Bradar que sua história é um patrimônio particular e que eu teria me apropriado de algo que não me pertence é uma acusação altamente discutível, mas que encontra defensores. Até mesmo a alegação de que o livro seria sensacionalista fica no campo subjetivo. Mas afirmar que a biografia está "cheia de coisas não verdadeiras" diz respeito a fatos sobre os quais não cabe interpretação. Roberto Carlos teria então que apontar as tais inverdades do texto — como pediu um jornalista — e me processar por calúnia.

Conhecendo bem a história do cantor, eu estava convicto de que ali não havia nenhum fato não verdadeiro. Entretanto, ele teria coragem de negar a verdade para sustentar a acusação? O seu romance com Sônia Braga, por exemplo, narrado no capítulo 10 da biografia: logo após o lançamento do livro, a atriz foi ouvida pela revista *Época* e preferiu não confirmar nem desmentir a informação. "Se o biógrafo disse que sabe tudo, perguntem então para ele", respondeu a eterna Gabriela. Portanto, se Roberto Carlos agora negasse, seria a palavra dele contra a minha e a de outros que citaram publicamente o caso antes, como Ronaldo Bôscoli. Eu acreditava que o cantor não desmentiria esse ou qualquer outro fato narrado no livro, mas só me restava aguardar.

Logo que Roberto Carlos manifestou a sua intenção de entrar na Justiça contra o autor de sua biografia, um misto de incredulidade e decepção tomou conta de diversas pessoas. "Nós, fãs que nunca o consideramos apenas um cantor, mas um membro da família que sempre aparece à época do Natal para cantar belas canções e trazer suas mensagens de paz e amor, custamos a acreditar no que líamos nos jornais", relatou o pesquisador e biógrafo Denilson Monteiro. Protestos e conselhos ao artista começaram a pipocar em diversos veículos de comunicação assim que a notícia se espalhou. A primeira voz a se manifestar na grande imprensa foi a da colunista Barbara Gancia, da *Folha de S.Paulo*. Em texto intitulado "Fera ferida", Barbara classificou de "coisa mais antipática a atitude de Roberto Carlos processar Paulo Cesar de Araújo. [...] Vamos e venhamos, RC já deveria estar acostumado aos percalços da fama. Sobretudo ele, que se diz tão espiritualizado". A colunista prossegue afirmando que não leu o livro, mas tinha informação de que o autor "pesquisou a fundo e é um apaixonado pela Jovem Guarda", e que "processá-lo não passa de um capricho de Roberto Carlos, celebridade sabidamente caprichosa".

Outras manifestações surgiram ao longo daquele mês de dezembro, quando o processo contra o livro era apenas uma ameaça de Roberto Carlos. O crítico musical de *O Globo*, Antônio Carlos Miguel, considerou um despropósito a intenção do artista. "Ou Roberto Carlos não entende nada — na coletiva, ele disse que tinha lido alguns trechos da obra — ou é muito, mas muito mesmo, mal assessorado." Em comentário na Rádio Jovem Pan, o jornalista José Nêumanne Pinto bateu na mesma tecla: "Não dá para entender por que o biografado quer levar o biógrafo à Justiça. O pretexto de ter a intimidade invadida pelo escritor é pequeno para um artista da grandeza e o ser humano da qualidade do mais popular cantor-compositor nacional em todos os tempos".

A polêmica se instalou também em sites, blogs e comunidades da internet. O jornalista e crítico musical Silvio Essinger publicou na rede uma "carta aberta para Roberto Carlos", um texto afetivo no qual se declara fã do artista desde a infância. "Bicho, perdoa se eu me meto em sua vida. E, por favor, perdoa aí também a intimidade excessiva no tratamento…", diz ele na abertura da carta, que segue com citações de várias canções do cantor e o relato de como os fãs estavam perplexos com a atitude dele.

> A gente conhece as suas manias e respeita todas as suas dores (que não são poucas e estão todas nas suas canções). Mas, sinceramente, bicho, a gente ficou *meio assim* com a sua irritação com o livro. Essas suas palavras, "meus advogados vão cuidar disso", soaram tão pouco Roberto Carlos — e olha que a gente conhece o seu cuidado com as palavras! Falando sério, não há nada no livro que nos tenha ofendido…

Pouco antes do Natal, no dia 22, foi a vez de Nelson Motta manifestar a sua opinião na coluna que escrevia na *Folha de S.Paulo*. Registre-se que desde a época da Jovem Guarda ele cultivava boas relações com Roberto Carlos, a quem sempre defendeu dos ataques ou desprezo das elites culturais. Em 1969, por exemplo, Nelson protestou quando Roberto e Erasmo não foram indicados ao prêmio de compositores do ano pelo Museu da Imagem e do Som: "Quando vai acabar totalmente esse nariz torcido de uma parte da crítica em relação ao trabalho sério dessa dupla terrível?". Em 2007, porém, pela primeira vez Nelson Motta discordou publicamente do cantor. Depois de afirmar que *Roberto Carlos em detalhes* é um "dos maiores e melhores tributos que um artista brasileiro já recebeu em vida. E um dos mais merecidos, por tudo que

Roberto nos deu de bonito, de emocionante e de positivo", ele também mandou um recado direto ao seu ídolo e amigo de mais de trinta anos.

> Desculpe, Roberto, mas não consigo imaginar o que possa ter ofendido você ou a memória de pessoas queridas: tudo que li, às lágrimas, revela amor e respeito, a você e à verdade histórica, num registro rigoroso e emocionante da vida e da obra de um artista genial, de um ser humano extraordinário, de um rei.

Logo depois, no dia 24 de dezembro, no mesmo jornal, o publicitário Mauro Salles comentou que "o livro de Paulo Cesar de Araújo é sério, competente e oportuno e não demorará para que o grande artista reconheça o valor da obra".

Parafraseando Chico Buarque, foram tantos os pedidos, tão sinceros e tão sentidos, que até pensei que Roberto Carlos pudesse reconsiderar a sua intenção de levar o livro à Justiça. Imaginei que depois de todas essas manifestações públicas ele iria ponderar, pensar melhor e talvez esquecer a ameaça que fizera na entrevista coletiva. Com essa expectativa passei o Natal e o réveillon de 2006 para 2007. Assisti ao especial dele na TV Globo, ouvi atentamente suas mensagens de paz e de esperança para o novo ano e achei que todo esse clima poderia realmente levá-lo a uma reavaliação.

Entretanto, na quarta-feira, 3 de janeiro, tive a informação de que as coisas não seriam assim. Recebi em minha casa a jornalista Márcia Montojos e o fotógrafo Leandro Pimentel, que foram me entrevistar para uma reportagem da revista *IstoÉ Gente*. A jornalista me disse que horas antes conversara por telefone com Dody Sirena. "Dody me disse já tem a data certa para Roberto entrar na Justiça contra você: será no dia 10 de janeiro. O empresário me contou que eles passaram o Natal trabalhando no caso e que bolaram um plano de guerra. Dody usou exatamente esta expressão: 'plano de guerra'. Será uma ação conjunta de Roberto e da família de Maria Rita contra você e a editora Planeta. Eles entrarão com dois processos, um cível e outro criminal, pedindo a proibição e o recolhimento dos livros, além de indenização e multa por invasão de privacidade. O fotógrafo de Roberto, Luiz Garrido, também entrará com processo pedindo indenização porque o livro trouxe na capa uma foto não autorizada. Enfim, essa é a informação que o Dody me passou. E pelo visto parece mesmo um 'plano de guerra'."

De tudo o que a jornalista me contou, me chamaram bastante atenção a referência ao trabalho no Natal e a expressão "plano de guerra" — coisas simbolicamente antagônicas. Porém, quis o destino que essa batalha judicial se concretizasse exatamente na época do Natal, data tão associada a Roberto Carlos e as suas canções de fé e de fraternidade, como "Todos estão surdos", em que ele diz: "Não importam os motivos da guerra/ A paz é ainda mais importante que eles". Eis que agora estava Roberto Carlos, em pleno Natal, bolando com seu staff um "plano de guerra" para destruir o "inimigo", um fã que escreveu a sua biografia. "Eu mesmo articulei a proibição da biografia não autorizada. Roberto se sentiu afrontado por ela", disse Dody Sirena.

A jornalista Márcia Montojos quis saber o que eu tinha a dizer sobre isso. "Não quero nem pensar", respondi. "Não consigo ver meu livro como um problema, é um trabalho histórico. Ele responde questões que precisavam ser respondidas. Não era possível que depois de quarenta anos de carreira não tivesse no Brasil um livro que revelasse em profundidade a humanidade e a obra de Roberto Carlos. Me recuso a acreditar que eu possa ser castigado por isso." A resposta foi publicada naquela edição da *IstoÉ Gente*.

Nessa fase inicial da polêmica, as críticas a Roberto Carlos eram ainda brandas, com o propósito de aconselhamento — nada comparável aos torpedos e patadas que ele receberia mais à frente, após a efetiva proibição do livro. De qualquer forma, a reação inicial dos leitores já era indicativa de que a sociedade brasileira não aceitaria passivamente mais uma investida judicial de Roberto Carlos contra a liberdade de expressão.

A primeira ação dele contra um livro ocorreu em 1979, quando obteve a proibição e apreensão de *O rei e eu*, escrito por seu amigo e ex-mordomo Nichollas Mariano. É um pequeno livro que relata episódios que Mariano viveu ao lado do cantor nos anos 1960, além de descrever algumas de suas conquistas amorosas. Uma delas teria sido uma fã chamada Lúcia, que ficara grávida e tivera um filho que dizia ser de Roberto Carlos — fato que seria confirmado anos depois, quando o cantor se submeteu ao teste de DNA e reconheceu a paternidade de Rafael Braga, seu primogênito. Logo que o livro foi lançado, Roberto Carlos recorreu ao advogado Saulo Ramos, que moveu uma ação judicial com o pedido de proibição e apreensão da obra. O cantor justificou que "o livro é uma inverdade no seu todo e um desrespeito não só a mim, mas também às pessoas que são citadas nele. Não permitir o seu lançamento é uma questão moral". O livro teve a sua venda proibida, e 134 mil exemplares foram apreendidos pela polícia e queimados. Segundo Saulo Ramos revelou em sua autobiografia *Código da vida*, a incineração foi realizada nos fornos da prefeitura de São Paulo.

Mesmo com esse cenário de *Fahrenheit 451* não houve maiores polêmicas ou protestos contra a atitude de Roberto Carlos. Vivíamos sob a ditadura militar, e grande parte da sociedade ainda encarava com certa naturalidade atos autoritários e radicais como esse. Também não houve repercussão quando, em 1983, Roberto Carlos novamente contratou Saulo Ramos para processar os responsáveis pela redação e publicação de um perfil dele na revista *Status*. Com o título "O Roberto Carlos que ninguém conhece", a reportagem abordava aspectos da vida pessoal do artista, com destaque para algumas de suas aventuras amorosas. O autor do texto era o ainda pouco conhecido Ruy Castro, que, para se precaver, assinou com o pseudônimo de Guido Macedo. De nada adiantou. Acusados do crime de injúria e difamação, Ruy e o editor executivo da revista, Fernando Pessoa Pereira, foram condenados a dois meses de prisão. Como eram réus primários, cumpriram a sentença em liberdade. Ruy Castro disse ter sido surpreendido com aquele processo de Roberto Carlos. "Enfim um brasileiro que se ofendia por ser chamado de garanhão!", ironizou.

A investida censória seguinte ocorreu em janeiro de 1993 e teve como alvo o jornal paulista *Notícias Populares*. Pautados pelo editor executivo Walter Novaes, o repórter Ivan Finotti e o fotógrafo José Luiz da Conceição produziram uma série de reportagens sobre a história do cantor. Os primeiros capítulos narravam a infância de Roberto Carlos, destacando o acidente que o vitimara numa linha de trem. "Toda a história da perna do rei", alardeava uma das manchetes do *Notícias Populares*.

Novamente por intermédio do advogado Saulo Ramos, o cantor pediu e obteve da Justiça a suspensão da série de reportagens, que teria seu quinto capítulo na edição de domingo, 10 de janeiro. Na véspera desse dia, um oficial de justiça chegou à redação e embargou as matérias quando o jornal já estava pronto para rodar. "Não é segredo que Roberto usa uma prótese na perna, pois manca no palco. O que ele não quer é que o jornal ganhe dinheiro às suas custas", justificou Saulo Ramos.

Esses três casos de proibição tiveram um mesmo roteiro: Roberto Carlos chamou Saulo Ramos, que acionou a Justiça, que acolheu o seu pedido e, sem maiores problemas ou desgaste para o artista, as publicações foram proibidas e seus autores, condenados. Ou seja, até então o cantor não tivera muitos obstáculos para proibir algo ou processar alguém. Talvez por isso tenha decidido fazer o mesmo com o livro e o autor de *Roberto Carlos em detalhes*: bastava chamar o dr. Saulo Ramos. Agora, no entanto, as coisas seriam um pouco diferentes.

Ex-consultor-geral da República e ex-ministro da Justiça do governo José Sarney, Saulo Ramos foi um dos mais renomados juristas do país. Atuou pela primeira vez como advogado de Roberto Carlos em 1976, quando o cantor precisou negociar a renovação de seu contrato com a gravadora CBS. Àquela altura da carreira, com milhões de discos já vendidos e principal nome da companhia, Roberto Carlos se julgava merecedor de condições mais vantajosas. Seus contratos eram negociados com os diretores da filial no Brasil, mas Saulo Ramos foi conversar diretamente com o presidente da matriz da CBS, nos Estados Unidos. A negociação transcorreu muito bem, e o artista obteve praticamente todas as vantagens que queria.

Roberto Carlos tinha então suas finanças muito mal organizadas, o que lhe causava aborrecimentos frequentes. Saulo Ramos se propôs a resolver também essa questão, indicando um amigo de muita competência e confiança, o economista Reynaldo Ramalho, para gerenciar os negócios do cantor. "Quero que você tome conta do dinheiro do Roberto, não deixe ninguém passar a mão naquilo que ele ganha com tanto sacrifício e organize sua contabilidade, vida tributária, gastos da família. Evite processos judiciais provocados pela bagunça, os fiscais e os criminais", orientou-lhe o advogado. Segundo Saulo Ramos, a partir daí Roberto Carlos nunca mais teve dor de cabeça com dinheiro.

A presteza e a eficiência com que Saulo serviu a Roberto fizeram com que este o apoiasse publicamente quando o advogado concorreu ao cargo de deputado federal nas eleições de 1990, pelo PTB. Fato raro na carreira do artista, sua imagem apareceu ao lado do candidato na propaganda eleitoral com a mensagem: "Vamos fazer o Saulo Ramos ganhar, bicho". Segundo ele, "Roberto não quis saber nem qual era o meu partido". E quando, em 1993, o advogado decidiu reformar sua casa, em São Paulo, foi morar com a esposa em um dos apartamentos do amigo e cliente Roberto Carlos.

O ex-ministro Márcio Thomas Bastos definia Saulo Ramos como "o Romário dos tribunais", e justificou: "Ele é baixinho, ágil, esperto e tem drible curto. É combativo e gosta da vitória". Roberto Carlos sabia disso, e desde aquela sua bem-sucedida negociação de contrato com a CBS, procurava os serviços e os conselhos de Saulo Ramos. Para as questões do dia a dia de seu escritório, Roberto contratou, em 1998, o gaúcho Marco Antônio Campos, que lhe foi indicado por seu empresário, o também gaúcho Dody Sirena. Mas para questões polêmicas, mais difíceis, e que precisavam de resolução rápida e eficiente, ele preferia chamar o dr. Saulo Ramos.

Foi assim quando decidiu entrar na Justiça contra a sua biografia não autorizada, mas para essa causa o cantor não teve o apoio do ex-ministro da Justiça. Em entrevista nas páginas amarelas da *Veja*, Saulo Ramos disse que lera *Roberto Carlos em detalhes*. "É uma biografia perfeita. Não tem um ataque moral contra o Roberto. Ele me consultou e eu o aconselhei a não tomar nenhuma providência. Eu recusei a causa, e ele procurou outros advogados."

Sem o apoio de Saulo Ramos, o artista recorreu a Marco Antônio Campos. O escritório Campos Escritórios Associados, com sede em Porto Alegre, representou o cantor no processo criminal. Associada a ele, a firma Borgerth, Miranda, Santana, Leite & Espírito Santo Advogados, sediada no Rio de Janeiro, atuou na esfera cível.

Naquele ano, a revista *Aplauso*, de Porto Alegre, publicou uma entrevista com Marco Antônio Campos. Ilustrando a reportagem, o advogado aparece abraçado ao meu livro, que aperta sobre o peito — numa pose semelhante a que pastores costumam fazer com a Bíblia. Confesso que logo me lembrei daqueles versos de Lupicínio Rodrigues em "Nervos de aço": "Você sabe o que é ter um amor, meu senhor/ Ter loucura por uma mulher/ E depois encontrar esse amor, meu senhor/ Nos braços de um outro qualquer?".

Marco Antônio Campos atuou como uma espécie de porta-voz dos dois escritórios. Ele foi praticamente o único dos dezoito advogados nomeados na procuração assinada pelo cantor a dar entrevistas e falar sobre o caso na imprensa. Por assim dizer, foi o "comandante do exército" que executaria o tal "plano de guerra" contra a biografia de Roberto Carlos.

Conforme informara Dody Sirena à jornalista Márcia Montojos, exatamente na quarta-feira, dia 10 de janeiro de 2007, Roberto Carlos bateu oficialmente às portas da Justiça contra mim e a Planeta. Por meio de seus advogados, ingressou com uma notificação cível à editora requisitando que, no prazo de cinco dias, interrompesse a publicação, distribuição e venda do livro. Protocolada no Cartório de Registro Especial de Títulos e Documentos de São Paulo, a notificação foi preparatória para a ação judicial, uma espécie de advertência. Ou seja, se a editora não atendesse ao pedido dos advogados do cantor, ele entraria com uma ação judicial contra o autor da obra e os responsáveis pela sua publicação. Não por acaso, uma das reportagens que noticiou o fato teve o título "O Rei colocou seu exército em campo".

Na notificação à editora, são citadas duas razões que levaram o artista a pedir o recolhimento do livro. A primeira reclamação é de dano material:

> Como era do conhecimento dessa empresa, a obra intitulada *Roberto Carlos em detalhes*, de autoria do sr. Paulo Cesar de Araújo, foi elaborada sem a ciência ou autorização do artista. Mesmo assim, essa editora houve por bem publicar a referida obra. A simples publicação da obra importa em locupletamento ilícito por parte dessa empresa, que vem auferindo lucro indevido com a apropriação da imagem, do nome e da intimidade do artista.

No parágrafo seguinte menciona-se suposto dano moral, com o argumento de que "a exploração sensacionalista dos eventos mais íntimos de sua vida, os erros, bem como as especulações sobre sua intimidade, vêm causando graves danos à honra do artista".

Serão basicamente esses dois argumentos o cavalo-de-batalha dos advogados do cantor nos processos que virão a seguir: a obra é não autorizada e teria invadido a intimidade do artista. Essa dupla reclamação já tinha sido manifesta por Roberto Carlos na entrevista coletiva no hotel Caesar Park. Há, porém, uma importante omissão no primeiro documento apresentado: a das tais "muitas mentiras" de que o cantor tanto reclamou na coletiva. No processo, mencionam-se apenas "erros", "especulações sobre sua intimidade", não "mentiras" ou "inverdades". E, ainda assim, sem citar nenhum exemplo de "erro" ou "especulação" presentes no livro — o que teriam que fazer depois, ao ingressar com o processo cível e criminal.

Assim que a notificação com o pedido de recolhimento dos livros se tornou pública, os jornalistas foram ouvir minha opinião. Em entrevista à *Folha de S.Paulo*, lamentei a decisão de Roberto Carlos. "A ideia de retirar o livro de circulação é abominável. Esse tipo de processo representa uma ameaça à liberdade de expressão." A editora Planeta também se manifestou publicamente por meio de um comunicado à imprensa assinado pelo editor Pascoal Soto: "Estamos tranquilos. Este ensaio biográfico foi um dos primeiros projetos contratados pela Planeta, que completa em abril de 2007 quatro anos de existência no Brasil. Temos certeza de que publicamos uma obra séria, fruto de um trabalho exaustivo de pesquisa, realizado por um dos mais importantes historiadores da música popular brasileira".

Coube à dra. Rosa Brandão Bicker, advogada do grupo Barsa-Planeta, comunicar oficialmente aos representantes de Roberto Carlos que a empresa não se curvaria ao pedido dele. Depois de rebater as acusações de que o livro causaria danos materiais e morais ao artista, a editora alegou que "não é justo e foge ao bom senso retirar do mercado a obra, em respeito ao público e a todos os envolvidos na sua produção", e que portanto era melhor "aguardar que a Justiça decida a questão, uma vez que o público já deu a sentença de total e absoluta acolhida da obra, em todos os seus detalhes".

Diante de respostas tão claras e firmes, Roberto Carlos não esperou nem mais um dia além do prazo dado à editora para tirar os livros de circulação. Na terça-feira, 16 de janeiro de 2007, ingressou com uma queixa-crime contra mim na 20ª Vara do Fórum Criminal da Barra Funda, em São Paulo. E, três dias depois, com um processo cível contra mim e a editora Planeta na 20ª Vara Cível do Rio de Janeiro. Era a hora de o rei da música brasileira executar o seu "plano de guerra".

7. Os autos do processo I

*Se alguém quer conhecer meu pai ou saber o que pensa ou já pensou,
é só ouvir suas músicas.*

Dudu Braga

Foi estranho saber que eu seria um querelado, "pessoa que é objeto de uma querela, contra quem se move ação penal", e que Roberto Carlos era o meu querelante, "que ou aquele que querela, que move ação penal contra outrem, dito querelado". Duas palavras feias e que jamais tinham estado presentes na minha vida, mas que agora me rondariam por força da ação judicial do cantor contra mim.

Ao longo do mês de janeiro de 2007, enquanto Roberto Carlos e seus advogados se mobilizavam para tirar a biografia de circulação, muitos se perguntavam, perplexos, o porquê de tanta intransigência. Nelson Motta, por exemplo, publicou mais um artigo sobre o caso na *Folha de S.Paulo*, novamente tratando o artista com luva de pelica.

Só Roberto pode saber o que seu coração sente ao ler, em tantos detalhes, a sua inacreditável história de vida e arte, com suas dores e delícias, suas perdas e conquistas. Mas para nós, que apenas o amamos, admiramos e respeitamos, é impossível entender o que possa ofender a sua honra nesse tributo emocionado ao seu talento e à sua grandeza.

O crítico musical Mauro Ferreira, do jornal *O Dia*, também lamentou a decisão do cantor em um texto que já no título dizia que "Reação de Roberto a livro não é legal". Assim como Nelson Motta, ele afirma estranhar que o artista tenha tomado a decisão de procurar a Justiça só depois de a biografia despontar com sucesso.

Ora, o lançamento do livro não era segredo para ninguém. Sobretudo no meio musical e editorial. Por que não tentou, então, entrar com uma ação preventiva antes da chegada da biografia às livrarias? Tentar retirar o livro do mercado mais de um mês depois de seu lançamento é atitude que parece vingativa.

Dias depois foi a vez do jornalista Artur Xexéo comentar o caso em sua coluna no *Globo*. E ele não deixou barato: "Roberto Carlos ganha o mico do mês", anunciou no título, numa referência ao "troféu" que ele costuma oferecer a personalidades envolvidas em situações constrangedoras. Na opinião de Xexéo,

a ida do rei à Justiça para que o livro *Roberto Carlos em detalhes* seja recolhido do mercado é inexplicável. Poucos artistas brasileiros receberam em vida uma homenagem tão explícita [...]. O pior é que Roberto nem esclarece direito por que não quer ver a biografia à venda. Na verdade — o que é difícil de acreditar — ele diz que nem leu o livro.

A afirmação de Roberto Carlos, feita na coletiva em que esbravejou contra a biografia, parecia mesmo incrível, mas foi logo depois confirmada por seu advogado em entrevista a *O Estado de S. Paulo*: "Roberto não leu o livro. Mas sua assessoria mais direta leu e conversou com ele sobre passagens determinadas, para que ele apontasse o que não era correto".

E assim, sem querer, o cantor acabou se apropriando daquele conhecido mote de Oswald de Andrade: "Não li e não gostei". Mas, como bem observou o advogado e professor Lúcio Flávio Pinto, "o que era uma tirada irônica e inteligente na boca do bardo modernista se transformou num caso triste e grave de censura nas mãos do compositor e cantor". Da reportagem da revista *Rolling Stone* — "O rei não leu e não gostou" — à do site Consultor Jurídico — "Roberto Carlos: Não li, não gostei" —, foram várias matérias, artigos e comentários sobre esse fato que, num primeiro momento, não pareceu absurdo nem ao cantor nem aos seus advogados. Tanto que eles o confessaram com naturalidade, como se fosse mesmo desnecessário ler um livro para rejeitar seu conteúdo e levar o autor às barras dos tribunais. Mas muitos questionaram esta atitude do artista. "Se não leu, como o autor de 'Emoções' pode ter ficado tão indignado em relação à obra?", questionou o jornalista Fabian Chacur.

Do ponto de vista do direito, o professor Lúcio Flávio Pinto argumentou que

> para Roberto Carlos poder caracterizar os tipos subjetivos dos crimes de difamação e injúria, por ele arguidos na sua ação judicial contra o autor do livro, era preciso que tivesse pelo menos lido o livro. Indignar-se por interposta pessoa, por mais que ela seja o profissional incumbido de sua assessoria jurídica, é um desatino, uma contradição, uma impropriedade técnica.

E o professor ainda indagou:

> Quem lhe pode garantir que o advogado foi intérprete exato do conteúdo do livro? E ainda que sua reconstituição seja fiel ao original? O íntimo do advogado não pode substituir a subjetividade do suposto ofendido. Se não leu o livro, conforme confessou publicamente, Roberto Carlos não tinha autoridade para considerar-se moralmente e pessoalmente ofendido por sua biografia não autorizada. Dor moral é pessoal e intransferível.

Muitos até se apegaram à ideia de que Roberto Carlos teria criticado o livro justamente porque não o tinha lido. Quando isso ocorresse, com certeza ele mudaria de opinião. Surgiu então na internet, ainda naquele mês de janeiro, uma espécie de campanha com a mensagem "Leia o livro, Roberto!". O pontapé inicial foi dado pelo jornalista (e atual líder da trupe do CQC) Marcelo Tas, que sempre se declarou fã do artista. Em um texto publicado no seu blog, ele fez um apelo direto ao cantor.

Roberto, com toda a minha admiração e respeito por você eu peço: leia o livro, você vai adorar e se emocionar. Esse papo de namoricos revelados, briguinhas suas com o Erasmo é só uma nota do rodapé dessa história sensacional. Deixa esse papo de advogado para lá. Você não vai querer pagar um mico de censor "Cicaréllico" a essa altura do campeonato, né bicho?

Ele fazia referência à atitude da modelo Daniella Cicarelli, que pediu à Justiça para tirar do YouTube um vídeo que a mostrava com o namorado numa praia da Espanha. Marcelo Tas concluía seu conselho a Roberto Carlos afirmando: "Eu te garanto: o livro dignifica a sua importância na vida de cada um de nós brasileiros".

Esse movimento na rede chamou a atenção do jornal *O Globo*, que no fim daquele mês publicou uma matéria de capa no Segundo Caderno intitulada "Parado na contramão", informando que "alguns artistas e até mesmo integrantes de fãs-clubes tentam, via internet, demover o cantor do processo ou, ao menos, convencê-lo a ler o livro". O jornal ouviu o advogado Marco Antônio Campos para saber o que seu cliente tinha a dizer sobre esses apelos na internet. A resposta do advogado não deixou dúvida de que nada daquilo sensibilizava o artista. "O Roberto está disposto a ir até o fim neste processo pelo uso indevido de sua imagem."

Geralmente, em casos de ação judicial contra escritores ou jornalistas, a batalha é travada apenas na esfera cível, porque ali o querelante pode conseguir os seus dois principais objetivos: a proibição ou alteração da obra publicada e a indenização em dinheiro. Na esfera criminal busca-se a condenação do réu a uma pena, que em alguns casos pode ser até restritiva de liberdade. Ao recorrer a esses dois expedientes, Roberto Carlos parecia almejar exatamente isto: proibir o livro, receber o pagamento de indenização e que me fosse aplicada uma punição. A primeira ação proposta foi uma queixa-crime contra mim, no dia 16 de janeiro, no 20ª Vara do Fórum Criminal da Barra Funda, em São Paulo.

Em documento anexado aos autos do processo, o promotor Alfonso Presti observou que a queixa-crime deveria ter sido apresentada ao Juizado Especial Criminal (Jecrim), que existe para cuidar especificamente das infrações consideradas de menor gravidade, cuja pena corresponde a menos de dois anos de detenção. Porém a outra parte rebateu o argumento, afirmando que "se estimadas as penas privativas da liberdade em sua devida inteireza, o que impõe sejam consideradas [...] indubitavelmente se poderia estar diante de sanção que bem sobeja o limite legal dos dois anos". No meu caso, como sou réu primário, isso não aconteceria, talvez fosse prestar serviços comunitários, mas Roberto Carlos não conhecia minha ficha. Portanto, ao pedir a minha condenação, ele parecia querer me levar para a cadeia e por um período superior a dois anos de reclusão.

Já o pedido de proibição do livro, também presente na queixa-crime, foi baseado especialmente no artigo 20 do Código Civil, que diz:

> Salvo se autorizadas, ou se necessárias à administração da justiça ou à manutenção da ordem pública, a divulgação de escritos, a transmissão da palavra, ou a publicação, a exposição ou a utilização da imagem de uma pessoa poderão ser proibidas, a seu requerimento e sem prejuízo da indenização que couber, se lhe atingirem a honra, a boa fama ou a respeitabilidade, ou se se destinarem a fins comerciais.

Note-se que esse artigo, que protege a imagem da pessoa, diz que a utilização da *imagem* pode ser proibida, mas impõe duas precondições para isso: se atingir a honra, a boa fama ou a respeitabilidade da pessoa, ou se se destinar a fins comerciais. Ou seja, não basta simplesmente alguém reclamar que a sua imagem está sendo usada sem autorização: é preciso demonstrar que o uso tem objetivo comercial ou que fira a sua honra. O que Roberto Carlos faz nos dois processos é exatamente esta acusação: o livro teria atingido a sua honra, boa fama e respeitabilidade, e o objetivo do autor e da editora seria ganhar dinheiro. Como sustentar essas acusações se todos que leram a biografia — fãs, críticos, colunistas — diziam que ela era positiva para Roberto Carlos?

Convencer a Justiça do contrário era a missão dos advogados do artista e a forma como fizeram foi a seguinte.

Na epígrafe do texto da queixa-crime, é citado um trecho de obra do jurista gaúcho Nelson Saldanha, que diz:

> O jardim é fechado [...] a ideia de jardim nos evoca a imagem de uma parte da

casa particular. Enquanto isso a ideia de praça nos indica o espaço público [...].
A praça é sempre um "largo" e corresponde à possibilidade de reunir muita gente.

No início do texto, reforça-se a ideia da epígrafe, quando se diz que Roberto Carlos "é reconhecidamente cioso de seu direito à privacidade e a uma vida pessoal e familiar fora da ribalta" e que esse seu esforço de "manter a vida pessoal e familiar longe dos espaços públicos é reconhecido por qualquer estagiário de jornal encarregado da seção de música popular". Ainda enfatiza:

> Compreendendo e prezando a delimitação que deve haver entre os espaços público e privado, o querelante (Roberto Carlos) sempre fez questão de não levar à praça aquilo que diz respeito ao seu jardim: "O jardim se diz fechado, a praça aberta". Assim agindo, o querelante se manteve apegado ao conhecido adágio de que faz uso Nelson Saldanha, na obra referida em epígrafe: "Costume de casa não vai à praça".

Creio que, se tivessem um pouco mais de intimidade com a obra musical de Roberto Carlos — e intimidade maior que a de um estagiário de jornal —, os advogados do cantor não teriam escolhido essa epígrafe para sua peça. Se existe um artista da música brasileira que traz o seu "jardim" à "praça", é exatamente Roberto Carlos.

Um de seus grandes sucessos tem o título de "As flores do jardim da nossa casa", canção que compôs em homenagem ao filho Dudu Braga, quando esse, na infância, teve que deixar o abrigo do lar para se submeter a uma delicada operação de glaucoma em uma clínica na Holanda. A canção começa com um desabafo: "As flores do jardim da nossa casa/ Morreram todas de saudade de você/ E as rosas que cobriam nossa estrada/ Perderam a vontade de viver". Numa entrevista coletiva em 2007 — portanto, depois do lançamento da biografia — o cantor falou sobre essa canção. "Ela fala do meu sentimento, da minha tensão, da minha angústia naquele momento. E, no final, fala da esperança de que tudo aquilo, as operações, as cirurgias que meu filho estava fazendo, iam dar certo. Por isso eu digo no final: 'Mas não faz mal/ Depois que a chuva cair/ Outro jardim um dia/ Há de reflorir'."

Roberto Carlos traz o seu "jardim" para a "praça" também na canção "O divã", gravação de 1972, na qual ele recorda momentos difíceis da sua infância:

"Relembro a casa com varanda/ Muitas flores na janela, minha mãe lá dentro dela". Mais adiante ele diz: "Minha casa era modesta/ Mas eu estava seguro [...] Meus irmãos à minha volta e o meu pai sempre de volta/ Trazia o suor no rosto, nenhum dinheiro no bolso/ Mas trazia esperanças". Na estrofe seguinte, ele descreve o acidente que o vitimou na infância, num dia de São Pedro: "Relembro bem a festa, o apito/ E na multidão um grito, o sangue no linho branco". E, no refrão, a justificativa para estar no divã de um analista: "Essas recordações me matam/ Essas recordações me matam/ Essas recordações me matam/ Por isso eu venho aqui".

Outra canção confessional de Roberto Carlos é "Traumas", de 1971: "Meu pai um dia me falou/ Pra que eu nunca mentisse/ Mas ele também se esqueceu/ De me dizer a verdade". As mentiras eram fantasias que o pai lhe contava para consolá-lo logo após o grave acidente: "Falou dos anjos que eu conheci/ No delírio da febre que ardia/ No meu pequeno corpo que sofria/ Sem nada entender". Na mesma canção, ele relata um momento da intimidade do seu leito conjugal: "Minha mulher em certa noite/ Ao ver meu sono estremecido/ Falou que os pesadelos são/ Algum problema adormecido".

O dia a dia com Nice, com quem foi casado entre 1968 e 1978, está registrado em várias canções de grande sucesso. Uma delas é "Quando as crianças saírem de férias", gravação de 1972, época em que seus filhos eram ainda pequenos: Luciana, com um ano de idade, Dudu, com quatro, e Ana Paula, com sete anos. "Eu vivi toda a experiência da letra dessa música", disse o cantor numa entrevista ao jornal *Última Hora*. Essa experiência é a de um homem que tem seus momentos de intimidade com a esposa interrompidos pelos filhos. "Bem mais tarde o calor do seu beijo/ Me envolve em amor e desejo/ Mas o nosso amor/ Não vai longe/ Um deles lhe chama/ Ele quer companhia e reclama/ E você vai". Ele canta no refrão: "Quando as crianças saírem de férias/ Talvez a gente possa então se amar/ um pouco mais".

Para a sua segunda esposa, Myrian Rios — com quem viveu entre 1979 e 1989 —, Roberto Carlos dedicou publicamente várias canções. A mais óbvia e direta é "A atriz", gravação de 1985, ano em que ela atuou numa novela da TV Globo fazendo par romântico com o ator Paulo Castelli. Nessa canção mais uma vez Roberto Carlos traz o seu "jardim" para a "praça" ao relatar o seu cotidiano com a jovem esposa: "Chego em casa, encontro apenas seu perfume/ Alimento certo, nutritivo pro ciúme/ Um bilhete escrito com batom me diz assim:/ Entre um take e outro eu telefono, pense em mim". Na estrofe seguinte, ele diz que para se distrair liga a televisão, "mas que tolice, a minha triste tentativa em vão/ Ela me aparece com alguém que não sou eu/ Vejo noutros braços tudo aquilo que é meu". E então desabafa: "Vejam só vocês que foi que eu fiz/ Fui me apaixonar por uma atriz".

Numa entrevista à TV Bandeirantes, Myrian Rios disse que, dentre as músicas que Roberto Carlos fez para ela, uma das de que mais gosta é "Pelas esquinas da nossa casa", também do álbum de 1985. Na letra, o cantor descreve cada canto da casa onde ele e a esposa faziam amor. "Quando beijo a sua boca/ Me dispara o coração/ Nosso corpo se resvala sem controle pela sala/ Que loucura, que paixão". Mais adiante, diz: "Vamos nós nesse carinho, mas paramos no caminho/ Dessa vez no corredor/ Mãos e abraços que doçura/ Mais abaixo ou na cintura/ Tudo é sempre sedutor". No final, o êxtase: "Tantos beijos e carícias, tantas curvas e delícias/ Mais palavras, mais calor/ E chegamos ofegantes ao destino dos amantes/ Nosso quarto, nosso amor".

O sentimento, o cotidiano dentro de casa e a intimidade do casal também estão registrados nas composições que Roberto Carlos dedicou a sua esposa Maria Rita, com quem viveu de 1990 até a morte dela, em dezembro de 1999. Para uma edição especial da revista *Caras*, que publicou com exclusividade as fotos do seu casamento, Roberto Carlos revelou algumas das canções que fez especialmente para Maria Rita. A de maior sucesso é "Mulher pequena", uma referência carinhosa à baixa estatura da esposa, que em uma das estrofes descreve o momento que antecede o sexo: "Depois do beijo na boca/ Sua mão leve desliza/ Pelos pelos do meu peito/ Dentro da minha camisa/ Quando a coisa fica quente/ Ai, essa mulher me usa/ Quero só que se arrebente/ Algum botão da sua blusa". E, assim, mais uma vez, o público na "praça" ouve as indiscrições do "jardim" de Roberto Carlos pela própria voz dele.

Além dessas canções citadas, o artista compôs e/ou gravou vários outros temas biográficos, pessoais. A relação com a mãe, por exemplo, é narrada na canção "Lady Laura"; a relação com o pai também está registrada, em "Meu querido, meu velho, meu amigo"; para os filhos ele compôs "Fim de semana"; para uma de suas tias, Amélia, a canção "Minha tia"; para o parceiro Erasmo, a canção "Amigo"; além de gravar músicas que falam de sua cidade natal, "Meu pequeno Cachoeiro"; da sua juventude, "Jovens tardes de domingo"; e da sua religiosidade, "Nossa Senhora", que em uma das estrofes diz: "Se ficaram mágoas em mim/ Mãe, tira do meu coração/ E àqueles que eu fiz sofrer/ Peço perdão".

Tudo o que Roberto Carlos viveu, sentiu e sofreu, ele dividiu com os fãs ao longo de seus cinquenta anos de carreira. "Se alguém quer conhecer meu pai ou saber o que pensa ou já pensou, é só ouvir suas músicas", diz seu filho Dudu Braga. De fato, e essa exposição pública de sua vida íntima, pessoal e familiar, com seus dramas e superstições, é justamente um dos fatores que contribuem para o grande e perene sucesso do cantor. Os fãs o reconhecem como alguém muito próximo, como se fosse um amigo ou um parente.

No repertório de Roberto Carlos existem também canções que tratam de assuntos públicos, caso do protesto ecológico "Amazônia" ou de histórias que foram simplesmente imaginadas e vividas por personagens fictícios, como na canção "Caminhoneiro". Mas, mesmo nesse último caso, a inspiração veio de uma lembrança da infância: os caminhões que ele via passar na frente de sua casa em Cachoeiro de Itapemirim e o desejo que o menino Roberto acalentou de um dia dirigir um veículo daqueles. O fato é que a parte maior e fundamental da obra do cantor é mesmo pessoal e autobiográfica, e nisso ele não encontra paralelo entre os grandes nomes da MPB.

Pense-se, por exemplo, no cantor João Gilberto. Qual a mulher que ele mais amou até hoje? Como era a sua relação com pai ou com a mãe? Qual a importância da religião em sua vida? Quem é o seu grande amigo? Quais são os seus dramas e obsessões? Nada disso o público sabe, porque João Gilberto, sim, é um exemplo de artista reservado, discreto, que não leva o seu "jardim" à "praça". Os seus dramas, tristezas e alegrias só são dados a conhecer às pessoas de seu círculo íntimo de amizades. O pouco que hoje se sabe da vida pessoal do criador da Bossa Nova é revelado por terceiros, jamais por ele próprio. João Gilberto não dá entrevistas, nem para a TV Globo nem para nenhuma outra emissora, jamais dedicou publicamente esse ou aquele disco para alguma namorada e tampouco anuncia que pretende publicar um livro autobiográfico.

Outro exemplo de artista bem mais reservado que Roberto Carlos é o cantor Chico Buarque. Para o caso dele, seria mais apropriada aquela máxima do "jardim" e da "praça", porque o autor de "Construção" separa os dois espaços. Sua produção musical é basicamente focada no cotidiano social, não na sua vida privada. Enquanto Roberto Carlos fala dele mesmo, de sua vida, de seus amores, Chico Buarque fala da vida dos outros, dos dramas e aflições sociais. Não se trata de dizer que uma temática é melhor ou mais importante do que a outra, mas de constatar que esses dois grandes nomes da MPB expressam sentimentos artísticos distintos.

Chico Buarque, por exemplo, nunca dedicou publicamente nenhuma canção à atriz Marieta Severo, mãe de suas filhas e com quem foi casado por três décadas. Se fez alguma música em homenagem à ex-esposa, isso ficou restrito à intimidade do casal e até hoje ele não revelou. Suas canções mais pessoais são geralmente respostas públicas a provocações públicas, caso de "Jorge Maravilha", de 1974: "Você não gosta de mim, mas sua filha gosta", segundo ele em referência aos policiais que iam buscá-lo para prestar depoimento e no caminho pediam um autógrafo para a filha. Foi só em 2011, com o álbum *Chico*, que o cantor se permitiu pela primeira vez narrar momentos mais íntimos de sua vida em um disco. O próprio empresário Dody Sirena reconhece a diferença entre os dois artistas: "Roberto Carlos não gosta de dar entrevistas nem de falar de sua vida pessoal, mas, embora pareça, não é do tipo obcecado pela privacidade como Chico Buarque. Roberto enxerga mais longe. Quando omite ou revela alguma coisa, o faz pensando no efeito positivo que isso possa ter para ele próprio".

Numa entrevista coletiva, perguntou-se a Roberto Carlos quais eram, em sua opinião, as três melhores coisas da vida. Sorrindo, ele respondeu que em primeiro lugar era sexo com amor; em segundo, apenas sexo; e em terceiro, sorvete. Sobre essa dupla preferência pelo sexo, ele comentou: "Ninguém pode negar que isto é a melhor coisa da vida. Se alguém disser que não, é hipocrisia".

Pergunta idêntica Paul McCartney ouviu de Pedro Bial numa entrevista para o *Fantástico*, na TV Globo. A resposta dele: "Para mim as melhores coisas da vida são a família, a música; gosto também de pintar e de ver gente se encontrando com calor humano". Certamente o sexo está também entre as coisas de que Paul McCartney mais gosta na vida, mas ele preferiu não revelar esse aspecto da sua intimidade numa entrevista, porque, bem mais que Roberto Carlos, o ex-Beatle, sim, evita trazer seu "jardim" à "praça".

É claro que há vários artistas que expõem sua vida privada mais que Roberto Carlos. Tim Maia, por exemplo, era assim; no palco ou fora dele, ele sempre falou abertamente de todos os seus vícios, paixões e limitações. Numa entrevista à revista *Playboy*, confessou que tinha ejaculação precoce e fimose. E disse com todas as letras: "A fimose é aquele cabrestinho. Com ele, o peru fica sempre coberto e, portanto, muito sensível. Saiu, bateu, gozou". Disse também que costumava se masturbar: "Até hoje eu toco minhas punhetinhas, graças a Deus. Às vezes, até com mulher do lado. Masturbação é um troço da mente. Tomo um gorozinho legal, tomo um banho, aí vem a inspiração e eu descasco aquela bananinha".

Entre ser escancarado como Tim Maia e reservado como João Gilberto ou Chico Buarque, vai uma grande distância, e no meio-termo dessa escala gradativa situo Roberto Carlos. Só um estagiário de jornal acreditaria que o autor de "Lady Laura" seria um exemplo maior de artista reservado. Após ficar viúvo e se tornar sexagenário, o cantor passou a levar uma vida mais discreta, mas a sua obra musical não é nem nunca foi assim. Nos discos e no palco, Roberto Carlos sempre dividiu com o público seus dramas, alegrias, dores e amores. Por isso não é possível falar da música de Roberto Carlos sem abordar sua vida pessoal; elas estão entrelaçadas. "É difícil imaginar minha vida sem minhas canções, mas eu não poderia imaginar minhas canções sem a vida que eu vivi", disse ele próprio num show antes de cantar um medley com "Lady Laura", "Meu querido, meu velho, meu amigo" e "Aquela casa simples" — esta última, uma de suas canções mais biográficas, com explícitas referências à infância, ao pai e à mãe.

Entretanto, depois de afirmar que Roberto Carlos é, "no que tange a sua vida pessoal e familiar, da mais absoluta discrição", a peça acusatória enfatiza que "está bem evidenciado o conteúdo injurioso e difamatório" do livro por envolver

> de maneira leviana e abusiva, fatos da intimidade do querelante (Roberto Carlos) e de sua família, que dizem com sua dignidade de pessoa privada, de filho, de marido. Em outras palavras, os escritos do querelado (réu) são indiscrições que traem uma disposição para se intrometer, indevida e destrutivamente, na vida alheia, uma invasão de intimidade e privacidade que se não é física, certamente é moral.

Por tudo isso, afirma, quer Roberto Carlos "como imperativo de justiça, que o réu responda perante o direito penal pelos fatos a seguir arrolados".

Das milhares de informações e centenas de episódios contidos nas 504 páginas de *Roberto Carlos em detalhes*, a queixa-crime cita oito episódios que não deveriam constar ali e seis declarações consideradas ofensivas a Roberto

Carlos. Ou seja, um total de catorze passagens do livro, o que representa menos de um por cento do volume total da obra. Dessas catorze passagens, seis são consideradas injuriosas a Roberto Carlos e oito, difamatórias. Nenhuma caluniosa. Antes de citar alguns dos trechos questionados, talvez seja útil esclarecer a diferença entre calúnia, injúria e difamação.

Conforme o artigo 138 do Código Penal, caluniar é imputar a alguém um fato concreto, qualificado como crime, mas que não ocorreu ou de que o acusado não participou. Ou seja, é acusar falsamente alguém de praticar algum crime tipificado no Código Penal. A fim de que a acusação não se configure mero insulto, o agente tem de fazer, ao menos, referência ao lugar ou ao espaço onde teria ocorrido o crime. Por exemplo: no dia tal, do mês tal ou em tal lugar, fulano foi visto roubando joias. Isso é calúnia. Uma acusação genérica como a de que "fulano é ladrão" configura apenas injúria, porque faltaria a descrição do fato concreto. A calúnia atinge a honra objetiva da pessoa, e a consumação se dá quando terceiros tomam conhecimento da imputação. Registre-se também que esse crime só é admitido na forma dolosa, isto é, deve existir da parte do acusador a vontade de ofender, de denegrir a reputação do indivíduo, o que no direito é chamado *animus diffamandi*. São, portanto, cinco as precondições para a efetivação do crime de calúnia: 1) a falsidade da acusação; 2) a descrição de fato específico; 3) que tal fato seja qualificado como crime no Código Penal; 4) que a acusação seja pública; 5) e que o acusador tenha a real intenção de ofender a outra parte.

O outro crime, difamação, ocorre quando se leva ao conhecimento de terceiros fato ofensivo à reputação de alguém, ou seja, é "desacreditar publicamente uma pessoa, maculando-lhe a reputação". A rigor, isso poderia também ser caracterizado de calúnia. A diferença é o tipo de acusação. Por exemplo: se um professor for acusado de dar aula bêbado, ele é vítima de difamação. Isso não caracteriza calúnia porque tomar bebida alcoólica não é crime tipificado no Código Penal, ao contrário de matar ou roubar. Difamação, portanto, é um crime menos grave que o de calúnia. Mas os juristas observam que a legislação trata daquilo que ofenda realmente a reputação pessoal ou profissional de alguém, e não de qualquer fato inconveniente ou negativo; é o que atinge a honra objetiva da pessoa. Além disso, é necessário que a acusação esteja determinada no tempo e no espaço e que também haja dolo, isto é, consciência e vontade de ofender a reputação do indivíduo, o *animus diffamandi*.

O terceiro crime citado, o de injúria, encontra-se previsto no artigo 140 do Código Penal e consiste na mera ofensa à dignidade ou ao decoro de alguém, à sua intimidade e à sua vida privada. Nesse caso, atinge-se a honra subjetiva, ou seja, o amor-próprio do indivíduo, o sentimento que ele tem de seu valor social e moral. Na injúria, não é necessário atribuir um fato concreto, e sim uma qualidade negativa. Por exemplo: chamar alguém de mentiroso, sem ser necessário especificar onde e quando ele praticou tal fato, consiste em crime de injúria. A consumação ocorre quando o ofendido toma conhecimento da acusação — mesmo que esta não seja pública. Mas, assim como nos crimes comentados anteriormente, o de injúria também só é admitido na forma dolosa.

Desses três crimes tipificados no Código Penal, Roberto Carlos me acusou de ter cometido dois: difamação e injúria. "Comecemos pelos escritos injuriosos, atentados à honra subjetiva do querelante porque ofensivos à sua honra, dignidade, violações de intimidade e vida privada", diz o texto da queixa-crime. Foi assim destacada a passagem do livro que relata o encontro de Roberto Carlos com a atriz Sônia Braga, em 1978. "Não se pretende, aqui, incorrer em moralismo e hipocrisias, mas é também evidente que os detalhes, verídicos ou não, sobre o comportamento, a vida e as parcerias sexuais de quem quer que seja, implicam em devida [sic] exposição da intimidade e da vida privada", justifica. Mais adiante, afirma-se também que "as descrições de casos e eventos relacionados à vida sexual do querelante são ofensivas à sua dignidade, como o são as alusões à sua vida afetiva e sentimental". E é citado um outro trecho do livro que configuraria a prática do crime de injúria: o que relata o affaire de Roberto Carlos com a socialite carioca Sylvia Amélia, em 1971.

Das catorze passagens do livro citadas na queixa-crime, dez estão relacionadas à temática amorosa-sexual. Duas exceções, ainda nas acusações de injúria, são o relato do acidente que vitimou o cantor na infância e o que descreve a doença e morte de sua esposa Maria Rita. Sobre este último — que foi um acontecimento midiático —, sou acusado de expor "eventos que ocorreram em ambientes reservados, longe dos olhos e ouvidos do público".

Ao fim dessa primeira parte da acusação, o texto da queixa-crime destaca: "Avancemos na descrição das condutas criminosas, pois, além das passagens de caráter injurioso, no livro em questão avultam trechos de caráter nitidamente ofensivo à reputação do querelante, configurando difamação". Para corroborar o uso do verbo "avultar" são citados sete trechos da biografia, a maioria novamente de temática sexual, como o relato do encontro de Roberto Carlos com a cantora Maysa, em 1966. Foi também considerada difamatória a passagem do livro que traz uma declaração da cantora Wanderléa dizendo que desde a Jovem Guarda Roberto Carlos sempre foi muito mulherengo.

O livro é ainda acusado de ofender não apenas a reputação de Roberto Carlos, mas também a de terceiros. Entre os exemplos, é citada a minha afirmação de que o ex-delegado Sérgio Fleury, que atuava nos porões da ditadura militar, foi um "torturador de presos políticos [...] de estilo frio e violento".

Com base nesses poucos trechos, pinçados das 504 páginas de *Roberto Carlos em detalhes*, os advogados preparavam a peça acusatória. Mas é provável que no meio do trabalho eles próprios tenham chegado à conclusão de que isso não seria suficiente para obter a proibição do livro e a condenação do autor. Era preciso cobrir aquela citada exigência do artigo 20 do Código Civil: ter atingido a honra, a boa fama ou a respeitabilidade do biografado. Foi então acrescentada uma acusação mais grave contra mim: a de que a biografia associaria Roberto Carlos ao consumo de drogas em badaladas festinhas com meninas menores de idade. E mais: que numa dessas festas uma menor foi estuprada e morta.

Estas, sim, seriam acusações fortes, contundentes e capazes de dar algum resultado. Mas como sustentar tais afirmações sobre o cantor se elas não constam do livro? Se nenhum crítico, nenhum fã do artista ou qualquer outro leitor viu isso naquelas páginas? A solução só podia ser uma: adulterar o conteúdo da obra, manipular, mudar o sentido das frases para induzir a Justiça ao erro. E, dessa forma, a outra parte executava mais uma etapa daquele "plano de guerra".

Em *Roberto Carlos em detalhes* há o relato de um polêmico episódio que faz parte da história da Jovem Guarda: uma denúncia de corrupção de menores que envolveu artistas como Carlos Imperial, Erasmo Carlos, Eduardo Araújo, além de disc-jóqueis, divulgadores e discotecários ligados ao movimento. Deflagrado em abril de 1966, aquilo virou caso de polícia e foi amplamente divulgado pela mídia em manchetes sensacionalistas, como a dos jornais *O Dia* — "Monstruosidades contra mocinhas" — e *A Notícia*, que dizia: "Em pânico artistas acusados de corromper fanzocas menores". Ressalte-se que nessa acusação nenhum deles foi associado a consumo, tráfico de drogas ou assassinatos. Foi um processo por corrupção e sedução de garotas menores — e que não teve a participação de Roberto Carlos.

Além de muito repercutir na época, o episódio já foi também relatado por vários autores que escreveram sobre o rock brasileiro dos anos 1960. É o que fez, por exemplo, Nelson Motta no seu livro *Noites tropicais:*

> Depoimentos, investigações, escândalo, voz de prisão, sujeira geral. Rádios e jornais associando a Jovem Guarda à corrupção de menores. Roberto Carlos e a TV Record, preocupadíssimos, lançam uma blitz de relações públicas.

Da mesma forma, o pesquisador Marcelo Fróes relata no livro *Jovem Guarda: Em ritmo de aventura* que

> nem tudo referente ao iê-iê-iê era louvado. Enquanto o rei era coroado, diplomado e abençoado em São Paulo, menores viajavam às escondidas em ônibus intermunicipais — notadamente aquelas que acreditavam piamente na letra que dizia que casamento "não é papo pra mim".

E Fróes prossegue sua narrativa citando "orgia em apartamento" e até um "pastor-alemão de Imperial que teria sido treinado para fazer atos libidinosos".

Tudo isso foi também depois narrado no livro *Roberto Carlos em detalhes*, acrescido de novos depoimentos dos envolvidos, mas com a devida ressalva de que aquele escândalo "não atingiu o rei diretamente" — conforme se lê no final da página 306. Não escrevi isso para aliviar a imagem de Roberto Carlos, mas porque ele, de fato, não esteve envolvido naquele episódio, não foi citado no processo judicial nem nos depoimentos de nenhum dos acusados. Narro o episódio na biografia porque ali não falo apenas de Roberto Carlos, mas também do panorama da época, e aquilo ajuda a esclarecer que a Jovem Guarda não era apenas um movimento de artistas românticos e ingênuos embevecidos pelas "jovens tardes de domingo". Havia uma "turma da pesada", liderada por Carlos Imperial, que transgredia e provocava a mobilização dos agentes da repressão.

No livro, também digo que aquele escândalo de 1966 fez a sociedade se lembrar do traumático caso Aída Curi, a jovem que caiu do alto de um prédio em Copacabana depois de sofrer uma tentativa de estupro praticada por dois rapazes, em 1958. Ou seja, falo de dois episódios distantes no tempo e com desfechos diferentes, mas o advogado de Roberto Carlos fundiu os dois casos em um só, me acusando de atribuir ao cantor a participação numa orgia com garotas menores que resultou na morte de uma delas. Em entrevista à revista *Aplauso*, por exemplo, Marco Antônio Campos garante que na biografia está dito que Roberto "era assíduo frequentador da cobertura de Carlos Imperial, onde as festinhas eram regadas a todos os tipos de drogas", e que, "uma vez, uma menor foi estuprada e morta numa dessas festas". Ou seja, a narrativa de um processo de corrupção de menores que, conforme consta de forma explícita no meu livro, não atingia Roberto Carlos, foi transformada em um relato que envolvia o cantor no caso.

No livro, deixo claro que Roberto Carlos descarta o uso de drogas e que ele até se autoproclama um careta — como se lê no início da página 295. Mais adiante, digo também que o universo da Jovem Guarda era marcado por uma "combinação de sexo, garotas e playboys". Pois na página 16 da queixa-crime, essa frase é citada com a troca da palavra "garotas" por "drogas" e, em seguida, os advogados escreveram: "e por aí vai o querelante, misturando sexo grupal com homicídio, consumo de drogas com corrupção de menores e bestialismo".

Os advogados da editora Planeta não constataram essa fraude, que só descobri meses mais tarde, já depois da proibição do livro, quando li detalhadamente os autos do processo. A imprensa repercutiu o fato em dezembro de 2007. Ouvido pela *Folha de S.Paulo*, o advogado do cantor admitiu que, ao citar o trecho do livro na queixa-crime, trocou a palavra "garota" por "drogas", mas afirmou que foi apenas "um erro de digitação".

Conta-se a antiga história de um homem que foi condenado à morte por ter pichado num muro a frase: "Matar o rei não é crime!". Pois seu advogado teria revertido a sentença ao provar que a denúncia não colocou uma vírgula na frase, que seria: "Matar o rei não, é crime!". E aquele homem foi salvo, como poderia ter sido condenado por uma vírgula. O que dizer da troca de uma palavra que acrescenta uma prática criminosa à frase?

Seria o caso então de, reconhecido o tal "erro de digitação", não repeti-lo mais. Ocorre que, após sua declaração à *Folha de S.Paulo*, Marco Antônio Campos continuou fazendo as mesmas acusações ao livro. Em abril de 2008, por exemplo, em entrevista à repórter Marjulie Martini, da Rádio Band News FM, disse que a biografia "traz declarações que ofendem Roberto Carlos, como o capítulo em que o autor conta a suposta participação do cantor em festas com o consumo de drogas". E, em junho daquele mesmo ano, durante palestra na Associação Riograndense de Imprensa, em Porto Alegre, o advogado reafirmou que no livro está escrito que na época da Jovem Guarda Roberto participava de "festinhas onde se queimava fumo", e que isso seria uma forma de dizer que o cantor "puxava fumo na adolescência".

Uma importante questão se coloca: se Roberto Carlos estava tão convencido disso, por que me acusou apenas dos supostos crimes de injúria e difamação? Se seu advogado afirmava publicamente que o livro acusa o artista de consumir drogas e de participar de orgias com garotas menores que resultaram na morte de uma delas — crimes tipificados no Código Penal —, por que não fui processado também por calúnia?

Naturalmente, porque meu livro não atribui a Roberto Carlos nenhuma prática criminosa, e no confronto do texto o processo por calúnia não teria a mínima chance de se sustentar. Por isso, foi feita a acusação, mas não se exigiu a punição, como se se tivesse deixado barato me processar apenas por injúria e difamação — delitos menos graves, mas que poderiam ser suficientes para proibir a biografia do cantor.

A outra acusação, feita pelo próprio Roberto Carlos, de que eu teria escrito um livro com "muitas inverdades", também não consta da queixa-crime. Lá está escrito que "nem viria ao caso analisar o mérito daquilo que é objeto dos escritos do querelado, uma vez que se está a tratar, aqui, de crimes que não comportam prova da verdade". De fato — como já foi explicado —, ao contrário do crime de calúnia, no de injúria e difamação não faz diferença se a acusação é falsa ou verdadeira; prevalece a ideia de que, ainda que seja "verdade", não deve ser revelada ao público. Roberto Carlos seguiu essa linha de ataque: não quis discutir a veracidade dos trechos reclamados do livro; simplesmente considerou injuriosa ou difamatória a sua exposição.

Na última parte da queixa-crime, o cantor procurou desqualificar o livro, negando-lhe o caráter informativo e cultural. Afirma que por seu conteúdo "bisbilhoteiro", a obra atenderia apenas aos "interesses ditados pelos baixos instintos de curiosidade sobre a vida dos outros — especialmente dos famosos —, ditados pelo gosto mórbido da vivissecção pública do corpo moral alheio". Diz também que não há no livro "informação histórica que viesse a ser pautada por alguma utilidade na educação ou na informação da opinião pública" e que "tampouco se trata, pelo menos, nas partes impugnadas, de exposição de opinião, ideia, manifestação artística ou expressão de pensamento ou crença do seu autor". Enfatiza, enfim, que "não há qualquer justificativa para as criminosas indiscrições praticadas pelo querelado".

O objetivo foi enquadrar *Roberto Carlos em detalhes* naquela outra exigência do artigo 20: ter finalidade comercial.

> Na realidade, o que o querelado persegue — e nisto tem sido apoiado pela imprensa, que assim melhor vende seu peixe — é a causação de uma grande repercussão, que sirva ao evidente propósito de vender o livro que escreveu, mas às custas da intimidade, da honra e da dignidade do querelante.

E, nesse sentido, haveria a presença do dolo, isto é, eu teria tido a intenção "deliberada e consciente de ofender a dignidade ou o decoro e de imputar fato ofensivo à reputação" de Roberto Carlos.

No afã de me acusar, é até citado o artigo XII da Declaração Universal dos Direitos Humanos, de 1948, que diz que

> ninguém será sujeito a interferências na sua vida privada, na sua família, no seu lar ou na sua correspondência, nem a ataques à sua honra e reputação. Toda pessoa tem direito à proteção da lei contra tais interferências ou ataques.

Na queixa-crime é também lembrado que o objeto da demanda é uma biografia não autorizada e que o artista não deu depoimento ao autor.

> Ora, uma das dimensões da intimidade é exatamente esta prerrogativa de não falar sobre si, de não estar obrigado a se abrir para outrem. A intimidade e a proteção da vida privada atribuem à pessoa — ao querelante — a faculdade de manter, se for esta sua vontade, segredos e informações reservadas sobre sua vida, de não partilhar com terceiros sentimentos e pensamentos pessoais, de não dar a conhecer as lembranças ou mesmo nomear os fantasmas que o atormentam.

Ou seja, nega tudo aquilo que Roberto Carlos já revelou ao público em canções como "Traumas", "O divã", "Lady Laura", "Amada amante", "A atriz", "Nossa Senhora" e várias outras.

Mais adiante, para sustentar o pedido de condenação, afirma-se que

a ofensa frontal aos direitos do querelante não pode escapar da sanção penal, sob pena de fazer da Constituição e da legislação civil e penal letra morta, aviltando a pessoa, os valores supremos do ordenamento jurídico e a própria civilização, demorada e penosamente constituída, baseada no respeito à personalidade humana.

E que, "por todas essas sobradas razões, é de rigor a condenação do réu, enquanto criminalmente responsável pelo escritos injuriosos e difamatórios veiculados através do livro *Roberto Carlos em detalhes*".

Vinculado à queixa-crime, foi também enviado à Justiça o pedido de imediata busca e apreensão de tantos exemplares quantos estivessem impressos e destinados à venda do livro reclamado. "É de rigor que a Justiça Criminal se pronuncie no sentido de pôr termo à contínua violação criminosa da honra do requerente, o que só pode se dar pela retirada de circulação da obra criminosa, o que desde logo se requer." Para esse pleito foi invocado o artigo 240 do Código de Processo Penal, que reza sobre o pedido de busca domiciliar ou pessoal "quando fundadas razões a autorizarem" para "apreender armas e munições, instrumentos usados na prática de crime ou destinados a fim delituoso". Ou seja: o livro seria o instrumento (a arma) utilizado pelo réu (o autor) para a prática do suposto crime de lesão à honra do artista.

Três dias após a queixa-crime ser distribuída num fórum criminal em São Paulo, o artista entrou com o processo cível na 20ª Vara Cível do Rio de Janeiro.

Preparada pelo escritório Borgerth, Miranda, Santana, Leite & Espírito Santo Advogados, a petição seguiu a mesma estratégia da apresentada na vara criminal: convencer a Justiça de que o livro *Roberto Carlos em detalhes* não teria nenhum valor cultural ou informativo e que seria ofensivo à honra do artista. Mas, diferentemente da queixa-crime, que era apenas contra o autor do livro, no processo cível o artista acusava o autor e a editora Planeta. A razão desse duplo ataque é de ordem financeira. Na esfera cível, cabia a cobrança de indenização provavelmente se visava o poder econômico da editora.

O valor da indenização seria mais tarde arbitrado em juízo, mas a cobrança era sustentada por duas principais acusações: a de que Roberto Carlos teria sofrido danos morais (difamação e invasão de privacidade) e também danos materiais (o livro teria atrapalhado a vendagem de seu CD de fim de ano e tirado o ineditismo da biografia que ele um dia pretende publicar): "O livro extravasa todos os limites, o livro ofende o artista, denigre sua imagem, sua honra e sua respeitabilidade perante o público leitor". E que em consequência

> desta grave violação de seus direitos, deste vilipêndio, desta devassa perpetrada pelos réus, que acabaram por usurpar o direito de um dos mais discretos e reservados artistas brasileiros de contar a sua história, é que ele vem apresentar, adiante, suas razões para demonstrar que a publicação do livro violou frontalmente seu direito de imagem; a publicação violou, ainda, seu direito à intimidade e à vida privada; e a publicação do livro e as informações difamatórias violaram, também, a sua honra.

Para fundamentar a alegação de que o livro causara danos morais ao cantor, a petição cita praticamente todos os pontos levantados na queixa-crime, mas inclui outros que não estavam lá, como o relato da aflição do biografado com a operação a que se submeteu seu filho e que resultou na canção "As flores do jardim da nossa casa". "A falta de respeito do réu não tem qualquer limite!", pois com "a exploração dramática e desnecessária do glaucoma do seu filho, expôs-se o sofrimento do artista". Cita também um trecho no qual comento a superstição de Roberto Carlos com a cor marrom, e outro no qual analiso a sua fé religiosa. Conforme consta no texto da peça processual, o livro também teria feito ao artista "a acusação absurda de gostar apenas de coisas ilegais ou imorais" — quando, na verdade, eu apenas cito um trecho da canção em que ele diz: "Será que tudo que eu gosto/ É ilegal, é imoral ou engorda?".

Parece que o objetivo foi apenas aumentar a quantidade de trechos questionados que, entretanto, continuou abaixo de 1% do conteúdo total do livro. Grande parte desses trechos, no entanto, é citada fora do contexto, as frases não têm sequência. Parece uma confusão proposital para dizer que no livro haveria "diversos termos e afirmações de cunho difamatório que acabam por ferir gravemente a honra, a boa fama e a respeitabilidade do artista perante a sociedade e especialmente perante seu próprio público". E que, diante disto, só restaria a Roberto Carlos "requerer a competente indenização por todos os danos morais que lhe foram impingidos".

A grande novidade, porém, está no pedido de reparação pecuniária pelo "dano material" que a biografia teria causado ao artista. Logo no início do texto, afirma-se que Roberto Carlos nem "sequer chegou a ser consultado sobre a possibilidade de publicação do livro" e que, consequentemente, "não recebeu qualquer participação nos lucros provenientes de sua vendagem". Mais adiante, detalham-se melhor os tais prejuízos financeiros.

> Primeiramente, a publicação não autorizada do livro ocasionou dano material ao artista, na medida em que os réus se locupletaram às custas de sua imagem e nome. Em segundo lugar, e não menos relevante, são os danos materiais decorridos do fato de o livro ter tirado o ineditismo e a originalidade da biografia que o artista pretende lançar no futuro.

É então explicado ao juiz que

> no mercado, uma obra biográfica inédita é um produto extremamente vendável. Por motivos óbvios, uma segunda obra biográfica deixa de ser tão atraente comercialmente para as editoras, o que ocasiona uma diminuição do valor a ser pago ao autor pela exclusividade de edição de sua obra. Mas não é somente a desvalorização da obra junto às editoras. A publicação do livro acarreta, ainda, uma diminuição da venda da futura biografia do artista, uma vez que o público dificilmente se interessará em adquirir duas biografias de uma mesma pessoa.

E que, por isso, a biografia que escrevi "prejudicou os interesses econômicos do artista", que terá uma diminuição de seus "lucros futuros".

Outra reclamação é que "o lançamento indevido e ilícito do livro" causou a Roberto Carlos danos materiais "sob a forma de lucros cessantes". É citado como exemplo o fato de a biografia ter sido lançada no fim do ano, perto do período natalino.

> Como é público e notório, o artista mantém, há várias décadas, a tradição de lançar seus produtos fonográficos no Natal. O lançamento de um produto não autorizado com a marca Roberto Carlos antes do Natal demonstra claramente o apelo comercial do livro e de seus autores. Ora, quantos não foram os consumidores que substituíram o presente de Natal original, um CD ou DVD do artista, pela biografia não autorizada? Apesar de ser de difícil apuração, o dano material

é latente, na medida em que representa uma diminuição da vendagem dos CDs e DVDs do artista.

Ao tomar conhecimento dessa acusação, imediatamente me lembrei de todos aqueles anos em que, desde a adolescência, contribuí para o aumento das vendas dos discos de Roberto Carlos. Eis que, por uma ironia da história, agora eu estava sendo acusado pelo próprio artista de fazer exatamente o contrário: causar a queda de vendagem de seu tradicional disco de Natal.

A peça acusatória prossegue então afirmando que *Roberto Carlos em detalhes* foi escrito e publicado "com o nítido propósito comercial, em que prepondera, claramente, o objeto lucrativo, a locupletar tanto a editora ré, quanto o réu, escritor!". E que

> por tudo o que foi até aqui demonstrado, os réus não só locupletaram-se ilicitamente da imagem do artista sem sua autorização, como também violaram sua vida privada, sua intimidade e sua honra. A prova inequívoca e a relevância do fundamento da presente ação estão, portanto, presentes.

Por essa soma de supostos "danos morais" e "danos materiais", é requerida ali, além de indenização, a proibição da obra, pois "apenas a retirada do livro de circulação, o mais rápido possível, será capaz de paralisar a ofensa causada ao artista e, a princípio, diminuir sua exposição e consequente dor". O texto enfatiza que "trata-se, aqui, de situação flagrante de ato ilícito, que não pode perdurar!". E que, portanto,

> impõe-se seja concedido ao artista, em tutela antecipada, a interrupção imediata da publicação, distribuição e comercialização do livro *Roberto Carlos em detalhes*, em todo o território nacional, sob pena de pagamento de multa diária de R\$ 500 000,00 pelos réus ao artista.

Não é um erro de digitação: Roberto Carlos queria receber 500 mil reais por cada dia que o livro continuasse circulando. Não incluso aí o dinheiro que o artista ainda pretendia receber a título de indenização pelos supostos danos morais e materiais — o que só seria definido ao final do processo.

Assim como o texto da queixa-crime, o do processo cível não desmente nenhum fato narrado em *Roberto Carlos em detalhes*, diz apenas que a obra "é fruto da imaginação fértil do réu, que criou uma mistura confusa de fatos da vida particular do artista, alguns simplesmente fantasiosos" — mas não aponta quais seriam os fatos fantasiosos. Reclama que o livro "contém erros grosseiros", mas foi identificado apenas um: a data do casamento de Roberto Carlos e Maria Rita. Eles se casaram numa segunda-feira, dia 8 de abril; na biografia consta que foi na segunda-feira seguinte, dia 15. Poderiam ter apontado outros erros factuais, qualquer livro tem mais de um, e o meu também, mas só identificaram esse equívoco. Mesmo assim, a obra é acusada de prejudicar não apenas o artista: "O livro também representa um verdadeiro desserviço aos leitores, na medida em que reproduz meras suposições de fatos" — e novamente não é apontado em quais páginas da biografia estariam as invencionices.

Além de Roberto Carlos, algumas pessoas próximas dele me ameaçaram com processos naquele mês de janeiro. É como se quisessem demonstrar ao artista que também estavam indignadas com a publicação de sua biografia não autorizada. Um de seus colaboradores chegou efetivamente a mover uma ação penal contra mim e a editora Planeta: o fotógrafo Luiz Garrido, que desde os anos 1980 clica o cantor para as capas de seus discos. Aquele foi um janeiro para eu nunca mais esquecer. Vamos à memória dos fatos.

Roberto Carlos em detalhes é ilustrado com cerca de cem fotografias — parte adquirida com os personagens que entrevistei, outras compradas de agências de imagens, além de reproduções de capas de discos do cantor. Duas dessas capas são de autoria de Luiz Garrido: a dos álbuns de 1996 — que aparece na capa do livro com crédito ao nome do fotógrafo — e de 2000, *Amor sem limite* — reproduzida no encarte. A editora publicou as duas imagens sem a autorização do fotógrafo, o que foi um erro, pois se trata de violação de direito autoral.

Após o lançamento da biografia, Garrido procurou Pascoal Soto, mas não aceitou o valor oferecido pela reprodução das imagens e moveu um processo judicial contra a editora. O fotógrafo de Roberto Carlos decidiu me processar também, e por outro motivo: acusava-me de má-fé por citar declarações dele no livro e incluir seu nome na lista de depoentes. Luiz Garrido afirmou que não me conhecia pessoalmente e jamais me dera uma entrevista.

O fotógrafo é citado no capítulo "Roberto Carlos e o amor", o antepenúltimo da biografia. Ao analisar ali o romance do cantor com sua esposa Maria Rita, digo que jamais um artista da elite da música brasileira tinha exposto publicamente seu sentimento de forma tão escancarada, e que o único caso comparável no campo da música popular é o do ex-Beatle John Lennon, que proclamou de peito aberto o amor que sentia por sua mulher, Yoko Ono, e também foi fotografado por Garrido em 1969. Nos anos 1980, já um profissional reconhecido, Garrido tornou-se o fotógrafo oficial de Roberto Carlos, fazendo as fotos da maioria das capas de seus discos e registrando também momentos da vida pessoal do artista, inclusive o seu casamento com Maria Rita.

Conto essa história no livro, e grande parte das informações me foi dada pelo próprio Luiz Garrido. Além dele, entrevistei outros antigos fotógrafos de Roberto Carlos, como Antonio Lucena, o primeiro a fotografar o cantor na CBS, em 1960, Darcy Trigo, que fez a foto do LP *Roberto Carlos em ritmo de aventura*, de 1967, Thereza Eugênia, autora da clássica foto do álbum de 1970, e Cynira Arruda, do álbum de 1975. Todas essas entrevistas foram gravadas em fita cassete cujas cópias guardo comigo, inclusive a de Luiz Garrido, a quem entrevistei em seu estúdio, em Botafogo, na tarde de 6 de março de 1998. Provavelmente esquecendo-se disso, ele propôs uma ação contra mim.

No texto da peça acusatória, diz-se que o livro *Roberto Carlos em detalhes* reproduz declarações de Luiz Garrido que foram "imaginadas pelo escritor", pois o fotógrafo não teria me dado entrevista, "sendo importante informar a Vossa Excelência que o sr. Paulo Cesar e o sr. Garrido não se conhecem ou jamais se encontraram". Alega-se também que

> como é notório que o cantor Roberto Carlos ficou insatisfeito com a publicação do livro, esse se tornou mais um motivo de indignação do fotógrafo, pois como possui um enorme apreço pelo cantor, uma relação de amizade e de confiança com o Rei, não gostaria que um fato desse tipo pudesse arranhar essa relação.

Afirma-se ainda que Garrido

> ficou com a impressão de que as coisas não seriam mais como antes, pois o cantor disse que não gostou do trecho onde o fotógrafo teria relatado o dia da cerimônia de seu casamento com a sra. Maria Rita. Logo, esse livro tão badalado conseguiu

no mínimo conturbar uma relação pessoal e profissional que o fotógrafo possui há mais de vinte anos com ninguém menos que Roberto Carlos.

Num tom cada vez mais dramático, consta que isso causou ao fotógrafo

> humilhação e vexame, uma vez que passou dias a fio tentando falar ao telefone com o cantor, a fim de explicar que nada do que fora publicado foi de fato dito por ele. Nem seria preciso dizer que Luiz Garrido sofreu demasiadamente com a reação de seu amigo de longa data, tudo por causa de uma atitude inconsequente do réu.

Enfatiza-se, enfim, que eu teria agido "na mais absoluta má-fé" e que por isso não apenas "a relação fraterna de Garrido com Roberto restaram abaladas, mas também sua relação profissional e, em virtude disso, não se sabe ao certo se os próximos trabalhos do Rei serão realizados por Luiz Garrido".

Por todos esses dissabores — mais a reprodução não autorizada daquelas duas fotos pela editora —, Luiz Garrido pediu indenização por danos morais e materiais; pediu também a apreensão dos exemplares da biografia que estavam à venda em todo o país, sob pena de aplicação de multa diária, a ser arbitrada pelo juiz. Enfim, requereu praticamente o mesmo que Roberto Carlos no processo cível.

Nas inúmeras vezes em que, desde a adolescência, ouvi Roberto Carlos cantar "Você foi o maior dos meus casos/ De todos os abraços o que eu nunca esqueci", versos de "Outra vez", composição de Isolda, nem nos piores pesadelos imaginei que um dia a autora da canção poderia me ameaçar com um processo judicial. Pois isso também aconteceu em janeiro de 2007, e com acusações semelhantes às de Luiz Garrido.

Na fase de pesquisa do livro, procurei ouvir todos os principais compositores gravados por Roberto Carlos: de Caetano Veloso a Getúlio Côrtes, de Helena dos Santos a Djavan, passando por Edson Ribeiro, Silvio Cesar, Luiz Ayrão, Maurício Duboc, Carlos Colla... E todos me receberam para entrevistá-los pessoalmente. A história de cada um deles, bem com a gênese das canções que criaram, está narrada em "Roberto Carlos e os compositores", o 12º capítulo da biografia. Ali conto a trajetória de Isolda, e o depoimento dela foi fundamental para isso. Nosso encontro aconteceu no Rio de Janeiro, mais especificamente no Bar Jobi, no Leblon, na tarde de 29 de dezembro de 1997. A entrevista foi gravada em fita cassete e a cópia guardo comigo. Entretanto, para minha surpresa, logo após o anúncio do processo de Roberto Carlos, o site oficial da compositora postou a mensagem: "Isolda na justiça contra *Roberto Carlos em detalhes*". Como fez o cantor em entrevistas, o texto afirma que a biografia tem informações "mentirosas", e assim como o fotógrafo Luiz Garrido, reclama que "embora o nome de Isolda conste da lista de depoimentos encontrada ao final do livro, em nenhum momento foi concedida qualquer entrevista ao autor". Ressalta ainda que "isso fere a imagem profissional e pessoal de Isolda, além de ser desrespeitoso com os inúmeros fãs de Roberto Carlos", e que por essa razão "estão sendo tomadas medidas legais para que os responsáveis por tamanha difamação sejam punidos adequadamente".

Se concretizado, seria o quarto processo contra mim naquele mês de janeiro: os dois de Roberto Carlos, o do fotógrafo Luiz Garrido e agora esse de Isolda. Ela ainda escreveu uma mensagem sobre o meu livro com o título "Homenagem ou invasão", postada na seção "Papo firme" do site oficial de Roberto Carlos. Parece que a compositora também queria que o cantor soubesse da sua indignação com a biografia esconjurada.

Outras ameaças de processos continuavam me assombrando naquele mês. Familiares de Maria Rita, esposa de Roberto Carlos, também reclamaram do livro, acusando-me de expor detalhes da doença e da morte dela, e contrataram o mesmo advogado de Roberto Carlos para mover uma ação conjunta com a do artista. "Decidiremos nos próximos dez dias as providências judiciais", confirmou o advogado numa entrevista. Segundo apurou a *Folha de S.Paulo*, o escritório estaria até estudando o caso do ex-presidente francês François Mitterrand, que também morreu de câncer, em 1996. A família dele se mobilizou para tirar de circulação o livro *Le grand secret*, escrito por Claude Gluber, médico pessoal do ex-presidente. Publicado alguns dias após a morte de Mitterrand, o livro revelou que ele sofria de um câncer de próstata desde que assumiu o seu primeiro mandato de presidente da França, em 1981, e que no seu último ano no cargo, em 1995, já não tinha condições físicas de governar o país, pois o câncer se disseminara pelos ossos. Esse seria o grande segredo do livro, além de informações sobre o tratamento a que se submeteu o ex-presidente. Indignada com a publicação da obra, sua família moveu processo contra Claude Gluber, que acabou sendo condenado a quatro meses de prisão por quebra do sigilo médico. Os herdeiros do ex-presidente também ganharam indenização e, num primeiro momento, o livro foi mesmo recolhido das livrarias.

Esse era o exemplo que parecia animar a família de Maria Rita para mover a ação judicial contra mim. As diferenças entre um caso e outro são tão gritantes que é de espantar que se tivesse perdido tempo estudando o processo da família de Mitterrand. A começar pelo próprio título do livro sobre ele, "o grande segredo", ou seja, a obra revelava fatos privados que até então não eram de conhecimento público; além disso, o autor era o seu médico pessoal, e a divulgação de informações que só ele e a família do paciente sabiam envolvia, obviamente, questões éticas.

Já os trechos de *Roberto Carlos em detalhes* que relatam a doença e a morte de Maria Rita não trazem nenhuma informação inédita, pois tudo já tinha sido publicado em jornais e revistas de circulação nacional. A notícia de que ela tinha um câncer no útero, por exemplo, foi revelada ao público pela revista *Veja*, em sua edição de 16 de dezembro de 1998, que também trazia alguns detalhes do órgão afetado pela doença. Semanas depois, Roberto Carlos confirmou a informação através de uma nota à imprensa:

> É verdade o que a revista *Veja* publicou, mas, com a graça de Deus, Maria Rita está muito, muito melhor com o tratamento abençoado por Deus que vem recebendo, com os médicos competentes, iluminados e abençoados por Deus, e com as orações de todas as pessoas que têm pedido a Deus pelo restabelecimento dela. Amém!

E apelou ao público: "Nós agradecemos a todos de todo o coração e pedimos que continuem rezando".

O sofrimento privado do artista e de sua esposa se transformou num acontecimento midiático. Emissoras de televisão, rádios, jornais e revistas noticiavam com frequência as etapas do tratamento. Em várias cidades foram feitas vigílias e realizadas missas, cultos e outras manifestações religiosas; uma grande parte da sociedade se mobilizou para que um milagre salvasse a esposa de Roberto Carlos. Agradecido e emocionado, o artista chorou publicamente várias vezes, e muitos fãs choraram com ele.

O Hospital Albert Einstein, em São Paulo, onde Maria Rita ficou internada, emitia comunicados à imprensa sobre a evolução do tratamento. O médico que cuidava dela, Sérgio Simon, então chefe do setor de oncologia do hospital, não se negava a dar entrevistas explicando os pormenores da doença e dos órgãos afetados. Publicações como *Veja, IstoÉ, Época, O Globo* e *Folha de S.Paulo* trouxeram várias informações do médico sobre o caso — informações que na época não foram questionadas nem por Roberto Carlos nem por seus advogados. Não tinha por que eu não usá-las no livro.

Eles afirmaram, entretanto, que embora o drama de Maria Rita fosse de conhecimento geral, "nunca foram notórios os pormenores da doença, do tratamento e da agonia. Estes eventos ocorreram em ambientes reservados, longe dos olhos e ouvidos do público". Acusavam-me, portanto, de revelar no livro detalhes que eram "essencialmente íntimos, limitados ao reduzidíssimo círculo de família, amigos mais próximos e, naturalmente, profissionais da saúde envolvidos com o tratamento de Maria Rita".

Nada disso, no entanto, aconteceu. Não procurei nenhum médico, enfermeira, amigo ou parente de Maria Rita, até porque ela não era o objeto principal do meu livro. Aquilo que relatei foi obtido de fontes públicas e nunca questionadas. Apenas pesquisei, analisei e depois registrei no livro.

Quando a cota de ameaças contra mim parecia esgotada, apareceu mais uma. Dessa vez, a reclamação foi da atriz Myrian Rios, com quem Roberto Carlos viveu por dez anos após se separar de sua primeira esposa, Nice. Myrian é uma importante personagem do capítulo "Roberto Carlos e o amor". Ali, conto a sua história de Cinderela: a menina de origem humilde, fã de Roberto Carlos, que se tornou atriz da TV Globo e, logo depois, musa e esposa do rei. É uma bela história de amor e que rendeu diversas canções. Myrian Rios não me deu entrevista para o livro, por isso o nome dela não consta entre os "depoimentos ao autor", mas ela escreveu um pequeno livro de memórias, *Eu, Myrian Rios*, que me serviu de fonte para narrar os detalhes mais íntimos de seu romance com Roberto Carlos — já que a maior parte da história deles está relatada em diversas outras publicações que pesquisei.

Myrian reclamava que eu teria usado várias informações do livro sem citar a fonte. Essa acusação foi feita publicamente pelo advogado de Roberto Carlos: "Ele retirou frases do livro de Myrian, mas não deu o crédito. Ficou parecendo que ela deu uma entrevista a ele, o que não ocorreu", disse ao *Jornal do Brasil*. Acredito que até aquele momento nem Myrian Rios nem o advogado tinham lido as 504 páginas de *Roberto Carlos em detalhes*. Do contrário, teriam constatado que dou crédito, sim, ao livro dela, e não apenas na parte final, na bibliografia, com referências complementares sobre a editora que o publicou e o ano de seu lançamento. O livro é citado no corpo do texto no capítulo "Roberto Carlos e o amor". Na página 416, após narrar como se deu o primeiro contato dela com o cantor, acrescento a informação: "lembra a atriz em seu livro *Eu, Myrian Rios*". O parágrafo seguinte, já na página 417, inicia com nova referência ao afirmar que "ela relata que…", e prossigo narrando mais detalhes da relação do casal, intercalando informações de seu livro com as demais fontes pesquisadas. Não faço apenas uma, mas três referências ao livro *Eu, Myrian Rios*.

Falhas acontecem. No livro, deixei de incluir na bibliografia um livro ao qual até dou crédito no corpo do texto, na página 228: *Caminhos cruzados: A vida e a música de Newton Mendonça*, de Marcelo Câmara, Jorge Mello e Rogério Guimarães, e na lista de revistas pesquisadas não aparece o nome da *Bizz*, da Editora Abril. São erros a serem corrigidos na próxima edição, mas que, definitivamente, não atingiram o livro de Myrian Rios.

A própria Myrian acabou constatando isso e desistiu do processo. A família de Maria Rita também não levou a ameaça adiante, nem a compositora Isolda — embora as acusações que me fizeram continuem sendo reproduzidas na mídia até hoje. De concreto, o livro *Roberto Carlos em detalhes* me rendeu três ações judiciais naquele janeiro de 2007: as duas do cantor e a do seu fotógrafo Luiz Garrido. Não era pouca coisa para um mês só.

A Justiça de São Paulo não tardou a se manifestar sobre a queixa-crime de Roberto Carlos contra mim. No dia 24 de janeiro — mês que demorava a acabar —, o Ministério Público do Estado deu um primeiro parecer referente à acusação. O promotor Alfonso Presti entendeu que meu livro teria sim causado lesão à honra do artista e propôs ao juiz que fosse determinada a proibição da obra em todo o Brasil. Considerou, porém, "precipitado e praticamente inviável" o cumprimento do pedido de que oficiais de Justiça saíssem país afora apreendendo e recolhendo "tantos exemplares quantos estivessem impressos e destinados à venda"; propôs, então, que o juiz expedisse ofício à editora Planeta para que se abstivesse "de realizar novas vendas e entregas, bem como, em 24 horas, promova a remessa a todas as empresas adquirentes de informe, para que recolham os exemplares". Ou seja, o trabalho de recolhimento dos livros deveria ser feito pela editora Planeta e pelos próprios livreiros, e não pelos oficiais de Justiça.

O promotor estranhou que Roberto Carlos tivesse citado apenas o autor do livro como réu na queixa-crime, excluindo os representantes da editora que, segundo ele, seriam coautores do crime contra a honra do artista. Ele argumentou que, para não violar o princípio da indivisibilidade da ação penal privada, o cantor fizesse um aditamento à queixa-crime nomeando quais seriam os outros réus do processo. Como já dito, Roberto Carlos citou a editora Planeta apenas no processo cível, em que cabe cobrança de indenização. Já o objetivo da queixa-crime era punir o autor do livro, condená-lo, levá-lo à prisão. Mas, diante da intervenção do promotor, o cantor incluiu também na peça de acusação dois representantes da editora: o seu diretor-geral, César Alejandro González de Kehrig, e o coordenador editorial do livro, Pascoal Soto, informando que estes foram os "copartícipes dos crimes de injúria e difamação".

No dia 6 de fevereiro, o juiz criminal Tércio Pires apresentou sua decisão. Para minha agradável surpresa, ele não seguiu o parecer do Ministério Público. O juiz indeferiu o pedido de medida liminar feito por Roberto Carlos e também a proposta do promotor de mandar a editora Planeta recolher os livros. Optou por convocar o cantor e os réus para uma audiência de conciliação que seria presidida por ele, em data a ser confirmada, no Fórum Criminal da Barra Funda. A decisão do magistrado paulista foi recebida com entusiasmo por todos que eram contrários à proibição do livro.

Acredito que ninguém podia imaginar o que nos aguardava na audiência. "Roberto Carlos perdeu a primeira batalha de uma guerra judicial que promete ser longa e árdua", previu o jornalista Mauro Ferreira. Ele afirmou que

a decisão do juiz é sensata. O direito de Roberto Carlos proibir a comercialização do livro termina onde começa o direito do autor de escrever com seriedade uma obra que, em essência, apenas desvenda o processo de criação e sedimentação de uma obra que é a alma do Brasil.

No mesmo texto, o jornalista observou que "se há centenas de livros sobre Bob Dylan, por que não pode haver um sobre Roberto Carlos? Será um avanço se a Justiça compreender assim".

A editora Planeta distribuiu um comunicado à imprensa em que informava que os livros continuariam sendo impressos, "confiando que nenhuma outra sentença reverta a decisão atual". Acrescentava que a decisão do juiz "comprova a certeza da editora Planeta de ter editado um ensaio biográfico sério à altura da grandeza do artista e sua obra".

Enquanto isso, no sábado, 10 de fevereiro, Roberto Carlos iniciava a terceira edição do projeto Emoções em Alto-Mar, dessa vez no transatlântico *Costa Fortuna*. Com 3400 passageiros a bordo, o navio zarpou do porto de Santos, em São Paulo, em percurso que incluía Angra dos Reis, Búzios e retorno a Santos. Além dos tradicionais assessores e músicos, seguiram com o artista alguns de seus advogados. Naquela semana, em uma nota no site da *Veja*, o colunista Lauro Jardim afirmou que "Roberto, pelo visto, está empreendendo uma espécie de *blitzkrieg* no Judiciário".

Ignorando o que poderia estar ocorrendo nos bastidores do navio, os passageiros, a maioria mulheres de mais de quarenta anos, aguardavam com ansiedade o momento de ver o cantor no palco. No domingo, 11, em Angra, um grupo de jornalistas embarcou no transatlântico para realizar a já tradicional entrevista coletiva com o artista. Haviam se passado exatos dois meses da polêmica coletiva anterior, no hotel Caesar Park, quando pela primeira vez ele protestou em público contra *Roberto Carlos em detalhes*. Na coletiva no navio, ele teve que responder de novo a perguntas sobre o livro — fato, aliás, que se repetiu em praticamente todas as suas entrevistas posteriores.

"Esse assunto aí me deixa atordoado", confessou aos jornalistas, em alto-mar. Uma das perguntas que lhe fizeram foi sobre a então recente decisão do juiz criminal Tércio Pires, que indeferira o pedido de apreensão do livro. "Você perdeu em primeira instância o processo contra o autor da sua biografia não autorizada. O que você acha disso? Você ainda quer continuar com o processo contra ele?" Demonstrando estar orientado pelos advogados, o cantor procurou esclarecer ao jornalista: "Veja bem, na verdade não foi a primeira instância que a gente perdeu. Isso não é assim, não. O caso ainda não foi julgado, então não existe primeira instância ainda completada".

Outro jornalista então lhe perguntou sobre as consequências de uma possível vitória dele na Justiça. "Roberto, caso você ganhe esta ação, isso abrirá um precedente e ninguém mais poderá escrever um livro contando a história de nenhum outro artista da música brasileira ou de qualquer outra área, porque vai ter um precedente jurídico. Isso não te preocupa? Não te deixa culpado em relação a essa ação?" A resposta dele: "Não, porque a minha questão não é bem essa. A questão é que, em primeiro lugar, estou reclamando de invasão de privacidade e, em segundo lugar, a minha história é um patrimônio meu. Quem escreveu esse livro se apropriou desse meu patrimônio e usou esse patrimônio em seu próprio benefício, seja como for que ele tenha usado". Ele repetiu assim a mesma acusação que me fizera na coletiva anterior, e agora sendo aplaudido por cerca de duzentos fãs que foram sorteados entre os demais passageiros para assistir à entrevista no navio.

Outra questão foi ainda mais objetiva: "Na coletiva de dezembro, você disse que não tinha lido o livro, que algumas pessoas tinham te contado. Mas agora você já leu?". Foi uma pergunta bem pertinente, porque tinham se passado exatos sessenta dias entre a entrevista anterior e essa em alto-mar. Foi ao longo desse período que ocorreu a campanha pela internet, "Roberto, leia o livro!", e várias críticas ao seu proclamado "não li e não gostei". Em artigos na imprensa, alguns juristas também manifestaram a inconsistência acusatória de um artista que processa um autor sem ter lido a sua obra. Talvez Roberto Carlos tivesse assimilado tudo isso e, dessa vez, bem orientado por seus advogados, deu uma resposta sucinta aos jornalistas: "Li o livro, sim, e continuo com a mesma opinião".

Não houve muito tempo para comemorar a decisão da Justiça criminal paulista. Dezesseis dias depois, em 22 de fevereiro, saiu a decisão relativa ao processo cível que corria no Rio de Janeiro, e essa foi totalmente favorável ao artista. Ao contrário do juiz criminal Tércio Pires, que preferiu convocar Roberto Carlos e os réus para uma audiência com ele, o juiz Maurício Chaves de Souza Lima, da 20ª Vara Cível do Rio, determinou a imediata interrupção da publicação, da distribuição e da comercialização da obra em todo o território nacional. Antes de ouvir os argumentos da defesa e, portanto, baseando-se tão somente nas acusações do cantor, o juiz decidiu pela proibição do livro, em caráter liminar, até o julgamento final do processo.

Em sua decisão, o magistrado argumentou que

a biografia de uma pessoa narra fatos pessoais, íntimos, que se relacionam com o seu nome, imagem e intimidade e outros aspectos dos direitos da personalidade.

Portanto, para que terceiro possa publicá-la, necessário é que obtenha a prévia autorização do biografado, interpretação que se extrai do art. 5º, inciso x, da Constituição da República, o qual dispõe serem invioláveis a intimidade, a vida privada e a imagem das pessoas.

O inciso x do art. 5º citado pelo juiz diz textualmente o seguinte: "São invioláveis a intimidade, a vida privada, a honra e a imagem das pessoas, assegurado o direito a indenização pelo dano material ou moral decorrente de sua violação". Ocorre que o inciso ix do mesmo art. 5º da Constituição diz também textualmente que "é livre a expressão da atividade intelectual, artística, científica e de comunicação, independentemente de censura ou licença".

Os incisos do artigo 5º da Constituição garantem respectivamente o direito à liberdade de expressão e o direito à privacidade. Há aqui o que os juristas chamam de colisão de direitos, pois ambos têm o mesmo peso, um não se sobrepõe ao outro na Constituição. O próprio juiz diz mais adiante na sua decisão:

> Registre-se, nesse ponto, não se desconhecer a existência de princípio constitucional afirmando ser livre a expressão da atividade intelectual e artística, independentemente de censura ou licença. Todavia, entrecruzados estes princípios, há de prevalecer o primeiro, isto é, aquele que tutela os direitos da personalidade, que garante à pessoa a sua inviolabilidade moral e de sua imagem.

Ou seja, o juiz definiu que o direito à privacidade de uma pessoa pública deve se sobrepor ao direito à liberdade de expressão e informação da sociedade. O magistrado argumenta então que

> de maneira mais específica, o art. 20, do Código Civil de 2002, é claro ao afirmar que a publicação de obra concernente a fatos da intimidade da pessoa deve ser precedida da sua autorização, podendo, na sua falta, ser proibida se tiver idoneidade para causar prejuízo à sua honra, boa fama ou respeitabilidade.

Assim chegamos ao ponto nevrálgico da decisão do juiz Maurício Chaves de Souza Lima. O desempate a favor do direto à privacidade foi determinado pelo artigo 20 do Código Civil, já citado aqui. Não foi à toa que a outra parte procurou adequar o conteúdo do livro às exigências desse dispositivo; nele estaria a chance de vitória da sua causa, uma vez que rompe o equilíbrio que há entre os incisos IX e X do artigo 5º da Constituição de 1988. Isso representou, sem dúvida, um retrocesso legislativo, pois acabou favorecendo a proteção da imagem em detrimento do direito à liberdade de expressão.

O fato é que Roberto Carlos se agarrou a essa brecha para convencer a Justiça, e o juiz aceitou todos os seus argumentos. Abordando o mérito da causa, o magistrado concordou que a biografia *Roberto Carlos em detalhes* teria atingido a honra, a boa fama e a respeitabilidade do artista. "Além do mais", diz o juiz, "não está compreendido dentro do direito de informar e da livre manifestação do pensamento a apropriação dos direitos de outrem para fins comerciais." Vê-se que ele aceitou também a acusação de que a biografia não teria nenhum caráter informativo e que o autor teria se apropriado da imagem de Roberto Carlos com o mero intuito de ganhar dinheiro.

Por fim, o juiz concordou em retirar a obra de circulação "para impedir que novas pessoas tomem conhecimento de fatos cujo sigilo o cantor quer e tem o direito de preservar". Ou seja, aceitou também a afirmação de que os episódios da vida pessoal do artista ali narrados eram até então sigilosos, restritos ao círculo íntimo de Roberto Carlos e sua família. O único pleito do artista que Maurício Chaves de Souza Lima não atendeu totalmente foi a absurda cobrança de 500 mil reais de multa diária caso os réus não cumprissem a medida liminar de proibição. Ele determinou então uma multa de 50 mil reais por dia. A expectativa agora era que os advogados da editora Planeta apresentassem à Justiça contra-argumentos que refutassem as acusações de Roberto Carlos.

8. Os autos do processo II

E não é que Roberto Carlos conseguiu uma decisão favorável à sua causa maluca! [...] é a primeira vez na história que alguém se vê ofendido por um mar de elogios e louvor à sua importância como artista. O rei pirou de vez!

Xico Sá

Eu estava de saída, já abrindo a porta de casa, quando ouvi que alguém deixava uma mensagem na minha secretária eletrônica: era a representante da editora, comunicando-me a decisão do juiz da 20ª Vara Cível do Rio de Janeiro. Pensei em ligar de volta imediatamente, me informar melhor sobre aquilo, mas já passava da hora de ir para o trabalho. Eu tinha uma reunião com a direção da escola para definir diretrizes do ano letivo que se iniciava. Desci rapidamente, peguei um ônibus e por fim me dei conta de que o caso entraria em uma nova fase. Não se tratava mais de uma ameaça de processo ou de uma possível proibição da biografia; agora era o fato concreto: meu livro estava oficialmente proibido pela Justiça.

Roberto Carlos recebeu sua boa notícia a bordo do iate *Lady Laura III*, conforme relato dos jornalistas Valmir Moratelli e Carla Ghermandi. Naquela quinta-feira, 22 de fevereiro, o barco do cantor estava ancorado no porto Marina 1, um paradisíaco hotel-marina a dez quilômetros do centro de Angra dos Reis, no litoral sul fluminense. O artista curtia ali seus dias de férias acompanhado de familiares e colaboradores, que lhe contaram da decisão do juiz. Talvez não o tenham informado das críticas que começavam a se acentuar a partir daquele momento.

Desde que se firmou como o maior ídolo popular do país, nos anos 1960, Roberto Carlos aparece na grande imprensa, mas ocupando basicamente os cadernos de cultura, as colunas de fofocas ou de assuntos gerais. Raramente ele foi assunto de um editorial, espaço reservado aos grandes temas nacionais e internacionais. Mas, depois de o cantor obter da Justiça a proibição da biografia, o centenário *Jornal do Brasil* publicou um editorial em que afirmou que "disso o rei não precisava". O jornal classificou de "um evidente disparate. Mais grave, incompatível com uma carreira de sucesso" a alegação do cantor de que o livro abalaria editorialmente o futuro lançamento de sua biografia oficial.

> É como se o rei pretendesse criar uma reserva de mercado para seus planos posteriores [...]. Também não se sustenta no ar a tese de que uma biografia deve ser um retrato autorizado pelo biografado ou por sua família. Se ninguém pudesse contar a história do outro, a Bíblia jamais se teria materializado.

O *Jornal do Brasil* conclui o editorial indagando:

> Como uma obra tão elogiosa pode ter causado tanto desconforto? O risco é que a sentença judicial possa abrir precedentes danosos ao mercado editorial brasileiro. A decisão é equivocada, entre outras coisas, porque proíbe a circulação de um livro enquanto o imbróglio jurídico está inconcluso.

Das páginas dos editoriais aos textos de colunistas e também de blogueiros na internet, a crítica foi quase unânime. De forma irônica, bem ao seu estilo, o jornalista Xico Sá comentou:

> E não é que Roberto Carlos conseguiu uma decisão favorável à sua causa maluca! A decisão medieval fica valendo para o país inteiro. Transtorno obsessivo-

-compulsivo à parte, é a primeira vez na história que alguém se vê ofendido por um mar de elogios e louvor à sua importância como artista. O rei pirou de vez!

Ao saber que o cantor conseguira vetar o livro, o escritor e advogado paranaense Richard Zajaczkowski também desabafou: "Barbaridade! Santa ignorância! Como se uma enorme parcela da população, mesmo não sendo sua fã, já não conhecesse, via jornais e revistas, os infortúnios de sua vida particular".

A decisão do juiz foi também duramente criticada por Idelber Avelar, professor de literatura da Universidade Tulane, em New Orleans. Em seu blog O Biscoito Fino e A Massa, ele indagou:

> Qual seria — pergunta o senso comum — o "dano moral" que terá sofrido Roberto Carlos com o livro de Paulo Cesar? O que há, enfim, no livro? Acusações de plágio, de roubo, de assassinato? Será que o Meritíssimo leu o mesmo livro que eu? Será que pensou sobre o que é esse gênero, a biografia? Será que refletiu um pouquinho sobre os limites entre o público e o privado num caso como este, que envolve o cantor mais popular do Brasil?

Esse último ponto levantado por Avelar foi muito discutido no Brasil depois da proibição de *Roberto Carlos em detalhes*. Questão controversa no campo jurídico, atraiu a atenção de advogados, juristas, professores de direito e outros interessados no tema. O debate aconteceu não apenas em salas de aula, congressos e palestras em faculdades de direito (para algumas delas fui convidado a participar), mas também na mídia, em entrevistas, depoimentos e artigos que especialistas publicaram na grande imprensa.

Juristas observam que não existem nas Constituições de outras nações sob o regime de estado democrático de direito dispositivos tão explícitos a favor da liberdade de expressão como os contidos na nossa Carta Magna. Ela garante, no já citado artigo 5º, item IX, a livre expressão da atividade intelectual independentemente de censura ou licença; no item XIV, o acesso de todos à informação; e, no artigo 220, que a informação, sob qualquer forma, processo ou veículo, não sofrerá nenhuma restrição. Nem mesmo a Constituição norte-americana dispõe de regras tão claras sobre o tema. Porém, como já foi também visto, na lei brasileira há artigos favoráveis à privacidade dos indivíduos — e nisso está a matriz da confusão, das interpretações conflitantes, enfim, da polêmica e do debate.

Afinal, o que prevalece na nossa atual legislação: a garantia à privacidade ou à liberdade de expressão? O desembargador Luis Gustavo Grandinetti de Carvalho é claro:

> Em princípio, os dois direitos se equivalem em termos de peso. Nem a liberdade de informação e nem a privacidade prevalecem sobre o outro. Eles são tratados pela Constituição como direitos iguais, direitos fundamentais porque relevantes para a sociedade, relevantes para a formação cultural de um povo. Por isso a Constituição trata os dois direitos com o mesmo status, o mesmo peso. A Constituição deixa para o Judiciário decidir no exame do caso concreto, no embate dos interesses contrapostos, qual valor deve preponderar.

No caso concreto de *Roberto Carlos em detalhes* o juiz Maurício Chaves de Souza Lima foi favorável ao direito de privacidade. Bruno Galindo, professor de direito constitucional, discordou dessa decisão por acreditar que "a intimidade e a privacidade de alguém que vive da imagem e da divulgação de seu trabalho na mídia não possui a mesma proteção que a de um cidadão não envolvido com esse tipo de ofício". Ele argumenta que "não pode o artista querer que só saiam a seu respeito notícias positivas, pois o bônus de ser famoso em uma sociedade livre e democrática traz o ônus de suportar em alguns momentos que se façam críticas negativas e se exponham fatos notórios que possam desagradá-lo. É o preço da fama".

Já Marco Antônio Campos, advogado de Roberto Carlos, afirmou em artigo na imprensa que quem defende ideias como essa revela "surpreendente desconhecimento da Constituição brasileira e do Código Civil". Ele argumentou que ambos

> garantem a proteção à honra, à privacidade e à imagem das pessoas, sejam eles famosos ou anônimos, ídolos ou desconhecidos, celebridades ou nulidades, cantores que lotam estádios ou apenas cantam no banheiro, esportistas bem-sucedidos ou obscuros pernas-de-pau. A Constituição Federal e o Código Civil, ao menos nas edições que se conhece, não fazem esta distinção ou discriminação de que pessoas famosas não têm direito à proteção de sua honra, imagem ou privacidade.

Há quem rejeite a ideia de seguir ao pé da letra os artigos da lei que tratam da privacidade. Um magistrado deve se valer da ponderação, da flexibilização e do bom senso ao interpretar direitos conflitantes. Luis Gustavo Grandinetti de Carvalho, por exemplo, afirma que

> de acordo com a doutrina que estuda o assunto — e isto se reflete nas decisões jurisprudenciais —, as pessoas públicas têm menos proteção legal à privacidade. Um famoso como Roberto Carlos tem uma proteção muito menos intensa. Já uma pessoa desconhecida, que pautou a sua vida pelo anonimato, tem um direito maior a preservar sua privacidade. Isso é praticado todo dia na jurisprudência dos tribunais. E as pessoas públicas sabem que têm menos direito.

Opinião distinta foi manifestada pelo advogado gaúcho Mauro Fichtner Pereira. Para ele, é "rematado absurdo" negar a Roberto Carlos, por ser pessoa pública, o direito de se opor à divulgação de sua biografia não autorizada. O advogado argumenta que

> é por demais evidente que a penetração não consentida na vida da chamada "pessoa pública" se restringe a sua "atividade pública" ou àquela que lhe for imediatamente conexa. No caso, parece fora de qualquer dúvida que a biografia envolve a vida artística e privada do cantor e compositor. O próprio título da obra, por seu inequívoco contexto apelativo, denuncia isso: *Roberto Carlos em detalhes*. Ora, não há instrumento mais contundente de indiscrição sobre a vida de uma pessoa do que escrever sua "biografia" ("em detalhes") e divulgá-la comercialmente. Consubstancia também a forma mais intensa e perene de invasão de sua privacidade, na medida em que a biografia, uma vez divulgada e comercializada, se perpetuará por tempo indefinido, por séculos até.

Não restringindo a análise ao título da obra, o advogado e jurista Walter Ceneviva afirmou que, depois de verificar "que a biografia publicada não envolve informação desairosa sobre o cantor", considera esse caso como "mero capricho de censura, sob desculpa de intimidade". Em sua coluna na *Folha de S.Paulo*, definiu para o leitor o conceito de pessoa pública:

> Assim se denomina o ser humano que, por atuação política, artística, esportiva

ou de outra espécie de popularidade reconhecida, desperta interesse permanente na comunidade pelos fatos de seu dia a dia. Não se confunde com o comum homem do povo, apenas conhecido dos que lhe são próximos, para quem é pleno o direito de ser deixado só.

É esse mesmo direito de ser deixado só que o advogado gaúcho Gabriel Magadan reclama para Roberto Carlos. Ele afirma que "esconder-se atrás de institutos jurídicos de liberdade e propalá-la como verdade absoluta é ignorar que a celebridade é também um ser humano que pretende ter uma vida, às vezes, alheia a tudo". Em sentido oposto, o advogado paulista Paulo Roberto Iotti Vecchiatti, especialista em direito constitucional, foi didático:

> Se a obra não contém nenhum fato inverídico e se todos esses fatos são ou foram de conhecimento público, mediante publicação na mídia, atual ou pretérita, então não vejo motivo jurídico que justifique a proibição de distribuição do livro. Em outras palavras: apenas fatos que façam parte da privacidade do biografado que não sejam de conhecimento público necessitam de autorização deste para publicação, sendo proibida a publicação a priori apenas de fatos inverídicos. Não vejo por que a liberdade de expressão precisaria ser mitigada na divulgação de fatos verídicos que não façam parte da intimidade do biografado se já eram de conhecimento público.

Alguns juristas invocaram também critérios históricos para a solução do embate. O professor de direito constitucional (e futuro ministro do STF) Luís Roberto Barroso, por exemplo, defendeu que "em uma sociedade que tem os antecedentes políticos do Brasil é preciso ter um cuidado imenso no cerceamento da liberdade de expressão e, sempre que houver uma via alternativa para reparar eventual dano, será melhor que a proibição". Aqui deveria prevalecer o princípio do "*In dubio pro libertate*", na dúvida, pela liberdade.

A partir do lançamento de *Roberto Carlos em detalhes* e da posterior rejeição do biografado, definiu-se um tenso triângulo que envolveu o artista, seus fãs e a biografia não autorizada. Os fãs desejavam o livro, mas alguns temiam desagradar o ídolo, que por sua vez se empenhava para afastar aquilo do alcance dos fãs. O jornalista Emílio Pacheco percebeu na época o imbróglio em texto publicado no jornal *International Magazine*.

> Os fãs mais fiéis enfrentam um dilema. Se comprarem o livro, estarão prestigiando um lançamento que seu ídolo desaprova. Por outro lado, se o boicotarem em solidariedade ao rei, deixarão de ler um texto brilhante, cobrindo todos os aspectos da vida e da obra do artista. Até agora, aparentemente, a maioria preferiu a primeira opção.

Essa questão foi muito discutida entre os próprios fãs de Roberto Carlos, especialmente nas comunidades dedicadas ao cantor na internet. Os fãs se dividiram em dois grupos: os que leram e os que não leram a biografia. Os do primeiro grupo defenderam *Roberto Carlos em detalhes*, se colocando em oposição à atitude do artista. "Porra meu, eu nunca fiquei contra o meu ídolo, esta é a primeira vez. O livro é do cacete. Eu tenho certeza que Roberto não leu", desabafou o fã Helinho num fórum de debates. Outra fã, porém, considerou "um descaramento moral alguém escrever algo sem consultar o dono do enredo" e que gostaria que o autor da biografia "fosse processado" e "punido prestando serviços alternativos como alfabetizar uma área carente".

Acredito que os fãs que apoiaram a atitude de Roberto Carlos se encontram basicamente entre aqueles que não leram a biografia. E creio que não leram não apenas por fidelidade cega ao ídolo, mas, principalmente, porque fazem parte daquele contingente da nossa população que não tem o hábito de leitura. Ou seja, neste caso seguiram o cantor até mesmo no mote "não li e não gostei".

O discurso agressivo e fundamentalista representa uma parte menor de tudo que foi publicado sobre *Roberto Carlos em detalhes* ao longo da polêmica. A maioria das mensagens dos fãs é de quem leu o livro ou se informou devidamente sobre ele. Muitos destacam, inclusive, que a leitura da biografia contribuiu para reforçar sua admiração pelo cantor, como Loreni Brandalise, de Cascavel, no Paraná, que postou a seguinte mensagem no site oficial do artista: "Roberto, sou sua fã desde 1970. Depois de ler *Roberto Carlos em detalhes* só aumentou minha admiração por você. Acho que o livro foi um presente do autor a todos os fãs e uma homenagem a você". Álvaro Nascimento, do Rio, enviou ao site mensagem semelhante:

Quando era menino, ouvia suas músicas no que hoje poderia ser chamado de rádio comunitária, em Madureira. Ao ler sua fantástica biografia fiquei ainda mais encantado por sua história, que é um exemplo de perseverança a todos: nunca devemos desistir. Sabia que você, Roberto, era o rei, mas é o rei não somente pelas músicas, mas por ser um vencedor!!! Bicho, você é brasa. Voltei a ouvir seus discos. Um abraço.

O caso mais curioso foi protagonizado por uma moradora do interior de São Paulo, Maria Waldete de Oliveira Cestari. Ela escreveu uma carta aberta a Roberto Carlos, que foi publicada na seção Tribuna do Leitor do *Jornal da Cidade*, de Bauru. Não satisfeita, decidiu enviar a carta ao artista, mas se valendo de uma estratégia incomum: pediu a um advogado de sua região que fosse até o Fórum Criminal da Barra Funda, na capital, e anexasse a carta ao processo de Roberto Carlos contra mim. Foi o que fez o advogado Sérgio Augusto Rossetto — conforme consta dos autos. Na carta, Maria Waldete diz ao cantor que acompanha a carreira dele desde o início, nos anos 1960, e que suas canções embalaram seus sonhos de menina adolescente. Porém, relata ter ficado "decepcionada e triste" com a atitude dele contra o livro. "Sinceramente, não esperava isso de você, que sempre demonstrou ser um cara sensível, romântico, cheio de emoções e apegado às coisas do alto." Disse-lhe também, entre outras coisas, que "boicotar um trabalho cuidadoso de anos de pesquisa, que só o enaltece e exalta" era uma atitude "indigna de um rei". E concluía: "Roberto, você deu a receita, mas não a está usando… é preciso saber viver… porque se não souber… pode até ficar maluco ou morrer na solidão… Saudações decepcionadas de sua ex-fã, Maria Waldete".

O cantor foi algumas vezes instado a se posicionar sobre esse triângulo que formava com os fãs e a biografia não autorizada. Numa entrevista coletiva a bordo do transatlântico *Costa Fortuna*, em fevereiro de 2007, perguntaram-lhe: "Se uma fã te pedisse um autógrafo na biografia não autorizada, você autografaria?". A questão foi motivada pelo fato de os jornalistas verem naquele navio várias pessoas com o livro em mãos. Ele tinha sido lançado recentemente, os passageiros curtiam férias, Roberto Carlos era seu ídolo; era natural, portanto, que alguns levassem a biografia na bagagem. A empresária paulista Fátima Alcântara tinha feito isso com a esperança de obter um autógrafo do cantor nas páginas do seu livro. "Já tentei chegar perto dele duas vezes e não deu", comentou ela em reportagem publicada na época.

A pergunta sobre o autógrafo era oportuna. O artista hesitou um pouco na resposta, "Se uma fã me pedisse um autógrafo neste livro?...", ganhando tempo para pensar, mas enfim respondeu. "Não, não daria, não. Diria pra ela 'me dá um papel que eu escrevo nele porque eu não concordo com isso. Eu dou um autógrafo no papel porque neste livro eu não vou assinar, não." Dias depois Roberto Carlos receberia mais um aconselhamento carinhoso, dessa vez da colunista social Hildegard Angel, do *Jornal do Brasil*: "Meu caro Roberto, sabe aquela música do Chico Buarque que diz: 'Quem brincava de princesa se acostumou na fantasia'? Pois é, os reis de verdade ganham dezenas de biografias e isso só os enriquece como personagens. Não se torne desinteressante aos olhos de seu público apaixonado e fiel".

Em março de 2007, a advogada da editora Planeta entregou à Justiça duas peças processuais de defesa do caso *Roberto Carlos em detalhes*. A primeira peça, de 27 páginas, chamada "agravo de instrumento com efeito suspensivo", tinha um único objetivo: obter a imediata suspensão da ordem de proibição dada pelo juiz da 20ª Vara Cível do Rio, ou seja, que a editora pudesse voltar a comercializar o livro até que houvesse o julgamento final do recurso. A segunda peça, a principal, de 41 páginas, era a contestação da editora Planeta, e tinha duplo objetivo: também obter a liberação do livro e, principalmente, evitar que a empresa fosse condenada a pagar qualquer indenização a Roberto Carlos.

Em ambas as peças, fazia-se a defesa da editora — e só indiretamente do autor do livro. Minha resposta às acusações do artista ficaria para uma segunda fase, quando eu fosse oficialmente citado no processo. Por razões que serão explicadas mais adiante, até então eu não havia recebido a visita de nenhum oficial de justiça me citando no processo movido por Roberto Carlos. Portanto, ainda não corria o prazo para a advogada apresentar a minha defesa. Já a editora Planeta recebera a citação relativa ao processo cível e por isso apresentou a sua contestação.

Na petição contra o efeito suspensivo, a editora afirma que a decisão do juiz Maurício Chaves de Souza Lima, que proibiu o livro, não reflete "o entendimento unânime hoje existente nas nações livres e democráticas, qual seja, o direito de livre expressão". Reclama também que a multa imposta de 50 mil reais por dia de não cumprimento da proibição é extremamente agressiva e descabida. Fosse de um real, a agravante respeitaria a decisão judicial, não sendo necessária a imposição dos 50 mil reais ao dia. Salta aos olhos a ganância e o equivocado entendimento quanto ao poderio econômico de uma editora.

Ao mesmo tempo em que protesta contra o valor da multa, a editora procurou caracterizar a ilegitimidade da ação contra ela, sob o argumento de que apenas reproduziu e comercializou o livro. "Não é a empresa ré a autora da obra, e sim o historiador Paulo Cesar de Araújo, conforme demonstra o contrato de edição firmado", e cita a cláusula que diz que "o autor será o único responsável pelas reclamações formuladas por terceiros, incluído o Poder Público, em relação ao conteúdo ou à titularidade da obra, assim como pelos danos e prejuízos que possa, comprovadamente, sofrer a Editora". Conclui que,

> desta forma, a 2ª ré não é a pessoa certa para ser demandada, já que todo o conteúdo da obra é de responsabilidade de quem a escreveu. Não sendo a 2ª ré a autora do livro objeto desta demanda, deve ser declarada a ilegitimidade da parte passiva, com a consequente extinção do feito sem resolução do mérito.

Mesmo atribuindo ao autor toda a responsabilidade pelo livro, a editora Planeta procurou, "em cumprimento ao seu dever processual", rebater as acusações formuladas por Roberto Carlos na inicial do processo cível, e fez isso de forma contundente. No texto, ela reclama da "intensa má-fé do cantor, ou de seus advogados" por pinçarem trechos do livro fora de contexto ou darem a eles sentido completamente diferente do original. É citado como exemplo a suposta participação de Roberto Carlos no escândalo com garotas menores, em 1966. Afirma-se que a acusação agiu

> com o firme propósito de confundir o juiz, o que demonstra verdadeira deslealdade processual. A simples leitura da inicial, sem a correspondente conferência do livro, leva a crer que realmente a honra do rei foi ofendida, mas não é nada disso.

Nas duas peças de defesa, a editora Planeta argumenta que, no caso em questão, não cabe a acusação de que se invadiu a privacidade do cantor Roberto Carlos, "porque ele é um homem público e sua vida é conhecida por todos" e "sua imagem e as histórias de sua vida fazem parte da própria história do Brasil". Argumenta também que na simples leitura dos trechos do livro que narram o encontro amoroso de Roberto Carlos com a cantora Maysa e outro com Sônia Braga "não se encontra, por maior esforço que se possa fazer, nada que ofenda a honra do cantor". Diz que

> elas eram adultas e podiam fazer o que quisessem. E convenhamos, encontrar-se com duas mulheres lindas, jovens e maravilhosas como Maysa e Sônia Braga não é ofensa para homem nenhum deste planeta! E, além disso, o trecho deixa claro que na época Roberto Carlos "era o solteirão mais cobiçado" e em momento algum narra triângulos amorosos, traições ou outros fatos que possam macular a imagem de alguém. E tal fato, ademais, já era de conhecimento público.

A editora também rebate a acusação de que o livro "extravasa todos os limites" e que teria perpetrado "verdadeira devassa" na vida do artista.

> Em momento algum houve ofensa ao seu direito à intimidade. Nunca a ré agiu com imprudência, nem tampouco houve a violação de domicílio ou de correspondência, assim como nunca houve o uso de binóculos para espreitar o dia a dia do artista. Nunca houve qualquer tipo de intromissão na vida dele e o autor da obra nunca o perseguiu. Todas as informações constantes do livro foram colhidas em entrevistas gravadas com pessoas próximas ao cantor, assim como através da pesquisa em revistas e livros, conforme fontes já divulgadas.

Do mesmo modo, a Planeta rejeitou a acusação de que teria cometido crime por utilizar a imagem e o nome artístico de Roberto Carlos sem o seu prévio consentimento.

> Está completamente enganado o cantor, e embora ele seja o "rei", não está acima da Lei. Vivemos num Estado democrático de direito, onde todos podem livremente expressar suas ideias e opiniões. Qualquer cidadão pode livremente falar do outro, arcando, obviamente, com as consequências do que disser. Ninguém precisa de autorização para falar de quem quer que seja. É certo que a utilização da imagem da pessoa depende de autorização para ser publicada, mas também é certo que as pessoas públicas não gozam desta proteção.

Não ficou também sem resposta a acusação de que os réus teriam se apropriado de um patrimônio de Roberto Carlos, a sua história. A editora afirma que essa é uma reclamação "confusa e autoritária" e que "beira o absurdo, já que os réus não pegaram nada de ninguém para comercializar, o que seria, inclusive, tipificado como crime". Então explica que

> a obra literária resultou de exaustivo trabalho. Foram quinze anos de pesquisas sobre a música popular brasileira e a carreira do cantor Roberto Carlos. O escritor fez várias viagens para concluir as pesquisas, arcando com todas as despesas de locomoção. Pediu até exoneração do cargo de professor para poder concluir a obra, ficando, obviamente, sem receber salários. Tudo demandou muito trabalho. A 2ª ré, por sua vez, contratou todos os serviços inerentes à publicação de um livro (pesquisas, copidesque, revisão, capa, compra de fotografias, digitalização, impressão, viagens, despesas com pessoal etc.).

Conclui, portanto, que não houve nenhuma apropriação indevida e que o livro "é resultado de muito trabalho do autor e de investimento da editora".

Outra acusação contestada foi aquela de que o lançamento do livro prejudicaria a vendagem de uma futura biografia que o artista pretende escrever. O texto de defesa diz que isso

> é ofensivo à liberdade, não só de expressão, mas de livre concorrência, sendo esta também uma garantia constitucional (artigo 170, inciso IV). Ninguém pode impedir ninguém de criar algo porque já tinha em mente fazer o mesmo!!! [...] Ora, se o cantor tem em mente, há muito tempo como tem afirmado, escrever um livro, por que não o fez? De certo a indignação dele resulta exatamente desse fato.

A editora Planeta também se defende da acusação de que o lançamento da biografia na época do Natal trouxe prejuízos a Roberto Carlos, porque fãs teriam deixado de comprar seu CD para adquirir o livro.

> Façamos aqui uma pausa para um breve comentário: o cantor, apesar de ser um "rei", não está acima da Lei e não pode, em hipótese nenhuma, achar que a "época do Natal" é dele. Algumas afirmações de sua inicial chegam a ser repugnantes e autoritárias. Todas as editoras e toda a indústria e o comércio destacam lançamentos

no Natal. Portanto, os réus, ao lançarem a obra no período do Natal, ou fora dele, estavam no exercício regular de um direito, não sendo lícito o pedido do cantor.

O fato de Roberto Carlos não estimar o valor do dano material que teria sofrido foi alvo de crítica na peça de defesa.

O dano material depende de prova efetiva da existência do dano e da relação da causa e efeito. Depende, dessa forma, de prova inequívoca e tal ônus compete ao autor (da acusação), por força da determinação contida no artigo 333 do Código de Processo Civil. Portanto, ele deveria provar que na época do Natal vendeu menos CDs, e ainda provar que a culpa foi dos réus e que tudo resultou de ato ilícito perpetuado [sic] por estes e não do exercício regular de um direito. Como sequer consta da inicial o valor dos danos materiais, assim como a mínima prova da existência dos mesmos, deve o pedido ser afastado de plano.

Foi também questionado o pedido de indenização por danos morais que Roberto Carlos alegou ter sofrido. "Nenhuma razão lhe assiste, já que não estão presentes os requisitos necessários à responsabilidade civil, que são: presença efetiva de dano, ato ilícito e nexo causal entre o ato ilícito e o dano." A editora enfatiza que

não se vislumbra no presente caso a existência de nenhum desses requisitos, assim como não está demonstrada a ocorrência de prejuízo. Destarte, em não havendo prejuízo, material ou moral, não há que se falar em indenização, pois, consoante a mais abalizada doutrina, não pode haver indenização sem que tenha ocorrido um prejuízo qualquer real ou concreto.

Além disso, a editora se defende citando o jurista Caio Mário da Silva Pereira:

A responsabilidade civil assenta no princípio fundamental da culpa. Ou seja: no caso em questão, o direito indenizatório postulado por Roberto Carlos haveria de resultar na prova do dolo, da vontade intencional que os réus teriam de causar dano ao seu nome ou à sua imagem na sociedade, havendo de se fazer prova inequívoca de que a conduta dos réus lhe causou realmente prejuízo, a partir do qual haveria de se mensurar a extensão do dano para se fixar o justo valor para a reparação pretendida. Enfim, o aborrecimento banal ou a mera sensibilidade não podem ser apresentados como dano moral, em busca de uma indenização milionária.

Sobre essa questão, a peça de defesa recorre ao entendimento do desembargador Sérgio Cavalieri Filho, que diz que cumpre ao juiz seguir a trilha da lógica e do bom senso.

Ele deve tomar por paradigma o cidadão que se coloca a igual distância do homem frio, insensível e o homem de extremada sensibilidade. Nessa linha de princípio, só deve ser reputado como dano moral a dor, vexame, sofrimento ou humilhação que, fugindo à normalidade, interfira intensamente no comportamento psicológico do indivíduo, causando-lhe aflições, angústia e desequilíbrio em seu bem-estar. Mero dissabor, aborrecimento, mágoa, irritação ou sensibilidade exacerbada estão fora da órbita do dano moral.

A editora Planeta então enfatiza que no caso em questão não há "nenhum dano a ser reparado", pois

se há algo que desagradou a Roberto Carlos é porque este goza de sensibilidade exacerbada, já que o livro, em momento algum, traz afirmações ofensivas, havendo, neste caso, outra excludente de responsabilidade civil, qual seja, a culpa. Nunca houve intenção de ofender ou denegrir a imagem do cantor, antes pelo contrário, o livro enaltece a força do "rei" ao superar tantas provações que a vida lhe impôs.

Anexados ao texto da contestação, foram enviados à Justiça diversos documentos, copiados do meu arquivo, para demonstrar que os fatos narrados no livro (e citados na acusação) eram verdadeiros e públicos — alguns deles revelados pelo próprio Roberto Carlos em entrevistas. Para responder à acusação de que o livro seria "sensacionalista" e que o autor não teria "limites em explorar a intimidade do cantor", foram anexadas também algumas fontes, não utilizadas no livro, que revelam aspectos inusitados da vida sexual, amorosa e até familiar do artista. São diversos depoimentos de pessoas que privaram da intimidade do cantor e se abriram com a imprensa ao longo dos anos. Nenhum deles, porém, me pareceu relevante nem com credibilidade para citá-los na biografia, e não citei. "Isto apenas comprova", diz o texto da contestação, "como a vida íntima de Roberto Carlos sempre foi exposta na mídia" e como "o escritor não procurou fazer uma obra de cunho sensacionalista, com aleivosias, e sim um trabalho cuidadoso, sério, analisando apenas fatos verdadeiros, comprovados".

Por fim, a editora Planeta afirma que,

> tendo em vista que o cantor não demonstrou nenhuma inverdade contida na obra literária objeto desta ação; tendo em vista que a 2ª ré juntou documentos que demonstram que todos os fatos narrados são verdadeiros e públicos; tendo em vista que o escritor tomou o cuidado de não revelar na obra literária alguns fatos muito graves que certamente ofenderiam a honra do cantor e que também foram objeto de divulgação na mídia; tendo em vista que a 2ª ré está amparada pela garantia constitucional de liberdade de expressão e tendo em vista que o cantor é um homem público, não pode esta ação prosperar.

Confesso que fiquei bastante otimista ao ler a contestação da editora. Diante de todos os argumentos apresentados, bem como da farta prova documental anexada, acreditei que a proibição do livro pudesse ser revertida. Recorde-se que as decisões anteriores da Justiça tinham sido baseadas tão somente na petição inicial de Roberto Carlos. Agora, juízes e promotores teriam à mão a defesa da outra parte. A primeira chance de conferir o resultado disso seria com o julgamento do "agravo de instrumento com efeito suspensivo" — a peça de defesa contra a liminar concedida pelo juiz Maurício Chaves de Souza Lima.

Caberia ao desembargador da 20ª Vara Cível do Rio, Pedro Freire Raguenet, a tarefa de analisar o pleito da editora. Para melhor entender a decisão que seria tomada por ele, lembro um episódio judicial protagonizado pelo desembargador alguns anos antes.

Em 2003, a TV Globo exibia o programa *Linha Direta Justiça*, sobre crimes famosos que ganharam grande repercussão na mídia e mobilizaram a sociedade. Uma das edições do programa daquele ano foi dedicado à história do assassinato da socialite Ângela Diniz, em 1976, em Búzios, no Rio de Janeiro. O autor do crime foi seu marido, o empresário Raul Fernando do Amaral Street, o "Doca", que, em meio a uma discussão com a esposa, disparou-lhe quatro tiros, três no rosto e um na nuca. "Matei por amor", disse ele à imprensa na época. "O crime de Búzios", como ficou conhecido, marcou a emergência dos movimentos de defesa das mulheres, que, vestidas de preto, saíram às ruas empunhando faixas com a frase "Quem ama não mata".

Doca Street foi condenado a quinze anos de prisão, dos quais cumpriu sete, e já estava em liberdade quando soube que a TV Globo preparava um *Linha Direta* especial sobre o seu caso. A produção do programa entrevistou parentes de Ângela Diniz, empregados e amigos do casal que ajudaram a reconstituir o fato. Street então recorreu à Justiça contra a emissora alegando invasão de privacidade, e que a exibição programa causaria danos à sua imagem. Aí entrou em cena o então juiz de primeira instância Pedro Freire Raguenet, da 19ª Vara Cível do Rio de Janeiro. Ele concordou com a acusação e concedeu liminar proibindo a TV Globo de veicular o programa. A emissora recorreu da decisão e outro magistrado, o desembargador Ferdinaldo Nascimento, autorizou que o *Linha Direta Justiça* fosse levado ao ar — o que ocorreu em 5 de junho de 2003.

Com as mesmas acusações, Doca Street procurou novamente a Justiça, agora exigindo da TV Globo indenização por danos morais. A emissora alegou que exibira o caso dele porque era "direito de nossos filhos ter acesso ao passado da sociedade da qual fazem parte, para que possam compreendê-la melhor". Porém, mais uma vez o então juiz Pedro Freire Raguenet foi favorável a Doca Street e condenou a TV a pagar-lhe uma indenização de 250 mil reais. "Vejo o presente fato não como exercício do direito de informação, mas sim como a realização de um programa de televisão com intuito de lucro", justificou o juiz na sentença, acrescentando que "não se aceitará o argumento de que sua condição de ex-criminoso deverá ser assacada ao sabor dos interesses comerciais de quem quer que seja".

A TV Globo naturalmente recorreu outra vez da sentença. Seus advogados invocaram o direito de informação, de liberdade de expressão, argumentando que o *Linha Direta Justiça* se limitara a contar um fato público de acordo com as provas documentais da época. A emissora conseguiu reverter a condenação. Ao final, cinco desembargadores, em votação unânime, negaram a Doca Street aquilo que ele conseguira do juiz Raguenet.

Em 2007, agora na condição de desembargador, Pedro Freire Raguenet tinha novamente em suas mãos um caso que envolvia o embate entre o direito à informação e o direito à privacidade. Como no precedente de Doca Street, acolheu as razões de Roberto Carlos, em detrimento do direito à informação. Raguenet não se convenceu dos argumentos e documentos apresentados pela defesa da editora e indeferiu o pedido de revogação da liminar.

Assim, *Roberto Carlos em detalhes* continuaria proibido até, pelo menos, o julgamento do agravo de instrumento. Entre os três desembargadores que agora decidiriam a questão estava Pedro Freire Raguenet, que também foi indicado para relator do processo. Ou seja, já existia um voto garantido para a causa de Roberto Carlos. No entanto, se os outros dois desembargadores não seguissem a opinião do relator, o livro voltaria a circular até o julgamento final do processo, que poderia demorar anos. Já estavam designados local e data para o julgamento: 18ª Câmara Cível do Rio de Janeiro, quarta-feira, dia 2 de maio de 2007.

Enquanto isso, o outro processo movido por Roberto Carlos, o criminal, seguia seu trâmite na Justiça de São Paulo. A etapa seguinte seria a realização da audiência de conciliação convocada pelo juiz Tércio Pires, da 20ª Vara Criminal da Barra Funda.

A audiência seria realizada, portanto, cinco dias antes do julgamento do agravo pelos três desembargadores do Tribunal de Justiça do Rio de Janeiro. Minhas maiores expectativa e preocupação eram com a decisão dos desembargadores. Acreditava que eles decidiriam a sorte do livro, e não a minha reunião com Roberto Carlos no fórum criminal paulista.

"Paulo, você continua fã de Roberto Carlos? Ainda escuta os discos dele?" Depois que fui processado pelo cantor, essa é uma das perguntas que mais ouvi, seja em entrevistas para a imprensa, em palestras ou em conversas com amigos. Quem me ajudou a respondê-la, por incrível que pareça, foi uma criança, minha filha Amanda, a quem dediquei o livro. Para entender a contribuição dela, conto uma breve história.

Certo dia, durante a pesquisa, Amanda, na época com quatro anos, botou a boca no mundo, não querendo que eu saísse de casa. Mas eu estava em cima da hora de ir ao encontro de Luiz Carlos Miele, com quem tinha agendado uma entrevista para o livro. Anos antes, havia gravado o depoimento de Ronaldo Bôscoli; faltava o do seu parceiro na produção dos shows de Roberto Carlos.

Mas Amanda não tinha nada com isso e naquele dia, particularmente, chorava muito, pedindo para eu não sair. Então inventei uma história. "Sabe para onde papai está indo agora? Para a casa de Roberto Carlos, gravar uma música para você." "Pra mim?", ela perguntou, já meio sorrindo. "Sim, ele vai gravar hoje uma música especialmente para você. E vou lá buscar." Enquanto falava, coloquei na bolsa o CD de Roberto Carlos com a canção "Acalanto", de Dorival Caymmi, que eu costumava cantar para ela. Ao retornar à noite, entreguei o disco e coloquei aquela faixa para tocar. "Ele tá cantando minha música!", ela comentou feliz.

Semanas depois, quando ia sair, a cena se repetiu, e escolhi a canção "Não quero ver você triste" para Roberto Carlos "gravar" para Amanda. Sei que esse tipo de fantasia não é muito recomendável, mas assim como ela ganhava presentes de Papai Noel, ganhou também músicas de Roberto Carlos, e ambos os personagens ela costumava ver na programação de fim de ano da TV Globo. Na sua infância, então, minha filha ouvia "Acalanto" e "Não quero ver você triste" como canções gravadas especialmente para ela. "Talvez um dia pro meu filho/ Eu também tenha que mentir/ Pra enfeitar os caminhos/ Que ele um dia vai seguir", disse Roberto Carlos numa de suas canções confessionais.

Em 2007, na fase inicial do processo, estávamos à mesa tomando café quando Amanda ouviu da sua mãe, Liliane, a seguinte pergunta: "Amandinha, você gosta de Roberto Carlos?". Ela respondeu firme e rapidamente: "Não, porque ele processou meu pai". Fiquei surpreso com a resposta, pois não imaginava que ela, ainda tão criança, estivesse atenta àquele imbróglio e, principalmente, que entendesse a palavra processo como algo negativo para mim. "Então você não vai mais ouvir aquelas músicas que Roberto gravou pra você?", perguntou novamente sua mãe. Na inocência da sua sabedoria, Amanda respondeu: "Vou ouvir, sim, porque Roberto Carlos gravou essas músicas pra mim antes de processar meu pai".

Quando algum jornalista, portanto, quer saber se continuo ouvindo Roberto Carlos, respondo sinceramente e com bom humor: "Sim, porque ele gravou todos os seus grandes discos antes de me processar". A palavra "processo", inclusive, que me parecia tão distante, se incorporou ao meu dia a dia, como o feijão com o arroz, depois que o cantor entrou contra mim na Justiça. Ao encontrar algum leitor ou conhecido na rua, invariavelmente ouço a pergunta: "E aí, Paulo Cesar, como anda o processo?". Mesma pergunta que me fez o cineasta Ruy Guerra ao sermos apresentados em um evento literário em Natal, e também o cantor Alceu Valença num encontro em Olinda. Lembro de meu tio Euclides, dono da ótica em que eu trabalhava em Vitória da Conquista, me ligando preocupado, no começo de 2007. "Paulinho, ouvi aqui no rádio a notícia de que você foi processado por Roberto Carlos. É verdade isso?" "Sim, tio, é verdade." Ainda meio incrédulo, ele perguntou: "Mas não é processo criminal, é?". "É, tio, é um processo cível e outro criminal." Do outro lado da linha, ele fez alguns segundos de silêncio que traduziram a gravidade do que eu havia lhe confirmado. Se ser processado é algo ruim, criminalmente é pior ainda; e tendo como acusador alguém como Roberto Carlos significava já ter perdido a parada. O autor de "Detalhes" não é apenas um grande ídolo da nossa música popular; é também uma instituição nacional. Daí que ser processado por ele é mais ou menos como ter contra si o Carnaval brasileiro ou a Seleção canarinho.

No auge do caso, precisei alugar um apartamento para minha mãe. Ela gostou de um imóvel próximo de onde eu morava. O proprietário só alugava para alguém com fiador, e eu tentei propor a ele um depósito adiantado, aleguei que era funcionário público, tinha estabilidade, enfim, que não havia por que ele ter receio de não receber mensalmente de mim o pagamento do aluguel. Porém, por telefone, o proprietário foi muito sincero na sua negativa: "Desculpe, Paulo Cesar, mas só alugo com fiador. Até porque não lhe conheço, a única coisa que sei é que você tem um processo de Roberto Carlos nas costas". Calei-me, resignado com outra peculiaridade desse caso: ao contrário da maioria dos demais processos que correm em trâmites privados, o meu se dava em praça pública, à vista de todos.

Diferentemente do atônito personagem Josef K, de *O processo*, eu sabia do que era acusado, quem me acusava e com base em que lei. Mesmo assim, eu também me via enredado numa situação ilógica, porque o Roberto Carlos que me processava não era exatamente o mesmo que todos conhecemos. As acusações tinham um quê de delirantes e se baseavam em uma interpretação aberrante de um artigo do nosso Código Civil. O trâmite do processo revelaria aspectos dignos da narrativa do clássico romance de Kafka.

O dia da audiência de conciliação no fórum criminal em São Paulo se aproximava e eu não recebia a intimação do juiz. Desde o início do processo eu estranhamente não recebera a visita de nenhum oficial de justiça. Mais tarde, descobri que eles foram todos bater à porta de outro Paulo Cesar de Araújo, também residente em Niterói. Isso aconteceu porque no momento de informar o endereço do réu à Justiça, os advogados de Roberto Carlos recorreram ao serviço de consulta on-line da empresa TeleListas — conforme eles próprios afirmaram nos autos. Mas devem ter digitado "Cesar" com z e acabaram copiando o endereço de Paulo Cezar de Araújo, meu quase homônimo, um operário então com 59 anos, cabista de uma empresa telefônica.

Por conta disso, no dia 27 de fevereiro um oficial de justiça foi até a casa do operário para lhe entregar a citação e intimação expedidas a mim pelo juiz. O relato dessa diligência também está nos autos do processo:

> Certifico e dou fé que, nesta data, em cumprimento ao presente mandado, me dirigi ao endereço [...], e lá chegando encontrei o imóvel fechado, sendo assim, me dirigi até o n. 408, onde mora a sra. Fátima e a mesma me informou que o sr. Paulo Cesar de Araújo mudou-se para o município de São Gonçalo, mas não soube informar o endereço. Sendo assim, devolvo o presente sem integral cumprimento.

Ao serem comunicados do fato, os advogados do artista recorreram novamente ao serviço da TeleListas e acabaram encontrando — e informaram à Justiça —, o endereço de outro Paulo Cesar de Araújo, na Baixada Fluminense. Na sexta-feira, 2 de março, para lá foi outro oficial de justiça, acompanhado de um dos advogados do cantor, conforme consta nos autos.

O oficial afirma que eles se dirigiram inicialmente até a agência dos Correios de Duque de Caxias, onde foram informados de que o endereço ficaria na Vila Santa Teresa, seguindo pela Estrada do China, na divisa com o município de Belford Roxo. Os dois seguiram essa trilha, mas não conseguiram localizar o endereço. Ainda segundo relato do oficial, o advogado do cantor solicitou que retornassem. Depois de consultar um taxista, decidiram seguir para a Estrada de São Vicente com a esperança de que esta os levaria ao local desejado. Mais uma vez não conseguiram achar o tal endereço e então desistiram de "prosseguir na diligência".

O fotógrafo de Roberto Carlos também informou à Justiça aquele mesmo endereço do cabista telefônico de Niterói. Em relato datado de 31 de março, o oficial de justiça diz que foi por três vezes ao local, mas não encontrou Paulo Cesar de Araújo. "Suspeitando que o mesmo se oculta deliberadamente para evitar a citação", diz o oficial, "designei-lhe hora certa para o dia 2 de abril às dezenove horas a fim de citá-lo". Diz ainda que intimou o filho do operário, que se encontrava no local, e que este "bem ciente ficou de que o réu deverá estar presente na hora marcada para ser citado na forma da lei".

A situação agora se complicava para mim e para o outro Paulo Cezar, pois a essa altura já éramos considerados quase foragidos da Justiça e intimados a comparecer em local, data e horário determinados — e eu desconhecia completamente tudo isso. Só tomei ciência da confusão meses depois, quando tive acesso aos autos. Neles está escrito que no dia e horário marcados, aquele mesmo oficial de justiça retornou ao meu suposto endereço em Niterói. Obviamente eu não estava lá, nem o operário. "Tendo a pessoa cientificada do ato se omitido sobre as razões de sua ausência na data e hora marcadas", relata o oficial, acrescentando que por esse motivo, deu por feita à citação, "cuja contrafé do mandado bem como da cópia da inicial" entregou ao filho de Paulo Cezar, "que após a leitura do mandado exarou sua assinatura".

Isso acabaria resultando em mais um processo nos tribunais brasileiros. Assustado com o cerco dos homens da Justiça, que o acusavam de escrever uma tal biografia do cantor Roberto Carlos por uma editora de São Paulo, o operário Paulo Cezar de Araújo procurou se informar sobre os seus direitos. Orientado pela advogada niteroiense Tânia Maria Barreto, decidiu entrar com uma ação e pedido de indenização contra Roberto Carlos. A própria advogada assumiu a causa do operário, protocolada na 20ª Vara Cível do Rio em março de 2007. Nos autos, ela inicialmente esclarece que seu cliente "jamais escreveu qualquer livro que seja" e "sequer sabe onde fica a editora Planeta". Em seguida, reclama que ao agir "sem a devida cautela e de forma desastrosa e descuidada", Roberto Carlos submeteu Paulo Cezar a "situação vexatória e constrangedora", pois "oficiais da Justiça bateram à sua porta e à porta de vizinhos; pessoas seguiram de carro seu filho e outros continuam perseguindo sua esposa, que sofre de hipertensão".

Informa também que Paulo Cezar de Araújo e sua família são "fãs incondicionais de Roberto Carlos" e não entendem por que o cantor mandou a Justiça atrás deles. Ressalta que no bairro em que o operário mora

ainda se mantém aquela forma provinciana de viver, onde tudo o que acontece tem enorme projeção entre os habitantes do local, havendo, inclusive aquele disse-me-disse sobre as causas que levariam homens de terno preto e oficiais de justiça a procurarem um dos moradores.

Enfatiza ainda que Paulo Cezar "sempre manteve uma vida honrada, gozando de alto conceito entre os amigos, parentes e vizinhos", mas que agora "é apontado nas ruas, virou motivo de chacota, ou olhares desconfiados, sendo sua esposa, seus filhos e até seus netos abordados em qualquer lugar que estejam". Enfim, a advogada afirma que seu cliente "sentia-se acuado, constrangido" e que a vida dele "se transformou num verdadeiro inferno". E pediu então que Roberto Carlos fosse condenado a pagar indenização por danos morais ao operário no valor equivalente a quinhentos salários mínimos.

Os advogados do artista receberam a peça acusatória e logo depois protocolaram a defesa, afirmando que a ação do cabista telefônico causou a Roberto Carlos "grande perplexidade" por envolver "um terceiro absolutamente estranho ao processo" e que tenta "imiscuir-se nos assuntos que não lhe dizem respeito". Em julho daquele ano o juiz Alexandre Eduardo Scisinio declarou improcedente a ação do operário e o condenou "em custas e honorários, que atento aos ditames do artigo 20 do CPC, os arbitro em R$ 1000,00". Considerando que Paulo Cezar declarou receber na época um salário líquido de 552,07 reais, isso significou quase dois meses de trabalho dele.

Por conta de todo esse imbróglio, ninguém foi à minha casa entregar a intimação para a audiência que seria realizada em São Paulo. Eu poderia, portanto, não comparecer. Os advogados da editora Planeta chegaram a pensar nessa possibilidade, mas depois acharam melhor eu me apresentar voluntariamente como prova de boa vontade para com a Justiça. César González faria o mesmo, pois quando o oficial foi entregar a intimação ele não se encontrava na empresa.

Transcorrida mais de uma semana após a liminar que proibiu *Roberto Carlos em detalhes*, a obra continuava à venda nas grandes redes de livrarias e nos sites de comércio on-line, porque ambos estavam devidamente abastecidos quando a editora Planeta ficou impedida de comercializar a obra. O preço de cada exemplar, que no lançamento era de 59 reais, agora podia chegar a 39 reais, o que tornou a sua aquisição mais acessível. Por tudo isso, o público não parava de comprar a biografia proibida. A lista dos best-sellers das revistas e jornais que chegaram às bancas no sábado, 3 de março, comprova isto. No *Jornal do Brasil*, por exemplo, a biografia do cantor ocupava o segundo lugar entre livros de não ficção mais vendidos. Na lista da *Veja*, aparecia em terceiro, mesma posição ocupada na lista da *Folha de S.Paulo* do dia 7.

Esse fato chamou a atenção do jornalista Mauro Ferreira, que em sua página no site de *O Dia* comentou que

> o rei já teve mais poder. Apesar de ter anunciado orgulhoso a ordem judicial que determinava a imediata retirada das livrarias da biografia *Roberto Carlos em detalhes*, o excelente livro de Paulo Cesar de Araújo continua à venda. É a vitória (ao menos, provisória) da liberdade de expressão.

Pelo visto, os advogados do cantor monitoravam o que se comentava sobre o caso na imprensa, porque um deles mandou uma mensagem para o site de *O Dia*, questionando a opinião do jornalista. "Uma coisa é liberdade de expressão, outra é auferir lucro às custas da vida privada alheia, como faz o sr. Paulo Cesar de Araújo."

A venda ininterrupta do livro provocou a reação de Roberto Carlos. Em 29 de março, foi apresentada à Justiça do Rio a alegação de que

> não obstante a multa diária arbitrada em caso de descumprimento da decisão, o livro continua sendo livremente comercializado nas livrarias, conforme comprovam as notas fiscais em anexo, o que serve para demonstrar que a editora deixou deliberadamente de cumprir a decisão proferida por esse Juízo, até a presente data.

As notas fiscais anexadas correspondiam aos dias úteis entre 6 e 29 de março, mas na peça havia a informação de que o livro também fora comercializado nos finais de semana daquele período, o que totalizava 24 dias de descumprimento da ordem judicial. Como a multa estipulada era de 50 mil por dia, Roberto Carlos cobrava em juízo da editora Planeta 1,2 milhão de reais de multa acumulada até aquela data. "Na sua decisão o juiz deixou claro que sua intenção era evitar o alastramento do dano. Em nossa opinião, a editora desrespeitou a decisão judicial", dizia-se no documento. Com o pedido de cobrança correndo na Justiça, aumentava a pressão contra a Planeta, que precisava como nunca de uma decisão favorável do TJ do Rio de Janeiro no julgamento do dia 2 de maio.

Antes disso, porém, teríamos de enfrentar a audiência de conciliação no fórum criminal em São Paulo. A mudança da data da audiência de sexta-feira, 13 de abril, para dia 27, irritou a advogada da editora. Em entrevista à imprensa, ela reclamou que "por causa das manias de Roberto Carlos, parece que alguém deu um jeitinho no fórum e marcou outra data misteriosamente". Disse também que o peso do nome Roberto Carlos atrapalhava significativamente a causa dela, mas que não pretendia criar atrito. "Estamos contando com a imparcialidade do juiz", enfatizou a advogada, que faria a defesa conjunta da editora e do autor do livro.

Especificamente para a minha defesa no processo criminal, ela sugeriu a contratação do criminalista (e juiz aposentado) Ronaldo Tovani e sua filha Juliana Dias Tovani. Eu não teria nenhuma despesa com a defesa no processo cível, que ficaria por conta da editora. Mas o pagamento dos honorários dos criminalistas seria dividido entre mim e os outros dois arrolados no processo: o diretor-geral César González e o editor Pascoal Soto. Tivemos uma reunião na editora, quando conheci os advogados, que explicaram a linha de defesa adotada. Mas o dia da audiência se aproximava e eu pouco sabia do que se passava no processo. Na véspera da viagem a São Paulo, liguei para a advogada da editora. Queria me informar sobre o que era exatamente uma audiência de conciliação e qual seria a minha participação nela. Ela explicou e me orientou a me ater apenas ao que o juiz perguntasse, e que eu fosse bastante objetivo na fala, pois os magistrados não gostam de respostas longas, de divagações. Perguntei também se era obrigatória a presença de Roberto Carlos no fórum. "Não, e provavelmente ele não vai, pois pode ser representado por seus advogados." Sobre a razão da audiência, a possível conciliação, a advogada da Planeta foi enfática: "Não faremos acordo nenhum. Vamos sustentar a nossa posição. A editora não cederá e não pagará nada a Roberto Carlos".

Quis saber se poderia ir acompanhado de um amigo; dois deles já tinham se prontificado a viajar comigo para São Paulo. A advogada, porém, foi novamente taxativa na resposta. "Não, Paulo, não será permitida a entrada deles ou de qualquer outra pessoa estranha ao processo. Só você, Roberto Carlos e os respectivos advogados terão acesso à sala do juiz." Ponderei que o cantor nunca sai de casa sem a companhia de sua secretária particular, Carminha, que está a seu lado em qualquer lugar que ele vá. "Mas essa secretária não poderá permanecer na sala de audiência. Se isso ocorrer, pedirei ao juiz para que ela seja retirada", garantiu-me a advogada.

Outras dúvidas ela prometeu esclarecer no dia seguinte, numa reunião que faríamos antes da ida para o fórum. A reunião ficou acertada para as onze horas da manhã na sede da editora Planeta, e contaria também com a presença do advogado criminalista e dos outros dois réus, Pascoal Soto e César González. Entendi que seria o momento ideal para tirar qualquer dúvida e estabelecer possíveis estratégias para o transcurso da audiência.

Logo depois de falar por telefone com a advogada, liguei para agradecer a presteza dos meus amigos e disse-lhes que não seria possível, e talvez nem mesmo necessária, a presença deles. Num clima de tranquilo otimismo, embarquei num ônibus em Niterói com destino a São Paulo no fim da noite de quinta-feira, 26 de abril. Depois de tudo que a advogada me falara, acreditava que ia participar de um ato meramente protocolar no fórum da Barra Funda. Não haveria acordo e talvez nem mesmo a presença de Roberto Carlos no tribunal.

Desci na rodoviária do Tietê na manhã do dia seguinte e fui direto para a sede da editora, no terceiro andar de um prédio na av. Francisco Matarazzo, no bairro da Água Branca. Cheguei bem antes do horário da nossa reunião prévia. Mas ela não aconteceu, pois os advogados não puderam comparecer. César González e Pascoal Soto também estavam bastante ocupados em suas respectivas salas. Assim, um pouco cansado e sonolento pela viagem, passei a manhã folheando revistas e livros numa sala da editora. Nada de discutir estratégias ou orientação sobre o que perguntar ou responder ao juiz. As únicas informações eram aquelas que obtivera por telefone na véspera da viagem.

"E aí, Paulo, trouxe roupas para passar a noite na prisão?", disse Pascoal Soto em tom de brincadeira quando me chamou para almoçar. Ele demonstrava otimismo com o andamento da ação judicial. "Isso não vai dar em nada. Nosso livro vai voltar logo, logo às livrarias. Acho que Roberto Carlos vai acabar desistindo deste processo", previa enquanto almoçávamos. Por volta de uma hora da tarde, avisaram-me para descer rapidamente, pois a advogada acabara de chegar para nos levar ao fórum. Os criminalistas já estariam lá nos esperando. Pascoal Soto seguiu em seu próprio automóvel e eu optei em ir com César González no carro da advogada. Era a oportunidade de conversar um pouco mais com ela sobre a audiência da qual iríamos participar.

No percurso, a advogada parecia preocupada com o julgamento na Justiça do Rio na quarta-feira da semana seguinte. Lamentou a inclusão de Pedro Freire Raguenet entre os três desembargadores que decidiriam a questão. Lembrou a posição dele favorável a Doca Street e previu que seria um voto também certo para Roberto Carlos. Causava-lhe apreensão, principalmente, o fato de Raguenet ser o relator do processo. Portanto, até aquele momento, o nome de Pedro Freire Raguenet soava para mim como o mais assustador da Justiça. O diretor-geral da Planeta quis saber o que ocorreria caso se confirmasse nossa derrota no julgamento do Rio. A advogada explicou que a partir daí o processo podia se arrastar por vários anos na Justiça, com a editora impedida de comercializar a obra. Rosa não parecia nada otimista ao volante. No mais, a conversa girou sobre o intenso trânsito de São Paulo e de que corríamos o risco de chegar atrasados à audiência. Pelo menos nesse caso, o pessimismo se mostrou infundado. Descemos no estacionamento do fórum quinze minutos antes do horário marcado. Ao avistar um grupo de pessoas cercadas de policiais e de grades de proteção, não tive dúvida: Roberto Carlos também estava no Fórum Criminal da Barra Funda.

9. No fórum criminal

Vocês pensaram que podiam mesmo publicar esta biografia sem a minha autorização?! Com eu aqui vivo?! Não! Jamais eu iria aceitar uma coisa dessas. Depois que eu me for, os meus herdeiros que decidam o que fazer, mas com eu aqui vivo, não!

Roberto Carlos

Entramos ao mesmo tempo na sala de audiência, no terceiro andar do prédio. Roberto Carlos estava com 66 anos recém-completados e trazia já alguma experiência em disputas judiciais. Vinte e um anos mais jovem que ele, aquela era a minha primeira vez nas barras dos tribunais. Para mim seria mesmo um batismo de fogo.

Roberto Carlos tinha ao seu lado a secretária Carminha e dois advogados: o criminalista gaúcho Norberto Flach e o carioca Alvaro Borgerth, responsável pelo processo cível. De todos os advogados dele, este era o único de que eu tinha alguma referência, por ser filho de Luiz Eduardo Borgerth, famoso ex-advogado da TV Globo, com quem o cantor discutia as cláusulas de seus primeiros contratos na emissora. Para minha surpresa, Marcos Antônio Campos, que era o advogado pessoal do artista e o representava também no processo civil, não compareceu.

O juiz Tércio Pires nos recebeu de pé com os promotores Fausto Junqueira de Paula e Alfonso Presti. A escrevente Silvana Mori também já estava lá. Antes de sentar, todos se cumprimentaram apertando as mãos — o que não aconteceu entre mim e Roberto Carlos. Não por indelicadeza, mas pelo lugar que logo ocupamos na sala. O cantor se posicionou do lado direito do juiz, enquanto eu fui para o esquerdo, ficando do outro lado da mesa de reunião. Para haver o aperto de mão, precisaríamos dar uns três passos em direção ao outro, mas nem eu nem ele tomamos a iniciativa. Exatamente nesse instante me lembrei de um verso de "Pensamentos", uma de suas canções pacifistas, que diz: "Quem me dera que as pessoas que se encontram/ Se abraçassem como velhos conhecidos/ Descobrissem que se amam/ E se unissem na verdade dos amigos".

Acredito que até esse momento Roberto Carlos não havia ainda identificado quem ali era o autor de sua biografia. O cantor devia ter uma vaga lembrança do meu rosto e talvez me confundisse com Pascoal Soto ou, principalmente, com César González, pois somos altos e quase da mesma idade. Por um momento, os olhos de Roberto Carlos percorreram toda a sala e fitaram rapidamente nós três — como se quisesse identificar quem seria o tal Paulo Cesar de Araújo. Percebi que Pascoal e César González também olhavam com curiosidade para o artista. Essas primeiras trocas de olhares entre nós me remeteram àquela cena do filme *Três homens em conflito*, de Sergio Leone, quando Clint Eastwood (o bom), Lee Van Cleef (o mau) e Eli Wallach (o feio) se encontram no cemitério de Sad Hill para um duelo, ou melhor, o "trielo" final. A câmera de Sergio Leone focaliza em close os olhares de cada um dos três pistoleiros ao som de "The trio", de Ennio Morricone.

Naquele primeiro momento, eu também olhava para Roberto Carlos, que olhava para mim e depois para Pascoal e César González — cada um de nós ainda de pé, tensos, próximos da mesa de audiência. Esperei que o cantor se posicionasse em sua cadeira e só então também me sentei, de frente para ele, olhando para o seu rosto. Queria que Roberto Carlos não tivesse mais dúvida sobre quem ali representava para ele o homem mau. Creio que foi exatamente nesse momento que ele me identificou. Seus olhos já não vagaram mais pela sala fitando um ou outro. Sentado ao lado de seus advogados, Roberto Carlos agora olhava para o juiz e de vez em quando para mim, que continuava de olhos fixos nele, em close, como uma câmera de Sergio Leone.

O juiz iniciou a reunião explicando o significado jurídico de uma audiência de conciliação. Todos prestavam atenção nele, menos eu, que ainda olhava para o cantor me lembrando de vários momentos do passado: da minha infância ao pé do rádio no interior da Bahia, das minhas primeiras audições de Roberto Carlos, dos seus filmes que vi na adolescência, do visual hippie nas capas de seus antigos discos, dos shows a que assisti (e o que perdi), das tentativas de entrevistá-lo, da longa pesquisa para escrever a sua biografia. Depois de tudo isso, eu estava em um fórum criminal como réu de um processo movido justamente por ele, Roberto Carlos, o meu ídolo, agora algoz.

Após uma explanação inicial, o juiz afirmou que ele e os promotores precisavam conversar reservadamente com as partes litigantes, uma de cada vez, sem a presença dos advogados. Pediu então para os demais se retirarem da sala, com exceção de Roberto Carlos, pois a conversa seria inicialmente com ele. Enquanto isso, ficamos em outro cômodo do fórum, juntamente com os advogados do cantor. Não troquei nenhuma palavra com eles, que, no entanto, debateram com Ronaldo Tovani aspectos técnicos do processo criminal. Cerca de meia hora depois, eu, Pascoal e César González fomos chamados para a conversa com o juiz, também sem a companhia dos nossos advogados.

Logo que entramos na sala, o juiz foi nos advertindo da gravidade da situação. Os promotores citaram aspectos jurídicos que dariam razão aos argumentos de Roberto Carlos. Que o inciso x do artigo 5º da Constituição Federal asseguraria ao cantor o direito à inviolabilidade da sua intimidade, da sua vida privada e da sua imagem. Disseram também que ele estava amparado pelo Novo Código Civil Brasileiro, especialmente nos artigos 12, 20 e 21. Que essa lei estabelece que, salvo se autorizada, a divulgação de escritos pode ser proibida se se destinar a fins comerciais — e que o meu livro seria um produto comercial. "A editora Planeta pode até vir a ser fechada", ameaçou o juiz sem meias palavras. "Fechar a editora? Como assim?", indagou, assustado, César González. "Sim, a editora pode ser fechada porque é muito grave no Brasil publicar uma biografia não autorizada", enfatizou o magistrado, para espanto do executivo argentino.

Os promotores citaram outros artigos da lei que sustentariam a ameaça de Tércio Pires. Perguntei se não havia algum artigo favorável à liberdade de expressão na Constituição brasileira. O juiz respondeu com certa impaciência: "Não adianta, a situação de vocês é muito difícil", e em seguida indagou: "Paulo Cesar, quantos anos você tem? E você, Pascoal Soto? E você, César González?". Após cada um de nós informar a idade, ele completou: "Pois, então, vocês vão querer carregar durante cinco anos uma queixa-crime nas costas? Perder a condição de réus primários? Isso vai trazer uma série de aborrecimentos para a vida de vocês. Vamos selar um acordo com Roberto Carlos e encerrar essa questão jurídica hoje mesmo". Surpreendido com a atitude do juiz, ponderei que estava aberto a um acordo desde que não atingisse a integridade da obra. "Mas ele não quer essa biografia. Acabei de conversar com Roberto Carlos e ele está muito aborrecido com isso e não aceita nenhuma proposta que não seja a retirada de circulação do livro." E depois de cerca de vinte minutos de pressão sobre nós, o juiz deu por encerrada a conversa e pediu para Roberto Carlos e os advogados entrarem na sala.

Até esse momento eu estava relativamente tranquilo, pois acreditava que a editora Planeta e seus advogados se manteriam firmes no propósito de defender o livro que tinham publicado. Por mais de uma vez em comunicados oficiais distribuídos à imprensa no início do processo, a editora manifestou "a certeza de ter editado um ensaio biográfico sério, à altura da grandeza do artista e sua obra" e disse que continuaria na "luta em defesa do livro e pela liberdade de expressão". Mas as coisas mudariam a partir dali.

Na primeira meia hora, os advogados, promotores e o juiz debateram assuntos relativos ao andamento do processo. Tive dificuldade de compreender o que diziam por conta do frequente uso de termos jurídicos como "exordial", "agravo de instrumento", "tutela antecipada", "direito de reconvenção". Roberto Carlos parecia muito atento e às vezes pedia alguma explicação aos seus advogados. Quando o criminalista Norberto Flach abordou especificamente o conteúdo do livro, o debate ficou mais inteligível para mim. Ele estava com um exemplar da biografia na mão e pediu permissão ao juiz para ler um trecho da orelha que diz que o autor pesquisou

em detalhes toda a trajetória artística, a vida e a intimidade de Roberto Carlos. Trata-se de uma obra de estatura inédita: nunca um ídolo nacional da dimensão de Roberto Carlos foi esmiuçado de modo tão meticuloso, e com tamanha obsessão de mostrá-lo ao público.

Norberto Flack afirmou que mesmo que esse texto não tivesse sido escrito por mim, era uma confissão da editora de que o objetivo da publicação era explorar a intimidade do artista. Retruquei que seria melhor ele ler o livro, porque apenas um trecho da orelha não dava a exata ideia do conteúdo da obra.

A tréplica não foi do advogado, mas sim do próprio Roberto Carlos, que pela primeira vez me dirigiu a palavra naquela audiência. "Você disse coisas sobre mim neste livro que ninguém até hoje teve coragem de dizer." Por um instante achei que ele reconheceria aspectos do redimensionamento histórico que faço da sua trajetória na música brasileira. Porém, o que ele apontou de novidade no livro é algo bem diferente. "Você escreveu que eu participei de orgias com garotas menores no apartamento de Carlos Imperial! Você me chamou até de covarde neste livro!"

Nesse momento tive certeza de que o cantor não havia lido a biografia. Qualquer leitor de *Roberto Carlos em detalhes* sabe que ali não existem essas acusações. Respondi: "Roberto, você talvez seja a única pessoa que viu isso no meu texto. Nem mesmo seus advogados que aqui estão acreditam que escrevi tais coisas sobre você". Pensei que os advogados fossem discordar e sustentar a acusação, mas ficaram calados. Já Roberto Carlos continuou: "Se você não disse com todas as letras, insinuou". Aí eu desabafei: "Roberto, você é meu ídolo, cara. Porque eu ia me de dar ao trabalho de pesquisar e escrever um livro para insinuar que você participou de orgias com menores? Pra que isto? Mesmo que você fosse o meu maior inimigo, por uma questão de honestidade intelectual jamais…".

Antes que eu terminasse a frase, o cantor ficou de pé e, como se quisesse encerrar o assunto, falou com o dedo indicador apontado para mim: "Paulo Cesar, me conhecendo como você me conhece, você sabia que ia me magoar com este livro". Foi um desabafo que surpreendeu a todos. "Parecia que Roberto Carlos ia chorar", comentou depois a advogada da editora. De fato, o cantor falou com bastante veemência, com o semblante fechado, o que acentuou os seus olhos fundos e tristes. Respondi com toda a sinceridade: "Roberto, juro que jamais imaginei que esse livro fosse lhe magoar e até peço desculpas se isso aconteceu. O que eu sabia, admito, é que alguns trechos dele pudessem lhe incomodar". O cantor retrucou imediatamente: "Pois então, mesmo sabendo que ia me incomodar você escreveu este livro".

Falei que não me preocupei com isso porque ele é um artista que costuma se incomodar até com o que ele próprio escreve. Citei o exemplo de "Quero que vá tudo pro inferno", antigo sucesso que ele baniu dos shows e também não mais autoriza ninguém a gravar. "Eu sabia, Roberto, que hoje essa música te incomoda, mas dediquei a ela mais de dez páginas do livro porque a considero muito importante na sua história." Falei também que contava que ele estivesse melhorando do transtorno obsessivo-compulsivo, conforme ele próprio afirmava em entrevistas.

Roberto Carlos não comentou a referência ao TOC e não viu problema nas citações a "Quero que vá tudo pro inferno". "Até aí tudo bem. Você não devia é ter invadido a minha privacidade. Falar da doença de Maria Rita! Falar do caso com Maysa! Eu não posso aceitar isso." Curiosamente, ele nada disse sobre o relato do seu acidente na infância. Lembrei ao cantor que esses episódios da vida pessoal dele já tinham sido exaustivamente mostrados em jornais e revistas. "Sim, mas livro é diferente. Livro é um documento, é algo que fica pra sempre", afirmou Roberto Carlos. O advogado Alvaro Borgerth enfatizou que revistas e jornais são rapidamente descartáveis, viram papel de embrulho e vão para o lixo no dia seguinte. "Isso mesmo, isso mesmo", disse o cantor balançando afirmativamente a cabeça.

Nesse diálogo, o artista e o advogado revelaram desconhecer que um historiador se vale de fontes primárias em seu ofício, e que nem todos os jornais vão para o lixo no dia seguinte. Os do pesquisador vão para os seus arquivos pessoais ou estão à sua disposição na internet e em arquivos públicos. Fiz grande parte da pesquisa de *Roberto Carlos em detalhes* na seção de periódicos da Biblioteca Nacional, no Rio de Janeiro, onde estão guardados os principais jornais e revistas que destacaram a trajetória do ídolo na música brasileira.

A rigor, se não quisesse ser biografado, Roberto Carlos devia evitar a produção de fontes primárias sobre si. Mas ele compõe canções e sempre deu entrevistas, deixou-se fotografar, aceitou inúmeras reportagens. Nos anos 1970, por exemplo, posava no jardim de sua casa ao lado da mulher e dos filhos para as capas das revistas *Amiga* e *Contigo*. Hoje ele acredita que isso não tem importância porque já foi tudo para o lixo. Engano seu; está tudo preservado e com acesso cada vez mais fácil com a digitalização dos acervos. Roberto Carlos permitiu a produção de fontes primárias que agora são úteis aos pesquisadores e estudiosos de sua vida e obra.

O fato de a biografia não ter sido autorizada foi outro motivo de queixa do artista. "Vocês nem tiveram o cuidado de pelo menos me comunicar que estavam fazendo o livro", disse, olhando para os editores. Antes que eles respondessem, procurei esclarecer a Roberto Carlos que durante quinze anos tentara obter um depoimento dele: que tinha mandado cartas, faxes e e-mails para o seu escritório. Pascoal Soto completou: "No ano passado, só eu mandei sete mensagens para o empresário Dody Sirena", disse, enfatizando o número sete com os dedos das mãos.

Roberto Carlos não se convenceu e, visivelmente irritado — em contraste com a imagem do homem calmo que costumamos ver na televisão —, desabafou: "Vocês pensaram que podiam mesmo publicar essa biografia sem a minha autorização?! Com eu aqui vivo?!", disse, de pé, batendo a mão direita sobre o peito. "Não! Jamais eu iria aceitar uma coisa dessas. Depois que eu me for, os meus herdeiros que decidam o que fazer, mas com eu aqui vivo, não! A minha história é um patrimônio meu!" Mais uma vez tentei lhe acalmar. "Roberto, isso não é tão grave assim. Existem várias biografias não autorizadas sobre Bob Dylan, outras tantas sobre os Beatles e Madonna." "O que não significa que eles não fiquem incomodados com isso", retrucou. "Sim, qualquer um pode ficar incomodado, é humano, mas daí a processar o autor e pedir a proibição do livro vai uma grande distância."

O advogado Alvaro Borgerth respondeu que as leis brasileiras davam respaldo ao que eles estavam fazendo, diferentemente da legislação dos Estados Unidos, que favorece as biografias não autorizadas. "Pois é, nós copiamos tantas coisas deles, da música à roupa, por que não seguimos isso também?", sugeri. "Uma biografia tem que ser autorizada. E ninguém pode escrever a minha sem a minha orientação", reafirmou o cantor. "Por que não?", indagou a advogada da editora. "Porque ninguém melhor do que eu para contar a minha própria história." E, virando-se para mim, continuou: "Você errou a data do meu casamento com Maria Rita!". Mais adiante ele fez novamente essa acusação. Para o artista, aquele erro parecia imperdoável. Foi o único erro factual do livro apontado nos dois processos.

Além de acreditar que um livro escrito por ele traria a "verdadeira" e "definitiva" história de sua vida, Roberto Carlos repetiu na audiência o que ele já havia dito em entrevistas coletivas: "Eu sou o dono da minha história, e vocês usaram sem minha autorização esse meu patrimônio". Ele defende, assim, a forma mais radical de propriedade privada; não apenas aquela sobre os meios de produção, bens móveis ou imóveis, ou produção intelectual, mas sobre a história, algo imaterial. Imagine que alguém como o presidente Barack Obama também reivindicasse que a sua história é patrimônio exclusivo seu, e que caberia somente a ele escrevê-la como e quando quisesse. Nenhum historiador poderia contar a história do menino negro, filho do queniano Barack, que se tornou advogado e, mais tarde, presidente dos Estados Unidos da América. Pois para Roberto Carlos é um usurpador da história alheia quem escreveu a sua trajetória de menino pobre, que saiu do interior do Brasil e, também contra todas as adversidades, se consagrou como o "rei" da nossa música popular.

A rigor, uma história de vida não existe isoladamente, mas em relação com outras histórias. Se valer para cada um o direito privado sobre sua história, ninguém poderá escrever uma autobiografia sem pedir permissão a outros. Para Roberto Carlos narrar sua história (entendida como patrimônio particular), ele teria que pedir permissão aos herdeiros de Carlos Imperial, no momento em que sua história cruzar com a dele, ou aos herdeiros de Tim Maia, pela mesma razão. A partir do momento em que ele saiu para o mundo, interagiu com outras pessoas, com as quais trabalhou, criou, brigou, amou (e foi amado por multidões), a história de Roberto Carlos — assim como a de Barack Obama — pertence a uma história coletiva e é, portanto, de interesse geral.

Naturalmente não era possível explicar isso ao cantor na sala de audiência, até mesmo porque não cheguei a essa concepção de uma hora para outra. Foram anos e anos de leituras e estudos para compreender que não é factível que alguém seja o dono exclusivo da sua história, e que também não é saudável existir um único livro sobre a história de alguém, pois quanto mais diversificado o perfil de um biografado, mais complexa e rica a versão que se pode ter de sua vida. Mas como convencer Roberto Carlos disso? Na letra de sua canção "O progresso", ele afirma: "Eu queria poder transformar tanta coisa impossível/ Eu queria dizer tanta coisa/ Que pudesse fazer eu ficar bem comigo". Naquela reunião, eu queria ter dito tantas coisas a Roberto Carlos, mas não fui capaz, nem eu nem ninguém que anteriormente apelara ao cantor para evitar que o caso chegasse a esse extremo.

No início dos anos 1960, o paulista Antonio Aguillar era um dos mais populares comunicadores do país. Seu programa *Ritmos para a juventude,* apresentado inicialmente no rádio e depois também na televisão, liderava a audiência entre a garotada. Por isso, cantar e tocar ali era o desejo de todo jovem que sonhava em ser uma estrela do rock nacional — como Roberto Carlos, ainda batalhando pelo primeiro sucesso. Na época, Othon Russo, chefe de divulgação de sua gravadora, enviava para radialistas e jornalistas uma foto do cantor com um humilde pedido: "Ajude-nos a divulgá-lo. Roberto Carlos é um grande garoto". A maioria dos disc-jóqueis de São Paulo não lhe dava a mínima, o que deixava o cantor bastante frustrado. A exceção era Antonio Aguillar. O próprio Roberto reconheceu isso muitos anos depois, em uma entrevista que lhe deu na Rádio Capital. "Aguillar, eu sei o quanto você me prestigiou no início da carreira. Não só a mim, mas a todos os artistas que precisavam de ajuda. E eu fui um deles."

Em janeiro de 2007, chegara a vez de Antonio Aguillar pedir um favor a Roberto Carlos, através de uma carta — cuja cópia ele me encaminhou. Como naquele grande samba de solidariedade de Ismael Silva — "Ôh, Antonico/ Vou lhe pedir um favor/ Que só depende da sua boa vontade/ É necessário uma viração pro Nestor [...]/ Faça por ele como se fosse por mim" —, Antonio Aguillar apelava a Roberto Carlos, mas em amparo ao autor de uma biografia que ele decidiu processar. Registre-se que eu havia tido um único encontro pessoal com o comunicador, três anos antes, quando gravei seu depoimento para o livro, e depois lhe enviara pelo correio um exemplar com um autógrafo de agradecimento. A isso se resumia nosso contato. Portanto, foi com surpresa que recebi dele a cópia dessa sua carta ao velho amigo Roberto Carlos.

Ali, Antonio Aguillar procura convencer o artista a reavaliar sua decisão de entrar na Justiça contra mim.

> Li o livro na íntegra e não vi nada que denegrisse a sua imagem. Pelo contrário, o autor narra com autenticidade todos os acontecimentos de sua vida, enaltecendo seu trabalho, valorizando sua incansável luta pelo sucesso, a qual eu tive o privilégio de alavancar também.

Sobre o fato de a biografia não ser autorizada, Aguillar diz ao cantor que "uma história séria como essa, com um conteúdo positivo e verdadeiro, nem precisa de autorização de ninguém". E em seguida faz o apelo: "Roberto, repense a sua atitude e dê o seu aval ao Paulo Cesar de Araújo, pois além de seu fã confesso é também um pesquisador da melhor qualidade". Depois de mais algumas considerações, ele então conclui: "Desculpe se me intrometo em sua vida, mas tenho um profundo respeito por você e por isso ousei escrever essa mensagem de carinho. Com um abraço do amigo Antonio Aguillar".

Não sabemos se o Antonico do samba de Ismael Silva atendeu ou não àquele pedido em favor do Nestor. O compositor não registrou isso na letra da música. O que podemos constatar é que o apelo de Antonio Aguillar a meu favor não sensibilizou o cantor Roberto Carlos e, por isso estávamos ali, frente a frente num fórum criminal.

Era fim de abril, a biografia estava proibida havia exatos 61 dias pela liminar do juiz da 20ª Vara Cível do Rio. A editora cessara a venda e a distribuição de novos exemplares, mas muitas livrarias continuavam vendendo o que tinham em estoque. Os advogados de Roberto aproveitaram então a reunião para novamente cobrar a multa determinada pelo juiz. Enfatizaram que 50 mil reais por 61 dias totalizariam uma multa acumulada, até aquele momento, de 3,050 milhões de reais. A advogada argumentou que a editora Planeta nada devia, pois tinha cumprido a liminar. "Isso não aconteceu na prática", rebateu Norberto Flach, "vocês são responsáveis pela publicação e comercialização da obra e esta, numa afronta à determinação da Justiça, continua à venda nas livrarias. É fato que o delito foi cometido, e notas fiscais estão aqui para comprovar."

Além da multa por descumprimento de sentença judicial, Roberto Carlos queria receber indenização por supostos danos morais e materiais que a biografia teria lhe causado. Norberto Flach alegou mais uma vez que o cantor tinha o projeto de escrever a sua biografia e que meu livro "gerou danos materiais a Roberto Carlos, pois retirou da biografia que ele pretende lançar o caráter de ineditismo, o que, sem dúvida, irá diminuir os seus lucros futuros". Em caso de condenação, o valor da indenização seria ainda arbitrado pela Justiça, mas o advogado dele fez questão de dizer que aquilo não ficaria barato para a editora. Se inicialmente o cantor havia pedido a retirada de circulação do livro sob pena de os réus pagarem multa de 50 mil reais por dia, pode-se ter ideia de quanto ele poderia reclamar na Justiça a título de indenização.

O medo de perder muito dinheiro fez com que a editora Planeta aceitasse o acordo proposto pelo juiz. A editora se comprometia a não mais publicar, distribuir e comercializar a biografia *Roberto Carlos em detalhes*; em contrapartida, o artista desistiria dos dois processos, abrindo mão do pedido de indenização e da cobrança da multa. Lembro-me da conversa da advogada da editora com o diretor-geral César González, ambos sentados um pouco à minha frente; ela afirmava que o acordo seria um bom negócio para a empresa. Não seria a solução mais indicada em termos de liberdade de expressão, mas seria interessante para a Planeta o acordo com Roberto Carlos. Em nenhum momento fui consultado sobre qualquer decisão relativa ao meu livro e também nada me foi comunicado diretamente. Só percebi que eles tinham realmente capitulado quando Pascoal Soto se dirigiu aos advogados de Roberto Carlos com um pedido: "Não queremos pirotecnia com o nome do autor. Vamos selar o acordo, mas que seja preservada a integridade de Paulo Cesar de Araújo".

Foi nesse momento que constatei, surpreso e perplexo, que a editora desistira de brigar com Roberto Carlos. A partir desse momento, me senti abandonado e desnorteado. Não sabia o que fazer numa situação dessas, se podia virar a mesa e não aceitar o acordo. Não estavam claras para mim as consequências disso. A editora não queria correr o risco de pagar a multa até ali acumulada. Em não aceitando essa decisão, quem pagaria esse montante, eu, a editora, metade cada um? Eu não poderia arcar com essa despesa. Se também fôssemos depois condenados a pagar uma alta indenização a Roberto Carlos, qual parte da dívida caberia a mim? Sendo eu o único responsável pelo desacordo, com certeza a editora me cobraria a conta. Eu sabia praticamente de cor aquela cláusula do meu contrato de edição com a Planeta: "O autor será o único responsável pelas reclamações formuladas por terceiros em relação ao conteúdo da obra, assim como pelos danos e prejuízos que possa comprovadamente sofrer a editora".

Essas questões me vieram à cabeça e eu não tinha alguém para me defender nem me orientar em minhas dúvidas. Teria que decidir sozinho, no calor da hora e na frente de todos. O fato de estar numa sala na presença de Roberto Carlos, de seus advogados, do juiz e dos promotores me deixou pouco à vontade para questionar os representantes da editora e tentar esclarecer melhor as coisas. Minha primeira reação foi então torcer para que o acordo não se efetivasse, pois havia ainda uma importante questão pendente.

Roberto Carlos abriria mão da cobrança da multa e do pedido de indenização, mas não queria sair dali sem receber da editora algum dinheiro para cobrir as custas processuais e honorários de seus advogados. "Foram vocês que criaram essa situação ao publicar a biografia não autorizada. Portanto, devem arcar com parte da despesa do processo", argumentou o criminalista Norberto Flach, pedindo em seguida 100 mil reais da editora. Nesse ponto, César González foi intransigente e seus advogados, bastante firmes: entregariam o livro e nem um centavo a mais ao cantor.

A audiência prosseguiu tensa com as duas partes argumentando seus prós e contras. Não se falava do livro ou da violação aos princípios da liberdade de pensamento e de expressão. O único motivo de discórdia naquela sala era o valor em dinheiro que seria pago ou não ao artista. No meu canto, torcia para eles não se entenderem e ainda acreditava que isso era possível. César González parecia mesmo decidido a não abrir o cofre, enquanto Roberto Carlos insistia na cobrança dos 100 mil reais. "Acho que nem combina com você, Roberto Carlos, esta discussão por dinheiro", disse-lhe o advogado Ronaldo Tovani, que recebeu de volta um sorriso irônico do cantor.

À esquerda do lado onde o artista se sentou com seus advogados havia uma sala que ficou à disposição deles. Por várias vezes, durante a audiência, eles se levantaram e foram até ali discutir reservadamente suas estratégias. Cerca de cinco minutos depois retornavam e comunicavam a decisão tomada. Já nós permanecemos o tempo inteiro em nossos lugares, com o juiz e o promotor ao lado. O que falávamos era ouvido por todos na sala, inclusive pela secretária de Roberto Carlos, sentada próxima à mesa de reunião. Ninguém se opôs à presença dela na sala.

A paraibana Maria Carmosina da Silva, a Carminha, era camareira do Canecão antes de começar a trabalhar para Roberto Carlos, em 1978, e a partir daí não se separaram mais. O cantor não botava o pé fora de casa sem ter a secretária ao seu lado, pois só ela sabe exatamente o que ele quer, gosta e vai precisar em qualquer lugar, da alimentação aos telefonemas, da roupa aos canais de TV, ou simplesmente que se passe um lenço em seu rosto, quando ele começa a suar. Carminha foi testemunha ocular e privilegiada de tudo o que o cantor viveu nas últimas três décadas. Nos shows, nas gravações, nas missas, nos navios, nas separações, na doença e na morte de amigos e familiares do artista, lá estava a fiel secretária ao seu lado.

Quando, em meio a uma coletiva, Roberto Carlos chorava ao falar da morte de sua esposa Maria Rita, num canto da sala Carminha também chorava. Na audiência de conciliação, às vezes eu recebia dela o mesmo olhar desafiador que Roberto Carlos direcionava a mim e aos diretores da Planeta. Em quase todas as fotos do cantor fora do palco, era possível também identificar a pequena Carminha, ao lado, um pouco atrás ou um pouco na frente, mas sempre por perto dele. Mais que uma amiga ou assistente pessoal, o cantor se referia a ela como o seu "anjo da guarda".

Além de Carminha, mais três outras pessoas estranhas ao processo assistiram à audiência: uma funcionária do fórum, fã do artista, e dois estudantes de direito — todos autorizados pelo juiz. Como não pude ir acompanhado de um amigo, o único sozinho naquela sala era eu.

Depois de outra conversa reservada com seus advogados, Roberto Carlos decidiu acelerar o acordo: baixou pela metade o valor pleiteado. "Isso é o mínimo que vocês devem pagar ao artista pelo transtorno que lhe causou esta biografia não autorizada. Roberto teve que cancelar compromissos para estar aqui hoje, gastou com passagens de avião. Enfim, achamos razoável receber da editora pelo menos 50 mil reais", afirmou o criminalista Norberto Flach. César González, porém, manteve-se firme e disse que não poderia pagar. Citou planilhas de custo da produção e divulgação do livro para tentar convencer a outra parte de que a editora não tivera muito lucro com a publicação. O criminalista Ronaldo Tovani foi enfático: "Já que Roberto Carlos insiste em cobrar algo que a empresa não pode pagar, só nos resta continuar com essa briga na Justiça. Para mim não tem problema nenhum, isso é apenas um processo a mais. Vamos então aguardar o julgamento da tutela antecipada e retornaremos todos aqui numa outra data".

A fala do advogado me deu esperanças de que o acordo pudesse não se materializar. Entretanto, foi nesse momento de impasse que o juiz usou de sua autoridade para mais uma vez ameaçar a editora, dizendo que aquilo era coisa séria, que já estava com a ordem de fechamento da editora Planeta assinada para segunda-feira, caso o diretor-geral César González não comparecesse àquela audiência. Insistia que o que estavam discutindo era muito sério, que não estavam brincando, e que portanto iam fazer o acordo, sim, e encerrar a disputa jurídica naquele dia mesmo. Sugeriu ainda a Roberto Carlos que reduzisse um pouco mais o valor pedido e que a Planeta não fosse tão ranzinza em pagá-lo.

Foi a pressão que faltava para o desfecho do acordo. Roberto Carlos se levantou para outra vez conversar reservadamente com seus advogados na sala ao lado. O juiz se aproximou de César González insistindo na solução do impasse. "Vamos fazer o seguinte", disse Tércio Pires, "a editora vai oferecer 15 mil reais ao artista. Isso eu sei que a Planeta pode muito bem pagar. Vou defender essa proposta e acho que Roberto Carlos vai aceitar. Nem tanto lá nem tanto cá. A editora entrega o livro e mais 15 mil em dinheiro, certo?" César González e seus advogados não chegaram a dizer sim ou não, fizeram um silêncio que se traduzia em consentimento tácito. Assim que Roberto Carlos retornou à mesa, o juiz lhe comunicou: "Roberto, acho que agora não há mais motivo para não celebrarmos este acordo. O diretor da editora, numa demonstração de boa vontade em encerrar a questão jurídica, concordou em lhe pagar 15 mil reais".

O cantor e seus advogados se entreolharam e em seguida Norberto Flach revelou que a proposta estava agora mais realista que a do rei. "Nós acabamos de decidir que a editora não precisa nos pagar nada em dinheiro." Roberto Carlos completou: "Até porque eu não vim aqui brigar por causa de 15 mil reais. Assim as pessoas vão pensar o quê? O importante para mim é impedir a circulação desta biografia não autorizada". Ele fez então outra exigência para compensar o não recebimento de dinheiro.

Que, além de não mais imprimir ou comercializar a biografia, a editora entregasse todos os exemplares que ainda havia em estoque. "Quantos exemplares da obra vocês têm na editora?", perguntou o juiz. César González consultou a planilha e informou 10,7 mil livros, concordando com a exigência. "Esses livros estão armazenados onde?", quis saber Norberto Flach. Depois de ouvir o endereço, o juiz começou então a ditar para a escrevente os termos do acordo: "Iniciados os trabalhos, proposta a conciliação, e restou aceita nos seguintes termos: os querelados promoverão a entrega de 10,7 mil exemplares — que se acham em estoque, à disposição do Querelante, em dependências de sua empresa, situada na av. Prefeito João Villalobo Quero, 2253, Jardim Belval, Barueri, prontos à retirada".

Roberto Carlos, porém, fez mais uma exigência: que, além de entregar o que tinha em estoque, a editora Planeta se comprometesse também a recolher e lhe repassar todos os exemplares que havia nas livrarias do país. César González disse que isso seria difícil, porque a editora não trabalhava por consignação. Argumentou que os exemplares haviam sido vendidos e ele não sabia quais livrarias ainda tinham a obra em estoque. Pois Roberto Carlos exigiu que ele verificasse isso e comprasse esses livros de volta para depois lhe entregar.

Na hora, pensei em perguntar ao cantor por que ele queria tanto recolher os livros se a editora já havia se comprometido a não mais comercializá-los. Mas a resposta era óbvia: destruir todos os exemplares para não sobrar nenhum para contar a história. Com um misto de horror e tristeza já imaginava a cena de *Fahrenheit 451*, mais de 10 mil exemplares de *Roberto Carlos em detalhes* ardendo numa imensa fogueira. Aquilo tudo me pareceu tão absurdo que cheguei a pensar que talvez o acordo não acontecesse. Eles próprios iam perceber a tempo a loucura do que estava sendo decidido naquela sala.

César González tentou convencê-los de que não daria para atender a mais essa exigência de Roberto Carlos, pois o país é muito grande e se já era difícil para uma editora distribuir livros, quanto mais recolhê-los. O juiz intercedeu novamente perguntando, com certa impaciência, de qual prazo a editora precisava para fazer isso. Pelos menos dois meses, foi a resposta. Esse compromisso ficaria então definido no documento. O juiz ditou para a escrevente que a editora teria sessenta dias para, "no limite de suas forças, recolher, em quantas livrarias pudesse encontrar, os exemplares da biografia, com o imediato encaminhamento delas ao cantor".

Mas isso ainda não satisfez Roberto Carlos. A sua obsessão em apreender a maior quantidade possível de livros fez com que se acrescentasse outro item ao acordo: que, decorridos sessenta dias, se algum exemplar de *Roberto Carlos em detalhes* ainda fosse encontrado no mercado, ele o mandaria comprar e apresentaria as notas fiscais à editora para que esta lhe ressarcisse os valores pagos. César González concordou com isso também, talvez porque achasse improvável que depois de dois meses ainda fosse haver uma grande quantidade de livros à venda. E assim, depois de incluir a nova cláusula, o juiz fez uma leitura em voz alta do texto do acordo.

Foi quando surgiu mais um problema. Depois de Roberto Carlos lhe sussurrar algo ao pé do ouvido, o advogado Alvaro Borgerth disse que queria mudar um trecho do documento: o que dizia que o "querelante (Roberto Carlos), uma vez cumprida a composição, manifesta a renúncia da ação cível intentada contra os querelados". O criminalista Ronaldo Tovani, porém, afirmou que a frase estava bem redigida, juridicamente correta e não via nenhuma necessidade de mudança. "Sim, mas nós queremos mudar", retrucou Borgerth. Antes que ele explicasse o motivo, Tovani o interrompeu para dizer que a renúncia da ação que corria na 20ª Vara Cível do Rio era parte fundamental do acordo.

Borgerth tentou explicar que a modificação desejada não iria interferir no resultado do acordo, mas foi novamente interrompido, dessa vez pela advogada da editora, que reafirmou que a renúncia era a única coisa que cabia a Roberto Carlos fazer na ação cível.

Na verdade, os advogados da editora Planeta demoraram a compreender que o problema ali não era jurídico, e sim de superstição do cantor. Ele tem implicância com determinadas palavras e não queria que uma delas constasse no texto do acordo. Não seria eu a esclarecer isso, pois desejava mesmo que eles continuassem não se entendendo. Foi quando Alvaro Borgerth resolveu ser mais claro e incisivo, e quase batendo na mesa afirmou: "O problema é que o artista não quer usar a palavra 'renúncia' no documento, entenderam? Ele não quer essa palavra! Pode usar qualquer outra, por exemplo, desistência, menos 'renúncia'". "Ah, bom!", exclamou Ronaldo Tovani, finalmente entendendo e concordando com a modificação. E em vez de renúncia, no texto ficou que Roberto Carlos "manifesta expressa desistência da ação cível".

Para a minha enorme tristeza, a editora e o artista chegaram finalmente a um consenso. O acordo, porém, não foi sacramentado de imediato, porque Roberto Carlos fez uma nova exigência — e dessa vez direcionada ao autor de sua biografia. O advogado Alvaro Borgerth afirmou que eu aparecia muito na mídia e em eventos literários falando sobre o livro. Reclamou que isso expunha demasiadamente o nome e a imagem de Roberto Carlos. Pediu então ao juiz para acrescentar ao texto do acordo a proibição de que eu falasse publicamente sobre a biografia. Tércio Pires considerou plenamente justificado o pedido e sem nenhuma restrição foi logo ditando para a escrevente: "E doravante Paulo Cesar de Araújo se absterá de tecer comentários sobre a obra *Roberto Carlos em detalhes…*".

Pensei que os advogados da editora Planeta fossem se manifestar contra mais essa flagrante agressão à liberdade de expressão. Mas não falaram nada. Então me levantei e fui o meu próprio advogado: "Excelência, por favor, isso não pode constar do acordo. A Constituição brasileira nos garante a liberdade de expressão, a livre manifestação de ideias e de pensamento", e deixando a modéstia de lado, afirmei: "Não sei se vocês sabem, mas o livro *Roberto Carlos em detalhes* já faz parte da história. Querer me proibir de falar dele é o mesmo que me impedir de falar de Getúlio Vargas, de JK ou da Guerra de Canudos. E eu, como autor, professor, historiador e cidadão, vou sempre falar desse livro".

Todos me ouviram em silêncio, e parecia que a questão estava resolvida. Entretanto, Alvaro Borgerth fez uma segunda intervenção. Que constasse do texto a proibição de eu falar publicamente da vida pessoal do cantor. O juiz considerou esse pedido também plenamente justificado, e foi logo ditando para a escrevente: "E doravante Paulo Cesar de Araújo se absterá de tecer comentários sobre a vida pessoal do artista Roberto Carlos…".

Era evidente que eu não queria e não devia ter nenhum veto ao direito de livre expressão. Porém, ninguém protestou e, então, mais uma vez me levantei e fui o meu próprio advogado. "Excelência, por favor, isso também não pode constar do acordo. Eu sou um estudioso da obra de Roberto Carlos e, como explico no livro, a obra dele é marcadamente biográfica, pessoal. O cantor fala de sua mãe na canção 'Lady Laura', fala do pai em 'Meu querido, meu velho, meu amigo', fala dos filhos em 'Quando as crianças saírem de férias', fala de sua mulher em 'Amada amante'. Portanto, falar da obra de Roberto Carlos é falar da vida pessoal dele. Quero afirmar aqui que vou também sempre me manifestar publicamente sobre isto, pois dediquei quinze anos a estudar a trajetória deste artista."

O cantor me olhou com os olhos bem abertos e depois de ficar pensativo por alguns segundos, respondeu: "Mas eu já fiz várias músicas que não tratam de acontecimentos de minha vida pessoal, são histórias que imaginei ou que vi acontecer com outras pessoas". Respondi que sabia disso e que sabia também distinguir umas das outras. Citei para ele um verso de mais uma de suas canções biográficas. "Veja, por exemplo, Roberto, esta sua composição, 'Traumas': 'Meu pai um dia me falou/ Pra que eu nunca mentisse/ Mas ele também se esqueceu/ De me dizer a verdade'. Foi você próprio que nos revelou essa passagem de sua vida pessoal. Essa música foi gravada, fez sucesso. Por que agora eu serei proibido de falar disso?"

Ele nada respondeu.

Era para a questão se encerrar aí, porém o advogado Alvaro Borgerth fez nova intervenção. Que então constasse do acordo a proibição de eu falar publicamente de trechos do livro que tratam da vida íntima de Roberto Carlos. Sem maiores delongas, o juiz ditou para a escrevente: "E doravante, em entrevistas, Paulo Cesar de Araújo não tecerá comentários acerca do conteúdo da obra no respeitante à vida íntima de Roberto Carlos…".

Confesso que já não tinha mais argumentos para retrucar, e novamente ninguém veio em minha defesa. Entretanto, ao ouvir a frase do juiz, entendi que aquilo não me atingia, pois não falo da "vida íntima" de Roberto Carlos (nem tenho acesso a ela), e sim de aspectos de sua vida pessoal já anteriormente publicados na mídia e em suas próprias canções. Poderia também ter citado, mas não me lembrei na hora, de um trecho da música "O grande amor da minha vida", em que o artista revela confidências do seu primeiro encontro com a então adolescente Maria Rita, sua futura esposa: "Te beijei na boca e percebi/ Que era seu primeiro beijo/ Respeitei sua inocência/ E ignorei o meu desejo".

Por várias vezes naquela sala de audiência, me lembrei de quando tinha onze anos, em Vitória da Conquista. O Natal de 1973 estava próximo, e acompanhei minha mãe até a casa de uma vendedora de roupas, que tinha chegado de São Paulo com bastante mercadoria. Ela chamou minha mãe para ajudá-la na venda de porta em porta, ganhando comissão. Para minha alegria, assim que sentamos no sofá da sala vi na estante em frente o novíssimo LP de Roberto Carlos. Era o álbum de "Proposta", que trazia na capa o rosto do cantor de perfil com o olhar sério, concentrado. Ao ver o LP, minha vontade foi pegá-lo na mão, olhar a contracapa, o encarte, os títulos das novas músicas. Mas por timidez fiquei apenas sentado olhando, olhando. Ocorre que não havia outras pessoas na sala, e a mulher parecia muito envolvida na conversa, fazendo contas, mostrando peças de cama e mesa para minha mãe. Tomei então coragem, fui até a estante e peguei o LP. Assim que ergui a capa, a mulher olhou-me por cima dos óculos e disse: "Minha filha não gosta que mexam nas coisas dela". Devolvi o disco para o móvel e nem cheguei ver a contracapa. Na hora tive vontade de sair correndo da sala, mas não quis atrapalhar os negócios de minha mãe. Fiquei ali até o fim, sentado no sofá, olhando para a capa do disco, reluzente, à minha frente.

Na audiência, sempre que o cantor ficava de perfil, ouvindo seu advogado, eu me lembrava da capa de seu álbum de 1973 e daquele dia na casa da vendedora. Sentado diante de Roberto Carlos, eu via os mesmos olhos fundos, o mesmo olhar sério e concentrado da sua imagem na capa do LP. E em virtude de tudo que acontecia na audiência, tal qual em 1973, o meu desejo era também não mais ficar naquela sala. Mas tive que ficar até o fim.

A audiência foi tensa, demorada e sem intervalos. Lá pelas tantas, Roberto Carlos sacudiu os dois lados de seu paletó e, olhando para o teto, reclamou:

"Mas como está calor aqui dentro, né?". Sim, a sala estava mesmo muito abafada. Era um ambiente sem ar-condicionado, com portas e janelas fechadas e poucas frestas para ventilação. Talvez aquele tenha sido o local mais desconfortável que Roberto Carlos frequentou desde que se tornou um astro pop. Acostumado a circular basicamente de sua casa para quartos de hotéis, estúdios e camarins adaptados ao seu gosto e com temperatura ideal, naquele dia ele passou várias horas num ambiente estranho ao seu status de grande estrela do show business. Pelo menos nisso não houve privilégio para o artista: o calor que eu sentia também parecia o atingir.

A restrição a comentários meus "no respeitante à vida íntima de Roberto Carlos" ficou no texto do acordo — o que depois acabou gerando o mal-entendido de que eu estaria proibido de comentar sobre o livro. Essa foi, de fato, a intenção de Roberto Carlos. Em conversa com seus advogados, ele assim se justificou, apontando em minha direção: "É que eu não quero mais ter problemas com ele, não quero mais ter que discutir se ele está invadindo ou não a minha privacidade". Com essa frase, o autor de "Jesus Cristo" manifestou a sua vontade de se livrar definitivamente de mim. Isso me incomodou muito na hora, e reagi:

> Roberto, você está se preocupando à toa comigo. Eu sou um homem sério, um pesquisador e historiador da música brasileira. Além do mais, nessa era da internet não dá para controlar tudo que é dito sobre você. Em diversos sites e blogs há várias pessoas diariamente lhe criticando ou ridicularizando, e você não pode impedir isso. Então, pra que calar justamente eu, um estudioso da sua obra?! Foi com muita dificuldade que, durante quinze anos, realizei essa pesquisa, sacrificando a minha vida pessoal e a da minha família. Eu fiz este livro com tanto amor e carinho que o dediquei à minha filha Amanda, de cinco anos. E será lamentável essa biografia não mais existir quando ela crescer.

Disse essa última frase e desatei a chorar, ali na cadeira, com a mão direita sobre o rosto. Acho que as lágrimas já estavam presas havia muito tempo, porque chorei compulsivamente. A pedido do juiz, alguém que não percebi quem foi saiu da sala para me trazer um copo d'água e um lenço de papel. Enquanto essa pessoa foi e voltou, permaneci sentado na cadeira chorando em prantos convulsos sob os olhares atentos de Roberto Carlos, de sua secretária, de seus advogados, do juiz, do promotor e demais pessoas na sala. É possível que, se eu estivesse ali com algum amigo — como desejei levar — ou com um advogado próprio — que fui aconselhado a contratar —, naquele momento eles tivessem me retirado da sala e a audiência tivesse tomado outro rumo. Entretanto, como eu estava absolutamente só, todos esperaram eu me acalmar para dar desfecho ao caso.

Depois de beber a água e enxugar as lágrimas, pedi a palavra e encarei novamente o cantor, fazendo-lhe uma advertência que acabou se revelando profética.

> Roberto, este acordo, da forma que está proposto aqui, é um absurdo. Isso é ruim para mim, para a editora Planeta, para o mercado editorial, para a sociedade, e é ruim principalmente para você, Roberto Carlos. Proibir e queimar livros em pleno século XXI é barbárie. Isto nos remete à Inquisição, ao nazismo, às ditaduras militares. Protagonizar um ato desses a essa altura de sua carreira será uma mácula na sua biografia. Não a que escrevi, mas a sua própria.

Falei isso com bastante veemência, diante de um Roberto Carlos atento e impassível. Em seguida, fiz a minha proposta de conciliação, inspirada no que ocorria no período da ditadura militar, quando os compositores propunham trocar palavras ou excluir versos de canções totalmente vetadas pela censura. Cineastas também negociavam determinadas cenas de seus longas-metragens. Essa era a forma possível de salvar uma canção ou um filme em um contexto absolutamente desfavorável ao autor. Propus então a Roberto Carlos fazer uma revisão do livro, excluindo trechos que ele considerava invasivos, pois eu sabia que isso representava uma parte pequena e secundária da obra. E para absoluta surpresa dele, propus também abrir mão dos meus direitos autorais. "Não quero receber um centavo da venda deste livro, todo o dinheiro pode ficar para você, mas que o livro continue circulando livremente. Esse é o melhor acordo que podemos fazer aqui hoje."

Disse isso tudo e fechei os olhos, contando que César González ou algum dos advogados da Planeta se manifestasse, reforçando a conciliação que propus. Afinal, isso respondia às duas principais reclamações do artista: a de que o livro invadia a sua privacidade e a de que o autor se apropriara da sua história para ganhar dinheiro. O próprio Roberto Carlos ficou sem argumentos para contrapor e apenas respondeu: "Eu posso até pensar nessa sua proposta depois, mas hoje prefiro assinar o que já foi acordado aqui". O advogado Ronaldo Tovani fez então a sua única intervenção a meu favor: que se acrescentasse ao documento a promessa de que o artista pensaria na minha proposta de conciliação. Mas nem isso o cantor aceitou, e o texto permaneceu exatamente como ele queria.

"Foi horrível! Na hora, fiquei atônito. Perdi o controle e acabei chorando ali mesmo, magoado e surpreso com tanta injustiça." Esse desabafo não é meu, mas de Roberto Carlos, na noite de 23 de fevereiro de 1972, quando participava pela segunda vez do ainda então badalado festival de San Remo. Vencedor em 1968 com "Canzone per te", de Sergio Endrigo, ele retornou quatro anos depois ao festival com uma canção ainda melhor, "Un gatto nel blu", de autoria de Totò Savio. Mas dessa vez o ambiente do festival não estava favorável a estrangeiros; contra a presença deles se levantou, na véspera, o sindicato dos músicos italianos. Alegavam que San Remo tinha se internacionalizado demais, inchado demais, e queriam o festival somente para italianos. Diante disso, cantores como o porto-riquenho José Feliciano e o inglês Matt Monro desistiram de participar da competição em 1972. Roberto Carlos, porém, manteve o seu nome, porque não havia impedimento legal e ele acreditava ter nas mãos uma forte concorrente.

Isso se confirmou logo na primeira eliminatória: "Un gatto nel blu" foi a música que mais se destacou. A imprensa e grande parte do público italiano já a apontavam como a provável vitoriosa. Empolgado, Roberto Carlos voltou a cantá-la na segunda eliminatória, e foi aplaudido no meio da música, fato pouco comum no festival. O cantor voltou feliz para o camarim, certo de que poderia levar o bicampeonato em San Remo. Entretanto, para surpresa de todos e grande decepção dele, o júri não incluiu "Un gatto nel blu" entre as classificadas para a fase seguinte. Ou seja, a música mais aplaudida não chegou nem na finalíssima.

A gravadora CBS reclamou que o cantor brasileiro fora usado como bode expiatório naquela onda de protestos contra estrangeiros. Bode ou não, o fato é que, ao saber da sua eliminação no festival, Roberto Carlos ficou atônito com tanta injustiça. Exatamente o que senti, por outras razões, na audiência no fórum criminal, e tendo como meu opositor um agora impassível Roberto Carlos.

Depois de resolvida a pendência por dinheiro, o clima entre ele e os representantes da Planeta ficou bem mais descontraído. Tanto que, ao final, Pascoal Soto propôs, em tom de blague: "Que se acrescente mais um item ao acordo: Roberto Carlos irá publicar a sua biografia autorizada pela editora Planeta". Todos eles riram, inclusive o cantor, mas balançando a cabeça negativamente. Sem mais nada a acrescentar, o juiz colocou então uma caneta e a folha com o termo de conciliação sobre a mesa. O primeiro a assinar o documento foi o próprio juiz, com expressa satisfação, seguido do promotor Fausto Junqueira de Paula. Depois foi a vez de Roberto Carlos e de seu advogado Norberto Flach. A partir daí não me lembro mais da sequência exata, só sei que foi com a mão fria e muita tristeza que também assinei aquela folha de papel. Depois de mais de cinco horas de reunião, eu já estava exaurido, emocionalmente arrasado e sem ânimo para dizer ou ouvir mais nada. Acusado por Roberto Carlos e seus advogados, pressionado pelo juiz pelos promotores e abandonado pela editora, a minha única vontade era sair daquela sala o mais rápido possível.

Antes disso, porém, o juiz pegou uma bolsa que estava ao lado de sua mesa e, para surpresa de todos, dela retirou um CD que mostrava na contracapa a sua imagem segurando um violão. Ele abriu o encarte, autografou e ofereceu a Roberto Carlos, com um pedido que todos ouviram. "Roberto, eu também sou cantor e compositor, com o nome artístico de Thé Lopes. Gostaria muito que você ouvisse esse disco e desse sua opinião sincera. É meu primeiro CD, já estou gravando agora um segundo, e gostaria de ter a sua opinião sobre este trabalho." O cantor abriu o encarte, leu o autógrafo e agradeceu ao juiz. "Obrigado, dr. Tércio, pode deixar, ouvirei seu disco com a maior atenção e carinho." Em seguida o juiz deu um CD de Thé Lopes para cada um dos advogados e um também para mim, com o mesmo pedido de que eu ouvisse e manifestasse a minha opinião. Com o título de *Pra te ver voar*, é um CD com onze músicas, a maioria composta pelo próprio juiz.

Depois da distribuição dos CDs, começou a sessão de fotos. De sua mesa, o juiz apontou ao cantor a funcionária do fórum, que assistia à audiência, dizendo que ela era uma grande fã dele. Ela imediatamente perguntou se podia tirar uma fotografia ao lado do artista. "Claro, com o maior prazer", disse o cantor, sorrindo. A funcionária pediu então a alguém para registrar a imagem. O promotor Fausto Junqueira de Paula, do outro lado da mesa, manifestou o mesmo desejo, mandando às favas todos os escrúpulos. "Que promotor que nada! Eu também quero tirar uma foto aí com você, Roberto", disse ele, já se encaminhando em direção ao cantor. Depois de abraçar Roberto Carlos, o promotor chamou o juiz. "Oh, Tércio, venha aqui com a gente. Quando teremos outra oportunidade desta?". O artista reforçou o pedido e então o magistrado saiu da sua mesa e foi se juntar ao promotor na pose ao lado de Roberto Carlos.

Mais eu não vi porque saí da sala exatamente nesse momento. No corredor, me deparei com os jornalistas e fotógrafos que por cinco horas e meia aguardaram o desfecho da audiência. Ao contrário do que prometera, passei rápido por eles, sem falar com ninguém. Os repórteres permaneceram ali para registrar a saída de Roberto Carlos. Dezenas de fãs do cantor também não arredaram pé de frente à sala. Muitos funcionários do fórum, que naquele momento deixavam o serviço, se juntaram ao público para ver o grande ídolo da música brasileira. A maioria portava máquinas fotográficas e celulares com câmera na expectativa de registrar uma imagem dele. Segundo relato da imprensa, Roberto Carlos saiu da sala com a aparência cansada e sem dar entrevistas, mas acenou sorrindo para o público. Antes de entrar no elevador, ele chegou a beijar rapidamente uma criança no colo da mãe. Uma estagiária do fórum, Fernanda de Mauro, comentou: "Falaram lá dentro que ele estava meio nervoso, mas não aparentou, não". Sim, o Roberto Carlos que vi lá dentro era o homem, o que saiu acenando e sorrindo para o público já era o personagem.

Segui direto para uma área aberta do estacionamento onde estava o carro de Pascoal Soto, que me levaria de volta até a rodoviária. Enquanto o aguardava, ainda meio atordoado, eu caminhava de um lado para o outro. Era início da noite sob uma garoa fina. Eu estava de costas para o fórum, cabisbaixo, olhando apenas o gramado molhado ao pé do muro do estacionamento. Depois de alguns minutos ali sozinho, de repente vejo um clarão, um foco de luz que se aproximou por trás de mim. Também ouço o pipocar de flashes. Eram os repórteres, fotógrafos e cinegrafistas que se aproximavam, depois de terem registrado a saída de Roberto Carlos. Mas, curiosamente, todos chegaram em silêncio, ninguém falava nem perguntava nada, parecendo compreender a minha dor. Havia apenas o barulho dos flashes e aquele clarão que refletia no rodapé do muro.

Mais uma vez me lembrei do cinema: uma daquelas cenas de filme de guerra, quando algum prisioneiro tenta escalar um muro e é alcançado pelo farol que ilumina seus passos trôpegos e errantes. Sentia-me um personagem de *Fugindo do inferno*, de John Sturges. Minha vontade era sair correndo dali, sem falar com ninguém, mas eu estava encurralado entre o muro e os repórteres que me cercavam. Um deles aproximou o microfone e fez a primeira pergunta: "Paulo Cesar, como você se sente neste momento?".

Antes que eu respondesse, todos os demais jornalistas começaram a fazer suas perguntas ao mesmo tempo, quebrando definitivamente o silêncio inicial. "Qual a sua análise do resultado da audiência?", perguntou um outro. "É uma pena. É uma pena para a história do livro no Brasil, para a história da música popular, é uma pena. Há mais de 350 livros sobre Bob Dylan, centenas de livro sobre Beatles, mais de mil livros sobre Elvis Presley. Eu queria que Roberto Carlos também tivesse uma obra que analisasse em profundidade a sua trajetória na música brasileira", respondi, com a voz embargada, segurando o choro, totalmente fragilizado diante das câmaras de televisão. "Quanto tempo de trabalho você dedicou a este livro?", quis saber uma outra repórter. "Uma vida inteira…" Assim fui respondendo pausadamente essas e outras perguntas que a imprensa me fez naquela noite no estacionamento do fórum. A síntese desse momento foi captada pelas lentes do fotógrafo Luiz Carlos Leite, da *Folha de S.Paulo*, que no dia seguinte publicaria uma foto minha em close com os olhos vermelhos, cansados de chorar — como num verso de "E não vou mais deixar você tão só", gravada por Roberto Carlos no álbum *O inimitável*.

O diretor editorial da Planeta, Pascoal Soto, também falou com os jornalistas à saída do fórum e lamentou a proibição da biografia. "Isso nos faz lembrar os tempos obscuros do nazismo", justificando, porém, que a empresa aceitou o acordo porque "o contexto era desfavorável". Discurso repetido pelo advogado Ronaldo Tovani: "Essa proibição me faz lembrar dos tempos da ditadura", lamentou-se.

O criminalista Norberto Flach também foi entrevistado na saída e disse o que achou do embate entre o réu e o rei. "Foi muito pesado para os dois. O Roberto ficou bastante magoado. Eles ficaram frente a frente." Mas o advogado se manifestou bastante satisfeito e otimista com o resultado do acordo obtido pelo seu cliente. "Eu acho que agora Roberto pode se sentir melhor, se sentir menos exposto", enfatizando também que "isso pôs fim a um sofrimento, a um período de muita mágoa, de muito sofrimento do Roberto".

O advogado acreditava que depois da audiência o caso estaria definitivamente encerrado e que nem ele e nem Roberto Carlos teriam mais que pensar no assunto. As coisas não seriam tão simples assim. As críticas que surgiram após o anúncio da proibição e apreensão do livro foram das mais contundentes até hoje lançadas a um artista brasileiro, e a exposição negativa da imagem de Roberto Carlos alcançaria níveis nunca antes experimentados em sua carreira. Além disso, os seus advogados tiveram, sim, que novamente se debruçar sobre os autos do processo e trabalhar no caso.

10. Cenário de *Fahrenheit 451*

Não posso ficar calado, porque isso que aconteceu na 20ª Vara Criminal da Barra Funda me diz respeito, já que desrespeita minha profissão de escritor.

Paulo Coelho

No dia seguinte à audiência, num sábado, a advogada da editora me enviou uma mensagem por e-mail com cópia para Pascoal Soto e César González.

Paulo, como você está? Tentei te ligar em casa, mas ninguém atendeu. Acredito que foi uma das piores noites da sua vida, mas tenha a certeza que foi a melhor decisão tomada, pois o processo ia se estender por anos e o risco de prejuízo existia, ainda mais tendo em vista o carisma do Roberto e a total parcialidade dos juízes e promotores. Vamos olhar sempre pra frente e apagar o que passou...

E por aí ela seguiu, tentando me convencer e me consolar, quase citando, sem saber, uma antiga canção de Roberto Carlos, "O tempo vai apagar".

Uma frase da advogada resumiu bem seu desejo e dos demais protagonistas daquela audiência: "olhar sempre pra frente e apagar o que passou". Essa era a vontade dela, dos editores, de Roberto Carlos, do juiz, dos promotores e dos outros advogados. O único que não queria e não podia esquecer o passado era eu.

Minha resposta à advogada foi com cópia também endereçada ao diretor--geral e ao editor da Planeta, mais o advogado Ronaldo Tovani.

> Dra. Rosa, de fato, aquela foi uma das piores noites da minha vida. Lamento profundamente a decisão tomada. Assinamos não um termo de conciliação, mas um termo de condenação ao livro *Roberto Carlos em detalhes...*

Na mensagem pergunto por que eles não apoiaram a proposta que fiz a Roberto Carlos e também reclamo que me "senti abandonado naquela audiência e meu livro, sem defesa".

No outro dia, Ronaldo Tovani me telefonou, dizendo que não tinha defendido minha proposta porque o cantor a recusara de pronto. "Saiba, Paulo Cesar, que como ex-juiz e advogado, com quase trinta anos de atuação no direito, nunca participei de uma audiência de conciliação que durasse cinco horas e na qual eu tenha me empenhado tanto." Respondi que ele de fato trabalhara bastante naquele dia, porém discutindo se entregaria o livro e mais 100 mil reais a Roberto Carlos, ou o livro e apenas 15 mil, ou o livro e nem um centavo ao artista. "Mas você não me pediu para não fazer o acordo. Quando a dra. Rosa decidiu aceitar a proposta, pensei que você estivesse de acordo, porque em nenhum momento você me disse que não queria."

É verdade. Nenhuma vez durante a audiência eu disse diretamente ao advogado que não aceitava condenar meu livro à fogueira. Imagino, no entanto, a seguinte cena: em vez de mim, é Roberto Carlos quem se levanta durante a sessão e, aos prantos, diz que os termos do acordo são absurdos, apresentando então uma outra proposta. Será que os advogados dele teriam alguma dúvida de que seu cliente não queria aquilo que foi decidido?

Por essas e outras, eu era mesmo o único daquele episódio que não queria e não podia esquecer o que havia se passado. No meu caso, nem o tempo iria apagar. Mal consegui dormir nas primeiras noites após o acordo; chorava a cada vez que alguém me pedia para contar o que tinha acontecido e também quando um amigo me ligava apenas para prestar solidariedade. Minha vontade era não ver ninguém, não falar com ninguém, não ter que explicar nada a ninguém. Por sorte, aquele final de semana foi emendado com um feriado prolongado — o 1º de maio, Dia do Trabalho, caiu na terça-feira —, e eu não tive que estar logo em sala de aula, encarando meus alunos e colegas professores. Meu rosto estava inchado, e sombras de olheiras denunciavam as noites maldormidas.

Na quarta-feira, dia 2, acordei exatamente assim, me sentindo ainda muito mal. Notei que já tinha algumas mensagens na secretária eletrônica. A primeira delas era do meu editor, Pascoal Soto, com quem não tinha mais conversado desde que voltara do fórum da Barra Funda. "Paulo, como vão as coisas? Tudo bem? Você leu a *Folha* de hoje? Viu o que Paulo Coelho escreveu? Por favor, leia e depois me ligue de volta."

Confesso que não entendi por que teria que ler o que Paulo Coelho tinha escrito naquele dia na imprensa. Eu conhecia a coluna que ele publicava em jornais como o *Extra*, sempre com mensagens edificantes, positivas, evocando alquimistas, magos e guerreiros da luz. Cheguei a pensar que talvez Pascoal Soto quisesse levantar o meu astral com alguma mensagem de autoajuda que Paulo Coelho publicara excepcionalmente na *Folha de S.Paulo*. Desci para comprar pão e, sem muito entusiasmo, passei depois na banca e comprei também um exemplar do diário paulista. Nem podia suspeitar que naquela edição o escritor brasileiro mais badalado do mundo não estava falando de alquimia ou pensamento mágico, e sim do que tinha acontecido com meu livro naquela fatídica audiência.

Ainda no elevador, com o pacote de pães quentes na mão, vi a primeira página da *Folha* e, entre os destaques, o nome de Paulo Coelho acima de um pequeno texto que começa com a frase: "Estou chocado com a atitude infantil de Roberto Carlos, cuja biografia foi vetada". Era a chamada para um artigo dele na página 3 do jornal, na seção Tendências/Debates. Foi uma absoluta surpresa. Entrei no apartamento, joguei os pães sobre a mesa, abri o jornal e logo vi o artigo de Paulo Coelho, com o título "O que é 'contexto desfavorável?'", referência à frase com a qual Pascoal Soto procurou justificar por que a editora Planeta aceitara ao acordo com o artista.

Passava das 10h30 da manhã e, enquanto lia o artigo, meu telefone começou a receber várias chamadas. Eram jornalistas, que deixavam as primeiras mensagens na secretária perguntando o que eu tinha a dizer sobre o que Paulo

Coelho escrevera na *Folha de S.Paulo*. Procurei me concentrar na leitura antes de falar com a imprensa. Paulo Coelho inicia seu artigo fazendo um elogio ao cantor: "Tenho uma grande admiração por Roberto Carlos — recentemente, um dos mais importantes programas da BBC Radio me perguntou a lista de cinco discos que eu levaria para uma ilha deserta, e incluí um dos seus". Logo depois, faz também um afago na editora Planeta: "E, apesar dos problemas normais decorrentes de uma relação profissional, tenho um grande respeito pela editora Planeta, que publica minhas obras no Brasil e em vários países de língua espanhola".

Em seguida, afirma que havia sido "com grande tristeza" que soubera do acordo no Fórum Criminal da Barra Funda que proibiu a biografia *Roberto Carlos em detalhes*. Paulo Coelho então partiu para o ataque:

> O editor diz um disparate para salvar a honra, o cantor não diz nada e o autor fica proibido de dar declarações a respeito. E estamos conversados. Estamos conversados? Não, não estamos, e tenho autoridade para dizer isso. Tenho autoridade porque, desde que publiquei meu primeiro livro, tenho sido sistematicamente atacado. Creio que qualquer pessoa em seu juízo normal sabe que, a partir do momento em que sua carreira se torna pública, está exposta a ter sua vida esquadrinhada, suas fotos publicadas, seu trabalho louvado ou enxovalhado pelos críticos. Isso faz parte do jogo e vale para escritores, políticos, músicos, esportistas.

Depois de citar alguns exemplos ocorridos com ele próprio, Paulo Coelho diz que "a única coisa que não faz parte do jogo é a calúnia, e, pelo que me consta, isso não foi tema da ação judicial que levou à proibição de *Roberto Carlos em detalhes*".

Mais adiante, insistiu na questão da invasão de privacidade, que tanto incomodou Roberto Carlos.

> Estou pronto para defender minha honra, mas não vou perder um minuto do meu dia telefonando para um advogado e procurando saber o que faço para defender minha vida privada, já que ela não mais me pertence [...]. Roberto Carlos tem muito mais anos na mídia do que eu; já devia ter se acostumado. Continuarei comprando seus discos, mas estou extremamente chocado com sua atitude infantil, como se grande parte das coisas que li na imprensa justificando

a razão da "invasão de privacidade" já não fosse mais do que conhecida por todos os seus fãs.

Logo depois, ele cobra esclarecimentos da editora Planeta:

Gostaria que minha editora, dinâmica, corajosa, se instalando agora no Brasil, explicasse a todos nós, brasileiros, o que significa esse tal de "contexto desfavorável". Desfavorável é fazer acordo a portas fechadas, colocando em risco uma liberdade reconquistada com muito sacrifício depois de ter sido sequestrada por anos a fio pela ditadura militar.

Em seguida, Paulo Coelho dirige um questionamento diretamente a mim:

E não entendo por que você, Paulo Cesar de Araújo, "se comprometeu a não fazer, em entrevistas, comentários sobre o conteúdo do livro no que diz respeito à vida pessoal do cantor" (*Ilustrada*, 28/4). Não é apenas o seu livro, cujo destino foi negociado entre quatro paredes, que está em jogo. É o destino de todos os escritores brasileiros neste momento.

Conclui então o artigo com uma dúvida e um desabafo:

Não sei se vou ter as explicações que pedi. Mas não podia ficar calado, porque isso que aconteceu na 20ª Vara Criminal da Barra Funda me diz respeito, já que desrespeita minha profissão de escritor.

Esse artigo foi a peça mais inusitada em torno do episódio da proibição de meu livro. Paulo Coelho foi o elemento surpresa, o fato novo. Nem eu, nem Roberto Carlos, nem os diretores da Planeta e acho que nenhuma outra pessoa poderia imaginar que o escritor fosse se manifestar publicamente sobre o assunto de forma tão enfática e direta. Afinal, Paulo Coelho é uma das personalidades mais célebres do nosso tempo e, portanto, anda sempre muito ocupado com seus compromissos profissionais. Quando não está escrevendo um novo livro — que lança a cada dois anos —, está em viagens ao redor do mundo, em debates, conferências ou recebendo prêmios e condecorações. Na semana em que ocorreu minha audiência com Roberto Carlos, por exemplo,

Paulo Coelho estava na cidade de Odense, na Dinamarca, para receber o prêmio Hans Christian Andersen, a mais importante condecoração daquele país. Como poderia interromper suas atividades para escrever um artigo criticando o desfecho de uma audiência que envolvia um livro de outro autor? Ainda mais considerando que sua crítica atingiria a editora Planeta, multinacional que na época publicava seus best-sellers no Brasil e no exterior. Pois da Europa ele acompanhou o desfecho do meu caso, escreveu seu artigo e mandou para a *Folha de S.Paulo*.

Àquela altura da carreira, Paulo Coelho já contabilizava mais de 100 milhões de livros vendidos, tinha entre seus leitores personalidades como o ex-presidente Bill Clinton e a cantora Madonna, já havia recebido a Legião de Honra da França, assentado na Academia Brasileira de Letras e, segundo ele próprio, feito até ventar e chover. Mas nada disso havia sensibilizado uma grande parcela das nossas elites culturais, que continuava tratando o escritor e sua obra com desdém.

As duras críticas que atingiam Paulo Coelho no Brasil pareciam confirmar aquela frase atribuída a Jesus de que nenhum profeta é honrado na sua terra. Isso até ser publicado seu polêmico artigo sobre a proibição do meu livro na *Folha de S.Paulo*. Aquele segmento da nossa elite cultural que sempre lhe virava as costas descobriu, então, de repente, que Paulo Coelho sabia escrever — e bem. Mais do que isso: tinha ideias progressistas, ousadas, antenadas com a realidade de seu país. Nunca antes o autor de *Diário de um mago* atraíra elogios tão unânimes de seus conterrâneos.

Muitos de nossos principais colunistas, escritores e intelectuais elogiaram o texto dele. Elio Gaspari, por exemplo, classificou o artigo de "excepcional". A colunista Cora Rónai o definiu como "retumbante". O jornalista Geneton Moraes Neto disse que o artigo é "brilhante", enfatizando que "o grande best-seller teve coragem. Partiu para a briga, o que é uma virtude louvabilíssima, nesta republiqueta de décima sétima categoria em que todo mundo dá tapinha nas costas de todo mundo". Era comum ouvir frases do tipo: "Pela primeira vez concordo com algo que Paulo Coelho escreveu", ou "Eu não gosto dos livros de Paulo Coelho, mas achei ótimo o artigo dele na *Folha*".

O colunista Tutty Vasques pegou a deixa e escreveu um texto saudando Paulo Coelho como "o novo Caetano". Ele afirmou que é preciso dar o braço a torcer: esse papel que sempre foi do artista baiano, o de vir a público botar o dedo na ferida da omissão intelectual do artista brasileiro — ô, raça! —, está sendo desempenhado com brilhantismo pelo mago.

Bem ao seu estilo irônico, e aproveitando para mais uma vez pegar no pé de Caetano, o jornalista disse que o artigo de Paulo Coelho

> é de uma lucidez de matar a gente de saudades do Caetano Veloso, que só faltava fazer chover com sua inteligência elucidante. Lembra daquele cara que lançava luz sobre qualquer debate? Isso foi bem antes de começar a convocar a imprensa para elogiar a Sandy e o Mangabeira Unger, não necessariamente nessa ordem, ou para dizer qualquer coisa que divulgue seu próprio trabalho. Desde então, a vaga de gênio da raça esteve aberta nos cadernos de cultura.

Ironias e exageros à parte, Tutty Vasques chamou a atenção para um aspecto da nossa realidade cultural: muitas vezes o cantor Caetano Veloso foi mesmo o primeiro, e às vezes o único, a levantar polêmicas e comprar brigas sem receio de melindrar esse ou aquele figurão da cultura nacional. Foi assim, por exemplo, em 1986, no episódio da proibição no Brasil do filme *Je vous salue, Marie*, de Jean-Luc Godard, quando ele questionou a postura do mesmo Roberto Carlos agora criticado por Paulo Coelho.

Na época, o filme de Godard causou grande polêmica por mostrar uma Virgem Maria moderna, que trabalha num posto de gasolina, joga basquete e tem namorado. Ela mantém sua característica original: é casta e concebe virgem, mas fala palavrões e aparece nua em diversas cenas. Condenado pelo papa João Paulo II, *Je vous salue, Marie* fez enorme sucesso de público por onde foi exibido. Caetano Veloso assistiu ao filme em Paris e retornou propagando seu lançamento no Brasil. Entretanto, pressionado pela cúpula da Igreja Católica, o presidente José Sarney ordenou a proibição do longa-metragem em todo o território nacional.

Iniciou-se então uma polêmica entre aqueles que condenavam e os que apoiavam o veto do presidente. Indignados, Caetano e outros artistas e intelectuais começaram um movimento de desobediência civil, exibindo o filme em sessões clandestinas. Nesse momento Roberto Carlos entrou em cena, manifestando-se publicamente a favor da proibição do filme. Fato inédito para um artista que sempre se manteve afastado da política, chegou a enviar um telegrama ao presidente Sarney congratulando-o pelo veto. Essa atitude irritou Caetano, principalmente porque Roberto nem sequer tinha visto o filme de Godard. "Não vi e não gostaria de ver. Sou contra filmes que mexem com divindades", justificou o cantor.

Tal qual Paulo Coelho no episódio do meu livro, em março de 1986 Caetano escreveu um artigo para a *Folha de S.Paulo* criticando duramente a postura do cantor. "O telegrama de Roberto Carlos a Sarney envergonha a nossa classe", disparou, enfatizando que, "para compensar a burrice de Roberto Carlos", todos os demais artistas da MPB deveriam se unir num movimento de protesto contra a decisão de Sarney. "Vamos manter uma atitude de repúdio ao veto e de desprezo aos hipócritas e pusilânimes que o apoiam", conclamou.

Essa mesma postura arrojada e independente de Caetano, Tutty Vasques identificou no artigo de Paulo Coelho. O jornalista concluiu então afirmando que nesse episódio "Paulo Coelho ganhou mais respeito no mundo literário do que sua obra amealhou na crítica brasileira. Mesmo quem não leu seus livros — e esse é o meu caso — passou a lhe dar mais atenção e importância".

Ao chamar Roberto Carlos de infantil por ele bater às portas da Justiça contra sua biografia não autorizada, Paulo Coelho subia no ringue para encarar o maior peso-pesado do show business nacional. Aquele prometia ser o duelo dos cifrões: o escritor de 100 milhões de livros vendidos versus o cantor de 100 milhões de discos vendidos. Mas todos os jornalistas que procuraram repercutir o fato com a assessoria de Roberto Carlos ouviram uma mesma resposta: o cantor não iria comentar as críticas de Paulo Coelho e também considerava encerrado o assunto da biografia proibida. Ou seja, Roberto Carlos estava imbuído daquele mesmo desejo de olhar sempre para a frente e apagar o que passou. Essa era também a vontade de César González, que não deu entrevistas sobre o tema, assim como o editor Pascoal Soto, seguindo recomendação da empresa.

Dos três citados no artigo, o único que falou diretamente com a imprensa fui eu; justamente o único que não podia e não queria esquecer o que passou. Da mesma forma que Paulo Coelho nos questionou publicamente, publicamente respondi a seus questionamentos, em especial aquele dirigido a mim.

Quando escreveu, Paulo Coelho desconhecia os detalhes do que ocorrera na audiência de conciliação, e também não sabia que era incorreta a informação de que eu estaria impedido de falar da "vida pessoal do cantor". A diferença é importante, porque "vida pessoal" é praticamente tudo que Roberto Carlos canta em suas canções, enquanto "vida íntima" é algo muito mais restrito e que só pessoas próximas a ele têm acesso. O que está relatado no meu livro é a vida pessoal e profissional do artista, retratada em sua obra e na mídia.

O erro não foi da *Folha de S.Paulo*; o jornal apenas reproduziu trecho da nota que o 20º Fórum Criminal da Barra Funda divulgou logo após a audiência. A vontade de me cassar a palavra era tanta, que ali se diz que pelo acordo eu estaria impedido de falar da "vida pessoal" de Roberto Carlos. Essa informação errada — e que acabou reproduzida por toda a imprensa — contribuiu para a indignação de Paulo Coelho.

Além de esclarecer esse ponto em entrevista à *Folha de S.Paulo* publicada no dia seguinte, expliquei que me tinham faltado na audiência dois pressupostos básicos da Justiça: estar assistido por um advogado e contar com a imparcialidade do juiz. Embora dois advogados tivessem procuração para me defender, na prática isso não ocorreu, e embora os juízes devam agir com isenção, mediando os conflitos, ponderando os argumentos de cada uma das partes, na prática o do fórum da Barra Funda forçara a entrega do livro a Roberto Carlos, tanto que por duas vezes ameaçou fechar a editora que publicou a obra. Nessa mesma entrevista informei ao público que o juiz Tércio Pires era também cantor, que entregara seu CD a Roberto Carlos e depois, juntamente com o promotor, tinha tirado fotos com o artista. Acredito que, ao ler essa reportagem, Paulo Coelho e demais leitores devem ter entendido pelo menos o *meu* "contexto desfavorável" na audiência.

Eram cerca de dez horas da manhã de quinta-feira, dia 3 de maio, quando um caminhão parou no estacionamento do depósito da editora Planeta, em Barueri, na Grande São Paulo. O caminhão tinha sido enviado por Roberto Carlos para carregar dali os livros que escrevi. Conforme constava no acordo, a editora se comprometia a entregar os mais de 10 mil exemplares que tinha em estoque, e depois teria mais sessenta dias para recolher os que ainda restassem nas livrarias. O caminhão de Roberto Carlos chegou para fazer cumprir a primeira parte do que fora acertado na Justiça. Os funcionários do depósito levaram quase uma hora para carregar todos os livros na carroceria do veículo.

A imprensa estava lá e a cena foi registrada pelos fotógrafos. Foram retiradas mais de seiscentas caixas, pesando ao todo cerca de 2,5 toneladas de papel. Levando-se em conta que, no lançamento, o preço de capa da biografia era de 59,90 reais, a mercadoria posta naquele caminhão valia mais de 640 mil reais.

Leandro Zanotelli, um dos advogados de Roberto Carlos, acompanhou o carregamento de perto e assinou o recibo de entrega dos livros pela editora. Em seguida, o caminhoneiro ligou o veículo, fez uma rápida manobra e partiu dali rumo à região do ABC paulista. "Todo dia quando eu pego a estrada/ Quase sempre é madrugada", poderia estar cantando o motorista enquanto conduzia meu trabalho de pesquisa pela rodovia Castelo Branco. "Já rodei o meu país inteiro/ Como bom caminhoneiro/ Peguei chuva e cerração." Alguns carros de reportagem seguiram atrás para informar ao público o destino exato dos livros, que, depois da Castelo Branco, sacolejavam pela Marginal Tietê, pela avenida dos Bandeirantes... Depois de cerca de uma hora de viagem, o caminhoneiro parou o veículo na entrada de um galpão na cidade de Santo André. Ali funcionava um armazenamento de cargas, ali meus livros seriam descarregados. Mas os fotógrafos não puderam fazer esse registro porque, segundo *O Estado de S. Paulo*, "a imprensa foi barrada na entrada do armazém".

Mesmo assim, ninguém ali tinha mais dúvida: a biografia de Roberto Carlos seria destruída, queimada, viraria cinzas. Na edição da *Folha de S.Paulo* daquele dia, Mônica Bergamo publicou uma nota com o título "Fogueira", que informava exatamente isto: "Roberto Carlos já decidiu: vai destruir os livros. A primeira ideia é simplesmente incinerá-los. A outra hipótese é reciclar o papel em que estão impressos". No dia seguinte, Marco Antônio Campos confirmou a informação da jornalista, apenas mudando a ordem de prioridades, sem alterar o resultado final. A primeira ideia seria reciclar as duas toneladas de papel. "Se não for viável, aí sim os livros serão destruídos", garantiu o advogado.

Desde o incêndio da biblioteca de Alexandria, no século I a.C., a destruição de livros horroriza a parcela mais esclarecida da humanidade. Aquele episódio ficou como um marco de intolerância e barbárie, e a queima de livros, um ato simbólico muito forte, que remete a momentos de intolerância. Por isso, quando os jornais mostraram a imagem das caixas de livros sendo retiradas do depósito da editora, aquilo chocou muita gente. "Vergonha. Vergonha. Vergonha", exclamou o repórter Geneton Moraes Neto, afirmando que a cena é "patética, deprimente, horrorosa, indefensável, injustificável". Para mim, foi um dos momentos mais tristes de todo o episódio. Era a confirmação de que a intenção do cantor era mesmo destruir tudo, na expectativa de que não sobrassem vestígios de *Roberto Carlos em detalhes*.

Muitos se surpreenderam ao saber disso, porque os termos do acordo ainda não eram de conhecimento geral. Sabia-se apenas que o livro estava proibido e que o autor teria restrições para falar do biografado. O próprio artigo de Paulo Coelho faz menção apenas a esses dois aspectos, não à apreensão e destruição da biografia. Quando os jornais publicaram as fotos das caixas de livros sendo retiradas do depósito da editora, todos finalmente souberam que a atitude de Roberto Carlos era muito mais radical. As críticas a ele tornaram-se então muito mais agressivas e contundentes.

A edição da revista *Veja* que chegou às bancas no fim daquela semana foi dura com o cantor. Uma reportagem com o título de "A fogueira de Roberto Carlos" diz que a incineração de mais de 10 mil livros "seria uma visão para extasiar Goebbels". Na mesma edição da revista, o colunista André Petry escreveu artigo no qual afirma que a "grande fogueira, no entanto, vai queimar mais do que livros. Vai queimar a biografia mesma de Roberto Carlos e, junto com ela, o respeito que alguns milhares de fãs têm pelo rei — e que se incinerou com sua iniciativa intolerante e burra". Ele então argumenta que a iniciativa

é intolerante porque não há nada, nas 504 páginas do livro, que possa ser considerado uma invasão de privacidade em se tratando de uma personalidade pública — cuja privacidade, obviamente, é mais restrita do que a de um cidadão comum. É intolerante porque o rei não se contentou em retirar do livro trechos supostamente ofensivos. Não, ele quis censurar o livro todo, todas as 504 páginas, todos os quinze capítulos, tudo. E, por fim, é uma iniciativa burra porque alguém com uma carreira artística há quarenta anos, e um sucesso inigualável, deveria ter ao menos uma noção da relevância da liberdade de expressão — a sua, a dos outros, a de todos.

A ideia da possível incineração de *Roberto Carlos em detalhes* fez com que muitos se lembrassem também daquela aterradora sociedade futurista imaginada pelo escritor norte-americano Ray Bradbury no clássico *Fahrenheit 451*, que em 1966 foi adaptado para o cinema por François Truffaut no filme homônimo. A narrativa se passa em um país fictício, onde a literatura é vista como um mal e os livros são proibidos. A população vive absorvida pela televisão e movida a comprimidos. Ali os bombeiros não apagam fogo, mas incendeiam livros e as casas daqueles que os possuem. O título, *Fahrenheit 451*, é uma referência à temperatura em que os livros são queimados. Alguns personagens, contudo, decidem decorar na íntegra seus livros prediletos. Quando alguém deseja conhecer, por exemplo, *A divina comédia*, de Dante, dirige-se àquele que o havia decorado e ouve trechos ou mesmo a narrativa inteira. Assim, grandes obras da literatura universal permanecem vivas mesmo depois de queimadas.

O primeiro a fazer referência a *Fahrenheit 451* foi o jornalista Jotabê Medeiros, de *O Estado de S. Paulo*, naquela fase em que muitos ainda tentavam convencer Roberto Carlos a desistir do processo, publicando mensagens diretas a ele.

> Eu te peço, invocando o seu fabuloso songbook de mais de seiscentas composições: Roberto, pare agora! Deixe o livro seguir seu caminho. Não deixe que um ou outro erro, ou uma mágoa pessoal, emperre nossa capacidade de historiar nossos mitos, nossos heróis, nossos criadores. Passe numa locadora, pegue o filme *Fahrenheit 451*, de François Truffaut, e veja o absurdo que pode ser um mundo que tenta banir livros, quaisquer que sejam.

Referências à destruição de livros pela Inquisição da Igreja Católica e pelo regime nazista também foram frequentes nessa fase, o que se verifica nos próprios títulos de alguns dos artigos publicados, como "Roberto Carlos, o inquisidor" e "Volta à Idade Média". Em artigo publicado em *O Globo*, o jornalista Geneton Moraes Neto afirmou que "a visão de livros incinerados ou triturados é digna da era nazista" e que "Roberto Carlos manchou para sempre a própria biografia ao dar esta demonstração de absurda intolerância".

Naquele mês de maio de 2007, o Brasil recebeu a visita do papa Bento XVI, que fora prefeito da Congregação para a Doutrina da Fé, o ex-Santo Ofício, executor da Inquisição na Idade Média. O jornalista Gabriel Pinheiros aproveitou a oportunidade para ironicamente indagar se a atitude de Roberto Carlos contra a biografia tinha alguma relação com isso. "Os livros devem ser queimados numa imensa fogueira digna de comover o Santo Ofício nos seus piores tempos. Terá sido este o objetivo da pia e católica alma do rei? Agradar ao visitante papa Bento xvi, ex-gestor de tão piedoso órgão?". Ele completava: "Nem a Igreja, meu Rei. Até o papa — não este, o outro — já pediu perdão pela intolerância da Santa Madre em eventos como as Cruzadas e a Inquisição".

Marcelo Tas, que na fase inicial da polêmica fizera um apelo para Roberto ler o livro e desistir do processo, voltou a comentar o assunto, agora lamentando a iminente destruição física de exemplares da obra: "O Rei resolveu partir para a ignorância [...]. É algo que um artista da importância de Roberto Carlos, a esta altura do campeonato, não merecia fazer com os seus fãs. Não merecia fazer com o Brasil, que sempre o aplaudiu". Opinião compartilhada pelo escritor Fernando Morais: "É lamentável que um sujeito como Roberto Carlos, que tem uma bonita carreira artística, deixe uma mancha dessas em sua história".

Por tudo isso, o jornalista Ancelmo Gois disse em sua coluna no *Globo* que "o rei, cuja música faz tanto bem à alma de multidões de brasileiros, é imbatível para o 'Troféu tiro no pé 2007'. Ao censurar um livro que só lhe faz elogios, Roberto macula sua biografia. É pena".

Além do escritor Paulo Coelho, vários outros artistas — cantores, compositores, atores, apresentadores — se manifestaram sobre o caso. Ao sermos apresentados num encontro no centro de Paraty, durante a Flip, o cantor Lobão afirmou, provocativo: "É uma honra conhecer outro injustiçado" — numa referência aos seus próprios embates com a Justiça e as gravadoras.

Dessa vez Caetano Veloso não foi o primeiro a falar, mas em entrevista à *Folha de S.Paulo* também se opôs à atitude de Roberto Carlos. "Não gosto da decisão, o livro deveria estar sendo vendido livremente. Vão queimar os livros? Se ainda fosse uma coisa caluniosa e ofensiva e que causasse danos objetivos... Sou contra." O jornalista então perguntou o que ele faria se estivesse no lugar de Roberto Carlos: "Faria o que Mick Jagger fez", respondeu.

Caetano se referia à postura sóbria do líder dos Rolling Stones diante do livro *Jagger: Não autorizado*, do jornalista Christopher Andersen. Publicada no início dos anos 1990, a biografia relata, entre outras coisas, que Jagger teria tidos relações homossexuais com colegas, como o cantor David Bowie, o guitarrista Eric Clapton e o bailarino Rudolf Nureyev. Nem Mick Jagger nem nenhum dos citados no livro se deu ao trabalho de procurar a imprensa ou a Justiça para reclamar de invasão de privacidade ou mesmo para desmentir as informações do autor. Na opinião de Caetano, pelo menos a referência a Eric Clapton parece despropositada. "Sobre os demais, todo mundo sabe que no início da carreira não é impossível que tenha acontecido a transa, mas com Eric Clapton?! E Jagger não chiou." Caetano Veloso então aponta o contraste entre a biografia não autorizada e a de Roberto Carlos. "Não acho que no livro tenha havido um desrespeito, é favorável ao Roberto."

Opinião semelhante foi manifestada pela cantora Marisa Monte. Em entrevista ao jornal *O Globo*, ela disse que leu *Roberto Carlos em detalhes* e achou o livro "carinhoso com ele". Porém, admite que também não gostaria de ser alvo de uma biografia não autorizada. "Mas talvez eu não fizesse alarde. Daria uma de rainha da Inglaterra. Se o Roberto não tivesse falado muito, não teria gerado tanta atenção."

Em posição radicalmente oposta à da realeza britânica, nossa rainha Maria Bethânia fechou mais uma vez com o rei Roberto Carlos, e provavelmente também sem ler a biografia que escrevi. "Artistas como eu e Roberto sempre preservamos a vida pessoal. Para quê? Para um sujeito escrever um livro de fofocas? Roberto fez muito bem em vetar o livro, eu faria o mesmo." Opinião compartilhada por um súdito deles, o cantor e compositor Jorge Vercillo. "Apoio o Roberto, sim. Ele tem o direito de proibir. O que o rei vende é música, não a vida dele. O artista é um ser humano e sua vida pessoal não é do público, só sua obra. É um abuso, uma intromissão muito grande. O mundo está mudando muito rápido, mas os valores precisam ser mantidos."

Fazendo coro a esse discurso, o cantor Zezé Di Camargo também ficou contra *Roberto Carlos em detalhes*. "É um livro com fins comerciais. Se o dono da biografia não permite, é justo o direito de proibir. É a vida dele e não se sabe se o que está ali é verdade ou não. Biografia para mim só deve existir devidamente autorizada." E, de fato, não permitiu que fosse publicada uma biografia da dupla Zezé Di Camargo & Luciano que estava sendo escrita por um jornalista goiano. Seus advogados recorreram à Justiça de Goiás e conseguiram embargar o lançamento da obra. "Se existe uma biografia não autorizada, você tem o direito de proibir. Não se trata de lei da mordaça, é vida privada", justificou o cantor sertanejo.

O cantor, compositor e ex-Titãs Nando Reis foi comedido ao opinar sobre a proibição do livro. "Achei aquilo meio bobo… sei lá. Mas cada um faz o que quer e paga o preço. Não posso julgar o Roberto. Não li o livro, mas parece que é uma pesquisa séria. Por outro lado, fala da vida dele e ele tem o direito de se incomodar com isso." De uma geração anterior à de Nando Reis, o cantor Ney Matogrosso manifestou opinião mais enfática. "Sou a favor da liberdade. Roberto não deveria se preocupar com essas coisas." Bem a seu estilo irreverente, Rita Lee cutucou o biografado numa entrevista a *Rolling Stone*: "Roberto é muito mimadinho, cheio de 'não me toques', às vezes dá vontade de dar um 'tapão' na orelha dele".

Integrante do MPB4, grupo vocal combativo na época do regime militar, o cantor Aquiles Reis se manifestou sobre a polêmica em um artigo em que afirma que meu trabalho "despiu o rei. Tirou-lhe a pele, deixou-o em carne viva e serviu-nos como banquete. Ávido, devorei cada página do volumoso livro como se ela fosse um naco de alma real". Ele conclui:

> Por isso creio, que o rei está coberto de razão ao buscar na Justiça a reparação a que acredita ter direito. Ninguém pode condenar um homem por defender sua liberdade e se proteger da curiosidade alheia. Eles, seus sentimentos, são sua posse exclusiva. Esconde-os e os abre quando quiser e para quem bem entender.

Embora com formação, trajetórias e histórias diferentes, os cantores Jards Macalé e Zeca Pagodinho manifestaram opinião semelhante sobre a proibição do livro. "Roberto tem direito à vida dele", respondeu Macalé. "Quem sabe de Roberto é ele mesmo", disse Pagodinho. A cantora Daniela Mercury preferiu não opinar sobre esse caso. "Nada de polêmica, por favor", respondeu a um repórter. Já a apresentadora Hebe Camargo — uma das grandes amigas de Roberto e que, nos últimos anos de vida, até revelou o desejo de namorá-lo —, encarou o assunto. "O que você achou da censura do rei ao livro de Paulo Cesar de Araújo?", perguntou-lhe o jornal *O Globo*. "Foi uma bobaginha dele. A vida de Roberto todo mundo conhece. O rapaz é louco por ele. Quando eu conseguir namorar o Roberto, vou dar uns conselhinhos para ele." O repórter perguntou então se ela tinha lido o livro. "Ganhei dois, mas não li. Roberto proibiu, não quero agredi-lo", ponderou Hebe Camargo.

Esse receio da apresentadora não foi compartilhado pelo ator José de Abreu. Em março de 2009, o colunista social Leo Dias mostrou em sua página no jornal *Extra* uma foto do ator lendo *Roberto Carlos em detalhes* nos bastidores da TV Globo. Abaixo da fotografia, que o mostrava de livro nas mãos e vestido como seu personagem, o sacerdote Pandit, da novela *Caminho das Índias*, o colunista advertia com ironia:

> Por favor, não deixem Roberto Carlos ler esta coluna hoje. O cantor não vai gostar de ver que José de Abreu aproveitou um intervalo nas gravações de *Caminho das Índias* para conferir sua biografia proibida (por ele!). Mas pela cara do ator, o livro está agradando…

Um dos artistas mais visados pela imprensa para falar do episódio foi o Tremendão, Erasmo Carlos. Como parceiro de Roberto Carlos há cinquenta anos, ninguém melhor do que Erasmo para decifrar os mistérios da alma de seu amigo de fé, irmão, camarada. Ocorre que há entre eles uma espécie de pacto pela individualidade do outro. Erasmo não se intromete na vida pessoal ou na carreira artística de Roberto; este, por sua vez, também não se intromete em nada que Erasmo Carlos faz. Roberto e Erasmo são cada um na sua e cada qual no seu trabalho. A parceria só existe no momento de compor uma canção. Os encontros pessoais se dão também basicamente nesse momento. Assim, a dupla Roberto e Erasmo tem evitado possíveis zonas de atrito. Se amanhã, por exemplo, Roberto anunciar que pretende abandonar a carreira artística e se tornar padre, Erasmo não vai fazer nada para impedi-lo. Porém, se ele pedir um conselho, aí sim Erasmo diz o que pensa sobre a sua decisão. Aquela frase da música "Amigo", "Você que me diz as verdades com frases abertas", só existe quando Roberto quer ouvir a opinião do parceiro.

Por tudo isso, Erasmo costuma ficar incomodado quando as pessoas insistem em perguntar coisas que dizem respeito apenas ao outro. Erasmo repete muito uma frase em momentos assim: "Eu não sei da vida de Roberto Carlos. Nem da vida de meus filhos eu sei direito".

Isso ficou mais uma vez evidente no episódio da proibição da biografia. O Tremendão estava divulgando o álbum *Erasmo Carlos convida II* e concedeu entrevistas a vários órgãos de imprensa. Ele queria falar apenas do novo trabalho ou do livro que estava escrevendo, *Minha fama de mau*. Entretanto, de quase todos os jornalistas Erasmo ouviu uma mesma e indefectível pergunta: o que achou da decisão do parceiro proibir a biografia? Ao *Jornal do Brasil* ele respondeu: "Se ele proibiu, deve ter tido algum motivo forte. O que se passa dentro dele eu não sei, só ele sabe". No dia seguinte, a mesma pergunta lhe foi feita pelo *Jornal da Tarde*. "Eu não li esta biografia, pois não quis me influenciar para o meu livro. Aliás, não li nenhum livro sobre o período e nem gosto de ler em geral", respondeu o Tremendão. O repórter insistiu: "Mas você que conhece Roberto tão bem deve ter uma ideia do porquê ele teve essa reação de tirar o livro de circulação". Talvez já cansado de falar do assunto, Erasmo retrucou: "Eu cuido da minha vida. Estou lançando um disco, escrevendo um livro, fazendo shows. Como é que eu vou saber o que passa na cabeça de Roberto? Não estou preocupado com o livro dele. Estou preocupado com a minha vida".

A coluna de Mônica Bergamo na *Folha de S.Paulo* foi ouvir também a opinião de uma das autoridades da República, o ministro da Cultura Gilberto Gil, que ocupava aquele cargo desde o início do governo Lula, em 2003. Era mesmo uma voz necessária, já que se tratava de polêmica que envolvia uma obra literária. Gilberto Gil, porém, não pareceu muito à vontade para comentar a atitude de Roberto Carlos. "É uma questão particular, pessoal dele. Não cabe ao ministro da Cultura opinar", respondeu, e em seguida complementou:

> De qualquer forma, tudo isso está ligado à questão, enfim, da invasão de privacidade. Eu acho em princípio complicada essa questão de biografias não autorizadas. A não autorização cria espaço para os conflitos. Não vejo por que não produzem biografias autorizadas. Deveriam ter consultado o Roberto. Se ele, o autor, tivesse consultado o Roberto, essas coisas teriam sido evitadas. Por outro lado, é direito das pessoas falarem da vida dos outros — ressalvado o direito do que as pessoas consideram o seu espaço privado. Não é simples.

Gilberto Gil parecia desinformado sobre o caso, pois tomou como verdade a versão de que eu não teria procurado Roberto Carlos. Mas o ministro falou também por si mesmo, pois naquela época o jornalista Tom Cardoso estava com o projeto de escrever a biografia de Gilberto Gil pela mesma editora Planeta que publicou *Roberto Carlos em detalhes*. Portanto, o recado que o ministro passou era também endereçado ao seu possível biógrafo não autorizado. "Mas a decisão não pode abrir um precedente para a censura?", perguntou a colunista na mesma entrevista. "Não sei", respondeu Gil, complementando. "A questão foi examinada pela Justiça, não é? Dentro das leis e dos direitos democráticos. Dentro da Constituição. O autor está reivindicando direitos. O Roberto está reivindicando direitos. E a Justiça está aí, mediando essas demandas. A Justiça tem os elementos adequados para isso."

A resposta do ministro da Cultura deixou Roberto Carlos mais aliviado e feliz. Segundo informou dias depois a mesma coluna,

> Roberto é só elogios ao ministro Gilberto Gil, uma das raras personalidades a remar contra a maré e declarar publicamente que considera legítimo o fato de o cantor ter recorrido à Justiça para questionar a divulgação de sua biografia não autorizada.

A gratidão dele foi manifestada publicamente ao convidar Gilberto Gil para cantar no seu especial da TV Globo, no fim daquele ano. Antes, em junho, ele também mandara convidar o ministro para assistir ao seu show no Canecão.

O fato de o então chefe da pasta da Cultura ir prestigiar um artista que naquele momento proibia uma obra literária foi alvo de várias críticas. Marcelo Madureira, por exemplo, integrante do *Casseta & Planeta*, foi duro com Gil. "Ir ao camarim do Roberto Carlos para cumprimentá-lo e tirar foto? O Gilberto Gil, o ministro da Cultura?! Isso é inominável! Isso é imperdoável!" No camarim desse show no Canecão deu-se a reaproximação de Gil com Roberto Carlos. Os dois se conheceram na época dos festivais da TV Record e estabeleceram amizade num encontro que tiveram em Londres, em 1969, quando Gil estava exilado com Caetano. Porém, nos anos 1980, após Roberto ter recusado gravar "Se eu quiser falar com Deus", que Gil fizera especialmente para ele, houve um crescente distanciamento entre os dois. "Roberto ficou chateado com alguma coisa que eu disse sobre a recusa dele e ficamos afastados esses anos todos. Só agora voltamos a nos falar", disse Gil em referência ao reencontro no camarim do Canecão.

Aquele show de Roberto Carlos, em junho de 2007, foi cercado de grande expectativa, pois seria sua primeira apresentação no Brasil após a polêmica proibição e apreensão da biografia. Era também o retorno de Roberto Carlos ao Canecão depois de quinze anos afastado da casa que o projetou como grande artista de palco, e não apenas do disco e da TV. Foi ali, em 1970, que ele estreou acompanhado de grande orquestra no show *A 200 km por hora*. Seguiram-se outras temporadas de sucesso, como o show *Além da velocidade*, em 1973, o show *Roberto Carlos*, em 1978, e o show *Detalhes*, em 1987. Sua última apresentação no Canecão ocorrera em fevereiro de 1992, com o show *Coração*. Surgiram então outros espaços para shows no Rio de Janeiro, especialmente o Metropolitan, na Barra da Tijuca, atual Citibank Hall. Com capacidade cinco vezes maior que o Canecão, era mais rentável para Roberto Carlos apresentar-se ali.

Outro fator que contribuiu para seu longo afastamento do Canecão foi um episódio com o proprietário Mario Priolli. Em 1996, a UFRJ, que é a dona do prédio do Canecão, pediu o imóvel de volta sob o argumento de que o contrato de locação expirara naquele ano. Mario Priolli então se mobilizou para renovar o contrato e preservar sua casa de show. Ele teve o apoio do pesquisador Ricardo Cravo Albin, que organizou um abaixo-assinado pelo tombamento do Canecão como patrimônio cultural do estado do Rio de Janeiro. Foram signatários do documento vários artistas e personalidades cariocas, entre os quais Chico Buarque, Oscar Niemeyer, a atriz Bibi Ferreira e o cartunista Jaguar. Faltava, porém, a assinatura do astro maior do Canecão: Roberto Carlos. Mas o cantor tinha ojeriza a assinar qualquer manifesto e se recusou a colocar seu nome no documento. Isso magoou Mario Priolli, que a partir daí quis também distância de Roberto Carlos. Assim, por longos quinze anos, o público carioca só pôde ver o cantor no Citibank Hall ou em outras casas de espetáculos, como o Imperator, no Méier, ou o Rio Sampa, na Baixada Fluminense.

Entretanto, em 2007, quando o Canecão comemorava quarenta anos de existência, Roberto Carlos sentiu vontade de se apresentar novamente ali. No momento em que era alvo de duras críticas, imerso na maior polêmica de sua carreira, ele talvez ficasse mais seguro cantando naquele palco que já conhecia tão bem. Mario Priolli já tinha digerido o ressentimento e foi tudo acertado como nos velhos tempos. A data escolhida para a estreia do show foi terça-feira, 12 de junho, Dia nos Namorados.

Às vésperas do espetáculo, vários jornalistas me procuraram para saber se eu iria comparecer à reestreia de Roberto Carlos no Canecão. A todos eu dei a mesma resposta: não, porque não tinha sido convidado e, além disso, naquela terça-feira à noite estaria trabalhando em sala de aula, pois leciono no horário noturno. "E nos outros dias de show, em fins de semana, você pretende ir?", insistiam alguns jornalistas. Eu dava a resposta definitiva: enquanto o meu livro estiver proibido, não irei aplaudir Roberto Carlos num palco.

Aquele talvez tenha sido o show em que a produção mais distribuiu convites desde a primeira temporada na casa, em 1970. O objetivo era atrair ao Canecão o maior número de personalidades possível, para demonstrar que o cantor continuava com seu prestígio inabalado. A localização do Canecão favorecia a presença deles, que frequentam mais os espaços da zona sul carioca que os da zona oeste, onde se localiza o Citibank Hall. Autoridades públicas, estrelas da TV Globo, cantores, esportistas e modelos ganharam convites. A ideia era colocá-los todos nas mesas próximas ao palco, quase aos pés de Roberto Carlos.

O cantor pediu que fosse convidado, inclusive, Nelson Motta, que escrevera dois artigos na *Folha de S.Paulo* em defesa da biografia *Roberto Carlos em detalhes*. Por isso mesmo, um de seus assessores mais próximos tentou convencê-lo a não incluir o autor de *Noites tropicais* na lista: "Você vai convidar para seu show esse cara que ficou contra você na questão do livro?". Roberto, porém, retrucou: "Faço questão de convidar. Ele é meu amigo, uma pessoa que respeito e foi sempre respeitosa comigo; ele não ficou contra mim, apenas teve uma opinião diferente da minha". O próprio Nelson Motta admite: "Recebi, não nego, com alguma surpresa este convite" — e foi conferir o retorno de Roberto Carlos ao Canecão.

Houve quem não aceitasse o convite em protesto contra a proibição do livro. Caso, por exemplo, do Casseta Marcelo Madureira: "A minha mulher disse: 'Ah, o show do Roberto!'. Falei: 'Eu não vou'. É um ato político". Mas muitos outros contratados da TV Globo marcaram presença.

O convidado mais ilustre daquela noite, contudo, foi mesmo o então ministro da Cultura, Gilberto Gil, que não economizou elogios ao rei. "Eu amo esse homem. Sempre perto, sempre certo, Roberto. Eu me interesso pela sua aura, magia e seus calhambeques e cadillacs vermelhos." Gil assistiu ao show de uma mesa na qual também estavam Nelson Motta, Lenine e Zeca Pagodinho —, a Tropicália, o samba e a MPB juntos prestigiando o rei Roberto Carlos.

O cantor abriu o show com "Emoções", composição de 1981 feita exatamente em homenagem ao Canecão: "Quando eu estou aqui/ Eu vivo este momento lindo". Entre uma fala e outra, Roberto Carlos até fez graça com a sua implicância com a cor marrom, que predominava na decoração da casa. "Não cantava aqui há bastante tempo e pelo visto acharam que eu não ia voltar mais, porque pintaram tudo de marrom", disse, arrancando sorrisos e aplausos da plateia. Mas o artista surpreendeu ao também brincar com a proibição de

Roberto Carlos em detalhes. "O dia em que eu escrever o meu livro, a minha biografia..." — depois de uma breve pausa, acrescentou com um sorriso maroto — "isso se eu autorizar a mim mesmo, né?". A plateia deu uma sonora gargalhada e ele então disse, ainda sorrindo: "É apenas uma brincadeira, não podia perder essa bola quicando".

Era início de madrugada quando o show terminou. Enquanto todos da mesa de Gilberto Gil se levantaram para ir ao camarim cumprimentar Roberto Carlos, Nelson Motta se preparou para deixar o Canecão. Não estava seguro de que seria bem recebido pelo artista. Porém, alguém da produção disse que era para ele também ser conduzido até o camarim. "Fui meio cabreiro, pronto para dar explicações sobre o que havia escrito sobre o livro, preocupado com algum mal-entendido, que Roberto tivesse ficado aborrecido comigo, apesar do imenso amor e respeito com que o havia tratado." Para sua alegria, porém, Roberto Carlos o recebeu de braços abertos, deu-lhe um beijo no rosto e falou alto para todos ouvirem: "Vieram me fazer uma fofoca, que eu não deveria receber o Nelson Motta aqui, mas esse eu recebo porque é meu amigo". Aliviado e feliz, Motta abraçou Roberto Carlos e lhe disse baixinho: "Eu só escrevi aquilo para proteger você de você mesmo". Ouviu, então, do cantor uma promessa: "Um dia eu te conto por que fiz aquilo; você vai entender".

A expectativa da produção de Roberto Carlos era que os jornais do dia seguinte destacassem apenas os aspectos mais diretamente relacionados ao show, como o repertório selecionado, o retorno ao Canecão, as celebridades que foram aplaudi-lo — dando um tempo no aborrecido assunto da biografia não autorizada. Entretanto, para a grande imprensa o assunto daquele show ainda foi a polêmica sobre *Roberto Carlos em detalhes*. O jornal *O Globo*, por exemplo, inicia seu texto afirmando: "Em noite cercada de expectativa — era o primeiro show no Rio após o desgaste provocado pela disputa judicial com o autor de sua biografia não autorizada [...]". Da mesma forma, a reportagem da *Folha de S.Paulo* começa com a informação de que "antes do show, fãs se queixavam da vitória do ídolo na luta para suspender as vendas da biografia *Roberto Carlos em detalhes*, de Paulo Cesar de Araújo". O jornal *Extra* também disse que "quem leu *Roberto Carlos em detalhes* não pôde deixar de notar uma certa semelhança das frases do rei com o conteúdo do livro". E o colunista Bruno Astuto, de *O Dia*, informou que "como prometeu, o autor Paulo Cesar de Araújo, que se confessa fã do rei, não apareceu".

O dado positivo para Roberto Carlos foi a imagem que ilustrava algumas daquelas reportagens: a atriz Camila Pitanga, ao pé do palco, sorrindo e lhe estendendo a mão para pegar uma flor no final do show. Fazendo grande sucesso com a personagem Bebel da novela *Paraíso Tropical*, de Gilberto Braga, a atriz foi ao Canecão acompanhada do marido, da sogra e da avó Maria Helena, a quem ofereceu a rosa que recebeu do cantor. "Estou realizando um sonho da minha avó. Tudo está sendo mágico e perfeito para ela, que sempre foi fã do Roberto, mas nunca teve a oportunidade de vê-lo de perto. Esse dia é dela", disse a atriz.

De todas as celebridades presentes ao Canecão naquela noite, ela foi a única que se misturou aos fãs para participar do ritual das rosas que encerra os shows do artista. Publicada em jornais e revistas, a imagem reforçava o prestígio de Roberto Carlos em um momento em que ele enfrentava forte bombardeio de críticas. No fim daquele ano, além de Gilberto Gil, a atriz Camila Pitanga também foi convidada para participar do especial de Roberto Carlos na TV Globo. Embora ela não seja cantora, como os demais convidados, ensaiou com ele a canção "Como é grande o meu amor por você", que cantaram juntos no palco do Arena Multiuso, em Jacarepaguá.

A palavra não ficou apenas com o ministro da Cultura Gilberto Gil. Outros representantes de instituições ligadas ao setor cultural ou de imprensa também foram instados a se manifestar sobre a polêmica proibição do livro. Caso, por exemplo, do acadêmico Marcos Vilaça, então presidente da Academia Brasileira de Letras. Vilaça disse que por princípio a Academia é contra a censura. "Mas se Roberto Carlos se sentiu agredido moralmente é a Justiça que decide se o livro deve ser recolhido ou não. Aí é uma outra questão, já não se trata de censura. Porque o sujeito não pode ter liberdade para agredir." Parecendo mais bem informado sobre o caso, o sociólogo Muniz Sodré, presidente da Fundação Biblioteca Nacional, viu com outros olhos a censura a *Roberto Carlos em detalhes*. "Isso é um retrocesso na história das liberdades civis. A legislação preventiva de calúnia, injúria e difamação está para ser invocada, em caso de necessidade. Agora, proibir o ponto de vista do outro sobre si mesmo é desconhecer que cultura implica esse ponto de vista alheio, que o reconhecimento de si mesmo passa necessariamente pelo outro."

Posição semelhante foi manifestada por Paulo Rocco, que presidia o Sindicato Nacional dos Editores de Livros (SNEL), e debateu o tema em uma reunião da entidade. "Embora não tenha lido o livro, tenho a impressão de que ele não atenta à moral ou à conduta de Roberto Carlos", disse, afirmando ainda que "quando nos tornamos pessoas públicas, é quase impossível manter a privacidade". Maurício Azêdo, presidente da Associação Brasileira de Imprensa (ABI), foi ainda mais enfático ao comentar a proibição da biografia. "Isso é violência à liberdade de expressão. É lamentável que em um país democrático alguém se ache rei e ponha suas vontades antes da Constituição". Por sua vez, o imortal Carlos Heitor Cony alertou que, a prevalecer o critério da absoluta privacidade reclamada por Roberto Carlos, "se houver um descendente de Antônio Conselheiro ainda em atividade, ele poderá pedir que se recolham todos os exemplares de *Os sertões*".

Ao longo daquele período, houve também várias críticas à editora Planeta por ela ter abandonado a luta quando ainda era possível recorrer a outras instâncias jurídicas. O jornalista Xico Sá, por exemplo, comentou de forma irônica.

> Poxa, que papelão o da editora Planeta [...]. Assim como as balzacas e tiazinhas do Fórum da Barra Funda, que ficaram em brasa, mora, diante da presença de Sua Majestade, os representantes da renomada casa impressora espanhola também coraram suas faces e cederam tudo diante do filho de Lady Laura.

Após citar as exigências obtidas por Roberto Carlos no acordo, Xico Sá concluiu afirmando que "só resta aos editores da Planeta cantarem aquela canção que diz mais ou menos assim: 'Por que me arrasto aos seus pés/ Por que me dou tanto assim/ E por que não peço em troca/ Nada de volta pra mim?'"

Outra dura crítica veio do colunista André Petry, da *Veja*, que reclamou da "covardia da editora Planeta, que deveria ter insistido para fazer soar sua sílaba". O blogueiro Vinicius Antunes até propôs uma forma de protesto. "Nunca mais compro qualquer livro da editora Planeta. Gostaria que os demais consumidores fizessem o mesmo e que aquela espelunca vá à falência. "Ele justificou que achou absurdo a editora entregar 10 mil livros para serem destruídos. "Nem vou dizer que são nazistas, pois mesmo para a tirania é preciso coragem. Eles contribuem pela omissão, ou pelo menos, pela ação de molhar as calças."

Ironias, críticas e cobranças como essas surgiam a cada dia na mídia, provocando desgaste na imagem da editora, que funcionava havia apenas cinco anos no Brasil. A direção da Planeta convenceu-se de que era preciso fazer algo, dar alguma satisfação à opinião pública. A missão coube à advogada da empresa, que não pôde se manter naquele propósito de "olhar sempre pra frente e apagar o que passou". Ela preparou um documento no qual procurou justificar o porquê de a editora ter celebrado o acordo com Roberto Carlos.

Divulgado na segunda semana de maio, o documento culpava o Judiciário pelo desfecho do caso. A advogada afirmava que nessa briga judicial "ambas as partes estavam amparadas por garantias constitucionais", mas que "a Justiça brasileira, diferentemente da Justiça norte-americana, não privilegia a liberdade de expressão". A decisão do juiz Maurício Chaves de Souza Lima, da 20ª Vara Cível do Rio, que, em fevereiro, concedera liminar proibindo *Roberto Carlos em detalhes*, seria uma prova disso. "Nessa decisão, o juiz da causa já demonstrava que o processo estava perdido para a editora", argumentou Rosa Bicker. Ela lembra que entrou com recurso pedindo a imediata suspensão da ordem de proibição, mas que o relator do processo, Pedro Raguenet, indeferiu o seu pedido. Diz também que foi feita ampla pesquisa de jurisprudência nos nossos tribunais e "apurou-se que a balança pendia para a prevalência do direito de intimidade sobre o direito de liberdade de expressão".

A advogada diz que mesmo com toda essa situação desfavorável a editora estava disposta a brigar até o fim pelo livro. "A gota d'água ocorreu naquela tarde fatídica de 27 de abril, perante a Justiça criminal", afirmou ela, citando a postura parcial do juiz e dos promotores presentes na audiência.

> Nessa ocasião o autor e os representantes da editora foram diversas vezes advertidos dos riscos que corriam. O juiz chegou a dizer que fecharia a editora na segunda-feira seguinte, caso o diretor-geral, que sequer havia sido citado para aquela audiência, não comparecesse. Os promotores enfatizaram os riscos de carregarem um processo criminal nas costas.

Rosa Bicker então afirma que "após mais de cinco horas de debates e, percebendo a editora que o seu futuro já estava selado, achou que um acordo seria a única salvação". E concluiu o documento afirmando que "nós, defensores do autor e da editora Planeta amargamos, juntamente com todos os brasileiros defensores da liberdade, profunda frustração".

A explicação da advogada não convenceu a todos. O escritor Eduardo Bueno, por exemplo, questionou: "O fato de a editora Planeta ser um conglomerado internacional deveria ter contado na hora da decisão. Não é uma acusação, mas uma indagação. Por que a Planeta não fez um barulho maior?". O advogado, jurista e ex-deputado Marcelo Cerqueira também reclamou: "A editora Planeta portou-se muito mal. Ela deveria ter ficado do lado do seu editado". Cerqueira argumentou que se os fatos que o livro narra da vida pessoal do artista já eram públicos, não houve violação da sua privacidade. "Do ponto de vista da prova, do advogado do autor, era uma prova fácil de fazer. A prova está pré-constituída. Não sei por que a editora aceitou aquela imposição do juiz."

Parece que quem mais gostou da postura e das explicações da advogada da Planeta foram os advogados de Roberto Carlos. Ao comentar o texto dela, Marco Antônio Campos disse que "concordou com a maior parte do que foi dito pela colega representante da parte adversa. Aliás, seu comportamento em todo o decorrer do processo e, agora, nas manifestações posteriores, tem sido de alto nível e absolutamente digno de elogios".

Um dos principais personagens da polêmica proibição de *Roberto Carlos em detalhes* foi o juiz paulista Tércio Pires, também cantor-compositor Thé Lopes. "Não é todos os dias, nem todas as semanas, nem todos os meses, nem todos os anos, nem todas as décadas que um juiz criminal lança um CD. E um CD que demonstra puro dom musical", dizia o release do disco *Pra te ver voar*, gravado pelo juiz em 2003. O texto, distribuído à imprensa na época, afirma ainda que "a obra desse cantor, compositor, músico e arranjador está entre aquilo que de melhor chega às lojas nesse final de ano". Considerando-se que na época as lojas receberam lançamentos de artistas como Roberto Carlos, Zé Ramalho e Ana Carolina, vê-se que não faltavam bons concorrentes ao juiz-cantor.

O release afirma também que

o talento musical de Thé Lopes brotou aos dezessete anos de idade quando ele ganhou o Festival Juvenil de Melhor Intérprete com uma canção de sua autoria chamada "De onde vens". O talento musical da juventude perdurou em sua emoção, se tornou também talento de juiz, e agora, 21 anos e sessenta composições depois, o talento explode para todo mundo ouvir.

Com as onze faixas de sua própria autoria, o disco trazia canções como "Flecha-de-sol", "Pedras", "Oração materna" e "Divina emoção" — provável influência de Roberto Carlos. No texto, o juiz explicou o processo de criação do repertório do CD. "Coloquei no liquidificador todas as minhas influências musicais, Ivan Lins, Milton Nascimento, Tom Jobim, Chico Buarque, Toquinho, Gonzaguinha e Beto Guedes. O resultado é a mistura da mais fina MPB", gabou-se.

Titular do 20º Fórum Criminal da Barra Funda, àquela altura com quase vinte anos de magistratura e outros tantos como cantor-compositor, Tércio Pires nunca antes havia atraído a atenção de tantos críticos como depois de presidir a audiência que resultou na proibição e apreensão de *Roberto Carlos em detalhes*.

O juiz procurou se explicar publicamente, dando a sua versão para algumas das atitudes que tomou ao longo daquelas cinco horas no 20º Fórum Criminal da Barra Funda, em São Paulo. Em entrevista ao *Jornal da Tarde*, afirmou que as fotos tiradas com Roberto Carlos foram iniciativa de uma funcionária do fórum e que ele posou ao lado do cantor porque foi convidado. "Estava um ambiente de pacificação, de tranquilidade. O Roberto disse: 'Vamos tirar fotos também'. Pensei em chamar o Paulo Cesar, mas ele estava emocionado", disse o juiz, acrescentando na mesma entrevista: "Tenho muito respeito pelo Paulo Cesar de Araújo e compreendo sua aflição".

Em depoimento à *Folha de S.Paulo*, Pires novamente usou a palavra "pacificação" ao explicar por que ofereceu seu CD ao final da audiência: "Aquilo foi uma forma de parabenizar pelo acordo, tanto que dei o CD a todas as partes". Ele só não usou a palavra "pacificação" ao justificar o motivo pelo qual, durante a audiência, advertiu que poderia mandar fechar a editora Planeta. O juiz disse que tomou essa atitude apenas para informar aos réus o que poderia acontecer caso eles não comparecessem à audiência. E explicou ao jornalista: "O que se poderia concluir? Que ele (o réu ausente) está de boa-fé? Não. Então isso poderia desencadear uma medida extrema. Eu poderia mandar proibir a rodagem dos livros. A Justiça não iria se prestar a manobras para que se continuasse vendendo a obra sem discussão da legalidade".

O que o juiz não explicou foi por que precisou fazer essa advertência se os réus estavam presentes na audiência — e no meu caso, mesmo sem ter sido oficialmente intimado.

11. A batalha na mídia

Como bom católico, o rei tinha obrigação de conhecer o mito da maçã no paraíso, e desconfiar que não só a fruta, mas também os livros ficam mais apetitosos quando interditados.

Zuenir Ventura

No início de janeiro de 2007, a assessoria de imprensa da editora Planeta foi procurada pelo jornalista Tom Phillips, correspondente no Brasil do jornal inglês *The Guardian*, que queria agendar uma entrevista comigo. Era a primeira indicação de que o caso começava a atrair a atenção da imprensa internacional. De fato, logo depois ele ganharia as páginas de jornais de países como Portugal, México, Chile, Argentina e Estados Unidos — neste último, em publicações mais direcionadas ao público hispânico, como os diários *New Times*, de Miami, e o *Hoy*, de Los Angeles. Uma das reportagens mais curiosas foi a do jornal argentino *Página 12*, que ocupou a capa de seu caderno de cultura com a colagem de mais de uma centena de fotos de Roberto Carlos abraçado a fãs e amigos. Na parte inferior do canto direito da capa, aparece a minha foto descolada das demais, sob o título da reportagem: "Un millón de amigos (menos uno)".

Mesmo depois de passado o auge da polêmica, o tema não caiu no esquecimento lá fora. Em janeiro de 2009, por exemplo, fui entrevistado pelo jornal francês *Le Monde*, que publicou a reportagem "Quand la loi brésilienne interdit les biographies non autorisées" [Quando a lei brasileira proíbe as biografias não autorizadas]. No ano seguinte, foi a vez de o repórter Larry Rohter, do *New York Times*, me ligar dos Estados Unidos para uma entrevista na qual também expliquei o processo de proibição do livro, fato citado na reportagem "Tour-worthy milestone for Brazil's pop king" [Efeméride digna de turnê para o rei do pop brasileiro], sobre a longa carreira de sucesso de Roberto Carlos. E, em 2013, fui entrevistado no Rio de Janeiro pela jornalista Loretta Chao, correspondente do *Wall Street Journal*.

A imprensa estrangeira também procurou ouvir o cantor sobre o caso, principalmente quando ele esteve em Miami para realizar dois shows no Carnival Center, em maio de 2007. Aquelas apresentações marcariam a retomada da carreira internacional de Roberto Carlos após quase dez anos sem cantar no exterior. A razão do afastamento foram os problemas pessoais decorrentes da doença e morte de sua esposa Maria Rita, que o deixaram mais recluso e sem força para enfrentar longas turnês. Porém agora ele sentia que era chegado o momento de pegar novamente a estrada fora do Brasil. O ponto de partida foram esses dois shows nos Estados Unidos, que resultariam no seu primeiro DVD em espanhol: *Roberto Carlos en vivo*.

Na antevéspera da estreia, 22 de maio, o cantor concedeu entrevista coletiva no Hotel Intercontinental, em Miami. Organizada pela gravadora Sony/BMG, a entrevista foi concorrida, com muitas TVs e jornais de fofocas do mundo das celebridades hispânicas, como *Escándalo*, Paparazzi TV e Mega TV, além de correspondentes da imprensa brasileira. O objetivo da gravadora era divulgar a volta de Roberto Carlos ao circuito internacional, também anunciando seus projetos para o exterior. Entretanto, o assunto que mais repercutiu naquela coletiva foi a proibição de sua biografia não autorizada. Antes do início da entrevista, os repórteres receberam da Sony/BMG um texto informativo sobre a carreira de Roberto Carlos. Chamou a atenção deles o fato de que aquele release oficial do artista listava entre as fontes consultadas o livro *Roberto Carlos em detalhes*, de Paulo Cesar de Araújo.

Um dos jornalistas quis então saber naquela coletiva: "Qué fue lo que tanto le molestó del libro?". Falando também em espanhol, Roberto Carlos respondeu: "Lo que más me molestó fue la invasión de privacidad. Porque la Constitución brasileña dice que existe una diferencia entre la libertad de expresión y la protección a la privacidad". Ele procurou argumentar que, no Brasil, o direito à privacidade prevaleceria sobre o direito à informação, se esta não é de interesse público — argumento, obviamente, parcial, pois julgou que o conteúdo do livro não trazia informações relevantes para a sociedade.

Naquele momento, todos ainda discutiam se o cantor iria mesmo queimar os exemplares apreendidos. Um outro jornalista então lhe perguntou: "Usted podría poner un punto final y esclarecer por vez que hará usted con los libros?". Roberto Carlos negou que pretendesse mandar a biografia para a fogueira. "Andan diciendo que yo iba a quemar los libros. Yo no sé de donde sacaron eso. Porque nunca pretendí quemar los libros. En realidad no sé exactamente que hacer porque quemar no pretendo. Creo que sería muy agresivo esto y no es de mi estilo cosas tan drásticas", disse o cantor, esquecendo-se que anos antes ele conseguira proibir o livro do seu ex-mordomo e os exemplares foram, sim, queimados nos fornos da prefeitura de São Paulo. Esquecendo-se, também, que foi seu próprio advogado quem confirmara, à *Folha de S.Paulo*, que a biografia poderia ter o mesmo fim.

Entre a declaração do advogado e essa entrevista do cantor em Miami haviam se passado dezoito dias e um caminhão de críticas sobre Roberto Carlos. É provável que ele tenha sido aconselhado a apresentar outro possível destino para a biografia apreendida. "Tenemos dos caminos en realidad. Guardar para siempre en un lugar o reciclarlos." Essa foi a principal novidade dita pelo artista na coletiva em Miami. "Estoy pensando si podrá haber una otra opción pero todavía no se exactamente. Pero no tengo prisa. Voy a pensar muy bien para hacer lo que sea mejor en todos los sentidos", complementou o cantor.

Para contrariedade da Sony/BMG, os jornalistas insistiam em fazer mais perguntas a respeito da biografia censurada. Um deles indagou sobre a supervalorização de *Roberto Carlos em detalhes* no mercado negro, e outro quis saber por que, em vez de proibir o livro por inteiro, ele não aceitou fazer a revisão de alguns trechos da obra. "Yo no concordé con esto porque esto sería realmente una censura", respondeu Roberto Carlos, acrescentando que a proibição e apreensão da biografia não foram censura, e sim proteção de sua privacidade.

Foi uma reação em cadeia. Assim que se confirmou a notícia da proibição de *Roberto Carlos em detalhes*, vários sites e blogs começaram a disponibilizar o texto na internet. De início, talvez pela pressa dos internautas, ele não estava na íntegra. Em um dos links, o arquivo baixado trazia apenas a capa da biografia e as suas primeiras 36 páginas. A maior parte do conteúdo daquele arquivo era, na verdade, de *O cortiço*, romance naturalista escrito pelo maranhense Aluísio Azevedo em 1890. Outros arquivos traziam trechos de *Roberto Carlos em detalhes* mesclados com teses sobre religião e ensaios sobre numerologia. Ou seja, falsos downloads. Isso, porém, já era indicativo de que o texto integral estava a caminho.

O jornalista Elio Gaspari escreveu um artigo em que dizia: "Roberto Carlos corre o risco de se transformar numa fracassada celebridade da história da censura". Ele citou um fracasso precedente, o da família de François Mitterrand, que havia conseguido da Justiça a proibição do livro *O grande segredo*, mas logo o livro caiu na internet e a proibição se tornou inócua. Além disso, lembra Gaspari, "o governo francês foi condenado pelo Tribunal Europeu de Direitos Humanos por ter banido o livro, que hoje está nas livrarias e na internet".

A expectativa do jornalista era que, a partir da reação dos internautas, isso também pudesse ocorrer com *Roberto Carlos em detalhes*.

Não demorou para que a versão integral do texto da biografia chegasse à rede. Na segunda semana de maio, ela já estava disponível em sites como o do Projeto Democratização da Leitura, biblioteca virtual e gratuita com um vasto acervo alimentado por centenas de colaboradores em todo o mundo. O site disponibilizou a biografia no formato PDF (com formato original da página do livro), acompanhado da mensagem "Viva a democracia!".

Na mesma semana, a íntegra do livro já podia também ser acessada no blog O Escriba, do jornalista Jorge Henrique Cordeiro.

Nunca fui fã do Roberto, tinha no máximo uma coletânea com a melhor fase dele. Mas depois que li o livro, fiquei fã. O cara é sensacional, tem coisas bem rock'n'roll na vida dele, e a biografia mostra que ele também errou, mas que é humano. Tem histórias belíssimas. Acho que a proibição é estúpida por parte do Roberto.

Nos dois sites, houve um monumental aumento de acessos. Segundo informou o colunista Lauro Jardim, da *Veja*, o blog O Escriba chegou a registrar de imediato quase 3 mil downloads da biografia. Antes disso, não registrava cem visitantes por dia. "Nesse ritmo, em mais algumas semanas o número de downloads será superior aos 11 mil exemplares recolhidos pelo rei", previu o colunista. Em mensagem no post de O Escriba, alguém perguntou se o dono do blog não tinha medo de ser processado por Roberto Carlos. "Não temo, não. Mete bronca, baixe, leia, compartilhe. Antes que a mão do Grande Irmão nos alcance e tire do ar o arquivo", respondeu Jorge Cordeiro, citando o clássico *1984*, de George Orwell.

Outro blog disponibilizou todos os quinze capítulos do livro, separados por categorias. O livro podia ser encontrado também no eMule, programa de compartilhamento de arquivos.

Algumas personalidades admitiram ter baixado a biografia de Roberto Carlos, como o jornalista Zuenir Ventura — "eu e a torcida do Flamengo", disse em sua coluna em *O Globo*. Ele justificou que "como bom católico, o rei tinha obrigação de conhecer o mito da maçã no paraíso, e desconfiar que não só a fruta, mas também os livros ficam mais apetitosos quando interditados". Zuenir se manifestou surpreso com a atitude do artista.

> Incrível que não tivessem dito a Roberto Carlos que sua história de vida, exemplar, não merecia ser manchada aos 66 anos. E, inutilmente, pois o que foi censurado está sendo escancarado. Faltou um súdito mais próximo lhe dizer com fraqueza: "Majestade, isso é uma soberana besteira!".

Quem também leu no computador foi o ministro da Cultura, Gilberto Gil — segundo ele próprio revelou em uma entrevista em maio de 2007: "Estou lendo o livro pela internet. Baixei no meu desktop. Li uns trechos até quando viajei para os Estados Unidos".

Bem, se até uma das autoridades do governo da República confessava estar lendo cópia pirata do livro proibido, quem não faria o mesmo? No Orkut foram criadas comunidades dedicadas a *Roberto Carlos em detalhes,* e os membros indicavam endereços onde seria possível baixar a obra. O conteúdo do livro começou a circular também através de e-mail. As pessoas recebiam cópias com mensagens do tipo: "O rei proibiu a sua biografia não autorizada, mas agora o texto é todo seu. Faça bom proveito dele e encaminhe para quem quiser".

Era um moderno movimento de desobediência civil. Ancelmo Gois observou em sua coluna em *O Globo* que Roberto Carlos "tem tomado o maior olé na internet", fato também destacado pelo jornalista Geneton Moraes Neto.

O juiz, o cantor & seus sócios se esqueceram de que, para o bem ou para o mal, a vida intelectual hoje não se apoia em bases físicas, mas virtuais. Quem quiser pode queimar papel à vontade. Pode mandar triturar caixas e caixas e caixas de livros. Como se dizia na pré-história, "debalde". Porque, hoje, textos existem virtualmente na internet.

Caetano Veloso também exultou. "Incomoda-me saber que estão recolhendo os livros, mas felizmente existe a internet e todo mundo pode ler."

Para Roberto Carlos, naquele momento a internet se revelou uma verdadeira força estranha, não apenas difícil de ser identificada, mas impossível de ser controlada e combatida. Mesmo que, por algum motivo, o livro fosse tirado da página hospedeira, sempre haveria uma ou duas dezenas de blogs com novas direções para baixar o arquivo, desfazendo ad infinitum a petrificada decisão judicial.

A proibição abriu também espaço para especulação em torno da venda do livro pela internet. No site de leilões Mercado Livre, por exemplo, ele chegava a custar três vezes mais que o valor original. Na Amazon.com, o preço de um exemplar usado era vendido a noventa dólares. Logo surgiram também anúncios particulares. "Esse livro agora vale uma fortuna! Quem comprou, comprou… Quem não comprou, não comprará nunca mais", anunciava um internauta. Outro mostrava a capa da biografia com a mensagem: "Raridade — livro retirado de circulação por decisão judicial". Os valores cobrados eram até 400% maiores em relação ao preço de capa à época do lançamento.

Não demorou muito e vendedores ambulantes passaram a negociar cópias xerocadas da biografia. No Rio, camelôs do centro e de Copacabana ofereciam o calhamaço por dez reais. Em alguns pontos da cidade de São Paulo ocorreu a mesma coisa. Talvez tenha sido a primeira vez no Brasil que um livro foi alvo de pirataria por quem se dedica a copiar e vender basicamente CDS e DVDS.

Nem eu e nem Roberto Carlos podíamos ter nenhum controle sobre a difusão e a circulação da biografia. A obra tornava-se de domínio público. Tive prejuízo, claro, mas também sentia alívio por ver o meu livro voando para longe da fogueira. Naquela circunstância, não me preocupava ter um livro lido de graça, pois eu mesmo propus entregar os direitos autorais a Roberto Carlos durante a audiência. Como autor, meu medo maior é não ser lido. O escritor e quadrinista inglês Neil Gaiman diz pouco ligar para a pirataria de suas criações na internet: "Nenhum de nós descobre seu escritor favorito comprando livros. E, sim, por meio de indicação de um amigo ou de um livro que você toma emprestado de alguém". Isso, de certa forma, é o que fizeram os internautas ao disponibilizar *Roberto Carlos em detalhes*.

Quem parecia realmente preocupado com a livre circulação do meu livro era Roberto Carlos. Num primeiro momento, seus advogados disseram à imprensa que pretendiam tirar a biografia também da internet: "Embora nós saibamos que essa circulação nada tenha a ver com a editora e o autor. Mas vamos tomar todas as medidas legais possíveis". Seria, portanto, uma segunda ação de Roberto Carlos na Justiça, agora contra os responsáveis pela veiculação da biografia na internet. Dias depois, porém, seus advogados se convenceram de algo que todo mundo já sabia: que a iniciativa do cantor resultaria inócua: "Poderíamos localizar a origem da distribuição do livro, mas isso se multiplica de forma incontrolável".

Entre diversas manifestações de solidariedade que recebi após a proibição de *Roberto Carlos em detalhes*, uma das mais surpreendentes veio do astrólogo e ufólogo Jaime Lauda. Numa mensagem que me enviou em junho de 2007, ele disse que havia lido a biografia, "um relato preciso, inteligente e sensível do nosso rei", e se propôs a gentilmente estudar meu mapa astral com o objetivo de "tecer caminhos mais seguros para liberar o seu livro. O que você acha?". Ele explicou que já possuía uma análise astrológica minuciosa de Roberto Carlos — que certa vez a secretária dele lhe solicitou fazer —, e que, portanto, precisava apenas dos meus dados pessoais para cruzar meu mapa astral com o do cantor e verificar em que pé se encontrava a nossa situação. "Através de uma análise acurada você poderá dar passos mais seguros para destravar a resistência do Roberto ao seu livro", prometia o astrólogo, que concluiu: "Acho prudente verificar tudo isso, prezado amigo, porém não se sinta obrigado a tal empreendimento. Devo também salientar que nada objetivo com isso, nenhum pagamento ou qualquer coisa do tipo. Pois como fã do Roberto, achei a atitude dele um tanto infeliz e medieval, impedindo a publicação de um livro excepcional".

Agradeci a solidariedade do astrólogo, disse que havia ficado sensibilizado com sua proposta, porém, como não compartilhava da crença em astrologia, em búzios, tarôs ou qualquer outra prática esotérica, não me sentia confortável em fazê-lo ocupar seu precioso tempo com esse trabalho. Para mim aquilo resultaria em mera curiosidade. Disse isso com convicta sinceridade, mas já sabendo àquela altura que, se houve alguém que acertou o resultado daquela minha audiência com Roberto Carlos no fórum criminal, não foi nenhum advogado ou jurista, e sim um vidente: o babalorixá Pai Paulo de Oxalá.

Na última semana de dezembro de 2006, chegou às bancas uma edição da revista *7 Dias*, publicação da editora Escala, com as previsões para 2007: "Esotéricos revelam como será a vida dos famosos no próximo ano", destacava a capa com imagens de várias personalidades. Coube a Pai Paulo de Oxalá, que faz a correlação dos orixás com os signos do zodíaco, ver o futuro de pesos pesados como Roberto Carlos, Xuxa e o então presidente Lula. Nas suas previsões para o cantor, o vidente falou em "possibilidade de processos judiciais" e também em "probabilidade de acordos". A referência a "processos judiciais" não era exatamente uma previsão, pois o artista já havia feito essa ameaça na entrevista coletiva em meados de dezembro. O que Roberto Carlos não apontou ali — e nenhum analista depois — foi que pudesse haver o tal "acordo". Ao contrário, na época muitos diziam que aquilo prometia ser uma "guerra judicial longa e árdua", com vários recursos sendo apresentados, talvez chegando até a última instância no STF, e sabe-se lá quando. Tínhamos como principal referência um caso anterior, o de Ruy Castro contra as herdeiras do jogador Garrincha, cujo imbróglio se arrastou por onze anos na Justiça.

Todo mundo, menos o babalorixá Pai Paulo de Oxalá foi surpreendido pelo acordo. Ele previu também que em 2007 "vitórias" chegariam para o artista "a partir de seu aniversário". Recorde-se que nossa audiência de conciliação estava inicialmente marcada para o dia 13 de abril, portanto, antes do aniversário do cantor, que é dia 19. Por superstição, Roberto pediu à Justiça para mudar a data, que passou para o dia 27. Mas além de prever a vitória para depois do aniversário, Pai Paulo de Oxalá fez também uma advertência ao artista: "Deve tomar cuidado com excessos em todos os níveis". Esse cuidado Roberto Carlos não teve, e com seu excesso de intolerância contra o livro acabou atraindo a maior onda de críticas que já obteve em toda a carreira.

A atitude dele foi, inclusive, um prato cheio para os humoristas. Nos jornais, nas revistas, nas rádios, na televisão, na internet, houve muita brincadeira e ironia com a decisão de o rei da música brasileira me processar. Um exemplo disso foi a manifestação de Agamenon Mendes Pedreira, o "velho homem da imprensa" que escrevia aos domingos no jornal *O Globo*. Criada pelos humoristas Hubert e Marcelo Madureira, do grupo Casseta & Planeta, a coluna de Agamenon surgiu em 1989 e, por muitos anos, até 2013, não perdia a chance de ironizar políticos, artistas, atletas, líderes religiosos e até vultos da história, como Tiradentes e Zumbi dos Palmares. Em maio de 2007, chegava a vez de Roberto Carlos também ser alvo do tom sarcástico e debochado do "jornalista" mais temido da imprensa brasileira.

Em um momento em que todos diziam que o cantor tomara uma decisão equivocada, Agamenon escreveu um texto com o irônico título "O Errei Roberto Carlos", fazendo troça com a postura dele no caso.

> Apesar de ser um grande fã do autor de "Ereções" e astro do filme *Roberto Carlos em ritmo de censura*, não posso concordar com a apreensão do livro de Paulo Cesar de Araújo, o Caju. Além de proibir a obra, o maior censor romântico do Brasil apreendeu todos os exemplares e vai reciclá-los, transformando-os em livros de Paulo Coelho. Segundo a imprensa, Burroberto Carlos não gostou de algumas passagens da biografia, principalmente dos tempos da Jovem Guarda. Segundo o autor do livro proibido, naquela época o jovem e fogoso Erroberto Carlos teria comido muitas mulheres e, por causa disso, acabou pegando uma Wanderléa. Mas o que deixou o cantor de "Mamada mamante" injuriado foi a insinuação de que ele não sabe jogar futebol e sempre foi perna-de-pau. Eu vou dar um TOC no Rei: olha, bicho, eu sei que tu não gosta de marrom, mas mandar apreender o livro foi a maior cagada!

Agamenon voltava a fazer referência à atitude do cantor num texto em que fala da Bíblia Sagrada, "obra que Roberto Carlos também quer censurar por citar sem a sua autorização a canção 'Jesus Cristo'". E em outra coluna disse que

> além de grande compositor e intérprete incomparável, Roberto Carlos também é

um rigoroso crítico literário. Injuriado com a sua autobiografia não autorizada, pediu para o Marcelo D2 apertar e acender todos os exemplares da obra.

Um dos programas de humor de maior popularidade da televisão, o *Pânico na TV*, na época na Rede TV, também fez graça com o imbróglio *Roberto Carlos em detalhes*. Na abertura do programa de 6 de maio de 2007, o apresentador Emílio Surita apareceu com um exemplar da biografia nas mãos: "Olha o que nós conseguimos: o livro censurado do Roberto Carlos! E hoje nós vamos ler este livro pra vocês", prometeu. "E pode?", perguntou sua companheira de palco Sabrina Sato. "Claro que pode!", respondeu Surita para êxtase da plateia. Ele então fez ainda mais suspense: "Roberto Carlos conseguiu na Justiça o recolhimento deste livro, e mais de 10 mil exemplares foram retirados de circulação. Mas fique tranquilo aí em casa, porque hoje nós vamos ler o livro pra você, as partes mais importantes. Só as partes da intimidade do Rei".

E assim, naquele domingo, a cada bloco do programa, Emílio Surita exibia a biografia proibida com a promessa de que revelaria seu conteúdo. Mesmo quando era mostrada alguma outra atração do programa, na parte de baixo do vídeo aparecia uma tarja com a frase: "Já, já, *Pânico na TV* lê trechos picantes da biografia de Roberto Carlos", às vezes com a Mulher Samambaia rebolando e sorrindo no vídeo.

Depois de quase duas horas de suspense, no fim do último bloco o apresentador surgiu novamente com a biografia na mão. "E chegou aquele momento tão prometido por nós no decorrer desse programa. Nós vamos agora ler o livro do Roberto Carlos. Esse livro que aqui está já foi proibido, já foi recolhido. São 10 mil exemplares que poderão ser incinerados, queimados ou então reciclados. Não sabemos ainda que fim vai levar esse livro. Mas ele traz coisas impressionantes que poderiam manchar a reputação de Roberto Carlos. Por exemplo..."

Toda a plateia se agitou, e Emílio Surita então abriu o livro e fingiu ler um trecho dele: "Roberto Carlos não dá ré no carro". "Sério?", exclamou Sabrina Sato. "Mas eu vou ler agora o trecho mais impressionante", disse o apresentador. "Na época, aquilo se tornou o principal assunto na cidade, todos se perguntavam como [...]." Nesse instante, para surpresa do público, o humorista Wellington Muniz, o Ceará, apareceu caracterizado de Roberto Carlos e avançou sobre Emílio Surita, tomando-lhe o livro das mãos. "Não adianta, bicho, porque ninguém vai escrever um livro e ganhar dinheiro com o meu nome", esbravejou, jogando a biografia no chão. Em seguida, "Roberto Carlos" se encaminhou ao palco para cantar uma nova versão de "Detalhes": "Não adianta nem tentar me convencer/ A minha vida eu não vou deixar/ Ele escrever/ Detalhes sobre as vacas e os bois/ São coisas que ninguém vai descrever/ E quem tentar contar meus podres/ Vai se arrepender".

Naquela edição, o *Pânico na TV* protagonizou um dos momentos de maior anarquia e deboche da televisão brasileira. Afinal, ao longo de suas duas horas o programa fez apologia de um livro proibido pela Justiça e troça da atitude de um dos maiores artistas do país. O público no auditório e em casa ficou mesmo na expectativa de que seria feita a leitura de trechos da obra. É provável que boa parte visse ali a chance de finalmente saber o que tanto teria incomodado a Roberto Carlos naquela biografia não autorizada.

Na internet, o humor sobre o caso foi ainda mais amplo, geral e irrestrito. Sites e blogs veicularam os mais escrachados textos, coisas do tipo "Biografia de Roberto Carlos: perna mecânica apreendida como prova no processo". Os chargistas também deitaram e rolaram. Em seu blog, Edson Takeuti criou uma imagem que mostra uma pilha de livros em chamas e Roberto Carlos sentado sobre alguns exemplares dando um tiro no próprio pé. Maurício Ricardo, colaborador do *Big Brother* e do Charges.com.br, um dos sites de humor mais visitados da internet, fez uma charge de animação com Roberto Carlos cantando uma paródia do hit "É preciso saber viver": "Um fã escreveu minha vida/ E eu mandei censurar/ Como antes só se via no regime militar/ Se o livro é bem escrito/ Eu jamais irei saber/ É que eu não gostei sem ler!/ Quer saber o que o autor acha?/ Você pode perguntar/ O acordo com a editora o proíbe de falar/ Se a censura é arbitrária/ Não sou eu quem vai dizer/ É que eu não gostei sem ler!".

Circulou também na internet, especialmente em sites de cultura, um protesto do escritor Marcelino Freire. Com o título de "Vamos processar Roberto Carlos", o texto faz uma crítica divertida à atitude do cantor:

> Roberto Carlos, sim, sempre invadiu a nossa privacidade. A nossa casa, no Natal. E no final de ano. Invadiu o nosso quarto. O nosso motel. O carro e o rádio etc. e tal. A nossa estrada de Santos. Foi ele quem tomou conta das nossas emoções! E do coração das nossas mães. E das orações. Só para Nossa Senhora. Foi ele quem encheu de Jesus Cristo o nosso juízo, ora. Haja corais e novenas. Catequizou os

pobres. E nobres, amém! Fez sertanejo e rap. Reggae e rock. Soltou a voz em todos os gêneros. Abusou das gordas e das baleias, como ninguém. Das mulheres baixinhas e das mulheres feias. Loiras e morenas. Brotas e de quarenta. Aproveitou-se de nossas doenças. Ecológicas. Repito: religiosas e amorosas.

O escritor também lembra o caráter pessoal e biográfico da obra de Roberto Carlos:

> Da própria amada morta fez a nossa pena. Choramos juntos e comovidos a sua solidão. A sua saudade e a sua dor. Foi o povo quem pagou. Com amor, sempre o embrulhou para presente. Censurar nunca censurou. A sua superstição. O seu terno branco. Os seus amigos do peito. Seu cabelo de leão. Na Rede Globo de Televisão. E agora, por quê? Quero entender o que ele fez. O que deu na cabeça do Rei? Que injusto! Proibir o livro de Paulo Cesar de Araújo. Sobretudo, seu fã. Que, mais do que nunca, cantará, em tudo que é lugar, para Roberto Carlos ouvir, toda manhã: "Meu bem, meu bem/ Você tem que acreditar em mim/ Ninguém pode destruir assim/ Um grande amor/ Não dê ouvidos à maldade alheia/ E creia/ Sua estupidez não lhe deixa ver/ Que eu te amo".

Alvo de críticas desferidas por grande parte da mídia, Roberto Carlos ganhou apoio de onde menos se esperava: do jornal *Hora do Povo*, publicação de esquerda ligada ao Movimento Revolucionário 8 de Outubro — MR8. Esse jornal começou a circular de forma clandestina nos anos 1970, se pautando pela oposição à ditadura militar e pela defesa incondicional do regime comunista cubano. De lá para cá, manteve apoio a qualquer inimigo dos Estados Unidos, fosse o ex-ditador iugoslavo Slobodan Milošević — conhecido como o "carniceiro dos Bálcãs" — ou o ex-ditador iraquiano Saddam Hussein, que, segundo o *Hora do Povo*, morreu como um mártir e "se tornou, como Patrice Lumumba e Che, herói de todo homem livre".

No plano nacional, a flexibilização ideológica do jornal parecia ainda maior e, em momentos distintos, ele já defendeu figuras como o ex-prefeito de São Paulo Celso Pitta, o senador Jader Barbalho e o ex-deputado Severino Cavalcanti. Em 2007, o *Hora do Povo* decidiu também manifestar solidariedade àquele que outrora muitos da esquerda consideravam um "agente do imperialismo ianque", "aliado da ditadura militar": Roberto Carlos.

O que provocou a manifestação do jornal foi uma mensagem enviada para a seção de cartas por um leitor de Curitiba, Paulo Hirano. Ele comentava a notícia da proibição do livro, aconselhando o cantor a não ser tão radical. "Não rasgue e nem queime essa obra que só trará benefícios e fechará com chave de ouro a sua carreira de vencedor e pessoa maravilhosa que você foi e será." Uma nota da redação do *Hora do Povo*, porém, respondeu pelo artista, rebatendo a opinião do leitor:

> Estaríamos de acordo se o livro em questão fosse realmente uma biografia ou algo respeitável sobre nosso grande Roberto Carlos. Infelizmente, não é o caso. Roberto tem o direito de preservar sua intimidade e exigir que seu nome não seja usado numa espúria tentativa de amealhar não poucos reais.

A expressão "nosso grande" revela um cacoete da esquerda nacional popular, que costuma se referir desse modo aos cantores de sua preferência na MPB, como já se viram várias vezes, por exemplo, nas entusiásticas saudações ao "grande Cartola", "grande Ismael Silva", "grande Chico Buarque"... E agora, finalmente, "nosso grande Roberto Carlos".

Esse apoio inusitado e firme do *Hora do Povo* não aplacou a bronca dos advogados de Roberto Carlos com a cobertura do caso pela imprensa. Eles achavam injustas as críticas endereçadas ao seu cliente. O advogado Alvaro Borgerth chegou a afirmar que o cantor não merecia "esse achincalhamento" dos jornalistas. Marco Antônio Campos, por sua vez, disse que a imprensa não teria razão de protestar porque "nem leu o livro, nem sabe que ele é de fato abusivo". O próprio Roberto Carlos pareceu surpreso com a repercussão negativa de sua ação contra a biografia. Ele, que nunca foi de dar muita bola para a crítica, dessa vez desabafou numa entrevista à TV Globo: "Logicamente que todos estes ataques, todas essas coisas que têm sido faladas sobre a minha atitude, isso tem me incomodado muito, tem me incomodado, sim".

É verdade que quando Roberto Carlos despontou para o sucesso, no início dos anos 1960, ele tinha muito mais controle sobre sua imagem. Sua relação com a imprensa se restringia basicamente a publicações como *Revista do Rádio*, *Radiolândia* e *Revista do Rock*. Até então, os grandes jornais e revistas do país, como o *Jornal do Brasil*, *O Estado de S. Paulo* e *O Cruzeiro*, ignoravam o jovem cantor. Portanto, era por intermédio daquelas publicações direcionadas ao público do rádio que Roberto Carlos aparecia na imprensa. Boa parte das entrevistas era combinada com ele, e as perguntas giravam basicamente em torno de questões triviais como a sua cor e prato preferidos ou o seu tipo de garota. Mesmo as notas do Mexericos da Candinha — popular coluna da *Revista do Rádio* que foi tema de uma de suas canções — eram feitas geralmente de comum acordo com o artista. Isso tudo era parte do jogo e das relações de amizade que Roberto Carlos estabeleceu com radialistas e jornalistas da área de entretenimento.

Essa relação sem conflito com a imprensa durou até o fim de 1965, quando houve o estouro de "Quero que vá tudo pro inferno", que o transformou no maior ídolo da música brasileira. A partir daí o cantor tornou-se alvo da grande mídia, e seu controle do que era publicado ficou muito mais difícil. Jornais e jornalistas até então estranhos ao universo do iê-iê-iê começaram a cercar Roberto Carlos, que também passou a ficar cada vez mais arredio com a imprensa.

Um exemplo disso ocorreu em maio de 1966, quando a recém-lançada revista *Realidade* dedicou uma matéria de capa a Roberto Carlos. Foi a primeira reportagem sobre ele a ter um caráter mais aprofundado, característica dessa revista que marcaria época na imprensa nacional. Assinada pelo jornalista Narciso Kalili, a matéria trazia depoimentos de sociólogos e psicólogos analisando a emergência do novo fenômeno da música brasileira. Foi aí que pela primeira vez um órgão da grande imprensa revelou detalhes do acidente de trem que atingiu Roberto Carlos na infância. A revista não chegou a afirmar explicitamente que ele perdera parte da perna, mas que "não podendo mais participar das peladas e correrias dos amiguinhos, Roberto começou a se interessar pela música".

Foi o que bastou para tirar o artista do sério. Segundo seu então empresário, Geraldo Alves, Roberto Carlos ficou muito irritado com essa matéria e não se conformava com a atitude do jornalista. Acostumado a ter o controle do que era publicado sobre ele, reagiu como se *Realidade* fosse uma *Revista do Rádio* — publicação mais dependente dos humores do astro, pois temia contrariá-lo e perder o acesso. A verdade é que Roberto Carlos teria que se adequar à nova realidade de um artista que não era pauta apenas das revistas de rádio e TV, mas de toda a grande mídia nacional.

Isso ficou evidente em outro episódio daquele ano de 1966, ainda em pleno sucesso de "Quero que vá tudo pro inferno". Na madrugada de sábado, 23 de abril, o cantor voltava de um show no Tucuruvi, quando o seu acompanhante, o baterista Dedé, pediu para ele parar ao lado de uma farmácia, no centro. Enquanto aguardava o amigo no seu Impala conversível, Roberto Carlos viu se aproximarem quatro rapazes que, identificando o cantor, combinaram "Vamos dar uma surra nesse veado", e avançaram sobre o veículo, tentando abrir a porta. O cantor não titubeou: pegou uma Bereta 6.35 do porta-luvas e, rápido no gatilho, fez dois disparos, botando os elementos para correr e acordando a avenida São João.

Em seguida o artista arrancou com seu carrão, mas a polícia foi chamada e uma viatura foi atrás dele, parando-o próximo à Praça Roosevelt. Para surpresa dos policiais, tratava-se do ídolo da Jovem Guarda, que após se identificar entregou a arma, justificando que seu ato "fora em defesa da honra ofendida". Por conta disso, Roberto Carlos foi intimado a depor na delegacia e incurso em dois artigos da Lei de Contravenções Penais: porte ilegal de arma e disparo em local público. O problema maior foi a repercussão na mídia e o prejuízo para a sua imagem. Em um primeiro momento, ele tentou negar o fato. Disse a *O Globo* que, na hora citada pela acusação, estava jantando numa boate com amigos. "Meu negócio é mandar brasa legal! Essa onda de tiros não é papo pra mim, mora!" Indagado sobre testemunhas que teriam anotado a placa de seu carro, respondeu ao *Jornal do Brasil*: "Só se alguém estava passeando com meu Impala àquela hora, mas não imagino quem possa ter sido". grande parte da imprensa não engoliu sua versão, especialmente os jornais sensacionalistas, que publicaram manchetes do tipo: "Roberto Carlos dá tiros na rua — Cantor de arma em punho manda tudo para o inferno". Depois, o artista acabou admitindo a verdade e alegou legítima defesa. "Eu dei os tiros numa situação em que qualquer cara teria dado. Qualquer pessoa no meu lugar, que tivesse uma arma na mão, naquela situação teria feito o mesmo."

Ao longo da década de 1960, além de publicações dedicadas aos astros do rádio e da televisão — tradicionais aliadas de Roberto Carlos —, o grande suporte dele na mídia foi a tv Record, da família Machado de Carvalho. Afinal, o cantor era um dos seus contratados e das maiores atrações dos musicais da emissora. Nada que pudesse arranhar a imagem do rei da Jovem Guarda era veiculado nos noticiários do Canal 7 da capital paulista. Na época, aqueles que só assistiam aos programas da tv Record não ficaram sabendo dos tiros de Roberto Carlos na avenida São João. Inclusive porque, nesse episódio específico, além de proteção de imagem a família Machado de Carvalho ofereceu também proteção pessoal ao cantor. "Nós tivemos que esconder Roberto Carlos", lembrou Paulinho Machado de Carvalho. "Ele ficou escondido por dois dias e meio numa casa de campo que nós tínhamos atrás do prédio da televisão, em Congonhas. Roberto ficou com medo de perseguição de algum playboy."

O cerco da imprensa, a perseguição de playboys, mais a oposição da crítica e dos radicais da MPB, que o acusavam de ser um agente do imperialismo, fizeram Roberto Carlos compor, em meados de 1966, os versos "Querem acabar comigo/ Nem eu mesmo sei por quê". Essa é uma inusitada canção de protesto romântico, pois no trecho seguinte ele evoca seu amor pela então namorada Nice: "Me abrace assim, me olhe assim/ Não vá ficar longe de mim/ Pois enquanto eu tiver você comigo/ Sou mais forte e para mim não há perigo".

Roberto Carlos parecia acuado e assustado. No momento em que, aos 25 anos, alcançava um sucesso até então inimaginável, atraía também grande oposição e situações sobre as quais ainda não tinha controle. Agora tudo que se relacionava a ele transformava-se imediatamente em notícia, inclusive sua vida pessoal, as coisas boas ou ruins. Obviamente que não seria apenas a namorada quem lhe daria apoio para encarar os obstáculos. O artista sabia que precisava contar com importantes setores da mídia para sustentar sua boa imagem sem conflitos.

Enquanto teve poder, até o fim dos anos 1960, a TV Record foi uma aliada fiel. A partir da década seguinte, a TV Globo, a nova campeã de audiência, se tornou a parceira do cantor.

Na imprensa escrita, Roberto Carlos tratou de ampliar o leque de apoios para além daquelas publicações específicas sobre rádio e TV. Fora desse campo, suas mais fortes aliadas foram as revistas semanais *Manchete* e *Fatos & Fotos*, ambas da Bloch Editores. As publicações da família Bloch, da qual também faziam parte revistas como *Amiga* e *Sétimo Céu*, foram outro importante sustentáculo para a imagem de Roberto Carlos na mídia.

Da mesma forma que propagavam os feitos do "Brasil Grande" projetados pelo governo militar, as revistas do grupo divulgavam também as conquistas e realizações do cantor Roberto Carlos. Como acontece em toda peça de propaganda, em ambos os casos — o do país e o do cantor — havia exageros. Em outubro de 1975, por exemplo, Roberto Carlos se apresentou em um show para o público latino em Nova York. Isso foi tema da revista *Fatos & Fotos — Gente*, que trouxe na capa o artista na janela de um hotel na Quinta Avenida sob o título: "Nova York aos pés de Roberto Carlos", sugerindo que ele estaria fazendo grande sucesso entre os habitantes da cidade do jazz. Esse mesmo tom exagerado e ufanista apareceu na época em outra reportagem de *Fatos & Fotos*: "Erasmo e Roberto em busca do ouro na Broadway".

O carro-chefe da Editora Bloch era a revista *Manchete*, que no seu auge chegou a alcançar uma tiragem semanal de cerca de 800 mil exemplares. A revista era uma espécie de porta-voz oficial de Roberto Carlos na imprensa. Sempre que a mídia repercutia algum episódio que pudesse arranhar a imagem do cantor, *Manchete* logo trazia em destaque a versão oficial dele. Foi assim, por exemplo, em julho de 1988, quando Carlos Imperial espalhou que Roberto Carlos seria o pai biológico da filha de Maria Stella Splendore, viúva do costureiro Dener. A própria filha dela, Maria Leopoldina, foi taxativa na época: "Roberto Carlos é realmente meu pai". O cantor deu então uma entrevista à *Manchete*, que estampou na capa: "Roberto Carlos — Exclusivo: 'Maria Leopoldina não é minha filha'".

No ano anterior, noticiou-se que a Polícia Federal teria interditado o novo iate do artista, o *Lady Laura III*. O motivo seria a falta de documentação na importação de sofisticados equipamentos como sonares e radares. O cantor deu logo uma entrevista, negando qualquer irregularidade na construção de seu barco, e isso foi matéria de capa da *Manchete*, que estampou uma foto do artista sorrindo com as mãos no bolso sob o título: "Maré mansa para o rei Roberto Carlos: 'Quem não deve não teme'". Observe-se que o desmentido do cantor já vinha estampado na capa da revista; mesmo quem não comprasse o exemplar via a versão dele exposta por vários dias nas bancas.

A *Manchete* procurou ajudá-lo também quando chegou ao fim o casamento dele com Nice, em 1978. Algumas publicações acertadamente informaram que a separação não tinha sido muito amigável. A revista da Bloch, porém, trouxe na capa uma foto de arquivo do casal abraçado e sorrindo com o título: "Roberto Carlos e Nice: Nossa separação é um ato de amor". A própria Nice tratou de negar o teor daquela matéria ao contar o desfecho de seu casamento à revista *Claudia*, da Editora Abril. "Tivemos a maior briga. Virei a mesa, literalmente, quebrei copo."

Em contrapartida ao apoio da Editora Bloch, o cantor lhe oferecia entre-

364

vistas e imagens exclusivas, furos de reportagens que deixavam as concorrentes salivando de inveja. Foi assim quando Roberto Carlos assumiu publicamente seu romance com a atriz Myrian Rios, em 1980. *Manchete* foi a primeira a exibir o novo e badalado casal: "Roberto Carlos e Myrian Rios — As fotos exclusivas do romance". Cinco anos antes, foi também para uma publicação da Bloch que pela primeira vez Roberto Carlos falou publicamente do seu acidente na infância. "Roberto, de coração aberto, conta para Ronaldo Bôscoli como foi o pior dia de sua vida", dizia o título da reportagem da *Fatos & Fotos*. "Eu estava ali deitado, me esvaindo em sangue", recordou o cantor. "Um grande amigo de minha família, Renato Spindola, chegou apressado e disse: 'Será uma loucura esperarmos a ambulância'. Tirou rápido o paletó e enrolou minha perna ferida. Até hoje me lembro do sangue empapando o paletó. E só então percebi a extensão do meu desastre."

Para Roberto, essa parceria com a Editora Bloch era importante, especialmente por causa da *Manchete*, que atingia um vasto público de classe média, consumidor dos seus discos e shows. Os editores da revista não economizavam esforços para defender ou engrandecer a imagem do artista. Foi o que também ocorreu em agosto de 1981, quando Frank Sinatra veio pela segunda vez ao Brasil para se apresentar no palco do hotel Maksoud Plaza, em São Paulo. A revista se empenhou para que Sinatra concordasse em posar para sua capa ao lado de Roberto Carlos — o que demonstraria ao público o grande prestígio do cantor brasileiro. Salomão Schvartzman, um dos editores de *Manchete*, fez o pedido a Lee Solters, relações-públicas de Frank Sinatra. Evocando a antiga política da boa vizinhança, Salomão explicou-lhe que Roberto Carlos tinha para o Brasil a mesma importância de Sinatra para os Estados Unidos, e que seria simpático mostrar os dois cantores abraçados nas páginas da revista. Solters foi favorável à ideia e prometeu que falaria com seu artista. Para facilitar as coisas, Roberto Carlos viajou do Rio com sua mulher Myrian Rios e hospedou-se numa suíte vizinha à de Frank Sinatra, no vigésimo andar do Maksoud Plaza. E *Manchete* deixou de plantão o fotógrafo Mituo Shiguihara, um dos melhores e mais experientes de sua equipe.

O assessor de Sinatra logo comunicou o o.k. dele, mas fez a ressalva de que A Voz não receberia Roberto Carlos em sua suíte. O encontro aconteceu antes do show, num pequeno corredor atrás do palco do hotel, no momento em que Sinatra se dirigia para também tirar uma foto com empregados do Maksoud. Os dois cantores se cumprimentaram em meio ao aperto provocado por um grande número de agentes de segurança de Sinatra. Foi tudo tão difícil que, para registrar a cena, o fotógrafo Mituo Shiguihara precisou, segundo ele próprio, "ser mais rápido que um pistoleiro do Velho Oeste". Roberto e Myrian Rios receberam de Sinatra um suave beijo no rosto. E, depois de uma breve troca de amabilidades, o casal retornou para a sua suíte, enquanto o cantor norte-americano seguiu para fazer a prometida foto com o staff do hotel. O objetivo principal de *Manchete* tinha sido alcançado: exibir em sua capa "o encontro de Sinatra com Roberto Carlos".

Roberto perdeu, então, uma grande aliada quando, em 2000, a editora Bloch foi à falência, o que tirou de circulação revistas como *Manchete* e *Fatos e Fotos*. Quando começou a polêmica em torno da proibição de *Roberto Carlos em detalhes*, o artista estava sem uma salvaguarda de peso entre os veículos impressos. O *Hora do Povo* — único jornal a apoiá-lo explicitamente — tem pouca tiragem e pequena circulação, e todos os principais jornais e revistas do país, como *Folha de S.Paulo, Veja, O Globo, IstoÉ, Época, O Estado de S. Paulo* e *Jornal do Brasil*, repercutiram o fato e criticaram a atitude do cantor.

Mas o rei ainda contava — como acontece até hoje — com seu outro grande sustentáculo na mídia: a TV Globo, com quem tem contrato de exclusividade há quatro décadas, na qual gravou diversos especiais e fez amigos influentes. A cada período de Natal, além de levar o cantor e sua música aos lares brasileiros, a Globo veicula também determinada imagem sua, aquela que está em canções como "Eu quero apenas", que diz: "Eu quero amor decidindo a vida/ Sentir a força da mão amiga/ O meu irmão com um sorriso aberto/ Se ele chorar quero estar por perto".

Por seu apoio ao governo militar e a tendenciosa cobertura de episódios como a eleição para governador do Rio de 1982, a campanha das Diretas Já, em 1984, e a eleição presidencial de 1989, a TV Globo sofreu duras críticas de vários setores da sociedade. O jornalismo da emissora era acusado de chapa--branca, oficialesco — crítica resumida naquele bordão que se ouvia frequentemente em comícios e passeatas: "O povo não é bobo, abaixo a Rede Globo". Após constatar que sua empresa sofria um crescente desgaste de imagem, em meados dos anos 1990 a família Marinho iniciou um processo de reformulação da casa. Houve um esforço da emissora para ganhar credibilidade, especialmente quando Evandro Carlos de Andrade assumiu a direção da Central Globo de Jornalismo. A grosseira edição que o *Jornal Nacional* fez do debate entre Collor e Lula na eleição de 1989, por exemplo, não era mais compatível com a nova orientação. A tv Globo não deixou de favorecer determinados grupos ou pessoas, mas isso ocorria de forma sutil e indireta, em comparação com as manipulações mais explícitas do passado. Em agosto de 2011, os sucessores de Roberto Marinho divulgaram um documento intitulado "Princípios editoriais das Organizações Globo", que seria um código de conduta de suas empresas de comunicação. "O que nele está escrito é um compromisso com o público, que agora assinamos em nosso nome e de nossos filhos e netos", afirmam Roberto Irineu, João Roberto e José Roberto Marinho. No primeiro item do documento está dito que "os veículos jornalísticos das Organizações Globo devem ter a isenção como um objetivo consciente e formalmente declarado" e no item seguinte que "na apuração, edição e publicação de uma reportagem, seja ela factual ou analítica, os diversos ângulos que cercam os acontecimentos que ela busca retratar ou analisar devem ser abordados".

Um exemplo disso foi a cobertura que a tv fez do assassinato da menina Isabella Nardoni, em 2008, em São Paulo. Embora todas as evidências apontassem para a madrasta e o próprio pai da criança como prováveis assassinos, a emissora não fez prejulgamento nem atou com parcialidade. Ao contrário: deu amplo espaço de defesa aos réus. Logo no início do caso, apresentou em seus telejornais a íntegra de uma carta na qual o casal Nardoni negava o crime e falava sobre o quanto gostavam de Isabella, o quanto ela confiava neles e gostava de sua companhia. Dias depois, o casal foi entrevistado no *Fantástico* e, chorando, a madrasta negou o crime, descrevendo seu relacionamento com a criança como baseado no amor e no afeto. Exageros e melodramas à parte, a tv Globo fez uma cobertura correta desse caso, divulgando argumentos a favor e contra os acusados, dando voz a todas as partes envolvidas e levando ao público informações sobre o trabalho da polícia, da promotoria e dos advogados de defesa. Enfim, a emissora se comportou segundo o seu novo figurino.

Coisa completamente diferente fez a tv Globo neste outro episódio de repercussão nacional: o do processo judicial que Roberto Carlos moveu contra mim e a editora Planeta por causa da biografia *Roberto Carlos em detalhes*. A tradicional parceria do rei com a maior rede de televisão do país se solidificou com a polêmica. Em meio ao bombardeio de ataques e críticas vindos de várias direções da mídia, o antigo sucesso "Querem acabar comigo" se revestia de atualidade para Roberto Carlos. E aquele verso, que originalmente era para sua namorada, agora podia ser endereçado à fiel companheira tv Globo: "Pois enquanto eu tiver você comigo/ Sou mais forte e para mim não há perigo/ Você está aqui e eu estou também/ E com você eu não temo ninguém". A Globo não o decepcionou. Foi realmente o seu porto seguro, o seu para-raios. No limite da irresponsabilidade jornalística, a emissora calou o réu e deu voz apenas ao rei.

O lançamento de *Roberto Carlos em detalhes,* no fim de 2006, esteve na pauta da produção de alguns dos programas da tv Globo. Afinal, o livro chegou com força, ganhando capas de revistas e cadernos de cultura dos principais jornais do país. Pelo menos dois programas da Globo decidiram também falar da biografia recém-lançada. O primeiro deles foi o *Fantástico*, na época apresentado por Glória Maria e Zeca Camargo. No fim da tarde de 4 de dezembro, uma segunda-feira, recebi um telefonema de Valéria Andrade, da equipe de produção, que disse que estava sendo preparada uma reportagem sobre o livro e que desejava uma entrevista comigo. Ela me pediu, inclusive, contatos telefônicos de alguns dos personagens que entrevistei para a biografia, pois seriam também ouvidos pelo programa. Seria uma grande reportagem sobre o tema e, por isso, a produção já estava com a mão na massa, selecionando imagens de arquivo e contatando os entrevistados.

A entrevista comigo ficou agendada para dali a três dias, em minha casa, em Niterói, e seria realizada pelo repórter Maurício Kubrusly. Gostei da indicação porque, em sua carreira, Kubrusly já foi diretor de rádio, editor de revista musical e crítico de música; portanto, é alguém que conhece muito bem o assunto em pauta. Valéria Andrade sugeriu que, para o dia da entrevista, eu preparasse um cenário com discos, fitas, revistas e outros materiais utilizados na pesquisa. Eu sabia exatamente o que ela queria: quatro anos antes o *Fantástico* também tratara do lançamento do livro *Eu não sou cachorro, não.* O repórter Fernando Molica esteve em minha casa para me entrevistar sobre o livro e a música brega. Agora, alguns dos temas da entrevista de Maurício Kubrusly seriam as fontes utilizadas e os caminhos percorridos ao longo da feitura de *Roberto Carlos em detalhes.*

Na semana em que foi agendada a entrevista para o *Fantástico*, Debora Guterman, então assessora de imprensa da editora Planeta, foi procurada também pela produção do *Altas Horas*, programa comandado por Serginho Groisman nas madrugadas de sábado para domingo na TV Globo. Eles também queriam destacar o lançamento da biografia de Roberto Carlos e pediram a minha participação em uma das edições do programa, que seria gravado no estúdio da Globo em São Paulo. A assessora de imprensa da Planeta procurou agendar a entrevista para depois da gravação do *Fantástico*.

Na manhã do dia combinado, a produção do *Fantástico* me ligou adiando a entrevista. A justificativa foi que a crise nos aeroportos do país — que naqueles dias provocara o cancelamento de vários voos — teria impedido Maurício Kubrusly de se deslocar de São Paulo para o Rio. Como não daria mais tempo de a reportagem ficar pronta para aquele domingo, ficou combinado que Kubrusly iria me entrevistar na quarta-feira da semana seguinte, 13 de dezembro. Dois dias antes, surgiu um novo fato: Roberto Carlos deu a polêmica entrevista em que achincalhava a biografia e ameaçava entrar na Justiça contra mim e a editora. No dia seguinte, a produção do *Fantástico* ligou para mais uma vez desmarcar a entrevista comigo — agora definitivamente, porque o livro "tinha saído da pauta do programa". Um dos produtores do *Altas Horas* fez a mesma coisa e até se desculpou dizendo que fizera o convite a mim sem saber que a biografia não tinha sido autorizada por Roberto Carlos.

Na contramão dos principais veículos de comunicação do país, que davam destaque ao lançamento do livro e às raivosas declarações de Roberto Carlos contra a obra, a TV Globo optava pelo silêncio absoluto. Parece que a determinação era a de não dar corda ao assunto, não falar da biografia que tanto incomodava o seu artista exclusivo. Mas a polêmica estava na boca de todos. Desde a segunda semana de dezembro *Roberto Carlos em detalhes* ocupava as listas dos livros mais vendidos. Os outros canais de televisão não se furtavam a falar do caso, que, embora deflagrado na metade do último mês do ano, foi incluído entre os acontecimentos que marcaram 2006 na retrospectiva da revista *Época*.

Quando em janeiro do ano seguinte Roberto Carlos confirmou a ameaça, entrando na Justiça contra mim e a editora Planeta, isso foi assunto de toda a mídia nacional — menos da TV Globo, que insistia em negar outro item dos seus "Princípios editoriais": o de que "não pode haver assuntos tabus. Tudo aquilo que for de interesse público, tudo aquilo que for notícia, deve ser publicado, analisado, discutido". Diferentemente do que fizeram as outras emissoras, a do

Jardim Botânico também não informou o público quando, em 22 de fevereiro, o juiz Maurício Chaves de Souza Lima, da 20ª Vara Cível do Rio, concedeu liminar proibindo o livro.

O silêncio inicial sobre o caso não era praticado por todos os veículos das Organizações Globo, mas apenas pela sua principal televisão. Jornais como *O Globo, Extra, Diário de S. Paulo,* a revista *Época,* o sistema Globo de Rádio e outras mídias do grupo informaram devidamente o público. O jornal *O Globo,* por exemplo, fez ampla cobertura do caso, tanto no noticiário, como nos espaços dos seus colunistas. A revista *Época* fez até uma reportagem de capa destacando as reclamações de Roberto Carlos e opiniões favoráveis e contrárias ao livro. Já na TV Globo, ninguém falava nem pró, nem contra a biografia. Era como se o livro não existisse, nem tivesse provocado nenhuma reação de Roberto Carlos.

O silêncio só foi quebrado quatro meses e dezesseis dias depois de iniciada a polêmica. Era uma sexta-feira, 27 de abril, quando eu e Roberto Carlos estivemos frente a frente com o juiz Tércio Pires na 20ª Vara do Fórum Criminal da Barra Funda, em São Paulo. No fim daquela noite, a apresentadora Christiane Pelajo, do *Jornal da Globo,* anunciou: "Depois de quase quatro meses de briga na Justiça, o cantor Roberto Carlos e o autor de sua biografia não autorizada chegaram a um acordo numa audiência de conciliação". Em seguida foram mostradas imagens do fórum, de Roberto Carlos, a minha e da capa do livro.

Para a parcela do público que tem apenas a programação da TV Globo como fonte de informação, aquela notícia foi uma dupla surpresa. Em primeiro lugar, porque eles nem imaginavam que existia uma biografia não autorizada de Roberto Carlos; em segundo, também não sabiam que o cantor tinha procurado a Justiça para processar o autor da obra. Assim, de supetão, o público da Globo foi informado do caso. Na reportagem, foi exibido um trecho da minha entrevista aos repórteres na saída do fórum, quando expressei minha frustração com o desfecho da audiência e, em seguida, uma fala do advogado de Roberto Carlos, exultante com o acordo obtido por seu cliente.

Somente quando a proibição parecia definitiva a capa da biografia finalmente foi mostrada na tela da Globo. A notícia era o que se pensava ser agora um cadáver, um defunto, um livro morto, e um acordo que previa o encerramento da peleja de Roberto Carlos contra o autor de sua biografia. A fatura parecia liquidada. Não se falaria mais nisso, e a imagem do artista continuaria protegida de polêmicas ou contendas.

Faltou combinar com o mundo lá fora, porque muitos quiseram entender por que e em que circunstância foi feito o acordo judicial que permitia a Roberto Carlos mandar para a fogueira milhares de exemplares de um livro. Foi quando Paulo Coelho escreveu aquele artigo na *Folha de S.Paulo*, que repercutiu até no exterior. A polêmica tomou proporção ainda maior que antes, e então o *Fantástico* acordou.

Na quinta-feira, dia 3 de maio, recebi um telefonema de Bia Rónai, da produção do programa, solicitando uma entrevista. Ela disse que a equipe do *Fantástico* concordava com a opinião de Paulo Coelho, que era absurda a censura ao meu livro e que, na reunião de pauta, tinham decidido discutir a questão no programa. Afirmou que, além de mim, pretendiam também ouvir Roberto Carlos e os escritores Paulo Coelho e Fernando Morais. A entrevista comigo foi então agendada para o dia seguinte, à tarde, em minha casa, em Niterói, com a repórter Patrícia Poeta — que na época ainda não tinha se destacado como apresentadora. Para adiantar a produção, Bia Rónai mandou um motoboy da TV Globo pegar comigo uma cópia do CD que o juiz Tércio Pires havia entregado durante a audiência. Ela pretendia ilustrar a matéria com o juiz cantando trecho de alguma música do disco dele.

O público do *Fantástico* poderia, enfim, saber dos bastidores da audiência que resultara na proibição do livro. Entretanto, na manhã do dia marcado para eu receber Patrícia Poeta, a mesma Bia Rónai me telefonou, cancelando a entrevista. Ela pediu desculpas por mais esse imprevisto e justificou que Roberto Carlos não quisera dar entrevista sobre o assunto e que, portanto, não seria justo o *Fantástico* colocar no ar apenas o depoimento de uma das partes. A produção do programa teria decidido então entrevistar só quem não estivesse diretamente envolvido no caso.

O manual do bom jornalismo diz que, ao noticiar qualquer conflito, devem-se ouvir as duas partes, para melhor ajudar o público a formar sua opinião. Mas, ao ver a matéria que o *Fantástico* apresentou naquele domingo, constatei que a questão era outra e bem mais complexa do que me relatou Bia Rónai. Ficou nítida a falta de liberdade que a equipe do programa teve para abordar a censura a *Roberto Carlos em detalhes* — que foi, afinal, o motivador daquela reportagem. Não se tratou apenas de não levar ao ar um depoimento meu, mas de sequer citar o título da biografia, o nome do autor, minha imagem ou a do livro. Também não houve nenhum comentário sobre o juiz-cantor, os bastidores daquela audiência ou as críticas de Paulo Coelho a Roberto Carlos. O nome do cantor, inclusive, foi citado apenas uma vez (e sem imagem) na abertura da matéria lida por Glória Maria: "Um acordo judicial tirou de circulação uma biografia de Roberto Carlos e levantou uma grande polêmica: O que vale mais? O direito à privacidade ou o direito à informação?".

A partir daí falou-se (e mostraram-se imagens) da censura a outras biografias, como a de Garrincha (escrita por Ruy Castro), a de Noel Rosa (de João Máximo e Carlos Didier) e a de Manuel Bandeira (de Paulo Polzonoff Jr.). Destacaram-se também as diferenças entre Brasil e Estados Unidos, com imagens das biografias não autorizadas de Frank Sinatra e da família Bush, escritas pela jornalista Kitty Kelley. O programa entrevistou Paulo Coelho, Fernando Morais e o jurista Luís Roberto Barroso, mas nos trechos levados ao ar nenhum deles fala especificamente sobre a polêmica com Roberto Carlos. Os convidados condenam a censura que, de maneira geral, atinge a produção biográfica no Brasil.

Um aspecto da reportagem, porém, merece destaque. Parece que quem a produziu se esforçou em driblar uma possível censura na abordagem do tema pela TV Globo. A fala dos entrevistados é intercalada com cenas do filme *Fahrenheit 451*. Para a parcela do público que tem apenas a Globo como sua fonte de informação, talvez a associação não fosse tão evidente, mas para quem estava informado dos detalhes do caso, era óbvia a associação que ali se fazia entre a atitude do cantor e o filme. Isso se constata, por exemplo, na declaração final de Paulo Coelho: "As coisas começam aos pouquinhos", diz ele, enquanto aparece a cena de alguém acendendo um fósforo. "Nunca subestime as pequenas coisas", acrescenta o escritor, no momento em que se vê a imagem de um fósforo sendo jogado sobre um monte de livros. "Porque como diz um velho ditado, o diabo mora nos detalhes", completa Paulo Coelho, enquanto na tela as chamas se propagam e consomem livros durante os nove segundos finais da reportagem.

A equipe do *Fantástico* produziu uma bela peça de resistência aos seus limites de atuação na TV Globo. Sem poder associar o cantor diretamente à prática de censura, sem poder exibir o título ou a imagem da biografia censurada, a reportagem mesmo assim denunciou a proibição e a apreensão de *Roberto Carlos em detalhes*. Isso faz lembrar o que acontecia na época da ditadura militar no Brasil, quando determinados assuntos ou personagens eram proibidos de serem veiculados na mídia. Alguns jornalistas e compositores se valiam então do mesmo estratagema para burlar a censura: a "linguagem da fresta", dizer não dizendo. De fato, e o que não era possível dizer explicitamente naquele programa, alguns de seus próprios profissionais afirmavam em outros veículos de comunicação. Foi o que fez, por exemplo, Zeca Camargo, um dos apresentadores do *Fantástico*. Em seu blog, ele manifestou-se contra a proibição da obra, dando dicas de como os leitores poderiam obtê-la através da internet — "Essa internet, como diriam os chineses (e talvez RC), 'um instrumento do mal'". De forma irônica, Zeca Camargo também comentou: "Vamos celebrar essa volta do ídolo às rodas de conversa, ainda que por motivos menos nobres".

Outro profissional da equipe do *Fantástico*, o repórter Geneton Moraes Neto, expressou sua opinião sobre o caso no contundente artigo "Chamem Castro Alves, urgente!", publicado na época no jornal *O Globo*. Ali ele diz que o desfecho do caso *Roberto Carlos em detalhes* mostra que "a intolerância, a intransigência e a ganância, escudadas em brechas da lei, ameaçam transformar o Brasil no país da biografia a favor. Quem desafinar o coro vai para a fogueira! Ou para a máquina trituradora!". Ele conclui seu texto afirmando que "a nós, espectadores deste desfile de horrores, resta o quê? Chamar Castro Alves, urgente: 'Dizei-me vós, Senhor Deus!/ Se é loucura… Se é verdade/ Tanto horror perante os céus?!'".

Essa era a forma possível para esses profissionais expressarem, com todas as letras, sua indignação com a censura de mais uma obra literária no país. Em seu trabalho na TV Globo, eles mal podiam informar ao público sobre o novo e emblemático caso que envolvia o cantor Roberto Carlos. O comprometimento da emissora com o artista se comprovou de forma mais eloquente ainda no domingo, 27 de maio, um mês após a audiência no Fórum Criminal da Barra Funda, quando o *Fantástico* levou ao ar uma entrevista exclusiva com o cantor.

Ele se recusara a participar da reportagem anterior porque estava convencido de que era melhor não falar mais sobre o caso. Também não aceitou dar um depoimento ao programa *Observatório da Imprensa*, da TV Brasil, que discutiu a proibição do livro. Segundo Patricia Kogut, colunista de televisão de *O Globo*, a justificativa foi que "o assunto já teve repercussão demais". Roberto Carlos achava que era melhor se recolher, ficar em silêncio para a polêmica morrer mais rapidamente. Porém, com ou sem a palavra dele, o assunto fervilhava na mídia. Muitos continuavam questionando a sua atitude e querendo entender o porquê de tanto radicalismo e intransigência contra a biografia. Um jornalista chegou a dizer que tinha obsessão por esse tema e defendeu a necessidade de se ficar no assunto para torcê-lo, quará-lo, enxaguá-lo, bater e secar até sair a última gota e depois esticá-lo ao sol, como fazem as lavadeiras de Palmeiras dos Índios à beira do rio. Enquanto isso não for triturado e moído, não devemos parar de falar nele, pois o precedente aberto foi seríssimo.

Roberto Carlos foi então aconselhado por seus assessores a dar uma entrevista para o *Fantástico* e se explicar de uma vez por todas. A condição para a entrevista foi a de que o artista não podia ser contraditado. Ou seja, seria a palavra dele e a de mais ninguém. Por isso, dessa vez a produção do *Fantástico* nem tentou agendar uma entrevista comigo. Para não dizer que não ouviu o outro lado, foi mostrada na abertura da reportagem uma imagem minha, de arquivo, à saída da audiência do fórum da Barra Funda. E então, em tom levemente irônico, o locutor Cid Moreira me apresenta como "um autor que se diz fã do rei desde criancinha". Nessa mesma sequência, à saída do fórum, apareço à frente de vários microfones, dizendo uma frase meio truncada com duração de sete segundos. "E eu queria que Roberto Carlos tivesse também um livro assim, que analisasse em profundidade a sua trajetória na música brasileira".

Em seguida mostrou-se outro depoimento de arquivo, o de Paulo Coelho, já visto no programa anterior, com duração também de sete segundos, e outro de Fernando Morais, de quatro segundos — ambos falando do surgimento de uma "censura togada no Brasil". Nisso se resumiu a participação de outras vozes, e os três depoimentos somados duraram dezoito segundos. Depois disso, só deu Roberto Carlos, soberano, cantando e falando ao longo de toda a reportagem. Sua participação somou, no cronômetro, 8 minutos e 35 segundos — o que em televisão é uma diferença gigantesca.

Coube à jornalista Lília Teles, então correspondente da TV Globo em Nova York, realizar a entrevista com o cantor, que foi feita antes de um show dele no Carnival Center, em Miami. A composição da cena ficou perfeita para o propósito da reportagem: o cantor deu a entrevista de pé, no palco, trajando camiseta azul, à frente de um cenário repleto de *moving lights* que lembrava um céu estrelado. Parecia uma daquelas peças promocionais para lançamento de um filme.

Depois de Lília afirmar que aquela era "a maior polêmica em que Roberto Carlos já se envolveu desde o início da carreira", o cantor aparece para explicar por que ficara tão incomodado com *Roberto Carlos em detalhes*. "Em primeiro lugar, não vejo por que uma biografia não autorizada, se eu poderia autorizá-la, se me fosse consultado, né? Se eu estou aqui — diz, sorrindo — por que não autorizá-la, se ela pode ser autorizada?"

Se a produção do *Fantástico* tivesse me entrevistado, eu teria contado algumas das minhas inúmeras tentativas de entrevistar o artista para o livro e das dezenas de vezes em que falei da obra para os seus assessores. Em entrevistas anteriores, o cantor simplesmente reclamava de a obra ser não autorizada e de que o autor teria se apropriando de um patrimônio dele, a sua história. Agora ele pareceu mais generoso, menos radical, sugerindo que tudo poderia ter sido diferente.

Na sequência, Lília Teles perguntou a Roberto Carlos de forma enfática: "Você autorizaria se o autor tivesse te pedido?". O cantor desviou seus olhos da repórter, pensou por alguns segundos, respirou, em claro sinal de hesitação na resposta. É possível deduzir que o artista ficou frente a um dilema: mentir ou se contradizer. Se respondesse "sim", que me teria dado autorização, estaria faltando com a verdade para si mesmo e para com o público. Se respondesse "não", que não daria autorização mesmo que eu pedisse, estaria contradizendo o que ele, sorrindo, afirmara minutos antes. Ele tinha afirmado que poderia dar autorização não apenas no *Fantástico*; naquela mesma semana, havia também concedido entrevista à popular apresentadora Mariela Encarnación, da Mega TV, canal 22, de Miami, que quis entender o porquê de sua irritação com *Roberto Carlos em detalhes*. A resposta dele tinha sido em tom bastante descontraído: "Creio que uma biografia não deve ser não autorizada, e sim autorizada. Se estou aqui, creio que o correto seria me perguntar se quero isso, inclusive para dar uma contribuição minha a esta biografia".

Agora Roberto Carlos estava diante de uma pergunta clara e objetiva de Lília Teles. Entre mentir e se contradizer, ele preferiu a segunda opção e, olhando novamente de frente para a repórter, respondeu: "Não". A edição da matéria amenizou um pouco o contraditório da sua resposta, porque logo após o "não" há um corte na imagem e ele prossegue falando que "invasão de privacidade é uma coisa muito séria". Porém, em um trecho mais à frente, é possível identificar que o complemento ao "não" foi outro: "Porque eu pretendo escrever meu livro, ditar meu livro para alguém escrever. Gostaria que meu livro, vamos dizer, a minha história, a minha biografia, gostaria que fosse orientada por mim".

De qualquer forma, a pergunta da repórter foi o único momento de desconforto para Roberto Carlos em todo o programa. Depois de explicar o primeiro motivo para sua irritação com o livro, ele nomeou o segundo: "A invasão de privacidade, que para mim é uma coisa fundamental em ser protegida". O curioso é que, embora estivesse ali para protestar contra um livro que teria exposto a sua vida pessoal, o único assunto público tratado por Roberto Carlos na entrevista foi exatamente a proibição do livro. As demais perguntas giraram em torno de sua intimidade e privacidade. Uma delas, por exemplo, foi sobre a vida amorosa de Roberto Carlos. "Você está namorando ou não está namorando?", quis saber a jornalista. E o cantor, como sempre, respondeu de forma descontraída. "Não, não estou. Mas sempre, a toda hora, me arranjam uma namorada." "Essas namoradas não existem?", insistiu Lília Teles. "Não, não existem", afirmou o cantor. Outra pergunta foi sobre a sua implicância com a cor marrom e mais outra sobre a evolução de seu tratamento do transtorno obsessivo-compulsivo. "Eu não estou curado, estou melhor. Tenho que fazer muita terapia ainda", confessou o artista, sorrindo, não demonstrando incômodo algum com esse tipo de pergunta.

Roberto Carlos nada falou sobre o Brasil, sobre o governo Lula, sobre o papel dos Estados Unidos no mundo. É assim desde que ele despontou para o sucesso, há mais de quarenta anos. Como não gosta de falar de política e também não se interessa por filosofia, economia, sociologia ou literatura, os temas de suas entrevistas costumam ficar restritos basicamente à sua vida pessoal e a alguns aspectos da carreira. Foi o que aconteceu mais uma vez nesse depoimento ao *Fantástico*, em que, para justificar a censura a um livro, argumentou que "privacidade é uma coisa fundamental em ser protegida".

Em alguns momentos da reportagem, em meio às falas, são exibidas algumas páginas de *Roberto Carlos em detalhes*. Nenhuma foi escolhida aleatoriamente pela produção do programa. Das 504 páginas da biografia, são mostradas exatamente aquelas em que aparecem frases como "já comi fã sim", "uma puta zorra" e "tentavam levar as meninas". O telespectador, obviamente, não identifica o contexto em que essas frases estão inseridas no livro, mas elas servem para reforçar os argumentos de Roberto Carlos.

Em outro momento da entrevista, o cantor procurou explicar os fundamentos jurídicos do processo que moveu contra mim. "Antes de entrar com essa ação, eu logicamente consultei os meus advogados, que direito eu tinha dentro da lei, dentro da Constituição, em relação a isso. E, consultado, foi visto e se chegou à conclusão que a lei realmente protege a privacidade de todo mundo, de todo cidadão. Enfim, dentro da lei é que nós tomamos essa decisão e entramos com a ação." A jornalista fez uma ponderação: "Mesmo você sendo uma pessoa pública?". O cantor respondeu: "É a mesma coisa. A lei diz isso".

Mais uma vez, ficou flagrante o problema de se dar voz apenas a uma das partes de uma polêmica. Como a reportagem também não ouviu nenhum especialista em direito constitucional, ficou valendo para o grande público essa afirmação de Roberto Carlos. A limitação do discurso único é também evidente no momento da entrevista em que o cantor comentou o desfecho da audiência de conciliação. "Tem uma coisa que eu acho que precisa ficar muito clara: o livro saiu de circulação por um acordo. Não foi julgado. Não foi proibido o livro pela Justiça. O livro saiu de circulação por um acordo. Eles podiam não ter topado o acordo. O acordo foi feito porque eles toparam."

De fato, mas o que Roberto Carlos não disse — e a reportagem do *Fantástico* nada informou — foram as circunstâncias em que se realizou tal acordo. Ficou gritante a ausência de outro daqueles princípios editoriais defendidos no documento das Organizações Globo: o de que numa reportagem "o contraditório deve ser sempre acolhido, o que implica dizer que todos os diretamente envolvidos no assunto têm direito à sua versão sobre os fatos, à expressão de seus pontos de vista ou a dar as explicações que considerarem convenientes".

Roberto Carlos também reafirmou o que dissera na coletiva em Miami: que não iria queimar os livros, mas que estava em dúvida sobre o que fazer com os exemplares apreendidos, mandar reciclar ou guardá-los para sempre. "A gente não decidiu ainda o que fazer. Mas com certeza queimar o livro nunca passou pela minha cabeça", repetiu, sorrindo — como se fizesse grande diferença um livro ser destruído dessa ou daquela forma.

Guardar para sempre nesse caso é apenas uma forma mais lenta de destruição, pois os quase 11 mil exemplares ficariam em um galpão até serem totalmente comidos pelas traças. A ideia de reciclar seria uma forma mais ecológica de dar fim à pilha de livros; já a incineração é a maneira mais rápida de destruir tudo — como o cantor mandou fazer com o livro de seu ex-mordomo, em 1979.

Ao fim da reportagem, Lília Teles afirmou que o cantor saíra magoado do episódio da biografia, principalmente pelo julgamento que sofreu de algumas pessoas. Ele confirmou que as críticas o tinham incomodado, mas que, por outro lado, estava seguro da sua atitude. "Estou tranquilo em relação ao que eu fiz. Tenho certeza que não fiz nada de errado, porque fiz, sobretudo, o que a lei me permite. Eu acho que a lei protege as pessoas que agem corretamente."

Encerrada aquela matéria, a TV Globo colocou uma pedra sobre o tema *Roberto Carlos em detalhes*. A partir daí — e até a polêmica do Procure Saber, em 2013 — não se comentou mais nada relacionado ao livro em nenhum dos programas da emissora. Total silêncio sobre os desdobramentos da polêmica, a reabertura do processo, as novas manifestações da Justiça. O depoimento de Roberto Carlos ficou como uma espécie de palavra final e definitiva sobre o caso na programação da emissora.

Situação bem diferente aconteceu em relação à programação de SBT, TV Record, TV Cultura, TV Bandeirantes, Rede TV!, TV Brasil, GNT e outras emissoras do país. Fui entrevistado ou o caso foi comentado nos programas de Silvio Santos, Hebe Camargo, Marília Gabriela, Amaury Jr., Tom Cavalcante, Ana Hickmann, Ronnie Von, Olga Bongiovanni, Adriane Galisteu, Monica Waldvogel, Ratinho, Leda Nagle, Ney Gonçalves Dias, Claudete Troiano... O programa *Observatório da Imprensa*, apresentado pelo jornalista Alberto Dines na TV Brasil, dedicou uma de suas edições exclusivamente ao caso. E não me foi possível atender aos convites para participar de outros programas, como *Domingo Legal*, de Gugu Liberato, e *Super Pop*, de Luciana Gimenez.

Alguns desses apresentadores não se furtavam a se posicionar sobre o caso, a favor ou contra o livro. O popular Carlos Massa, o Ratinho, por exemplo, foi enfático no seu programa no SBT. De porrete na mão, batendo na mesa, ele esbravejou: "Eu acho que Roberto Carlos está certo em processar esse cara. Porque ele está falando no livro coisas que não são verdadeiras. Então tem que processar. Falou, tem que provar! Não falou? Então prova! Parabéns ao Roberto Carlos. Parabéns mesmo! Tem que processar. E tem que processar a editora também, porque geralmente o pé de macaco não tem dinheiro para pagar a multa. Tem que processar a editora. Não é bom? Assuma!". Já Marília Gabriela manifestou sua discordância de Roberto Carlos durante a entrevista que fez comigo no seu programa no canal GNT. "Uma imagem que ficou pra mim muito marcante foi a de você sair daquela audiência chorando. E eu fiquei imaginando o que foi que motivou aquelas lágrimas: se foi saber que você não ia ter sua obra lida ou se foi porque seu ídolo fez essa cachorrada com você?"

O apresentador Amaury Jr. também se entrou na polêmica: "Roberto Carlos, eu sei que você vê o meu programa". E, segurando a biografia em uma das mãos disse, "Paulo Cesar de Araújo fez isto aqui para te homenagear. Esse livro tem que voltar a circular. Roberto, faça isto. Você bem sabe o quanto eu o respeito, o quanto eu o admiro, mas nesse caso do Paulo Cesar você devia deixar andar". Contemporâneo de Roberto Carlos na Jovem Guarda — e autor de um de seus sucessos, "Pra ser só minha mulher", o cantor Ronnie Von lhe fez apelo semelhante no programa que apresenta na TV Gazeta, de São Paulo. "Ô bonitão, ô rei, o livro do Paulo Cesar é apenas um tributo a você; é pra te levantar ainda mais, se é que há espaço, pois você está sempre no topo. Entenda por esse lado: as pessoas te amam, você é unanimidade, não é hora de criar um caso desses com alguém que também te ama e quer fazer de você maior ainda do que você já é."

A postura da Globo se tornou ainda mais evidente ao longo de 2009, durante as comemorações dos cinquenta anos de carreira de Roberto Carlos. A emissora participou ativamente do evento, apresentando programas especiais e espetáculos, como o show do cantor no Maracanã. Na época, algumas publicações — *Veja*, *O Globo* e *Folha de S.Paulo* — também deram destaque à data e citaram, entre os fatos que marcaram a carreira do cantor, a polêmica proibição de sua biografia não autorizada. No meio de um dos textos sobre Roberto Carlos, *O Globo* até deu crédito à obra "da qual tiramos muitas informações para essa reportagem". A TV Globo continuou evitando qualquer referência ao livro e ao seu autor.

Em julho daquele ano, a emissora exibiu um *Globo Repórter* especial sobre a carreira do artista: da infância pobre em Cachoeiro de Itapemirim aos dias de glória. Na entrevista que concedeu ao apresentador Sérgio Chapelin, o cantor chegou a responder uma pergunta sobre a biografia que um dia pretende escrever, mas não se falou em todo o programa sobre a biografia que ele mandou proibir. *Roberto Carlos em detalhes*, porém, permanecia como uma sombra incômoda, porque o site oficial do *Globo Repórter* anunciou aquela edição do programa com a mensagem "Conheça a verdadeira história de Roberto Carlos".

Por tudo isso, ao fim de seu show comemorativo de cinquenta anos de carreira, no Maracanã, Roberto Carlos agradeceu não apenas ao público e aos patrocinadores Itaú e Nestlé, mas também à Rede Globo de Televisão "pelo apoio e parceria ao longo de todos esses anos".

12. O debate no Congresso

O projeto fala em acesso à cultura. Mas desde quando deixar um oportunista escrever para ganhar dinheiro é cultura?

Dody Sirena

"Se a ação cível tiver continuidade, aí o Paulo Cesar que prepare o bolso." A advertência, feita por um dos advogados de Roberto Carlos, o criminalista Norberto Flach, foi publicada na *Folha de S.Paulo*, na quinta-feira, 5 de julho de 2007. O que provocou essa reação dele foi uma nota da coluna de Ancelmo Gois em *O Globo* sob o título "O show não terminou". Trazia a informação de que eu havia contratado uma advogada para contestar na Justiça a proibição do livro.

Ao contrário do que Roberto Carlos e seus defensores desejavam, o caso não estava encerrado. A advogada carioca Deborah Sztajnberg apresentou na 20ª Vara Cível do Rio a minha contestação pedindo a cassação da liminar que vetara a biografia. Depois ela também apresentou a minha rejeição da proposta do acordo, no fórum criminal em São Paulo. Em entrevista à imprensa, a advogada da Planeta, Rosa Brandão Bicker, pareceu também preocupada com a minha decisão. "O Paulo Cesar ficou seis horas numa sala de audiência na Justiça. Ele não pode voltar atrás, vai entrar numa aventura."

Especialista em direito do entretenimento, Deborah Sztajnberg é advogada de diversos artistas e produtores. Conhecemo-nos em julho de 2005, quando entrevistei o tecladista Lafayette, músico da Jovem Guarda que gravava com Roberto Carlos. Era a minha segunda entrevista com ele, pouco antes de sua apresentação com a banda Os Tremendões numa casa de shows no Rio. Deborah também estava no camarim e veio falar comigo, pois adotava o livro *Eu não sou cachorro, não* nas aulas que dava em uma faculdade. Conversamos, trocamos telefones e ficamos de combinar uma palestra para seus alunos. Quando surgiu a notícia da ação de Roberto Carlos contra mim, Deborah me procurou se oferecendo para fazer a defesa. Ao saber que o caso já estava nas mãos dos advogados da Planeta, apenas me fez uma advertência. "Cuidado, porque os interesses de uma editora nem sempre são os mesmos de um autor." Mas acho que nem ela imaginava que a editora espanhola fosse desistir da briga tão rapidamente. Diante disso, decidi constituir a minha própria defesa e contratei Deborah Sztajnberg.

Como eu ainda não havia sido citado no processo cível — porque o imbróglio da notificação, que tinha ido para o meu homônimo, o cabista da Telerj, ainda não tinha se resolvido —, a primeira providência da advogada foi apresentar a contestação visando derrubar a liminar que proibira a circulação do livro. Ela rebateu ponto por ponto todas as acusações de Roberto Carlos. Então surgiu um novo personagem na história: a juíza Márcia Cristina Cardoso de Barros, titular da 20ª Vara Cível do Rio, que aceitou a minha contestação e pediu para o cantor se manifestar. "Por essa o rei Roberto Carlos não esperava", disse Joaquim Ferreira dos Santos em sua coluna em *O Globo*.

> A uma semana de embarcar em seu cruzeiro anual, com todas as cabines vendidas, o cantor terá dez dias para, junto com seus advogados, preparar uma réplica a todas as alegações contidas na contestação de Paulo Cesar de Araújo, elaborada pela advogada Deborah Sztajnberg. A contestação tem 68 páginas.

Antes disso, porém, houve a manifestação do juiz-cantor Tércio Pires, do fórum criminal paulista. E, como era previsível, a resposta dele foi totalmente favorável a Roberto Carlos. Ao receber a minha rejeição de proposta do acordo, o juiz pediu para a outra parte se manifestar. O cantor, porém, nada respondeu, deixou pra lá. O juiz então determinou o arquivamento do processo criminal sob o argumento de que "descabe desistência de transação que já se consumou" e que caberia ao titular da ação, Roberto Carlos, dizer sobre o prosseguimento, "o que não foi feito". Ressalte-se, porém, que o juiz arquivou o processo sem que antes o acordo fosse homologado na Justiça — falha técnica que mais adiante será cobrada por um dos desembargadores que julgará o caso.

Na réplica à minha contestação, Roberto Carlos procurou enfatizar que o caso estava encerrado porque "houve homologação judicial da transação firmada entre as partes" no fórum criminal em São Paulo, e que na ocasião o réu "estava devidamente acompanhado de seus advogados". Diz também que agora eu estaria apenas "acometido de um surto de arrependimento tardio", e que o livro "publicado ilegalmente" continuaria fora das livrarias porque o acordo "pôs uma pá definitiva de cal sobre o assunto". Acordo que, enfatiza, "livrou o réu da possibilidade de ser condenado criminalmente pelos seus atos". Seguindo no tom agressivo, ele diz que eu estaria agora "litigando de má-fé" e que minha contestação não merecia "qualquer atenção especial com relação ao mérito da causa".

Feita a contestação do réu e manifestada a réplica do rei, ficamos no aguardo da decisão da juíza. Enquanto isso, na última semana de fevereiro, Roberto Carlos embarcava para seu tradicional cruzeiro marítimo, dessa vez em um novo navio, o *Costa Mágica*, levando 3250 pessoas a bordo, entre elas convidados como Luciano Huck, Carlinhos de Jesus, Ary Toledo e integrantes da escola de samba Beija-Flor. Mas havia também um passageiro clandestino, segundo o próprio confessou na sua página em *O Globo*: Agamenon Mendes Pedreira, o "velho homem da imprensa" criado pelos humoristas Hubert e Marcelo Madureira, que voltavam a debochar da censura a *Roberto Carlos em detalhes*.

Agamenon disse que, ao entrar no navio, encontrou o cantor

numa boa, refestelado numa espreguiçadeira com um drinque na mão. Aos pés do Rei uma pedicure e um marceneiro se revezavam para dar um trato nos calos do maior artista brasileiro de todos os tempos. Para completar aquele momento de relax, o Rei arrancou mais uma página de sua biografia autoproibida e preparou um cigarro de palha.

E continua Agamenon:

> Enquanto carburava o livro, Roberto e eu ficamos apreciando a mulherada que circulava no navio. A média de idade deveria ser de mais ou menos uns quatrocentos anos. As mulheres eram tão velhas que, se a Dercy resolvesse participar do cruzeiro, pagaria meia-entrada. Seios flácidos, pelancas e estrias se arrastavam pelo convés enquanto as senhoras lançavam olhares convidativos ao Rei, que não parava de autografar pílulas de Pharmaton e comprimidos de Viagra.

Com o título de "Tu é rei que eu sei!", essa nova sátira a Roberto Carlos pelos redatores da coluna do Agamenon provocou indignação no staff do artista. O maestro Eduardo Lages, por exemplo, exclamou na sua página na internet: "Vergonha!!! Às vezes sinto vergonha de ser brasileiro...". E explicou:

> Uma coisa que me tira do sério é a covardia. Nada mais covarde e desrespeitoso do que alguém usar um veículo poderoso como o jornal *O Globo* para fazer chacota com um artista que independentemente do gosto musical de quem quer que seja, é um patrimônio mundial e um orgulho do nosso país como é o caso do Roberto Carlos. Zombar de algum acidente trágico na infância do cantor, de algum transtorno obsessivo-compulsivo ou mesmo de uma geração de fãs que chegam à mais linda das idades, é revoltante.

Após reproduzir trechos da sátira, Lages disse que "é no mínimo de extremo mau gosto fazer esse tipo de humor [...]. Qual a intenção de ridicularizar um artista dessa magnitude? patrulhamento? ódio?", indagava o maestro de Roberto Carlos, levando muito a sério o que os leitores sempre entenderam como uma divertida brincadeira dos humoristas do *Casseta & Planeta*.

Retomando de vez a trilha internacional, em 2008 Roberto Carlos iniciou uma grande turnê pelos países da América. "É um prazer voltar a encontrar os senhores depois de tanto tempo. Sempre me lembro que em Buenos Aires comecei minha carreira em espanhol", disse o cantor aos 7 mil espectadores que assistiam ao seu show no Luna Park, principal casa de concertos da Argentina. Era o dia 24 de abril, quando aqui no Brasil a juíza Márcia Cristina Cardoso de Barros profecia a sentença sobre o nosso caso. A expectativa pelo resultado da minha alegação chegava ao fim. E, para dissabor da outra parte, ela deu atenção especial ao mérito da causa. Invasão de privacidade, uso indevido de imagem, exploração comercial de seu nome — nenhuma dessas acusações que Roberto Carlos me fez foi aceita por ela. O artigo 20 do Código Civil, tão citado pelos seus advogados, foi analisado pela juíza à luz de outros direitos. Ela diz que, para o caso específico de Roberto Carlos

> não se aplica o estabelecido no artigo 20 do Código Civil em vigor, porque pessoas célebres, em face do interesse que despertam na sociedade, sofrem restrição no seu direto à imagem. Admite-se que elas tacitamente consentem na propagação de sua imagem como uma consequência natural da própria notoriedade que desfrutam.

Sobre a reclamação do cantor de que eu estaria obtendo indevidamente ganhos financeiros com a sua história, a magistrada diz que o uso não autorizado de imagem de alguém também pode ocorrer "sempre que indispensável à afirmação de outro direito fundamental, especialmente o direito à informação, compreendendo a liberdade de expressão e o direito a ser informado". Por essa presunção de interesse público nas informações, diz ela, fica justificada a utilização da imagem alheia "mesmo na presença de finalidade comercial, que acompanha os meios de comunicação no regime capitalista".

A juíza Márcia Cristina evocou também em sua sentença aspectos históricos, ao dizer que

> a consagração da liberdade de expressão como direito inalienável do homem se dá quando a concepção de mundo na qual se apoia a sociedade medieval, fundada na existência de dogmas, verdades reveladas, não passíveis de contestação — é substituída pelo paradigma iluminista, calcado na capacidade racional e moral dos indivíduos, pilar de sustentação do Estado moderno.

Além de opor iluminismo com época medieval, a juíza levou em consideração a personalidade de Roberto Carlos, e, por isso, ela afirma na sentença que o interesse processual não pode firmar-se na obsessão compulsiva de tudo controlar sobre si mesmo, com o alheamento do direito democrático constitucional de informação, sobrepujador do direito à proteção da imagem e da honra, se a pessoa é pública e a informação verdadeira.

Entretanto, apesar dessa manifestação inequívoca a favor do réu, a juíza Márcia Cristina manteve a proibição desejada pelo rei. E seu argumento foi apenas um: "a transação celebrada pelas partes no foro da capital de São Paulo". Ainda assim, ela condenou Roberto Carlos "no pagamento das custas processuais e em honorários advocatícios".

Foi uma sentença incomum, porque a juíza poderia simplesmente ter evocado o acordo e dado o processo por extinto. Porém ela aceitou a minha contestação, ouviu também o outro lado, entrou no mérito da questão, julgou e condenou o cantor. No entanto, ela não fez o mais importante: liberar o livro. Obtive uma vitória apenas parcial, mas importante, pois a fundamentação da magistrada foi contra perigosos precedentes, como a liminar dada pelo juiz do cível, Maurício Chaves de Souza Lima, e a pressão do juiz-cantor pelo acordo que condenou o livro no âmbito criminal. Ao contrário desses juízes, que se valeram de regras gerais para julgar um caso específico, Márcia Cristina analisou o processo na sua especificidade. Ela certamente leu *Roberto Carlos em detalhes* antes de proferir a sentença. Enfim, a juíza trabalhou, julgou, e não apenas aplicou o artigo 20 do Código Civil. "A gente não concorda com o que a juíza afirma. É o ponto de vista dela, a gente respeita, mas não concorda", disse Marcos Antônio Campos, enfatizando, porém, que ele não iria recorrer da sentença. Afinal de contas, a biografia continuava proibida.

A argumentação da magistrada deixou claro que meu livro está amparado pela legislação do país e que não cometi nenhum daqueles crimes de que fui acusado por Roberto Carlos. Isso já tinha sido enfatizado por renomados juristas e advogados, como o ex-ministro Saulo Ramos. Mas dessa vez foi a palavra de uma juíza titular que trabalhou no caso, analisou os autos e proferiu a sentença.

Na mesma época em que se noticiava o julgamento da contestação, um fato da vida íntima de Roberto Carlos também atraía a atenção da mídia: o seu antigo romance com a ex-manequim Maria Stella Splendore, quando ela era casada com o estilista Dener. O caso voltava à tona por conta do lançamento, em março de 2008, do livro de memórias dela, *Sri Splendore: Uma história de vida*. O livro, de 114 páginas e edição independente, teve repercussão apenas por causa do segundo capítulo, "Vida de celebridade". Ali Maria Stella narra como se dividia entre o marido e Roberto Carlos, além de outras indiscrições do romance vivido com o cantor, em 1966, quando ela tinha apenas dezessete anos. "Dener foi o primeiro homem na minha vida, com quem fiz sexo, e Roberto Carlos foi o segundo. Eu disse isso a ele", afirma na página 62, confessando que o triângulo amoroso deixou um ponto de interrogação na sua cabeça: até então não sabia quem era o pai de sua filha, Maria Leopoldina, nascida no ano seguinte. "Como saber? Afinal, havia saído com Roberto e, na mesma época, havia estado com meu marido."

Nunca antes uma mulher tinha exposto tão franca e abertamente uma relação extraconjugal com Roberto Carlos. E mais: o livro de Maria Stella Splendore foi lançado justo na época em que o artista se mobilizava contra um livro que ele acusava de expor a "sua intimidade e vida privada". Daí o natural interesse da imprensa em saber qual seria a atitude de Roberto Carlos em relação ao livro dela. Questionado pela *Folha de S.Paulo*, o advogado Marco Antônio Campos respondeu que nada fariam, pois se tratava de casos juridicamente diferentes. "A razão é que ela está falando sobre a própria vida. No outro livro, o autor escrevia sobre terceiros."

Ao ler essa resposta, entendi então que o problema não é escrever sobre a vida pessoal de Roberto Carlos, mas quem escreve. Se é um historiador ou pesquisador, não pode. Por essa lógica, só a marquesa de Santos poderia ter escrito sobre seu romance com d. Pedro I ou; no caso dos Estados Unidos, só a ex-estagiária Monica Lewinsky poderia narrar o que aconteceu entre ela e Bill Clinton na Casa Branca. Qualquer historiador seria desautorizado por estar falando de "terceiros". Ora, um biógrafo sempre escreve sobre terceiros, e se essa for razão para impedi-lo de produzir, será o fim de um gênero literário que, desde a Antiguidade, com Plutarco, tem contribuído para o estudo das sociedades.

Te cuida, Ariano Suassuna! Outro autor brasileiro, dessa feita um baiano de Vitória da Conquista, está fazendo escola na seara das "aulas-show" que celebrizaram o paraibano de *A pedra do reino*. O fato deu-se na Livraria da Vila, da alameda Lorena, na noite de segunda-feira. O astro era Paulo Cesar de Araújo, autor da biografia não autorizada *Roberto Carlos em detalhes*.

Nessa matéria de *O Estado de S. Paulo*, o repórter destacava, com certo exagero, como arranquei gargalhadas da plateia ao contar episódios dos bastidores da pesquisa e da proibição do livro. Quem esperava encontrar um autor ressentido ou muito lamentoso, acabou mesmo se divertindo no auditório daquela livraria paulistana.

A palestra foi uma das primeiras que realizei após a fatídica audiência. Privado da minha obra — e quase proibido de poder falar sobre ela —, me restou como trunfo, ou ato de resistência, contar a história, e procurei fazer isso sempre da forma mais leve possível. Convites chegavam de todos os lugares do país, para falar em espaços como escolas, faculdades, centros de cultura, bienais do livro... Foi quando finalmente pude conhecer melhor o Brasil, suas capitais e cidades históricas, como Diamantina, Olinda, Natal, Brasília, Ouro Preto, Mossoró, Joinville... Muitas pessoas sabiam do caso, outras tantas já tinham lido a biografia, mas queriam também conhecer melhor o autor, ouvir a sua versão.

Em junho de 2007, eu estava no palco da Festa Literária Internacional de Paraty, a Flip. Era a quinta edição do evento literário, que naquele ano homenageava Nelson Rodrigues. Participei de um debate ao lado de Ruy Castro e Fernando Morais, autores que também tiveram livros proibidos pela Justiça. A mesa "A vida como ela foi" tinha como tema o gênero biográfico e a experiência de cada um de nós com a censura. Os mais de oitocentos lugares da Tenda dos Autores estavam ocupados naquela manhã em Paraty; lá fora, na Tenda da Matriz, mais de mil pessoas acompanhavam o debate por um telão.

Ruy Castro contou detalhes do processo da proibição da biografia *Estrela solitária*, sobre o jogador Mané Garrincha, e Fernando Morais, os do seu livro *Na toca dos leões*, que aborda a trajetória da agência W/Brasil, de Washington Olivetto, mas que foi proibido depois de uma ação movida pelo deputado Ronaldo Caiado, citado na obra. "Estamos vivendo uma censura togada no Brasil", denunciou o autor de *Olga*. E explicou: "Hoje faz exatamente 31 anos que o último censor retirou-se de uma redação, mas a censura não acabou. Os de hoje não são fardados, usam toga".

Como geralmente acontece, narrei com bom humor o meu caso, Ruy e Fernando Morais também arrancaram risos da plateia, mas, em determinado momento, não me contive e chorei — na única vez em que isso aconteceu num auditório. Ainda hoje ressoa em mim o caloroso aplauso que recebi do público em Paraty. O jornalista Marcos Lauro assim resumiu aquele debate na Flip: "Foi uma mesa emocionante e ao mesmo tempo divertida". E de consequências para a luta por maiores liberdades de expressão no Brasil, eu acrescentaria.

Em meio ao nosso debate, definiu-se a primeira iniciativa mais concreta contra a censura de biografias no país. Cassiano Elek Machado, mediador da mesa e curador daquela edição da Flip, leu uma proposta sugerida por alguém da plateia: enviar um abaixo-assinado ao Congresso Nacional pela modificação da lei que favorece a proibição de biografias. A sugestão foi prontamente aceita por nós e pelo público, que mais uma vez se manifestou com uma salva de palmas. "A Flip pode ter um peso político grande, não só pelas assinaturas dos autores nacionais aqui reunidos, mas também dos escritores estrangeiros. Temos dois Nobel em Paraty", disse Ruy Castro, numa referência aos sul-africanos J.M. Coetzee e Nadine Gordimer, que naquele ano participavam do festival.

Folhas de caderno surgiram de repente, circularam na plateia, eu e vários autores cravamos nossas assinaturas, mas depois não se soube do paradeiro do abaixo-assinado. A ideia, porém, não se perdeu, porque logo em seguida foi encampada pelo Blog do Galeno, do jornalista e escritor Galeno Amorim, então diretor do Instituto de Desenvolvimento de Estudos Avançados do Livro e da Leitura (e futuro presidente da Fundação Biblioteca Nacional). Galeno era muito ligado ao então deputado federal Antonio Palocci, de quem tinha sido secretário de Cultura na prefeitura de Ribeirão Preto. A partir de discussões travadas no seu blog, ele orientou o deputado a apresentar um projeto de lei para modificar o famigerado artigo 20 do Código Civil, ao qual tanto se agarram herdeiros de biografados e Roberto Carlos para censurar ou impedir a publicação de livros no Brasil.

Minha advogada e eu fomos ouvidos e demos sugestões ao texto do projeto. Assim fizeram outros biógrafos e seus respectivos advogados, além de editores e dirigentes de entidades de classe como Paulo Rocco, então presidente do Sindicado Nacional dos Editores de Livros. Houve também um amplo debate no blog do Observatório do Livro e da Leitura, com a participação de leitores e demais interessados no tema. Em abril de 2008 estava definido o Projeto de

Lei nº 3378/08, que ficaria depois mais conhecido como Lei das Biografias. "Hoje faz exatamente um ano que o juiz Tércio Pires comandou um acordo entre representantes do cantor Roberto Carlos e da editora Planeta", lembrou o jornalista Ubiratan Brasil em reportagem de *O Estado de S. Paulo* que destacava o projeto de Antonio Palocci, que dali a uma semana seria protocolado na Câmara dos Deputados, em Brasília.

> Parágrafo único: É livre a divulgação de imagem e informações biográficas sobre pessoas de notoriedade pública, cuja trajetória pessoal tenha dimensão pública ou cuja vida esteja inserida em acontecimentos de interesse da coletividade.
> Art. 2º. Esta lei entra em vigor na data da sua publicação, revogadas as disposições em contrário.

Apesar de o debate e o próprio nome da lei enfatizarem a publicação de biografias, o projeto era mais amplo, pois beneficiava também a produção de documentários de cinema, séries de TV ou peças de teatro, ou seja, tudo aquilo que envolve a imagem e informações biográficas de uma pessoa famosa. Para quem pautou sua vida pelo anonimato, continuaria valendo o direito à privacidade. E, para o caso de eventuais ofensas ou inverdades, o reclamante, famoso ou não, poderia se valer de mecanismos que já existem na legislação, como as indenizações. O que não seria mais permitido era a censura prévia de um livro ou filme ou a apreensão da obra, práticas incompatíveis com um Estado democrático de direito.

Em sua essência, a Lei das biografias fazia a distinção entre pessoas famosas e anônimas no que se refere à veiculação de informações. "Não se pode proibir que se escreva a história do Brasil", justificou Antonio Palocci. Citando quase diretamente o caso Roberto Carlos, ele afirmou que sua proposta também buscava

> modificar um artigo da legislação em vigor que permite interpretar, equivocadamente, que ao escrever a biografia sobre uma pessoa de interesse público, o biógrafo estaria fazendo o uso indevido do direito de imagem da personagem biografada, movido por interesse comercial. É preciso levar em conta que biografias têm muito mais do que um mero interesse comercial. Elas são, na verdade, obras de grande valor histórico e cultural e, portanto, de interesse público. Todo

mundo sabe que um livro, para ser lançado, demanda pesquisa, produção e um investimento alto, que só será recuperado com seu lançamento como produto no mercado"

Palocci ainda enfatizou que "informar, analisar e apresentar aos leitores esses dados, inclusive fazendo uso de fotografias e documentos históricos, não pode ser confundido com exploração comercial não autorizada da imagem de personagens notoriamente do interesse público".

Ao repercutir o fato naquela semana, a revista *Veja* afirmou que "se o projeto de lei for aprovado no Congresso, talvez no futuro os brasileiros possam ler a biografia não autorizada de Roberto Carlos. Ou, igualmente interessante, a de Antonio Palocci". Na época, o então deputado e médico-cirurgião não previa o turbilhão que o acometeria três anos depois, quando, no posto de ministro-chefe da Casa Civil do governo Dilma Rousseff, foi acusado de tráfico de influências e caiu pela segunda vez. A primeira queda tinha sido em março de 2006, durante o governo Lula, ao deixar o Ministério da Fazenda após o escândalo da quebra do sigilo bancário do caseiro Francenildo Santos Costa. Ao protocolar o projeto de lei a favor de maiores liberdades públicas no Brasil, Antonio Palocci estava com 48 anos e de certa forma procurava também reconstruir a sua imagem e enriquecer sua própria biografia. O projeto repercutiu, e Palocci ganhou o aplauso de diversas personalidades do mundo intelectual, além de elogios em editoriais e artigos na imprensa. "O projeto nasceu aqui no blog, no calor da proibição da biografia *Roberto Carlos em detalhes*, de Paulo Cesar de Araújo. Agora é acompanhar de perto o desenrolar da história no Congresso", disse Galeno Amorim, chamando a atenção para o local onde poderia ser decidida a sorte da Lei das biografias.

Eu sempre gostei de política. Em 1970, aos oito anos, acompanhei com interesse ao pé do rádio, junto com meu avô Josias, a apuração das eleições para prefeito em Vitória da Conquista. Eram tempos de bipartidarismo e, sem ainda saber a diferença entre um e outro, torci pela vitória de Jadiel Matos, do MDB, contra Nilton Gonçalves, candidato da Arena. Isso porque, certo dia, durante aquela campanha, acordei e vi colada na porta de todas as casas da vila em que eu morava uma flâmula verde com a imagem de um homem sorrindo, e logo abaixo a mensagem: "Jadiel é a esperança". Por alguma razão, aquilo me cativou, e aos oito anos fui acompanhar comícios de Jadiel pela cidade. No dia da apuração dos votos, não entedia por que meu avô tinha ficado feliz com a vitória de Nilton Gonçalves, se a esperança era Jadiel. Aliás, naquele ano — auge do "milagre" — a Arena ganhou do MDB em praticamente todo o país.

Depois seria a minha vez de ficar contente, pois Jadiel Matos venceu as eleições municipais de 1972 e também fez seu sucessor, Raul Ferraz, nas eleições de 1976. Quando me mudei para São Paulo, aos quinze anos, em 1978, eu já sabia a diferença entre um partido e outro, e torci para Fernando Henrique Cardoso nas eleições daquele ano para o Senado. Dois anos depois, com o fim do bipartidarismo, acompanhei alguns dos primeiros comícios de Lula pelo recém-fundado Partido dos Trabalhadores, na Vila Maria, bairro operário onde eu morava. E, em 1984, já residindo no Rio, fui com minha então namorada Rosemary e mais 1 milhão de pessoas pedir eleições diretas para presidente no histórico Comício da Candelária.

Nunca me identifiquei com a postura do meu ídolo Roberto Carlos em relação à política. Ao contrário de outros artistas de sua geração, ele evita falar do tema ou se envolver diretamente em campanhas contra partidos ou governos. A política é algo estranho para Roberto Carlos. Chega a ser uma ironia que exatamente ele, devido a uma atitude radical, tenha estimulado a criação de um projeto de lei que visa mudar um artigo da legislação do país. É ainda mais irônico que esse projeto tenha sido citado pelo colunista Ancelmo Gois em *O Globo* como "Lei Roberto Carlos" — numa referência a outras leis que tiveram patronos involuntários, como Lei Leila Diniz e Lei Carolina Dieckmann. Mas se há mesmo um marco para a iniciativa do então deputado Antonio Palocci, foi a radical e truculenta ação do cantor contra a biografia que escrevi. Se Roberto Carlos nunca quis ir à política, a política acabou indo à caça de Roberto Carlos.

O primeiro parlamentar a se pronunciar publicamente sobre o caso, ainda na fase inicial, foi o ex-deputado (e advogado) Roberto Jefferson, em janeiro de 2007. Ele, que pouco tempo antes estivera no centro do escândalo do Mensalão, agora criticava a atitude do artista. "O que, afinal, tem nesse livro? Há alguma revelação bombástica? Algo que, depois de tanto tempo de reinado, ninguém até hoje sabia?" Jefferson argumentava que, para eventuais ofensas no livro, "há um Código Penal cheio de artigos para protegê-lo, como também as defesas previstas no Código Civil, sem que seja necessário apelar para a censura". Depois de afirmar que no Brasil "o mar não está para peixe, e a tal liberdade de expressão anda com o ibope lá embaixo", o ex-deputado aconselhava aos que desejavam adquirir a biografia: "Corram, que a censura vem aí".

Outros políticos também se manifestariam, e alguns com medidas efetivas de apoio ao autor do livro proibido. Em agosto daquele ano, por exemplo, o colunista Joaquim Ferreira dos Santos informava em *O Globo*: "Niterói, a cidade que primeiro abrigou Roberto Carlos quando ele deixou Cachoeiro, em 1956, concede dia 31 o título de cidadão niteroiense ao biógrafo do Rei, Paulo Cesar de Araújo, morador na cidade". Recebi a honraria por iniciativa do vereador Paulo Eduardo Gomes, do PSOL, que na sua mensagem à Câmara Municipal justificou que "com a proibição de *Roberto Carlos em detalhes*, livro e autor se tornaram símbolos da luta pela consolidação da liberdade intelectual, sendo urgente que todos os democratas se manifestem contra o autoritarismo".

Uma segunda homenagem me foi concedida na época, pela Câmara Municipal do Rio de Janeiro: uma Moção de Reconhecimento "pela obra *Roberto Carlos em detalhes*" — proposta apresentada ao plenário pelo vereador Fausto Alves, do PTB.

Após ser protocolado na Câmara em maio de 2008, o projeto de Antonio Palocci teria de passar pelas Comissões Permanentes da Câmara, órgãos técnicos constituídos por deputados de todos os partidos, com o objetivo de dar pareceres sobre projetos apresentados, aprovando-os ou rejeitando-os. Conforme previsto no regimento interno da casa, se um projeto recebe parecer unânime das comissões, ele é aprovado em caráter conclusivo, ou seja, sem a necessidade de ir a plenário — a não ser que haja algum recurso de última hora. É uma forma de desafogar as sessões da Câmara ou do Senado e de acelerar a aprovação de um projeto de lei, seja ele bom ou ruim para a sociedade.

O projeto da lei de biografias teria de passar por pelo menos duas comissões, pela de Educação e Cultura e pela maior e mais difícil de todas, a Comissão de Constituição, Justiça e Cidadania. O então deputado federal (e futuro ministro da Justiça) José Eduardo Cardozo (PT-SP) foi designado relator do projeto, que inicialmente teve um trâmite considerado razoável, sendo aprovado na primeira comissão. Porém, mesmo com o parecer favorável do relator, o projeto não avançou na Comissão de Constituição, Justiça e Cidadania. Entre os mais ferrenhos críticos da proposta estava o ex-governador e ex-prefeito de São Paulo, deputado Paulo Maluf, personagem importante da história recente do país e sobre o qual ainda não se tinha nenhuma biografia publicada. Outro que bloqueou a votação foi o deputado Efraim Morais Filho (DEM-PB), sob a justificativa de que queria analisar melhor o projeto de Palocci. Como era esperado, o deputado e ex-líder da União Democrática Ruralista, Ronaldo Caiado, que havia processado o escritor Fernando Morais, também se opôs à mudança da legislação. "Sou contra a ideia de expor uma pessoa, pública ou não, ao humor de alguém que pretende escrever sobre aspectos de sua vida pessoal", justificaria depois. Assim se passariam os primeiros dois anos e meio de trâmite do projeto no Congresso. De obstrução em obstrução, deputados impediriam que a proposta avançasse no Parlamento.

O que acontecia no Congresso eu acompanhava apenas pelos jornais. De perto mesmo era minha luta para tentar reverter a proibição de *Roberto Carlos em detalhes*. Com esse objetivo, em agosto de 2008 minha advogada apresentou um recurso de apelação à 18ª Câmara Cível do Rio, uma instância superior. Ali ela reafirmou que apenas um lado foi ouvido na audiência de conciliação no fórum criminal paulista. Portanto, que o acordo entre as partes não fora consensual nem voluntário; faltava a opinião do escritor, o verdadeiro criador intelectual da obra literária, amparada pela lei cível.

Outra vez Roberto Carlos teve que se manifestar, e o fez evocando novamente o acordo no criminal e dirigindo a mim e ao livro basicamente as mesmas acusações anteriores. Afirmou, por exemplo, que faltaria a *Roberto Carlos em detalhes* "os elementos necessários para que seja classificado como obra biográfica, pois o autor tomou por base apenas matérias de jornais e outras publicações" — omitindo assim da Justiça que o livro listava o nome de 175 pessoas entrevistadas por mim ao longo de quinze anos de pesquisa. Concluiu afirmando que espera que "seja negado provimento à presente Apelação" e que seja o réu condenado por "litigância de má-fé".

Restava-nos mais uma vez aguardar a decisão da Justiça. Enquanto isso, em dezembro daquele ano, chegava às livrarias mais um livro sobre o cantor — e, tal qual a maioria de seus discos, trazendo na capa apenas o nome "Roberto Carlos". Escrito pelo jornalista Oscar Pilagallo para a série Folha Explica, da Publifolha, trata-se, segundo a editora, de um "ensaio musical-biográfico que rememora os cinquenta anos de carreira do cantor". É também um livro não autorizado — conforme disse na época o próprio autor — e que também aborda aspectos da vida pessoal de Roberto Carlos. No subcapítulo "Traumas", por exemplo, é narrado o acidente que, na infância, fez com que ele perdesse parte de sua perna direita. "Não escrevi o livro da perspectiva de súdito, que, aliás, não sou. O livro é crítico", afirmou Pilagallo. E o artista, que tanto reclamou de *Roberto Carlos em detalhes*, felizmente não se opôs ao perfil biográfico da Publifolha.

Esse fato, porém, não passou despercebido, e uma reportagem do *Jornal do Brasil* indagava: "Por que um livro foi duramente atacado e o outro, liberado, sendo ambos biografias não autorizadas?". Em artigo publicado no mesmo jornal, o pesquisador e historiador de MPB Ricardo Cravo Albin saudava o fato de o livro de Pilagallo não ter sido censurado, mas cobrava coerência do artista.

> Proponho a Roberto Carlos — em nome da isonomia e tratamento igualitário — que produza mais um *beau geste* [...]. Que o Rei da música popular brasileira libere o excelente livro escrito por Paulo Cesar de Araújo. E ponha um ponto final em todo esse imbróglio. No qual biógrafo e biografado só perderam.

O pesquisador Denilson Monteiro, autor de biografias de Carlos Imperial e Ronaldo Bôscoli, também saudou o livro, que, "para a nossa profunda alegria, até o momento não gerou nenhuma movimentação dos advogados do cantor". Mas acrescentou que "nossa festa não está completa, ainda falta algo. Mais precisamente, que o rei perceba a importância do trabalho do historiador Paulo Cesar de Araújo e permita que seu livro volte a ser comercializado". Em artigo publicado em *O Globo*, o sociólogo Carlos Sávio Teixeira também afirmou que

> é provável que Roberto Carlos tenha ficado incomodado com mais um livro que fala sem autorização de sua vida pessoal. Porém, desta vez, o bom senso prevaleceu e ele não foi bater às portas da Justiça pedindo a proibição da obra [...]. Só temos que aplaudir esta posição. Mas para que a justiça e a coerência se completem, é necessário que ele agora libere a outra biografia que foi proibida depois de uma sui generis audiência de conciliação.

Isonomia, tratamento igualitário, justiça, coerência — nenhum desses argumentos lançados publicamente ao cantor fizeram-no mudar de opinião. É como se Roberto Carlos quisesse confirmar o que ele próprio escreveu na letra de uma de suas maiores canções, "Todos estão surdos": "Tanta gente se esqueceu/ Que o amor só traz o bem/ Que a covardia é surda/ E só ouve o que convém".

A livraria Bertrand, no bairro do Chiado, em Lisboa, é considerada a mais antiga do mundo. Fundada em 1732, nunca fechou as portas e, ao longo da sua história, foi retiro de escritores como Eça de Queiroz e refúgio de revolucionários como José Fontana, que ali se suicidou em 1876. Quando *Roberto Carlos em detalhes* foi proibido e apreendido no Brasil, também encontrou refúgio na milenar livraria portuguesa — embora eu nunca tenha recebido nenhum centavo de direito autoral. "Ora pois, quem diria... Como se já não bastassem as dezenas de versões on-line da obra, fui encontrar, justo em Portugal, a tal biografia censurada de Roberto Carlos", disse o apresentador Zeca Camargo, ao retornar de lá, em junho de 2007. "Os estoques estão relativamente cheios. A estante que eu vi na livraria Bertrand, no Chiado, em Lisboa, há apenas duas semanas, estava bem abastecida."

O que parecia ser um caso isolado ou de sobra de estoque deixou de ser quando, no mês seguinte, Ancelmo Gois informou em sua coluna em *O Globo* que "o livro *Roberto Carlos em detalhes*, censurado pelo Rei aqui, faz carreira em Portugal. Está à venda por 25 euros no supermercado Jumbo do Amoreiras Shopping de Lisboa". Jornais lusitanos como o *Correio da Manhã* e o *Diário de Notícias* também destacaram o fato. Pelos anos seguintes, a carreira da biografia continuou firme no além-mar. Em 2009, por exemplo — dois anos após a sua proibição —, aparecia no item "Recomendações", na página inicial do site da livraria Bulhosa. Os livreiros portugueses não se avexavam de explorar a polêmica do réu com o rei, como na Bertrand, que nas informações sobre o produto até sugeria que a obra estaria livre para ser comercializada no exterior: "O cantor promoveu um acordo judicial para retirar o livro do mercado brasileiro, reclamando que se trata de uma biografia não autorizada e acusando o seu autor de invasão de privacidade e violação de honra".

Nos últimos anos, vários leitores me escreveram para dizer que adquiriram *Roberto Carlos em detalhes* através de sites de livrarias portuguesas. Foi o caso, por exemplo, do escritor Sergio Farias, um dos biógrafos de John Lennon, que, em maio de 2012, pagou 23 euros (cerca de 63 reais) pelo livro no site da Bulhosa. "Recebi a biografia em casa direitinho, com nota fiscal e tudo", disse-me em mensagem por e-mail. A pergunta que não quer calar: como essas livrarias estão abastecendo seus estoques se o livro está proibido? Não sei. Oficialmente, a editora Planeta diz que cessou a edição, distribuição e vendagem da obra desde aquele acordo, em abril de 2007.

A imprensa procurou saber a posição de Roberto Carlos. A pergunta lhe foi feita diretamente, durante uma entrevista coletiva no Rio, em 2010 — ou seja, após transcorridos três anos de vendagens no exterior. "Eu não aprovo esse livro, nunca aprovei, mas não sabia dessa informação. Eu peço que o Dody também fale sobre esse assunto", respondeu o cantor, passando a palavra ao empresário, que estava a seu lado na mesa. "Para mim isso também é novidade, mas a nossa instância é a Justiça brasileira. Eu não tinha conhecimento dessa informação, e certamente vamos tomar as devidas providências", prometeu Dody Sirena, sem especificar o que iria fazer. Cobrar explicações da editora Planeta? Processar as livrarias portuguesas? Requisitar um mandado de busca e apreensão de todos os exemplares à venda em Portugal?

Parece que nada foi feito, pois três anos depois, em julho de 2013, acessei o site da livraria Bulhosa e lá estava *Roberto Carlos em detalhes* disponível no carrinho de compras e a um preço promocional: 9,90 euros (cerca de 25 reais). Aproveitei e comprei dois exemplares para dar de presente — recebi o pacote em meu endereço e com a nota fiscal. Situação kafkiana: comprar de Portugal a biografia que escrevi porque todos os exemplares que havia no estoque da editora foram recolhidos pelo biografado. Se não tiveram o destino da fogueira, o que aconteceu com aquelas caixas e mais caixas de livros apreendidos?

Depois de terem sido levados para aquele galpão em Santo André — que era uma espécie de imenso guarda-volumes —, surgiram rumores de que os livros haviam sido transferidos para um depósito de propriedade do cantor em Diadema, na Grande São Paulo, onde ele também guardava seus instrumentos musicais. Numa entrevista em 2008, Roberto Carlos afirmou que ainda não tinha decidido que destino dar à pilha de livros. "Eles estão guardados. Eu não sei exatamente o que fazer, não, mas eles não estão me incomodando e não estão ocupando um lugar que me incomode." Cinco anos depois dessa declaração do cantor, as repórteres Cláudia Amorim e Cleide Carvalho tentaram localizar o paradeiro do livro para uma reportagem de capa da *Revista O Globo* intitulada "Busca ao 'proibidão'". Perguntando aqui e acolá chegaram ao tal depósito de Roberto Carlos em Diadema. Agora faltava pouco para descobrir se os exemplares da biografia ainda existiam. Era um grande depósito, com portões e paredes pintados em azul celeste, próximo do centro da cidade. A campainha demorou a ser atendida. "Vizinhos de uma oficina de moto recomendaram insistir, pois Josias, o funcionário, nunca sai dali", relataram na reportagem. E, de fato, alguns minutos depois o portão de ferro foi aberto pelo funcionário. "De bermuda, chapéu e aparência bem disposta, o guardião do Rei é pego de surpresa. Mas o problema mora nos detalhes, e a pergunta à queima-roupa, ficou sem resposta. 'Não sei de nada, não falo nada, não tenho nada dizer, estou ocupado' — disse ele, com um sorriso nervoso." Segundo as jornalistas, nessa busca pelo paradeiro de *Roberto Carlos em detalhes* o clima oscilava "entre a incerteza, o tabu e, principalmente, o medo do Rei".

Enquanto milhares de exemplares do livro permaneciam em destino ignorado, surgia na internet uma nova versão da obra, em formato audiolivro. Pela sonoridade, parece que a gravação foi realizada por um sintetizador de voz. Em 2009, sites como RapidShare e Arquivos Sonoros.blogspot disponibilizaram o audiolivro compactado em quatro partes, de graça. Fiz o download, e o áudio das 504 páginas da biografia resultou em 26 discos digitais de oitenta minutos — totalizando quase 35 horas de livro. O aparecimento da obra nesse novo formato provocou a reação do advogado do cantor. "A gente está fazendo uma pesquisa para tentar buscar os responsáveis pelo site. É muito difícil, mas, se for possível, vamos responsabilizá-los por ilícito civil e criminal", ameaçou Marco Antônio Campos em entrevista ao *Estado de S. Paulo*.

Parece que isso também não passou de ameaça. Ninguém foi punido e o áudio de *Roberto Carlos em detalhes* continuou disponível na internet. Do ponto vista legal, talvez o único que poderia reclamar do audiolivro seria o autor da obra. Nenhum site fez acordo em audiência com Roberto Carlos; acordo que, por sua vez, não previu o impedimento da produção do livro no formato audiolivro, que na época era ainda pouco utilizado no Brasil. Nos contratos atuais de edição de livros, por exemplo, as cláusulas já preveem a publicação "em qualquer suporte material, inclusive CD-ROM ou audiolivro" — para não ficarem restritos apenas ao livro de papel. Essa abrangência não existe no texto final daquele acordo no fórum criminal.

Não demorou muito e apareceu também o que era previsível: uma edição pirata, em papel, do livro *Roberto Carlos em detalhes*. O conteúdo é o mesmo do original, mas não traz o caderno de fotos, e uma das imagens do artista na capa ficou diferente: ele está de boné na terceira foto, à direita (numa cena do filme *Roberto Carlos em ritmo de aventura*). A edição pirata omite o nome do autor e o da editora, além de não dar nenhuma identificação sobre a origem da impressão. Exemplares eram oferecidos a 150 reais em sebos de Florianópolis. Em janeiro de 2013, o jornal *O Globo* informou que sebos cariocas também estavam vendendo a edição a um preço mais barato, cem reais — e tive que também comprar um exemplar pirata para anexar ao processo de defesa da liberação do livro.

Como em um teatro do absurdo, a biografia pertence a todos, menos ao autor, que por isso reagia. Mas, ao mesmo tempo em que brigava para retomar meu livro, via Roberto Carlos travar uma batalha paralela e parecida com a minha: retomar o controle de várias canções dele que estavam em poder da editora Mundo Musical, cujo catálogo pertence hoje a EMI Songs Brasil.

Quando um compositor se inicia na carreira, uma de suas primeiras decisões é escolher a quem ceder a edição de suas músicas, pois o editor se tornará também detentor dos direitos autorais. A função de uma editora de música é proteger, divulgar e negociar as obras de seus autores, de forma a gerar receita de royalties para ambas as partes. Para gravar qualquer música, portanto, é necessária a autorização da editora, que cobra um valor pela liberação da obra. Em dezembro de 1962, por exemplo, um desconhecido empresário chamado Brian Epstein, representando dois jovens compositores também ainda desconhecidos — John Lennon e Paul McCartney —, foi ao escritório de um obscuro editor musical chamado Dick James, em Londres. Era uma pequena sala entulhada de partituras poeirentas, mas o empresário precisava de alguém para editar as canções dos garotos de sua banda. O contrato foi assinado, e as canções dos Beatles tornariam Dick James multimilionário.

Em 1964, pouco antes do estouro da Jovem Guarda, Roberto e Erasmo Carlos assinaram um contrato de edição com a editora Mundo Musical — subsidiária da gravadora CBS. Ao longo de dez anos, a dupla editou ali a maioria de suas composições. Em 1975, porém, Roberto decidiu criar a sua própria editora, a Amigos, e Erasmo Carlos, a Ecra, onde passariam a editar suas novas músicas, ficando com todo o rendimento delas. O repertório produzido entre 1964 e 1974, porém, continuou em poder da Mundo Musical, que depois foi adquirida pela EMI Songs. E não era um catálogo qualquer, mas de clássicos como "Detalhes", "É proibido fumar", "Proposta", "Amada amante", "Sua estupidez", "Como é grande o meu amor por você", "O portão", "Debaixo dos caracóis dos seus cabelos", "As canções que você fez pra mim" e vários outros de autoria da dupla.

Roberto Carlos decidiu então iniciar uma queda de braço com a editora da EMI para tirar essas músicas de lá. Isso ocorreu quando o próprio artista decidiu gravar, em 2004, o CD e DVD *Pra sempre ao vivo no Pacaembu*, pela gravadora Sony Music. Aquele show incluía nove músicas do catálogo da EMI, entre as quais "Detalhes", "É proibido fumar" e "Como é grande o meu amor por você". Porém não houve acordo, pois a Sony não aceitou pagar o preço que a editora cobrou pela liberação das músicas. Mas como lançar o registro de um show ao vivo sem algumas das principais canções do roteiro? Certamente o show ficaria bastante mutilado. Roberto e sua gravadora decidiram fazer o seguinte: a versão em CD, em que não cabia mesmo o show inteiro, foi lançada sem nenhuma daquelas canções do catálogo da EMI, nem "Detalhes" — e isso nos ajuda a entender por que certas músicas muitas vezes não aparecem em determinados discos. A versão em DVD, porém, trazia o prometido show do Pacaembu completo. Ou seja, Roberto Carlos decidiu usar aquelas músicas mesmo sem a autorização da editora da EMI. "Nosso entendimento é que não haveria necessidade de eles pedirem liberação para gravar suas próprias músicas. Eles são titulares dos direitos autorais também", justificou Marco Antônio Campos.

Ocorre que a EMI Songs não pensava dessa forma e foi à Justiça acusar a gravadora de Roberto Carlos de "apossar-se do direito de outrem" — o que pelo Código Penal é crime. A editora alegou que poderia vetar o uso de qualquer obra sob o seu controle, mesmo quando o intérprete seja o próprio compositor. "Ao negar autorização, a EMI Songs se limitou a exercer uma prerrogativa que lhe é assegurada por lei", afirmou José Diamantino, advogado da empresa, que pediu a busca e apreensão do DVD *Roberto Carlos: Pra sempre ao vivo no Pacaembu*. Então o rei teve o seu momento de réu: a Justiça entendeu que a EMI Songs tinha razão e, na véspera do Natal, o desembargador Roberto Wider, da 5ª Câmara Cível do Rio, determinou a proibição e o recolhimento de todos os exemplares do novo trabalho do cantor. Foi a primeira vez que isso aconteceu na sua carreira.

Através de uma liminar, a Sony conseguiu que os discos voltassem às lojas. Mais tarde, porém, a pedido da editora, a liminar foi cassada pelo Tribunal de Justiça do Rio. A batalha se estendeu pelo ano seguinte, porque em julho de 2005 Roberto e Erasmo entraram com ação contra a EMI Songs pedindo a rescisão do contrato, a liberação das músicas e uma indenização por danos morais e materiais. Eles classificaram de "flagrante chantagem" a decisão de a editora negar o uso de suas próprias composições no disco da Sony.

Acabaram conseguindo, em janeiro de 2009, uma sentença favorável da juíza Lindalva Soares Silva, da 11ª Vara Cível do Rio. Justificando que a EMI Songs "não podia criar entraves para a comercialização dos CDs e DVDs com as músicas dos autores" e que isso teria lhes causado de fato "prejuízos de cunho patrimonial", a juíza autorizou a rescisão do antigo contrato deles com a editora. "A confiança é um dos pilares dos negócios jurídicos bilaterais, sendo que a sua quebra permite a cessação da relação jurídica", concluiu a magistrada, rejeitando, porém, o pedido de dano moral. "Os autores são pessoas públicas extremamente conhecidas. Logo, é comum que notícias relativas às suas vidas pessoais e profissionais sejam constantemente publicadas na impressa. Não se pode esperar que sejam concedidos danos morais todas as vezes que uma notícia negativa seja publicada. A exposição pública é uma consequência da profissão do cantor, não ensejando dano moral."

Como se podia prever, a EMI Songs entrou com recurso e depois conseguiu manter o catálogo em seu poder — prevalecendo o contrato de edição que Roberto e Erasmo haviam assinado por livre e espontânea vontade. Mas a primeira sentença favorável tinha deixado o advogado de Roberto Carlos exultante. "Esta sentença cria um precedente importante. A possibilidade de um artista rescindir o contrato com uma editora é inédito. Se tudo der certo, será um marco importante dentro do direito", afirmou Marco Antônio Campos, indicando que no caso de seu cliente não se tratava de um "surto de arrependimento tardio".

Da mesma forma que o cantor se empenhava para desfazer o contrato assinado com a editora e recuperar para si suas músicas, eu enfrentava Roberto Carlos para desfazer o esdrúxulo acordo que banira o livro que escrevi. Eu também poderia criar um marco no direito. Uma chance para isso seria com o julgamento da apelação. Ao contrário das vezes anteriores, quando apenas um magistrado decidiu, agora a sorte do livro estaria nas mãos de três desembargadores: Pedro Freire Raguenet, o relator do processo, Claudio Dell'Orto, o revisor, e Jorge Luiz Habib. Se dois decidissem a meu favor, *Roberto Carlos em detalhes* voltaria a circular livremente. Para dificultar possíveis manipulações, minha advogada entregou um memorial do caso e um exemplar do livro a cada um deles. Minha única possibilidade era mesmo uma vitória de dois a um, pois o desembargador Pedro Freire Raguenet já tinha votado pela proibição do livro no início do processo, em 2007, e por isso considerávamos o voto dele certo para Roberto Carlos.

O julgamento da apelação ocorreu em março de 2009, em duas sessões abertas na 18ª Câmara Cível do Rio. Os magistrados se posicionaram em torno de uma grande mesa com microfone. Na sala havia também um miniauditório, com algumas poucas cadeiras num elevado. Ali me sentei para acompanhar, ansioso, as sessões. Roberto Carlos não compareceu, mas lá estava um dos dezoito advogados que ele contratou para o caso, Ricardo Miranda. A primeira a falar foi a minha advogada, Deborah Sztajnberg, que expôs o absurdo e as contradições do processo. Em seguida falou o defensor do cantor, que novamente evocou o acordo no criminal para defender a permanência do veto ao livro. Depois se pronunciaram os três desembargadores: o mais enfático deles foi Jorge Luiz Habib, quando expôs o seu voto na segunda sessão. "Estou convencido de que juridicamente não se justifica a proibição deste livro." Ele se valeu de quatro argumentos principais para defender sua opinião: 1) O acordo no fórum criminal paulista não foi homologado pelo juiz Tércio Pires; 2) No prazo legal, o réu manifestou desistência da aceitação da transação penal; 3) Roberto Carlos é figura de dimensão pública com restrito direito ao controle de sua imagem e privacidade; 4) O livro *Roberto Carlos em detalhes* possui relevância informativa e cultural.

O desembargador explicou que, após o réu manifestar desistência do acordo, o juiz de São Paulo mandou intimar os interessados, e Roberto Carlos não atendeu às intimações. O prazo passou sem que ninguém se pronunciasse, e o juiz mandou arquivar o caso sem homologá-lo. A não homologação, portanto, no entender do desembargador, invalidaria o acordo. Para reforçar seu argumento, ele cita uma decisão do relator Pereira da Silva, a qual diz textualmente que "é impossível o reconhecimento da composição dos danos civis com base em acordo extrajudicial não homologado pelo juiz [...]. Somente a homologação constitui o título executivo judicial". Para o relator, a defesa de Roberto Carlos "tenta induzir a erro o julgador" ao afirmar que a documentação comprovaria o trânsito em julgado da homologação do acordo, ignorando o pedido de desistência do réu. O fato de Roberto Carlos ter sido intimado e não se manifestar teria como consequência a anulação daquele pacto.

Sobre a sentença da magistrada Márcia Cardoso de Barros, o desembargador Jorge Habib afirma que "a culta julgadora bem analisou e decidiu ao afastar (do caso) a aplicação do artigo 20 do Código Civil em vigor". Porém, diz ele, além de ter sido induzida a erro pelos defensores de Roberto Carlos,

> a ínclita juíza de primeiro grau, ao que me parece, não observou a manifestação de desistência da inoperante transação por parte do querelado (Paulo Cesar de Araújo) [...]. Ela não atentou para o fato que o réu tinha interesse processual em prosseguir com a ação, a partir do momento em que manifestou, expressamente, desistência da transação nos autos da ação penal, na capital paulista, transação que não recebeu sentença homologatória.

Negando as acusações de que *Roberto Carlos em detalhes* seria um livro invasivo, apelativo ou bisbilhoteiro, o desembargador afirmou que "é de relevantes interesses a sua publicação, sob todos os aspectos, mormente o cultural, pois dignifica a importância da música popular brasileira interpretada pelo conceituado e renomado cantor Roberto Carlos na vida de cada um de nós brasileiros", ressaltando ainda que a imagem do cantor "não está sujeita às mesmas regras que disciplinam a dos comuns, assumindo o interesse público vigor especial diante dessa altíssima relevância".

Ao final da segunda sessão, Jorge Luiz Habib fez um enfático apelo aos outros dois desembargadores.

> Eu me pergunto, Excelência, o que teria levado o cantor Roberto Carlos a se insurgir contra esta obra? Eu li a biografia e constatei que se trata de uma honra para o artista. É um livro muito bem narrado e percebe-se em cada página o

esforço do autor que, segundo consta aqui nos autos, levou quinze anos de pesquisa. Eu não entendo, sinceramente, por que privar o público brasileiro, e até internacional, da leitura desta obra. Portanto, conclamo aqui os meus pares a rever esta proibição. Vamos colocar uma pedra de cal nesta questão e devolver a este livro a liberdade.

Confesso que me emocionei ao ouvir o voto, e vi que minha advogada, ao lado, também estava com os olhos marejados. Mas, infelizmente, não saímos de lá com a vitória, porque os outros dois desembargadores atenderam aos reclames de Roberto Carlos.

O relator Pedro Freire Raguenet disse que o acordo na esfera criminal encerrava a questão, porque previa a desistência da ação cível. "Irrelevante que a transação não tenha sido homologada formalmente, posto que o aspecto que interessa à demanda não é o penal (que depende de homologação judicial), mas sim o aspecto civil." Afirmou também que o argumento de que a transação seria inválida era falho justamente porque, no seu entender, o pacto não fora anulado, condição imprescindível para que o processo continuasse. Diante disso, Raguenet defendeu não apenas a não liberação do livro, mas que eu fosse também condenado por estar "litigando de má-fé" — condenação várias vezes pedida por Roberto Carlos.

O terceiro desembargador, Claudio Dell'Orto, também se manifestou contra a liberação do livro, justificando que o acordo encerrava a questão. Porém ele não acompanhou o relator na acusação de litigância de má-fé contra o réu. Argumentou que era um direito meu tentar a liberação da obra e que eu estava fazendo isto por meio das instâncias legais. Por fim, Raguenet acabou retirando a acusação, mas o placar ficou mesmo dois a um para Roberto Carlos. Seja como for, àquela altura eu já tinha conseguido duas importantes manifestações da Justiça. Com argumentos lógicos e racionais, a sentença da juíza Márcia Cardoso de Barros e, mais ainda, o voto favorável do desembargador Jorge Habib me davam a certeza de que eu tinha razão — e ambas as decisões são hoje estudadas em escolas de direito.

A nova turnê internacional de Roberto Carlos prosseguia com sucesso e, em maio de 2008, ele realizou um show concorrido no Madison Square Garden, em Nova York. Antes dele, porém, em março, desembarquei nos Estados Unidos para falar da proibição de *Roberto Carlos em detalhes*, que repercutia no exterior. Na época, o site norte-americano de leilões eBay oferecia a biografia por preços que variavam entre trinta dólares e oitenta dólares. Participei de um debate sobre o caso na Universidade Tulane, em New Orleans, que naquele ano sediava o ix Congresso Internacional da Brasa (Brazilian Studies Association). Organizada pelos professores Christopher Dunn e Idelber Avelar, a mesa da qual participei discutiu o conflito entre liberdade de expressão e direito à privacidade no Brasil.

Nos Estados Unidos não aconteceu, mas logo eu e Roberto Carlos estaríamos num mesmo lugar. Na época, estávamos ambos na estrada: ele cantando suas canções, eu falando dos meus livros, processo, censura... Um encontro quase aconteceu em outubro de 2007, em Natal, Rio Grande do Norte. Eu deixei o Imirá Plaza Hotel dia 26, uma sexta-feira, e Roberto Carlos chegou ali no dia seguinte para uma apresentação na Arena do Imirá, um amplo espaço do hotel com o mar ao fundo. Da varanda do meu apartamento, vi os técnicos montando a superestrutura para o show.

Em junho de 2009, porém, a coincidência foi total: fui convidado a participar do 7º Salão do Livro do Piauí, em Teresina, e ao desembarcar no aeroporto me informaram que Roberto Carlos também se apresentaria na cidade no mesmo dia e horário da minha palestra, e que ficaríamos hospedados no mesmo hotel, o Metropolitan, no centro da cidade. Ao chegar lá, encontrei no saguão dois integrantes da banda: o maestro Eduardo Lages e o pianista Antonio Wanderley, e cumprimentei a ambos, que me conheciam da época da pesquisa do livro. Eles tocariam no Atlantic City Club, no bairro São João, e a minha aula seria no Complexo Cultural da praça Pedro ii, dois lugares bem distantes. O professor Wellington Soares, um dos idealizadores do evento literário, teve que se desdobrar naquela noite, porque havia prometido levar a esposa ao show de Roberto Carlos, mas teria que fazer a minha apresentação na palestra. Ele comentou isso comigo nos bastidores e, assim que deixou o réu num palco, correu para ver o rei em outro.

Fiquei hospedado no apartamento 509 do Metropolitan, e Roberto Carlos numa suíte, no número 1003. Cinco andares nos separavam. Com o título "Ele e o Rei", uma nota da coluna social do *Diário do Povo do Piauí*, assinada pela dupla Eli Lopes e Élida de Sá, escreveu no dia seguinte:

As colunistas gostariam de ser uma mosquinha. Só para flagrar o encontro do autor da biografia não autorizada do rei Roberto Carlos, Paulo Cesar de Araújo, com o próprio Rei. Os dois estão hospedados no Metropolitan Hotel. Paulo e o Rei já se encontraram antes, mas nos tribunais.

A curiosidade das colunistas era a mesma de outros jornalistas e radialistas que me entrevistaram lá, todos querendo saber se eu já tinha me encontrado com o artista e o que havíamos conversado. Garçons e recepcionistas do Metropolitan revelavam também essa curiosidade. Todos ficavam desapontados quando eu dizia que não houve e nem haveria encontro meu com Roberto Carlos no hotel. Eu explicava que tinha tentado isso durante os quinze anos da pesquisa do livro, mas que agora, por decisão do cantor, a questão estava sendo discutida nos tribunais. Claro que, se ele me chamasse para conversar, atenderia sem nenhum problema, mas eu jamais bateria à porta de seu apartamento ou importunaria seus assessores com esse pedido, até porque eu via que ninguém fora do staff de Roberto Carlos conseguia falar com ele. Nem mesmo os garçons que levavam os pedidos à sua suíte viam o cantor; quem os atendia era a secretária dele, Carminha.

Isso me permitiu estabelecer um contraste com outro momento da carreira do artista. Em junho de 1966, por exemplo, a Jovem Guarda estava no auge, e "Quero que vá tudo pro inferno" ainda girava nas vitrolas sem parar. Naquele mês, Roberto Carlos realizou também uma excursão pelo Nordeste, passando pela cidade de João Pessoa, na Paraíba. Durante sua estadia no hotel, ele foi procurado e concedeu entrevistas à imprensa paraibana, recebendo locutores da Rádio Alto Piranhas de Cajazeiras, da Rádio Arapuan, da Rádio Tabajara, além de repórteres do jornal *O Norte*. Houve ali uma coletiva improvisada e descontraída — das primeiras que o cantor realizou na carreira. No dia do show, antes do almoço, ele também recebeu várias adolescentes que o procuraram no hotel, conversando bastante com elas. E assim, nessa rápida passagem por João Pessoa, Roberto Carlos atendeu fãs, radialistas e jornalistas.

Coisa completamente diferente vi nessa sua estadia em 2009, em Teresina. Todas as tentativas de falar com Roberto foram em vão. A cada repórter que solicitava uma entrevista, era indicado o telefone da sua assessoria de imprensa no Rio, que por sua vez respondia que as entrevistas eram marcadas com bastante antecedência e em datas definidas pelo próprio cantor. Duas senhoras que foram à recepção pedir para falar com ele também não conseguiram. Uma delas, a que mais insistiu, alegava conhecê-lo havia muito tempo — talvez fosse uma daquelas adolescentes dos seus shows na Jovem Guarda. Mas de nada adiantaram os apelos: o artista permaneceu trancado na suíte do hotel sem atender ninguém.

No dia da palestra, dei entrevistas para telejornais locais da TV Record, SBT e Bandeirantes. Atendi também a repórteres de jornais e de emissoras de rádio. Antes do café da manhã, ainda na cama, entrei ao vivo por telefone numa conversa com o radialista Toni Rodrigues, da Rádio Teresina FM. Depois desci para falar com alguns leitores, que ouviram a entrevista no rádio e queriam um autógrafo na biografia proibida, inclusive o próprio Toni Rodrigues.

A apresentação em Teresina fazia parte da turnê dos cinquenta anos de carreira de Roberto Carlos, cujos festejos começaram no dia do seu aniversário, em abril daquele ano, em Cachoeiro de Itapemirim. Naquele mesmo mês, fiz mais uma tentativa de liberar meu livro. A advogada Deborah Sztajnberg apresentou na 18ª Câmara Cível do Rio o recurso dos embargos infringentes — recurso no âmbito civil contra acórdãos não unânimes. Como minha apelação anterior tinha sido rejeitada por dois votos a um, o objetivo agora era tentar um novo julgamento no qual pudesse prevalecer o voto que, em nossa opinião, era o mais esclarecido e democrático, o do desembargador Jorge Luiz Habib. Em documento direcionado ao relator Pedro Freire Raguenet, minha advogada afirmou que "data vênia da ilustre maioria, a razão está com o voto minoritário, que melhor apreciou a matéria". Afirmou também que "todos os documentos que comprovam a não homologação e a desistência da transação penal estão relacionados aos autos e diante do irretocável voto vencido, não há que se falar em extinção do processo sem julgamento do mérito".

Comunicado, Roberto Carlos apresentou suas contrarrazões à Justiça. Os advogados dele bateram na mesma tecla: que devido ao acordo no fórum criminal paulista, "perdeu-se por completo o objeto da presente demanda, razão pela qual não pode o embargante/réu vir nestes autos rediscutir matéria fática de ação diversa e, ainda, em comarca distinta". Reiteram que o livro "foi escrito, editado e publicado sem o devido consentimento" e que o cantor "sequer chegou a ser consultado sobre o fato". Por fim, dizem que, "confiando no elevado espírito de justiça desse Egrégio tribunal, espera o embargado (Roberto Carlos), seja negado seguimento aos presentes embargos infringentes, mantendo-se a decisão proferida no acórdão vencedor por seus próprios fundamentos".

Atendendo ao pedido do artista, o desembargador Pedro Freire Raguenet negou o recurso da minha advogada, sob a justificativa de que "não são admissíveis estes embargos infringentes, ante a ausência de pressuposto de admissibilidade do recurso, por violação do comando do artigo 530 do Código de Processo Civil". Deborah Sztajnberg apresentou então um recurso especial, objetivando levar o processo a uma instância superior, o STJ, mas isso também foi indeferido, dessa vez pela desembargadora Valéria Maron.

"Por onde passa nessa excursão pela América Latina, Roberto Carlos é perguntado sobre a proibição de sua biografia escrita por Paulo Cesar de Araújo", informou Ancelmo Gois em *O Globo*, em junho de 2008. De fato, mais de um ano após o desfecho daquela audiência de conciliação, a sombra do livro proibido ainda acompanhava o artista até no exterior. Ressalte-se que na época dessa turnê, a imprensa internacional procurou também ouvir a minha versão sobre o caso. Por telefone, falei a rádios e jornais da Argentina, do México e do Uruguai. Fui também entrevistado pela jornalista Marisol Garcia da *Qué Pasa* — principal revista semanal do Chile. E quando Roberto desembarcou em Santiago para seu espetáculo, em junho, a *Qué Pasa* estampava uma reportagem de três páginas sob o título "Habla el bíografo de Roberto Carlos".

O cantor teve que se acostumar porque tanto no exterior quanto no Brasil a biografia proibida era tema recorrente. Uma matéria da revista *Veja-Rio*, em 2013, apontou que esta era uma das três perguntas que ele mais ouvia em suas entrevistas: "Roberto, você está namorando?", "Como vai o tratamento do TOC?", "Por que mandou proibir a sua biografia?". Às vezes a pergunta nem era diretamente sobre o livro, mas acabava chegando nele. Foi assim, por exemplo, em 2012, quando uma jornalista perguntou-lhe se já havia assistido ao musical de Tim Maia, na época em cartaz no Rio. Ele respondeu que ainda não, mas que certamente iria gostar "porque tenho o mesmo gosto do público. Quando todo mundo gosta de algo eu sei que também vou gostar". Ouviu então uma réplica da jornalista: "Mas as pessoas gostaram da sua biografia e parece que você não gostou". Aí ele fechou o semblante e respondeu: "Isto é outra coisa, é invasão de privacidade, é diferente".

Numa outra coletiva lhe foi também perguntado se havia gostado de *Minha fama de mau*, livro de memórias de Erasmo Carlos, lançado havia pouco tempo. "Com certeza gostei, o livro do Erasmo é muito legal, muito bom de ler, muito divertido", respondeu. "Erasmo conta ali alguma mentira?", quis saber um repórter. "Pelo menos a meu respeito, não, e tenho certeza que ele jamais faria isto." Mas aquela pergunta era pertinente porque em *Minha fama de mau* Erasmo narra algo que o parceiro questionou em *Roberto Carlos em detalhes*. Na biografia eu falo da Casa da Baiana, um casarão no centro de São Paulo que, nos anos 1960, servia para encontros sexuais. Numa época em que não existiam motéis, digo que a casa era "famosa entre os artistas da Jovem Guarda" — mas sem citar especificamente a presença de Roberto Carlos. No processo contra mim, porém, essa referência ao casarão foi incluída entre os escritos "difamatórios" contra o artista.

Pois no seu livro de memórias Erasmo Carlos não apenas narra suas estripulias na Casa da Baiana como cita nomes de outros frequentadores, entre os quais Roberto Carlos e um dos músicos dele, o percussionista Dedé. Diz ele na página 162:

> Minha rotina era a mesma: com quem e onde estivesse, minha noite acabava lá... Eu nem precisava dirigir, pois meu carro já sabia de cor o caminho. Ao chegar, tomava o meu drink e subia as escadas com meu avião. Na passagem, não resistia e provocava: 'Pessoal, cheguei. Quem tá aí?'. E vinha a metralhadora de respostas dos quartos que ladeavam o corredor. Dedé, Roberto, Jorge, Almir e outros, todos respondiam, fazendo uma grande algazarra.

Em 2010, chegou ao fim a 53ª legislatura da Câmara dos Deputados, e o projeto de lei sobre as biografias nem sequer tinha sido votado. Haveria agora novas eleições presidenciais e legislativas, novos políticos chegariam a Brasília, alguns não tão novos assim. Mas Antonio Palocci, por exemplo, não concorreu à reeleição para deputado; foi assumir a chefia da Casa Civil no novo governo Dilma Rousseff. José Eduardo Cardozo, o relator do projeto, foi nomeado ministro da Justiça. Com ambos fora da Câmara, a tramitação da Lei das Biografias saiu de pauta e o projeto foi arquivado. Palocci e Cardozo tinham agora problemas mais urgentes para se ocupar.

408

As coisas iam ficando por aí quando, no início de fevereiro de 2011, o repórter Jotabê Medeiros denunciou o descaso numa matéria de *O Estado de S. Paulo*. "Grande esperança dos biógrafos processados desse país, foi sepultado na Câmara dos Deputados no último dia 31 o Projeto de Lei n. 3378/2008, proposto há dois anos pelo então deputado Antonio Palocci." O jornalista lembrava declarações dos ex-deputados Palocci e Cardozo, enfatizando a necessidade de aprovação do projeto de lei.

Foi o que bastou para trazer o tema de volta à discussão. No dia seguinte à reportagem, o ministro da Justiça, José Eduardo Cardozo, se pronunciou, prometendo retomar o projeto. Escritores, editores e intelectuais também se manifestaram. Começou uma movimentação no próprio Congresso para que a Lei das Biografias voltasse à pauta. Como Antonio Palocci não estava mais no Congresso, seu projeto só poderia retornar pelas mãos de algum deputado federal. O ministro da Justiça foi então enfático: "Vamos ver que parlamentar concorda com a ideia, vamos conversar com o ministro Palocci, uma vez que ele é o autor do projeto. Acho que é um projeto muito importante e que tem que voltar ao Congresso Nacional. Eu não tenho dúvida de que algum deputado estará conosco. Caso isso não seja possível, vou submeter à presidente Dilma o envio, mas não creio que isso seja necessário".

Ele não precisou recorrer à presidente. Como resultado dessa movimentação, não apenas um, mas três projetos de lei de biografias foram protocolados na Câmara dos Deputados em Brasília — e todos baseados no de Antonio Palocci. O primeiro, no dia 15, pelo deputado Newton Lima (PT-SP); no dia seguinte, o da deputada Manuela d'Ávila (PCDOB-RS); e, dias depois, o terceiro, pelo deputado Otavio Leite (PSDB-RJ). Não seria por falta de projetos que a liberdade para escrever e publicar biografias deixaria de prevalecer no Brasil. Em comum, os três projetos visavam alterar o artigo 20 do Código Civil, reabrindo de vez a discussão sobre os limites do direito à privacidade e da liberdade de informação.

A deputada Manuela d'Ávila justificou sua iniciativa com o argumento de que, se aquele artigo do Código Civil não for alterado, ele "ameaça a liberdade de expressão em outros níveis, pois até um caderno especial de um jornal ou verbetes da Wikipédia com informações biográficas podem ser objeto de restrição por parte de autores e familiares". Mas ela também ponderou que "não estamos, ao contrário do que alguns pensam, acabando com o que diz respeito à privacidade. Nós apenas estamos tornando público o uso de imagens e informações biográficas de pessoas públicas, pessoas que têm relação com a vida coletiva". Doutor em engenharia pela USP e ex-reitor da Universidade Federal de São Carlos, o deputado paulista Newton Lima também defendeu que o objetivo da sua proposta é "afastar os resquícios legais da censura ainda presentes no artigo 20 do Código Civil e evitar o cerceamento do direito de informação, tão caro aos brasileiros, após anos de ditadura".

Naqueles mesmos dias de fevereiro, Roberto Carlos estava novamente a bordo de um navio com seu projeto Emoções em Alto-Mar. Como de costume, ele concedeu uma entrevista coletiva com o navio ancorado no píer da praça Mauá, no Rio. E, também como de costume, mais uma vez ouviu pergunta relacionada ao livro proibido. Dessa vez ele foi indagado sobre os projetos para liberação de biografias não autorizadas no Congresso Nacional. "Se a lei for aprovada, você pretende continuar lutando contra o livro de Paulo Cesar de Araújo?", perguntou Antônio Carlos Miguel, de *O Globo*. Como uma fera ferida, o cantor respondeu: "Eu sou radical em relação a isso, e não vou mudar minha opinião sobre esse livro".

Ao saber das iniciativas dos deputados em Brasília, pensei que, se já estava difícil a Câmara dedicar atenção a um único projeto de lei de biografia, imagine três. Os próprios proponentes assim também entenderam e, em março de 2011, decidiram juntar forças, fundindo seus projetos em um só. O comando ficou com o deputado Newton Lima, que foi o primeiro a protocolar o projeto após o arquivamento daquele de Antonio Palocci. Depois de submetido a mais algumas análises e discussões, o texto final do novo projeto propõe que

> a mera ausência de autorização não impede a divulgação de imagens, escritos e informações com finalidade biográfica de pessoa cuja trajetória pessoal, artística ou profissional tenha dimensão pública ou esteja inserida em acontecimentos de interesse da coletividade.

Tendo como relator o deputado Emiliano José (PT-BA), no fim daquele ano o projeto foi aprovado pela Comissão de Educação e Cultura da Câmara. Ou seja, teve um trâmite inicial semelhante ao do projeto de Antonio Palocci. Devia então aguardar pela comissão maior e mais difícil, a de Constituição,

Justiça e Cidadania. Nessa fase, a Lei das Biografias ganhou um novo relator: o deputado federal Alessandro Molon, do PT do Rio de Janeiro, que deu parecer favorável a que o projeto fosse votado em caráter conclusivo, isto é, sem necessidade de ir a plenário. Numa entrevista, ele falou dos entraves permitidos pela atual legislação: "O prejuízo não pode ser medido apenas pelo número de livros censurados. Esta é uma parte importante, mas pequena. Acho que o maior prejuízo nem pode ser contabilizado, porque não temos como avaliar quantas biografias estão deixando de ser escritas, quantos autores, quantas editoras sequer começam um livro exatamente por saber que este livro vai esbarrar na exigência absurda e inconstitucional que existe hoje no nosso Código Civil".

A proibição de *Roberto Carlos em detalhes* foi apenas o capítulo mais radical e polêmico dos litígios que no Brasil envolvem biografados, herdeiros, autores e editoras. Na opinião do jurista Gustavo Binenbojm, por trás dessa voracidade censória há, na maioria das vezes, mais interesse econômico que real preocupação em preservar a imagem do personagem. É o que ele chama de "monetização da história", e exemplifica: "Há escritórios de advocacia que são constituídos como procuradores de figuras públicas e que buscam quantias milionárias para autorizar a publicação de determinada obra".

Um dos casos mais aberrantes atingiu o escritor e acadêmico Lêdo Ivo, que conviveu com grandes nomes da literatura brasileira. Ao escrever seu livro de memórias, em 2011, ele não publicou uma foto que tinha ao lado do amigo Manuel Bandeira em razão de exigências monetárias de um sobrinho-neto do escritor. Lêdo Ivo protestou em entrevistas e artigos na imprensa.

Para o autor, a legislação brasileira favorecia o que ele chamou de "herdeiros famélicos, fominhas póstumos". E exemplificou:

> Fui amigo de Manuel Bandeira durante trinta anos. Ele era solteiro e solitário e não deixou nenhum descendente direto. Que herdeiros são esses, que jamais o visitaram em sua solidão? Não os conheci nem de vista nem de chapéu. E a sua situação é a mesma de outros poetas e escritores mortos.

Talvez em apenas duas ocasiões o cantor Roberto Carlos Braga e o cangaceiro Virgulino Ferreira da Silva, vulgo Lampião, foram associados a uma mesma coisa. A primeira foi ainda na época da Jovem Guarda, quando, além de um medalhão no peito, o cantor se exibia com pulseiras e dois vistosos anéis nos dedos. Pois bem: durante uma entrevista na Paraíba, um jornalista lhe perguntou: "Roberto, o nosso bandido nacional, famoso aqui do Nordeste, Lampião, tinha uma adoração toda especial por anel. E você, que é hoje um ídolo da juventude, também admira, vangloria e exalta a utilização de anéis. Que relação você vê entre um caso e outro?". Sua resposta: "Lampião, apesar de bandido, era vaidoso. Acho que é o mesmo caso meu. Só que não sou bandido, sou apenas vaidoso". A segunda associação entre eles vai acontecer décadas depois e também tem a ver com vaidade, uso de imagem. "O rei da música brasileira, Roberto Carlos, e o rei do cangaço, Lampião, têm suas histórias de vida contadas em duas obras que não podem chegar ao público", informou uma reportagem do *Correio Mariliense*, após uma herdeira de Lampião seguir o exemplo do cantor e investir contra uma biografia não autorizada do cangaceiro. "Os dois soberanos protagonizam casos de biografias censuradas", destacou a reportagem, pois a obra *Lampião: O mata sete*, de Pedro de Morais, também foi recolhida, em 2012.

Quis o destino que, justo num período de festividades para Roberto Carlos — nas comemorações de seus cinquenta anos de carreira e setenta de idade —, ele se defrontasse com uma sequência de dolorosas perdas de pessoas próximas e muito queridas: sua mãe, Laura Braga, em 2010; sua filha Ana Paula, em 2011; e a sua amiga e assessora Ivone Kassu, em 2012.

A turnê internacional dos cinquenta anos de carreira de Roberto Carlos começou com dois shows seus no Radio City Music Hall, em Nova York, nos dias 16 e 17 de abril de 2010. O cantor tinha viajado para lá preocupado com a saúde de sua mãe, que estava havia duas semanas internada no Hospital Copa D'Or, no Rio. Faltavam três horas para o início do segundo show, no sábado, quando Dody Sirena recebeu um telefonema do médico Milton Kazuo Yoshino: dona Laura tinha acabado de falecer, vítima de insuficiência respiratória. O empresário decidiu dar a notícia a Roberto Carlos somente após o fim do espetáculo. Durante o show, ao introduzir a canção "Lady Laura", o artista comentou com o público que a mãe, hospitalizada, estava "melhorzinha". E cantou a música, emocionado: "Tenho às vezes vontade de ser/ Novamente um menino/ E na hora do meu desespero/ Gritar por você/ Te pedir que me abrace/ E me leve de volta pra casa/ Que me conte uma história bonita/ E me faça dormir". "Ele estava cantando, mas a gente já sabia o que tinha acontecido, e ele não sabia", lembrou a maquiadora Neyde de Paula. Roberto Carlos recebeu a notícia ao fim do show, logo após distribuir as rosas e deixar o palco, antes do bis. Segundo sua maquiadora, o cantor chorou muito nos bastidores e ficou triste por não ter estado ao lado da mãe quando ela morreu.

Um ano depois, no mesmo mês de abril, três dias antes do show comemorativo de seu septuagésimo aniversário, Roberto Carlos sofreu outro duro golpe: a morte de sua enteada, Ana Paula, criada por ele desde os três anos de idade, e a quem sempre chamou de filha. Ana Paula morava em São Paulo e estava em casa com o marido, o músico Paulinho Coelho, quando passou mal durante a noite. Enquanto o marido chamava por socorro, ela morreu, vítima de infarto. Roberto tinha ido a São Paulo gravar um comercial do cartão Credicard e recebeu a notícia naquela madrugada por um telefonema do próprio genro. Quando o telefone tocou, o cantor conversava com um de seus músicos, o guitarrista Aristeu dos Reis. Segundo ele, foram poucas palavras do outro lado da linha. E o estupor do artista. "A reação imediata dele foi ficar em silêncio. Aí ele olhou para cima e juntou as mãos", lembrou Aristeu.

Aos prantos, o cantor foi levado ao apartamento da filha, que tinha 46 anos e nenhum histórico de doença cardíaca. "A morte foi assustadora, ela estava ótima. Falei com minha irmã na quinta-feira. Ana estava na praia, feliz, foi de repente", lembrou Dudu Braga. O show que o artista faria em Vitória, no dia do seu aniversário, foi adiado. "Em pouco espaço de tempo, duas perdas tão grandes na vida de Roberto. Deus nos fala sobre o tempo da perda, do luto e do recomeço. Ele ainda estava no tempo da perda, do luto e do recomeço", disse na época sua ex-mulher Myrian Rios.

O tempo da perda continuou para Roberto Carlos, pois no ano seguinte, em julho, também faleceu sua grande amiga, confidente e assessora Ivone Kassu. Segundo pessoas próximas, ela sofreu um infarto fulminante, em seu apartamento, em Copacabana, enquanto se recuperava de uma cirurgia. O maestro Eduardo Lages estava ao lado de Roberto no seu estúdio, na Urca, quando ele recebeu a notícia. "Eu o vi falando ao telefone e a sua feição foi se transformando. Ele foi amolecendo, se sentou e disse: 'E agora? A nossa Ivone se foi'", contou. No mesmo dia, o site oficial do cantor postou uma mensagem dele em sua homenagem. "Sincera, verdadeira, minha querida e grande amiga Ivone Kassu. Há mais de quarenta anos comigo. Muita saudade, Ivoninha. Que Deus de bondade te proteja e te abençoe sempre." O empresário Dody Sirena também comentou: "Foi uma surpresa, ela estava se recuperando. Roberto ficou triste, mas já perdeu tantas pessoas próximas. Está resignado".

No dia seguinte, o cantor compareceu ao velório de Ivone Kassu e chorou bastante ao lado do caixão, numa capela no cemitério São João Batista, no Rio. Um repórter relatou que, "como se Kassu ainda estivesse por ali para acalmar os ânimos, a presença do Rei foi tratada com discrição e respeito por todos os fotógrafos e repórteres presentes". Além de Roberto Carlos, foram também se despedir dela artistas e jornalistas como Marília Pêra, Elba Ramalho, Artur Xexéo, Miguel Falabella, Sergio Cabral, o pai, e Lygia Marina, a musa de "Lígia", de Tom Jobim, que declarou após a cerimônia: "A Kassu comandou brilhantemente sua última produção".

Em 2012 começou uma fase decisiva para a Lei das Biografias. Visando debater o projeto com a sociedade, foram realizadas duas audiências públicas: a primeira no Rio, em junho, e a segunda em São Paulo, em agosto. Delas participaram os deputados Newton Lima e Alessandro Molon, autor e relator do projeto, Ruy Castro e eu, representando os biógrafos, além de juristas como Luís Roberto Barroso (futuro ministro do STF) e advogados como Antonio Penteado Mendonça. Este último afirmou na segunda audiência pública que a maior vítima da legislação atual é a própria sociedade, privada de informações relevantes da sua história. "É uma situação incabível. Se a família do Hitler tivesse de autorizar a publicação da sua biografia, ela não mencionaria o Holocausto. A de Stálin, por sua vez, não citaria o Gulag. E a de d. Pedro I não teria a marquesa de Santos".

Em dezembro daquele ano, a Lei das Biografias passava também pelo Conselho de Comunicação Social (CCS), órgão auxiliar do Congresso Nacional. Relator do tema, Ronaldo Lemos lembrou que a prática de retirar obras de circulação é considerada censura e violação aos direitos humanos prevista pelo Pacto de San José da Costa Rica, do qual o Brasil é signatário.

Tudo se encaminhava para um desfecho positivo para o projeto. Na terça-feira, dia 2 de abril de 2013, a notícia repercutiu em todos os principais jornais do país: a Câmara dos Deputados, finalmente, aprovou a Lei das Biografias. Mas também informava que, para a lei entrar em vigor, precisava ainda passar pelo Senado Federal. Ou seja, faltava pouco — porque na maioria das vezes o Senado acompanha a votação da Câmara, especialmente em propostas que não envolvem recursos financeiros ou verbas federais. Em editorial, o jornal *O Globo* saudou essa primeira grande vitória da Lei das Biografias. "Derruba-se assim uma barreira que subtraiu da literatura obras fundamentais para a memorabilia nacional. Que o elogiável exemplo da Câmara seja replicado no Senado, em nome da cultura brasileira e como sinal de que a censura tende a ser letra morta no país."

As atenções se voltavam agora para o Senado Federal, o chamado "clube dos velhinhos". A jornalista Regina Echeverria, biógrafa oficial do senador (e escritor) José Sarney, até telefonou para ele, falando da importância do seu apoio àquele projeto de lei. O Sindicato Nacional dos Editores de Livros também procurou a ministra da Cultura Marta Suplicy — que era senadora licenciada — para que ela reforçasse esse mesmo apelo aos seus pares. As coisas pareciam se encaminhar para uma provável aprovação pelo Senado e, em seguida, uma mais certa ainda sanção da presidente Dilma Rousseff.

O imprevisto, então, aconteceu, e na última hora, por meio de um jovem político em primeiro mandato em Brasília: o deputado (e radialista) do PDT de Roraima, Marcos Rogério, da bancada evangélica. A Lei das Biografias seguiria direto para o Senado se não houvesse recurso para que ela fosse votada, não apenas pelas comissões, mas também pelo plenário da Câmara. O recurso deveria ter a assinatura de pelos menos 53 deputados, correspondente a 10% da casa. Pois com sua voz de locutor, estilo Silvio Santos, Marcos Rogério saiu pelos corredores do Congresso pedindo aos colegas para assinar aquele documento. "Imagine que um adversário seu resolva fazer uma biografia para te atacar, ou até mesmo que um aliado resolva te promover. Isso não vai poder ser considerado propaganda eleitoral antecipada. Então este projeto tem que ser discutido", justificou numa entrevista. E com esse argumento, acabou conseguindo o apoio de 71 parlamentares para a sua causa.

Entre os que assinaram o recurso estava, obviamente, mais uma vez ele, Paulo Salim Maluf, que parece muito temer uma biografia não autorizada. Outras assinaturas previsíveis foram as dos deputados Ronaldo Caiado (DEM-GO), Jair Bolsonaro (PP-RJ), Anthony Garotinho (PR-RJ), Jaqueline Roriz (PMN-DF) e o pastor Marco Feliciano (PSC-SP). O deputado federal mais votado do Congresso, Tiririca (PR-SP), também acompanhou a preocupação deles, bem como o deputado Arnaldo Faria de Sá (PTB-SP): "Se saísse uma biografia sobre minha pessoa e fosse verdadeira, não teria problema. Mas, e se viesse com mentiras? O estrago seria irrecuperável".

Ninguém da bancada do PT assinou o documento, nem mesmo José Genoino, que no dia da aprovação do projeto manifestou sua contrariedade ausentando-se da Comissão. Mas, em compensação, Marcos Rogério conseguiu forte apoio dos integrantes de seu partido, o PDT: 22 deputados no total, entre os quais o carioca Miro Teixeira, o que foi uma surpresa, pois dois anos antes ele tinha sido relator da nova Lei de Imprensa, que favorece a liberdade de expressão. O deputado justificou que queria debater melhor a Lei das Biografias. Seja como for, com a apresentação do recurso assinado por mais de setenta deputados, surgia um fato novo no Congresso Nacional. Além de uma bancada evangélica ou de uma bancada ruralista, era possível identificar também ali agora a existência de uma bancada antibiografia não autorizada — algo que deve ser inédito na história do Parlamento ocidental.

As coisas ficaram bem mais difíceis para o projeto do deputado Newton Lima. Havia outros 1142 projetos na fila aguardando também sua vez de serem votados pelo plenário. A pauta da Câmara é muito sobrecarregada com projetos de lei, propostas de emenda constitucional, medidas provisórias — daí esta norma de permitir a aprovação de um projeto pelas comissões quando ele alcança unanimidade entre seus membros. Newton Lima ainda tentou demover parlamentares que apoiaram o recurso, porque alguns deles assinaram aquilo sem saber direito do que se tratava. Foi o caso, por exemplo, do deputado Tiririca, que, após o autor do projeto lhe explicar a importância da Lei das Biografias, retirou sua assinatura do documento. Bruno Araújo (PSDB-PE) e a deputada Keiko Ota (PSB-SP) também fizeram o mesmo, porém a maioria não aceitou voltar atrás.

Registre-se que o deputado Marcos Rogério era um dos integrantes da Comissão de Constituição e Justiça da Câmara, e o projeto só foi aprovado ali por unanimidade porque ele estava ausente no dia da votação. Mas, ao saber do resultado, manifestou logo sua contrariedade, encabeçando o recurso. "Foi uma manobra do deputado, que, inconformado pela decisão unânime nas comissões, acabou usando de um expediente que poderá significar, na prática, que o projeto não seja votado nesta legislatura. É lamentável para a democracia brasileira", afirmou, desolado, Newton Lima. O deputado Marcos Rogério se justificou com aquele mesmo argumento de que a lei precisava ser mais bem explicada e debatida. "O que é dimensão pública? Este é um conceito relativo.

Alguém pode escrever, por exemplo, uma biografia de um vereador acusando-o ou promovendo-o eleitoralmente. Pode ser usado para bem e para o mal." A justificativa dele mereceu um breve comentário do editor Roberto Feith: "As mudanças na lei não permitem calúnia, difamação, inverdades ou injúrias. Do que então essas pessoas teriam medo?".

Pessoas próximas a Roberto Carlos procuraram explicar por que são contra um projeto que flexibiliza a produção de biografias. "Vou falar de coração, mesmo", disse seu filho Dudu Braga. "Somos todos contra a censura em casa, e meu pai é uma pessoa democrática. Mas não posso aceitar o argumento de que você não tem direito a ter vida privada se for uma pessoa pública. Se o meu pai faz xixi ou não de porta aberta, isso é direito dele." E comparou (mal comparando): "Meu pai é um artista, não é um político que roubou dinheiro público e deve dar satisfações do que fez. As pessoas não podem colocar os dois casos na mesma cesta". Por sua vez, Carlos Alberto Braga, irmão do cantor, disse que "não é que Roberto seja contra [biografias não autorizadas], ele só prefere não expor as pessoas que passaram pela sua história e que não gostariam de aparecer". Ou seja: o artista estaria brigando pelos outros, não por si mesmo.

Com outro argumento, o advogado Marco Antônio Campos defendeu por que um livro sobre Roberto Carlos precisa do aval dele: "Alguém cogita usar um apartamento para alugar, sem dar qualquer quantia em dinheiro ao proprietário e sem pedir a ele qualquer autorização? [...] A publicação de uma biografia é exatamente isto: uma exploração comercial da imagem de alguém". Com sua também manifesta preocupação monetária, o empresário Dody Sirena questionou, sem meias palavras, a intenção da Lei das Biografias: "O projeto fala em acesso à cultura. Mas desde quando deixar um oportunista escrever para ganhar dinheiro é cultura?".

Enquanto o filho e o irmão de Roberto Carlos evocam o direito à privacidade, seu advogado e seu empresário carregam na questão financeira. Ambos os discursos se complementam, pois cobrem aquelas duas exigências do artigo 20 do Código Civil: privacidade e uso comercial da imagem de alguém. Porém, depois do Congresso, o questionamento a esse artigo chegaria também à nossa suprema corte, o STF, em Brasília. A luta pela mudança abria uma nova frente, e Roberto Carlos também se mobilizaria contra ela.

13. A militância do rei

O encontro é para discutir teses. Não é para discutir casos já analisados ou sob análise na Justiça. Isto vale tanto para Roberto Carlos como para Paulo Cesar.

Cármen Lúcia

O fotógrafo de Roberto Carlos chegou à minha casa na tarde de terça-feira, dia 14 de fevereiro de 2012. Luiz Garrido, ele mesmo: seu fotógrafo oficial, que também havia me processado por danos morais, afirmando que não me conhecia pessoalmente e que jamais me dera a entrevista que consta entre as fontes listadas na biografia do cantor.

Garrido veio ao meu encontro para fazer o que sempre fez com Roberto Carlos: uma sessão de fotos. Ele, que já tinha fotografado John Lennon, na fase final dos Beatles, em 1969, e personalidades como Tom Jobim, Lula, Oscar Niemeyer, Luiza Brunet, Ferreira Gullar e Herbert de Souza, o Betinho. Com trabalhos publicados em revistas como *Vogue*, *Elle* e *Playboy*, o carioca Luiz Garrido é um fotógrafo especializado em retratos — também ilustrou capas de discos de Chico Buarque (*Sinal fechado*), Elis Regina (*Transversal do tempo*),

Sarah Vaughan (*Sarah Vaughan in Brazil*), além das várias capas de álbuns intitulados apenas *Roberto Carlos*.

O trabalho daquela tarde em Niterói lhe fora encomendado pela revista *piauí*, que preparava um perfil meu escrito pelo jornalista Rafael Cariello. Foi o próprio jornalista quem me informou da inesperada visita: "Paulo, você pode receber um fotógrafo aí na terça-feira? A *piauí* escolheu um fotógrafo muito bom, o Luiz Garrido, que dizem ser um craque para fotografar pessoas". Respondi que sim. Luiz Garrido também não viu nada de mais naquilo; ele é um profissional freelancer, e a revista lhe pagou para fotografar o biógrafo de Roberto Carlos. Na terça-feira, pontualmente às quinze horas, ele bateu à minha porta — na única vez em que alguém do staff do rei entrou na casa do réu. Deve também ter sido a única vez na história da Justiça que um querelado posaria para as lentes de um querelante.

Antes da sua chegada, eu tinha tomado uma decisão: não falaria do nosso embate na Justiça, a não ser que o próprio Garrido tocasse no assunto. Por via das dúvidas, deixei ao alcance da mão, na estante, a fita cassete com a nossa conversa, em 1998, para recordá-lo de que, ao contrário do que ele alegara à Justiça, eu o havia, sim, entrevistado na fase de pesquisa do livro.

Com 67 anos, mas aparentando menos, Luiz Garrido chegou com duas bolsas contendo câmera, lentes, refletor e outros apetrechos de um fotógrafo profissional. Após nos cumprimentarmos, mostrei os espaços do apartamento e ele sugeriu fazermos as fotos no meu ambiente de trabalho, no escritório, em meio aos meus discos e livros. Enquanto ele arrumava os equipamentos, conversamos sobre nossos ofícios. Falei um pouco da minha rotina de escritor e professor, e Garrido, da sua de fotógrafo, contando que era a primeira vez que fazia um trabalho para a revista *piauí*. Até aí, nenhuma palavra sobre o processo que moveu contra mim e a editora Planeta na 2ª Vara Cível de Niterói; nem de seu pedido de indenização por danos morais e materiais; nem do pedido de apreensão dos exemplares de *Roberto Carlos em detalhes*; nem da cobrança de uma multa diária pela permanência do livro nas livrarias.

No momento em que se abaixou para pegar o refletor, Garrido tangenciou nosso caso, ao indagar: "Em que pé está o seu processo com Roberto Carlos?". Como já disse, essa é uma das perguntas que mais ouço desde que o imbróglio começou. Garrido me perguntou aquilo como se fosse mesmo apenas mais um curioso sobre o andamento do caso; como se ele estivesse também muito distante daquilo tudo. E, então, respondi como faço a qualquer um: atualizando meus últimos passos e tentativas de reverter a proibição. O fotógrafo me ouvia enquanto ligava o refletor, e até aí, também, sem fazer qualquer referência ao processo que moveu contra mim.

Na hora de preparar o cenário das fotos, Garrido me pediu para colocar de frente alguns LPS que estavam de lado sobre a estante. Eram álbuns de João Gilberto, Odair José, Chico Buarque e Roberto Carlos, e aleatoriamente fui virando as capas para a câmera. "É melhor tirar daí este disco de Roberto para não parecer provocação, né?", sugeriu o fotógrafo. "Esta matéria da *piauí* não vai falar muito do seu caso com Roberto, não, vai?", me perguntou em seguida. Respondi que o jornalista Rafael Cariello estava pesquisando bastante sobre mim e que chegara a me acompanhar em uma viagem a Vitória da Conquista, para ouvir pessoas da minha infância e conhecer o ambiente em que cresci. E que, pelas entrevistas que ele fez comigo, a ênfase parecia ser sobre o livro *Eu não sou cachorro, não*, mas que certamente abordaria também a minha história com Roberto Carlos. Comentei com Garrido que uma das consequências da polêmica com o cantor tinha sido ver a minha vida pessoal estampada em jornais e revistas. Ou seja, a tal da privacidade tão reclamada por Roberto e outros artistas.

Desde o lançamento do primeiro livro, em 2002, eu aparecia na mídia, mas até então basicamente falando do meu trabalho de pesquisador de música popular brasileira. Após a ação de Roberto Carlos contra mim, a coisa se ampliou, pois surgiu a curiosidade sobre a minha história de vida, e alguns perfis foram publicados na imprensa. Um dos primeiros foi escrito pelo jornalista Fred Melo Paiva para o caderno *Aliás*, de *O Estado de S. Paulo*. Em seguida, a *Revista O Globo* publicou a reportagem de capa, "Paulo Cesar de Araújo em detalhes", usando o mesmo design da capa da biografia que escrevi. E, em 2012, foi a vez de Rafael Cariello me procurar para o perfil na *piauí*.

Luiz Garrido costuma utilizar uma máquina Nippon, duas lentes e apenas um refletor para fazer seus retratos. "Deus iluminou o mundo com uma luz só", justifica. Nunca antes eu tinha ficado tanto tempo diante das lentes de um fotógrafo. Geralmente, as fotos para as reportagens de revistas e jornais são feitas durante a entrevista e nem percebo quando sou clicado. Ou, quando são feitas depois, a sessão não dura mais que vinte ou trinta minutos. Com Luiz Garrido, foram quase duas horas de trabalho, e ele procurou me fotografar em diversas poses e ângulos: em pé, sentado, na poltrona, na cadeira, do lado direito, do lado esquerdo, com discos e depois livros na mão, e também com um deles tapando parte do meu rosto. "Isto! Muito bom! Mais um pouco virado pra mim… Assim! Perfeito!", me incentivava a cada clique da sua Nippon. Durante a sessão, eu imaginava a quantidade de vezes em que, ao longo dos anos, Roberto Carlos vira aquela mesma cena: Luiz Garrido na sua frente mirando uma câmera em sua direção.

A relação deles começou em 1982, quando Sérgio Lopes, então diretor de marketing da CBS, convidou Garrido para fazer as fotos da capa do novo disco de Roberto Carlos — em que ele posou de jeans e jaqueta branca próximo de um barco em uma marina em Nova York. O cantor gostou do resultado e do fotógrafo, que se tornaria o profissional por quem ele mais se deixou fotografar. Foram mais de vinte capas de discos até hoje, além de importantes momentos da vida pessoal do artista, como o seu casamento com Maria Rita, em 1996.

Não se confirmou aquele pessimismo, dito no processo de Garrido contra mim, de que as revelações de *Roberto Carlos em detalhes* teriam prejudicado "de forma devastadora a amizade do cantor com o fotógrafo" e que, em consequência disso, "não se sabe ao certo se os próximos trabalhos do Rei serão realizados por Luiz Garrido". Quando o artista autorizou a publicação da revista *RC Emoções* — uma edição oficial comemorativa dos seus cinquenta anos de carreira, em 2009 —, a foto da capa foi de Garrido, bem como as das páginas que mostram o visual da varanda do apartamento do cantor, na Urca. E, em 2012, ele foi também chamado para fazer a capa do disco *Esse cara sou eu.*

Comigo ele fez apenas as imagens para esse perfil da *piauí*. Ao fim da sessão, perguntei se desejava beber alguma coisa. O fotógrafo aceitou água e depois também me pediu para chamar um táxi. No momento de descer, dispus-me a ajudá-lo a levar uma das bolsas de equipamento até o carro. No elevador, ele comentou sobre a foto que fez para a capa do disco *Sinal fechado*, de Chico Buarque. Lá na calçada, antes de o táxi chegar, o assunto foi o Carnaval, que se aproximava. Naquela tarde, eu e Luiz Garrido conversamos sobre várias coisas, menos de seu processo contra mim — e que acabou não resultando em nada, pois foi arquivado por desistência do querelante. Em março, chegou às bancas a edição de número 66 da revista *piauí*, trazendo, entre as chamadas de capa, "o perfil do biógrafo que Roberto Carlos censurou". Lá dentro, ilustrando a reportagem, um grande retrato do meu rosto, tendo no alto, do lado direito, o crédito a Luiz Garrido — nome que tantas vezes vi também creditado nas fotos dos álbuns do meu ídolo da música brasileira.

Num debate no Canal Futura, logo após a proibição de *Roberto Carlos em detalhes*, em 2007, o desembargador Luis Gustavo Grandinetti de Carvalho fez uma enfática intervenção: "Indago-me por que as pessoas que podem propor ações de inconstitucionalidade contra o artigo 20 do Código Civil ainda não o fizeram". Ele argumentava que esse artigo protegia de maneira desmesurada a imagem individual, e que, levado ao pé letra, não seria possível publicar a foto de ninguém num jornal. Pois em 2012, cinco anos depois de seu questionamento, os editores brasileiros decidiram agir. Através da Associação Nacional dos Editores de Livros (Anel), criada especialmente com esse objetivo, eles recorreram ao STF com uma Ação Direta de Inconstitucionalidade contra os artigos 20 e 21 do Código Civil. "Esses artigos ignoram o direito de expressão e maximizam o direito à privacidade", justificou o advogado Gustavo Binenbojm, que preparou a ação. Ele argumentou que as decisões dos tribunais para recolhimento ou proibição de biografias causam um efeito silenciador e ferem a liberdade de expressão, garantida pela Constituição Federal. Com o pedido de liminar, a ação foi distribuída à ministra do STF, Cármen Lúcia.

A luta se firmou em duas frentes simultâneas: o projeto de lei no Congresso Nacional e a ação de inconstitucionalidade no Supremo Tribunal Federal; duas das maiores instâncias da República eram chamadas a se pronunciar sobre o direito de se escrever e ler livremente no Brasil. "Creio que o STF fatalmente declarará inconstitucional o artigo 20, se o Parlamento não modificá-lo antes", afirmou o deputado federal Alessandro Molon, acrescentando: "Espero que o Congresso modifique este artigo para depois não dizer que o Judiciário está tomando o lugar do Parlamento. É o momento de o Poder Legislativo legislar, modificar a lei, corrigindo um erro do atual Código Civil que foi cometido pelo próprio Parlamento brasileiro".

Segundo explicou na época Sônia Machado Jardim, presidente do Sindicato Nacional dos Editores de Livros, a decisão de recorrer ao STF foi uma alternativa à espera — que podia ser longa — da decisão dos congressistas. Além disso, o STF vinha se destacando na proteção das liberdades públicas.

Foi assim, por exemplo, quando em 2009 revogou a chamada Lei de imprensa, instituída durante a ditadura militar para restringir a liberdade de expressão. Em 2010, o STF também suspendeu a regra que proibia humoristas de fazer piadas e sátiras com candidatos em período eleitoral. E, em 2012, assegurou a liberdade de manifestação dos defensores da legalização da maconha. Por tudo isso, a decisão de os editores recorrerem ao STF foi saudada pelo jurista Daniel Sarmento. "Os que se importam com as liberdades públicas, com as artes e com a democracia no país, têm agora uma ótima razão para ficarem esperançosos", afirmou.

É importante destacar que tanto o projeto de lei no Congresso quanto essa ação de inconstitucionalidade no STF não contemplam apenas a produção impressa, mas também as obras de caráter biográfico produzidas para TV, cinema ou teatro. "Informação biográficas significa toda e qualquer informação sobre a vida de uma pessoa, para qualquer meio", lembrou na época de seu projeto a deputada Manuela d'Ávila. Por isso, a TV Globo é também grande interessada na mudança da legislação, pois tem enfrentado processos judiciais semelhantes aos que atingem autores e editoras — e com pedidos de indenização milionários.

Exemplo disso aconteceu com a minissérie *Amazônia: De Galvez a Chico Mendes*, escrita por Glória Perez em 2007. Evocando o artigo 20 do Código Civil, familiares de Chico Mendes pediram 23,2 milhões de reais como indenização por danos morais e utilização indevida da imagem do sindicalista. A família do seringueiro Wilson Pinheiro, morto em 1980 e também retratado na minissérie, entrou com processo semelhante contra a emissora. Outra ação judicial viria com a exibição, em 2010, da minissérie *Dalva e Herivelto, uma canção de amor*, de Maria Adelaide Amaral. Dalva Climent, filha da cantora com o argentino Tito Climent, reclamou de invasão de privacidade e uso não autorizado (por ela) da imagem da sua mãe. A Globo tinha a autorização apenas dos filhos de Dalva com Herivelto.

Por conta de processos assim, autores como Maria Adelaide Amaral e Glória Perez têm muita dificuldade para construir narrativas com personagens históricos. Daí o apoio da TV Globo a iniciativas como a do deputado Newton Lima. Mas, ao mesmo tempo que apoia a mudança da lei, a emissora não quer contrariar Roberto Carlos, e fica numa saia justa ao tratar do tema jornalisticamente.

"Num dos seus muitos sucessos, Roberto Carlos canta 'Eu quero ter um milhão de amigos'", lembrou Ancelmo Gois em *O Globo*, e complementou: "Pelo visto, faltou, em 2007, um amigo para aconselhar o Rei a não censurar o livro de Paulo Cesar de Araújo a seu respeito. De lá pra cá, o episódio virou símbolo, com razão, dos que lutam pela liberdade de publicar biografias não autorizadas". Raquel Cozer também escreveu na *Folha de S.Paulo* que "*Roberto Carlos em detalhes* acabou se tornando símbolo para aqueles que trabalham pela alteração da lei". Afirmação semelhante aparece em revistas, sites e blogs, e quase sempre exibindo a capa da biografia. Ou seja: assim como Panagulis, *Roberto Carlos em detalhes* vive!

O livro foi erigido a símbolo de luta por maior liberdade de expressão no país, mas seu personagem passou a representar o oposto. "O Brasil sofre uma onda de obscurantismo. Ela é liderada por cantores como Roberto Carlos", afirmou Luís Antônio Giron em reportagem da *Época* que cita a articulação contrária à mudança do nosso Código Civil. Da mesma forma, um editorial de *O Globo* diz que o cantor é "um dos arautos desta censura" a biografias. Em maio de 2013, a *Folha de S.Paulo* informou que "um grupo de celebridades tendo Roberto Carlos como símbolo está se articulando para lançar um manifesto contra o projeto de lei que autoriza biografias sem a autorização da pessoa retratada ou de sua família". Ou seja, o cantor, que sempre evitou assinar qualquer tipo de manifesto, pró ou contra alguma coisa, parecia estar mudando de opinião.

Ele também parecia cada vez mais preocupado com possíveis mudanças na legislação brasileira. "Roberto Carlos decidiu acompanhar com lupa a tramitação da lei que facilita a publicação de biografias não autorizadas", afirmava em julho Mônica Bergamo, acrescentando: "E ele terá pessoas de sua confiança em Brasília para seguir o tema, que está em discussão no STF e no Congresso". Uma das pessoas que o artista contratou para assessorá-lo nessa missão foi o criminalista Antonio Carlos de Almeida Castro, o Kakay, um dos mais caros e polêmicos advogados do país. Ele manifesta opinião semelhante a de Roberto Carlos sobre o assunto em questão: "Eu não gostaria que fizessem uma biografia minha para ganharem dinheiro com o meu nome".

Kakay é amigo e já representou nomes como José Sarney, José Dirceu, Antônio Carlos Magalhães, Demóstenes Torres, Salvatore Cacciola, Waldomiro Diniz e diversos outros políticos, empresários e banqueiros, para quem advoga ou advogou. É frequentemente citado como "o advogado dos poderosos". Na corte do rei, passaria a ocupar o lugar que anteriormente era do advogado Saulo Ramos, falecido em abril daquele ano. Ou seja, um consultor jurídico com influência e livre trânsito nos círculos do poder na capital federal. "Um cliente precisava conversar com três senadores. Por coincidência, eu era advogado dos três. Peguei o telefone e liguei. O advogado tem essa grande vantagem de trafegar", afirmou Kakay.

Em junho de 2013, o Brasil foi sacudido com uma série de manifestações de protesto contra os governantes. "O gigante acordou", diziam sobre aquela multidão de pessoas nas ruas. Coincidentemente, nesse mesmo e já histórico mês de junho, Roberto Carlos decidiu também sair de casa para uma atividade política — convencer autoridades da República a não aprovar leis que favoreçam a liberdade de se escrever biografias no Brasil. Na segunda-feira, dia 3 de junho, por exemplo, o cantor foi ao apartamento da ministra Cármen Lúcia, do STF, em Brasília — segundo informou o colunista político Ilimar Franco, de *O Globo*. O motivo da visita: "Defender a constitucionalidade da exigência de autorização de personalidades, e seus herdeiros, em livros que retratem suas vidas". Na contramão do povo que na época ocuparia as praças em defesa da reforma política e avanços nas áreas de transporte, saúde e educação, Roberto Carlos saía para defender o atraso. A procura por aquela ministra da alta corte não foi aleatória: Cármen Lúcia é a relatora da ação de inconstitucionalidade dos artigos 20 e 21 do Código Civil que tramita no STF em Brasília. Ou seja, é ela quem vai analisar detalhadamente o processo e redigir um voto para ser submetido a julgamento dos colegas em plenário.

Depois dessa visita a Cármen Lúcia, o cantor miraria um novo alvo, e agora bem mais alto: nada menos que a chefe da nação, a comandante suprema das Forças Armadas, a presidente da República Dilma Rousseff. E assim Roberto Carlos, o que sempre disse não entender e nem gostar de política, demonstrava finalmente ter acordado para a utilidade dela.

No dia da audiência de conciliação no fórum criminal paulista, em 2007, o cantor teve uma eloquente prova de que sua presença exerce efeito sobre quem tem o poder de decidir o que lhe é favorável. Caso ele não tivesse comparecido pessoalmente à sala daquele juiz, com certeza o acordo não teria acontecido e o seu pedido de proibição da biografia poderia estar se arrastando até hoje na Justiça. Sair de casa, se apresentar a quem pode decidir as coisas, é uma estratégia que Roberto Carlos passou a adotar a partir daí. Com sua força, simpatia, seu carisma e simbolismo, ele busca influir nas decisões e resolver mais rapidamente as questões de seu interesse.

Foi assim também quando o cantor decidiu ir ao Congresso Nacional com um grupo de artistas defender a aprovação de um projeto de lei sobre direito autoral. Em outros tempos, seus colegas da MPB teriam ido sem ele à capital da República. Dessa vez, porém, contaram com o apoio e a presença do maior ídolo da história do país, que pela primeira vez adentrou no Parlamento brasileiro.

Era a tarde de quarta-feira, dia 3 de julho, quando diversas manifestações ainda ocorriam pelo país. Trajando terno azul-marinho e acompanhado de seu empresário, Dody Sirena, Roberto Carlos foi o último cantor a chegar para o encontro no Senado. Conforme relato da imprensa, "ele foi alvo de cenas de tietagem explícita. Servidores, jornalistas e até mesmo os sisudos seguranças não escondiam o frisson. Alguns levaram CDs, na vã esperança de que o Rei os abençoasse com um autógrafo". Lá já estavam reunidos mais de trinta artistas, entre os quais Caetano Veloso, Erasmo Carlos, Carlinhos Brown, Fafá de Belém, Nando Reis, Fernanda Abreu, Otto e Lenine. A participação deles foi estimulada em discussões internas no Grupo de Ação Parlamentar Pró-Música (GAP), nascido anos antes por sugestão de Gilberto Gil, e no Procure Saber, formado em 2013, por iniciativa da produtora e empresária Paula Lavigne, que estava também nesse encontro em Brasília.

O objetivo ali era pressionar os senadores a votar em regime de urgência um projeto de lei que estabelecia novas regras para cobrança, arrecadação e distribuição dos direitos autorais de obras musicais no Brasil. De autoria do senador Humberto Costa(PT-PE), o projeto previa a criação de um órgão estatal, ligado ao Ministério da Cultura, para fiscalizar as ações do Escritório Central de Arrecadação e Distribuição (Ecad), que vinha sendo alvo de denúncias de irregularidades. Como todo projeto de lei, esse também gerou polêmica. Parte da classe artística apoiava, mas havia outra parte que o combatia. Nessa última se incluíam, por exemplo, os cantores e compositores Fagner, Lobão, Fernando Brant, Ronaldo Bastos e Abel Silva. Para eles, a fiscalização do Ecad não devia ser feita por um órgão estatal; defendiam que a melhor solução seria a própria classe de compositores exigir da entidade transparência sobre pagamento e recebimento de seus direitos autorais. "Não estou defendendo o

Ecad, mas pergunto: vai botar na mão do Estado? E quem fiscaliza esse Estado?", indagava Fagner. De forma mais enfática, o compositor Ronaldo Bastos também questionava por que um governo "que está sendo escorraçado nas ruas por improbidade e incompetência na gerência das coisas públicas, como saúde, educação, segurança, moradia e excesso de gastos com obras faraônicas de Copa do Mundo, teria moral para gerenciar o direito autoral de milhares de artistas brasileiros?".

Anteriormente, Roberto Carlos também se opunha à criação de um órgão do Estado para regular matéria autoral. Seu empresário chegou a afirmar que "o que está sendo proposto afeta obras de Caetano, Chico, Roberto. Com pretexto de dar acesso à cultura, o governo quer se tornar dono delas". Uma nota do colunista Felipe Patury na revista *Época*, em fevereiro de 2013, dizia: "O Rei contra a presidente: RC fará lobby pelo Ecad". Mas após participarem de alguns encontros organizados por Paula Lavigne no grupo Procure Saber, Roberto e seu empresário mudaram de opinião. Foi quando então decidiram acompanhar Caetano Veloso, Erasmo, Lenine e outros cantores a Brasília.

A presença deles no Senado surtiu efeito. Naquele mesmo dia, o texto do senador Humberto Costa foi aprovado pela Comissão de Constituição e Justiça. A próxima fase seria a análise do mérito pela Comissão de Educação e Cultura, o que só poderia ser feito em outra oportunidade. Ou então que se pulasse essa comissão. O senador Aloysio Nunes Ferreira, então líder do PSDB, queria manter a exigência, mas acabou sendo convencido por Aécio Neves a atender o apelo dos artistas pela urgência na tramitação.

Faltava agora a aprovação mais difícil e demorada: a do plenário do Senado Federal. Pelo trâmite da casa, depois de aprovado pelas comissões, um projeto fica na fila aguardando a sua vez de entrar na pauta de votação. Isso pode levar semanas, meses, anos ou até nunca ser votado. Mas Roberto e os demais artistas não estavam ali para conhecer as dependências do Congresso e depois ir para casa aguardar notícias. Foram ao gabinete do presidente do Senado, Renan Calheiros — que tinha o poder de decidir se algo ali era votado em plenário antes ou depois. O presidente do Senado lhes garantiu que o projeto de lei seria posto em votação naquele mesmo dia, à noite.

Antes disso, às dezenove horas, Roberto Carlos e seus colegas se deslocaram para o Palácio do Planalto, pois tinham também agendado encontro com a presidente Dilma Rousseff. Com eles seguiram a ministra da Cultura,

Marta Suplicy, e alguns políticos ligados à área artística. Um repórter relatou que "ao abraçar Roberto Carlos, a presidente ficou visivelmente emocionada Os outros artistas também se comoveram e ficaram de pé para aplaudir o abraço dos dois". Depois, se dirigindo também a Erasmo e Caetano Veloso, Dilma Rousseff afirmou: "Tenho de dizer uma coisa para vocês: vocês fizeram parte da minha vida. Vocês são referência para mim". Após ouvir atentamente a produtora Paula Lavigne — que foi a porta-voz do grupo, expondo suas principais queixas —, a presidente prometeu que sancionaria o projeto de lei assim que ele fosse aprovado pelo Congresso.

Ao final da audiência, que durou cerca de quarenta minutos, todos os artistas se retiraram para acompanhar a sessão no Senado, que começava a votar o projeto naquele momento. Todos os artistas, menos um: Roberto Carlos, que, em vez de sair, pediu para ter uma conversa reservada com a presidente Dilma Rousseff. Ou seja, o cantor requereu uma audiência extraordinária e foi prontamente atendido — privilégio que poucos dos 39 ministros de Dilma haviam tido até aquele momento de seu governo.

Segundo informou o colunista Ancelmo Gois, em O Globo, "no encontro com Dilma, Roberto Carlos explicou por que defende — que pena! —, a proibição de biografias não autorizadas. Foi meia hora de conversa. O Rei, que conseguiu proibir na Justiça uma biografia sua, saiu do gabinete feliz". Fontes ouvidas por outra colunista, Mônica Bergamo, afirmaram que a felicidade do cantor era porque a presidente Dilma o teria apoiado e prometido que "no que dependesse dela este assunto das biografias vai ficar parado no Congresso". De acordo com uma repórter, logo em seguida "o cantor deixou o Palácio do Planalto pela mesma porta pela qual entrou, por superstição".

Enquanto isso, os demais artistas já estavam sentados na tribuna de honra do plenário do Senado, acompanhando o início da votação. O senador Renan Calheiros disse que aquele era "um grande dia para o Senado" e que a presença de tantos cantores contribuía para a "oxigenação" do Parlamento. Depois de mais um ou outro discurso, ele pôs o texto em votação, que foi facilmente aprovado pela maioria. Ao ser declarado o resultado final, houve forte aplauso dos artistas presentes. Animado, o senador Ivo Cassol chegou a sugerir que Roberto Carlos desse uma canja no plenário. "Ele pode cantar 'Esse cara somos nós'!", brincou, em referência à canção recente de Roberto Carlos e arrancou gargalhada. Seu pedido, porém, não foi atendido, porque o cantor saiu rapidamente do plenário, antes mesmo do fim da sessão, não ficando nem para o registro de uma foto dos artistas com os senadores.

Conforme prometido, no mês seguinte a nova lei foi sancionada pela presidente Dilma Rousseff e, em seguida, publicada no *Diário Oficial da União*. Mas a divisão entre os compositores continuou. Em entrevista à *Folha de S.Paulo*, o cantor Fagner foi duro na crítica aos colegas que militaram pelo projeto no Congresso Nacional. "O que houve ali foi uma encenação patrocinada por pessoas que têm outros interesses que não são os aparentes. Por que Caetano estava lá? Por que Roberto, que nunca aparece para defender nada, também estava lá?" Essa especulação de Fagner sobre Roberto Carlos foi respondida com todas as letras pelo compositor Abel Silva. Ele afirmou que, "em cinquenta anos de carreira, Roberto só se pronunciou sobre política cultural duas vezes, em ambas a favor da censura" — lembrando o apoio do artista à proibição do filme *Je vous salue, Marie*, de Godard, e sua investida contra *Roberto Carlos em detalhes*. Abel Silva então concluía que aquela ida do cantor a Brasília aconteceu, na verdade, para apelar "a Dilma pela permanência da proibição da biografia dele".

A mobilização a favor da liberdade da publicação de biografias no Brasil ganhou um novo capítulo em 2013, justamente na data da nossa independência, 7 de setembro. Naquele dia, Ruy Castro, eu e o deputado federal Alessandro Molon, relator do projeto de lei, participamos de um debate na Bienal do Livro do Rio. Na abertura da mesa, Ruy Castro leu um documento intitulado "Manifesto dos intelectuais brasileiros contra a censura às biografias". Organizado pelo Sindicato Nacional dos Editores de Livros, o manifesto trazia a assinatura de 48 nomes da elite intelectual do país. A Academia Brasileira de Letras, por exemplo, estava em peso ali com as assinaturas de Afonso Arinos de Melo Franco, Candido Mendes de Almeida, Sergio Rouanet, Eduardo Portella, Arnaldo Niskier, Carlos Heitor Cony, Nélida Piñon, João Ubaldo Ribeiro e outros imortais; também assinaram o manifesto historiadores como Boris Fausto e Mary Del Priore; jornalistas como Zuenir Ventura e Roberto Pompeu de Toledo, além do ensaísta Silviano Santiago, o antropólogo Roberto DaMatta, o cartunista Ziraldo, o cineasta Nelson Pereira dos Santos, o escritor Luis Fernando Verissimo e o poeta Ferreira Gullar.

Foi um manifesto peso pesado e necessário para se contrapor à outra força liderada por Roberto Carlos. O fato de o documento ser contra a "censura às biografias" remetia também diretamente ao principal opositor e militante contra as narrativas de histórias não autorizadas no Brasil. E assim Roberto Carlos tinha agora contra si, e nominalmente, a nata da intelectualidade brasileira — segmento, aliás, que sempre lhe virou as costas. O manifesto foi apenas o momento mais radical dessa oposição entre a nossa elite e o mais popular cantor da história do país. Involuntariamente, tive participação nisso.

Os signatários exaltam a importância da biografia como um gênero literário que "desde o século xix teve papel importante na construção da nossa ideia de nação, imortalizando personagens e ajudando a consolidar um patrimônio de símbolos e tradições nacionais". Lamentam que "no Brasil, tal forma de manifestação encontra-se em risco, em virtude da proliferação da censura privada, que é a proibição das biografias não autorizadas". Dizem também que "a ninguém é dado impedir a livre expressão intelectual ou artística de outro, garantia consagrada na Constituição democrática de 1988, que baniu definitivamente a censura entre nós". Enfatizam ainda que "hoje, quando a sociedade clama pela ética e pela plena liberdade de expressão, está mais do que na hora de eliminar este entulho autoritário e permitir novamente que os brasileiros possam ter acesso à sua própria história". Concluem com um apelo ao Parlamento e ao STF:

> Os intelectuais brasileiros apoiam as iniciativas legislativas e judiciais voltadas à correção dessa anomalia do ordenamento jurídico brasileiro, de maneira a permitir a publicação e a veiculação de obras biográficas sobre os protagonistas da nossa História, independentemente da autorização dos personagens nelas retratados.

A propósito disso, lembro-me de um fato ocorrido dias depois da audiência de conciliação. Fui convidado, na época, para um evento literário em Belo Horizonte. Era noite e eu estava em pé, próximo de subir ao palco, quando percebi alguém vindo em minha direção. Havia pouca luz ali e não consegui identificar quem se aproximava, apenas que era alguém de terno e gravata. Ele então chegou, me estendeu a mão e me deu um caloroso abraço. Só aí pude ver que era o escritor e acadêmico Moacyr Scliar, que eu ainda não conhecia pessoalmente. Ele havia participado de uma mesa anterior no evento e foi ao meu encontro me prestar sua solidariedade. Recordo isso para dizer, que se estivesse vivo, Scliar certamente seria mais um membro da Academia Brasileira de Letras a assinar o manifesto contra a censura às biografias no Brasil. Aquele abraço, em Belo Horizonte, me fez sentir mais forte e ainda mais comprometido com essa luta pelo direito de se escrever livremente a história do país.

Em 2007, ano em que *Roberto Carlos em detalhes* foi proibido, deu-se um fato até então inédito na carreira do cantor: pela primeira vez desde a sua estreia discográfica, em 1959, ele não lançou nenhum novo disco, nenhuma nova canção. Se já estava ficando difícil para o artista cumprir seu compromisso com o público, naquele ano as coisas se complicaram ainda mais. Ocupado com reuniões com advogados e audiências, o tempo ficou menor para Roberto Carlos. Foi o fim de uma tradição que por quase cinco décadas movimentou o mercado discográfico brasileiro. Até mesmo no ano do agravamento da doença e da morte da esposa Maria Rita, em 1999, quando não pôde gravar seu especial de Natal na tv Globo, o cantor conseguira lançar ao menos uma canção inédita: "Todas as Nossas Senhoras". Em 2007, nenhuma, ficando assim marcado na história do cantor como o ano em que ele não produziu nada de notável — a não ser o fato de ter tirado de circulação a sua biografia.

No mês do aniversário de 72 anos do cantor, abril de 2013, seu site oficial fez uma linha do tempo destacando os principais fatos da trajetória dele, desde o nascimento, em Cachoeiro de Itapemirim. Para o período entre 2000 e 2012, por exemplo, apontou fatos marcantes para cada ano da sua carreira, com a exclusão de apenas um: 2007. Esse ano não existiu para Roberto Carlos, segundo o seu site oficial. Isso de certa forma confirma o que previu o jornalista Jerônimo Teixeira na reportagem da *Veja* que narrou o desfecho daquela nossa audiência de conciliação:

Se um dia publicar sua biografia autorizada, Roberto Carlos provavelmente vai omitir a tarde que passou em um tribunal de São Paulo discutindo os meios de destruir mais de 10 mil livros. No entanto, esse é um momento definidor na trajetória do chamado rei da música brasileira.

A avalanche de críticas que Roberto Carlos recebeu por causa da proibição da sua biografia poderia ter abalado a carreira de qualquer outro artista, menos a dele. Como mostro no último capítulo de *Roberto Carlos em detalhes,* o cantor é duro na queda, ou como ele próprio diz numa de suas canções religiosas: "Sou forte e minha fé me faz um homem de aço". Ele também falara disso após aquele choro por sua injusta desclassificação do festival de San Remo, em 1972: "Apesar de tudo não me senti vencido". Na biografia, cito que, de fato, ele não se sentiu vencido em vários outros momentos difíceis: quando nenhuma das rádios do Rio quis lhe dar emprego; quando o seu primeiro disco, na Polydor, fracassou; quando foi demitido da gravadora; quando RCA, Odeon, Philips e outras companhias de disco se recusaram a contratá-lo; quando seu primeiro álbum na CBS também fracassou. Roberto Carlos não se sentiu vencido nem mesmo quando, aos seis anos de idade, ficou preso embaixo de um trem. Em todos esses momentos e diante de todas essas adversidades, ele conseguiu dar a volta por cima. Ele faria isso mais uma vez no ano seguinte à polêmica pela proibição de *Roberto Carlos em detalhes.* Como uma fênix, o cantor ressurgiria ainda mais forte que antes.

O marco dessa virada foi o anúncio da sua participação nas comemorações pelos cinquenta anos da Bossa Nova, em 2008, um espetáculo reunindo ele e Caetano Veloso, cantando clássicos de Tom Jobim. "A gente fechou os olhos e fez o convite para o Roberto", disse numa entrevista Monique Gardenberg, coordenadora-geral do evento, patrocinado pelo Itaú. O empresário Dody Sirena achava difícil o cantor aceitar o convite, e acabaria se surpreendendo com o sinal positivo dele. Um dos curadores do evento, Zuza Homem de Mello, explicou por que convidaram Roberto Carlos para um espetáculo comemorativo da Bossa Nova. "Todo mundo sabe que Caetano escolheu ser cantor depois de ouvir João cantando 'Chega de saudade', mas quase ninguém sabe que Roberto começou sua carreira no Bar Plaza, como crooner, e que ele cantava com as mesmas características criadas por João Gilberto. A raiz da carreira de Roberto tem tudo a ver com a Bossa Nova."

Aqueles que tinham lido a biografia proibida do cantor conheceram em detalhes toda essa sua raiz bossa-novista, seu tempo na boate Plaza, o dia em que João Gilberto lhe viu cantar ali, bem como a opinião positiva dele sobre o jovem discípulo. O capítulo "Roberto Carlos e a Bossa Nova", o terceiro do livro, talvez tenha contribuído para que o autor de "Emoções" finalmente fosse lembrado nos festejos pelos cinquenta anos da Bossa Nova — algo que não tinha acontecido nas efemérides comemorativas dos vinte, trinta ou quarenta anos do movimento. Seja como for, para Roberto Carlos aquele convite chegou em boa hora. Depois de mais de um ano sempre aparecendo na mídia como censor de um livro, ele seria pauta agora pelo show com Caetano em homenagem a Tom Jobim. Ele saía de uma agenda negativa para outra, bem positiva.

Foi quando também decidiu encerrar a sua demorada viuvez. Desde que sua esposa Maria Rita faleceu, em 1999, o cantor chorava publicamente por ela, dedicando-lhe músicas e exibindo o rosto e o nome dela em telões durante os shows. A partir de 2008, porém, as referências a Maria Rita seriam bem mais discretas. O artista continuaria cantando composições feitas em sua homenagem (como "Mulher pequena") ou compondo novas ("A mulher que eu amo"), mas sem mais evocá-la explicitamente no palco. Parece que Roberto Carlos entendeu que o público já havia se cansado daquela exposição da sua dor e de sua saudade.

Dody Sirena aproveitou esse momento para sacudir o artista e deslanchar vários projetos e negócios que havia muito tempo aguardavam a sua aprovação. Quando começaram a trabalhar juntos, em 1993, o empresário o convenceu a fazer propaganda de cerveja, mas o artista insistia em recusar outras vultosas propostas — como a de um banco que queria ter seu rosto em um cartão de crédito. "Roberto estava na sua fase mais religiosa. Então, quando falei da proposta, ele disse: 'Não posso aceitar. Imagine se alguém usa o meu cartão para pagar o motel que levou a amante?'", lembra Dody Sirena. Depois do vazio de 2007, porém, o cantor aceitou um gerenciamento mais arrojado e comercial de sua carreira, topando colar sua imagem a quase tudo: panetone, perfume, joias, revista e, finalmente, cartão de crédito. "Roberto Carlos convida para a coletiva seguida de um coquetel onde vai anunciar uma ação inovadora, através de uma parceria inédita que movimentará o mercado financeiro brasileiro. Nunca se viu nada igual no show business", dizia o convite para o evento em que ele anunciou um contrato de dez anos com o cartão Credicard, em 2010. "Às vezes me surpreendo quando imagino que ele pode não querer, mas o vejo entusiasmado", disse Dody, que na época se comparou à empresária de Caetano Veloso. "Sou considerado a Paula Lavigne de Roberto Carlos, só não uso saia". Mais que empresário, se tornou sócio de Roberto Carlos, com investimentos nos setores financeiro, imobiliário, de turismo e até de pecuária, com a empresa Emoções Agronegócios. Anos atrás, por exemplo, eles adquiriram num leilão a vaca Lady Siska, da raça simental e, posteriormente, o touro Rajat FIV, da raça nelore. E assim, o artista e seu sócio entraram para o lucrativo negócio de gado de corte no Brasil.

Isso surpreendeu a muita gente, pois desde os anos 1980 Roberto Carlos deixara de comer carne vermelha, "por influência de amigos vegetarianos", contou numa entrevista. E de fato o cantor sempre pareceu sensível à causa animal. "Não é possível que você suporte a barra/ De olhar nos olhos do que morre em suas mãos", protestava em "As baleias". Em outra canção, do fim dos anos 1970, ele queria saber: "Quem inventou o fuzil de matar elefantes?", e, no refrão, indagava: "O que será o futuro que hoje se faz/ Da natureza, as crianças e os animais?". Bem, o futuro chegou e encontraria Roberto Carlos até sorrindo na TV em uma milionária campanha publicitária para consumo de carne de boi.

Indagado sobre o que aprendeu na sua longa convivência com o artista, Dody Sirena respondeu: "Ele tem uma influência na minha vida muito importante. Nos aproximamos num momento em que eu estava muito focado nos negócios, totalmente envolvido nesse mundo capitalista. Aí percebi que não estava vivendo com equilíbrio. Roberto me trouxe isso, me despertou espontaneamente, sem ter me chamado atenção, para este sentido da vida de família, de viver, de que o dinheiro não é tudo, embora seja importante". Isso pode mesmo ter ocorrido, mas não é difícil constatar que, de outro lado, a convivência com Dody Sirena deu a Roberto Carlos o oposto: uma visão mais comercial e materialista da vida. O artista passou a ficar muito mais focado em negócios, números, dinheiro.

Com a crise da indústria fonográfica, o cantor se adaptou ao novo mercado diversificando os investimentos, abrindo-se às propostas publicitárias e direcionando seus espetáculos a um público de maior poder aquisitivo — como nos projetos Emoções em Alto-Mar e Emoções em Jerusalém. Isso lhe permitiu ganhar mais e trabalhar menos, reduzindo a quantidade de shows que fazia por ano. Em vez de cem a 120 apresentações, passou a fazer não mais que cinquenta, apesar de receber cerca de quinhentos convites por ano, segundo seu empresário. Seus shows são de grande produção, principalmente em grandes cidades, em espaços maiores e com ingressos caros — o que lhe dá um retorno financeiro também maior, principalmente porque não há intermediários. Dody Sirena administra tudo nas turnês, do patrocínio à bilheteria. Ao reclamar dos altos preços dos ingressos para os shows do cantor em Curitiba, um colunista local, Augusto Mafuz, afirmou que "Roberto Carlos passou a ser uma figura abstrata para o povo curitibano. Ao vivo, se tornou caro demais".

De fato, é um Roberto Carlos para os endinheirados. Aos fãs do Brasil profundo, mais pobre, maior, ou seja, os milhões de zé-ninguém que sustentaram sua carreira no tempo em que as elites lhe viravam as costas, só resta mesmo esperar. Como aquele Pedro Pedreiro de Chico Buarque, esses fãs ficam esperando pelo especial de Natal na TV Globo, esperando por um show na praia ou em praça pública e, principalmente, esperando por um álbum de canções inéditas no fim do ano — o velho acordo dele com os fãs. Porém, depois de 2003, e até agora, abril de 2014, ou seja, ao longo de uma década, ele lançou apenas quatro músicas inéditas: "Arrasta uma cadeira", em 2005, "A mulher que eu amo", em 2009, e "Esse cara sou eu" e "Furdúncio", em 2012. A justificativa do cantor para tão minguada produção tem sido sempre a mesma: muito trabalho e pouco tempo para realizá-lo.

Quando jovem, nos anos 1960, Roberto Carlos fazia muito mais shows pelo Brasil, apresentava um programa semanal na TV Record, fazia filmes, participava de festivais e, lançava religiosamente no fim do ano um LP com doze faixas, na maioria inéditas. Atualmente, o cantor faz bem menos shows, não faz mais filmes, não tem compromisso semanal com a televisão, não participa de festivais e, ainda assim, não consegue mais entregar regularmente um álbum de inéditas. "Há muito que estou querendo lançar esse disco. Já tinha pensado em fazê-lo no ano passado, depois passou para este ano, mas são muitos os compromissos e ele vai sendo adiado", justificou em 2010. No ano seguinte, indagado sobre o mesmo assunto, respondeu: "Eu quero muito fazer o CD de inéditas. Há três anos que venho tentando, mas o Dody está sempre me arrumando mais trabalho, e esse plano vai sendo adiado".

Por mais trabalho entenda-se contratos publicitários, leilões de gado de corte e empreendimentos imobiliários, como o que ele e o sócio lançaram em 2011: a Incorporadora Emoções, com projetos para construção de condomínios de casas e de prédios residenciais e comerciais, decorados em tons de azul e branco. "Vamos investir 1 bilhão de reais em cinco anos na construção imobiliária e espalharemos os condomínios por todo o Brasil", anunciou Dody Sirena. O primeiro lançamento da incorporadora foi um luxuoso edifício *home and office* de quarenta andares, o Horizonte JK Home & Offices, no Itaim Bibi, em São Paulo. Posteriormente foi lançado outro: o Horizonte Jardins Offices & Hotel, com 136 apartamentos e 364 salas comerciais, num bairro nobre de Aracaju. Segundo relato da imprensa, Roberto Carlos parece animado com sua incorporadora, pois ele "faz questão de comparecer aos lançamentos para as classes A e B, circula entre os interessados, mostra os estandes e até atende pedidos para cantar". Um de seus sócios nesse empreendimento, o empresário Jaime Sirena, irmão de Dody, afirma que o artista também participa das reuniões mais importantes de discussão dos projetos arquitetônicos.

Desde meados dos anos 1960, quando passou a ganhar muito dinheiro com música, Roberto Carlos diversifica seus negócios. Ele já foi proprietário de restaurante, transportadora e agência de automóveis. No passado, essa atividade empresarial era secundária e não interferia na sua produção artística. O que distingue a era Dody Sirena é que Roberto Carlos, o empresário, parece estar ocupando o tempo e a prioridade do cantor e compositor. Isso se reflete não apenas nos sucessivos adiamentos do seu álbum de inéditas. Seus shows têm sido basicamente os mesmos: começam com "Emoções", terminam com "Jesus Cristo", tendo entre uma música e outra o momento Jovem Guarda, o momento "Detalhes", o momento canção de motel e uma mesma saudação: "Que prazer rever vocês". Foi-se o tempo em que Roberto Carlos montava a cada temporada um novo espetáculo, com novas músicas, textos, cenários e figurinos — como o de 1978, em que ele surgia em cena caracterizado de palhaço. Seus especiais de fim de ano na TV Globo também se tornaram repetitivos: é a transmissão do mesmo show, com alguns convidados no palco. Muito diferente dos especiais do passado, de produções arrojadas, com cenas externas, clipes, cenas de palco, entrevistas e roteiro temático — como o de 1982, dedicado a Charlie Chaplin, em que o cantor aparecia caracterizado de Carlitos. Parece que o Roberto Carlos empresário não deixa sobrar mais tempo para isso — problema que um dia o próprio artista anteviu.

Numa entrevista na Rádio Continental, no fim dos anos 1970, o locutor Hilton Abi-Rihan perguntou a Roberto se ele pensava em criar um selo próprio para produzir seus discos. A resposta: "Muita gente tem me proposto esse tipo de negócio, mas acho que isso é uma coisa que ia me envolver muito, me tomar muito tempo. E, na verdade, eu quero me preocupar mesmo é com minha música, com minhas letras, com meus shows, enfim, com o que eu faço. Não quero ter mais uma preocupação. E, além disso, eu não sou realmente um homem de negócio, não sou. Eu gosto mesmo é de me preocupar com a parte artística". Essa opinião seria mudada na convivência com Dody Sirena e, em 1994, sob a orientação do empresário, ele criou seu próprio selo, o Amigo Records, e posteriormente a Incorporadora Emoções, a Emoções Agronegócios e outras empresas. "Sou o radar de possibilidades de investimentos para ele", disse Sirena. "É minha obrigação como sócio e empresário."

Enquanto, em dez anos, Roberto produziu apenas quatro músicas inéditas, outros artistas de sua geração fizeram mais. Caetano Veloso, por exemplo, além de também lançar álbuns gravados ao vivo ou com releitura de clássicos, gravou três álbuns de canções inéditas que totalizam 36 canções. Chico Buarque expandiu a sua atuação artística, dedicando-se também à literatura, e mesmo assim tem feito mais músicas que Roberto Carlos. Ao longo desse mesmo período, ele lançou dois álbuns de inéditas, total de 22 canções, além do premiado romance *Leite derramado*. No campo internacional, Paul McCartney também criou mais no decênio de 2004 a 2013: três álbuns de estúdio com faixas bônus que totalizam 43 canções inéditas.

O fato é que, com todas as ocupações empresariais (e censórias), tem faltado tempo a Roberto Carlos até mesmo para escrever a sua biografia oficial, que ele promete publicar desde os anos 1980. Motivo, inclusive, para ele se insurgir contra o meu livro: "Você gostaria que alguém escrevesse a sua história, quando você quer escrever a sua própria história? Me responde! Você gostaria?", replicou a um jornalista na coletiva de 2006. Mas ali ele garantiu que aceleraria o projeto, apesar de andar bastante ocupado. "Tenho muito trabalho e não dá pra começar agora, mas ano que vem vou começar seriamente a escrever a minha biografia."

Passaram 2007 e também 2008, e nada de iniciar a escrita do livro. Em 2009, quando comemorou cinquenta anos de carreira, perguntou-se outra vez se ele pretendia mesmo publicar sua biografia autorizada. "Já está passando da hora", respondeu o cantor na coletiva. "É um presente que a gente pode esperar, então?", indagou um jornalista. "Eu estou realmente tentando fazer a minha biografia já há uns cinco anos. Mas tenho andado muito ocupado, é muita coisa pra fazer, que inclusive me impediu de lançar o disco de inéditas, mas, enfim, estou seriamente empenhado em fazer esse livro. E sei lá, não este ano, mas até o ano que vem pretendo lançar a minha biografia oficial."

O "ano que vem" era 2010 e o livro não saiu. Também não saiu em 2011, quando o artista completou setenta anos de idade. Questionado novamente, garantiu que o projeto estava de pé, reafirmando a escolha de seu biógrafo autorizado. "Eu penso em lançar uma biografia, sim, não escrever, mas colaborar com alguém que vai escrever, e quero que o Okky de Souza seja o autor."

Em meio a essa expectativa, o jornalista Ricardo Schott, do *Jornal do Brasil*, foi então entrevistar o próprio Okky, que pareceu não ter muito o que dizer sobre a biografia do cantor. "Eu e o Roberto nem chegamos a sentar formalmente para falar disso. Há uns quinze anos, num papo de bastidores, ele me chamou para escrevê-la. Em entrevistas, fala que quem vai fazer a biografia dele sou eu. Mas foi apenas uma conversa."

Se tem faltado tempo para Roberto Carlos publicar a sua prometida biografia, tempo não lhe faltou em 2013 para tentar censurar mais uma obra literária. Seu novo alvo foi o livro *Jovem Guarda: Moda, música e juventude*, da historiadora Maíra Zimmermann. Originalmente uma dissertação de mestrado com bolsa concedida à autora pela Fundação de Amparo à Pesquisa do Estado de São Paulo (Fapesp), o livro foi publicado pela editora Estação das Letras e Cores com uma tiragem inicial de apenas mil exemplares. "O livro acadêmico tem essa dificuldade de venda. O público da editora é principalmente alunos e pesquisadores na área", explicou Kathia Castilho, sócia da editora. Em vez de fotos, a capa traz ilustrações de Roberto, Erasmo e da cantora Wanderléa, que leu os originais, gostou e assinou o texto da contracapa.

> Sou parte dessa história... e me deparo feliz com esse tratado tão minucioso e verdadeiro [...]. Parabéns, Maíra! Seu maravilhoso trabalho traz muitos elementos pertinentes da trajetória desse tempo tão rico em contradições, transformações e encantamento.

Maíra Zimmermann teve a gentileza de enviar convites de lançamento do livro aos três principais artistas da Jovem Guarda. Segundo relato da *Veja*, ao receber o convite Roberto Carlos perguntou ao seu advogado: "Nós liberamos?". Como a resposta foi negativa, o artista decidiu enviar uma notificação extrajudicial à autora da obra: "Roberto Carlos Braga, brasileiro, viúvo, cantor, com domicílio na cidade do Rio de Janeiro, vem, pelo presente, notificar Maíra Zimmermann, qualificação desconhecida...". "Fui buscar a notificação no cartório e não acreditei", disse Maíra. "Fizemos a notificação porque a lei nos protege", afirmou o empresário Dody Sirena à *Folha de S.Paulo*, acentuando que sempre tomam essa atitude "em situações que não configuram uma homenagem ao Roberto, mas em uso da imagem dele para ganhar dinheiro".

Na notificação extrajudicial, o advogado dele afirma que o livro contém "uma série de situações que envolvem o notificante (Roberto Carlos) e traz detalhes sobre a trajetória de sua vida e intimidade". Além disso, diz o texto, "a própria capa do livro contém caricatura do notificante e dos principais integrantes da Jovem Guarda sem que eles nem sequer fossem consultados". Após citar trechos da Constituição e do Código Civil, o advogado diz que "é clara a conclusão de que a imagem e a vida privada do notificante estão sendo indevidamente exploradas pela notificada". E ao final, grifa: "Sendo assim, cumpre seja cessada a comercialização do referido livro, bem como ordenado o recolhimento dos exemplares à disposição, no prazo de dez dias, sob pena das medidas judiciais cabíveis".

Surpresa com tudo que leu, a historiadora Maíra Zimmermann comentou: "A impressão que dá é que eles não tiveram contato com o livro". De fato, acusaram a autora de não ter consultado os "principais integrantes da Jovem Guarda", sem saberem que o texto da contracapa é assinado por Wanderléa. Reclamaram de exploração da "intimidade" e da "vida privada" de Roberto Carlos desconhecendo que o livro fala apenas de um movimento musical e cultural liderado por ele, sem sequer citar seu nome no título ou no subtítulo. Ou seja, assim como ocorreu no caso *Roberto Carlos em detalhes*, o cantor e seus advogados primeiro acusaram para depois ver como sustentar as acusações. Mas dessa vez não era possível adulterar o texto — como fizeram com o meu —, porque não há vida pessoal de Roberto Carlos ou de nenhum outro artista nas páginas desse livro que, para além de moda e de música, fala do desenvolvimento dos meios de comunicação de massa e da formação de uma classe média consumidora no país no contexto dos anos 1950 e 1960.

Após receber a contranotificação da autora, Marco Antônio Campos teve que conferir o livro e viu, talvez surpreso, o texto de Wanderléa. No fim do mês, maneirou seu discurso. Disse à *Folha de S.Paulo* que o cantor apenas não gostara "daquela caricatura de forma desautorizada", mas que não tinha "nenhuma intenção censória quanto ao conteúdo do livro". Entrevistado por Julio Maria, de *O Estado de S. Paulo*, repetiu que o único problema era o uso não autorizado de imagem, "mas que ele (Roberto Carlos) não pediu a retirada do livro". Como assim, indagou o repórter, se a autora recebeu uma notificação assinada pelo próprio advogado exigindo "o recolhimento dos exemplares, no prazo de dez dias, sob pena das medidas judiciais cabíveis"? Campos reafirmou o contrário: "Não vamos pedir a retirada".

Mas a lambança já estava feita. O artista voltou a receber uma enxurrada de críticas da imprensa. "Esse cara já encheu" foi o título da reportagem da *Veja*, com o subtítulo "Roberto Carlos, o censor, volta a atacar. Pasmem: ele quer proibir um livro sobre a moda da Jovem Guarda". Para o colunista Rogério Gentile, da *Folha de S.Paulo*, o cantor passou dos limites ao ocupar a Justiça com reclamações de uma caricatura em livro. "O motivo é tão mesquinho e despropositado que acaba por expor de um modo categórico o tamanho do absurdo da legislação atual". Por sua vez, Ruy Castro disse que "a nova violência de Roberto Carlos contra a liberdade de expressão" empurrava o Brasil "em sua disparada rumo ao século xv".

Ao comentar o fato no seu blog, o crítico André Barcinski afirmou que alguém precisava lembrar a Roberto que "o 'Rei' dele vem entre aspas. "Ele não é rei de verdade, é só um jeito carinhoso de ressaltar sua importância e influência. E cada vez que Roberto Carlos tenta censurar outro livro, sua 'realeza' morre um pouco". Em reportagem na *IstoÉ*, a jornalista Eliane Lobato também diz que, com mais essa "demonstração de autoritarismo e desprezo pela liberdade de expressão", o cantor faz jus ao apelido de "Roberto, mãos de tesoura".

Parece que dessa vez as críticas fizeram o artista recuar na intenção de proibir o livro. Um amigo dele soprou ao colunista Ancelmo Gois de *O Globo* que isso foi "coisa de advogado", e que Roberto Carlos teria ficado "chateado" ao "saber pelos jornais" do seu pedido de censura ao livro da Jovem Guarda. A culpa, então, seria do fiel advogado Marco Antônio Campos — como se alguém do staff de Roberto Carlos pudesse tomar qualquer decisão envolvendo o nome dele sem a devida autorização. De qualquer forma, para o cantor e seu advogado o melhor seria encerrar logo o caso, mas com uma saída honrosa para eles: que pelo menos Maíra Zimmermann e a editora formalizassem o pedido de autorização para a publicação do livro. A colunista Mônica Bergamo disse que ouviu de Marco Antônio Campos que esse pedido estava sendo feito porque Roberto Carlos "não queria mais abrir um precedente, abrir uma porteira que permita o uso não autorizado de sua imagem". O escritório de Campos mandou então o documento para eles assinarem. De forma objetiva, o texto dizia que "as notificadas (Maíra e sua editora) pedem autorização ao notificante (Roberto Carlos) para a utilização de seu nome e sua imagem na obra". E completava: "O notificante concede a autorização solicitada para todos os efeitos de direito".

O caso poderia ter se encerrado aí se a autora e a editora não tivessem considerado humilhante esse pedido de bênção a Roberto Carlos para publicar uma dissertação de mestrado apoiada pela Fapesp. "Assim, ele coloca Maíra em uma situação de erro, como se ela tivesse obrigação de ter pedido autorização antes de lançar um livro que nem é uma biografia. Isso fere a liberdade de expressão", disse seu advogado, Rodrigo Correa, em entrevista a *O Estado de S. Paulo.* "Uma retratação de Maíra está fora de cogitação. Ela não pode fazer isso, uma vez que não cometeu erro algum", concordou seu editor, Gilberto Mariot. Por sua vez, Maíra Zimmermann reafirmou que realizou uma pesquisa acadêmica e que "a história da Jovem Guarda não deve ser tratada de forma patrimonialista". Manifestaram a disposição para brigar, prometendo que a luta não seria tão fácil para Roberto Carlos: "Estamos preparados, e se o processo vier de fato, já avisei que vou trazer junto a Fapesp", disse o advogado dela. "Roberto Carlos vai ter que processar o estado de São Paulo também, que pagou pela pesquisa da autora", reiterou seu editor.

As coisas se complicaram. A lambança que Roberto Carlos tinha empurrado para a conta de seu advogado voltava agora inteira ao colo do artista. Ele teria que aceitar, resignado, a abertura da porteira, de que não é necessário pedido de autorização para se publicar um livro com a imagem dele na capa, ou então partir com tudo para cima da autora e da editora — como ameaçou na notificação extrajudicial e fez em relação a *Roberto Carlos em detalhes.*

Nessa fase inicial, os dois casos transcorreram de forma relativamente semelhante. A editora Planeta também não se curvou quando o cantor ingressou com uma notificação civil requisitando que, no prazo de cinco dias, ela interrompesse a publicação, distribuição e a venda da biografia. Recorde-se que, em nota oficial, a editora afirmou que não recolheria os livros pela certeza de ter publicado "uma obra séria, fruto de um trabalho exaustivo de pesquisa, realizado por um dos mais importantes historiadores da música popular brasileira". E fim de papo.

Depois dessa resposta firme, Roberto Carlos entrou com os dois processos contra nós. No caso do livro da Jovem Guarda, a questão era saber qual seria sua atitude depois da resposta também firme da autora e da editora. Pois o "rei" se resignou. Seus advogados não insistiram mais no pedido de autorização de Maíra Zimmermann, também não falaram mais em processo contra ela, e o livro *Jovem Guarda: Moda, música e juventude* pôde continuar circulando livremente.

A nova investida de Roberto Carlos contra um livro mostra um aspecto que o aproxima da censura do regime militar. Os censores de então não se pautavam sempre por critérios racionais, lógicos; o imponderável também se fazia presente. O cantor Wando, que teve canções proibidas nos anos 1970, foi uma testemunha disto: "Às vezes a gente usava de muita sutileza e a música não passava; outras vezes a gente deixava ir com certos exageros e a música era liberada. Não havia muita lógica". Essa mesma imprevisibilidade aparece nas reações de Roberto Carlos diante de um livro sobre ele.

Ele proibiu a biografia que escrevi, mas não se opôs ao perfil biográfico *Roberto Carlos*, do jornalista Oscar Pilagallo — obra também não autorizada e com fatos da vida pessoal dele. Da mesma forma nada reclamou do livro *Como dois e dois são cinco*, de Pedro Alexandre Sanches. O autor acredita que isso ocorreu porque a obra saiu por uma editora de pequeno porte, a Boitempo, e com tiragem de apenas 2 mil exemplares. "Por que ele iria processar ou tentar vetar um livro que circulava tão pouquinho? Aí ele estaria dando publicidade para mim." É verdade, mas o livro *Jovem Guarda: Moda, música e juventude*, com tiragem e editora ainda menores, fez o cantor mobilizar seus advogados para pedir a proibição. Como na censura dos militares, na da corte do rei nem sempre impera a lógica. Ou talvez sim, se pensarmos que em 2013 o contexto era outro. Havia um projeto de lei de biografias sendo debatido no Congresso, uma ação de inconstitucionalidade contra o artigo 20 do Código Civil tramitando no STF, e Roberto Carlos talvez quisesse marcar posição, ou, como disse seu advogado, fechar a porteira: nada, absolutamente nada, nem mesmo uma dissertação de mestrado sobre a Jovem Guarda, podia ser publicado sem a sua autorização.

Livros, não, mas revistas, sim. No mesmo mês em que acusava a historiadora Maíra Zimmermann de explorar a sua "imagem e vida privada" sem autorização, chegava às bancas, e certamente também de forma não autorizada, mais uma daquelas revistas contando a vida de Roberto Carlos. Era uma edição especial da revista *Guia da TV*, publicação da Editora Alto Astral, que mostra o cantor na capa e em fotos menores, numa delas na varanda de sua casa com a ex-esposa Nice e os filhos ainda pequenos, um deles, bebê. Tudo isso sob o título "Roberto Carlos, a história de vida... Família, discos, amigos, fé, amores".

Nas páginas internas, com diversas imagens, a revista conta resumidamente, conforme promete na capa, a história da vida dele. No capítulo "Roberto: de menino a ídolo", narra-se o acidente no qual ele perdeu parte da perna; no capítulo "Seus amores", aparecem histórias e imagens de suas três esposas e também de "possíveis envolvimentos", como com a cantora Paula Fernandes e a atriz Luciana Vendramini; no capítulo "As lágrimas de Roberto Carlos!", são mostradas imagens dele nos velórios da esposa, da filha e da mãe. E, no capítulo "Polêmicas mil!", aparece a capa do livro proibido *Roberto Carlos em detalhes*, "um dos babados mais comentados da vida do rei". A edição especial da revista segue nessa linha, contando a trajetória dele em mais capítulos como "Segredos do Rei", "Manias do Rei", "Fé e superação".

A obra sobre a Jovem Guarda era vendida em poucas livrarias, ao preço de 49 reais, enquanto essa edição especial da revista *Guia da TV* estava em praticamente todas as bancas ao preço de 4,90 reais. Edições especiais como essa são publicadas com frequência na imprensa brasileira desde pelos menos 1965, quando Roberto Carlos se tornou o grande astro da nossa música popular. O cantor parece já ter se acostumado a revistas, encarando-as com naturalidade. Desde o início da carreira ele se viu em publicações como *Revista do Rádio*, *Radiolândia*, *Intervalo*, *Amiga*, como dissemos. O que ainda não lhe é muito comum é se deparar com a sua vida analisada em livros ou teses acadêmicas.

O livro também sempre foi um objeto estranho a Roberto Carlos.

Como a maior parte da população brasileira, ele não adquiriu o hábito de leitura. Roberto Carlos vê o mundo através da televisão. As suas horas de folga ele passa vendo novelas ou programas como *Fantástico*, *Silvio Santos* e *Big Brother*. Alguns dos poucos livros a que ele fez alguma referência até hoje são, além da Bíblia, best-sellers como *Fernão Capelo Gaivota*, de Richard Bach, *Eram os deuses astronautas?*, de Erichvon Däniken, e, claro, *O pequeno príncipe*, de Saint-Exupéry. Numa antiga entrevista, ele confessou que, embora soubesse que é importante ler, mantinha distância dos livros. "Não leio nada. Não tenho paciência para leitura e sempre que começo a ler alguma coisa me dá vontade de pegar o violão. E o violão sempre ganha."

Isso resultou, por certo, em mais canções, mas, por outro lado, num provável temor diante do objeto livro, algo que só acomete aqueles com pouca intimidade com a leitura. Daí talvez ele ficar perturbado, sem saber exatamente o que fazer diante da uma obra literária que o tenha como tema. Por isso ele censura, às vezes não censura ou, como no caso do livro sobre a moda da Jovem Guarda, ameaça censurar, mas depois recua, dizendo que não é bem assim. O artista tem revelado total falta de traquejo para encarar esse objeto simples, encantador e fundamental para o homem que é o livro.

A notícia surpreendeu o país. "Sabe aquele grupo Procure Saber, que reúne grandes estrelas da MPB e atuou na questão do direito autoral? Vai ganhar personalidade jurídica e entrar numa nova batalha pra lá de polêmica." Em sua coluna em *O Globo*, Ancelmo Gois informava que o grupo pretendia recorrer ao STF em defesa da legislação que restringia biografias não autorizadas. Ou seja, nomes como Chico Buarque, Caetano Veloso, Gilberto Gil, Djavan e Milton Nascimento se aliavam à causa de Roberto Carlos. Era quarta-feira, 2 de outubro, 25 dias depois da divulgação do manifesto de intelectuais brasileiros contra a censura a obras biográficas.

Num primeiro momento, muitos pensaram que Roberto Carlos podia contar com o apoio de um ou outro colega do Procure Saber, mas jamais do coletivo, considerando o histórico de seus integrantes. Isso porque apenas um deles se pronunciou inicialmente: o cantor e compositor Djavan. E o que ele disse não parecia ser algo que tivesse sido objeto de reflexão, discutido em grupo: "A liberdade de expressão, sob qualquer circunstância, precisa ser preservada. Ponto. No entanto, sobre tais biografias, do modo como é hoje, ela, a liberdade de expressão, corre o risco de acolher uma injustiça...". Djavan afirmava que, no Brasil, "editores e biógrafos ganham fortunas, enquanto aos biografados resta o ônus do sofrimento e da indignação". Reconhecia que no Brasil, como nos "países desenvolvidos", era possível abrir um processo, mas aqui "com uma enorme diferença: nós não somos um país desenvolvido". Em seguida, partia para a questão pecuniária, afirmando que "a sugestão de se estabelecer um percentual oriundo da venda desse produto destinado ao biografado me parece razoável".

As declarações de Djavan causaram indignação entre autores e editores, e no dia seguinte João Máximo, biógrafo de Noel Rosa, respondeu: "Compreende-se que Roberto Carlos impeça que livros sobre ele ou a Jovem Guarda sejam publicados. Mas que um artista com a inteligência e a sensibilidade de Djavan engrosse o coro dos defensores das 'biografias autorizadas' é, no mínimo, decepcionante". Máximo afirmava que o argumento do cantor beirava "o primarismo" e que era também "insidioso" o contraste por ele estabelecido entre biógrafos e biografados. "É só comparar a conta bancária de Roberto Carlos (que Deus a conserve...) com o que Paulo Cesar de Araújo e sua editora perderam ao contar-lhe vida e obra." João Máximo então concluía: "Fiquemos assim: processe-se o biógrafo que injurie, calunie, difame ou fira a verdade em qualquer medida; mas respeite-se o que, ao biografar seriamente um homem público brasileiro, contribua de alguma forma para contar um pouco da história do Brasil".

A fala de Djavan e a resposta de João Máximo eram apenas o começo da nova polêmica, mas deram a senha do que viria pela frente. "Uma ação coletiva de gente da música popular por direitos autorais, já razão de desavença na classe, absorveu o problema pessoal de um cantor que fez recolher e proibir sua biografia, e de repente sua tese passou a ser a do grupo amparado em nomes estelares", resumiria Jânio de Freitas, afirmando que esse caso "começou por maus motivos e tomou impulso por motivos ainda piores".

No sábado, dia 5, a empresária Paula Lavigne, ex-mulher de Caetano Veloso, expressava em artigo em *O Globo* e entrevista na *Folha de S.Paulo*, agora de forma oficial e mais articulada, a posição do Procure Saber: "Nosso grupo é contra a comercialização de uma biografia não autorizada. Não é justo que só os biógrafos e seus editores lucrem com isso, e nunca o biografado ou seus *herdeiros*". No *Globo*, ela também argumentava que

> expor a vida íntima e privada de homens e mulheres públicos, os pedaços de vida que essas pessoas têm e que são absolutamente privados, não serve aos nobres objetivos da instrução e do conhecimento, e sim para alimentar uma das mais conhecidas fraquezas do ser humano: a fofoca. Detalhes picantes, dolorosos ou indiscretos da vida de alguém "vendem" biografias.

Além de reduzir autores e leitores do gênero biográfico a fofoqueiros, Paula Lavigne dizia que "cortar a 'liberdade' dos editores de usar esse recurso é uma ameaça às vendas" — não ao "direito de informação e de liberdade de expressão, como quer fazer crer". No seu artigo, intitulado "Agenda oculta", ela chamava a atenção para outro segmento da produção cultural interessado na mudança da lei: o do audiovisual. "Aqueles que produzem filmes, novelas, documentários e minisséries, também querem essa 'liberdade'", ironizava, indicando que o Procure Saber mirava não apenas a publicação de livros, mas toda a produção histórico-biográfica.

A esperança de que isso pudesse ser apenas ideia de uma empresária esperta ou de um Djavan confuso foi caindo por terra ao longo da semana, quando as assessorias de cada um dos artistas do Procure Saber confirmavam suas adesões. "Isso é pré-colombiano", desabafou o escritor Fernando Morais. "Tive de ler a reportagem da *Folha de S.Paulo* duas vezes para me certificar de que não estava delirando", contou o crítico André Barcinski.

Num primeiro momento, alguns outros músicos manifestaram apoio ao Procure Saber, especialmente à ideia de remuneração ao biografado. "Tudo o que se usa, paga. É até bom um dinheiro que entra na conta. Só estou esperando a minha vez", disse Wilson das Neves. "É justa a reivindicação. Você está explorando a história e a imagem de alguém. É como se eu deixasse de receber por uma música minha gravada por outro", comparou o roqueiro Nasi. O compositor Pedro Luís fez o seguinte paralelo: "Todo mundo que é ingrediente do sucesso deve ser remunerado. Quem faz a revisão, a capa, não é remunerado? E o assunto do produto, não?".

Uma voz dissonante entre os cantores nesse início de polêmica foi Alceu Valença, que publicou um post em seu perfil no Facebook.

> Fala-se muito em biografias oportunistas, difamatórias, mas acredito que a grande maioria dos nossos autores estão bem distantes desse tipo de comportamento. Arrisco em dizer que cerceá-los seria uma equivocada tentativa de tapar, calar, esconder e camuflar a história no nosso tempo e espaço. Imaginem a necessidade de uma nova Comissão da Verdade daqui a uns vinte anos…

Ele também opinou que, "definitivamente, a questão não é financeira. A ideia de royalties para os biografados ou herdeiros me parece imoral. Falem mal, mas me paguem […] é essa a premissa??? Nem tudo pode se resumir ao vil metal!".

Após mais de uma semana do início da polêmica, a decepção parecia ampla, geral e irrestrita em relação aos artistas do Procure Saber — embora, até então, apenas Djavan tivesse se pronunciado diretamente. O debate corria solto nas redes sociais e criou-se até uma página para uma "biografia pirata" de Caetano Veloso no Facebook. "Isso sim é democrático, biografias na internet de graça já!", comentou Paula Lavigne em mensagem no seu Twitter.

Mensagens de advertência, algumas até carinhosas — como a que Roberto Carlos recebeu de Nelson Motta no início do processo contra mim, em 2007 —, eram agora direcionadas aos ídolos da MPB. O escritor norte-americano Benjamin Moser, biógrafo de Clarice Lispector, publicou na *Folha de S.Paulo* uma carta aberta a seu amigo Caetano Veloso, na qual se dizia "chocado" com o apoio dele à censura às biografias não autorizadas. Para Moser, isso era incompatível com alguém "que tanto tem dado para a cultura do Brasil". Ele declarou que até escrever a biografia de Clarice, "não fazia ideia das condições em que trabalham escritores e jornalistas brasileiros [...] amedrontados por ações jurídicas, como essas com que a Paula, tão bregamente, anda ameaçando". E disse a Caetano: "É um tipo de censura que você talvez não reconheça por não ser a de sua época. Não obriga artistas a deixarem o país, não manda policiais aos teatros para bater nos atores. Mas que é censura, é". Mais adiante, ele critica a ênfase no aspecto financeiro da produção biográfica. "Não é questão de dinheiro, Caetano. A questão é: que tipo de país você quer deixar para os seus filhos?" E faz uma advertência: "Não pense que o seu passado de censurado e de exilado o proteja de você se converter em outra coisa. [...] Não seja um velho coronel, Caetano. Volte para o lado do bem".

A repercussão da polêmica chegou à Feira do Livro de Frankfurt, maior evento editorial do mundo, que naquele ano homenageava o Brasil. Em sua palestra, Laurentino Gomes, autor do best-seller *1808*, criticou o Procure Saber por "defender seus interesses limitando a liberdade de expressão". Para ele, a atuação desse grupo ameaçava tornar o Brasil "o paraíso da biografia chapa-branca", e ele retomava o caso concreto da proibição de *Roberto Carlos em detalhes*. Em encontro com a delegação de escritores brasileiros, a ministra da Cultura Marta Suplicy ouviu uma defesa enfática do projeto do deputado Newton Lima e mais críticas à proposta do Procure Saber. "Um biógrafo vai ter que pagar um dízimo ao biografado? Pagar esse dízimo vai garantir nossa liberdade?", perguntou Ruy Castro em Frankfurt.

No domingo, 13 de outubro, Caetano Veloso finalmente decidiu se manifestar sobre o caso em sua coluna em *O Globo*. Era um pronunciamento aguardado, pois doze dias já tinham se passado do início da polêmica. O cantor e sua empresária recebiam uma avalanche de críticas. "Tenho um coração libertário. Sou o típico coroa que foi jovem nos anos 60", disse nas primeiras linhas do texto. Em seguida, contou que dias antes recebera de um jornalista um trecho de uma entrevista de 2007 em que se declarava contrário à proibição de *Roberto Carlos em detalhes*. "Achei aquilo minha cara. Todos que me conhecem sabem que essa é minha tendência", afirmou, para logo depois propor a pergunta que vinha sendo colocada por todos: "Então por que me somo a meus colegas mais cautelosos da associação Procure Saber, que submetem a liberação das obras biográficas à autorização dos biografados?".

A explicação ocupa apenas algumas linhas de seu longo texto: "Aprendi, em conversas com amigos compositores, que, no cabo de guerra entre a liberdade de expressão e o direito à privacidade, muito cuidado é pouco. E que, se queremos que o Brasil avance nessa área, o simplismo não nos ajudará". Foi esse o argumento de Caetano Veloso para justificar a atitude mais surpreendente tomada publicamente por ele desde que se tornou ídolo da música brasileira com "Alegria, alegria", em 1967. Na maior parte do texto, ele procura reclamar de uma cobertura parcial da imprensa sobre o caso e se afirmar, por várias vezes, como um libertário: "Censor, eu? Nem morta!".

Mas, tão importante quanto o que disse, é aquilo de que Caetano Veloso se esquivou: o dinheiro ou o "vil metal", como lembrou Alceu Valença. Não há, em seu artigo, nenhuma referência sobre essa questão, presente na primeira manifestação de Djavan, na de Paula Lavigne e nos textos de praticamente todos que debateram o caso na imprensa. Jânio de Freitas, por exemplo, ao comentar a dupla cobrança do Procure Saber por direito a privacidade e participação do biografado nas vendagens dos livros, afirmou que "discutir liberdades e direitos com dinheiro como argumento, mesmo que fosse simples ingrediente, não dá. É medíocre demais e imoral demais. Ou um assunto ou outro". Foi o que Caetano fez, optando por evocar apenas o direito à intimidade e à privacidade. Ele citou outro item da tal "agenda oculta" do artigo de Paula Lavigne — "não nos esqueçamos das possibilidades do audiovisual" —, mas não encarou a questão do dinheiro nem nesse nem nos quatro textos seguintes em que abordaria novamente o tema das biografias. "Há um intraduzível verbo brasileiro, 'desconversar'. Foi uma desconversa", disse Benjamin Moser sobre o primeiro artigo de Caetano, que não se dirigiu diretamente ao amigo norte-americano.

Dois dias depois de Caetano, foi a vez de Gilberto Gil explicar sua adesão a uma causa incompatível com um defensor do Creative Commons. Em artigo publicado em *O Globo*, Gil argumentou que havia dois direitos em debate: o da liberdade de expressão e o da privacidade. E que, para ele, "é o princípio da soberania decisória sobre a vida privada que deve prevalecer" — mesma opinião, aliás, expressa na sentença do juiz Maurício Chaves de Souza Lima em liminar que proibiu *Roberto Carlos em detalhes*, em 2007. Assim como Caetano, ele não encarou a questão da cobrança de dinheiro — parecendo também concordar que "ou um assunto ou outro". Gil preferiu falar "daqueles que clamam pela garantia do seu direito à privacidade" em contraposição aos "grandes interessados em que vidas pessoais sejam livremente retratadas, transformadas em ativos comerciais de grande valor para a montagem do espetáculo midiático". Nesse ponto, Gilberto Gil também desconversou.

Se num primeiro momento alguns músicos acharam uma boa ideia a proposta do Procure Saber, depois de quase duas semanas de polêmica essa percepção pareceu mudar. Um exemplo foi a manifestação do Grupo de Ação Parlamentar Pró-Música (GAP), que atuara ao lado deles na questão do Ecad. Em 14 de outubro, o grupo, formado por artistas como Ivan Lins, Sérgio Ricardo, Roberto Frejat, Fernanda Abreu e Leo Jaime, divulgou uma nota declarando-se "contrário à necessidade de autorização para biografias e à obrigatoriedade de pagamentos aos biografados". Ou seja, nem um assunto nem outro. No mesmo sentido do GAP se manifestaram nomes como Fagner, Nei Matogrosso, Paulinho da Viola, Aldir Blanc, Lobão, Nana Caymmi, Antonio Cícero e a cantora Rita Lee, que se projetou na carreira com os amigos tropicalistas. "Meu coração estará sempre com Caetano e Gil, minha razão não." Ela então recordou seu embate com a censura na época do regime militar: "Era humilhante comparecer com uma fitinha K7 e uma folha de papel com a letra da música e ouvir: 'O que você quer dizer com a palavra arco-íris?' Dããã… Não desejo isso a ninguém". A cantora Tulipa Ruiz expressou sua opinião postando no Instagram uma foto com *Roberto Carlos em detalhes* e a mensagem: "Hoje é dia de ler biografia proibida, bebê". Até mesmo o cantor Stevie Wonder entrou no debate em entrevista a Jotabê Medeiros, de *O Estado de S. Paulo*. "Muitos livros que foram escritos sobre mim não foram feitos com minha aprovação.

Mas acho melhor ter algo não autorizado publicado sobre alguém do que cercear a liberdade de escrever."

O Procure Saber ficava cada vez mais isolado, mas ainda faltava o pronunciamento de outra grande estrela do grupo: Chico Buarque, que estava em Paris escrevendo seu novo romance. Por sua origem e formação e por tudo que ele representou na resistência à ditadura militar — o "nosso Errol Flynn", no dizer de Glauber Rocha —, parecia inconcebível seu apoio à causa de Roberto Carlos. "Não estou entendendo. Acho impossível. O Chico?", reagiu, incrédula, a jornalista Regina Echeverria. "Apenas se Chico vier a público afirmar que apoia essa causa é que isto será fato. Por enquanto, só é possível crer que estão usando o nome dele em vão", disse, também incrédulo, o jornalista Luiz Fernando Vianna.

Era madrugada de quarta-feira, 16 de outubro, quando tocou meu celular. Ainda meio sonolento, atendi ao meu amigo Lula Branco Martins. Ele me informava que Chico Buarque havia finalmente se pronunciado e que o texto já estava disponível no site do jornal *O Globo*. "O.k., Lula, valeu pela dica, amanhã eu leio, já estou dormindo." "Acorda aí porque o Chico fala de você." "De mim? Ah, Lula, me deixa dormir", respondi, achando que era brincadeira. "Quer que eu leia pra você?", insistiu, já começando o primeiro parágrafo pelo telefone: "Pensei que o Roberto Carlos tivesse o direito de preservar sua vida pessoal. Parece que não. Também me disseram que sua biografia é a sincera homenagem de um fã…". À medida que Lula lia, eu me levantava da cama. "Lamento pelo autor, que diz ter empenhado quinze anos de sua vida em pesquisas e entrevistas com não sei quantas pessoas, inclusive eu. Só que ele nunca me entrevistou." Aquilo me pareceu um pesadelo.

Já de pé, ouvi Lula ler mais um parágrafo, o terceiro, em que Chico Buarque voltava ao ataque contra mim e citava, sem nominar, o próprio Lula.

O biógrafo de Roberto Carlos escreveu anteriormente um livro chamado *Eu não sou cachorro, não*. A fim de divulgar seu lançamento, um repórter do *Jornal do Brasil* me procurou para repercutir, como se diz, uma declaração a mim atribuída. Eu teria criticado Caetano e Gil, então no exílio, por denegrirem a imagem do país no exterior. Era impossível eu ter feito tal declaração.

Antes de Lula terminar, eu já ligava o computador para confirmar que aquilo tudo estava mesmo impresso nas páginas de *O Globo*, que dali a pouco chegaria às bancas. Não era um pesadelo: lá estava o artigo "Penso eu" na capa do Segundo Caderno. Além do fotógrafo Luiz Garrido e da compositora Isolda, mais um dos meus entrevistados — e logo Chico Buarque — também negava ter me dado depoimento.

A assessoria do artista poderia ter me procurado previamente para checar a informação; *O Globo* também poderia ter me ouvido antes de publicizar a acusação, porém, como nada disso aconteceu, depois de conversar mais um pouco com Lula, fui trabalhar: procurar recortes de jornais, antigas fitas de vídeo, fotografias e o disco que Chico autografou para mim no dia da entrevista em sua casa na Gávea.

O artista me fazia duas acusações: a primeira, mais grave, ao alegar que eu teria faltado com a verdade por incluí-lo entre as fontes listadas na biografia *Roberto Carlos em detalhes*. A segunda atingia meu livro anterior, *Eu não sou cachorro, não*, pois Chico também negava que tivesse dado uma entrevista ali citada — ao jornal *Última Hora-SP*, em 1970, em que criticava Caetano Veloso e Gilberto Gil, então exilados em Londres. Ele não reclamou dessa entrevista na época em que foi publicada no jornal. O fez quando a reproduzi no meu livro, em 2002, e agora voltava à carga.

No começo da manhã, liguei para *O Globo* e disseram-me para procurar Fátima Sá, editora do Segundo Caderno. "Oi, Paulo Cesar, tudo bem?", ela me saudou ao telefone. "Tudo bem, nada, Fátima. O jornal traz graves acusações de Chico Buarque contra mim e gostaria de poder me defender." "Pois é, o Chico fez essa afirmação, mas a entrevista citada em seu livro realmente existiu?", perguntou a jornalista. "Sim, foram quatro horas de conversa com ele e tenho tudo gravado, filmado e fotografado." Ela então me pediu para escrever um texto com cerca de 3 mil caracteres para ser publicado na edição do dia seguinte, e disse que mais tarde o jornal mandaria um portador até minha casa para buscar a foto e a cópia da entrevista.

Teria que ser bem mais tarde mesmo, porque a entrevista estava em duas fitas vhs e eu precisava de um técnico para passá-las para DVD. Pouco depois da conversa com Fátima Sá, me telefonou a jornalista Raquel Cozer, da *Folha de S.Paulo*, a quem reafirmei que a entrevista existiu, o que provaria mais tarde com fotos e vídeo. Ao mesmo tempo em que escrevia o texto para *O Globo*, tentava localizar o trecho do vhs em que Chico falava de Roberto Carlos. Enquanto isso, meus telefones não paravam de tocar: eram os demais jornalistas querendo uma resposta, provas, documentos sobre as acusações de Chico Buarque. Felizmente, nesse dia eu não dava aula e pude me concentrar na minha defesa, porque os ataques começavam a surgir.

Na tarde daquela quarta-feira, *O Estado de S. Paulo* promoveu em sua sede um debate sobre biografias, transmitido ao vivo pela TV Estadão, via internet. Mediado pelo jornalista Julio Maria, do debate participaram o também jornalista Edmundo Leite, que preparava uma biografia de Raul Seixas, o deputado federal Newton Lima e o advogado Marco Antônio Campos. Quando a conversa começou, às quatro horas, eu finalizava o texto para *O Globo* e aguardava a cópia da entrevista em DVD. Ou seja: o que circulavam eram as acusações de Chico Buarque. Pois Marco Antônio Campos não perdeu tempo quando indagado por que Roberto censurara a biografia que escrevi: "O livro contém injúrias, difamações e citações de várias supostas entrevistas que o Paulo Cesar teria feito com pessoas, a exemplo do Chico Buarque, mas que não foram realizadas. Chico Buarque até enviou uma carta a Roberto negando que jamais tenha conhecido Paulo Cesar [sic]. E está no livro que o Paulo Cesar teria feito uma entrevista com ele".

Mais adiante, quando o deputado Newton Lima e Edmundo Leite criticaram a censura a *Roberto Carlos em detalhes*, o advogado do cantor repetiu: "Se vocês querem defender um livro que tem injúria, difamação e que afirma ter várias entrevistas de pessoas que não deram ao autor, me desculpem. Acho a posição de vocês…". Ante a insistência do pesquisador de Raul Seixas em defender meu livro, o advogado gaúcho retrucou: "Se tu te consideras um biógrafo do nível do Paulo Cesar, acho que a tua biografia está começando muito mal".

Aquilo que, no processo, Roberto Carlos me acusava de ter praticado contra ele — injúria e difamação — era exatamente o que naquela tarde o seu advogado fazia contra mim. Mas isso talvez fosse apenas uma prévia do que me aguardaria pela frente caso não pudesse comprovar a entrevista — ou "as várias entrevistas", pois, como acusou o advogado, a de Chico Buarque seria somente um exemplo.

A tarde, porém, avançava, e quando terminou o debate no *Estadão*, a Folha Online já mostrava em primeira mão duas fotos minhas com o cantor no sofá da casa dele, numa reportagem com o título: "Biógrafo de Roberto desmente Chico Buarque, que disse não ter sido entrevistado". Mais tarde, o vídeo com um trecho da entrevista já podia ser visto no site do jornal *O Globo*. A verdade estava restabelecida. Naquela mesma noite, porém, foi ao ar o programa *Saia Justa*, da Globo News, gravado anteriormente, com uma polêmica participação de Paula Lavigne. E lá estava ela também me acusando de ter citado em *Roberto Carlos em detalhes* uma entrevista que Chico Buarque jamais me deu. "Isso não é sério? Não deve existir uma ética?", perguntou em meio ao seu questionamento às biografias não autorizadas. Na sexta-feira, Mônica Bergamo afirmou em sua coluna que o vídeo da entrevista com Chico deixou os integrantes do Procure Saber "em choque".

No dia seguinte, *O Globo* publicou minha resposta ao artista, um texto intitulado "De seu amável interrogador", referência à mensagem que ele escrevera para mim junto com o autógrafo na capa do disco *Construção*. Afirmei que ele certamente tinha se esquecido e procurei lembrá-lo da ocasião. Defendi também a entrevista reproduzida em *Eu não sou cachorro, não*, afirmando que citava a fonte, *Última Hora-SP*, do dia 28 de junho de 1970 — mesmo jornal para o qual ele havia dado uma famosa entrevista, em 1974, sob o pseudônimo de Julinho da Adelaide. Recordei também outra crítica que ele havia feito aos então exilados Caetano e Gil numa entrevista ao *Pasquim*, em 1970. Concluí escrevendo que "neste contexto, acho bastante possível ele ter feito também aquela declaração sobre os baianos na *Última Hora-SP*. Por isso incluí sua declaração no livro. Faz parte do meu ofício de historiador".

A réplica de Chico Buarque, um texto de dois parágrafos, foi enviada à imprensa via assessoria no fim da manhã de quinta-feira. Sobre a primeira acusação, ele reconheceu o erro e pediu desculpas: "Eu não me lembrava de ter dado entrevista alguma a Paulo Cesar de Araújo, biógrafo de Roberto Carlos. Agora fico sabendo que sim, dei-lhe uma entrevista em 1992", justificando, porém, que "no meio de uma entrevista de quatro horas, vinte anos atrás, uma pergunta sobre Roberto Carlos talvez fosse pouco para me lembrar que contribuí para sua biografia. De qualquer modo, errei e por isto lhe peço desculpas".

Mas sobre a outra acusação, Chico enfatizou o que dissera: "Eu não falaria com a *Última Hora* (de São Paulo) de 1970, que era um jornal policial, supostamente ligado a esquadrões da morte. Eu não daria entrevista a um jornal desses [...]. Para sua informação, a entrevista que dei ao Mario Prata em 1974 foi para a *Última Hora* de Samuel Wainer, então diretor de redação, que evidentemente nada tinha a ver com a *Última Hora* de 1970, que você tem como fonte".

Entre os colunistas da *Última Hora-SP*, em 1970, estava João Apolinário, poeta português que se exilara no Brasil fugindo da ditadura de Salazar — e pai do cantor João Ricardo, fundador do grupo Secos & Molhados. Em junho daquele ano — dias antes da publicação da entrevista de Chico —, ele escreveu uma resenha do livro *O que Marx realmente disse*, de Ernst Fischer, lançado aqui pela editora Civilização Brasileira. Apolinário diz ali que o livro "é um trabalho extraordinário de planificação das ideias de Marx", a quem exalta como "um dos maiores gênios e pensadores que a humanidade criou".

Acredito que Chico Buarque deva ter confundido o *Última Hora-SP* com outro jornal, mas não quis mais polemizar com o artista. Seu pedido de desculpas em relação à entrevista que negara existir me bastou naquele momento, até porque acreditava que alguém sairia em defesa do *Última Hora* — o que acabou acontecendo, mas antes outras vozes endossaram as acusações do cantor. "Estou seguro de que Chico não fez tais declarações sobre nós, naquela época, num jornal daqueles", disse Caetano Veloso. José Miguel Wisnik também foi taxativo: "Chico tem razão no que diz sobre o jornal *Última Hora-SP* (fui colunista em 1975, e sei bem que o jornal era radicalmente diferente do de 1970)", e afirmou que o cantor "tocou num problema crucial, ao se perguntar sobre quem responsabiliza o irresponsável que atribui a alguém palavras que ele não disse, entrevistas que ele não deu, que chancelou fontes que não têm crédito e fez tudo isso verossímil".

Bem, a essa altura já não era apenas Chico Buarque a me acusar de usar uma fonte desacreditada em meu livro. Mas houve quem saísse em socorro do *Última Hora-SP*, como, por exemplo, o jornalista Augusto Nunes e o dramaturgo Oswaldo Mendes. Nunes, que organizou o livro de memórias de Samuel Wainer, *Minha razão de viver*, diz que "até 1972, quando vendeu a empresários cariocas o que restava da empresa nascida nos anos 50, Wainer foi o dono da marca *Última Hora* — que refletiu a cara e a alma do fundador enquanto existiu, mesmo nas edições regionais que já não lhe pertenciam".

Oswaldo Mendes trabalhou no jornal desde 1969 e chegaria a editor no período da gestão de Samuel Wainer. Num artigo intitulado "Falhas de memória", publicado na *Folha de S.Paulo*, ele informou que foi na redação paulista da *Última Hora* que, em 1971, tendo à frente João Apolinário, aconteceram as reuniões que transformaram a Associação Paulista de Críticos de Teatro em Associação Paulista de Críticos de Arte. "Apolinário achava que os jornalistas críticos de arte deveriam se juntar aos artistas na luta contra a censura em uma entidade forte." Mendes lembrou também que, na época, um dos colunistas do jornal era Plínio Marcos, "que já não encontrava emprego em lugar nenhum e cujas peças de teatro estavam proibidas pela ditadura. Não é estranho que um jornal dos esquadrões da morte acolhesse alguém como Plínio?". Por fim, afirmou que Samuel Wainer não teria "assumido um jornal sabendo que ele era, ainda que 'supostamente', ligado às tenebrosas milícias".

Chico Buarque nada comentou sobre o artigo do ex-editor do *Última Hora* paulista; Caetano Veloso também não. José Miguel Wisnik o fez, para "esclarecer a parte que me toca, e fazer justiça aos reparos de Oswaldo Mendes". Wisnik então lembrou seu tempo no jornal sob a direção de Samuel Wainer e disse que desconhecia

> os antecedentes a que Oswaldo Mendes se refere, nem sabia que ele, a quem respeito, trabalhava no jornal desde antes do período em pauta. Que qualquer alusão pessoal a relações com a ditadura fique totalmente dissipada. E se a cultura é uma guerra civilizada de versões, como é o caso, a história, por isso mesmo, não é da autoria de ninguém, embora da responsabilidade de cada um que escreve.

Registre-se que a entrevista que Chico nega ter dado para o *Última Hora* foi publicada numa coluna intitulada "Escracho", assinada pelo jornalista Carlos Alberto Gouvêa — futuro colaborador da revista *Rock, a História e a Glória*, dirigida por Tárik de Souza. Após a reclamação de Chico, em 2002, decidi procurar pelo jornalista, mas fui informado de que ele havia falecido semanas antes. Na esperança de tentar esclarecer as coisas, fui atrás de sua filha, a também jornalista Claudia Gouvêa. Porém, ela me disse que o pai já estava afastado do jornalismo havia muito tempo e que não tinha deixado nenhum arquivo com fitas de suas entrevistas.

Nos primeiros dias da polêmica, o Congresso Nacional permanecia ainda indiferente à sorte da Lei das Biografias. "Este debate está mais fora do que dentro do Congresso", dizia a deputada federal Lúcia dos Santos (PCDOB-PE). O deputado Alessandro Molon (PT-RJ) também parecia desanimado: "O projeto está paralisado. Há uma fila grande de temas na frente e ele caiu numa espécie de limbo". Menos de duas semanas depois, porém, o cenário era outro. A Lei das Biografias passou a ser debatida nos corredores e no plenário da Câmara. "Com Roberto Carlos ou sem Roberto Carlos, a censura vai ser derrubada", discursou um inflamado Anthony Garotinho (PR-RJ), que meses antes assinara o recurso que impediu a aprovação do projeto de Newton Lima. No dia 22 de outubro o presidente da Câmara dos Deputados, Henrique Eduardo Alves (PMDB), anunciou que iria pôr a Lei das Biografias em votação. "Nossa intenção é votar o quanto antes para evitar a judicialização dessa questão." Sua decisão veio após a ministra Cármen Lúcia agendar uma audiência pública para debater o tema no STF. E também depois de alguns de seus ministros manifestarem apoio às biografias não autorizadas. Joaquim Barbosa, presidente do STF, foi um deles. "Não acho razoável a retirada do livro do mercado. O ideal seria a liberdade total, mas cada um que assuma os riscos", afirmou, revelando que chegou a comprar um exemplar de *Roberto Carlos em detalhes* para presentear um amigo, quando a obra ainda estava disponível. O ministro Marco Aurélio Mello também antecipou seu voto favorável e Luiz Roberto Barroso já havia se manifestado contra a proibição de biografias antes de ser nomeado ministro. Por tudo isso, o Congresso agora tinha pressa em votar o tema. "No que for votado, vai passar, será aprovado com tranquilidade", previa o deputado Henrique Eduardo Alves. O presidente do Senado Renan Calheiros (PMDB-AL) também se definiu: "Eu acho que o Brasil tem mudado demais, e esse processo de mudança não nos permite conviver com as censuras das biografias". Portanto, tudo se encaminhava para que os poderes da República colocassem um ponto final na questão.

Com argumentos frágeis, inconsistentes, alguns contraditórios, os artistas do Procure Saber não conseguiam convencer nem seus fãs. A atriz Márcia Cabrita, por exemplo, postou uma mensagem para seu ídolo Chico Buarque no Facebook: "Chico, você tem feito tudo para eu deixar de gostar de você. Mas saiba que NÃO VAI CONSEGUIR, O.K.? Continuarei te ouvindo. E tem mais: se tiver show eu vou, TÁ ME ENTENDENDO??? Francamente…". Carinhosas ou agressivas, o fato é que eles atraíam críticas cada vez maiores. A revista *Veja* publicou uma reportagem especial sobre o caso, trazendo na capa imagens de Gil, Caetano, Chico Buarque e Roberto Carlos sob o título: "Nossos ídolos não são mais os mesmos. Artistas favoráveis à censura de biografias causam decepção". Não a todos, provaria o deputado e ex-capitão do Exército Jair Bolsonaro, um dos mais aguerridos defensores da legislação que restringe biografias não autorizadas. "Como o senhor se sente defendendo a mesma tese que Chico Buarque, Gilberto Gil e Caetano Veloso?", perguntou-lhe a revista *Época*. "São eles que estão defendendo minha tese. Dou-lhes boas-vindas em nome do clube dos sensatos", respondeu.

Ao constatar que o Procure Saber tinha perdido a batalha da opinião pública, o empresário Dody Sirena e o advogado Antonio Carlos de Almeida Castro, o Kakay, decidiram então recorrer a um especialista em gerenciamento de crises: o consultor Mário Rosa, que opinou que o discurso estava muito radical — especialmente da porta-voz do grupo, Paula Lavigne — e que isso não colaborava para o debate. Sugeriu então adotarem um tom conciliador e evitar o confronto, de preferência com outro mediador para o grupo. Todos pareceram concordar durante uma reunião no estúdio de Roberto Carlos, na Urca. Segundo *O Globo*, Paula Lavigne teria ali se comprometido "a não se manifestar mais sobre as biografias em nome da associação". A sugestão foi que ela cuidasse de outros assuntos, como as questões de direitos autorais, e deixasse a das biografias com um comitê de advogados de Roberto Carlos sob a liderança de Kakay.

Com sua experiência nas altas cortes em Brasília, o advogado explicou ao grupo que a ideia de autorização prévia para biografias não mais se sustentava. Depois de todo o debate gerado pela polêmica, fatalmente o STF entenderia que o artigo 20 do Código Civil não se aplicaria a biografias, ou o Congresso Nacional mudaria a legislação. O que Roberto Carlos e seus colegas teriam que fazer era adequar seu discurso à nova realidade. Em vez de lutar contra a publicação de biografias não autorizadas — batalha que seria inútil —, tentariam estabelecer limites ao tipo de informação a ser divulgado nos livros. Todos deveriam bater nesta tecla: sem necessidade de liberação prévia, mas com ajustes na lei para garantir que a privacidade do artista não fosse invadida. Nesse projeto de "unificação do discurso" surgiu a ideia de gravarem um vídeo com cada um deles expressando essa opinião — vídeo que teria como objetivo principal sensibilizar não apenas o público, mas principalmente os congressistas e os juízes da nossa suprema corte.

"E o Roberto Carlos, hein? Não diz nada? Por sua causa, muita gente boa do Procure Saber arde no fogo do inferno", afirmava Ancelmo Gois, em *O Globo*, na quinta-feira, 17 de outubro, mesmo dia em que o jornal publicava a minha resposta a Chico Buarque. Caetano Veloso também cobrava internamente pela manifestação do cantor. A pressão sobre Roberto aumentou, e ele então decidiu falar, escolhendo o caminho mais seguro: uma entrevista exclusiva para o *Fantástico*, na tv Globo. Isso ocorreu quando o artista, seus advogados e assessores já tinham se convencido da derrota da proposta inicial do Procure Saber, e assim seu discurso destoará daquele dos colegas, parecendo mais tolerante. A reportagem foi ao ar no domingo, dia 27, uma entrevista gravada na véspera, em seu estúdio, na Urca, pela jornalista e apresentadora Renata Vasconcellos.

O *Fantástico* já preparava uma reportagem sobre o tema das biografias quando o cantor decidiu falar ao programa. A entrevista se tornou então uma segunda reportagem. Na primeira a jornalista Cristina Serra fez um panorama do caso, mostrando argumentos a favor e contra as biografias não autorizadas, a movimentação no Congresso e no STF, além do debate que envolvia biógrafos e biografados. Depois de mostrar imagens dos artistas do Procure Saber, lembrou-se da proibição de *Roberto Carlos em detalhes* — que voltava a ser citada em uma reportagem da tv Globo depois de seis anos de silêncio. Em seguida, falou-se da minha polêmica com Chico Buarque, mostrando a acusação dele, a minha resposta com o vídeo da entrevista e o pedido de desculpa do artista.

Pode-se dizer que nessa primeira reportagem o *Fantástico* seguiu o que está no documento "Princípios editoriais das Organizações Globo": mostrou os vários ângulos e vozes de um caso polêmico. Já na segunda reportagem, a de Roberto Carlos, as coisas foram um pouco diferentes. Antes de a entrevista começar, lembrou-se novamente a proibição de *Roberto Carlos em detalhes*, com imagens do livro e do autor — aquela mesma, de arquivo, a única que a Globo tem de mim, à saída do Fórum Criminal paulista, em 2007. Depois de imagens do Congresso Nacional e de outros artistas do Procure Saber, um sorridente Roberto Carlos surgiu diante da jornalista Renata Vasconcellos.

"O que você acha do projeto de lei que está no Congresso e que permite a publicação de biografias sem a autorização do biografado?", perguntou a jornalista. O cantor tentou dar uma resposta evasiva. "O que eu acho é que tem que se conversar. Tem que se conversar e chegar a esse equilíbrio." Ela então insistiu, com uma pergunta mais direta: "Especificamente sobre esse projeto de lei, você é a favor ou contra?" "Eu sou a favor, eu sou a favor." A jornalista quis então entender melhor: "Você mudou de opinião?". "Não é que eu mudei de opinião", corrigiu o cantor. "Há algum tempo, pra gente proteger o direito à privacidade, só existia uma forma. Não permitir uma biografia não autorizada" — indicando que agora estaria em um contexto diferente. "Contra calúnia, difamação, o caminho da Justiça não basta? Não cabem processos, pedidos de indenização?", perguntou Renata Vasconcellos. "É. Só que o resultado vem um pouco tardio. Depois que todo mundo já leu, já viu na internet. Alguns já compraram até os livros, aqueles que foram colocados à venda. Isso não funciona muito, não", respondeu Roberto, mostrando que não havia mesmo mudado de opinião. "As pessoas não podem julgar pelo critério próprio se vale a pena dar respaldo para o que está escrito ou não? Deixar as pessoas avaliarem?", insistiu a jornalista. "Não. Nesse caso, não", respondeu Roberto Carlos. "Qual seria o caminho, então?", ela perguntou. "Conversar, discutir. Chegar a uma conclusão que seja mais razoável pra todo mundo", respondeu o cantor, parecendo mais flexível. Mas em seguida ele responde que é favorável a uma nova lei, "desde que os juristas realmente estudem muito bem isso e estabeleçam algumas regras que não prejudiquem o biografado".

A repórter repetiu a pergunta do início com mais ênfase: "Então você hoje é favor das biografias sem autorização prévia?". "Sem autorização, porém com certos ajustes", ele respondeu. "Que ajustes seriam esses?", ela quis saber. "Isso aí tem que se discutir. São muitas coisas", Roberto respondeu, novamente de forma vaga, e prosseguiu: "Tem que haver um equilíbrio e alguns ajustes para que essa lei não venha a prejudicar nem um lado nem outro. Nem o lado do biografado, nem o lado do biógrafo. E que não fira a liberdade de expressão nem o direito à privacidade".

Renata Vasconcellos fez então a pergunta que não podia calar: "Você permitiria a biografia que foi feita a seu respeito há alguns anos?". Mais uma vez Roberto Carlos estava diante do assunto incômodo — e, como naquela entrevista ao *Fantástico* em 2007, mais uma vez ele desviou os olhos da jornalista antes de responder. Ficou um… dois… três… quatro… cinco segundos pensando na resposta — na televisão, tempo que dura uma eternidade. Quando finalmente voltou a encarar a repórter, respondeu: "Isso tem que ser discutido"

— a primeira vez, desde o lançamento do livro, em 2006, em que não se manifestou de forma rude ou radical contra a publicação.

Logo após sua resposta, mostraram-se imagens de *Roberto Carlos em detalhes*, com a voz da jornalista em off lembrando que o livro "está fora de circulação até hoje". A partir daí, o cantor passou a tecer considerações sobre o ofício de um biógrafo. Disse Roberto Carlos: "O biógrafo pesquisa uma história que está feita, que está feita pelo biografado. Então ele na verdade não cria uma história. Ele faz um trabalho e narra aquela história que não é dele. Que é do biografado. E a partir do que ele escreve, ele passa a ser dono da história. E isso não é certo".

Ora, em um momento de polêmica nacional entre biógrafos e biografáveis, o público merecia ter ouvido um argumento contrário, alguém que pelo menos lembrasse que na literatura há autores de ficção — que inventam histórias — e autores de não ficção — que trabalham com personagens reais. E que isso não é errado nem significa que um biógrafo seja um mero copiador; ele é um construtor de existências e, nesse sentido, nenhuma história está pronta nem é feita somente pelo protagonista dos fatos.

A afirmativa de que um biógrafo passa a ser "dono da história" era também estapafúrdia, pois um autor é apenas dono da versão que escreve, não da história de ninguém, e não pode impedir que outras versões sejam produzidas sobre qualquer fato ou personagem. Mas, em sua preocupação com o "dono da história", Roberto Carlos pareceu ter em vista possíveis adaptações de um livro para cinema e televisão — a tal da "agenda oculta" referida por Paula Lavigne e por Caetano Veloso em outro artigo em que diz que, ao propor liberar a "divulgação de imagens", o projeto de Lei das Biografias "nos leva logo a pensar em filmes e minisséries invasivos e rentáveis". Enfim, Roberto expressava uma das principais motivações do Procure Saber contra as biografias não autorizadas.

Nessa mesma entrevista, o cantor afirmou — como faz desde a década de 1980 — que estava preparando uma autobiografia. "E quem escreveria a biografia do Roberto com as bênçãos do Rei?", perguntou Renata Vasconcellos. "Eu", disse sorrindo, dessa vez não citando o jornalista Okky de Souza, que, desde 2000, ele afirmava que seria o seu biógrafo oficial. Ao *Fantástico* ele prometeu que seu livro contará "detalhes que com certeza não vão estar em outras biografias". "Mas às vezes o biografado não quer contar tudo, né, Roberto?", comentou com delicadeza Renata Vasconcellos. "Sim, mas eu vou contar tudo que eu realmente acho que tem sentido de contar em relação àquilo que eu senti, que eu vivi", respondeu, confirmando que não contaria mesmo tudo.

Na parte final da entrevista, o *Fantástico* disse que "o Rei pela primeira vez fala de um tema delicado" — referindo-se a seu acidente na infância. Não havia ineditismo algum, porque, como já mencionei aqui, ele narrara detalhes desse acidente para a revista *Fatos & Fotos*, em 1975. Pela primeira vez, isto sim, o tema era abordado na TV Globo, apenas para dizer que ele será assunto da autobiografia do cantor e que não foi o motivo pelo qual ele proibiu *Roberto Carlos em detalhes*: "Pessoas têm dito que eu sou contra (a biografia) por causa do meu acidente, que foi contado ali, essa coisa toda. Não é isso, não. Eu, quando escrever meu livro, vou contar do meu acidente. Ninguém poderá contar do meu acidente melhor que eu. Ninguém poderá dizer aquilo que aconteceu com todos os detalhes que eu posso. Porque ninguém poderá dizer o que eu senti e o que eu passei. Desculpa a rima, porque isso aí só eu sei".

Novamente aqui faltou ouvir o outro lado, alguém para ponderar que, se ninguém melhor do ele próprio pode dizer a dor que sentiu, o fato de ele ter ficado preso e ferido embaixo de um trem certamente o impediu de ver o que acontecia em volta, a movimentação das pessoas para socorrê-lo. Por isso é necessário ouvir testemunhas e diversas outras fontes quando se narra qualquer acidente ou tragédia.

Ao fim da entrevista, um dos apresentadores do programa, Tadeu Schmidt, disse que "procurados pelo *Fantástico* para comentar as declarações de Roberto Carlos, os representantes da associação Procure Saber não retornaram nossas mensagens e ligações". Ora, o programa tinha acabado de entrevistar a estrela maior do grupo. Quem precisava comentar as declarações seria algum biógrafo ou profissional da memória, não os membros do Procure Saber, que com certeza concordariam com praticamente tudo o que o cantor disse.

Segundo a colunista Cléo Guimarães de *O Globo*, na edição da entrevista ficou de fora outro argumento que ele dera para justificar a proibição de biografias. "Imagine que um estuprador possa descrever todos os detalhes do abuso sexual que cometeu contra a vítima, aumentando ainda mais o sofrimento da família. É justo isso?" A exclusão desse trecho teria desagradado Roberto Carlos, pois ele o considerava "crucial na defesa de sua tese". Parece que o cantor não entendeu que, na verdade, a TV Globo mais uma vez o preservou ao não levar ao ar essa ideia de um "biógrafo estuprador" — que já tinha aparecido antes em um artigo de seu advogado Kakay.

Dias depois da entrevista de Roberto Carlos, Frei Betto decidiu opinar sobre a polêmica com um artigo na *Folha de S.Paulo* sob o título "Biografia desautorizada". De forma irônica, evocando parábolas, ele diz que "o Vaticano se surpreendeu ao receber um tal Gabriel. Veio dar entrada no processo de apreensão de todos os exemplares dos Evangelhos". O motivo seria que "os evangelistas Mateus, Marcos, Lucas e João não foram fiéis à vida de Jesus. Perante uma comissão de cardeais, dr. Gabriel apontou os graves erros, com fortes conotações difamatórias, contidas nos textos bíblicos".

Entre os exemplos estaria a narrativa do nascimento em Belém.

Não é verdade que Jesus nasceu numa estrebaria. Isso não faz jus a um descendente do rei Davi. E não convém à fé cristã o episódio dos reis magos. Magos praticam magia, contrária à doutrina cristã. E é óbvio que há fortes influências astrológicas no relato de que eles foram conduzidos por uma estrela do Oriente.

Cita também

o massacre de bebês em Belém, passados ao fio da espada por ordem do rei Herodes. Um episódio de caráter nitidamente sensacionalista. Inverossímil. Por que Herodes haveria de temer um recém-nascido? Belém era uma cidade pequena para conter tantos bebês. Jesus não nasceu lá, nasceu em Nazaré.

Depois de apontar outras passagens problemáticas, Frei Betto ainda afirma que "Gabriel advogou o veto às quatro biografias não autorizadas que circulam mundo afora sob o título de Evangelhos".

Como se vê, não faltou humor em meio à polêmica. E de forma mais escrachada na coluna de José Simão na *Folha de S.Paulo:* "As fãs do Caetano não estão entendendo nada. As fãs do Chico estão todas internadas, em estado de choque. E as fãs do Roberto Carlos não lembram!". O *The piauí Herald,* no blog da revista *piauí,* trouxe em manchete: "PM carioca reprime biógrafos com truculência". Em outra "reportagem" ali se diz que "para marcar posição contra as Reformas de Base lideradas por biógrafos incendiários e editores comunistas, astros da MPB convocam simpatizantes para a Marcha da Família com Deus pela Privacidade [...]. Caetano, Chico, Djavan, Gil e Roberto Carlos irão para as ruas cercados por uma área VIP móvel. 'Dessa forma, ninguém invadirá a privacidade deles durante os protestos', explicou Paula Lavigne [...]. Perseguido pela MPB, o biógrafo Paulo Cesar de Araújo exilou-se em Marechal Hermes".

Depois da fala de Roberto Carlos ao *Fantástico*, o próximo passo seria a divulgação de um vídeo coletivo do Procure Saber para unificar ainda mais o discurso. A ideia era de que o vídeo — realizado pelo premiado diretor de filmes publicitários João Daniel Tikhomiroff — fosse o recado oficial e final do grupo sobre esse tema e que não se alimentasse mais polêmica. Na página do Procure Saber no Facebook, um comunicado preparava o público: "Se você ouviu a opinião do Roberto Carlos no *Fantástico*, aguarde até terça-feira o pensamento de outros artistas que fazem parte deste movimento". Roberto gravou sua participação no domingo, dia 28, e os demais iriam fazê-lo na segunda-feira, com exceção de Chico Buarque, que ainda estava em Paris. Havia a expectativa da presença de outros integrantes do grupo que ainda não tinham se manifestado publicamente sobre o caso, como Milton Nascimento e Marisa Monte. Porém, quando o vídeo foi ar, na noite de terça-feira, só apareceram Erasmo Carlos e Gilberto Gil, além de Roberto — sinal de que nem todos estavam mais tão entusiasmados em defender a ideia.

Com ar de candura e humildade, e sob um fundo azul — típico cenário de Roberto Carlos —, os três artistas leem alternadamente um texto em defesa do que chamam de "nossos direitos", mas sem qualquer referência à participação financeira nos rendimentos de um livro biográfico. Falam apenas em "a nossa privacidade, a nossa intimidade". O Procure Saber parece mesmo ter concordado com a crítica de Jânio de Freitas: ou um assunto ou outro. No vídeo, eles pronunciam também palavras como "dor" e "sofrimento", e dizem querer garantias contra o que Gilberto Gil nomeia, sem especificar, "os ataques, os excessos, as mentiras, os insultos, os aproveitadores". Descreve, portanto, um cenário que seria real se houvesse no Brasil uma tradição de biografias não autorizadas feitas por autores aventureiros e editoras inescrupulosas. No entanto, os artistas do Procure Saber não são tema de biografias não oficiais, nem boas nem más. Com exceção de Roberto Carlos, todos os outros integrantes do grupo só tiveram — até agora — biografias ou perfis biográficos autorizados. A biografia oficial de Gilberto Gil, *Gilberto bem perto*, por exemplo, havia sido lançada meses antes, escrita em parceria com a jornalista Regina Zappa, mesma autora de um perfil autorizado de Chico Buarque.

"Queremos afastar toda e qualquer hipótese de censura prévia", disse Gilberto Gil, adequando o discurso do grupo à nova realidade. E Erasmo Carlos repetiu: "Se nos sentirmos ultrajados, temos o dever de buscar nossos direitos. Sem censura prévia. Sem a necessidade de que se autorize por escrito quem quer falar de quem quer que seja" — proposta defendida desde o início por todos aqueles favoráveis às biografias não autorizadas.

Mais adiante, Gil agradece "a todos os que se expuseram conosco, que tiveram suas vidas expostas em nome de uma ideia e que, por isso foram chamados de censores" — gratidão que estaria melhor na boca de Roberto Carlos. Afinal, como disse Caetano Veloso, "A atitude de Roberto nos trouxe até aqui". Mas coube a Roberto Carlos ler outra frase do texto: "Não somos censores. Nós estamos onde sempre estivemos: pregando a liberdade, o direito às ideias" — declaração que definitivamente não combina com o único artista do grupo que tem uma biografia proibida e apreendida. "Não negamos que esta vontade de evitar a exposição da intimidade, da nossa dor, ou da dor dos que nos são caros, em dado momento, nos tenha levado a assumir uma posição mais radical", disse Roberto Carlos, como se fizesse um mea-culpa, mas ele continuou, na posição radical de não liberar sua biografia não autorizada.

"Não queremos calar ninguém. Só queremos o que a Constituição já nos garante, o direito de nos defender e de nos preservar", disse Gilberto Gil. E Roberto Carlos finaliza: "Não queremos calar ninguém. Mas queremos que nos ouçam".

Esse último ponto mereceu um comentário irônico do jornalista Pedro Alexandre Sanches.

O "Rei", o dono da última palavra, o homem mais ouvido do Brasil nos últimos cinquenta anos. Temos escutado você, Roberto, e Gilberto, e Erasmo, e também os por ora desaparecidos do vídeo Caetano Veloso, Chico Buarque, Djavan e o misterioso Milton Nascimento, por décadas a fio. E vocês estão se queixando de nós, que supostamente não quereríamos ouvi-los? Não seria mais ou menos o contrário?

A saída de Paula Lavigne da linha de frente do Procure Saber pareceu deixar Kakay livre para agir em nome do grupo no assunto das biografias. Ele liderava um comitê de advogados de Roberto Carlos, que estaria agora no comando da operação, e, na nova etapa, o quartel-general seria inclusive transferido para o escritório de Kakay, em Brasília, onde ele é muitíssimo bem conectado e trafega com desenvoltura. As coisas estavam nesse pé quando Caetano Veloso se queixou de Roberto na sua coluna em *O Globo*, no início de novembro: "Kakay é advogado de RC, não fala oficialmente pela associação. E RC só apareceu agora, quando da mudança de tom. Apanhamos muito da mídia e das redes, ele vem de Rei. É o normal da nossa vida". À queixa de Caetano se somaria a de Chico Buarque, dois dias depois, segundo o colunista Lauro Jardim, da revista *Veja*:

> Chico Buarque, ainda em Paris, onde escreve seu novo livro, não pode nem ouvir falar em Roberto Carlos. De acordo com relato de amigos, Chico tem dito que entrou na polêmica das biografias em solidariedade a Roberto, mas o Rei fugiu do confronto no início e depois quis aparecer numa posição mais conciliadora.

Parece que o descontentamento deles não seria com o que Roberto Carlos falou no *Fantástico* ou no vídeo do Procure Saber, mas com sua demora em mostrar a cara no debate, só o fazendo — e em dose dupla — quando o grupo passou a adotar uma posição mais flexível. No mesmo tom, Elio Gaspari escreveu uma nota intitulada "Amigo de fé", em que dizia:

> Roberto Carlos é um "amigo de fé, irmão, camarada". Bloqueou a publicação de dois livros e tentou barrar um trabalho acadêmico sobre a Jovem Guarda. Quando seu projeto de censura virou vinagre, pulou do barco deixando Chico Buarque, Caetano Veloso e Gilberto Gil na frigideira.

No fim das contas, revelou-se uma crise entre os líderes do Procure Saber, que culminou com a saída de Roberto Carlos do grupo. Na noite de terça-feira, 5 de novembro, dois dias depois do pito de Caetano, o empresário Dody Sirena divulgou uma carta endereçada aos integrantes do grupo em que comunicava o fato. No texto, ele reclama da exposição pública de divergências no grupo. "Roberto conversou muito comigo em função dos últimos acontecimentos. Não é bem assim o nosso jeito de trabalhar, somos mais discretos; afinal, defendemos também a privacidade no sentido profissional." Diz, entre outras coisas, que a militância pela causa seguirá do jeito deles:

> Concluímos que neste momento é importante continuar o trabalho que iniciamos há muitos anos sobre biografias, independente de estarmos em uma associação ou grupo. Portanto, a partir de agora, fiquem à vontade com o andamento do Procure Saber sem a presença direta do Roberto.

Ao comentar as divergências que culminaram na saída do cantor, a empresária Paula Lavigne disse que a chegada de "interventores ou administradores de crises realmente gerou desconforto no grupo". E foi enfática: "Não precisamos de lobista em Brasília e muito menos de advogado criminalista. Não cometemos crime algum". Assim como Dody Sirena em relação ao grupo dela, Lavigne revelou incompatibilidade com o método da equipe de Roberto Carlos. "Quando foi imposta a entrada de Kakay, o tom mudou demais. O ponto de divergência, não de discórdia, foi apenas a forma de trabalhar com as questões, inclusive publicamente. O Procure Saber funciona através do debate livre e democrático, conseguindo os resultados pelo trabalho de todos os seus integrantes."

Já Caetano Veloso procurou se referir apenas a Roberto Carlos, e de forma carinhosa em um texto em que também comentava a então recente morte de Lou Reed. Após recordar alguns encontros com o músico norte-americano, ele disse:

> no tempo em que eu nada sabia de Lou, Roberto Carlos tinha virado minha cabeça. Antes dos Beatles, aconselhado por Bethânia, dei atenção ao cara. Dali para a frente tudo foi diferente. Mesmo que ele nunca mais queira me ver, continuarei amando quem fez "Fera ferida" e "Esse cara sou eu". Minhas trombadas nascem de querer quebrar algum esquema cristalizado que me impacienta. [...] Paulinha

não gostou do que escrevi sobre o Rei. Mas acho que não tomo jeito, não vou mudar, esse caso não tem solução. Eu tinha feito muito esforço para defender a parte que acho defensável de uma causa que me estranha. Peço perdão.

A saída de Roberto Carlos do Procure Saber deixou seu comitê de advogados mais à vontade para atuar na questão das biografias. Kakay agia nos bastidores em Brasília procurando apoio para a causa do cantor. Para ele, era melhor que não houvesse nenhuma alteração do Código Civil no Congresso, ou que nada relativo a biografias também avançasse no STF, mas, sendo isso inevitável, fazia-se necessário criar restrições. Em entrevista à *Folha de S.Paulo*, o advogado explicou que a ideia era incluir no projeto em tramitação na Câmara "a determinação de que informações sobre saúde, relações familiares e de amizade dos biografados sejam preservadas. Essa restrição seria extensiva a terceiros que tenham relação com a pessoa retratada". Na prática, isso inviabiliza a produção de um livro biográfico não autorizado; assim só existiria o oficial, que poderá abordar do seu modo as relações familiares, de amizade e informações sobre saúde — podendo ser depois adaptado para o audiovisual com os rendimentos garantidos para os personagens biografados. "Como entramos na vigésima quinta hora nessa discussão, estamos tentando colocar o que é possível. Se colocarmos a intimidade, seria o gol que poderíamos fazer na Câmara", disse o advogado em meados de novembro.

No dia 21 daquele mês, a discussão sobre biografias ocupou o plenário do Superior Tribunal Federal em Brasília. Era a Audiência Pública convocada pela ministra Cármen Lúcia, relatora da ação impetrada no STF pela Associação Nacional dos Editores de Livros. "A matéria versada na ação ultrapassa os limites de interesses específicos da entidade autora ou mesmo apenas de pessoas que poderiam figurar como biografados, repercutindo em valores fundamentais dos indivíduos e da sociedade brasileira", argumentou a ministra. O objetivo de uma audiência pública é ampliar o debate sobre o tema em questão e ouvir sugestões e reivindicações que possam subsidiar a decisão da corte. O advogado de Roberto Carlos pediu para falar na audiência, mas não foi atendido; minha advogada também não conseguiu. A ministra justificou que "o encontro é para discutir teses. Não é para discutir casos já analisados ou sob análise na Justiça. Isto vale tanto para Roberto Carlos como para Paulo Cesar".

Gostei da justificativa dela e do tratamento igualitário dispensado ao réu e ao rei — é porque nem sempre o que vale para Roberto Carlos valeu para Paulo Cesar que o meu livro acabou sendo tirado de circulação, em 2007. Agora, na Suprema Corte do país, as coisas prometiam ser diferentes.

Na audiência — que contou também com a presença da ministra Rosa Weber —, falaram dezessete pessoas, entre elas representantes da Academia Brasileira de Letras, da Ordem dos Advogados do Brasil, do Sindicato Nacional dos Editores de Livros, do Congresso Nacional — mas lá não estava ninguém do Procure Saber, que não se inscreveu para participar. Aparentemente, o racha no grupo deixou feridas não cicatrizadas, pois Roberto Carlos contava que um representante de sua ex-associação fosse lá defender a causa deles, já que seu advogado não pôde participar. O artista havia inclusive feito essa sugestão por intermédio de seu empresário Dody Sirena, na carta em que este comunicou que o cantor deixava o grupo.

Sem um representante do Procure Saber e sem o seu próprio advogado, Roberto Carlos contou com o apoio de apenas três dos dezessete debatedores na audiência. Um deles foi o deputado e ex-radialista Marcos Rogério (PDT--RO), que se mantinha firme na sua oposição às biografias não autorizadas. Outro apoio veio do representante da Associação Eduardo Banks ou Sociedade Banksiana, entidade de caráter fascista sediada no Rio de Janeiro. Em 2010, por exemplo, essa associação chegou a propor uma alteração à Lei Áurea, de 1888, com o objetivo de indenizar descendentes de proprietários de escravos. No requerimento enviado ao Supremo para participar da audiência, a associação não apenas se disse contra as biografias não autorizadas como defendeu que o livro *Roberto Carlos em detalhes*, "bem merece ser queimado" por ser "um livro ofensivo à honra e à imagem de um artista respeitado e reconhecido". A entidade foi representada na audiência por seu vice-presidente, Ralph Anzolin Lichote, que comparou a publicação de uma biografia ao ato de "abrir um comércio". Isto é, o biógrafo deveria solicitar autorização ao biografado como um empresário pede licença dos bombeiros para instalar uma casa noturna. E disparou: "Não podemos fazer a vida das pessoas virar a boate Kiss", em referência ao acidente ocorrido no início de 2013, em que uma casa noturna pegou fogo no interior do estado do Rio Grande do Sul, resultando na morte de 242 pessoas.

Na maioria que se posicionou a favor da liberdade de expressão estava o historiador José Murilo de Carvalho, biógrafo de d. Pedro II, que citou uma frase do imperador: "Quem controla a imprensa é a imprensa". Ele contou que abordou temas delicados da vida privada e da imagem pública de d. Pedro ii, mas "em nenhum momento fui ameaçado por seus herdeiros. O imperador provavelmente teria feito o mesmo". E completou, se referindo a Roberto Carlos: "Da lista de quem defende hoje a censura às biografias, vejo que já não se fazem mais reis como antigamente".

Apesar da recomendação da ministra para que não se citassem casos que fossem objetos de disputa judicial, a proibição de *Roberto Carlos em detalhes* foi lembrada na audiência. "Este é o caso mais grave de todos", disse o deputado federal Newton Lima (pt-sp), autor do projeto da Lei das Biografias, ao explicar as consequências da legislação atual. Diante do olhar atento das ministras Cármen Lúcia e Rosa Weber, o deputado procurou explicar o caso, falando do autor, do livro e do personagem:

> Paulo Cesar de Araújo é um professor e pesquisador que por mais de dez anos estudou a trajetória de Roberto Carlos. E não há no livro nenhum fato que desabone, que injurie, que calunie o grande ídolo Roberto Carlos. O que se procurou foi estudar o seu papel na história do Brasil como líder de uma época e que certamente marcou a trajetória, não apenas da cena musical brasileira, mas também da nossa sociedade. Infelizmente seus advogados propuseram que o livro fosse retirado das prateleiras — porque não havia sido autorizado, portanto, com base no Código Civil —, e sob pena de uma multa de 500 mil reais por dia e de dois anos de detenção do autor. Face à pesada proposição, a editora e o autor assinaram um acordo. E esse acordo privou o Brasil — com exceção daqueles que tiveram acesso aos primeiros livros vendidos — de conhecer uma parte importante da nossa história.

Depois de também citar o caso do documentário *Di*, de Glauber Rocha, vetado desde 1979, a pedido da família do pintor Di Cavalcanti, o deputado concluiu que casos como esses "deixarão de acontecer se pelo Judiciário ou pelo Legislativo nós acabarmos com a censura prévia que mutila nossa história".

O amplo debate iniciado em outubro daquele ano ajudou a informar e a produzir luz. Um exemplo disso é o da ministra da Cultura Marta Suplicy.

Em setembro, quando foi divulgado o "Manifesto dos intelectuais brasileiros contra a censura às biografias" ela não deu seu apoio. "Ainda não formei uma opinião", justificou. Em meados do mês seguinte, no auge da polêmica, ela já parecia mais sensível à causa. "Minha opinião vem se afunilando. No momento, caminha para o apoio à liberdade de expressão." Depois de mais alguns dias de polêmica e debate ela não teve mais dúvida e, nessa audiência no STF, lá estava o representante do Ministério da Cultura, o cientista político Renato Lessa, defendendo que livros do gênero biográficos sejam publicados livremente no Brasil.

Defenderam o ponto também Alaor Barbosa, da União Brasileira de Escritores; Ronaldo Lemos, do Conselho de Comunicação Social do Congresso Nacional, e Fernando Ângelo Ribeiro Leal, do Instituto Histórico e Geográfico Brasileiro (IHGB). Ao fim da audiência, a ministra Cármen Lúcia agradeceu a presença dos debatedores e a exposição de suas ideias, afirmando que elas seriam levadas em consideração para instruir o julgamento dos ministros sobre o tema. "Estamos lutando pela liberdade e a liberdade, é sempre plural", concluiu.

Disse Ruy Castro: "Hoje existem restrições legais a isso. Mas é fatal: um dia, todas as histórias serão contadas. O futuro está cheio de biógrafos". Certamente, e espera-se que o futuro também mostre a dimensão do equívoco do Procure Saber. "Essa aliança de artistas deixou como saldo imagens arranhadas e relações estremecidas, sem falar no estigma de ter trazido à cena o fantasma da censura prévia. Terá valido a pena tanto desgaste, inclusive para as biografias dos envolvidos? O objetivo não era preservá-las?", indagou o jornalista Zuenir Ventura.

Em uma palestra numa faculdade de Santo Amaro, na Bahia, Caetano Veloso mais uma vez explicou a polêmica posição de seu grupo e novamente se afirmou como um libertário:

Eu não tenho interesse em controlar nada que diga respeito a minha vida pessoal, nem biografia, nem filme, nem qualquer coisa. Podem dizer, pesquisar e divulgar o que quiserem sobre mim. Não tenho essa preocupação e nem nunca tive. Porém, tenho respeito pelos meus colegas e apoiei a posição deles de querer tomar cuidado.

Creio que nesse caso teria sido muito melhor para todos se os demais artistas do Procure Saber tivessem tido esse mesmo respeito por Caetano Veloso e o apoiado na sua postura libertária.

O ano de 2013 chegava ao fim e mais uma vez Roberto Carlos não havia dado conta do prometido álbum de inéditas. Faltava-lhe tempo, justificou novamente. Ele decidiu então lançar um EP (*extended play*), espécie de miniálbum, com cinco antigas canções em versão remix. No ano anterior ele havia também lançado um EP, mas que tinha pelo menos duas faixas inéditas: o funk "Furdúncio" e a balada "Esse cara sou eu". O público estava carente de uma nova canção de Roberto, e quando "Esse cara sou eu" começou a tocar nos primeiros capítulos da novela *Salve Jorge*, de Glória Perez, ninguém mais segurou. Mesmo com a fraca audiência da novela — comparativamente a outras do mesmo horário na TV Globo —, a música de Roberto Carlos se tornou o maior hit do país naquela virada de ano, como se não mais existissem sertanejos, pagodeiros, funkeiros ou padres cantores. "Esse cara sou eu" era ouvida em todas as rádios populares, e em pouco tempo aquele EP vendeu 1,5 milhão de cópias — definindo uma nova tendência no mercado fonográfico brasileiro. A faixa alcançou também a vendagem de mais de 500 mil downloads no iTunes. E, como reflexo dessa repercussão, surgiram na internet diversas paródias dela, como "Esse corno sou eu", "Esse cabra sou eu" e "Esse mala sou eu".

Foi um sucesso acachapante, como daqueles que Roberto Carlos costumava ter no passado — mas que agora agradou também a crítica. "Sempre se pode esperar uma grande composição de um grande compositor, independentemente de fases improdutivas", opinou o crítico e pesquisador Zuza Homem de Mello, acrescentando: "Só o fato de ele substituir o Michel Teló no topo das paradas já é uma vitória contra os modismos. O Michel Teló é um pum". Na *Rolling Stone*, o jornalista Pedro Antunes também afirmou que "entre tantos 'Delícia, delícia, assim você me mata', versos como 'o cara que sempre te espera sorrindo/ que abre a porta do carro quando você vem vindo" soam como acalanto para os ouvidos". "Esse cara sou eu" foi valorizada em oposição ao que os críticos consideram hoje ruim, diferentemente dos anos 1960 ou 1970, quando Roberto Carlos era visto pela crítica exatamente como um Michel Teló.

O importante para o cantor foi voltar a ter um grande hit, apreciado até mesmo por um segmento do público que havia muito tempo ele não atingia. "Estou supercontente com o resultado dessa música em todas as faixas etárias. Tenho visto, inclusive, crianças cantando, e muitas delas já chegam para mim dizendo que eu sou o cara", declarou Roberto Carlos em janeiro de 2013. Pude comprovar isso em minha própria casa: Lara, minha filha caçula de quatro anos, de repente surgiu correndo pela sala cantando "essa cara sou... essa cara sou...", em um daqueles gestos infantis que sempre nos surpreendem, porque não ensaiado nem combinado. Ao ver aquela cena na sala, lembrei de mim mesmo, com a mesma idade de Lara, no Natal de 1965, cantando "Quero que vá tudo pro inferno" — e pensando que inferno era o lugar de Papai Noel. De certa forma, foi como se um círculo se fechasse, pai e filha, duas gerações, cada um na sua infância atingida pela mesma e estranha força da tal "canção do Roberto".

Assim como ele proibiu o livro que escrevi, proibiu-se também de cantar o hit que me tornou seu fã. Neste sentido, me sinto duplamente vetado por Roberto Carlos. Sua implicância com a canção é motivada por uma única palavra da letra, "inferno", mas que define tudo ali. Em entrevistas, Roberto Carlos até evita pronunciar seu título; refere-se a ela como "aquela música". Além de banir essa canção dos seus shows, também não autoriza releituras de outros cantores. "Posso dizer que 80% dos artistas de pop rock já nos procuraram para gravá-la", afirma seu empresário, Dody Sirena. E o que é mais grave: quem gravou no passado tem dificuldade de relançá-la. Um caso radical envolveu o relançamento em CD do LP gravado por Nara Leão em 1978, com o emblemático título de ...E que tudo mais vá pro inferno. Quando, em 2003, a Universal Music lançou uma caixa com os álbuns de Nara Leão, esse CD veio mutilado, sem "a inominável", porque Roberto Carlos não autorizou. O disco de Nara teve o título mudado para Debaixo dos caracóis dos seus cabelos.

Nos últimos anos, com o avanço de seu tratamento do TOC, o artista tem voltado a cantar frases e canções que havia banido. Mas, indagado se pretendia fazer o mesmo com "Quero que vá tudo pro inferno", respondeu reticente: "Pode ser que daqui a pouco... Essas coisas dependem muito, né? Quando eu me der alta do tratamento talvez isso aconteça. Eu penso muito nisso, meus amigos também me cobram muito. De repente pode ser que eu supere essas coisas e cante essa canção que você falou aí". Isso precisa mesmo ser superado porque não se trata apenas de ter excluído dos shows um grande hit, e sim a canção mais importante da sua carreira, aquela que o transformou num fenômeno da música brasileira. Seria como se os Rolling Stones banissem "Satisfaction" de seu repertório. Mas, se por um lado Roberto Carlos promete rever o veto a "Quero que vá tudo pro inferno", por outro mantém-se intransigente na proibição da biografia não autorizada.

Roberto Carlos em detalhes engrossa uma longa lista de livros que já foram proibidos no Brasil. Temos prática nesse ofício: "A proibição é uma tradição entre portugueses e brasileiros desde Gregório de Mattos, no século xvii", afirma o crítico e poeta Alexei Bueno. A que prevalece atualmente é a censura togada, talvez resquício de outros períodos de censuras com maior ou menor intensidade, cada qual com sua especificidade. Em novembro de 1893, por exemplo, o então presidente Floriano Peixoto determinou a proibição e o confisco do livro *A ilusão americana*, de Eduardo Prado, que criticava o "servilismo voluntário" da nascente República ao governo dos Estados Unidos. Durante o Estado Novo, foram proibidos e queimados exemplares do romance *Capitães da areia*, de Jorge Amado. A acusação foi que a obra fazia "propaganda comunista". Mesmo motivo alegado, mais a questão moral, para se proibir na ditadura militar títulos como *O mundo do socialismo*, de Caio Prado Jr., *Feliz ano novo*, de Rubem Fonseca, e o romance *Zero*, de Ignácio de Loyola Brandão.

Numa reportagem sobre os duzentos anos da Biblioteca Nacional, o jornal *O Globo* informou que no passado havia ali uma seção chamada "inferno", onde eram alojados livros ou edições de jornais proibidos. "A seção não existe mais, embora obras condenadas judicialmente, como a biografia não autorizada *Roberto Carlos em detalhes*, de Paulo Cesar de Araújo, continuem vetadas aos frequentadores da biblioteca." A censura ao meu livro atualiza essa tradição repressiva, e a obra repousava numa seção da biblioteca correspondente à do antigo "inferno" — ou "aquele lugar", como prefere o supersticioso Roberto Carlos.

Pouco depois de a Beija-Flor anunciar o título do enredo com o qual homenagearia o cantor no Carnaval de 2011, o jornalista Luiz Fernando Vianna batucou uma pergunta. "Como uma pessoa de vida tão acidentada e cheia de manias como Roberto Carlos pode ganhar um enredo batizado de 'A simplicidade de um Rei'?" Por sua vez, o jornalista e escritor Marcelo Moutinho relacionou o tema da Beija-Flor à censura a *Roberto Carlos em detalhes*.

Roberto admite ser enredo de escola de samba, mas não de livro. E, ao agir assim, restringe a biografia ao tom laudatório, à abordagem exclusivamente elogiosa, esquecendo-se de que o mito é sempre a sombra do humano. O que, para citar o título do bom samba da Beija-Flor, não combina com "a simplicidade de um Rei".

Artistas, políticos, empresários, intelectuais e até fãs do cantor concordam que ele comete uma insensatez ao insistir na proibição desse livro. É um desgaste incessante e desnecessário para a imagem do maior ídolo popular da história do país. Hoje, a situação de Roberto Carlos faz lembrar a dos senhores de escravos nas vésperas da abolição. Àquela altura, eles tinham a condenação moral de grande parte da sociedade e apenas uma folha de papel legal a lhes garantir a posse sobre seres humanos. Depois de tudo que aconteceu até aqui, é apenas uma folha de papel assim que permite a Roberto Carlos ser o triste senhor de um livro que outra pessoa escreveu.

Porém, assim como os escravos, esse livro não continuará acorrentado. Outras obras literárias já foram também proibidas e até queimadas no Brasil e, no entanto, estão hoje ao alcance de qualquer leitor, em qualquer biblioteca ou livraria. Creio que mais cedo ou mais tarde meu livro terá o mesmo destino. Profissional da memória, a historiadora Heloísa Starling, da Universidade Federal de Minas Gerais, expressou esse sentimento em um evento naquela instituição, em 2008. É com as palavras dela que encerro *O réu e o rei*, com a esperança de que o tempo lhe dê razão. "Daqui a cem anos, quando nenhum de nós aqui mais existir, existirão as canções de Roberto Carlos e o livro *Roberto Carlos em detalhes* para explicar às gerações futuras a grande importância deste artista na história da música brasileira."

Notas

INTRODUÇÃO [pp. 7-10]

*Para "Máquinas fotográficas e celulares com câmera [...]": G1, 27 de abril de 2007.

*Para "A minha história é um patrimônio meu [...]": Entrevista coletiva de Roberto Carlos, 11 de dezembro de 2006.

1. O FÃ E O ÍDOLO [pp. 11-71]

*Para "Talvez eu até prefira outras [...]": *RC Emoções* (Glamurama), abril de 2009.

*Para "'Quero que vá tudo pro inferno' foi a música que me abriu as portas": O Globo Online, 17 de abril de 2009.

*Para dados sobre a população brasileira: *O Globo*, 27 de outubro de 1966.

*Para "Você consegue um negócio importantíssimo": *Manchete*, 10 de dezembro de 1966.

*Para opinião de Sylvio Tulio Cardoso: *O Globo*, 26 de fevereiro de 1966.

*Para "Que me desculpem os críticos": *Folha de S.Paulo*, 2 de dezembro de 1995.

*Para o conceito de "romantismo revolucionário": *Em busca do povo brasileiro: artistas da revolução, do CPC à era da TV,* de Marcelo Ridenti.

*Para "Baiano, ensina para esse baiano": *Um Nordeste em São Paulo,* de Paulo Fontes.

*Para "Paixões de Roberto Carlos": *Revista do Rádio*, 2 de junho de 1962.

*Para "Paulo Sérgio é a mais perfeita imitação minha": jornal do "Grupo Um milhão de amigos", janeiro de 1996.

*Para "Roberto Carlos acabou. Não existe mais Roberto Carlos": *O Cruzeiro*, 31 de agosto de 1968.

* Para "vivia sob a pressão de três homens": Depoimento de Roberto Farias ao autor, 18 de dezembro de 1997; depoimento de Evandro Ribeiro ao autor, 4 de junho de 1993; depoimento de Marcos Lázaro ao autor, 13 de janeiro de 1998.

*Para "Farias, não posso me encontrar com você", "Embarquei para a Itália", diálogos de Roberto Farias com Roberto Carlos no Japão e "Farias, você me desculpe": Depoimento de Roberto Farias ao autor, 18 de dezembro de 1997.

*Para "Como é, Roberto, você pensa que eu fabrico dinheiro": *O Estado de S. Paulo*, 30 de outubro de 1969.

*Para "repertório conservador e estagnado": *Veja*, 10 de dezembro de 1969.

*Para "Roberto Carlos emite gemidos": *O Globo*, 15 de dezembro de 1969.

*Para "Cada vez Roberto vende mais": *O Pasquim*, 1º de janeiro de 1970.

*Para "Como fazer um filme com um cantor que não canta?", "Era um carro de corrida que não andava", "Eu tinha a missão de fazer um roteiro" e "Eles apenas emprestaram os carros à produção": Depoimento de Roberto Farias ao autor, 18 de dezembro de 1997.

*Para "caminha da primeira à última faixa": *Jornal do Brasil*, 19 de dezembro de 1972.

*Para "possivelmente, este será o primeiro LP": *Veja*, 7 de dezembro de 1972.

*Para "Mas que lugar frio neste meio do sertão": Depoimento de Bruno Pascoal ao autor, 9 de maio de 2005.

*Para "Perdi um grande amigo e protetor": *Veja*, 20 de janeiro de 1971.

*Para "Quer apostar como tem mais gente lá fora [...]": *Realidade*, novembro de 1968.

*Para o quebra-quebra em Coatzacoalcos: *El Universal*, 10 de julho de 1976, e *Jornal do Brasil*, 11 de julho de 1976.

*Para "Levamos um susto danado": Depoimento de Magno Pereira ao autor, 9 de maio de 2005.

*Para "Pífio mistério": *Veja*, 19 de dezembro de 1973.

*Para "Sou um crítico de música brasileira": Conversa com o autor, 13 de abril de 2010.

*Para "Por fora" e "Por dentro": *Veja*, 11 de dezembro de 1974.

*Para "Estávamos hospedados num hotel em Brasília": Depoimento de Chiquinho de Moraes ao autor, 16 de janeiro de 1998.

*Para "Esse orgulho eu carrego comigo": *O Globo*, 31 de maio de 1975.

*Para "Bicho, estou um pouco atrasado" e todo o diálogo de Roberto Carlos com Ronaldo Bôscoli e o outro jornalista: *Manchete*, 19 de fevereiro de 1977.

*Para "Sensacional! Só no Brasil": *Violão e Guitarra* (Especial), agosto de 1977.

*Para "qualquer exame mais apurado": *Veja*, 11 de janeiro de 1978.

*Para "Esse é um troço que deixa a gente triste": *Rolling Stone*, julho de 1972.

*Para "Eu tinha entre dez e doze anos": *RC Emoções* (Glamurama), abril de 2009.

*Para "Acredite: suas músicas estavam lá no primeiro beijo": *Jornal Musical*, 2 de janeiro de 2007.

*Para "Eu ganhei um LP dele": *Observatório da Imprensa*, 19 de julho de 2006. Disponível em: <www.observatoriodaimprensa.com.br>.

*Para "canções cujas letras se consideram não aptas [...]": BBC Brasil, 5 de agosto de 2009.

2. O HISTORIADOR E O OBJETO DE ESTUDO [pp. 72-107]

*Para "Seu último LP é o de melodias mais pálidas": *Veja*, 20 de dezembro de 1978.

*Para "A verdade é que seus últimos dez ou doze discos anuais": *Som Três*, janeiro de 1979.

*Para "na plateia, a maioria das pessoas tinha entre catorze e dezoito anos": *Veja*, 20 de dezembro de 1978.

*Para "Myrian Rios, o veneno da inocência": *Ele & Ela*, fevereiro de 1978.

*Para "Myrian Rios para endoidar": *Ele & Ela*, julho de 1978.

*Para "Começamos a namorar escondido": *Eu, Myrian Rios*, de Myrian Rios.

*Para "Eu não tenho cobrança do tipo Roberto Carlos faz rock": *Jornal do Brasil*, 8 de dezembro de 1985.

*Para "O rei representa o poder": *Jornal do Brasil*, 8 de dezembro de 1985.

*Para "Ele se renovou sem mudar": *Manchete*, 3 de março de 1970.

*Para "Quando alguém não tem intimidade": *Veja*, 12 de dezembro de 1990.

*Para "Impossível não sentir o que sinto": *Som Três*, janeiro de 1982.

*Para "Como é possível manter-se soberano": *Jornal do Brasil*, 8 de dezembro de 1982.

*Para "O disco está muito bonito": *Folha de S.Paulo*, 9 de dezembro de 1983.

*Para "Roberto Carlos é uma pessoa que contribui para o atraso cultural": *Jornal do Brasil*, 8 de dezembro de 1985.

*Para "Vindo do Jamari, que me odeia": *Jornal da Tarde*, 16 de maio de 1986.

*Para "o ombro amigo": *Veja*, 2 de dezembro de 1981.

*Para "afiado nos ritmos": *Veja*, 4 de dezembro de 1985.

*Para "Se eu gosto de Deus": *Jornal da Tarde*, 16 de maio de 1986.

*Para "Achei péssima a experiência": Depoimento de Ronaldo Bôscoli ao autor, 10 de setembro de 1991.

3. OS BASTIDORES DA PESQUISA I [pp. 108-50]

*Para "Olha lá uma garça" e demais falas de Tom Jobim no Jardim Botânico: Depoimento de Tom Jobim ao autor, 6 de março de 1990.

*Para "Se a gente tivesse uma bola de cristal": Depoimento de Braguinha ao autor, 27 de novembro de 1990.

*Para "Isso aqui me deixa ainda mais tenso" e demais falas de Roberto Carlos na coletiva: Entrevista coletiva de Roberto Carlos, 4 de dezembro de 1990.

*Para "Há uma sombra qualquer de melancolia em seu olhar": *Jornal do Brasil*, 8 de abril de 1974.

*Para "Eça de Queirós, Ramalho Ortigão, aqueles gajos das Farpas": *Manchete*, 3 de março de 1970.

*Para "Essa música é minha" e demais falas de Erasmo Carlos na entrevista: Depoimento de Erasmo Carlos ao autor, 5 de julho de 1991.

*Para "A primeira música que aprendi a tocar no violão" e demais falas de Djavan na entrevista: Depoimento de Djavan ao autor, 12 de setembro de 1991.

*Para "Claro que me lembro desse show" e demais falas de Gilberto Gil na entrevista: Depoimento de Gilberto Gil ao autor, 10 de dezembro de 1991.

*Para vendagem de discos de Chitãozinho & Xororó em meado da década de 1980: *Veja*, 24 de setembro de 1986.

*Para "Eu acho que a música sertaneja foi a trilha sonora [...]": *Domingão do Faustão*, TV Globo, 13 de setembro de 1992.

*Para "O gênero sertanejo é conservador": *Veja*, 30 de setembro de 1992.

*Para "João Gilberto não é uma pessoa": *Playboy*, julho de 1991.

*Para "Começou aqui. Quem sabe nesta mesma barca": *Roberto Carlos Especial*, TV Globo, 24 de dezembro de 1977.

*Para "Frank Sinatra está resfriado": *Fama e anonimato*, de Gay Talese.

*Para "Imperial foi a minha bengala branca": *O Cruzeiro*, 25 de setembro de 1966.

*Para "Há três coisas que eu nunca fiz na vida" e demais falas de Carlos Imperial na entrevista: Depoimento de Carlos Imperial ao autor, 8 de maio de 1992.

*Para "Ainda me lembro do Leonardo [...]": *Época*, 18 de março de 2002.

*Para "Quando vi meu filho [...]": *Veja*, 8 de fevereiro de 1984.

*Para "Logo que meu filho morreu": *Playboy*, abril de 1996.

*Para "É que nunca fiz média com ninguém": Depoimento de Ronaldo Bôscoli ao autor, 10 de setembro de 1991.

*Para "manager do rei Roberto Carlos": *Jornal do Brasil*, 22 de junho de 1992.

*Para "Quando cheguei, vi que ele ainda estava com vida": *Assessora de encrenca*, de Gilda Mattoso.

*Para "Eu estava no Canecão ensaiando": Depoimento de Maria Bethânia ao autor, 11 de dezembro de 1992.

4. OS BASTIDORES DA PESQUISA II [pp. 151-86]

*Para "Eu não tinha a ilusão de atingir a popularidade de Roberto": Depoimento de Chico Buarque ao autor, 30 de março de 1992.

*Para "Bethânia e Gal, perfeitas": *Jornal do Brasil*, 24 de julho de 1993.

*Para "com um rápido e certeiro beijo na boca": *Veja*, 30 de maio de 1973.

*Para "Não existe nada demais em beijar na boca": Rádio Jornal do Brasil, 1º de abril de 1975.

*Para "Vivemos num mundo": *Zero Hora*, 21 de junho de 2009.

*Para "Está no Rio o empresário do conjunto Queen": *Jornal do Brasil*, 26 de outubro de 1980.

*Para "Compramos a passagem em dez parcelas": *Meio & Mensagem*, 25 de maio de 2009. Disponível em: <www.meioemensagem.com.br>.

*Para "Isso também aconteceu em outras cidades": *Meio & Mensagem*, 25 de maio de 2009. Disponível em: <www.meioemensagem.com.br>.

*Para "Tire o meu telefone e o nome da agenda": *Zero Hora*, 21 de junho de 2009.

*Para "Nesse dia, com conhecimento do mercado internacional": *Revista O Globo*, 23 de outubro de 2011.

*Para "Sabe aquela paquera": *Revista O Globo*, 23 de outubro de 2011.

*Para "A minha contribuição foi a visão do negócio": *Meio & Mensagem*, 25 de maio de 2009. Disponível em: <www.meioemensagem.com.br>.

*Para "Bicho, eu não faço propaganda": *O livro do Boni*, de José Bonifácio de Oliveira Sobrinho.

*Para "Eu quis matar aquele juiz": Depoimento de Wilson Simonal ao autor, 21 de fevereiro de 1994.

*Para "durante a entrevista ele sentou-se no braço do sofá": Entrevista reproduzida em *Um show em Jerusalém: O rei na Terra Santa*, de Léa Penteado.

*Para "ele está sempre em pé ou sentado": TV Caras, 8 de maio de 2013.

*Para "A decisão foi simples": *Jornal do Brasil*, 4 de dezembro de 1996.

*Para "É um horror": *Veja*, 17 de dezembro de 1997.

*Para "Roberto, seu disco de fim de ano é uma instituição nacional" e outras perguntas e respostas dessa coletiva: Entrevista coletiva de Roberto Carlos, 10 de dezembro de 2004.

*Para crítica de Mauro Ferreira ao LP de Roberto Carlos: *O Globo*, 2 de dezembro de 1993.

*Para "O 36º disco de Roberto Carlos não traz novidades": *O Globo*, 7 de dezembro de 1994.

*Para "mais um disco óbvio": *O Globo*, 2 de dezembro de 1995.

*Para "assume postura de um cafajeste musical": *Folha de S.Paulo*, 4 de dezembro de 1996.

*Para uma definição de brega como estilo musical, ver: *Revista USP*, nº 87, setembro-novembro de 2010.

*Para veto à balada "Em qualquer lugar": *Eu não sou cachorro, não*, de Paulo Cesar de Araújo.

*Para "'Em qualquer lugar?' Não me lembro": Depoimento de Odair José ao autor, 18 de setembro de 1999.

*Para estudo de Maurice Halbwachs: *A memória coletiva*, de Maurice Halbwachs.

*Para "Eu estava sem tempo para ler": Blog Diz Ventura, 23 de novembro de 2012. Disponível em: <oglobo.globo.com/rio/ancelmo/dizventura>.

*Para "Quando conheci o livro, achei tudo muito corajoso": *Revista O Globo*, 10 de junho de 2007.

*Para "tiveram a sorte de verem um historiador surgir do nada": Mingau de Aço, 18 de dezembro de 2010 e 9 de janeiro de 2012. Disponível em: <mingaudeaco.blogspot.com.br>.

*Para "Todo mundo que faz alguma coisa, fez e faz por merecer […]": *O Pasquim 21*, setembro de 2002.

*Para "A importância maior do livro do Paulo Cesar […]": *piauí*, março de 2012.

*Para "O livro do Paulo Cesar mostrou para os especialistas […]": *piauí*, março de 2012.

5. A CONSTRUÇÃO DA BIOGRAFIA [pp. 187-216]

*Para "Um gigante chegou ao Brasil": *Veja*, 30 de abril de 2003.

*Para "Eu acho fantástico": *Grupo um milhão de amigos*, 16 de junho de 1994.

*Para "Agora sai": *IstoÉ*, 10 de dezembro de 1997.

*Para "Já pensei em escrever minha história" e outras respostas a Geneton Moraes Neto: Entrevista para o *Fantástico*, TV Globo, em 10 de dezembro de 2004. Disponível em: <www.geneton.com.br>.

*Para "É, vou escrever, sim": *Folha de S.Paulo*, 4 de maio de 2007.

*Para títulos de críticas de Tárik de Souza: *Veja*, 19 de dezembro de 1973, 11 de dezembro de 1974, 8 de dezembro de 1976 e 11 de janeiro de 1978.

*Para títulos de críticas de Okky de Souza: *Veja*, 2 de dezembro de 1981, 4 de dezembro de 1985, 25 de dezembro de 1996 e 16 de dezembro de 1998.

*Para "Um disco. Eu queria fazer um disco com o João": *Folha de S.Paulo*, 7 de novembro de 2003.

*Para "No ano passado recebi Caetano": *O Globo*, 6 de dezembro de 1976.

*Para "Eu sempre quis ter o João Gilberto num especial meu": Entrevista coletiva de Roberto Carlos, 10 de dezembro de 2004.

*Para "Um sonho que tenho e que nunca falei para ninguém": *Revista de Domingo* do *Jornal do Brasil*, 24 de novembro de 1996.

*Para anúncio da participação de João Gilberto no especial de Roberto Carlos: *O Globo*, 5 de dezembro de 2004.

*Para "João Gilberto ficou honrado com o convite": *O Globo*, 14 de dezembro de 2004.

*Para "Se João pudesse transferir esse outro compromisso": Entrevista coletiva de Roberto Carlos, 10 de dezembro de 2004.

*Para "Ano passado quase aconteceu": Entrevista coletiva de Roberto Carlos, 14 de dezembro de 2005.

*Para "Esse encontro vai acontecer, sim": G1, 7 de setembro de 2011.

*Para "Porque o Roberto que eu conheci": Depoimento de Marlene Pereira ao autor, 6 de agosto de 2006.

*Para "Este livro é um relato sincero e vigoroso": *Sinatra: Romântico do século XX*, de Arnold Shaw.

*Para publicidade do livro *Sinatra: Romântico do século XX*: *O Globo*, 15 de dezembro de 1969.

6. A RECEPÇÃO AO LIVRO [pp. 217-36]

*Para "como o maior ídolo popular do país mudou a história [...]": *Bravo!*, dezembro de 2006.

*Para outras reportagens sobre *Roberto Carlos em detalhes*: *Jornal do Brasil*, 2 de dezembro de 2006; *Folha de S.Paulo*, 2 de dezembro de 2006; *O Estado de S. Paulo*, 2 de dezembro de 2006; *Veja*, 6 de dezembro de 2006; *IstoÉ*, 6 de dezembro de 2006.

*Para "Roberto, está saindo agora um livro do Pedro Alexandre Sanches" e respostas do cantor na coletiva: Entrevista coletiva de Roberto Carlos, 10 de dezembro de 2004.

*Para "Eu tenho orgulho de ter escrito um livro": Outras Palavras, 1º de agosto de 2010. Disponível em: <outraspalavras.net>.

*Para "O primeiro disco que comprei do Roberto": *Supertônica*, Rádio Cultura Brasil, 31 de dezembro de 2010.

*Para "Eu adorava fazer texto polêmico": Outras Palavras, 1º de agosto de 2010. Disponível em: <outraspalavras.net>.

*Para "soube das ameaças por conversas": Agenda do Samba e Choro, 22 de agosto de 2001. Disponível em: <www.samba-choro.com.br>.

*Para *Eu não sou cachorro, não* é o livro mais importante [...]": Outras Palavras, 1º de agosto de 2010. Disponível em: <outraspalavras.net>.

*Para "Eu fui cuidadoso": *Trama/Radiola*, 20 de outubro de 2008.

*Para "Quando relia o livro": *Trama/Radiola*, 20 de outubro de 2008.

*Para "constrangia seus ouvintes": *Como dois e dois são cinco: Roberto Carlos (& Erasmo & Wanderléa)*, de Pedro Alexandre Sanches.

*Para "Eu morria de medo": Outras Palavras, 1º de agosto de 2010. Disponível em: <outraspalavras.net>.

*Para "Pois então. Soa mais ou menos surreal": blog Ruído, 2 de fevereiro de 2010.

*Para "Como se tocada e movida por um feitiço": *Observatório da Imprensa*, 5 de dezembro de 2006. Disponível em: <www.observatoriodaimprensa.com.br>.

*Para "Roberto, saiu um livro recentemente contando a história da sua vida" e demais perguntas e respostas da coletiva de Roberto Carlos: Entrevista coletiva de Roberto Carlos, 11 de dezembro de 2006.

*Para "Roberto entre o bem e o mal": *O Globo*, 13 de dezembro de 2006.

*Para "Rei sai do trono e ataca biografia": *Jornal do Brasil*, 12 de dezembro de 2006.

*Para "Livro enfurece Roberto Carlos": *Diário Catarinense*, 12 de dezembro de 2006.

*Para "Livro tira o Rei do sério": *Extra*, 12 de dezembro de 2006.

*Para "Rei com raiva": *Estado de Minas*, 13 de dezembro de 2006.

*Para "A fúria do Rei": *Correio Braziliense*, 13 de dezembro de 2006.

*Para "Roberto Carlos perde a paciência": *Povo do Rio*, 12 de dezembro de 2006.

*Para "Rei solta os bichos em cima de escritor": *Expresso*, 12 de dezembro de 2006.

*Para "Roberto Carlos desbanca Bruna Surfistinha": *Folha de S.Paulo*, 27 de fevereiro de 2007.

*Para "Se o biógrafo disse que sabe tudo [...]": *Época*, 18 de dezembro de 2006.

*Para "Nós, fãs que nunca o consideramos apenas um cantor": *Jornal do Brasil*, 1º de março de 2009.

*Para "Fera ferida": *Folha de S.Paulo*, 15 de dezembro de 2006.

*Para "Ou Roberto Carlos não entende nada": Blog de Antônio Carlos Miguel, 21 de dezembro de 2006. Disponível em: <g1.globo.com/musica/antonio-carlos-miguel/platb>.

*Para "Não dá para entender": *Direto ao Assunto*, Rádio Jovem Pan, 28 de dezembro de 2006.

*Para "carta aberta para Roberto Carlos": *Jornal Musical*, 2 de janeiro de 2007.

*Para "Quando vai acabar totalmente esse nariz torcido de uma parte da crítica em relação ao trabalho sério dessa dupla terrível?": *Última Hora*, 29 de novembro de 1969.

*Para "dos maiores e melhores tributos": *Folha de S.Paulo*, 22 de dezembro de 2006.

*Para "o livro de Paulo César de Araújo é sério": *Folha de S.Paulo*, 24 de dezembro de 2006.

*Para "Eu mesmo articulei a proibição da biografia": *Folha de S. Paulo* (Serafina), 31 de maio de 2009.

*Para "Não quero nem pensar": *IstoÉ Gente*, 8 de janeiro de 2007.

*Para "o livro é uma inverdade no seu todo": *Veja*, 18 de fevereiro de 1981.

*Para "O Roberto Carlos que ninguém conhece": *Status*, março de 1983.

*Para "Enfim um brasileiro [...]": UOL, 25 de abril de 2013.

*Para "Toda a história da perna do rei": *Notícias Populares*, 6 de janeiro de 1993.

*Para "Não é segredo que Roberto usa uma prótese na perna": *IstoÉ*, 20 de janeiro de 1993.

*Para "Quero que você tome conta do dinheiro do Roberto": *Código da vida*, de Saulo Ramos.

*Para "o Romário dos tribunais": *Veja*, 1º de dezembro de 1993.

*Para "É uma biografia perfeita": *Veja*, 29 de novembro de 2007.

*Para Marco Antônio Campos abraçado a *Roberto Carlos em detalhes*: *Aplauso*, junho de 2007.

*Para "O Rei colocou seu exército em campo": Felipe Vieira, 11 de janeiro de 2007. Disponível em: <felipevieira.com.br>.

*Para "Como era do conhecimento dessa empresa" e outros trechos da notificação: Notificação extrajudicial, datada de 10 de janeiro de 2007 e assinada por Alvaro Borgerth e Ruy Caetano do Espírito Santo Jr.

*Para "A ideia de retirar o livro de circulação é abominável": *Folha de S.Paulo*, 11 de janeiro de 2007.

*Para "Estamos tranquilos": *Folha de S.Paulo*, 13 de janeiro de 2007.

*Para "não é justo e foge ao bom senso": Resposta à notificação extrajudicial, 12 de janeiro de 2007, assinada por Rosa Brandão Bicker e Lilian Brandão Motta.

7. OS AUTOS DO PROCESSO I [pp. 237-70]

*Para "Só Roberto pode saber o que seu coração sente": *Folha de S.Paulo*, 12 de janeiro de 2007.

*Para "Reação de Roberto a livro não é legal": blog Notas Musicais, 10 de janeiro de 2007.

*Para "Roberto Carlos ganha o mico do mês": *O Globo*, 24 de janeiro de 2007.

*Para "Roberto não leu o livro": Estadão.com.br, 11 de janeiro de 2007.

*Para "O rei não leu e não gostou": *Rolling Stone*, janeiro de 2007.

*Para "Roberto Carlos: Não li, não gostei": Consultor Jurídico, 10 de janeiro de 2007. Disponível em: <www.conjur.com.br>.

*Para "Se não leu, como o autor de 'Emoções' pode ter ficado tão indignado": Shopping & DVD Music, março de 2007.

*Para "para Roberto Carlos poder caracterizar": *Jornal Pessoal*. Disponível em: <http://www.lucioflaviopinto.com.br>, maio de 2007.

*Para "Roberto, com toda a minha admiração": Blog do Tas, 12 de janeiro de 2007. Disponível em: <blogdotas.terra.com.br>.

*Para "Parado na contramão": *O Globo*, 26 de janeiro de 2007.

*Para "se estimadas as penas privativas da liberdade": Documento de 26 de abril de 2007, assinado por Norberto Flach.

*Para "O jardim é fechado": Queixa-crime, processo nº 050.07.005350-0, 16 de janeiro de 2007, assinado por Marco Antônio Campos e Norberto Flach.

*Para "Ela fala do meu sentimento": Entrevista coletiva de Roberto Carlos, 11 de fevereiro de 2007.

*Para "Eu vivi toda a experiência da letra dessa música": *Última Hora*, 14 de novembro de 1973.

*Para comentário de Myrian Rios sobre "Pelas esquinas da nossa casa": *Boa Noite Brasil*, Rede Bandeirantes, 28 de setembro de 2004.

*Para "Se alguém quer conhecer meu pai": *Contigo* (Especial Biografias), abril de 2004.

*Para "Roberto Carlos não gosta de dar entrevistas": *Veja*, 26 de janeiro de 1994.

*Para "Ninguém pode negar que isto é a melhor coisa da vida": Entrevista coletiva de Roberto Carlos, 10 de fevereiro de 2010.

*Para "Para mim as melhores coisas da vida são a família, a música": *Fantástico*, TV Globo, 21 de maio de 1989.

*Para "A fimose é aquele cabrestinho": *Playboy*, julho de 1991.

*Para "É difícil imaginar minha vida sem minhas canções": UOL Música, 21 de agosto de 2009.

*Para análise e referências sobre o Código Penal brasileiro: *Código Penal comentado*, de Guilherme de Souza Nucci.

*Para "Monstruosidades contra mocinhas": *O Dia*, 6 de junho de 1966.

*Para "Em pânico artistas acusados de corromper fanzocas menores": *A Notícia*, 2 de maio de 1966.

*Para "Depoimentos, investigações, escândalo": *Noites tropicais: Improvisos e memórias musicais*, de Nelson Motta.

*Para "nem tudo referente ao iê-iê-iê era louvado": *Jovem Guarda: Em ritmo de aventura*, de Marcelo Fróes.

*Para "era assíduo frequentador da cobertura de Carlos Imperial": *Aplauso*, junho de 2007.

*Para "um erro de digitação": *Folha de S.Paulo*, 7 de dezembro de 2007.

*Para entrevista de Marco Antônio Campos a Marjulie Martini: Band News FM, 19 de maio de 2008.

*Para "festinhas onde se queimava fumo": blog De Olhos e Ouvidos, 20 de setembro de 2008.

*Para processo cível, Ação Ordinária: Processo nº 2007.001.006607-2, 19 de janeiro de 2007, assinado por Alvaro Borgerth, Ruy Caetano do Espírito Santo Jr., Marco Antônio Campos, Priscila Janke Souza, Fábio Siebeneichler de Andrade, Gabriel de Freitas Melro Magadan.

*Para "Decidiremos nos próximos dez dias": *O Dia*, 15 de dezembro de 2006.

*Para "É verdade o que a revista *Veja* publicou": *Folha de S.Paulo*, 17 de dezembro de 1998.

*Para declarações do médico Sérgio Simon sobre o tratamento de Maria Rita ver, por exemplo: *Época*, 2 de agosto de 1999; *IstoÉ Gente,* 25 de outubro de 1999; *Veja*, 15 de dezembro de 1999; *O Globo*, 21 de dezembro de 1999; *Folha de S. Paulo*, 21 de dezembro de 1999.

*Para "nunca foram notórios os pormenores da doença": Queixa-crime, processo nº 050.07.005350-0, 16 de janeiro de 2007, assinado por Marco Antônio Campos e Norberto Flach.

*Para "Ele retirou frases do livro de Myrian, mas não deu o crédito": *Jornal do Brasil*, 12 de janeiro de 2007.

*Para referências ao livro de Myrian Rios: *Eu, Myrian Rios.*

*Para manifestação do promotor Alfonso Presti: Documento do Ministério Público do estado de São Paulo, 24 de janeiro de 2007.

*Para "Roberto Carlos perdeu a primeira batalha": blog Notas Musicais, 7 de fevereiro de 2007.

*Para "confiando que nenhuma outra sentença reverta a decisão atual": Comunicado de 6 de fevereiro de 2007.

*Para "Roberto, pelo visto, está empreendendo uma espécie de *blitzkrieg*": Veja.com, 8 de fevereiro 2007.

*Para "Esse assunto aí me deixa atordoado", "Você perdeu em primeira instância o processo" e outras perguntas e respostas da coletiva: Entrevista coletiva de Roberto Carlos, 11 de fevereiro de 2007.

*Para sentença do juiz Maurício Chaves de Souza Lima: processo nº 2007.001.006607-2, 20ª Vara Cível, 22 de fevereiro de 2007.

8. OS AUTOS DO PROCESSO II [pp. 271-96]

*Para relato dos jornalistas Valmir Moratelli e Carla Ghermandi: *Quem,* 2 de março de 2007.

*Para "disso o rei não precisava": *Jornal do Brasil,* 3 de março de 2007.

*Para comentário de Xico Sá: No Mínimo, 24 de fevereiro de 2007.

*Para "Barbaridade! Santa ignorância!": *Jornal de Beltrão,* 27 de fevereiro de 2007.

*Para indagação de Idelber Avelar: O Biscoito Fino e a Massa, 25 de fevereiro de 2007. Disponível em: <www.idelberavelar.com>.

*Para "Em princípio, os dois direitos se equivalem em termos de peso": *Sala Debate,* Canal Futura, 15 de maio de 2007.

*Para opinião de Bruno Galindo: O intercultural e o direito, 12 de maio de 2007. Disponível em: <direitoecultura.blogspot.com.br>.

*Para opinião de Marco Antônio Campos: *Folha de S.Paulo,* 4 de maio de 2007.

*Para opinião de Luis Gustavo Grandinetti de Carvalho: *Sala Debate,* Canal Futura, 15 de maio de 2007.

*Para opinião de Mauro Fichtner: *Jornal do Brasil,* 20 de maio de 2007.

*Para opinião de Walter Ceneviva: *Folha de S.Paulo,* 12 de maio de 2007.

*Para opinião de Gabriel Magadan: *O Sul,* 21 de abril de 2007.

*Para opinião de Paulo Roberto Iotti Vecchiatti: Migalhas, 27 de fevereiro de 2007. Disponível em: <www.migalhas.com.br>.

*Para opinião de Luís Roberto Barroso: *Fantástico,* TV Globo, 6 de maio de 2007.

*Para "Os fãs mais fiéis enfrentam um dilema": *International Magazine,* janeiro de 2007.

*Para "Porra meu, eu nunca fiquei contra o meu ídolo": "Fórum de debates" do Portal Clube do Rei, 14 de dezembro de 2006. Disponível em: <www.clubedorei.com.br>.

*Para "um descaramento moral": Portal Clube do Rei, 19 de dezembro de 2006.

*Para comentário do fã Álvaro Nascimento: Seção "Papo firme" de Roberto Carlos — Website oficial, 20 de janeiro de 2007. Disponível em: <www.robertocarlos.com>.

*Para carta de Maria Waldete de Oliveira Cestari: *Jornal da Cidade*, 21 de maio de 2007.

*Para "Já tentei chegar perto dele": *Quem*, 16 de fevereiro de 2007.

*Para "Meu caro Roberto": *Jornal do Brasil*, 4 de março de 2007.

*Para "Se uma fã te pedisse um autógrafo": Entrevista coletiva de Roberto Carlos, 11 de fevereiro de 2007.

*Para as peças de defesa da editora Planeta: Agravo de instrumento com efeito suspensivo, 8 de março de 2007, e a contestação, 9 de março de 2007, ambos assinados por Rosa Brandão Bicker e Lilian Brandão Motta.

*Para "direito de nossos filhos ter acesso ao passado": Consultor Jurídico, 12 de agosto de 2005. Disponível em: <www.conjur.com.br>.

*Para "Vejo o presente fato não como exercício do direito": Consultor Jurídico, 12 de agosto de 2005. Disponível em: <www.conjur.com.br>.

*Para o processo de Paulo Cezar de Araújo: Processo nº 2007.001.006607-2, 22 de março de 2007, assinado por Tânia Maria Barreto.

*Para a defesa de Roberto Carlos: Processo nº 2007.001.006607-2, 11 de maio de 2007, assinado por Alvaro Borgerth e Priscila Janke Souza.

*Para sentença do juiz Alexandre Eduardo Scisinio: Processo nº 2007.002.000365-4, 9ª Vara Cível, decisão datada de 6 de julho de 2007.

*Para "o rei já teve mais poder": Blogs *O Dia*, 12 de março de 2007.

*Para comentário do advogado Alvaro Borgerth: Blogs *O Dia*, 12 de março de 2007.

*Para queixa de Roberto Carlos: Processo nº 2007.001.006607-2, 29 de março de 2007, assinado por Alvaro Borgerth e Priscila Janke Souza.

*Para reclamação da advogada Rosa Brandão Bicker: *Giro SP*, 20 a 28 de abril de 2007.

9. NO FÓRUM CRIMINAL [pp. 297-321]

*Para "Aguillar, eu sei o quanto você me prestigiou": *Festa de Arromba*, Rádio Capital AM, 18 de maio de 2008.

*Para "Foi horrível! Na hora, fiquei atônito": *Contigo*, abril de 1972.

*Para "Falaram lá dentro que ele estava meio nervoso": G1, 27 de abril de 2007.

*Para imagem do fotógrafo Luiz Carlos Leite: *Folha de S.Paulo*, 28 abril de 2007.

*Para "Isso nos faz lembrar os tempos obscuros do nazismo": *Folha de S.Paulo*, 28 de abril de 2007.

*Para "Essa proibição me faz lembrar dos tempos da ditadura": Ego, 27 de abril de 2007.

*Para "Foi muito pesado para os dois": G1, 27 de abril de 2007.

*Para "Eu acho que agora Roberto pode se sentir melhor": *Jornal da Globo*, TV Globo, 27 de abril de 2007.

10. CENÁRIO DE *FAHRENHEIT 451* [pp. 322-47]

*Para "O que é 'contexto desfavorável?'" e demais citações do artigo de Paulo Coelho: *Folha de S.Paulo*, 2 de maio de 2007.

*Para a referência de Paulo Coelho ter "feito até ventar e chover": *Playboy*, outubro de 1992.

*Para comentário de Elio Gaspari: *Folha de S.Paulo*, 6 de maio de 2007.

*Para comentário de Cora Rónai: InternETC, 5 de maio de 2007. Disponível em: <cora. blogspot.com.br>.

*Para comentário de Geneton Moraes Neto: *O Globo*, 13 de maio de 2007.

*Para "Paulo Coelho, o novo Caetano" e demais citações de Tutty Vasques: No Mínimo, 5 de maio de 2007.

*Para "Não vi e não gostaria de ver": *Veja*, 12 de fevereiro de 1986.

*Para "O telegrama de Roberto Carlos a Sarney envergonha a nossa classe": *Folha de S.Paulo*, 2 de março de 1986.

*Para "a imprensa foi barrada na entrada do armazém": *O Estado de S. Paulo*, 4 de maio de 2007.

*Para "Roberto Carlos já decidiu: vai destruir os livros": *Folha de S.Paulo*, 3 de maio de 2007.

*Para "Se não for viável, aí sim os livros serão destruídos": *Folha de S.Paulo*, 4 de maio de 2007.

*Para "Vergonha. Vergonha. Vergonha": *O Globo*, 13 de maio de 2007.

*Para "A fogueira de Roberto Carlos": *Veja*, 9 de maio de 2007.

*Para artigo do colunista André Petry: *Veja*, 9 de maio de 2007.

*Para "Eu te peço, invocando o seu fabuloso songbook": *Pássaro q Come Pedra*, 23 de fevereiro de 2007.

*Para "Roberto Carlos, o inquisidor": blog O Candura 2.0, 10 de maio de 2007. Disponível em: <ocandura.spaceblog.com.br>.

*Para "Volta à Idade Média": blog *Jornalismo, Política e Cultura*, 4 de maio de 2007.

*Para artigo de Geneton Moraes Neto: *O Globo*, 13 de maio de 2007.

*Para "Os livros devem ser queimados [...]": *Metrópole*, junho de 2007.

*Para "O Rei resolveu partir para a ignorância": Blog do Tas, 2 de maio de 2007. Disponível em: <blogdotas.terra.com.br>.

*Para comentário de Fernando Morais: *Gazeta do Povo*, 10 de maio de 2010.

*Para comentário de Ancelmo Gois: *O Globo*, 5 de maio de 2007.

*Para "É uma honra conhecer outro injustiçado": Ego, 5 de julho de 2007.

*Para "Não gosto da decisão" e outros comentários de Caetano Veloso: *Folha de S.Paulo*, 11 de maio de 2007.

*Para comentário de Marisa Monte: *O Globo* (*Magazine*), 26 de junho de 2007.

*Para comentário de Maria Bethânia: Valor Online, 30 de novembro de 2007.

*Para comentário de Jorge Vercillo: O Globo Online, 17 de maio de 2007.

*Para comentários de Zezé Di Camargo: O Globo Online, 17 de maio de 2007, e *O Globo*, 18 de maio de 2007.

*Para comentário de Nando Reis: blog Nada Será como Antes, 15 de maio de 2007.

*Para comentário de Ney Matogrosso: *Jornal da Tarde*, 7 de maio de 2007.

*Para comentário de Rita Lee: *Rolling Stone*, junho de 2007.

*Para artigo de Aquiles Reis: Gazeta Digital, 6 de março de 2007.

*Para comentário de Jards Macalé: *O Globo*, 18 de maio de 2007.

*Para comentário de Zeca Pagodinho: O Globo Online, 17 de maio de 2007.

*Para comentário de Daniela Mercury: O Globo Online, 17 de maio de 2007.

*Para comentários de Hebe Camargo: *O Globo*, 19 de maio de 2007.

*Para "Por favor, não deixem Roberto Carlos ler esta coluna hoje": *Extra*, 19 de março de 2009.

*Para "Se ele proibiu, deve ter tido algum motivo forte": *Jornal do Brasil*, 6 de maio de 2007.

*Para "Eu não li esta biografia": *Jornal da Tarde*, 7 de maio de 2007.

*Para declarações de Gilberto Gil a Mônica Bergamo: *Folha de S.Paulo*, 10 de maio de 2007.

*Para "Roberto é só elogios ao ministro Gilberto Gil": *Folha de S.Paulo*, 12 de maio de 2007.

*Para comentário de Marcelo Madureira: revista *M...*, outubro de 2008.

*Para "Roberto ficou chateado com alguma coisa [...]": Em conversa com o autor, 12 de novembro de 2007.

*Para comentário de assessor e resposta de Roberto Carlos sobre convite a Nelson Motta: *RC Emoções* (Glamurama), abril de 2009.

*Para "Recebi, não nego, com alguma surpresa este convite": *RC Emoções* (Glamurama), abril de 2009.

*Para "A minha mulher disse: 'Ah, o show do Roberto!'": revista *M...*, outubro de 2008.

*Para "Eu amo esse homem": Ego, 13 de junho de 2007.

*Para comentários de Roberto Carlos no palco do Canecão: *O Dia*, G1 e Terra, 13 de junho de 2007.

*Para "Fui meio cabreiro [...]: *RC Emoções* (Glamurama), abril de 2009.

*Para diálogo de Roberto Carlos com Nelson Motta no camarim do Canecão: *Welcome*, janeiro de 2008.

*Para "Em noite cercada de expectativa": O Globo, 14 de junho de 2007.

*Para "antes do show, fãs se queixavam [...]": *Folha de S.Paulo*, 14 de junho de 2007.

*Para "quem leu *Roberto Carlos em detalhes* [...]": *Extra*, 14 de junho de 2007.

*Para "como prometeu, o autor Paulo Cesar de Araújo [...]": *O Dia*, 13 de junho de 2007.

*Para "Estou realizando um sonho da minha avó": G1, 13 de junho de 2007.

*Para opinião de Marcos Vilaça: *Revista E*, junho de 2007.

*Para opinião de Muniz Sodré: Blog do Galeno, 28 de abril de 2008.

*Para opinião de Paulo Rocco: *O Estado de S. Paulo*, 26 de maio de 2007.

*Para opinião de Maurício Azêdo: *Jornal da Tarde*, 7 de maio de 2007.

*Para opinião de Carlos Heitor Cony: *Folha de S.Paulo*, 15 de maio de 2007.

*Para "Poxa, que papelão o da editora Planeta": blog Ponte Aérea, 29 de abril de 2007.

*Para "covardia da editora Planeta": *Veja*, 9 de maio de 2007.

*Para "Nunca mais compro qualquer livro da editora Planeta": blog Política e Groselha, 4 de maio de 2007.

*Para documento da editora Planeta: Migalhas, 8 de maio de 2007. Disponível em: <www. migalhas.com.br>.

*Para comentário de Eduardo Bueno: *Jornal do Brasil*, 26 de maio de 2007.

*Para comentário de Marcelo Cerqueira: *Observatório da Imprensa*, 18 de maio de 2007. Disponível em: <www.observatoriodaimprensa.com.br>.

*Para comentário de Marco Antônio Campos: Migalhas, 11 de maio de 2007. Disponível em: <www.migalhas.com.br>.

*Para justificativas do juiz Tércio Pires: *Folha de S.Paulo*, 3 de maio de 2007, e *Jornal da Tarde*, 7 de maio de 2007.

11. A BATALHA NA MÍDIA [pp. 348-79]

*Para "Un millón de amigos (menos uno)": *Página 12*, 11 de novembro de 2007.

*Para "Quand la loi brésilienne interdit les biographies non autorisées": *Le Monde*, 16 de janeiro de 2009.

*Para "Tour-worthy milestone for Brazil's pop king": *The New York Times*, 16 de abril de 2010.

*Para "Qué fue lo que tanto le molestó del libro?" e outras perguntas e respostas de Roberto Carlos nesta coletiva: Entrevista coletiva de Roberto Carlos, 22 de maio de 2007.

*Para afirmação de Marco Antônio Campos: *Folha de S.Paulo*, 4 de maio de 2007.

*Para artigo de Elio Gaspari: *Folha de S.Paulo*, 6 de maio de 2007.

*Para "Nunca fui fã do Roberto": G1, 8 de maio de 2007.

*Para informação de Lauro Jardim: Veja.com, 10 de maio de 2007.

*Para "Não temo, não. Mete bronca": *Jornal da Tarde*, 11 de maio de 2007.

*Para comentários de Zuenir Ventura: *O Globo*, 9 de maio de 2007.

*Para "Estou lendo o livro pela internet": *Extra*, 14 de maio de 2007.

*Para "tem tomado o maior olé na internet": *O Globo*, 11 de maio de 2007.

*Para "O juiz, o cantor & seus sócios se esqueceram […]": *O Globo*, 13 de maio de 2007.

*Para "Incomoda-me saber que estão recolhendo os livros": Globo Online, 22 de maio de 2007.

*Para anúncios com ofertas do livro: Folha Online, 7 de maio de 2007, e *Correio da Bahia*, 9 de maio de 2007.

*Para opinião de Neil Gaiman: *Folha de S.Paulo*, 5 de julho de 2008.

*Para "Poderíamos localizar a origem da distribuição do livro […]": *Folha de S.Paulo*, 12 de maio de 2007.

*Para previsões de Pai Paulo de Oxalá: *7 Dias*, 4 de janeiro de 2007.

*Para "guerra judicial longa e árdua": Notas Musicais, 7 de fevereiro de 2007. Disponível em: <blogdomauroferreira.blogspot.com.br>.

*Para "O Errei Roberto Carlos": *O Globo*, 13 de maio de 2007.

*Para "obra que Roberto Carlos também quer censurar": *O Globo*, 10 de junho de 2007.

*Para "além de grande compositor e intérprete incomparável […]": *O Globo*, 12 de julho de 2009.

*Para comentários de Emílio Surita, Sabrina Sato e Wellington Muniz, o Ceará: *Pânico na TV*, Rede TV!, 6 de maio de 2007.

*Para "perna mecânica apreendida como prova no processo": Ignorância Times, 18 de maio de 2007.

*Para imagem de Edson Takeuti: Disponível em: <elaine-barcellos.blogspot.com.br>.

*Para charge de Maurício Ricardo: Disponível em: <charges.uol.com.br>.

*Para "Vamos processar Roberto Carlos": Cronópios, 31 de maio de 2007. Disponível em: <www.cronopios.com.br>.

*Para carta do leitor e comentário da redação do jornal *Hora do Povo*: *Hora do Povo*, 25 de maio de 2007.

*Para "esse achincalhamento": *Observatório da Imprensa*, 18 de maio de 2007. Disponível em: <www.observatoriodaimprensa.com.br>.

*Para "nem leu o livro, nem sabe que ele é de fato abusivo": *Aplauso*, junho de 2007.

*Para "Logicamente que todos estes ataques [...]": *Fantástico*, tv Globo, 27 de maio de 2007.

*Para "não podendo mais participar das peladas [...]": *Realidade*, maio de 1966.

*Para "em defesa da honra ofendida": *O Estado de S. Paulo*, 28 de abril de 1966.

*Para "Meu negócio é mandar brasa legal!": *O Globo*, 27 de abril de 1966.

*Para "Só se alguém estava passeando com meu Impala": *Jornal do Brasil*, 27 de abril de 1966.

*Para "Roberto Carlos dá tiros na rua": *O Dia*, 27 de abril de 1966.

*Para "Eu dei os tiros numa situação em que qualquer cara teria dado": Entrevista coletiva de Roberto Carlos em João Pessoa, Paraíba, junho de 1966.

*Para "Nós tivemos que esconder Roberto Carlos": Depoimento de Paulo Machado de Carvalho Filho ao autor, 7 de dezembro de 2004.

*Para "Nova York aos pés de Roberto Carlos": *Fatos & Fotos — Gente*, 20 de outubro de 1975.

*Para "Erasmo e Roberto em busca do ouro na Broadway": *Fatos & Fotos*, 18 de agosto de 1975.

*Para "Roberto Carlos é realmente meu pai": *Veja*, 29 de junho de 1988.

*Para "Maria Leopoldina não é minha filha": *Manchete*, 9 de julho de 1988.

*Para ação da Polícia Federal no iate *Lady Laura III*: *O Globo*, 5 de novembro de 1987.

*Para "Maré mansa para o rei Roberto Carlos": *Manchete*, 21 de novembro de 1987.

*Para "Nossa separação é um ato de amor": *Manchete*, 27 de janeiro de 1979.

*Para "Tivemos a maior briga": *Claudia*, outubro de 1979.

*Para "Roberto Carlos e Myrian Rios — As fotos exclusivas do romance": *Manchete*, 29 de novembro de 1980.

* Para "'Roberto, de coração aberto, conta para Ronaldo Bôscoli como foi o pior dia de sua vida'": *Fatos & Fotos — Gente*, 8 de setembro de 1975.

*Para "ser mais rápido que um pistoleiro do Velho Oeste": *Manchete*, 29 de agosto de 1981.

*Para "o encontro de Sinatra com Roberto Carlos": *Manchete*, 29 de agosto de 1981.

* Para "Princípios editoriais das Organizações Globo": G1. Disponível em: <g1.globo.com/principios-editoriais-das-organizacoes-globo.html>.

*Para reportagem de Fernando Molica sobre *Eu não sou cachorro, não*: *Fantástico*, tv Globo, 2 de setembro de 2007.

*Para retrospectiva dos fatos que marcaram 2006: *Época*, 1º de janeiro de 2006.

*Para reportagem apresentada por Christiane Pelajo: *Jornal da Globo*, tv Globo, 27 de abril de 2007.

*Para "Um acordo judicial tirou de circulação uma biografia de Roberto Carlos" e demais referências ao programa dominical da tv Globo: *Fantástico*, 6 de maio de 2007.

*Para comentários de Zeca Camargo: Blog do Zeca Camargo, 28 de junho de 2007. Disponível em: <g1.globo.com/platb/zecacamargo>.

*Para "Chamem Castro Alves, urgente!": *O Globo*, 13 de maio de 2007.

*Para "o assunto já teve repercussão demais": *O Globo*, 14 de maio de 2007.

*Para as referências à entrevista de Roberto Carlos ao *Fantástico*: TV Globo, 27 de maio de 2007.

*Para "a necessidade de se ficar no assunto para torcê-lo, quará-lo [...]": blog Politika, 7 de maio de 2007.

*Para entrevista de Roberto Carlos a Mariela Encarnación: Mega TV, Canal 22, 23 de maio de 2007.

*Para programa dedicado ao caso apresentado por Alberto Dines: *Observatório da Imprensa*, TV Brasil, 15 de maio de 2007.

*Para "Eu acho que Roberto Carlos está certo em processar esse cara": *Jornal da Massa*, SBT, 23 de fevereiro de 2007.

*Para "Uma imagem que ficou pra mim muito marcante [...]": *Marília Gabriela Entrevista*, GNT, 21 de julho de 2007.

*Para "Roberto Carlos, eu sei que você vê o meu programa": *Programa Amaury Jr.*, Rede TV, 5 de junho de 2007.

*Para "Ô bonitão, ô rei, o livro do Paulo Cesar é apenas um tributo a você": *Todo Seu*, TV Gazeta, 15 de fevereiro de 2007.

*Para "da qual tiramos muitas informações para esta reportagem": *O Globo*, 22 de julho de 2009.

*Para "Conheça a verdadeira história de Roberto Carlos": Globo.com, 9 de julho de 2009.

*Para "pelo apoio e parceria ao longo de todos esses anos": *Roberto Carlos, 50 anos de carreira*, TV Globo, 11 de julho de 2009.

12. O DEBATE NO CONGRESSO [pp. 380-417]

*Para "Se a ação cível tiver continuidade [...]": *Folha de S.Paulo*, 5 de julho de 2007.

*Para "O show não terminou": *O Globo*, 4 de julho de 2007.

*Para "O Paulo Cesar ficou seis horas numa sala de audiência na Justiça": *Folha de S.Paulo*, 10 de julho de 2007.

*Para "Por essa o rei Roberto Carlos não esperava": *O Globo*, 16 de fevereiro de 2008.

*Para "descabe desistência de transação que já se consumou": Documento de 2 de agosto de 2007, assinado pelo juiz Tércio Pires.

*Para contestação no cível: Processo nº 2007.001.006607-2, 25 de junho de 2007, assinado por Deborah Sztajnberg e Fabianna Santos Martins.

*Para réplica de Roberto Carlos: Processo nº 2007.001.006607-2, 11 de janeiro de 2008, assinado por Alvaro Borgerth.

*Para referências de Agamenon Mendes Pedreira a Roberto Carlos: *O Globo*, 2 de março de 2008.

*Para "Vergonha!!! Às vezes sinto vergonha de ser brasileiro": Eduardo Lages, 2 de março de 2008. Disponível em: <eduardolages.blogspot.com.br>.

*Para "É um prazer voltar a encontrar os senhores": Extra Online, 24 de abril de 2008.

*Para sentença da juíza Márcia Cristina Cardoso de Barros: Processo nº 2007.001.006607--2, 20ª Vara Cível, decisão de 24 de abril de 2008.

*Para citações de Maria Stella Splendore: *Sri Splendore: Uma história de vida*, de Maria Stella Splendore.

*Para "A razão é que ela está falando sobre a própria vida": *Folha de S. Paulo*, 18 de março de 2008.

*Para "Te cuida, Ariano Suassuna!": *O Estado de S. Paulo*, 6 de junho de 2007.

*Para "Hoje faz exatamente 31 anos [...]": *Jornal do Brasil*, 7 de julho de 2007.

*Para "Foi uma mesa emocionante": Marcos Lauro, 6 de julho de 2007. Disponível em: <www.marcoslauro.jor.br>.

*Para "A Flip pode ter um peso político grande": *Folha de S.Paulo*, 7 de julho de 2007.

*Para "Hoje faz exatamente um ano [...]: *O Estado de S. Paulo*, 27 de abril de 2008.

*Para "não se pode proibir que se escreva a história do Brasil": Projeto de lei nº 3.378/2008.

*Para "se o projeto de lei for aprovado no Congresso [...]": *Veja*, 14 de maio de 2008.

*Para "O projeto nasceu aqui no blog": Blog do Galeno, 6 de maio de 2009. Disponível em: <www.blogdogaleno.com.br>.

*Para "Lei Roberto Carlos": Globo.com, 26 de março de 2013.

*Para "O que, afinal, tem nesse livro?": Blog do Jefferson, 12 de janeiro de 2007. Disponível em: <www.blogdojefferson.com>.

*Para "Niterói, a cidade que primeiro abrigou Roberto Carlos": *O Globo*, 16 de agosto de 2007.

*Para justificativa do vereador Paulo Eduardo Gomes: *O Globo*, 16 de agosto de 2007.

*Para "Sou contra a ideia de expor uma pessoa, pública [...]: Câmara Notícias, 25 de fevereiro de 2011. Disponível em: <www2.camara.leg.br/camaranoticias>.

*Para recurso de apelação: Processo nº 2007.001.006607-2, 19 de agosto de 2008, assinado por Deborah Sztajnberg.

*Para réplica de Roberto Carlos ao recurso de apelação: Processo nº 2007.001.006607-2, 21 de outubro de 2008, assinado por Ricardo Miranda e Thais Malina.

*Para "ensaio musical-biográfico que rememora os cinquenta anos de carreira do cantor": Livraria da Folha, 20 de dezembro de 2008. Disponível em: <livraria.folha.com.br>.

*Para "Não escrevi o livro da perspectiva de súdito": Bate-papo UOL, 5 de janeiro de 2009.

*Para "Por que um livro foi duramente atacado [...]: *Jornal do Brasil*, 1º de março de 2009.

*Para "Proponho a Roberto Carlos": *Jornal do Brasil*, 1º de março de 2009.

*Para comentários de Denilson Monteiro: *Jornal do Brasil*, 1º de março de 2009.

*Para "é provável que Roberto Carlos tenha ficado incomodado": *O Globo*, 27 de fevereiro de 2009.

*Para "Ora pois, quem diria": Blog do Zeca Camargo, 28 de junho 2007. Disponível em: <g1.globo.com/platb/zecacamargo>.

*Para "censurado pelo Rei aqui, faz carreira em Portugal": *O Globo*, 18 de julho de 2007.

*Para referências ao caso pela imprensa portuguesa: *Correio da Manhã*, 23 de julho de 2007, e *Diário de Notícias*, 11 de agosto de 2007.

*Para declarações de Roberto Carlos e Dody Sirena sobre venda do livro em Portugal: Entrevista coletiva de Roberto Carlos, 27 de dezembro de 2010.

*Para "Eles estão guardados": Entrevista coletiva de Roberto Carlos, 25 de fevereiro de 2008.

*Para reportagem "Busca ao 'proibidão'": *Revista O Globo*, 3 de novembro de 2013.

*Para "A gente está fazendo uma pesquisa": *O Estado de S. Paulo*, 30 de julho de 2009.

*Para "Nosso entendimento é que não haveria necessidade […]": *O Globo*, 20 de fevereiro de 2009.

*Para "apossar-se do direito de outrem": Terra, 7 de janeiro de 2005.

*Para "Ao negar autorização": *O Globo*, 12 de julho de 2008.

*Para decisão do desembargador Roberto Wider: Terra, 7 de janeiro de 2005.

*Para "flagrante chantagem": *O Globo*, 12 de julho de 2008.

*Para sentença da juíza Lindalva Soares Silva: Consultor Jurídico, 7 de março de 2009. Disponível em: <www.conjur.com.br>.

*Para "Esta sentença cria um precedente importante": *O Globo*, 20 de fevereiro de 2009.

*Para voto do desembargador Jorge Luiz Habib, voto do relator Pedro Freire Raguenet e voto do desembargador do Claudio Dell'Orto: Apelação civil nº 2009.001.00189, 18ª Câmara Cível, 10 de março de 2009.

*Para "Ele e o Rei": *Diário do Povo do Piauí*, 9 de junho de 2009.

*Para recurso dos embargos infringentes: Processo nº 2007.001.006607-2, 3 de abril de 2009, assinado por Deborah Sztajnberg e Fabianna Martins.

*Para réplica de Roberto Carlos aos embargos infringentes: Processo nº 2007.001.006607--2, 22 de abril de 2009, assinado por Ricardo Miranda.

*Para voto do desembargador Pedro Freire Raguenet: Embargos infringentes na apelação cível nº 2009.001.00189, 18ª Câmara Cível, 4 de maio de 2009.

*Para recurso especial: Processo nº 2007.001.006607-2, 22 de maio de 2009, assinado por Deborah Sztajnberg e Fabianna Martins.

*Para voto da desembargadora Valéria Maron: Recurso especial cível nº 2009.135.16742, Tribunal de Justiça do Rio de Janeiro, 18 de setembro de 2009.

*Para "Por onde passa nessa excursão pela América Latina […]": *O Globo*, 21 de junho de 2008.

*Para "Habla el biografo de Roberto Carlos": *Qué Pasa*, 7 de junho de 2008.

*Para "Roberto, você está namorando?" e outras perguntas frequentes nas coletivas de Roberto Carlos: *Veja-Rio*, 23 de janeiro de 2013.

*Para as perguntas e respostas de Roberto Carlos sobre o musical de Tim Maia: Entrevista coletiva de Roberto Carlos, 5 de fevereiro de 2012.

*Para as perguntas e respostas de Roberto Carlos sobre o livro *Minha fama de mau*: Entrevista coletiva de Roberto Carlos, 10 de fevereiro de 2010.

*Para citação do livro de Erasmo Carlos: *Minha fama de mau*, de Erasmo Carlos.

*Para "Grande esperança dos biógrafos processados […]": *O Estado de S. Paulo*, 5 de fevereiro de 2011.

*Para "Vamos ver que parlamentar concorda com a ideia": Terra Magazine, 14 de fevereiro de 2011. Disponível em: <terramagazine.terra.com.br>.

*Para projetos protocolados na Câmara dos Deputados: Projetos de lei 393/11, do deputado Newton Lima (PT-SP); Projeto de lei 395/11, da deputada Manuela d'Ávila (PCDOB-RS); e Projeto de lei 1.422/11, do deputado Otavio Leite (PSDB-RJ).

*Para justificativa da deputada Manuela d'Ávila: *O Estado de S. Paulo*, 17 de fevereiro de 2011.

*Para justificativa do deputado Newton Lima: Câmara Notícias, 25 de fevereiro de 2011. Disponível em: <www2.camara.leg.br/camaranoticias>.

*Para "Eu sou radical em relação a isso": Entrevista coletiva de Roberto Carlos, 14 de fevereiro de 2011.

*Para justificativa do deputado Alessandro Molon: *Observatório da Imprensa*, TV Brasil, 23 de abril de 2013.

*Para "monetização da história": Consultor Jurídico, 24 de agosto de 2012. Disponível em: <www.conjur.com.br>.

*Para reclamações do escritor Lêdo Ivo: *O Globo*, 30 de janeiro de 2011.

*Para "O rei da música brasileira, Roberto Carlos, e o rei do cangaço, Lampião [...]": *Correio Mariliense*, 6 de dezembro de 2012.

*Para telefonema do médico Milton Kazuo Yoshino: *O Estado de S. Paulo*, 24 de dezembro de 2010.

*Para "mãe, hospitalizada, estava melhorzinha": *Folha de S.Paulo*, 19 de abril de 2010.

*Para "Ele estava cantando, mas a gente já sabia o que tinha acontecido": *Bom Dia Brasil*, TV Globo, 19 de abril de 2010.

*Para "A reação imediata dele foi ficar em silêncio": *IstoÉ Gente*, 19 de abril de 2011.

*Para "A morte foi assustadora": *Conta Mais*, 25 de abril de 2011.

*Para "em pouco espaço de tempo, duas perdas tão grandes": *IstoÉ Gente*, 19 de abril de 2011.

*Para "eu o vi falando ao telefone": iG, 4 de julho de 2012.

*Para "Sincera, verdadeira, minha querida e grande amiga": Roberto Carlos — Website Oficial, 3 de julho de 2012. Disponível em: <www.robertocarlos.com>.

*Para "Foi uma surpresa. Roberto ficou triste": Glamurama, 3 de julho de 2012. Disponível em: <glamurama.uol.com.br>.

*Para "como se Kassu ainda estivesse por ali": *Jornal do Brasil*, 4 de julho de 2012.

*Para "A Kassu comandou brilhantemente sua última produção": *Jornal do Brasil*, 4 de julho de 2012.

*Para "É uma situação incabível": Veja.com, 10 de agosto de 2012.

*Para declaração de Ronaldo Lemos: Consultor Jurídico, 4 de abril de 2013. Disponível em: <www.conjur.com.br>.

*Para "Derruba-se assim uma barreira [...]": *O Globo*, 4 de abril de 2013.

*Para "Imagine que um adversário seu resolva fazer uma biografia": Folha.com, 24 de abril de 2013.

*Para "Se saísse uma biografia sobre minha pessoa e fosse verdadeira [...]": *O Estado de S. Paulo*, 31 de julho de 2013.

*Para "Foi uma manobra do deputado": *Estado de Minas*, 12 de maio de 2013.

*Para "O que é dimensão pública?": *O Globo*, 3 de abril de 2013.

*Para "As mudanças na lei não permitem calúnia, difamação": *O Estado de S. Paulo*, 24 de abril de 2013.

*Para "Vou falar de coração, mesmo": Estadão.com, 6 de junho de 2013.

*Para "não é que Roberto seja contra [...]": Pure People, 1º de maio de 2013. Disponível em: <www.purepeople.com.br>.

*Para "Alguém cogita usar um apartamento para alugar [...]": *O Globo*, 2 de maio de 2013.

*Para "o Projeto fala em acesso à cultura [...]": *Folha de S.Paulo*, 6 de maio de 2013.

13. A MILITÂNCIA DO REI [pp. 418-74]

*Para "Deus iluminou o mundo com uma luz só": Tyto Neves, 11 de maio de 2011. Disponível em: <tytoneves.blogspot.com.br>.

*Para a indagação de Luis Gustavo Grandinetti de Carvalho: *Sala Debate*, Canal Futura, 15 de maio de 2007.

*Para a justificativa de Gustavo Binenbojm: Epoca.com, 15 de setembro de 2011.

*Para "Creio que o STF fatalmente declarará inconstitucional o artigo 20": *Observatório da Imprensa*, TV Brasil, 23 de abril de 2013.

*Para opinião do jurista Daniel Sarmento: *O Globo*, 3 de agosto de 2012.

*Para explicação da deputada Manuela d'Ávila: Última Instância, 7 de março de 2011. Disponível em: <ultimainstancia.uol.com.br>.

*Para "Pelo visto, faltou, em 2007, um amigo para aconselhar o Rei": *O Globo*, 6 de abril de 2013.

*Para "*Roberto Carlos em detalhes* acabou se tornando símbolo [...]": Folha.com, 22 de abril de 2013.

*Para "O Brasil sofre uma onda de obscurantismo": *Época*, 13 de maio de 2013.

*Para "um dos arautos desta censura" a biografias: *O Globo*, 23 de setembro de 2013.

*Para "um grupo de celebridades tendo Roberto Carlos como símbolo [...]": *Folha de S.Paulo*, 6 de maio de 2013.

*Para "Roberto Carlos decidiu acompanhar com lupa [...]": *Folha de S.Paulo*, 8 de julho de 2013.

*Para "Eu não gostaria que fizessem uma biografia minha": *O Estado de S. Paulo*, 31 de julho de 2013.

*Para referência ao "advogado dos poderosos": *O Estado de S. Paulo*, 31 de julho de 2013.

*Para "Um cliente precisava conversar com três senadores": GPS-Brasília, 10 de março de 2013. Disponível em: <www.gpsbrasilia.com.br>.

*Para informação do colunista Ilimar Franco: *O Globo*, 7 de junho de 2013.

*Para "ele foi alvo de cenas de tietagem explícita": O Globo Online, 3 de julho de 2013.

*Para "Não estou defendendo o Ecad": *Folha de S.Paulo*, 14 de agosto de 2013.

*Para questionamento do compositor Ronaldo Bastos: Folha.com, 16 de julho de 2013.

*Para "o que está sendo proposto afeta obras de Caetano, Chico, Roberto": *Folha de S.Paulo*, 7 de julho de 2010.

*Para "O Rei contra a presidente": *Época*, 9 de fevereiro de 2013.

*Para "ao abraçar Roberto Carlos, a presidente ficou visivelmente emocionada": R7 Notícias, 4 de julho de 2013.

*Para "Tenho de dizer uma coisa para vocês [...]": O Globo Online, 3 de julho de 2013.

*Para informação de Ancelmo Gois sobre encontro de Roberto Carlos com Dilma Rousseff: *O Globo*, 5 de julho de 2013.

*Para "Fontes ouvidas por Monica Bergamo": Band News, 5 de julho de 2013.

*Para "o cantor deixou o Palácio do Planalto pela mesma porta pela qual entrou": *Folha de S.Paulo*, 4 de julho de 2013.

*Para "um grande dia para o Senado": Valor.com.br, 3 de julho de 2013.

*Para "ele pode cantar 'Esse cara somos nós!'": *Folha de S.Paulo*, 4 de julho de 2013.

*Para "O que houve ali foi uma encenação": *Folha de S.Paulo*, 14 de agosto de 2013.

*Para especulação do compositor Abel Silva: *O Globo*, 12 de julho de 2013.

*Para "Manifesto dos intelectuais brasileiros contra a censura às biografias": Sindicato Nacional dos Editores de Livros. Disponível em: <www.snel.org.br>.

*Para linha do tempo em site oficial de Roberto Carlos: Disponível em: <www.roberto-carlos.com>.

*Para previsão do jornalista Jerônimo Teixeira: *Veja*, 9 de maio de 2007.

*Para "Apesar de tudo não me senti vencido": *Contigo*, abril de 1972.

*Para "A gente fechou os olhos": Globo Online, 5 de junho de 2008.

*Para explicação de Zuza Homem de Mello: Globo Online, 5 de junho de 2008.

*Para "Roberto estava na sua fase mais religiosa": iG, 3 de setembro de 2011.

*Para "Roberto Carlos convida": *O Estado de S. Paulo*, 16 de dezembro de 2010.

*Para "Às vezes me surpreendo quando imagino que ele pode não querer": *O Estado de S. Paulo*, 24 de dezembro de 2010.

*Para "Sou considerado a Paula Lavigne de Roberto Carlos": *Folha de S.Paulo* (Serafina), 31 de maio de 2009.

*Para "influência de amigos vegetarianos": Yahoo, 21 de fevereiro de 2014.

*Para "Ele tem uma influência na minha vida": *Zero Hora*, 21 de junho de 2009.

*Para "Roberto Carlos passou a ser uma figura abstrata": Paraná Online, 27 de agosto de 2009.

*Para "Há muito que estou querendo lançar esse disco": Entrevista coletiva de Roberto Carlos, 27 de dezembro de 2010.

*Para "Eu quero muito fazer o CD de inéditas": Entrevista coletiva de Roberto Carlos, 14 de fevereiro de 2011.

*Para "Vamos investir 1 bilhão de reais em cinco anos": *IstoÉ Dinheiro*, 25 de fevereiro de 2011.

*Para "faz questão de comparecer aos lançamentos": *Extra*, 7 de agosto de 2013.

*Para declaração do empresário Jaime Sirena: O Globo Online, 14 de julho de 2013.

*Para "Muita gente tem me proposto este tipo de negócio": Rádio Continental, dezembro de 1979.

*Para "Sou o radar de possibilidades de investimentos para ele": *IstoÉ Dinheiro*, 25 de fevereiro de 2011.

*Para "Você gostaria que alguém escrevesse a sua história?": Entrevista coletiva de Roberto Carlos, 11 de dezembro de 2006.

*Para "tenho muito trabalho e não dá pra começar agora": Entrevista coletiva de Roberto Carlos, 11 de dezembro de 2006.

*Para "Já está passando da hora": Entrevista coletiva de Roberto Carlos, 15 de fevereiro de 2009.

*Para "Eu penso em lançar uma biografia, sim": Entrevista coletiva de Roberto Carlos, 14 de fevereiro de 2011.

*Para "Eu e o Roberto nem chegamos a sentar formalmente [...]": *Jornal do Brasil*, 21 de abril de 2009.

*Para "O livro acadêmico tem essa dificuldade": UOL Entretenimento, 24 de abril de 2013.

*Para "Sou parte dessa história": *Jovem Guarda: Moda, música e juventude*, de Maíra Zimmermann.

*Para "Nós liberamos?": *Veja*, 1º de maio de 2013.

*Para "Roberto Carlos Braga, brasileiro, viúvo [...]": Veja.com, 6 de junho de 2013.

*Para "Fui buscar a notificação no cartório": *Notisul*, 30 de abril de 2013.

*Para "Fizemos a notificação porque a lei nos protege": *Folha de S.Paulo*, 23 de abril de 2013.

*Para trechos da notificação enviada por Roberto Carlos a Maíra Zimmermann: *O Estado de S. Paulo*, 24 de abril de 2013, e *Folha de S.Paulo*, 23 de abril de 2013.

*Para "eles não tiveram contato com o livro": *Folha de S.Paulo*, 23 de abril de 2013.

*Para "caricatura de forma desautorizada": *Folha de S.Paulo*, 23 de abril de 2013.

*Para declarações de Marco Antônio Campos a Julio Maria: *O Estado de S. Paulo*, 24 de abril de 2013.

*Para "Esse cara já encheu": *Veja*, 1º de maio de 2013.

*Para "O motivo é tão mesquinho": *Folha de S.Paulo*, 25 de abril de 2013.

*Para afirmação de Ruy Castro: *Folha de S.Paulo*, 26 de abril de 2013.

*Para declaração de André Barcinski: André Barcinski — Uma confraria de tolos, 26 de abril de 2013. Disponível em: <andrebarcinski.blogfolha.uol.com.br>.

*Para "Roberto, mãos de tesoura": *IstoÉ*, 1º de maio de 2013.

*Para "foi coisa de advogado": *O Globo*, 30 de abril de 2013.

*Para "não queria mais abrir um precedente": Mônica Bergamo na Band News FM, 25 de abril de 2013.

*Para "O notificante concede a autorização": *O Estado de S. Paulo*, 6 de junho de 2013.

*Para declarações do advogado Rodrigo Correa: *O Estado de S. Paulo*, 6 de junho de 2013.

*Para declarações do editor Gilberto Mariot: *O Estado de S. Paulo*, 6 de junho de 2013.

*Para declarações de Maíra Zimmermann: *O Estado de S. Paulo*, 6 de junho de 2013.

*Para "Às vezes a gente usava de muita sutileza [...]": *Eu não sou cachorro, não*, de Paulo Cesar de Araújo.

*Para "Por que ele iria processar [...]: blog Gafieiras, 23 de julho de 2007.

*Para "Não leio nada": *Folha de S.Paulo*, 12 de julho de 1970.

*Para "Sabe aquele grupo Procure Saber": *O Globo*, 2 de outubro de 2013.

*Para declaração de Djavan: *O Globo*, 4 de outubro de 2013.

*Para declaração de João Máximo: *O Globo*, 5 de outubro de 2013.

*Para "Uma ação coletiva de gente": *Folha de S.Paulo*, 15 de outubro de 2013.

*Para "Nosso grupo é contra a comercialização": *Folha de S.Paulo*, 5 de outubro de 2013.

*Para "expor a vida íntima e privada de homens e mulheres": *O Globo*, 5 de outubro de 2013.

*Para "Isso é pré-colombiano": *Folha de S.Paulo*, 9 de outubro de 2013.

*Para comentário de André Barcinski: Folha Online, 5 de outubro de 2013.

*Para "Tudo o que se usa, paga": *Folha de S.Paulo*, 9 de outubro de 2013.

*Para "É justa a reivindicação": *Folha de S.Paulo*, 9 de outubro de 2013.

*Para "Todo mundo que é ingrediente do sucesso": *Folha de S.Paulo*, 9 de outubro de 2013.

*Para "Fala-se muito em biografias oportunistas": UOL, 10 de outubro de 2013.

*Para "Isso sim é democrático": *Folha Online*, 10 de outubro de 2010.

*Para carta de Benjamin Moser: *Folha de S.Paulo*, 9 de outubro de 2013.

*Para declaração de Laurentino Gomes: *Folha de S.Paulo*, 10 de outubro de 2013.

*Para "Um biógrafo vai ter que pagar um dízimo": UOL, 11 de outubro de 2013.

*Para "Tenho um coração libertário": *O Globo*, 13 de outubro de 2013.

*Para "discutir liberdades e direitos com dinheiro": *Folha de S.Paulo*, 15 de outubro de 2013.

*Para "Há um intraduzível verbo brasileiro": *Folha de S.Paulo*, 17 de outubro de 2013.

*Para "é o princípio da soberania decisória": *O Globo*, 15 de outubro de 2013.

*Para "Meu coração estará sempre com Caetano e Gil": *O Globo*, 15 de dezembro de 2013.

*Para "Hoje é dia de ler biografia proibida": *O Globo*, 21 de outubro de 2013.

*Para "Muitos livros que foram escritos sobre mim": *O Estado de S. Paulo*, 8 de novembro de 2013.

*Para "nosso Errol Flynn": "Gol de Letra", de Humberto Werneck.

*Para "Não estou entendendo. Acho impossível": *Folha de S.Paulo*, 9 de outubro de 2013.

*Para "Apenas se Chico vier a público": Blog do IMS, 7 de outubro de 2013.

*Para "Pensei que o Roberto Carlos tivesse o direito": *O Globo*, 16 de outubro de 2013.

*Para reclamação anterior de Chico Buarque ao livro *Eu não sou cachorro, não*: *Jornal do Brasil*, 3 de setembro de 2002.

*Para declarações de Marco Antônio Campos: TV Estadão, 16 de outubro de 2013.

*Para "Biógrafo de Roberto desmente Chico Buarque": Folha Online, 16 de outubro de 2013.

*Para nota de Mônica Bergamo: *Folha de S.Paulo*, 18 de outubro de 2013.

*Para "De seu amável interrogador": *O Globo*, 17 de outubro de 2013.

*Para "Eu não me lembrava de ter dado entrevista alguma": *Folha Online*, 17 de outubro de 2013.

*Para artigo de João Apolinário: *Última Hora-SP*, 10 de junho de 1970.

*Para "Estou seguro de que Chico não fez tais declarações": *O Globo*, 20 de outubro de 2013.

*Para "Chico tem razão no que diz": *O Globo*, 19 de outubro de 2013.

*Para "até 1972, quando vendeu a empresários cariocas": Veja.com (Coluna de Augusto Nunes): 20 de outubro de 2013.

*Para "Falhas de memória": *Folha de S.Paulo*, 28 de outubro de 2013.

*Para "esclarecer a parte que me toca": *O Globo*, 2 de novembro de 2013.

*Para "Este debate está mais fora do que dentro": *O Globo*, 9 de outubro de 2013.

*Para "O projeto está paralisado": *O Globo*, 9 de outubro de 2013.

*Para "Com Roberto Carlos ou sem Roberto Carlos": *O Estado de S. Paulo*, 28 de outubro de 2013.

*Para "Nossa intenção é votar o quanto antes": Veja.com (Lauro Jardim): 23 de outubro de 2013.

*Para "Não acho razoável a retirada do livro do mercado": *Estado de Minas*, 15 de outubro de 2013.

*Para manifestação de Marco Aurélio Mello: *O Globo*, 18 de outubro de 2103.

*Para manifestação de Luiz Roberto Barroso: *Fantástico*, tv Globo, 6 de maio de 2007.

*Para "No que for votado, vai passar": Veja.com (Lauro Jardim): 23 de outubro de 2013.

*Para "Eu acho que o Brasil tem mudado demais": *O Globo*, 29 de outubro de 2013.

*Para mensagem da atriz Márcia Cabrita: *O Globo*, 17 de outubro de 2013.

*Para "Nossos ídolos não são mais os mesmos": *Veja*, 23 de outubro de 2013.

*Para "Como o senhor se sente defendendo a mesma tese": *Época*, 19 de outubro de 2013.

*Para "não se manifestar mais sobre as biografias": *O Globo*, 31 de outubro de 2013.

*Para "E o Roberto Carlos, hein? Não diz nada?": *O Globo*, 17 de outubro de 2013.

*Para cobranças internas de Caetano Veloso a Roberto Carlos: *O Globo*, 31 de outubro de 2013.

*Para entrevista de Roberto Carlos a Renata Vasconcellos: *Fantástico*, tv Globo, 27 de outubro de 2013.

*Para reportagem de Cristina Serra: *Fantástico*, tv Globo, 27 de outubro de 2013.

*Para "nos leva logo a pensar em filmes e minisséries": *O Globo*, 27 de outubro de 2013.

*Para fala excluída da edição do *Fantástico* e descontentamento de Roberto Carlos: *O Globo,* 29 de outubro de 2013.

*Para artigo do advogado Kakay sobre biógrafo estuprador: *Folha de S.Paulo*, 19 de outubro de 2013.

*Para texto de Frei Betto: *Folha de S.Paulo*, 18 de novembro de 2013.

*Para "As fãs do Caetano não estão entendendo nada": *Folha de S.Paulo*, 17 de novembro de 2013.

*Para "pm carioca reprime biógrafos com truculência": *The piauí Herald*, 15 de outubro de 2013.

*Para "para marcar posição contra as Reformas de Base": *The piauí Herald*, 17 de outubro de 2013.

*Para vídeo oficial do Procure Saber: Facebook, 29 de outubro de 2013.

*Para "A atitude de Roberto nos trouxe até aqui": *O Globo*, 13 de outubro de 2013.

*Para "O 'Rei', o dono da última palavra": blog Farofafá, 29 de outubro de 2013.

*Para "Kakay é advogado de rc": *O Globo*, 3 de novembro de 2013.

*Para "Chico Buarque, ainda em Paris": Veja.com (Lauro Jardim), 5 de novembro de 2013.

*Para "Roberto Carlos é um 'amigo de fé'": *O Globo*, 10 de novembro de 2013.

*Para "Roberto conversou muito comigo": O Globo.com, 6 de novembro de 2013.

*Para "interventores ou administradores de crises": *O Globo*, 6 de novembro de 2013.

*Para "no tempo em que eu nada sabia de Lou": *O Globo*, 10 de novembro de 2013.

*Para "a determinação de que informações sobre saúde": *Folha de S.Paulo*, 12 de novembro de 2013.

*Para pronunciamentos na audiência pública no STF: TV Justiça, 21 de novembro de 2013.

*Para "Ainda não formei uma opinião": *O Globo*, 9 de setembro de 2013.

*Para "Minha opinião vem se afunilando": *O Estado de S. Paulo*, 21 de outubro de 2013.

*Para "Essa aliança de artistas": *O Globo*, 6 de novembro de 2013.

*Para "Hoje existem restrições legais": *Folha de S.Paulo*, 11 de setembro de 2013.

*Para declaração de Caetano Veloso em faculdade de Santo Amaro: Vídeo postado no YouTube, em 13 de novembro de 2013.

*Para crítica de Zuza Homem de Mello: *Folha de S.Paulo*, 24 de dezembro de 2012.

*Para crítica de Pedro Antunes: *Rolling Stone*, janeiro de 2013.

*Para "estou supercontente com o resultado dessa música": Entrevista coletiva de Roberto Carlos, 27 de janeiro de 2013.

*Para "Pode ser que daqui a pouco [...]: Entrevista coletiva de Roberto Carlos, 23 de março de 2009.

*Para proibição de *A ilusão americana*, de Eduardo Prado: *Revista de História da Biblioteca Nacional*, 4 de abril de 2010.

*Para proibição de *Capitães da areia* e de outros livros no Brasil: *Livros proibidos, ideias malditas: O Deops e as minorias silenciadas*, de Maria Luiza Tucci Carneiro, e *Repressão e resistência: Censura a livros na ditadura militar*, de Sandra Reimão.

*Para "A seção não existe mais": *O Globo*, 14 de maio de 2011.

*Para comentário de Luiz Fernando Vianna: *Folha de S.Paulo*, 16 de outubro de 2010.

*Para opinião de Marcelo Moutinho: *O Dia*, 26 de novembro de 2010.

Bibliografia

ARAÚJO, Paulo Cesar de. *Eu não sou cachorro, não: Música popular cafona e ditadura militar*. Rio de Janeiro: Record, 2002.

_____. *Roberto Carlos em detalhes*. São Paulo: Planeta, 2006.

CARLOS, Erasmo. *Minha fama de mau*. Rio de Janeiro: Objetiva, 2009.

CARNEIRO, Luiz Felipe. *Rock in Rio: A história do maior festival de música do mundo*. São Paulo: Globo, 2011.

CARNEIRO, Maria Luiza Tucci. *Livros proibidos, ideias malditas: O Deops e as minorias silenciadas*. São Paulo: Ateliê, 2002.

FONTES, Paulo. *Um Nordeste em São Paulo*. Rio de Janeiro: FGV, 2008.

RIDENTI, Marcelo. *Em busca do povo brasileiro: Artistas da revolução, do CPC à era da TV*. Rio de Janeiro: Record, 2000.

FRÓES, Marcelo. *Jovem Guarda: Em ritmo de aventura*. São Paulo: Editora 34, 2000.

HALBWACHS, Maurice. *A memória coletiva*. Trad. Laurent León Schaffter. São Paulo: Vértice/Revista dos Tribunais, 1990.

MARIA, Julio. *Palavra cruzada: O jogo da entrevista*. São Paulo: Seoman, 2007.

MATTOSO, Gilda. *Assessora de encrenca*. Rio de Janeiro: Ediouro, 2006.

MOTTA, Nelson. *Noites tropicais: Solos, improvisos e memórias musicais*. Rio de Janeiro: Objetiva, 2000.

MUGGIATI, Roberto. *A revolução dos Beatles*. Rio de Janeiro: Ediouro, 1997.

NUCCI, Guilherme de Souza. *Código Penal comentado*. São Paulo: Revista dos Tribunais, 2005.

OLIVEIRA SOBRINHO, José Bonifácio de. *O livro do Boni*. Rio de Janeiro: Casa da Palavra, 2011.

PENTEADO, Léa. *Um show em Jerusalém: O rei na Terra Santa*. São Paulo: Globo, 2011.

PILAGALLO, Oscar. *Roberto Carlos*. Coleção Folha Explica. São Paulo: Publifolha, 2008.

RAMOS, Saulo. *Código da vida*. São Paulo: Planeta, 2007.

REIMÃO, Sandra. *Repressão e resistência: Censura a livros na ditadura militar*. São Paulo: Edusp/ Fapesp, 2011.

RIOS, Myrian. *Eu, Myrian Rios*. Cachoeira Paulista (SP): Canção Nova, 2003.

SANCHES, Pedro Alexandre. *Como dois e dois são cinco: Roberto Carlos (& Erasmo & Wanderléa)*. São Paulo: Boitempo, 2004.

SHAW, Arnold. *Sinatra: Romântico do século XX*. Tradução de Luiz Fernandes. Rio de Janeiro: Mundo Musical, 1969.

SPLENDORE, Maria Stella. *Sri Splendore: Uma história de vida*. Edição da autora, 2008.

TALESE, Gay. *Fama e anonimato*. Tradução de Luciano Vieira Machado. São Paulo: Companhia das Letras, 2004.

WERNECK, Humberto. "Gol de Letra". In: _____. *Chico Buarque letra e música*. São Paulo: Companhia das Letras, 1989.

ZIMMERMANN, Maíra. *Jovem Guarda: Moda, música e juventude*. São Paulo: Estação das Letras e Cores, 2013.

Índice onomástico

"À distância", 41, 47
"Abandono", 81
Abi-Rihan, Hilton, 436
Abreu, Fernanda, 426, 449
Abreu, José de, 336-7
"Acalanto", 288
Acústico MTV (álbum), 179
"Adeus América", 158
Adriani, Jerry, 144
"Águas de março", 108, 145
"Águia dourada", 96
Aguillar, Antônio, 168, 304-6, 485n
Albin, Ricardo Cravo, 340, 394
Alcântara, Fátima, 278
Alcântara, Magno de (Maguinho), 52
"Alegria, Alegria", 13, 448
"Aleluia", 93
"Além do horizonte", 59, 60, 78, 96, 132
Alem, Jaime, 158
Alencar, Barros de, 75, 110
Almeida, Aracy de, 77
Almeida, Candido Mendes de, 429

Almeida, Libânia, 37
"Alô", 139, 140
Altas Horas (programa de TV), 369
Alves, Ataulfo, 142
Alves, Castro, 373, 490n
Alves, Fausto, 392
Alves, Francisco, 13, 132
Alves, Geraldo, 361
Alves, Henrique Eduardo, 456
Alves, Lúcio, 123
"Amada amante", 35, 62, 68, 254, 313, 399
Amado, Jorge, 162, 473
"Amante à moda antiga", 85
Amaral, Maria Adelaide, 423
Amaury Jr., 378, 490n
Amazônia: De Galvez a Chico Mendes (minissérie), 423
"Amazônia", 100, 245
Amélia, tia, 244
Amiga (revista), 302, 363, 443
"Amiga", 88, 149, 205
"Amigo", 66, 79-80, 244, 337

"Amiguinha Xuxa", 95

"Amor é a moda, O", 88

"Amor perfeito", 93

Amor sem limite (álbum), 179, 259

Amorim, Cláudia, 397

Amorim, Galeno, 388, 390

Amoroso (álbum), 160

Ana Carolina, 346

"Ana", 33

"And I Love Her", 90

Andersen, Christopher, 334

Andrade, Evandro Carlos de, 367

Andrade, Haroldo de, 54

Andrade, Oswald de, 238

Andrade, Valéria, 368

Angélica, 15

"Anjos de Deus", 178

Anthony Garotinho, 415, 456

Antonio Cícero, 449

Antônio Conselheiro, 344

Antonio Marcos, 72-3, 172

Antonio Wanderley, 404

Antunes, Arnaldo, 95

Antunes, Pedro, 471, 499n

Antunes, Vinicius, 344

"Apenas três minutos", 110

Aplauso (revista), 234, 252

"Apocalipse", 93-4

Apolinário, João, 454, 497n

"Aquarela do Brasil", 13, 132

"Aquele abraço", 43

Araújo, Alzerina de, 11-2, 20-4, 28, 32-3, 43, 47-8, 50, 53, 60-1, 65, 69-70, 73-4, 76-7, 81-3, 91, 129, 196, 289, 314

Araújo, Amanda de, 214, 287-8, 315

Araújo, Bruno, 416

Araújo, Eduardo, 144, 250

Araújo, Lara de, 472

Araújo, Lídia, 130

Araújo, Marcelo Teixeira de, 291

Araújo, Mariana, 214

Araújo, Nice, 70, 155-7

Araújo, Paulo Cezar de (cabista), 290-1, 485n

Araújo, Raimundo de, 20-4, 70, 129, 130, 140, 155-7, 159

Araújo, Sérgio de, 23-4, 43, 70, 74, 77, 91, 129

"Arrasta uma cadeira", 435

Arruda, Cynira, 260

"Asa branca", 44

Assis, Machado de, 121

"Assum preto", 44

Assumpção, Itamar, 167

"Astronauta, O", 33

Astrud Gilberto, 150

Astuto, Bruno, 342

"Atriz, A", 91, 243, 254

Avallone, Antônio Carlos, 38

Avancini, Rubens, 50

"Ave Maria no morro", 13, 117

Avelar, Idelber, 273, 404, 484n

"Aventuras", 96

Ayrão, Luiz, 182, 261

Azêdo, Maurício, 344, 487n

Azevedo, Aluísio, 351

"Baby", 95, 158

Bach, Richard, 443

"Back in Bahia", 43

"Bahia com H", 162

"Baleias, As", 85-6, 434

"Banda, A", 12, 15, 153

Bandeira, Manuel, 372, 411

Barão Vermelho, 88, 90

Barbalho, Jader, 359

Barbosa, Abelardo (Chacrinha), 25

Barbosa, Alaor, 470

Barbosa, Joaquim, 456

Barboza, Paulo, 54

"Barca, La", 177

Barcinski, André, 440, 446, 496-7n

Bardot, Brigitte, 82

Barreto, João de Deus Menna, 169

Barreto, Tânia Maria, 291, 485n

Barros, Márcia Cristina Cardoso de, 381, 383-5, 402-3, 491n

Barroso, Ary, 13, 132, 160, 162, 186

Barroso, Luís Roberto, 276, 372, 414, 456, 484*n*, 498*n*

Bastos, Márcio Thomas, 233

Bastos, Ronaldo, 426-7, 494*n*

Batista, Rose, 201, 205

Batista, Wilson, 186

Beach, Jim, 164

Beatles, 12, 15, 17, 26, 84, 94, 193, 303, 320, 398, 418, 466

Bebel Gilberto, 156, 206

Bee Gees, 94

"Beijinho beijinho", 95

Bellotto, Tony, 95

Ben Jor, Jorge, 79, 107, 122, 207

Benito di Paula, 19, 143, 182

Bento xvi, papa, 333-4

Bergamo, Mônica, 331, 338, 424, 428, 440, 453, 487*n*, 495-7*n*

Bethânia *ver* Maria Bethânia

Betto, Frei, 462, 498*n*

Bial, Pedro, 246

"Bichos escrotos", 94

Bicker, Rosa Brandão, 236, 296, 323, 345, 380, 482*n*, 485*n*

Big Brother (programa de tv), 358, 443

"Bilhetinho apaixonado", 27

Binenbojm, Gustavo, 411, 422, 494*n*

Bizz (revista), 219, 265

Blanc, Aldir, 449

Blat, Ricardo, 83

Blitz, 88-90

Bolsonaro, Jair, 415, 457

Boneca Regina, dona, 141-2, 156-9, 161-3

Bongiovanni, Olga, 378

Boni, 167, 479*n*

Borba, Alfredo, 220

Borba, Emilinha, 212

Borgerth, Alvaro, 297, 302-3, 311-3, 360, 482- -3*n*, 485*n*, 490*n*

Borgerth, Luiz Eduardo, 297

Bosco, João, 79, 176

Bôscoli, Ronaldo, 63-4, 78, 99, 107, 123, 131- -2, 145-6, 228, 287, 365, 394, 476-8*n*, 489*n*

"Botones, Los", 69

Bowie, David, 334

Bradbury, Ray, 332

Braga, Ana Paula, 243, 412-3

Braga, Carlos Alberto, 174, 417

Braga, Dudu, 58, 237, 242-3, 245, 413, 417

Braga, Gilberto, 76, 121, 343

Braga, Laura, 49-50, 212, 244, 247, 313, 344, 412

Braga, Luciana, 243

Braga, Rafael, 231

Braga, Robertino, 49, 212, 244, 247, 313

Braga, Sebastião, 96

Braga, Sônia, 227-8, 249, 281

Braguinha, 117, 477

Brandalise, Loreni, 277

Brandão, Ignácio de Loyola, 473

Brant, Fernando, 426

Bravo! (revista), 218

Brean, Denis, 162

"Brigas nunca mais", 161, 203

Brizola, Leonel, 106

Brondi, Lídia, 82

"Brucutu", 14

Bruna Surfistinha, 227, 481*n*

Brunet, Luiza, 418

Brunner, Verter, 118

Buarque, Chico, 12-3, 15, 19, 22, 45, 55, 79, 87, 94, 101, 105, 107, 115, 127, 151-4, 161, 167, 172, 183, 193, 204-6, 230, 245-7, 340, 347, 360, 418, 420-1, 427, 435, 437, 444, 450-8, 463-5, 478*n*, 497-8*n*

Buarque, Luísa, 152

Bueno, Alexei, 473

Bueno, Eduardo, 346, 487*n*

Bush, família, 372

Cabeça dinossauro (álbum), 94

Cabral, Sérgio, 55, 109, 414

Cabrita, Márcia, 456, 498*n*

Cacciola, Salvatore, 424

"Café da manhã", 67, 69, 75, 80, 85, 96

Caiado, Ronaldo, 387, 393, 415

Caldas, Silvio, 205
"Calhambeque, O", 16, 23, 58, 61, 212
Calheiros, Renan, 427-8, 456
"Cama e mesa", 85
Câmara, Marcelo, 265
Camargo, Hebe, 10, 336, 378, 487*n*
Camargo, Zeca, 368, 373, 395, 490-1*n*
Camata, Gerson, 202
Camata, Rita, 202
Caminho das Índias (telenovela), 337
"Caminhoneiro", 89, 245
Caminhos cruzados: A vida e a música de Newton Mendonça (Câmara, Mello & Guimarães), 265
"Caminhos cruzados", 108
Campos, Marco Antônio, 234, 240, 252, 274, 297, 331, 346, 360, 385-6, 397, 399-400, 417, 439, 440, 452, 482-4*n*, 488*n*, 496-7*n*
"Canção do sonho bom", 96
Canciones que amo (álbum), 177
Canções que você fez pra mim, As (álbum), 149
"Canções que você fez pra mim, As", 25, 158, 399
Canto da cidade (álbum), 161
"Canzone per te", 317
Capitães da areia (Jorge Amado), 473, 499*n*
Caras (revista), 244
Caraviello, Flávio, 41
Cardoso, Fernando Henrique, 186, 391
Cardoso, Sylvio Tulio, 18, 475*n*
Cardoso, Tom, 338
Cardoso, Wanderley, 144, 209
Cardozo, José Eduardo, 392, 408-9
Carequinha (palhaço), 15
"Careta, O", 95-6
Cariello, Rafael, 419-20
"Carinhoso", 117
Carlinhos Brown, 426
Carlinhos de Jesus, 382
Cármen Lúcia (ministra), 422, 425, 456, 467, 469-70
Carminha *ver* Silva, Maria Carmosina da (Carminha)

Carrilho, Altamiro, 77
Cartola, 360
Carvalho, Cleide, 397
Carvalho, José Murilo de, 468
Carvalho, Luis Gustavo Grandinetti de, 274-5, 422, 484*n*, 494*n*
Carvalho, Luiz de (cantor), 60
Carvalho, Paulinho Machado de, 8, 363
Cassol, Ivo, 428
Castelli, Paulo, 243
Castilho, Kathia, 438
Castro, Antonio Carlos de Almeida (Kakay), 424-5, 457, 462, 465-7, 498*n*
Castro, Ruy, 10, 113, 217-8, 227, 232, 355, 372, 387-8, 414, 429, 440, 447, 470, 496*n*
Catani, Afrânio Mendes, 98
"Catedral", 174
Cavalcante, Tom, 378
Cavalcanti, Severino, 359
"Cavalgada", 66-7, 78
Cavalieri Filho, Sérgio, 284
Cavalo de Aço (telenovela), 57
Caymmi, Dorival, 43, 78, 107, 162, 205, 288
Caymmi, Nana, 449
Cazuza, 85, 201
Ceará *ver* Muniz, Wellington
"Cenário", 131-2
Ceneviva, Walter, 275, 484*n*
"120… 150… 200 km por hora", 33, 46
Cerqueira, Marcelo, 346, 487*n*
Cerqueira, Sandra, 168
Cestari, Maria Waldete de Oliveira, 278, 485*n*
Chacrinha *ver* Barbosa, Abelardo
Chao, Loretta, 349
Chapelin, Sérgio, 379
Chaplin, Charlie, 436
Charles, Ray, 113, 129, 165
"Charlie Brown", 143
"Charme dos seus óculos, O", 102, 174, 181
Chatô: o rei do Brasil (Fernando Morais), 211
Chega de saudade (álbum), 78, 161, 203
Chega de saudade (Ruy Castro), 113
"Chega de saudade", 127, 130, 158, 207, 432

Chico (álbum), 246
Chies, Cicão, 164
Chitãozinho & Xororó, 125-6, 478*n*
"Chovendo na roseira", 145
Cicarelli, Daniella, 240
"Cigana, A", 54
Cipro Neto, Pasquale, 197
"Ciúme de você", 25, 182
Clair, Janete, 58
Clapton, Eric, 334-5
Claudia (revista), 364
Cleef, Lee Van, 298
Climent, Dalva, 423
Climent, Tito, 423
Clinton, Bill, 327, 386
Código da Vida (Saulo Ramos), 232
Coelho, Paulinho (músico), 413
Coelho, Paulo, 9, 12, 322, 324-30, 332, 334, 356, 371-2, 374, 485*n*, 486*n*
Coetzee, J. M., 388
"Coisa bonita (Gordinha)", 181
Colla, Carlos, 261
Collor, Fernando, 106, 126, 161, 367
Coló, dona *ver* Gil, Claudina
"Comigo ninguém pode", 95
"Como as ondas voltam para o mar", 121
Como dois e dois são cinco (Pedro Alexandre Sanches), 219-20, 442, 481*n*
"Como dois e dois", 35, 62, 208
"Como é grande o meu amor por você", 19, 96, 173, 343, 399
"Como vai você", 41, 47
"Côncavo e o convexo, O", 69, 88
Conceição, José Luiz da, 232
Condé, Cláudio, 191
Conniff, Ray, 13, 61, 129
Construção (álbum), 153, 453
"Construção", 151, 245
Conti, Mario Sergio, 161
Contigo (revista), 302
Cony, Carlos Heitor, 10, 344, 429, 487*n*
"Copacabana", 117
Copperfield, David, 165

"Coração de estudante", 221
"Coração", 89, 131
"Corcovado", 78, 108
"Cordeiro de Nanã", 158
Cordeiro, Jorge Henrique, 351-2
Correa, Rodrigo, 441, 496*n*
Correio Braziliense, 227, 481*n*
Correio da Manhã (Portugal), 395, 492*n*
Correio Mariliense, 412, 493*n*
Côrtes, Getúlio, 26, 261
Cortez, Raul, 37
Cortiço, O (Aluísio Azevedo), 351
Coser, João, 202
Costa, Fernando, 22
Costa, Francenildo Santos, 390
Costa, Gal, 78, 94, 151, 155, 158-61, 205, 211- -2, 221, 478*n*
Costa, Humberto, 426, 427
"Costumes", 81
Cozer, Raquel, 424, 451
Cravinhos, irmãos, 9
Crepúsculo de um ídolo (filme), 31
Cristo *ver* Jesus Cristo
Crosby, Bing, 215
Cruzeiro, O (revista), 360, 476*n*, 478*n*
Cugat, Xavier, 13
Cunha, Euclides da, 86
Curi, Aída, 251
"Curvas da estrada de Santos, As", 31-2, 48, 96

D'Angelo, Katia, 82
D'Ávila, Manuela, 409, 423, 493-4*n*
Dalva e Herivelto, uma canção de amor (minissérie), 423
DaMatta, Roberto, 429
Dancin' Days (telenovela), 76, 121
Däniken, Erich von, 443
Dante Alighieri, 333
Daumerie, Danielle, 94
Davis, Miles, 113
"De tanto amor", 37, 39, 62
"De volta ao samba", 153
Dean, James, 16

Debaixo dos caracóis dos seus cabelos (álbum), 472

"Debaixo dos caracóis dos seus cabelos", 35, 62, 106, 208, 399

Dedé (músico), 362, 408

Del Priore, Mary, 429

Dell'Orto, Claudio, 401, 403, 492*n*

Dener, 220, 364, 386

"Depois do prazer", 178

"Desabafo", 81

"Desafinado", 158

"Desayuno", 69

"Despedida", 54

"Detalhes", 34, 62, 79, 85, 96, 215, 289, 358, 399, 436

Deus e o diabo na terra do sol (filme), 117

Di (documentário), 469

Di Cavalcanti, 469

Dia, O (jornal), 238, 250, 293, 342, 483*n*, 485*n*, 487*n*, 489*n*, 499*n*

Diamantino, José, 399

Diana (cantora), 194

Diário Catarinense, 227, 481*n*

Diário de Notícias (Portugal), 395, 492*n*

Diário de S. Paulo, 370

Diário de um mago (Paulo Coelho), 327

Diário do Povo do Piauí, 404, 492*n*

Dias, Leo, 336

Dias, Ney Gonçalves, 378

Didier, Carlos, 372

Dieckmann, Carolina, 391

Dines, Alberto, 378, 490*n*

Diniz, Ângela, 285, 286

Diniz, Edinha, 141

Diniz, Leila, 391

Diniz, Waldomiro, 424

"Disparada", 12

"Divã, O", 41, 173, 242-3, 254

Divina Comédia, A (Dante Alighieri), 333

"Divina emoção", 347

Django (filme), 36

Djavan, 85, 94, 123, 154, 172, 261, 444-8, 463--4, 477*n*, 496*n*

"Do fundo do meu coração", 24, 93

"Doce mel", 95

Doce veneno do escorpião: O diário de uma garota de programa, O (Bruna Surfistinha), 227

2001: Uma odisseia no espaço (filme), 81

Dom & Ravel, 107, 183-4

Domingo Legal (programa de TV), 378

"Domingo no parque", 43

Donner, Richard, 31

Dono do mundo, O (telenovela), 122

Drummond de Andrade, Carlos, 113, 129

Duboc, Maurício, 261

Duetos (álbum), 221

Dumont, Santos, 47, 188

Duncan, Zélia, 174

Dunn, Christopher, 404

Dylan, Bob, 34, 84, 92, 193, 266, 303, 320

"É doce morrer no mar", 162

"É meu, é meu, é meu", 70

"E não vou mais deixar você tão só", 320

"É o amor", 126

"É papo-firme", 14, 17-8

"E por isso estou aqui", 19

"É preciso saber viver", 54-5, 99, 226, 358

É proibido fumar (álbum), 62

"É proibido fumar", 14, 96, 399

E que tudo mais vá pro inferno (álbum), 78, 472

Eastwood, Clint, 36, 298

Echeverria, Regina, 415, 450

Edson Frederico, 88

Einhorn, Maurício, 77

"Ela e eu", 208

Ele & Ela (revista), 83

"Ele está para chegar", 93

Elis & Tom (álbum), 145

Elis Regina, 59, 78-9, 94, 101, 105, 142, 145-6, 167, 418

Elle (revista), 418

"Em qualquer lugar", 184, 197, 479*n*

Emiliano José, 410

Emmanuelle (filme), 67

"Emoções", 48, 85-7, 96, 177, 204, 215, 341, 432, 436

Encarnación, Mariela, 375, 490n

Endrigo, Sergio, 317

Época (revista), 228, 264, 366, 369-70, 427, 457

Epstein, Brian, 398

Eram os deuses astronautas? (Erich von Däniken), 443

Erasmo Carlos, 14, 19, 24, 30, 33, 37, 63, 68, 78, 85, 89, 99, 122-3, 137, 139, 142-3, 145, 149, 165, 172, 176, 206-10, 215, 219, 221, 229, 240, 244, 250, 337, 338, 364, 398-400, 408, 426-8, 438, 463-4, 477n, 492n

Erasmo Carlos convida II (álbum), 337

"Esqueça", 17

Esquire (revista), 136

Esse cara sou eu (EP), 421

"Esse cara sou eu", 435, 466, 471

Essinger, Silvio, 68, 229

"Esta tarde vi llover", 81

Estado de Minas, O, 227, 481n, 493n, 498n

Estado de S. Paulo, O, 219, 223, 226, 238, 331, 333, 360, 366, 387, 389, 397, 409, 420, 439, 441, 449, 452, 476n, 480n, 482n, 486-7n, 491-9n

Esteves, Léo, 208-9

Estrela solitária (Ruy Castro), 387

"Eu e ela", 89

"Eu estou apaixonado por você", 17

Eu não sou cachorro, não (Paulo Cesar de Araújo), 182, 185, 187, 189, 191-4, 196-7, 204, 208-10, 218, 220, 368, 381, 420, 450-1, 453, 479n, 481n, 489n, 496n

"Eu preciso de você", 85-6

"Eu quero apenas", 54-5, 58, 76, 93, 366, 424

"Eu sou terrível", 14, 19, 48

"Eu te amo tanto", 178

"Eu te amo, te amo, te amo", 25, 27

"Eu te darei o céu", 17

Eu, Myrian Rios (autobiografia), 264, 484n

"Everybody's talkin'", 96

Expresso (jornal), 227, 481n

"Expresso 2222", 43

Extra (jornal), 227, 336, 342, 370

Fafá de Belém, 126, 426

Fagner, 59, 79, 94, 418, 426, 429, 449

Fahrenheit 451 (filme), 232, 311, 322, 332-3, 372

"Faixa de cetim", 162

Falabella, Miguel, 414

"Falando sério", 66

Fantástico (programa de TV), 57, 185, 189, 191, 246, 367-9, 371-7, 443, 458-63, 465, 480n, 483-4n, 489-90n, 498n

Farias, Roberto, 28-31, 35, 37-40, 195, 476n

Farias, Sérgio, 396

Fatal/ Gal a todo vapor (álbum), 160

Fatos & Fotos (revista), 363-6, 461, 489n

Fausta de Jesus (freira), 202

Fausto, Boris, 429

"Fé", 75

Feijão e o Sonho, O (telenovela), 82

"Feio, O", 13-4

Feith, Roberto, 417

Feliciano, Marco, 415

Feliz ano novo (Rubem Fonseca), 473

"Fera ferida", 88, 96, 131, 228, 466, 481n

Fernandes, José, 220

Fernandes, Paula, 443

Fernão Capelo Gaivota (Richard Bach), 443

Ferraz, Carolina, 11, 68

Ferraz, Raul, 391

Ferreira, Aloysio Nunes, 427

Ferreira, Bibi, 340

Ferreira, Mauro, 180, 181, 219, 238, 266, 293, 479n

"Festa do estica e puxa", 95

Fevers, The, 144

"Fica comigo esta noite", 44

Figueiredo, Alexandre, 186

"Filha da Chiquita Bacana, A", 60

"Fim de semana", 88, 244

Fina estampa (álbum), 177

Finotti, Ivan, 232

Fischer, Ernst, 454

Fittipaldi, Emerson, 38

Flach, Norberto, 297, 300-1, 306, 308-10, 318, 320, 380, 482-3n

Flávio Cavalcanti (programa de TV), 56
"Flecha-de-sol", 347
Fleury, Sérgio, 250
"Flores do jardim da nossa casa, As ", 32, 242, 256
Fluminense, O (jornal), 152, 195
Flynn, Errol, 450, 497n
Fogo sobre Terra (telenovela), 58
Folha de S.Paulo, 88, 219-20, 226-9, 236-7, 252, 262, 264, 275, 293, 320, 324-5, 327, 329-31, 334, 338, 341-2, 347, 350, 366, 371, 379-80, 386, 424, 429, 439-40, 445-7, 451, 454, 462, 467, 475n, 477n, 479-88n, 490-1n, 493-9n
Fonseca, Magda, 211
Fonseca, Rubem, 473
Fontana, Franco, 148
Fontana, José, 395
"Força estranha", 75, 80, 208
Ford, Glenn, 184
Foreign Sound, A (álbum), 208
Forsin, Carmela, 155-6, 162
Fradkin, Eduardo, 222, 226
França, Jamari, 84, 91
Franco, Afonso Arinos de Melo, 429
Fred Jorge, 167
Freire, Marcelino, 358
Freitas, Jânio de, 445, 448, 463
Freitas, José Pedro de (Zé Arigó), 49
Frejat, Roberto, 449
Fritz, Adolf, 49
Fróes, Marcelo, 251, 483n
Fugindo do inferno (filme), 320
"Furdúncio", 435, 471

Gaiman, Neil, 354, 488n
Galindo, Bruno, 274, 484n
Galisteu, Adriane, 378
Gancia, Barbara, 228
Garcia, Marisol, 407
Gardel, Carlos, 188
Gardenberg, Monique, 432
Gardner, Ava, 215

"Garota de Ipanema", 78, 109, 150
Garrido, Luiz, 230, 259-62, 265, 418-22, 451
Garrido, Toni, 220
Garrincha, 77, 355, 372, 387
Gaspar, Marcos, 113, 122
Gaspari, Elio, 10, 92, 327, 351, 465, 486n, 488n
"Gatto nel blu, Un", 317
"Gênio, O", 18
Genoino, José, 416
Gentile, Rogério, 440
Getz/Gilberto (álbum), 150
Ghermandi, Carla, 272, 484n
Gil, Claudina, 42
Gil, Gilberto, 10, 42-6, 84, 94, 105, 125, 127, 154, 161, 205-6, 338, 339, 341-3, 352, 426, 444, 449, 451, 456-7, 463-5, 478n, 487n
Gil, José Moreira, 42-3
Gilberto bem perto (Gilberto Gil & Regina Zappa), 464
Gimenez, Luciana, 378
Giron, Luís Antônio, 424
Globo de Ouro (programa), 57, 63
Globo Repórter (programa de TV), 379
Globo, O, 18, 32, 59, 109, 185, 222, 226, 229-40, 333, 335-6, 342, 352-3, 356, 362, 366, 370, 373, 379-83, 391-2, 394-5, 398, 407, 410, 415, 420, 424-5, 428, 440, 444-5, 447, 449, 451-3, 457-8, 461, 465, 466, 473, 475-6n, 478-82n, 486-99n
Globo, O (revista), 397
Glória Maria, 368, 372
Gluber, Claude, 262
Godard, Jean-Luc, 328-9, 429
Goebbels, Joseph, 332
Gois, Ancelmo, 334, 353, 380, 391, 395, 407, 424, 428, 440, 444, 458, 486n, 495n
Gomes, Laurentino, 198, 447, 497n
Gomes, Paulo Eduardo, 392, 491n
Gonçalves, Nelson, 44, 46, 61, 123, 155, 213
Gonçalves, Nilton, 390-1
Gonzaga, Chiquinha, 141
Gonzaga, Luiz, 44, 61, 103-4, 111, 140
Gonzaguinha, 183, 347

González, César, 9, 198, 266, 292, 294-5, 298-
-300, 307-11, 316, 322, 329
Gordimer, Nadine, 388
Goulart, João, 21
Gouvêa, Carlos Alberto, 455
Gouvêa, Claudia, 455
Grand secret, Le (Claude Gluber), 262, 351
"Grande amor da minha vida, O", 314
Groisman, Serginho, 369
"Grude (Um do outro), O", 220
Guardian, The, 348
Guarnieri, Camargo, 167
Guedes, Beto, 347
"Guerra dos meninos, A", 85
Guerra, Ruy, 289
Guevara, Che, 359
Guia da TV (revista), 443
Guimarães, Cléo, 461
Guimarães, Rogério, 265
Guimarães, Ubirata, coronel, 9
Guineto, Almir, 92
Güiraldes, Carmen, 192, 194
Gullar, Ferreira, 418, 429
Guns N'Roses, 165
Guterman, Debora, 368

Habib, Jorge Luiz, 401-3, 406, 492*n*
Halbwachs, Maurice, 185, 479*n*
Halley, Bill, 195
Hamlin, Vincent T., 14
Harris, Richard, 31
Helinho (fã de Roberto Carlos), 277
Hélio Boquinha, 66
Hickmann, Ana, 378
Hill, Terence, 36
Hirano, Paulo, 360
"História de um homem mau", 14
Hitler, Adolf, 414
"Homem bom, O", 176
"Homem primata", 94
"Homem, O", 54
Hora do Povo (jornal), 359-60, 366, 489*n*
Hospital (telenovela), 57

Hoy (jornal de Los Angeles), 348
Hubert, 356, 382
Huck, Luciano, 382
"Humahuaqueño, El", 59
Humphrey, Nicholas, 102
Hungria, Julio, 41
Hussein, Saddam, 359

"I Love You", 35
Iglesias, Julio, 90, 94, 181
"Ilariê", 100
"Ilegal, imoral ou engorda", 63
"Ilha, A", 85, 123
Ilusão americana, A (Eduardo Prado), 473,
499*n*
Imperial, Carlos, 107, 142, 169, 250-2, 301, 304,
364, 394, 478*n*, 483*n*
Incríveis, Os, 144
"Índia", 45
Inimitável, O (álbum), 25, 26, 41, 62, 320
"Inolvidable", 59
"Insensatez", 108
International Magazine (jornal), 277
Intervalo (revista), 65, 170, 443
Irresistível forasteiro, O (filme), 184
Isolda, 261-2, 265, 451
IstoÉ (revista), 230-1, 264, 366, 440, 479-80*n*,
482*n*, 493*n*, 495-6*n*
IstoÉ Gente (revista), 230-1, 482*n*, 493*n*
Ivo, Lêdo, 411, 493*n*

Jackson, Michael, 89-90, 94, 165
Jadde, filha de Wanderléa, 144-5
Jagger, Mick, 334
Jagger: Não autorizado (Christopher Ander-
sen), 334
Jaguar, 340
James, Dick, 398
Jardim, Lauro, 267, 351, 465, 488*n*, 498*n*
Jardim, Sônia Machado, 422
Jards Macalé, 336, 486*n*
Je Vous Salue, Marie (filme), 328, 429
Jefferson, Roberto, 391

"Jeito estúpido de te amar, Um", 63

Jesuino, tio (Ziziu), 16, 61, 179

Jesus Cristo, 35, 49, 54, 69, 93, 106, 119, 173-4, 178, 327, 358, 462

"Jesus Cristo", 33, 51, 62, 79, 85, 93, 96, 315, 356, 436

João (álbum), 140

João Gilberto, 15, 78, 84, 105, 107-9, 111, 114, 127-30, 140-2, 149-51, 155-64, 169, 172, 175, 203-7, 211, 213, 245, 247, 420, 432, 478n, 480n

João Mineiro & Marciano, 126

João Paulo II, papa, 176, 328

João Ricardo, 454

João VI, d., 112

Jobim, Maria Luíza, 112

Jobim, Tom, 78, 108-14, 116, 120, 145, 149-50, 154, 172, 205-6, 221-2, 347, 414, 418, 432--3, 477n

"Jogo de damas", 54

"Jorge Maravilha", 246

Jornal da Cidade (Bauru), 278

Jornal da Globo (noticiário de TV), 370, 485n, 489n

Jornal da Tarde, 170, 338, 347, 477n, 486-8n

Jornal do Brasil, 39, 41, 54, 84, 91-2, 127, 128, 147, 158, 164, 170, 174, 192, 195, 198, 226, 264, 272, 293, 337, 360, 366, 394, 438, 450, 476-81n, 483-4n, 487n, 491n, 493n, 496n

Jornal Nacional (noticiário de TV), 367

José Dirceu, 424

José Feliciano, 12, 317

Jovelina Pérola Negra, 92

Jovem Guarda (álbum), 13, 17, 26, 56, 94, 149, 219

Jovem Guarda (programa de TV), 8

Jovem Guarda: Em ritmo de aventura (Marcelo Fróes), 251

Jovem Guarda: Moda, música e juventude (Maíra Zimmermann), 438, 442

"Jovens tardes de domingo", 66, 244

Julio Maria, 439, 452, 496n

Kafka, Franz, 289

Kakay *ver* Castro, Antonio Carlos de Almeida

Kalili, Narciso, 361

Kassu, Ivone, 115-21, 124, 131-5, 146, 148, 153, 154, 170-5, 191, 209-10, 412-4, 493n

Katia Cilene, 27

Kelley, Kitty, 372

Kelly, Gene, 160

Kennedy, John, 103

Kid Abelha, 88

Kogut, Patricia, 373

Kubitschek, Juscelino, 312

Kubrick, Stanley, 81

Kubrusly, Maurício, 368, 369

Lacerda, Carlos, 35, 85, 120

"Lady Laura", 75, 244, 247, 254, 313, 412

Lafayette (tecladista), 381

Lages, Eduardo, 79, 96, 131-2, 383, 404, 413, 491n

Lalo California, 144

Lampião *ver* Silva, Virgulino Ferreira da

Lampião: O Mata Sete (Pedro de Morais), 412

Lancellotti, Ivor, 81

Lancellotti, Sílvio, 55

Lanna, Ruth, 188-9, 197

Lauda, Jaime, 354

Laura, dona *ver* Braga, Laura

Lavigne, Paula, 426-8, 445, 448, 453, 457, 460, 463, 465-6

Lázaro, Marcos, 8, 29-30, 50, 56, 133, 168, 192, 476n

Leal, Fernando Ângelo Ribeiro, 470

Leandro & Leonardo, 89, 106, 126, 178

"Leão está solto nas ruas, Um", 14

Leão, Danuza, 151, 158

Leão, Nara, 15, 78, 104, 146, 472

Lee Jackson (banda), 191

Lee, Rita, 88, 94, 336, 449, 486n

Legião Urbana, 92

Leite, Antônio, 34, 42, 44-6, 65

Leite, Dirce, 24

Leite, Edmundo, 452

Leite, Euclides, 43, 65, 289
Leite, Giovane, 144
Leite, Isaura, 21, 61, 69-70
Leite, Josias, 21, 390-1
Leite, Lívia, 28
Leite, Lúcia, 25, 34
Leite, Luiz Carlos, 320, 485n
Leite, Otavio, 409, 493n
Lemos, Ronaldo, 414, 470, 493n
Lenine (cantor), 341, 426-7
Lennon, John, 90, 260, 396, 398, 418
Leno, 27
Léo Canhoto, 37
Leo Jaime, 449
Leonardo, filho de Wanderléa, 144
Leone, Sergio, 36, 298-9
Lessa, Renato, 470
Levita, Palmira, 141
Levita, Paulo, 141
Lewgoy, José, 39
Lewinsky, Monica, 386
Liberato, Gugu, 378
Lichote, Ralph Anzolin, 468
"Lígia", 221, 414
Lima, Durval de, 125
Lima, Faria, 16
Lima, José de, 125
Lima, Maurício Chaves de Souza, 268-70, 274, 279, 285, 345, 370, 385, 449, 484n
Lima, Newton, 409, 410, 414, 416, 423, 447, 452, 456, 469, 493n
Lima, Roberto Kant de, 107
Linha Direta JustiçaI (programa de tv), 285-6
Lins, Ivan, 347, 449
Lispector, Clarice, 447
Lobão, 94-5, 334, 426, 449
Lobato, Eliane, 440
Lobato, Leo, 122
Lobo, Edu, 147
Lopes, Eli, 404
Lopes, Gil, 155, 157
Lopes, Sérgio, 191, 421
Louco por você (álbum), 61, 97

"Loucuras de amor", 96
"Love Letters", 90
"Loving You", 209
Lua cheia de amor (telenovela), 122
Lucena, Antonio, 260
Lúcia (fã de Roberto Carlos), 231
Luis Miguel, 177
"Luiza", 108
Lula (jornalista) ver Martins, Lula Branco
Lula ver Silva, Luiz Inácio Lula da
Lumumba, Patrice, 359
"Luz Divina", 124
Lygia Marina, 414
Lyra, Carlos, 78, 99, 147

Macedo, Guido, 232
Machado de Carvalho, família, 56, 362-3
Machado, Cassiano Elek, 388
Machado, Sergio, 188
Madonna, 303, 327
Madureira, Marcelo, 339, 341, 356, 382, 487n
"Mãe, mãe, mãe", 178
Mafuz, Augusto, 435
Magadan, Gabriel, 276, 483-4n
Magalhães, Antônio Carlos, 156, 424
Magno, Luiz Carlos, 183
Maia, Cesar, 195
Maia, Tim, 32, 94, 107, 122, 127, 137-9, 142, 143, 172, 246, 247, 304, 407, 492n
"Malena", 22, 171
Maluf, Paulo, 392, 415
"Mamãe passou açúcar em mim", 142
Mamonas Assassinas, 174
Manchete (revista), 15, 83, 363-6, 475-7n, 489n
Manhães, Elaine, 202
"Manicero, El", 177
Manoel Carlos, 68
Manzanero, Armando, 81
Marcelo D2, 357
Marciano (cantor), 126
Marcos Lauro, 388
Marcos Rogério, 415-6, 468
Maria Amélia (namorada de Paulo Cesar), 70

Maria Bethânia, 10, 78-9, 84, 88, 94, 109, 147--9, 151, 154-5, 158, 160, 205, 208, 335, 466, 478*n*, 486*n*

Maria do Céu, 156-7, 159, 162, 163

"Maria e o samba", 123

Maria Rita, 83, 119, 178, 191, 195, 220, 227, 230, 244, 249, 259-60, 262-5, 302-3, 308, 314, 349, 421, 431, 433

Mariano, Nichollas, 231

Marília Gabriela, 187, 378, 490*n*

Marinho, João Roberto, 367

Marinho, José Carlos, 207

Marinho, José Roberto, 367

Marinho, Roberto Irineu, 367

Mariot, Gilberto, 441, 496*n*

Marlene (cantora) *ver* Pereira, Marlene

Maron, Valéria, 407, 492*n*

Marron Glacé (telenovela), 83

Martinho da Vila, 61, 94, 123, 174

Martini, Marjulie, 252, 483*n*

Martins, Herivelto, 13, 117, 423

Martins, Lula Branco, 170-5, 185, 198, 223, 450, 451

Marx, Karl, 454

Massa, Carlos (Ratinho), 378

Massadas, Paulo, 121

Mathis, Johnny, 19

Matos, Jadiel, 390-1

Mattos, Gregório de, 473

Mattoso, Gilda, 148, 149, 207, 212, 478*n*

Maurício Ricardo, 358, 489*n*

Mauro, Fernanda de, 319

Máximo, João, 127, 189, 372, 444-5, 496*n*

Maynard, Marcos, 191

Maysa, 146, 227, 250, 281, 302

Mazinho (violonista), 44

Mazzeo, Alcione, 82

MC Leozinho, 207

McCartney, Paul, 90, 246, 398

McQueen, Steve, 38

Medeiros, Jotabê, 223, 333, 409, 449

Médici, Emílio Garrastazu, general, 32, 38

Medina, Roberto, 165

Medrado, Marinês, 183

Mello, Jorge, 265

Mello, Marco Aurélio, 456, 498*n*

Mello, Zuza Homem de, 432, 471, 495*n*, 499*n*

Melo Neto, João Cabral de, 212

Melo, Antônio Campos de, 156-9, 161

Melo, Guilherme de, 105

Mendes, Cassiano Gabus, 83

Mendes, Chico, 423

Mendes, Fernando, 183

Mendes, Oswaldo, 454, 455

Mendonça, Antonio Penteado, 414

Mendonça, José Carlos (Pinga), 47-8

Menescal, Roberto, 78, 99

"Menina", 96

Mercury, Daniela, 161, 336, 487*n*

"Meu ciúme", 121, 131

"Meu pequeno Cachoeiro", 33, 209, 244

"Meu querido, meu velho, meu amigo", 81, 244, 247, 313

Midani, André, 85

Miele, Luiz Carlos, 131-3, 145, 287

Mignone, Maria Helena, 202

Miguel, Antônio Carlos, 181, 222, 229, 410, 481*n*

1984 (George Orwell), 352

1808 (Laurentino Gomes), 198, 447

Miller, Glenn, 13

Milosevic, Slobodan, 359

Minha fama de mau (Erasmo Carlos), 337, 408, 492*n*

"Minha tia", 244

Miranda, Ricardo, 401, 491-2*n*

Mitterrand, François, 262, 351

Miúcha, 156

"Moço velho, O", 54

Mograbi, Sônia, 196

Molica, Fernando, 185, 368, 489*n*

Molon, Alessandro, 411, 414, 422, 429, 455, 493*n*

Monde, Le, 9, 349, 488*n*

Monro, Matt, 317

"Montanha, A", 41, 125

Monte, Marisa, 10, 205, 207, 335, 463, 486*n*

Monteiro, Denilson, 228, 394, 491*n*

Montojos, Márcia, 230-1, 234

Moraes Neto, Geneton, 189, 191, 327, 331, 333, 353, 373, 480*n*, 486*n*

Moraes, Chiquinho de, 8, 48, 57, 167, 476*n*

Moraes, Vinicius de, 109, 148, 205

Morais, Fernando, 211, 334, 371-2, 374, 387-8, 393, 446, 486*n*

Morais, Pedro de, 412

Moratelli, Valmir, 272, 484*n*

Moreira, Cid, 374

Morricone, Ennio, 36, 298

Moser, Benjamin, 447-8, 497*n*

Mota, Urariano, 222

Motokas, Os (álbum), 82

Motta, Mauro, 100

Motta, Nelson, 10, 217, 229, 237-8, 251, 341-2, 447, 483*n*, 487*n*

Moura, Paulo, 77

Moutinho, Marcelo, 473, 499*n*

MPB4, 115, 336

"Muchachas de La Plaza España, Las", 177

"Mucuripe", 59

"Muito romântico", 66, 208

"Mujer", 122

"Mulher de 40", 176, 178

"Mulher pequena", 154, 244, 433

"Mulher que eu amo, A", 433, 435

"Mulher Samambaia", 357

Mulheres de Areia (telenovela), 57

"Mulheres", 174

Mundo do socialismo, O (Caio Prado Jr), 473

Muniz, Wellington (Ceará), 357, 488*n*

"Música suave", 75

Músicas para louvar ao Senhor (álbum), 178

"Na lua não há", 14

"Na paz do seu sorriso", 81

Na toca dos leões (Fernando Morais), 387

Nagle, Leda, 378

"Namoradinha de um amigo meu", 18, 51

"Não adianta nada", 54

"Não creio em mais nada", 45

"Não precisas chorar", 18

"Não quero ver você triste", 96, 288

"Não se afaste de mim", 85

"Não se esqueça de mim", 66

"Não vou ficar", 31-2

Nardoni, Isabella, 367

Nascimento, Álvaro, 277, 484*n*

Nascimento, Ferdinaldo, 286

Nascimento, Milton, 19, 87, 94, 107, 147, 205, 221, 347, 444, 463, 465

Nasi (roqueiro), 446

Ned, Nelson, 183, 184

"Negro gato", 17, 18

Nelson Cavaquinho, 104

"Nem vem que não tem", 142

Nero, Franco, 36

"Nervos de aço", 234

Neves, Aécio, 427

Neves, Ezequiel, 84-7

Neves, Tancredo, 91

Neves, Wilson das, 446

New Times (jornal de Miami), 348

New York Times, 9, 349, 488*n*

Ney Matogrosso, 94, 336, 449, 486*n*

Nice *ver* Rossi, Cleonice

Niel, Fred, 96

Niemeyer, Luiz Oscar, 154

Niemeyer, Oscar, 340, 418

Niskier, Arnaldo, 429

"No dia em que parti", 24, 45

Nogueira, José, 202, 213

"Noite de terror", 14

Noites tropicais (Nelson Motta), 251, 341, 483*n*

Nora, Pierre, 27

Norte, O (jornal), 405

"Nossa canção", 17

"Nossa Senhora", 48, 181, 244, 254

"Nosso amor, O", 93

Notícia, A, 250, 483*n*

Notícias Populares, 232

Novaes, Walter, 232

Nunes, Augusto, 454, 497*n*

Nunes, Clara, 142
Nureyev, Rudolf, 334

O que Marx realmente disse (Ernst Fischer), 454
Obama, Barack, 304
Observatório da Imprensa (programa de TV), 373, 378, 476n, 487n, 489-90n, 493-4n
Odair José, 94, 105, 182-4, 186, 194, 197, 420, 479n
Olga (Fernando Morais), 387
"Olha", 59, 78
Oliveira, Dalva de, 13, 423
Oliveira, Ederval Pereira de (Vavá), 159
Oliveira, Honorino de, 22
Oliveira, João Marcelo Gilberto de, 129
Oliveira, Marly de, 212
Olivetto, Washington, 217-9, 387
Ono, Yoko, 260
"Oração materna", 347
Ortigão, Ramalho, 120, 477n
Orwell, George, 352
Ota, Keiko, 416
Otto (cantor), 426
"Outra vez", 66, 80, 121, 261
"Ovo de codorna", 44

Pacheco, Emílio, 277
Páginas da Vida (telenovela), 68
"Pai e mãe", 42
Pai Paulo de Oxalá, babalorixá, 355, 488n
Paiva, Fred Melo, 420
"Palavra amiga, Uma", 33
"Palavras", 54
"Palmas para Jesus", 178
Palocci, Antonio, 10, 388-91, 393, 408-10
Panagulis, Alexandros, 424
Pânico na TV (programa), 357, 358, 488n
"Para o diabo os conselhos de vocês", 45
Paraíso Tropical (telenovela), 343
Paraíso, Robson, 133-7, 146-7, 153
Paralamas do Sucesso, 88, 90
Paratodos (álbum), 153
"Parei na contramão", 12, 14, 23

Parente, Lauro, 138
Parreira, Carlos Alberto, 161
Pascoal, Bruno, 50, 476n
Pasquim 21, O, 186, 479n
Pasquim, O, 33, 453, 476n
"Pastorinhas, As", 117
Patury, Felipe, 427
Paula, Fausto Junqueira de, 298, 318
Paula, Neyde de, 413
Paula, Ozeias de, 60
Paulinho da Viola, 61, 147, 188
Paulo Ricardo, 95
Paulo Sérgio, 24-5, 45-6, 105, 158, 182, 197, 475n
"Paz na terra", 93
Pedra do reino, A (Ariano Suassuna), 387
"Pedras", 347
Pedreira, Agamenon Mendes, 356, 382-3, 490n
Pedro I, d., 386, 414
Pedro II, d., 468-9
Pedro Luís, 446
Pedroso, Bráulio, 37
"Pelados em Santos", 174
Pelajo, Christiane, 370, 489n
"Pelas esquinas da nossa casa", 91, 244, 483n
Pelé, 64, 77, 94, 169
Peltier, Marcia, 120
"Pensamentos", 88, 298
"Pensando em ti", 44
"Pense em mim", 126
Pequeno príncipe, O (Saint-Exupéry), 443
Pêra, Marília, 414
"Perdoa", 88
Pereira, Caio Mário da Silva, 283
Pereira, Fernando Pessoa, 232
Pereira, Marlene, 212-3, 480n
Pereira, Mauro Fichtner, 275
Perez, Glória, 194, 423, 471
Petry, André, 332, 344, 486n
Phillips, Tom, 348
piauí (revista), 419-21, 462, 479n, 498n
Picasso, 67, 136
Pilagallo, Oscar, 393, 442

Pimentel, Leandro, 230
Pimentel, Luís, 186
Pinga *ver* Mendonça, José Carlos
Pinheiro, Wilson, 423
Pinheiros, Gabriel, 333
Piñon, Nélida, 429
Pinto, José Nêumanne, 229
Pinto, Lúcio Flávio, 238-9
Pinto, Rossini, 22
Pires, Alexandre, 178
Pires, Cornélio, 167
Pires, Paulo Roberto, 188-9, 197
Pires, Tércio, 7, 9, 266-8, 287, 298-9, 306, 310-
-2, 318-9, 330, 345-7, 370-1, 381-2, 389,
401, 488*n*, 490*n*
Pitanga, Camila, 343
Pitta, Celso, 359
Pixinguinha, 13, 117
Playboy (revista), 246, 418, 478*n*, 483*n*, 486*n*
Plínio Marcos, 455
Plutarco, 386
"Pobreza, A", 27
Poeta, Patrícia, 371
"Polícia", 94
Polzonoff Jr., Paulo, 372
"Ponteio", 13
"Por amor", 41
"Por isso corro demais", 19, 46
Por um punhado de dólares (filme), 36, 61
Por uns dólares a mais (filme), 36
"Porque a gente se ama", 121
"Portão, O", 54-5, 399
Portella, Eduardo, 429
Povo do Rio (jornal), 227, 481*n*
Pra sempre (álbum), 179, 194-5, 205
Pra sempre ao vivo no Pacaembu (álbum), 180-
-1, 399
"Pra ser só minha mulher", 379
Pra te ver voar (álbum), 318, 346
"Praça Onze", 117
"Praça, A", 142
Prado Jr., Caio, 473
Prado, Eduardo, 473, 499*n*

Prata, Mario, 453
"Preciso chamar sua atenção", 63
Presley, Elvis, 12, 26, 61, 105, 206, 209, 320
Presti, Alfonso, 240, 265, 298, 484*n*
"Primeira vez, A", 75
Priolli, Mario, 135, 340
Processo, O (Franz Kafka), 289
"Procura-se", 99
Programa (revista), 170
"Progresso, O", 63, 93, 304
"Promessa", 209
"Proposta", 54, 62, 67, 78, 314, 399

Quadros, Jânio, 21, 73
"Quando as crianças saírem de férias", 243,
313
"Quando", 19
14 mais, As (álbum), 17, 33, 47
Qué Pasa (revista chilena), 407, 492*n*
Queen, 89, 164, 478*n*
Queiroz, Eça de, 120, 395
"Quem dá mais", 72
"Querem acabar comigo", 17, 368
Querido, Clayton, 176
"Quero paz", 121
"Quero que vá tudo pro inferno", 11-4, 17, 23,
48, 56, 59, 69, 79, 94, 99, 123, 153, 211, 302,
361-2, 405, 472
"Quero ver você de perto", 54, 182
"Quintal do vizinho, O", 60, 93

Rádio Pirata ao vivo (álbum), 95, 101
Radiolândia (revista), 360, 443
Raguenet, Pedro Freire, 285-7, 296, 345, 401,
403, 406-7, 492*n*
Ramalho, Elba, 414
Ramalho, Reynaldo, 233
Ramalho, Zé, 346
Ramos, Saulo, 10, 231-4, 385, 425, 482*n*
Ratinho (apresentador) *ver* Massa, Carlos
Ray, Nicholas, 129
RC Emoções (revista), 421, 475-6*n*, 487*n*
Realidade (revista), 361

Reed, Lou, 466
Refazenda (álbum), 42
Rei e eu, O (Nichollas Mariano), 231
Reis, Aquiles, 336, 486*n*
Reis, Aristeu dos, 413
Reis, Nando, 335-6, 426, 486*n*
Reis, Sérgio, 144
Renato e Seus Blue Caps, 144
Revista do Rádio, 23, 65, 170, 360, 361, 443, 475*n*
Revista do Rock, 360
Ribeiro, Alberto, 117
Ribeiro, Darcy, 152
Ribeiro, Edson, 261
Ribeiro, Evandro, 29-31, 174, 476*n*
Ribeiro, João Ubaldo, 429
Ribeiro, Solano, 168
Richthofen, Suzane von, 9
Rios, Myrian, 82-3, 119, 243-4, 264-5, 365-6, 413, 477*n*, 483-4*n*, 489*n*
Ritmos para a juventude (programa de rádio e TV), 304-5
Rivellino, 77
Roberto Carlos (álbum, 1966), 17-8, 177
Roberto Carlos (álbum, 1969), 31, 55
Roberto Carlos (álbum, 1970), 260
Roberto Carlos (álbum, 1971), 34, 41, 62
Roberto Carlos (álbum, 1972), 41
Roberto Carlos (álbum, 1973), 53, 184, 314
Roberto Carlos (álbum, 1974), 54
Roberto Carlos (álbum, 1975), 69, 260
Roberto Carlos (álbum, 1976), 59, 64
Roberto Carlos (álbum, 1977), 66
Roberto Carlos (álbum, 1978), 75
Roberto Carlos (álbum, 1979), 80-1
Roberto Carlos (álbum, 1980), 85, 123
Roberto Carlos (álbum, 1981), 85
Roberto Carlos (álbum, 1982), 87, 149, 205
Roberto Carlos (álbum, 1983), 88
Roberto Carlos (álbum, 1984), 89
Roberto Carlos (álbum, 1985), 91-2, 94, 244
Roberto Carlos (álbum, 1986), 93
Roberto Carlos (álbum, 1987), 95-8, 127, 177

Roberto Carlos (álbum, 1989), 100
Roberto Carlos (álbum, 1990), 118
Roberto Carlos (álbum, 1991), 126
Roberto Carlos (álbum, 1993), 181
Roberto Carlos (álbum, 1995), 181
Roberto Carlos (álbum, 1996), 178-9, 181, 259
Roberto Carlos (álbum, 2005), 179, 209
Roberto Carlos (Oscar Pilagallo), 393-4, 442
Roberto Carlos a 300 quilômetros por hora (filme), 35, 37, 39-40
Roberto Carlos e o diamante cor-de-rosa (filme), 28, 30, 35, 41
Roberto Carlos em ritmo de aventura (álbum), 19, 181, 260
Roberto Carlos em ritmo de aventura (filme), 19, 28, 35, 39-41, 398
Roberto Carlos remixed (EP), 471
Roberto Carlos: 30 grandes sucessos (álbum), 178
Rocco, Paulo, 344, 388, 487*n*
Rocha, Glauber, 35, 117, 450, 469
Rocha, Liliane, 288
Rock errou, O (álbum), 94
Rock, a História e a Glória (revista), 455
Rodrigues, Lupicínio, 234
Rodrigues, Nelson, 95, 387
Rodrigues, Toni, 406
Rohter, Larry, 349
Rolling Stone (revista), 239, 336, 471, 476*n*, 482*n*, 486*n*, 499*n*
Rolling Stones, 15, 84, 334, 473
Romance (álbum), 177
Romano, Guto, 203, 205
"Romântico", 174
Romário, 161
Rónai, Bia, 371
Rónai, Cora, 327, 486*n*
Ronnie Von, 144, 378-9
Roriz, Jaqueline, 415
"Rosa Morena", 158
Rosa, Mário, 457
Rosa, Noel, 77-8, 117, 146, 186, 189, 372, 444
"Rosa", 13

Rose di Primo, 82

Rosemary (namorada de Paulo Cesar), 90-1, 391

Rossetto, Sérgio Augusto, 278

Rossi, Cleonice (Nice), 24, 50, 57, 83, 115, 119, 172, 243, 264, 363-4, 443

Rossi, Marcelo, padre, 178-9

Rossi, Reginaldo, 183

"Rotina", 54

Rouanet, Sergio, 429

Roupa Nova, 82

Rousseff, Dilma, 390, 408, 415, 425, 427-9, 495n

RPM, 92, 95, 101

Ruiz, Tulipa, 449

Russo, Othon, 305

"S Wonderful", 160

"Sá Marina", 27

Sá, Arnaldo Faria de, 415

Sá, Élida de, 404

Sá, Xico, 271-2, 344, 484n

Sabino, Fernando, 120

Saia Justa (programa de TV), 453

Saint-Exupéry, Antoine de, 443

Salazar, António de Oliveira, 454

Saldanha, Nelson, 241-2

Salles, Mauro, 230

Saltimbancos Trapalhões, Os (álbum), 15

Saltimbancos, Os (álbum), 15

Salve Jorge (telenovela), 471

Sanches, Pedro Alexandre, 181, 219-21, 442, 464, 480-1n

Sandy, 328

Sangalo, Ivete, 205

Santiago, Emílio, 19, 176

Santiago, Silviano, 429

Santos, Helena dos, 261

Santos, Joaquim Ferreira dos, 381, 392

Santos, Lúcia dos, 455

Santos, Lulu, 88, 126

Santos, Marcus Vinicius dos (Marquinhos), 148, 207, 208, 212

Santos, Marquesa de, 386, 414

Santos, Nelson Pereira dos, 429

Santos, Silvio, 77, 378, 415, 443

Sarah Vaughan in Brazil (álbum), 419

Sarmento, Daniel, 423, 494n

Sarney, José, 92, 113, 233, 328-9, 415, 424, 486n

"Satisfaction", 473

Sato, Sabrina, 357, 488n

Savio, Totò, 317

Schmidt, Tadeu, 461

Schneider, Romy, 31

Schott, Ricardo, 438

Schvartzman, Salomão, 365

Scisinio, Alexandre Eduardo, 292, 485n

Scliar, Moacyr, 430

"Se você disser que não me ama", 100, 131

"Se você pensa", 25, 48, 51, 79, 96

"Se você quer", 124, 126

Secos & Molhados, 59, 454

"Segredo", 117

Seixas, Raul, 59, 88, 94, 104, 452

Selva de Pedra (telenovela), 57

Sérgio Ricardo, 117, 449

Serra, Cristina, 458, 498n

Sertões, Os (Euclides da Cunha), 344

"Sete cabeludos, Os", 14

7 Dias (revista), 355, 488n

Sétimo Céu (revista), 363

Sette, Paulo, 176

"Seu corpo", 59, 67, 69

"Seus botões, Os", 63, 67-9

Severo, Marieta, 152, 246

Shaw, Arnold, 187, 215, 480n

Shiguihara, Mituo, 365-6

"Show já terminou, O", 47

Silva, Abel, 426, 429, 495n

Silva, Edivaldo de Oliveira, 49-50

Silva, Fausto, 126

Silva, Ismael, 305-6, 360

Silva, Lindalva Soares, 400, 492n

Silva, Luiz Inácio Lula da, 106, 338, 355, 367, 376, 390-1, 418

Silva, Maria Carmosina da (Carminha), 8, 118, 120, 132-3, 203, 294, 297, 308-9, 405

Silva, Moreira da, 61, 107, 123

Silva, Orlando, 13, 140

Silva, Virgulino Ferreira da (Lampião), 44, 411-2

Silveira, Jorge Roberto, 152

Silvio Cesar, 261

Simão, José, 462

"Símbolo sexual", 83, 90-1

Simon & Garfunkel, 12, 34

Simon, Sérgio, 264

Simonal, Wilson, 15, 27, 94, 107, 115, 142, 168-9, 479*n*

Simone, 19, 176

Sinal fechado (álbum), 55, 418, 421

Sinatra, Frank, 109, 113, 136, 188, 215-6, 225--6, 365-6, 372, 478*n*, 480*n*, 489*n*

Sinatra: Romântico do século xx (Arnold Shaw), 215

Sinfonia de Paris (filme), 160

Siqueira, Sônia, 182

Sirena, Dody, 164-7, 176, 191-4, 196-205, 207, 209-10, 218, 230, 234, 246, 303, 380, 396, 412-3, 417, 426, 432-7, 439, 457, 466, 468, 472, 492*n*

Sirena, Jaime, 436, 495*n*

Só pra Contrariar, 178

"Só tinha de ser com você", 145

"Só vou gostar de quem gosta de mim", 19

"Só vou se você for", 91

Soares, Dirceu, 88

Soares, Wellington, 404

Sodré, Muniz, 343, 487*n*

Solino, Eunice (Fifinha), 211

Solters, Lee, 365

Som Livre Exportação (programa de tv), 56

Sonhador, Um (álbum), 178

"Sonho acabou, O", 43

"Sonho lindo", 47

Soriano, Waldick, 13, 37, 94, 105, 107, 155, 182-4, 194, 196

"Sorri, meu bem", 45

Sorriso do gato de Alice, O (álbum), 158

Soto, Pascoal, 9, 197-8, 200, 210, 213, 218, 221, 236, 259, 266, 294-5, 298-300, 303, 307, 318-20, 322, 324, 329

Souza, Herbert de (Betinho), 418

Souza, Okky de, 92, 190, 193, 438, 460, 480*n*

Souza, Tárik de, 32, 54-5, 66, 72, 75, 84, 87, 92, 190, 193, 455, 480*n*

Spindel, Arnaldo, 98

Spíndola, Renato, 173

Splendore, Maria Leopoldina, 364, 386, 489*n*

Splendore, Maria Stella, 220, 364, 386, 491*n*

Splish splash (álbum), 61

"Splish Splash", 12, 14, 23, 90

Sputniks, The, 137

Sri Splendore: Uma história de vida (Maria Stella Splendore), 386

Stálin, Josef, 414

Starling, Heloísa, 474

Status (revista), 217, 232

Sternick, Marcio, 138

Stewart, Rod, 165

Street, Raul Fernando do Amaral (Doca), 285--7, 296

Streisand, Barbra, 34

Sturges, John, 320

"Sua estupidez", 31-2, 176, 221, 399

Suassuna, Ariano, 386, 491*n*

Sullivan, Michael, 121

"Super herói", 121

Super Pop (programa de tv), 378

Superman (filme), 31

Suplicy, Marta, 415, 428, 447, 469

Surita, Emílio, 357, 488*n*

Sylvia Amélia, 249

Sztajnberg, Deborah, 380-1, 388, 393, 401, 403, 406-7, 467, 490-2*n*

Takeuti, Edson, 358, 488*n*

Talese, Gay, 136, 478*n*

Tas, Marcelo, 239-40, 334

"Taxista, O", 181

Taylor, James, 92

Tcherkesian, Krikor, 141

Te amo (álbum), 145

Teixeira, Carlos Sávio, 394

Teixeira, Jerônimo, 431, 495*n*

Teixeira, Miro, 416

Teles, Lília, 374-7

Teló, Michel, 471

"Tem coisas que a gente não tira do coração", 176

"Tempo vai apagar, O", 322

Tempos modernos (filme), 74

"Terço, O", 173, 176

Thereza Eugênia, 260

Tikhomiroff, João Daniel, 463

Timóteo, Agnaldo, 61, 184, 186, 194

Tinhorão, José Ramos, 54-5, 220

Tiradentes, 356

Tiririca, 415-6

Titãs, 92, 94-5, 205, 335

"Tô chutando lata", 96

"Todas as manhãs", 124, 126

"Todas as Nossas Senhoras", 178, 431

"Todos estão surdos", 35, 37, 62, 231, 395

Toledo, Ary, 382

Toledo, Roberto Pompeu de, 429

Toquinho, 148, 347

Torres, Demóstenes, 424

"Tortura de amor", 184

"Touradas em Madri", 117

Tovani, Juliana Dias, 294-5

Tovani, Ronaldo, 294-5, 299, 308-9, 311-2, 317, 320, 323

Transversal do tempo (álbum), 418

"Traumas", 243, 254, 313

"Tremendões, Os, 381

Três homens em conflito (filme), 36, 298

Trigo, Darcy, 260

Trivellato, Marco Túlio, 118, 122

Trivellato, Rodrigo, 116-7, 131-3, 147-9

Troiano, Claudete, 378

Truffaut, François, 332-3

"Tu cuerpo", 69

"Tu", 159

"Tudo para", 85

Tupinambá, Marcelo, 167

Turma do Balão Mágico, 15

U2, 89

"Última canção", 24-5, 45

Última Hora, 170, 243, 451, 453-5, 481*n*, 483*n*, 497*n*

Último tango em Paris (filme), 67

Ultraje a Rigor, 88

Unger, Mangabeira, 328

Valença, Alceu, 289, 446, 448

Valle, Paulo Sérgio, 132

Vandré, Geraldo, 15

Vanessa (namorada de Paulo Cesar), 79

Vannucci, Augusto César, 57, 77

Vargas, Getúlio, 312

Vasconcellos, Renata, 458-60, 498*n*

Vasconcelos, Ary, 32, 55

Vasques, Tutty, 327-9, 486*n*

Vaughan, Sarah, 419

Vecchiatti, Paulo Roberto Iotti, 276, 484*n*

Veja (revista), 32, 54-6, 75, 79, 87, 92, 160-1, 177, 188, 190-1, 219, 234, 263-4, 267, 293, 332, 344, 351, 366, 379, 390, 431, 438, 440, 456, 465, 476-80*n*, 482-3*n*, 486-7*n*, 489*n*, 491-2*n*, 495-8*n*

Veloso, Caetano, 10, 15, 45, 60, 75, 79, 84, 90, 94-6, 101, 105-6, 111-2, 114, 116, 120, 127, 154, 161, 172, 177, 185, 193, 204-8, 261, 328, 334-5, 353, 418, 426-8, 432, 437, 444--5, 447-8, 451, 454-8, 460, 463-6, 470-1, 486*n*, 498-9*n*

"Vem quente que estou fervendo", 142

Vendramini, Luciana, 443

Ventura, Mauro, 185

Ventura, Zuenir, 10, 348, 352, 429, 488*n*

Vercillo, Jorge, 335, 486*n*

"Verde e amarelo", 91, 94

Verissimo, Luis Fernando, 429

Vianna, Luiz Fernando, 180, 450, 473, 499*n*

Vila Sésamo (seriado), 58

Vilaça, Marcos, 343, 487*n*
Villa-Lobos, Heitor, 113
Villas-Boas, Luciana, 185, 188
24 horas de Le Mans, As (filme), 38
"Vira-vira", 174
Vitória Régia (banda), 139
Viva Django! (filme), 36
"Você é minha", 154
"Você em minha vida", 63
"Você já me esqueceu", 41
"Você na minha mente", 91
"Você não sabe", 88
"Você não serve pra mim", 19
"Você", 54, 55
Vogue (revista), 418
"Volta do boêmio, A", 44
"Vou ficar nu pra chamar sua atenção", 63

Wainer, Samuel, 453-5
Waldvogel, Monica, 378
Wall Street Journal, 349
Wallach, Eli, 298
Wanderléa, 30-1, 114, 144-5, 207, 219-21, 250, 356, 438-9, 481*n*
Wando, 184, 186, 442
"Wave", 108
Weber, Rosa, 468-9
Werneck, Humberto, 105, 497*n*
Wider, Roberto, 400, 492*n*

Williams, Andy, 19
Wisnik, José Miguel, 454-5
With the Beatles (álbum), 17
Wonder, Stevie, 449

Xavier, Chico, 49
Xegundo Xou da Xuxa (álbum), 95
Xexéo, Artur, 238, 414
"Xote das meninas, O", 44
Xou da Xuxa (álbum), 94-5, 100
Xuxa, 15, 94-5, 100-1, 355

Yasmin (filha de Wanderléa), 144-5
Yoshino, Milton Kazuo, 412, 493*n*
Young, Victor, 90

Zajaczkowski, Richard, 273
Zanotelli, Leandro, 331
Zappa, Regina, 464
Zé Arigó *ver* Freitas, José Pedro de
Zeca Pagodinho, 10, 92, 336, 341, 487*n*
Zero (Ignácio de Loyola Brandão), 473, 478*n*, 495*n*
Zezé Di Camargo, 335, 486*n*
Zezé Di Camargo & Luciano, 89, 106, 126, 335
Zimmermann, Maíra, 438-42, 496*n*
Ziraldo, 429
Ziv, Nevo, 174
Zózimo, 147, 164
Zumbi dos Palmares, 187, 356

ESTA OBRA FOI COMPOSTA POR ACOMTE EM MINION E
IMPRESSA PELA GEOGRÁFICA EM OFSETE SOBRE PAPEL PÓLEN
SOFT DA SUZANO PAPEL E CELULOSE PARA A
EDITORA SCHWARCZ EM MAIO DE 2014